特许经营精品丛

特许经营学

理论与实务全面精讲

TEXU JINGYINGXUE

LILUN YU SHIWU QUANMIAN JINGJIANG

李维华 著

企业管理出版社
ENTERPRISE MANAGEMENT PUBLISHING HOUSE

图书在版编目（CIP）数据

特许经营学：理论与实务全面精讲 / 李维华著 . —北京：企业管理出版社，2021.1
ISBN 978-7-5164-2289-2

Ⅰ . ①特… Ⅱ . ①李… Ⅲ . ①特许经营 – 教材 Ⅳ . ① F713.3

中国版本图书馆 CIP 数据核字 (2020) 第 221387 号

书　　名：	特许经营学：理论与实务全面精讲
作　　者：	李维华
责任编辑：	蒋舒娟
书　　号：	ISBN 978-7-5164-2289-2
出版发行：	企业管理出版社
地　　址：	北京市海淀区紫竹院南路 17 号　　邮编：100048
网　　址：	http://www.emph.cn
电　　话：	编辑部（010）68701661　　发行部（010）68701816
电子信箱：	26814134@qq.com
印　　刷：	河北宝昌佳彩印刷有限公司
经　　销：	新华书店
规　　格：	170 毫米 ×240 毫米　　16 开本　　37 印张　　784.7 千字
版　　次：	2021 年 1 月第 1 版　　2021 年 1 月第 1 次印刷
定　　价：	128.00 元

版权所有　翻印必究　印装有误　负责调换

丛书序

让大家听得到、看得到、用得到
的特许经营思想

起初我是不打算写序言的，因为我想直接向读者奉献关于特许经营的知识和实战技法的干货。

然而，我最终还是决定给2021年年初出版的这5本关于特许经营的书写个序言，毕竟还是有很多话要向读者说。

随着时代的发展以及特许经营理论研究和实践探索上的不断深入和扩展，特许经营这门学科的内容也在不断完善，本次出版的这5本书囊括了我奉献给读者的系统、前沿、科学、实战、全面的特许经营知识。

《特许经营学：理论与实务全面精讲》这本书早在2003年就作为大学教材出版了，当时的书名是《特许经营概论》。出版之后，我从未停止对这本书的更新：2005年出版《特许经营理论与实务》；2009年出版《特许经营学》。到现在，2021年出版的《特许经营学：理论与实务全面精讲》又将和读者见面了。

关于招商的知识，最为严重的问题之一就是碎片化，即缺少相关全面化的系统性知识，这不得不说是特许经营学科招商分支理论的缺憾和漏洞。招商人因而不得不一直奋斗在对招商知识和实战技法完整性的不断寻求中，这显然已经严重影响了特许经营企业的发展。在这次出版的《招商理论与实务全攻略》一书中，我努力弥补这个空白，力求完整、全面分析研究招商的理论与实务，形成独立且完整的知识系统和实战技法策略。

《成功构建特许经营体系五步法》一书的成型基于两种积累。一是我把做顾问咨询与实践过程中遇到的问题、难点或障碍等都作为必须要攻克的课题，然后用科研的方式给出理论上的解决方案；二是在形成理论上的解决方案之后，又把它们放到实践中反复检验直到确认有效。当然，这样的研究方法会占用较长的时间，但是，基于实践的研究是我的不可打破的底线。这本书中的步骤、模板、技巧、技法、工具等，都是经过反复验证的经验成果。

《选址学概论：单店选址理论与实务》这本书也是在我多次独立选址或参与选址的基础上对实战技法进行提炼和提升，并与理论有机融合的成果。实战和理论兼备的内容，才是真正值得学习的。这本书的一个显著特点是在传统的定性选址分析之外，在选址的定量分析上花了不小篇幅，其中很多表格、算法、模型都可以直接作为科学选址的工具。

《特许经营新思维》的介绍和来龙去脉，大家可以去阅读那本书的序言，此处就不赘言了。

我自1998年就产生的使命感一直督促着我去构建完整的特许经营学科的知识体系，我每时每刻都在尽己所能去做特许经营学科的修补和完善，为我早年提出的特许经营学科这座大厦添砖加瓦。

不断完善、增加内容，对完美的追求使我始终不敢、不愿意出版更新的书，我觉得要研究的内容太多，我一直在更新、更新、更新，也一直在等待一个最合适的时机。

2020年特殊的几个月里，我集中精力把之前零散的研究成果、碎片的笔记、特许经营学急需解决的系列问题、多年的心得体会和搜集的案例分析等做了全面、系统、科学化的梳理。那段日子，我完全颠倒了白天与黑夜，坚持每天写作至少12个小时，经常半夜一个人点灯熬油地研究和创作，或者在某个早晨因为一个灵感就爬起来码字。然而，一想到读者可以获得更好、更全、更新的特许经营知识，我就觉得辛苦也是一种人生的快乐。

梳理的过程是非常辛苦的，比如为了让知识和案例尽可能全面覆盖行业、品牌、成败、新老、国内外、大小、古今、宏观战略和操作细节、理论与实战、定性和定量、模板、逻辑、特色与融合等方方面面，我不得不花费大量的时间和精力去搜索和研究海量信息。我经常针对某一个企业的案例去研读几十上百篇文章，到不同店里去实际消费、体验和研究，去和相关经营者、管理者、员工、消费者、供应商交流，当然还有在我的顾问咨询项目里做实验。

本着内容必须精练、不说废话的原则，我一直在对书稿内容进行核心化加工整理。书中的某个案例分析、某个知识点讲解、某个观点，可能呈现出来只有几十个字，但这却是我从大量的研究资料、多年的店内体验中思索提炼出的精华。书中的一个普通数据，也都有可能是我多渠道获得，并反复校正的结果。至于那些首次公开的模型、公式、算法、工具等则是我的最新研究成果，全部都是仔细推敲并实际验证有效的成果。

为了读者能够应用书中的知识去实践，我还把20多年来的顾问咨询工作中积累的大量模板，包括目录、表格、文案、示意图、流程、手册等都收录于书中。我不担心被抄袭，相反，我希望大家能够积极主动地运用它们，因为知识的价值之一在于分享。以后我依然会持续研发更多、更新、更好的内容，这是没人能抄袭的。

还有，就像我一直讲的，我力图在讲解知识的同时，传达更多思想、方法和智慧，因为知识有专业划分，但思想、方法和智慧却是相通的。

这5本书只是我的又一个阶段性的成果，在特许经营领域，我还会初心不改，持续更新，也希望大家继续关注特许经营。

我要感谢我曾经和未来的所有读者、客户、学生、维华商创的同事、合作伙伴，以及书中所引用内容的作者们，是他们给了我很多灵感、启发或研究的方向。

感谢企业管理出版社的朋友们，是他们的信任和支持才使这5本书面世。

还要特别感谢我的最爱，也就是我的女儿，自从有了她，我生命的每一天都是春天，充满阳光，在我疲劳的时候，女儿的笑容总能让我能量满满。

最后，我坚信所有的读者朋友都能从书中有所收获。让我们一起努力，用特许经营的思维和智慧，用中国特许经营思想去实现我们的价值、事业和梦想。

李维华

2020年10月14日于北京

目　录

第1章　特许经营概述 ... 1
1.1　自古至今，财富与连锁经营或特许经营都是如影随形 ... 2
1.2　特许经营的字源考究、定义及常用术语 ... 2
1.2.1　字源考究 ... 3
1.2.2　特许经营的定义 ... 4
1.2.3　特许经营的常用术语 ... 12
1.3　特许经营的类型 ... 18
1.3.1　政府特许经营 ... 20
1.3.2　商业特许经营 ... 26
1.3.3　全面资源特许经营 ... 36
1.3.4　可口可乐、史努比、迪士尼和流氓兔如何借特许经营创造传奇的 ... 37
1.4　特许经营历史回溯 ... 44
1.4.1　古代特许经营 ... 44
1.4.2　近代特许经营 ... 51
1.4.3　现代特许经营 ... 54
1.4.4　当代特许经营 ... 56
1.4.5　早期特许经营和现代特许经营的区别 ... 59
1.4.6　特许经营的未来趋势 ... 61
1.4.7　第四代特许经营：中国特许经营发展思想正在改变世界 ... 71
1.5　海外特许经营的发展 ... 73
1.5.1　特许经营的全球发展 ... 73
1.5.2　美国特许经营 ... 82
1.5.3　欧洲特许经营 ... 84
1.5.4　亚洲特许经营 ... 96

- 1.5.5 其他各国特许经营 103
- 1.6 中国特许经营的发展的必然性和火爆表现 110
  - 1.6.1 国外特许人的进入引起中国特许经营的萌芽 110
  - 1.6.2 中国本土企业掀起的特许经营"神话" 115
  - 1.6.3 火热的特许经营展 118
  - 1.6.4 具有创业投资能力、意识及行动的潜在受许人群体逐渐增多 120
  - 1.6.5 失业困局和产业结构调整进一步促进了特许经营的发展 124
  - 1.6.6 政府的支持 126
  - 1.6.7 特许经营信息传播领域逐渐活跃 130
  - 1.6.8 各类连锁经营协会风起云涌 133
- 1.7 中国特许经营的发展特点、阶段、症结、建议与未来大趋势 137
  - 1.7.1 中国特许经营发展的特点 137
  - 1.7.2 中国特许经营发展的历史阶段划分 141
  - 1.7.3 中国特许经营发展的症结所在 145
  - 1.7.4 中国发展特许经营的若干建议 155
  - 1.7.5 中国特许经营发展的未来大趋势 158
- 1.8 特许经营的本质及其与行业的关系 172
  - 1.8.1 特许经营的本质 172
  - 1.8.2 特许经营的一些主要行业 178
  - 1.8.3 最热门的特许经营行业 193
- 1.9 特许经营与其他方式的比较 195
  - 1.9.1 正确认识"店":从"店"到"点"的根本转变 195
  - 1.9.2 与虚拟店或线上店的比较:实体店的好处与"实体店+" 196
  - 1.9.3 特许经营与连锁经营、直营连锁、自由连锁的比较 198
  - 1.9.4 特许经营与代理的比较 204
  - 1.9.5 特许经营与经销、直销、包销的区别 206
  - 1.9.6 特许经营与设立分公司的比较 209
  - 1.9.7 直营、自愿和特许,谁是未来主流 210
  - 1.9.8 商业模式选择的评判模型——维华三类九条表 212

1.10 特许经营的利弊及双方的权利和义务 216
 1.10.1 特许经营的益处 216
 1.10.2 特许经营的弊处 225
 1.10.3 特许经营双方的权利和义务 230
 【案例】特许经营曾经的典范，"咖啡陪你"经历了什么 235

1.11 特许经营的原则与统一 237
 1.11.1 "3S"原则 237
 1.11.2 "双重（double）"原则与其他原则 242
 1.11.3 统一化的利弊 250
 1.11.4 统一的实战攻略：必要的统一和可选择的统一的有机组合 251

1.12 特许经营的教育培训及学科建设 260
 1.12.1 国外的特许经营教育培训 260
 1.12.2 国内的特许经营教育培训 270
 1.12.3 我国建设与完善特许经营学科的充分必要性和战略意义 276
 1.12.4 特许经营学科建设的相关问题 279

第2章 特许经营费用及加盟期 285

2.1 特许经营费用的定义、意义及分类 286

2.2 特许经营初始费（Initial Fee，IF）或加盟金及计算 287
 2.2.1 特许人的前期支持成本（Cost，C） 289
 2.2.2 特许人的期望利润（Profit，P） 291
 2.2.3 加盟金调节系数（α） 291

2.3 特许经营持续费（Ongoing Fees，OGF）及计算 294
 2.3.1 特许权使用费（Royalty Fee，RF） 294
 2.3.2 市场推广及广告基金（Advertisement Foundation，AF） 295

2.4 特许经营中的其他费用（Other Fees，OF） 296

2.5 特许经营费用的组合 300
 2.5.1 整体、平衡原则 300
 2.5.2 动态原则 301
 2.5.3 个性原则 303

2.6 计算特许经营费用的9种方法 ··· 303
　　2.6.1 "前期支持成本+利润，再用系数调节"的算法 ··· 303
　　2.6.2 行业统计比例法 ··· 304
　　2.6.3 随行就市法 ··· 304
　　2.6.4 战略调整法 ··· 305
　　2.6.5 维华对角差值均等算法 ·· 305
　　2.6.6 特许经营三类费用的组合 ·· 308
　　2.6.7 反向算法 ·· 308
　　2.6.8 以举一反三的思维充分利用普通商品的定价方法和策略 ····························· 308
　　2.6.9 固定值和比例的转换 ··· 308
2.7 区域受许人开店数量与特许经营费用的计算 ·· 309
　　2.7.1 确定区域内可开设连锁店的上限数量 ··· 309
　　2.7.2 确定区域受许人每年的开店数量 ·· 311
　　2.7.3 特许人向区域受许人收取的特许经营费用的计算 ····································· 311
2.8 加盟期及计算 ··· 312

第3章　特许经营法律法规 ·· 317

3.1 国外特许经营法律法规发展概览 ··· 318
3.2 中国特许经营法律法规发展概览 ··· 319
3.3 特许经营中的法律性文件 ·· 323
3.4 统一特许权提供公告（UFOC） ·· 324
3.5 特许经营主合同 ··· 332
3.6 特许经营辅助合同 ··· 335
　　[实例3-1]《加盟意向书》实例 ··· 337
　　[实例3-2]《单店特许经营合同》实例 ··· 338
　　[实例3-3]《区域特许经营合同》实例 ··· 354
　　[实例3-4]《市场推广与广告基金合同》实例 ·· 368
　　[实例3-5]《保证金合同》实例 ··· 370
　　[实例3-6]《商标许可合同》实例 ·· 372
　　[实例3-7]《特许经营授权书》实例 ··· 374

[专题] 全面"权利"管理——坚持科学的维权之道 ·············· 375

第4章 特许经营关系与管理 ·· 377
4.1 特许经营关系的定义及意义 ··· 378
4.1.1 关系 ·· 378
4.1.2 企业关系的分类 ·· 378
4.1.3 特许经营关系 ·· 379
4.1.4 研究特许经营关系的意义 ····································· 380
4.2 特许经营关系的六个阶段与管理 ······································· 380
4.2.1 第一阶段：了解阶段 ·· 381
4.2.2 第二阶段：熟悉阶段 ·· 382
4.2.3 第三阶段：法律阶段 ·· 383
4.2.4 第四阶段："新婚"阶段 ·· 383
4.2.5 第五阶段：实质性阶段 ··· 384
4.2.6 第六阶段：波动阶段 ·· 384
4.3 如何创造并维持良好的特许经营关系 ································· 386
4.3.1 政府创造一个良好特许经营关系的大环境 ················ 388
4.3.2 "先合同，后感情"的基本原则 ······························ 389
4.3.3 良好的关系需要双方共同努力 ································ 389
4.3.4 良好关系的前提、中心和关键是受许人成功 ············· 390
4.3.5 全面"关系"管理 ·· 390
4.3.6 建立双方沟通的机构或机制 ··································· 392

第5章 国际特许经营 ·· 393
5.1 特许经营国际化的发展历程 ··· 394
5.2 特许经营国际化的原因 ··· 395
5.3 特许经营国际扩张的方式 ·· 396
5.4 国际特许经营涉及的法律问题 ·· 398

第6章 特许经营手册·····401

6.1 手册的基础知识：定义、意义与分类·····402
- 6.1.1 特许经营手册的定义·····402
- 6.1.2 手册的使用者是谁·····402
- 6.1.3 手册对特许人的意义是什么·····402
- 6.1.4 手册对受许人的意义是什么·····405
- 6.1.5 手册对潜在受许人和准受许人的意义是什么·····405
- 6.1.6 特许经营手册对编制者的意义·····405
- 6.1.7 特许经营手册分为哪些类别·····406
- 6.1.8 手册的内容是"what""how to do"还是"why"·····407

6.2 手册编制前的资料与工具准备·····410
- 6.2.1 编制手册前需要准备哪些资料·····410
- 6.2.2 编制手册前需要准备哪些设备工具·····411

6.3 手册编制的人员管理·····412
- 6.3.1 手册编制组的组织架构与岗位职责·····412
- 6.3.2 手册编制人的分类·····414
- 6.3.3 手册编制人应具备的基本素质·····417
- 6.3.4 手册编制组需要多少人·····417
- 6.3.5 编制手册时是否要请外部顾问·····418
- 6.3.6 如何辨别一个真正的外部企业顾问·····418

6.4 手册编制的成本费用管理·····419
- 6.4.1 手册编制的成本费用·····419
- 6.4.2 如何控制编制手册的成本费用·····420

6.5 手册编制的时间管理·····420
- 6.5.1 一本手册多长时间才能编制完·····420
- 6.5.2 系列手册的全部第一版要多长时间才能完成·····422
- 6.5.3 编制手册到什么时候算完成·····423
- 6.5.4 手册的编制是单独进行，还是应与体系构建同时进行·····423
- 6.5.5 先编制合同，还是先编制手册·····423
- 6.5.6 手册必须要在招商之前编制·····424

- 6.5.7 如何制订手册的编制计划……424
- 6.5.8 不同手册的编制应在特许经营体系构建的什么阶段开始……426
- 6.5.9 先编制哪本手册……434
- 6.5.10 具体到某一本手册，详细的编制流程是什么……434
- 6.5.11 如何区分手册的不同版本……436
- 6.5.12 第一稿的全部手册（含合同）编制结束后需要做哪些工作……437
- 6.6 手册编制的内容管理……438
  - 6.6.1 如何处理手册内容中理论与实战的问题……438
  - 6.6.2 手册内容的重复度怎么解决……439
  - 6.6.3 受许人在经营中的任何问题基本上可以依据手册来解决……440
- 6.7 手册编制的技巧……440
  - 6.7.1 不同行业的手册之间可以互相借鉴……440
  - 6.7.2 如何使用手册模板……441
  - 6.7.3 要经常召开手册编写人员研讨会……441
  - 6.7.4 编制手册的捷径……441
  - 6.7.5 如何巧妙地借用网络资源……443
  - 6.7.6 网络调研的技巧……445
  - 6.7.7 内部访谈时要注意哪些事项……446
  - 6.7.8 手册语言是用口语还是书面语……447
  - 6.7.9 手册编制者应在什么地方工作……448
- 6.8 手册编制的原则……448
  - 6.8.1 手册的"傻瓜、细节、实战"三原则……448
  - 6.8.2 手册细化程度……449
  - 6.8.3 编制手册时要遵守的原则……449
  - 6.8.4 手册是"写"出来的，还是"设计"出来的……451
- 6.9 手册编制的外观管理……452
  - 6.9.1 注重手册的排版、格式……452
  - 6.9.2 手册排版的注意事项……452
  - 6.9.3 手册是应该图表居多，还是应该文字居多……456
  - 6.9.4 手册印制成黑白的，还是彩色的……456

- 6.9.5 哪些手册需要做成视频·················456

6.10 手册字数与册数管理·················456
- 6.10.1 手册多少字数最适宜·················456
- 6.10.2 手册数量是多些好，还是少些好·················456
- 6.10.3 一本手册就是一个文件吗·················457
- 6.10.4 一个特许经营体系的手册共有几本·················458
- 6.10.5 一次印刷多少本手册·················458

6.11 手册编制的质量管理·················459
- 6.11.1 如何实现手册编制的全面质量管理·················459
- 6.11.2 如何在手册编制过程实施有效控制·················463
- 6.11.3 召开手册讨论会的注意事项·················464
- 6.11.4 哪本手册最重要·················466
- 6.11.5 领导或总经理说："每本手册都要看，我受不了，可以不看吗"·················466

6.12 手册编制的保存与保密·················466
- 6.12.1 任何人只要获得了手册，就可以和特许人做得一样好吗·················466
- 6.12.2 如何保存手册·················467
- 6.12.3 手册如何保密·················468
- 6.12.4 《特许经营项目组保密协议》的内容包括什么·················468

6.13 手册编制的落地管理·················470
- 6.13.1 手册全部编制完成后如何落地·················470
- 6.13.2 手册的首次实战式落地与更新该如何分配手册到人·················471
- 6.13.3 手册的落地方法与技巧·················471
- 6.13.4 手册落地的日程安排·················473
- 6.13.5 区域受许人落地系列报告和方案·················480
- 6.13.6 单店落地系列报告和方案·················481
- 6.13.7 总部落地系列报告和方案·················483

6.14 手册编制的交付管理·················483
- 6.14.1 受许人的加盟金买的就是手册吗·················483
- 6.14.2 对受许人的培训，完全按照手册就可以了吗·················484
- 6.14.3 哪些手册要交付给单店受许人·················484

- 6.14.4 哪些手册要交付给分部或区域受许人 ... 484
- 6.14.5 手册应在何时交给受许人 ... 487
- 6.14.6 交给受许人的手册是纸质的还是电子版的 ... 489
- 6.14.7 手册是免费给予受许人的吗 ... 489
- 6.14.8 特许经营终止后，受许人的手册要全部退还给特许人 ... 489

6.15 手册编制的更新管理 ... 489
- 6.15.1 手册编制完成后，集中所有人力去对接手册吗 ... 489
- 6.15.2 谁来修正、完善手册 ... 490
- 6.15.3 手册更新时，如何让受许人手中的手册也同步更新 ... 492
- 6.15.4 手册更新时，哪些人应在什么时间知道这些更新 ... 492
- 6.15.5 系列手册定稿后的首次更新应注意什么问题 ... 492
- 6.15.6 首次更新后的持续更新与维护的原则或注意事项是什么 ... 493
- 6.15.7 首次更新后的持续更新与维护流程是什么样的 ... 493

第7章 盈利模式设计与管理 ... 495

7.1 为什么说"单纯的开源节流"是误区 ... 496
7.2 单店盈利的"宗"公式 ... 497
7.3 盈利模式的真相："源""流"管理 ... 499
- 7.3.1 "源""流"的十种盈利组合 ... 499
- 7.3.2 十种"源""流"组合的模式设计 ... 501
- 7.3.3 盈利目标——总"源"、总"流"差额最大 ... 502
- 7.3.4 单项活动的"源""流"关系 ... 505
- 7.3.5 "源""流"盈利管理的基本原则 ... 507

7.4 "开源" ... 509
- 7.4.1 单店的"源"有哪些？——三维开源 ... 509
- 7.4.2 第一维宽度"开源"——营业收入 ... 512
- 7.4.3 增加营业收入的实战技巧与案例 ... 516
- 7.4.4 第二维宽度"开源"——投资收入 ... 523
- 7.4.5 第三维宽度"开源"——营业外收入 ... 525
- 7.4.6 深度"开源"的十种战略组合 ... 528

7.5 "节流" ··· 532
    7.5.1 宽度"节流"的十种战略组合 ··· 532
    7.5.2 全面的"节流"措施 ··· 534
    7.5.3 五维分项"节流"措施 ··· 537
    7.5.4 深度"节流"的十种战略组合 ··· 542
7.6 特许经营体系、总部与单店盈利模式的算法模型 ·· 543

附录 ··· 553
  附录A 《商业特许经营管理条例》（2007年）·· 554
  附录B 《商业特许经营信息披露管理办法》（2012年）·· 558
  附录C 《商业特许经营备案管理办法》（2011年）·· 561
  附录D 商务部令2004年第25号《商业特许经营管理办法》·· 564

参考文献 ··· 571

第1章 特许经营概述

[**本章要点**]

本章的主要内容是介绍与讲解关于特许经营的一些基本知识,包括特许经营的字源考究、定义及常用术语,特许经营类型,特许经营的历史和未来趋势,海外不同国家和地区的特许经营发展状况,中国特许经营的发展历史与阶段、特点、症结、建议以及对中国特许经营发展的未来展望,特许经营的本质及其与行业的关系,特许经营与其他方式(如直营连锁、自由连锁、代理、经销、直销、传销、包销、设立分公司等)的比较以及在连锁的多种形式中的主流是特许经营、企业选择不同商业模式时的维华三类九条表,特许经营的利弊及特许经营双方的权利和义务,特许经营中的多元化欺诈与规避,特许经营的原则与统一,特许经营的教育培训及学科建设等。

1.1　自古至今，财富与连锁经营或特许经营都是如影随形

在中国古代，在全国层面，在司马迁的记载中，战国时代的大商人，如白圭、猗顿、郭纵、乌氏倮、寡妇清之先世、蜀之卓氏、梁之宛孔氏等七人，其中，除了白圭和乌氏倮，其他五人皆以经营政府特许经营产业即盐铁而富可敌国。

在清代，《华尔街日报》（亚洲版）曾统计出上一个千年里世界上最富有的50人，其中的世界首富就是十三行的行首伍秉鉴，关于记载其撕碎外国人十万两白银欠条的江湖传说的报纸迄今还保存在大英博物馆里。十三行就是清政府特许经营本国与外国交易的公司，是典型的政府特许经营。

晚清巨贾、红顶商人胡雪岩的财富核心是遍布全国各地的20余家连锁经营的阜康钱庄。在地方层面也是如此，如山东首富丁百万的财产来源就是"山东108县，县县有当铺"，山西晋商代表人物乔致庸仰仗的就是"货通天下、汇通天下"的两个大型连锁等。

在现代中国，国美电器的黄光裕、万达的王健林等都曾是中国的首富。在地方上也是如此，如百圆裤业的杨建新曾问鼎过山西首富、海澜之家的周建平曾问鼎过江苏首富等。

……

不只是中国，别的国家也是如此。例如，美国的首富曾经是沃尔玛的创始人家族；德国的首富曾经是南阿尔迪（奥乐齐）超市连锁的老板，第二富是北阿尔迪的老板；日本的首富曾经是优衣库的创始人柳井正；西班牙的首富曾经是ZARA的创始人奥特加，他还曾问鼎过世界首富；法国首富也是2020年的《福布斯》世界首富，即全球顶级奢侈品集团路威酩轩（LVMH）的伯纳德·阿尔诺（Bernard Arnault），路威酩轩旗下有多个知名连锁经营品牌，包括高奢时装、护肤与彩妆品牌纪梵希、珠宝蒂芙尼、时尚消费品牌迪奥（Dior）等。

在世界层面，到2019年，沃尔玛连续18年位居《财富》的世界500强前三名，其中有14次是第一名，最近连续6年都是第一名。其创始人沃尔顿家族财富破万亿，真正的世界头号富人，家族财富曾以每分钟7万美元、每小时逾400万美元或每天1亿美元的速度增长。

……

在未来，全世界、各个国家和地区的首富团中依旧会挤满连锁经营或特许经营的创始人。

1.2　特许经营的字源考究、定义及常用术语

[本节要点]

本节首先考究特许经营的字源，然后介绍国内关于特许经营的几种翻译与理解中的规范用语。

第二部分介绍国内外的政府、法律、协会、学者、企业等关于特许经营的各种不同

定义，在此基础上归纳出商业模式特许经营的几大本质内涵。

第三部分主要讲解特许经营的数十个常用术语。

本节的目的是使读者清晰、准确、深刻地理解特许经营的字源、定义、规范名称，掌握有关特许经营的常用术语。

1.2.1 字源考究

特许经营是一个"舶来词"，英文单词是franchise。随着时代的变迁，特许经营的含义已经发生了许多改变，但从字面上分析，我们可以了解特许经营的起源以及特许经营的大致意思。

在由陆谷孙主编、上海译文出版社出版的《英汉大词典》（缩印本，1996年6月第5次印刷，第684页）中，我们可以查到如图1-1所示的关于franchise的解释：

（名词）：
① 公民权；选举权；选举权的资格规定；管辖权
②（政府给予个人或团体的）特许，特权；特权范围
③（公司或制造商给予的在某一地区经营业务的）特许经销权；特许经销区
④ <古>免除赋税负担的特权，豁免；<废>免遭监禁，免受奴役
⑤ 其他（略）
（动词）：
给……以特许；给……以公民权（或选举权）

图1-1　《英汉大词典》对franchise的解释

从上面对于franchise的解释中，我们可以清楚地看到：

① 特许经营最早的意思是政府或当权者所行使的一种特别许可，即特许经营的起源是和政治或行政有关的，这一点恰与汉语对于特许一词的"有关当局给予的特别许可"的解释相一致，我们称这种特许经营的形式为政府特许。最早的特许人是政府，受许人可以是个人，也可以是公司等组织。这和现代经济领域内的特许经营的权利、义务双方相似。

② 分析"豁免"等词，可知franchise无疑是一种特殊的、特别的权利，它带有特许人对受许人进行奖赏、鼓励、支持的意味，这一点在现代经济领域内的特许经营里也有突出表现。

③ franchise被翻译为汉语时，它有名词和动词两个词性。作为名词，franchise又有多重意思，比如可译为特许经营权（或特许权）、特许经营（指其模式），有时也有单店、区域的意思；作为动词，franchise则表示将特许权授予出去的活动或过程。具体翻译结果要通过franchise所在的上下文来校正。国际特许经营协会的网站则明确指出，

"franchise"指特许权，"franchising"指特许经营模式。

需要注意的是，现代特许经营的含义早已突破了政治、行政的局限，更多的是指企业、个人等的经济行为。在商业上，特许经营通常被理解为特许人赋予受许人（加盟商或被特许人）一种特权，其更类似于图1-1中第③条的解释，"（公司或制造商给予的在某一地区经营业务的）特许经销权；特许经销区"。

国内对franchising一词的翻译和理解大致有两种。

第一种俗称或不规范的说法，就是把franchising译为特许连锁、加盟连锁或特许加盟等"特许""连锁""加盟"这三个词语的组合或"整店复制"，这种译法认为特许经营是连锁店的一种组织形式，与直营连锁（又称为公司连锁、正规连锁）、自由连锁（又称为自愿连锁）并列为连锁的三种类型，并且认为特许经营是连锁发展的高级阶段，特许人复制给受许人的是整个店，包括该店的有形和无形的内容。需要注意的是，这几种连锁的经营形式各自定义不同，在实践中各自的特点也不同，是有严格区别的，因此franchising的中文称呼不规范统一，但实质就是将"特许""连锁""加盟"这三组词语进行不同的排列组合。

第二种是把franchising译为特许经营。特许经营组织与连锁店、自由连锁、合作社等并列，属于所有权不同的商店的范畴。这种译法与西方市场营销学的界定是一致的。"特许经营"一词的内涵也与英文franchising的含义相符，笔者认为此种译法更为规范和准确，所以在笔者的著作里，都使用这一名称。中国的有关特许经营的法规政策、政府通知文件都采用"特许经营"这一说法。

1.2.2 特许经营的定义

关于特许经营的定义，可以说是众说纷纭、见仁见智，即使到现在，也没有一个能令各个国家和地区、各个方面的人们都信服的统一定义。

虽然关于特许经营的定义各自强调的是特许经营的不同方面，但其表达的意思却有许多相同之处，因此，了解各方对于特许经营的定义，可以帮助我们更好地理解特许经营的深刻内涵。下面列举几个代表性的例子。

1. 国际特许经营协会（International Franchise Association，IFA）对特许经营的定义

IFA网站（www.franchise.org）上关于特许经营的最新定义是这样的：

特许经营是一种分销产品或服务的方法。一个特许经营体系至少包括两方：①特许人，即将其商标或商号及一个商业体系出让（lend）的一方。②受许人，即为了获得在特许人的名称与体系之下经营商业的权利而支付权益金以及通常都会有的加盟金的一方。从法律上讲，将特许经营的两方联系起来的契约是特许权合同，但通常特许权所指的就是受许人实际经营的商业。

[**评**] 这个定义从特许经营的两个最主要主体——特许人和受许人——的角度出发，首先，明确特许经营是一种分销方法；其次，该定义对于特许权授予的描述是"出

让（lend）"，从而否定了有些人认为的特许权授予是"出售"的说法；最后，"通常特许权所指的就是受许人实际经营的商业"，对于我们认识特许权的本质和范畴具有很大的启发作用，实际上，这句话相当于是给出了特许权的定义，即特许权就是受许人实际经营的那个商业、那个生意。

显然，依据这个定义，特许经营并非单单指商业模式特许经营，而是包括了商标特许、产品特许等其他特许经营类型。

在上述特许经营的总的定义之下，IFA又专门给出了"商业模式特许经营（Business Format Franchising）"的定义：

在商业模式特许经营中，特许人为受许人规定了一个完全的（complete）方案或模式，以用于受许人对其商业的管理与运营。该方案描述了特许商业主要方面的详尽运作程序（step-by-step procedures），以及在考虑到了绝大多数可能发生的管理问题的基础上，为受许人提供了一个完全的（complete）管理决策参考范例。加入商业模式特许经营的主要好处是，该体系及分销产品或服务的方法是经过开发与验证的（has been developed, tested），并且已经和商标融合在一起。因此，与直营式扩张相比，一个成功的零售概念能够实现更快速的扩张。

[评] 在这个定义中，对于商业模式特许经营的几点定性是非常准确和富有启发意义的：

① 完全的（complete）。定义中两次提到这个词语，分别指方案或模式的完全，以及受许人管理决策参考范例的完全。这说明商业模式特许经营所提供的特许权绝不仅仅是一个商标或产品那么简单，而是包含了商业运作的"全部"方面。

② 详尽运作程序（step-by-step procedures）。特许人必须至少拥有一套完善的运作手册，否则不能被称为是"完全的"模式。

③ 经过开发与验证的（has been developed, tested）。这就把那些自己没有实际经营经验、不成熟的、不成功的特许人排除在外。如今，特许人的实际经验已经在许多国家和地区的特许经营法律法规中被明确强调。

上述定义中的这些内容正是商业模式特许经营与其他特许经营的本质区别之一，也是规范的特许经营体系所必须具备的基本特征。因此，IFA的这一定义对于我们准确理解特许经营以及商业模式特许经营是非常有帮助的。

2. 美国联邦贸易委员会对特许经营的定义

1979年，美国联邦贸易委员会规定，凡属于下列两种连续性关系之一的，肯定为特许经营。

第一种包括下列三个特征：

① 特许经营的受许人出售的货物或服务项目要求达到特许经营的特许人所规定的质量标准（指受许人按照特许人的商标、服务标记、商号名称、广告或其他商业象征经营商业）或出售标明特许人标记的产品或服务项目。

② 特许人对受许人企业的经营方法行使有效的控制（significant control）或给予有效的协助（significant assistance）。

③ 在业务开始的六个月内，受许人要向特许人或其成员支付500或500美元以上的费用。

第二种包括下列三个特征：

① 受许人出售由特许人或与特许人有关的商人供应的货物或服务项目。

② 特许人为受许人找到开立账户的银行或为受许人找到自动售货机、货物陈列架的地点或位置，或向受许人介绍能够办妥上述两件事情的人员。

③ 在业务开始的六个月内，受许人要向特许人或其成员支付500或500美元以上的费用。

［评］首先，第一种描述包含了商业模式特许经营的概念，第二种描述拓展了特许经营的概念，根据第二种描述，商业模式特许经营显然只是特许经营的一种。但这两个定义都明确地指出受许人必须在规定的时间内向特许人交纳一定数额的费用，这个内容是很有价值的，因为这反映的不仅是受许人的义务，同时表明获得特许人所授予的特许权是需要一定代价的。因此，特许权是可以给特许人带来价值或利润的源泉。

其次，这两个定义分别简明地描述了特许经营双方的权利和义务，这说明，特许经营是一个相互给予、合作的关系。其中，特许人的"帮助"是特许经营得以顺利进展的一个重要条件。

最后，这两个定义都认为特许经营是一种"连续性关系"，这一点也值得关注。

3. 美国第一个制定特许经营法的州——加利福尼亚州，关于特许经营的定义

美国各个州关于特许经营的定义虽然略有不同，但大体还是非常相似的。此处列举美国第一个制定专门特许经营法律的州，即加利福尼亚州，关于特许经营的定义。在《加利福尼亚商业与职业法（2001版）》中，特许经营被赋予如下定义。

特许经营意味着一份合同或契约，无论口头或书面，它都在两个或两个以上的个体之间采用如下方式明示或暗示：

① 受许人被授权从事所提供的生意，以某种实实在在规定好的营销计划或体系来出售或分销产品或服务。

② 受许人按照这个计划或体系，切实运营关系到特许人的商标、服务标记、商业名称、标志、广告或别的表明特许人或其分支机构特色的象征物的生意。

③ 受许人需要直接或间接地支付特许经营费用。

［评］在定义中，"契约"以及受许人必须支付"费用"再一次被强调，受许人按照特许人的某种规定来经营也被反复提及，这些对我们研究特许经营的本质具有很强的启发作用。

4. 欧洲特许经营联合会对特许经营的定义

特许经营是一种营销产品和（或）服务和（或）技术的体系，基于在法律和财务

上分离和独立的当事人——特许人和其单个受许人——之间紧密和持续的合作，依靠特许人授予其单个受许人的权利，并附加义务，以便根据特许人的概念进行经营。此项权利——经由直接或间接财务上的交换——给予并强制单个受许人的商号、和（或）商标、和（或）服务标记、经营诀窍、商业和技术方法、持续体系、和其他工业和（或）知识产权，在双方一致同意而制定的书面特许合同的框架和条款之内。

[评] 首先，这个定义直白、简单地把特许经营界定为一种"营销"体系，这样一种非常传统的看法对于特许经营的领域拓展与创新无疑是一个人为的限制，这是此定义的不足之处。该定义还开宗明义地指出，特许经营"营销"的对象至少有四大类：产品、服务、技术以及它们之间的某种组合。

其次，这个定义详细描述了特许权的内容，比如特许权的内容应该是"商号、和（或）商标、和（或）服务标记、经营诀窍、商业和技术方法、持续体系、和其他工业和（或）知识产权"，可以说，这是诸多定义中描述特许权内容较为完善的一个定义。

再次，其准确、严谨的语言描述也使人们无法摆脱它的影响，比如"和（或）"词语的使用使得人们对于特许经营这种模式的类别划分有了许多回味和琢磨。

最后，此定义强调了特许经营的契约是"书面特许合同"，这是此定义与其他定义的不同之处。

5. 马来西亚特许经营协会对特许经营的定义

马来西亚特许经营协会关于特许经营的定义如下所述。

特许经营指两方或两方以上之间，无论是以口头形式还是书面形式，达成的明示的或暗示的合同或协议，据此：

① 特许人授予受许人在特许人规定的期限内按照特许人确定的特许经营体系开展经营的权利。

② 特许人授予受许人使用特许人所拥有的或与其有关的标识、商业秘密、机密信息资料或知识产权的权利，包括特许人作为任何工业产权和/或知识产权的登记使用者或经他人许可的使用者，将其拥有的该工业产权和/或知识产权的使用权授予受许人。

③ 特许人有权在特许经营协议期限内，按照特许经营体系的要求保持对受许人业务活动的管理。

④ 特许人有义务协助受许人开展经营，包括提供资料、服务、培训以及销售、业务或技术上的支持。

⑤ 特许人可要求受许人支付一定费用或用其他形式作为代价，以作为对授予权利的回报。

⑥ 受许人独立于特许人开展经营。受许人与特许人之间的关系在任何时候不应视为合伙、服务契约或代理关系。

[评] 首先，这个定义肯定了特许经营的契约性特征。

其次，它罗列了特许经营双方的代表性权利和义务，并以此作为特许经营的定义本身，在强调特许经营契约性特征的同时，表明特许经营是对双方的一种相互的约束和促进。

再次，该定义认为特许权是"特许人所拥有的或与其有关的"，以及特许人是特许权的"登记使用者或经他人许可的使用者"，这些细节显然是考虑到了次特许人或区域受许人的情况。

另外，该定义对于特许权的定性为"……的使用权"，清晰说明了特许权的产权归属问题，明确表明受许人对于特许权只有使用权，无产权或处置权。

定义的最后，旗帜鲜明地提出受许人"独立"于特许人开展经营，并且指出特许经营不同于"合伙、服务契约或代理关系"，这种定义内容对特许经营关系的定性具有一定借鉴价值。

可以说，马来西亚特许经营协会的这个定义在细节处理上、结论式定性上非常大胆且清晰，说明其对特许经营的本质认识非常深刻。

6. 日本特许经营协会对特许经营的定义

日本特许经营协会是如此定义特许经营的：

特许经营指，总公司和受许人缔结合同，将自己的店号、商标以及其他足以象征营业的东西和经营的诀窍授予对方，使其在同一企业形象下销售其商品，而加盟店在获得上述权利的同时，相对地需要付出一定的代价给总公司，在总公司的指导及援助下，经营事业的一种存续关系。

[评]这个定义集中而充分地体现了商业模式特许经营的特点，比如在对特许权的描述中使用的连接词为"以及""和"，比如"同一企业形象"，比如"总公司的指导及援助"等。

该定义的明显不足之处是，它把特许经营体系单店的业务范畴定性为"销售其商品"，这样就把提供服务之类的特许经营体系排除在外，把特许经营简单地归为一类营销渠道而非一类商业模式。

7. 原中国国内贸易部对特许经营的定义

1997年11月14日，中国国内贸易部在发布的《商业特许经营管理办法（试行）》中规定：

特许经营是指特许人将自己拥有的商标（包括服务商标）、商号、产品、专利和专有技术、经营模式等以合同的形式授予受许人使用，受许人按合同规定，在特许人统一的业务模式下从事经营活动，并向特许人支付相应的费用。

[评]这是一个纯粹的关于商业模式特许经营的典型定义，这个定义把商标特许、产品特许等类型的特许经营全部排除在外。

8. 商务部令2004年第25号《商业特许经营管理办法》对特许经营的定义

2004年12月31日由商务部颁布的、于2005年2月1日起生效的《商业特许经营管理办法》（以下简称《办法》）认为：

第1章 特许经营概述

本办法所称商业特许经营（以下简称特许经营），是指通过签订合同，特许人将有权授予他人使用的商标、商号、经营模式等经营资源，授予被特许人使用；被特许人按照合同约定在统一经营体系下从事经营活动，并向特许人支付特许经营费。

[评] 这个定义和1997年定义相比，几个改进性区别在于：

① 明确说明这是"商业特许经营"，而不是其他特许经营（如政府特许经营）的管理办法，比以前的定义更加准确。这也同时说明《办法》的制定者意识到除了商业特许经营之外的其他特许经营类别的存在。

② 特许权的界定从1997年的"特许人自己拥有的"改为"特许人有权授予他人使用的"，考虑到了再特许等情况的规定，这无疑增强了定义的严谨性。

③ 特许权的内容从1997年的无序、不完全罗列改为"经营资源"，并指出该资源的内容可以包括"商标、商号、经营模式等"。

④ 在特许经营的统一性方面，从1997年的"在特许人统一的业务模式下"改为"在统一经营体系下"，在把"统一"的范围扩大的同时，也赋予了"统一"更多的弹性空间。

⑤ 在特许经营费用方面，从1997年的含糊性的"相应的费用"明确改为"特许经营费"。该《办法》还进一步详细地指出，"特许经营费是指被特许人为获得特许经营权所支付的费用，包括下列几种：加盟费、使用费和其他约定的费用"。应该说，这是历史性的进步。

9. 中国《商业特许经营管理条例》对特许经营的定义

2007年1月31日国务院第167次常务会议通过，2007年2月6日由国务院总理温家宝签字公布、自2007年5月1日起施行的《商业特许经营管理条例》（以下简称《条例》）认为：

本条例所称商业特许经营（以下简称特许经营），是指拥有注册商标、企业标志、专利、专有技术等经营资源的企业（以下称特许人），以合同形式将其拥有的经营资源许可其他经营者（以下称被特许人）使用，被特许人按照合同约定在统一的经营模式下开展经营，并向特许人支付特许经营费用的经营活动。

企业以外的其他单位和个人不得作为特许人从事特许经营活动。

[评] 和《商业特许经营管理办法》相比，《条例》对于特许经营的定义的几点不同和值得注意之处是：

① 《条例》认为特许经营是一种"经营活动"。

② 《条例》特别强调特许人必须有"注册"商标。

③ 《办法》中的"经营资源"中包括"商号、经营模式"，在《条例》中，这两方面内容变为"企业标志、专利、专有技术"。

④ 特许人必须是企业，因此，个人、事业单位、社团、政府等都不能从事商业特许经营。

⑤ 受许人从事经营活动的框架从《办法》中的"统一经营体系"，变成了"统一

的经营模式"。

⑥《条例》特别强调特许经营权的授予要通过"合同"的形式。

《条例》关于特许经营定义的不足是,又回到了《商业特许经营管理办法(试行)》中对于特许权和特许人的归属关系的理解,即"将其拥有的经营资源许可……",因此,范围更宽的"有权授予他人使用的"界定和范围更窄的"拥有的"界定之间的矛盾就立刻呈现出来,这在实际的市场经济活动中会使得一级特许人企业的二级特许人、区域受许人等行为受到限制。

10. 学者们对于特许经营的定义

中外学者们,尤其是国外特许经营发达国家和地区的专家与学者们对于特许经营的独到、深刻理解对于我们把握特许经营的本质与含义具有很大的启发意义。

表1-1是罗伯特·贾斯汀和理查德·加德先生在其著作《特许经营》里所概括的学者们对于特许经营定义的几种不同理解。

表1-1 特许经营的不同定义方式[1]

商业机会	服务或商标产品的所有者(生产者或经销商)给予个人在当地分销和/或销售服务或产品的独占权利。作为回报,个人支付一定费用或特许权使用费(加盟费),且要求按照议定的方法生产或销售的产品或服务要符合特许人的品质标准
商业模式或者方法	受许人经特许人授权在特许人设计的营销模式下提供、销售或分销产品或服务
特许经营机会	特许经营的实质由以下三因素组成:商标和/或标志、附有营销计划的产品或服务的使用、一定的特许权使用费的支付
许可关系	产品、服务或方法的所有者(特许人)把分销这些产品、服务或方法的权利授予附属经销商(受许人),该权利的持有者对特定地理区域的市场具有独占权利
持续关系	特许人提供一种商业模式的使用权,加上组织、培训、经营和管理的支持。作为回报,受许人支付一定费用

[评]罗伯特·贾斯汀和理查德·加德先生对于特许经营定义的概括为我们提供了关于特许经营定义的多面视角,但其对于特许经营的定义概括基本指的是商业模式特许经营。在表1-1中,值得注意的是两点:

---

1 罗伯特·贾斯汀,理查德·加德. 特许经营[M]. 李维华,等译. 北京:机械工业出版社,2004.

① 特许经营是一种商业机会，这是针对特许经营的双方而言的，特许经营既是特许人的机会（比如扩大企业规模、迅速发展、打造品牌等），同时也是受许人的机会（比如创业、做老板、赚钱等）。

② 特许经营是一种关系（许可与持续的关系），这种关系既有商业关系的普遍性质，也有其自己的独特方面，因此对特许经营关系的研究是一个很好的课题，值得有兴趣的人们深入研究。

11. 麦当劳对特许经营的定义

作为特许经营企业，麦当劳是怎么定义特许经营的呢？

麦当劳公司认为：把一整套的快餐服务技术及店面标准系统授权给想加盟麦当劳的人使用，加盟者向麦当劳支付首期特许费2.25万美元，并按月销售额的3.5%交付特许使用费和8.5%交付房租，麦当劳支持每一个加盟者取得成功，这就叫作特许经营。

[评] 实际的特许人企业对于特许经营的看法非常简洁明了，它们主要强调的就是特许人和受许人双方的各自权利和义务，并且倾向于用非常具体、准确的数字来表达他们的意思，或许这样在实际中的双方纷争会好处理些。

另外要注意，这个定义中的一句话非常值得特许人企业思考，那就是"麦当劳支持每一个加盟者取得成功"。其实，支持受许人取得成功是每个特许人必须要尽的义务，也是商业模式特许经营的深刻本质之一。

12. 笔者关于特许经营的几点看法

更多的关于特许经营定义的例子不用列举。总之，尽管关于特许经营的定义很多，甚至彼此之间有很大的差别，但是笔者以为，作为商业模式特许经营，其基本的含义应该包括如下几个方面：

① 合同关系。特许经营是特许人（franchisor）与受许人（franchisee）之间的一种合同（契约）关系。

从合同的大部分及主要方面来讲，特许人和受许人之间的特许经营合同是一种既定格式、既定内容的合同，而非经由双方商议而订立的合同。特许人事先拟定合同内容，然后将相同格式的合同交予众多的加盟申请人，经其同意后签订的一种格式化合同。这是特许经营合同与其他合同的最大区别之一。但需要注意的是，从如今的现实以及未来的趋势来看，特许经营合同已经在受许人"不可谈判"的方面发生了改变，也就是说，格式化的特许经营合同的部分内容是可以根据不同的受许人的实际情况有所变化的。

② 一"套"经营资源体系。商业模式特许经营的特许权并非仅指商标、商号、经营诀窍、产品、专利、专有技术等的某一个或几个，而是它们的"全部"的组合，并且这个组合被市场证明是成功的。

③ 特许经营费用。特许人将其特许权授予受许人使用或经营，受许人因此而获得利益。作为特许人授予、允许使用和帮助受许人有效使用或经营特许权的代价，受许人需要向特许人做出一定的支付。

④ 统一的经营模式。受许人要在特许人统一的经营模式下进行经营活动。

⑤ 授予后的支持。商业模式特许经营并不只是授予特许权，而是需要特许人指导、协助、支持受许人取得成功。

1.2.3 特许经营的常用术语

为了准确、深刻地理解特许经营的定义，以及后续学习，我们必须掌握特许经营的常用专业术语。

① **特许人**，也称"盟主"，指将特许权授予出去的主体，即在特许经营活动中，将自己所拥有的或有权授予他人的商标、商号、产品、专利和专有技术、经营模式及其他营业标志等授予受许人使用或经营的一方，特许人通常为法人，按照《商业特许经营管理条例》的规定，特许人必须是"企业"。特许人是特许权的真正所有者或有权授予者。特许人可以细分为一级特许人或主特许人、次级特许人或再特许人等，前者一般是特许权的所有者，后者一般不是特许权的所有者，但其可以将特许权再转授予他人。

② **受许人**，也称为加盟商、被特许人等，指加盟某一特许经营体系的独立法人或自然人，即在特许经营活动中，通过付出一定的费用来获得其他组织、个人的商标、商号、产品、专利和专有技术、经营模式及其他营业标志等一定期限、一定范围内使用权或经营权的自然人或法人。

③ **特许权**，又叫特许经营权，是特许人所拥有、或有权授予其他组织或个人的商标、商号、CIS系统、专利、经营诀窍、经营模式等无形资产，以及与之相配套的有形产品、无形服务等。它是特许经营运作的中心环节。

特许权分为广义的特许权和狭义的特许权。广义的特许权包括上述所讲的无形资产、有形产品和无形服务的组合。狭义的特许权指的是商标、商号、CIS系统、专利、经营诀窍、经营模式等无形资产。人们通常意义上所说的特许权是狭义的特许权。

④ **特许经营费用**，指的是在特许经营关系的存在过程中，为使特许经营成功进行，受许人需要向特许人上交的费用。特许经营费用分为三类：特许经营初始费（加盟金）、持续费（包括特许权使用费、市场推广与广告基金）以及其他费用（履约保证金、品牌保证金、培训费、特许经营转让费、合同更新费、设备费、原料费、产品费等）。

⑤ **加盟金**，即特许经营初始费，指的是特许人将特许经营权授予受许人时所收取的一次性费用。主要用途是特许人为使受许人正常开业以及开业后顺利进入正常营运阶段，而在受许人开业前为其提供的一系列支持和帮助。它同时体现了特许人所拥有的品牌、专利、经营诀窍、经营模式、商誉等无形资产的价值。

⑥ **特许权使用费**，又称权益金、管理费等，指的是受许人在经营过程中按一定的标准或比例向特许人定期或不定期支付的费用。它体现的是特许人所拥有的品牌、专利、经营诀窍、经营模式、商誉等无形资产、有形产品和无形服务等特许权的价值。

⑦ **市场推广与广告基金**，指由特许人按照受许人营业额或利润等的一定比例或某固定值而向受许人定期或不定期收取的费用所组成的基金，该基金一般由特许人统一管理，或特许人和受许人双方共同管理。受许人使用该基金时需向特许人提出申请，由特许人审批和统一规划。该基金主要用于特许经营体系（包括特许人和受许人）的市场推广和对外广告宣传方面，但一般不能用于特许人招募受许人的广告或宣传。

⑧ **履约保证金**，受许人签订合同后交给特许人的保证金，作为受许人保证遵守所签合同条款的押金。当受许人不履行所签订合同的义务时，这个费用主要用于补偿特许人的损失。合同期满，受许人未有违约现象，履约保证金如数退还受许人，通常只退还保证金本金而不计利息。

⑨ **铺货货品保证金**，受许人在订购货物时向特许人交纳的非货物价款的费用。一般，特许人可根据实际的货物数量和价值等确定铺货货品保证金的收取额度。合同期满，受许人未有违约现象且货物款项支付完全时，铺货货品保证金如数退还受许人，通常只退还保证金本金而不计利息。

⑩ **品牌押金**，又称品牌保证金，是受许人在签署特许经营合同的同时向特许人交纳的费用，用于约束受许人在特许经营关系持续期间不发生有损特许经营体系品牌的行为。合同期满、未有违约情况，品牌押金如数退还受许人，通常只退还保证金本金而不计利息。

⑪ **加盟申请人**，指向特许人递交加盟申请的法人或自然人。

⑫ **准受许人（准加盟商）**，指已与特许人签订了加盟意向书，但还未签订正式特许经营合同的加盟申请人。

⑬ **加盟意向书**，指的是在签订正式的特许经营合同之前，加盟申请人和特许人签订的一份协议，该协议主要表明双方意欲在未来某个约定的时间、地点签订特许经营合同。加盟意向书签订后，双方进入互相考察、确定店址、加盟谈判的实质性阶段。

⑭ **特许经营体系**，指的是由特许人（包括总部、分部、配送中心、直营店等）和获得特许权的若干受许人所组成的，在特许人的统一组织、督导及其经营管理模式下从事经营活动、推广产品或服务的业务机构的组合性实体。

⑮ **直营店**，指特许人投资至少占50%以上建立实体，并由特许人团队运营、管理的单店。

⑯ **加盟店**，指受许人投资至少占50%以上建立实体的单店，又分为两类：特许加盟店和合作加盟店。

⑰ **特许加盟店**，此类型加盟店的实体投资（场地、设备、装修等）完全由受许人投入，受许人日常经营加盟店和承担风险，特许人向受许人收取特许经营费，包括加盟金、权益金和市场推广与广告基金等。人们通常意义上所指的加盟店就是特许加盟店。此种方式比较适合创业型受许人。

⑱ **合作加盟店**，此类型加盟店是指受许人与特许人共同进行加盟店的实体投资，比如，特许人以设备资本作为投资，受许人以场地、装修等资本作为投资，特许人负责

加盟店经营并承担经营风险，受许人提取确定利益。此种方式对于受许人来说，既可以降低投资门槛，又可以减少经营风险，受许人还可以从事其他经营。合作加盟比较适合投资型受许人。

⑲ **样板店**，指的是特许人用作复制单店时的样板、示范的单店，通常为特许人或次特许人的直营店，其可被用为潜在或现有受许人参观、学习、接受培训和实习的场所。

⑳ **旗舰店**，一般是针对单店的外在形象和内在品质而言的。旗舰的英文是flagship，本意是海军舰队中用于指挥整个舰队作战的舰船，据此引申而来的旗舰店指的是在某区域中、或在某特许经营网络体系中，内外综合实力最强、最能展示和代表其所在特许经营体系的形象与品质的单店。和其他单店相比，旗舰店通常具有如下特征：面积更大、店址更好、商品更齐全、人员素质更高、装修更高档、级别更高（如直接归总部管理或拥有、店长职位高于其他单店店长）等。同时，旗舰店可能还负有一些经营之外的责任，比如作为周边区域内其他单店学习、培训的样板，领导、管理周边区域内的其他单店，为周边区域内的单店提供物流配送服务等。

不同的行业或企业可以根据自己的实际情况用数字等形式明确界定旗舰店的类别，比如笔者在编制《汽车维修服务连锁经营规范》时，规定旗舰店指的是"在连锁经营体系中，服务及产品品类达到连锁经营体系所有服务及产品品类95%以上、面积符合总部规定要求的分店。"

㉑ **中心店**，它是针对单店的商圈或所在地域而言的。因为每个店都有自己的商圈，所以，处在几个商圈的交汇处，能同时覆盖周边几个商圈的单店通常被称作中心店。因为独特的地理位置，中心店通常还会具有如下特征或功能：规模较大、商品种类较全、具有高度的地域战略意义、对周边商圈内的单店提供商品配送服务等。

㉒ **标准店**，它是针对单店的"配置"特征而言的，即无论在单店的硬件、软件，有形、无形，内在、外表等哪个方面，标准店的所有"配置"全部都是在其特许经营体系中已经成熟的、其他所有加盟店都可以或应该同样具备的"标准件"。比如，其店址、装修、商品种类、面积等方面，甚至包括商圈类别、销售业绩、服务水平、管理质量等，都是其所在特许经营体系的理想的标准化样板。通常，标准店是分店的复制样板。

㉓ **独立店**，指的是拥有独立经营场所、营业执照的分店。

㉔ **店中店**，指的是在独立店的场所中划定区域设立，并拥有相对独立运营体系的分店。

㉕ **总部**，特许人建立的用于发展、管理和经营特许经营体系的机构，它和单店、配送中心共同被称为特许经营体系的三个基本元素。

㉖ **分部**，一般是总部的区域性管理分支机构。为了更好地管理某个较大区域，特许人总部通常会按照地理区划设立分部，分部在总部指定的管理辖区内代为行使总部的指定权利，如管理权、特许经营开发权等。

㉗ **单店受许人**，即只有权开设一家加盟店的受许人。

㉘ **多店受许人**，即有权开设两家及两家以上的加盟店的受许人，比如可以有两店受许人、三店受许人等。

㉙ **区域受许人**，指加盟某特许体系并获得在某指定地理区域专有权利的受许人，其有权自己直接开设本特许经营体系的单店（即自己的直营店，也是特许人的加盟店），并/或有权在其专有区域内再发展其他受许人。通常，特许人会要求区域受许人在指定时间、指定区域开设指定数目的加盟单店。按照其是否具有再转授特许权的特点，区域受许人可再细分为区域直接受许人和区域复合受许人。

㉚ **区域直接受许人**，指的是在其所加盟区域内只能自己直接投资开设加盟店，而不能再将特许权转让出去或发展其他受许人的区域受许人。

㉛ **区域复合受许人**，指的是在其所加盟区域内既可以自己直接投资开设加盟店，也可以再将特许权转让出去或发展其他受许人的区域受许人。

㉜ **特许经营手册**，指的是特许人编制的一系列指导、规范、监督、考核、介绍特许经营体系并使之顺利运营的文件，是特许人对自己特许经营业务的全面性的知识、经验、技能、创意、状况等的文本、图形、音频、视频等的体现，是特许人工业产权和/或知识产权的物化形式。它们可以有多种分类方式，比如可以分为单店系列手册、分部或区域受许人系列手册、总部系列手册等。

㉝ **《加盟指南》**，又称为《招商指南》，是由特许人编制并向潜在受许人群体公布的、精练概括介绍自己特许经营体系状况并吸引潜在受许人加盟的文件，其主要内容是对本特许经营体系的全面性概略介绍，目的是引起潜在受许人对本特许经营体系的兴趣。潜在受许人可以根据《加盟指南》大致了解特许人的状况，并按照上面的联系方式（电话、传真、email、地址、申请表等）与特许人进一步洽谈。通常，特许人会将其设计、印刷成非常精美的寥寥数页的小册子或彩色折叠纸。《加盟指南》通常包括三大部分：正文文字、图案和附件《加盟申请表》。

㉞ **《加盟申请表》**，指的是潜在受许人在申请成为受许人前所填写的一份交给特许人的关于潜在受许人相关情况的调查性表格，特许人可依据此表格对潜在受许人进行初步的加盟资格筛选。《加盟申请表》的内容通常包括申请人的基本资料（姓名、性别、年龄、婚否、籍贯、学历等）、联系方式、详细地址、是否已有单店、欲以何种方式加盟、学习和工作简历、计划的店址、计划的签约时间、计划的投资额、计划的投资地区、加盟后的商业计划以及特许人对潜在受许人的其他调查等。

㉟ **单店手册**，其内容是关于一个单店建设前、建设中及建设后的所有工作内容、制度、流程、规范和步骤等，是单店全部运营活动的指导和规范。其使用者是所有特许经营体系中的单店，包括总部、分部的直营店和加盟店。

㊱ **分部或区域受许人手册**，是指导分部或区域受许人如何在所特许区域开展工作的指南，其内容主要是分部或区域受许人如何开展工作的内容、制度、流程、规范和步骤等。主要使用者为分部或区域受许人。

㊲ **总部手册**，是总部为了特许经营体系的良性运转而编制的、对特许经营总部的运营、管理等方面的工作指导和规范，这是特许人自己进行特许经营体系运营与管理的依据。使用者主要为总部或特许人，必要时可以将总部手册的部分内容交由受许人使用，如关于产品知识、公司介绍等方面的手册。

㊳ **特许经营合同**，它并不是一份合同，而是一系列的合同，它有广义的特许经营合同和狭义的特许经营合同之分。广义的特许经营合同指特许人和受许人签订的、用于规定双方在特许经营关系过程中的权利和义务、确定双方特许经营关系的法律契约。它包括特许经营主合同（即人们通常理解意义上的特许经营合同）和特许经营辅助合同。狭义的特许经营合同专指特许经营主合同。

㊴ **特许经营主合同**，该合同由特许人和受许人双方签订，是双方建立特许经营关系的正式法律凭证。该合同规定特许经营双方的主要权利和义务，特许经营权的内容、特许期限、特许地域、特许费用、违约责任、合同解除等所有重要内容，它又可分为单店特许经营合同、多店特许经营合同和区域特许经营合同，分别指的是单店受许人、多店受许人、区域受许人和特许人所签订的特许经营合同。

㊵ **特许经营辅助合同**，指的是在签订特许经营主合同的同时，为确保特许经营关系能更完善、切实地建立和运行，而由特许人和受许人双方另行签订的一些合同，如《商标使用许可协议》《防止腐败合作协议》《软件许可与服务协议》《市场推广与广告基金管理办法》《竞业禁止协议》《保证金协议》《供货合同》《单店店面转租合同》等。

㊶ **统一特许权提供公告**（UFOC，Uniform Franchise Offering Circular），在美国，为了加强对受许人的保护和对特许人的约束，特许人必须像上市公司要为股东或社会大众揭示某些经营管理类的信息性公告一样，为潜在受许人提供一份揭示其自身特许经营概况、资料的文件，这个文件在美国被称为Uniform Franchise Offering Circular。这份公示文件的目的是特许人在潜在受许人正式加盟之前提供给潜在受许人关于其特许经营体系的某些实质性信息，以便潜在受许人能因理解特许人的信息、权利义务以及受许人自身的信息、权利义务而做出投资决策以及能够制订一份比较明智的加盟商业计划。在美国，一份标准的、符合法律规定的统一特许权提供公告至少包括四个方面：联邦贸易委员会封页、目录、包含23个条目的具体内容以及附件。

㊷ **督导**，指的是在特许经营网络体系中，由专门的人员（专职督导员或兼职、业余督导员）按照一定的规则、标准（通常由特许人总部制订）来对单店的理念、行为、制度、人员、产品、服务、工作流程、视觉形象等各个方面所进行的监督和指导的活动或行为。

㊸ **区域业务专员**，是由特许人指定的、代表特许人为某区域内的受许人（有时也包括特许人的直营店）提供特许人或合同中所规定的各种管理、服务的人员。

㊹ **单店首期投入额**，是单店在正式开业前所必需的全部资金，包括市场调查、商圈分析、选址、装修、办证、设备进场、铺货、招聘、培训、人员薪水及福利、开业仪

式、开业广告、试营业等支出。对加盟店而言，单店首期投入额还包括加盟金、品牌押金等支出。

㊺ **营建**，单店正式开业前的一系列工作和活动的总称，包括市场调查、商圈分析、选址、装修、办证、设备进场、铺货、陈列、招聘、培训、开业仪式策划与实施、开业广告策划与实施、试营业等。

㊻ **特许业务**，指签订特许经营合同后，受许人经特许人授权使用特许人体系的名称和标志，以特许经营合同及其附件、系列运营手册所规定的方式经营的具体业务。

㊼ **授权**，指的是特许人将其特许权授予受许人的活动或过程，受许人在接受了授权之后，就可以在特许经营合同的约束下以特许人的商标、商号、产品、专利和专有技术、经营模式及其他营业标志等来运营特许业务。

㊽ **加盟**，指潜在受许人接受特许人规定的一定条件，以签订特许经营合同（单店合同、区域合同、多店合同等）为法律性标志的，成为特许人特许经营体系中受许人的活动或过程。

㊾ **退盟**，指的是受许人脱离特许经营体系的活动或过程。

㊿ **招募**，指的是特许人或次特许人招收受许人或次受许人加盟本体系的活动或过程。

(51) **受许人或加盟商咨询委员会**（FAC，Franchisee Advisory Council），又称受许人或加盟商顾问委员会，一般是由受许人为主要人员组成的机构，有时也会包括特许人的代表在内。其目的主要是鼓励受许人之间互相交流、向特许人提出建议、协调特许人和受许人之间关系等，该委员会有时也会承担一些具体的职责，如管理广告基金等。

(52) **单店设计时的“8I”**，指的是单店设计时的八个识别。广义的CIS包括八个部分：MI（Mind Identity，理念识别）、BI（Behavior Identity，行为规范识别）、VI（Vision Identity，视觉识别）、SI（Store Identity，店面识别，或Interior Identity室内识别）、AI（Audio Identity，声音识别）、BPI（Business Process Identity，工作流程识别）、OI（Other Identity，其他识别）、EI（Era Identity，时代识别）。

(53) **加盟条件**，又称招募标准，是特许人制订的对于其特许经营体系的受许人资格的要求，通常，任何潜在投资人或受许人必须满足了这个要求后，特许人才会与其洽谈进一步的加盟事宜。加盟条件包括资金、理念、经验、地址等要求。

(54) **加盟流程**，指的是潜在受许人从知道某特许人的存在，到双方接触、选址、谈判合同等，一直到最后签订特许经营合同、受许人培训、装修、证照办理、加盟店正式开业为止的整个时间段内的按时间次序的全部活动或事项。

(55) **特许经营学**，是研究企业、政府等组织和个人特许权运动规律的经济、管理学科。

(56) **特许经营关系**，从狭义上理解，指的是特许人和受许人（包括潜在受许人）双方从知道对方的存在开始，经过一系列的建立、发展、维护关系的活动，包括进一步搜集信息、筛选、比较，首次接触，咨询、见面、互相考察，谈判特许经营合同，签订特许经营合同，培训、支付特许经营费用、营建加盟店，加盟店开业，加盟店正常营运，一直到双方特许经营合同终止或重新续约期间所发生的各种关系的总和。

(57) **备案**，是政府对特许人企业的一种登记管理和公示制度，按照我国《商业特许经营管理条例》和《商业特许经营备案管理办法》的规定，特许人企业必须向国务院商务主管部门或省、自治区、直辖市人民政府商务主管部门提交相关材料进行备案。

(58) **信息披露**，是特许人企业将其特许经营的相关资料和信息以书面形式向被特许人披露的一种制度，按照我国《商业特许经营管理条例》和《商业特许经营信息披露管理办法》的规定，特许人应当在订立特许经营合同之日前至少30日，以书面形式向被特许人披露规定的信息。

(59) **加盟期**，即特许经营的期限，指的是特许经营双方缔结一次特许经营合同所规定的合同持续时间，一般以“年”为单位。

(60) **招募发布会**，又叫项目说明会、招商说明会、OPP会议，这是特许人企业的其中一种招商渠道或形式，指的是特许人企业召集潜在受许人集会，然后特许人企业向这些参会人群集中发布自己的招募加盟信息，并与参会者就加盟问题互动沟通。

(61) **全国连锁**，指的是一个体系的连锁分店开设在两个及以上省级行政单位（包括省、自治区、直辖市）内的连锁经营体系。

(62) **区域连锁**，指的是一个体系的连锁分店开设在一个省级行政单位（包括省、自治区、直辖市）内的连锁经营体系。

(63) **国际连锁**（全球连锁），指的是一个体系的连锁分店开设在两个及以上国家或独立主权地区内的连锁经营体系。

［练习与思考］

（1）仔细研究英语词典中对于“franchise”一词的每条解释，看你能有什么新的发现。

（2）对比更多的国内外关于特许经营定义的不同，分析为什么会有这些不同的定义？这些定义的各自优点和不足是什么？

（3）试着用你自己的语言给特许经营下个定义。

（4）在网上搜索关于特许经营的不同理解，指出它们的不足之处和长处。

（5）指出你所看到的文章、书籍、广告材料等对于特许经营常用名词理解的不当之处。

1.3 特许经营的类型

［本节要点］

本节首先按照领域的不同，对特许经营进行了宏观上的分类。在此基础上，着重讲

第1章 特许经营概述

述两大类特许经营，即政府特许经营和商业特许经营，并对商业特许经营进一步细分和讲解。

目的是使读者清晰掌握特许经营的类别和范围，并在知道本书的主要研究对象是商业特许经营中的商业模式特许经营的同时，了解其他类别的特许经营。

特许经营所涉及的领域极为广泛，根据双方当事人的基本权利与义务的不同以及操作方法的不同，或者依据其他不同的标准，特许经营可以有多种不同的分类结果。了解这些分类方法和结果对特许经营业务的开展是极为重要的。

首先，从大的方面来分，特许经营可以分为政治领域的特许经营（如以前的殖民地是政治领域的特许经营，因为这些区域在政治制度、政权体系或政权性质等方面与授权政府的不同，它们具有高度的政治自主权，包括社会制度、外交、部分法律等。但需要注意的是，我国的经济特区并不是政治领域的特许经营，因为它们在政治上没有不同的性质，准确地讲，它们是经济领域的政府特许经营）、经济领域的特许经营、教育文化领域的特许经营（如大学的分校、合作办学等）等几个大的类别。其中，经济领域的特许经营中最重要的就是政府特许经营和商业特许经营，其特许人分别是政府和企业组织或个人。具体可见图1-2。

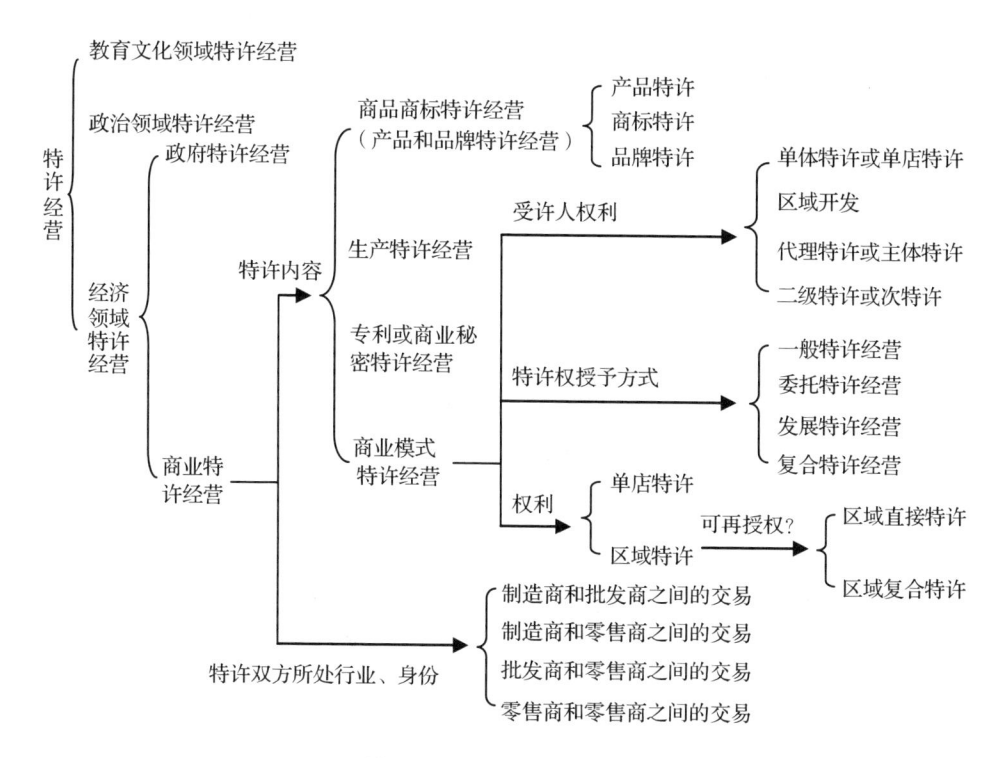

图1-2 特许经营的分类

从图1-2中可以看出，人们习惯上所说的特许经营只是经济领域特许经营中的商业特许经营里的商业模式特许经营，人们习惯上对特许经营概念的理解和认识是非常狭窄的，实际上，真正的特许经营的概念非常宽泛，在众多领域都有特许经营的形式存在，它作为一种行为制度、关系约束、活动表现、资源利用的状态，存在人们日常生活的众多方面。

在本书，我们只讲述经济领域特许经营里的政府特许经营和商业特许经营。对于政府特许经营，本书只是简单概括性地介绍，而商业模式特许经营则是本书论述的焦点和重中之重。对于其他领域的特许经营，有兴趣的读者可以寻找相关资料加以学习和研究。

1.3.1 政府特许经营

如同前文对于特许经营的字源考究所描述的那样，特许经营最早来源于政府特许经营，是政府首先创造和使用了特许经营这种方式。但早期的政府特许经营并非全部或主要用于经济领域，更多的是体现出政治因素。

早期的政府特许经营主要集中在对于某些特权的开发和使用上，它基本上是为了垄断而产生，然后又不断制造出新的垄断。比如现在的经济学和管理理论认为，产生垄断的四个主要原因是对生产要素的控制、专利权、规模报酬递增和政府特许，可见政府特许经营的"特权"空间十分大。早期的政府特许经营的特许对象或受许人是有着政府强权背景的个人或组织，受许人往往依靠政府和法律的强制力来为自己攫取高额的垄断利润。

现代政府特许经营则发生了本质的转变，即现代政府特许经营已经脱离了垄断的狭隘区域和不公平手段，而是本着综合、全面、高效、优质地开发利用资源，尤其是政府管辖的社会公共资源的原则来开发、利用一个国家、地区和城市的全面资源。

其中，社会公共资源指一个国家或地区中的可经营性公共资源，如矿产、土地、基础设施、生态环境、文物古迹和旅游资源等有形资产和重大活动等无形资产，以及依附于其上的名称、形象、知名度和特色文化等无形资产的使用权、经营权、冠名权等相关权益。对于社会公共资源如何挖掘利用和进行市场化配置，许多政府都在努力积极地探索。随着我国加入WTO及社会主义市场经济体制的建立与不断完善，国家在社会公共资源开发和利用方面政策的逐渐放开和认识的逐步加深，社会公共资源的综合开发利用越来越重要和普遍。

把国家当成一个大型企业来"经营"，把社会公共资源市场化，把社会公共资源货币化，从而实现效益最大化，这在发达国家和地区，如日本、美国，已经是非常重要、普遍的做法了，社会公共资源的收益已占城市开发及维护费用的相当比例。因此，我们的国家和政府确实需要在开发社会公共资源或政府特许经营方面继续做出更大的努力，因为这是社会发展的客观必然规律。

在社会公共资源的范畴之内，一个重要的、日益兴起的开发对象就是选择社会投资主体的政府特许经营项目资源，如石油、天然气、水资源、渔业资源、矿产资源、动物资源、电力项目、高速公路、铁路、港口等实物资源，以及政府的物资采购权、大型活动冠名权、国际汇兑业务专营权、特殊产品的生产和销售权、海陆空线路经营权等无形资源。一般而言，对于这些资源的开发和利用无非有两种基本方式：直接管理和间接管理。每种方式下还有不同的具体实施办法，见图1-3。

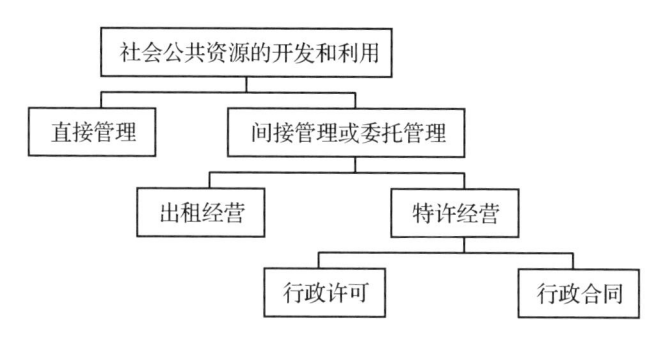

图1-3　对于社会公共资源开发和利用的基本方式

直接管理指由政府对资源进行直接的开发和利用，一般情况下由政府投资，政府部门或国有企业经营，这是传统和普遍采用的一种资源经营与管理形式，但对于缺乏资金、人力等必备经营资源而又想把此事业做得更好的政府就显得不太适用。我国在改革开放前所使用的社会公共资源开发方式基本都属于直接管理方式，结果众所周知，出现了效率低、浪费严重、发展缓慢、滋生腐败等负面效应。因此，民营企业或个人想要进入这个资源的开发领域，以及政府考虑使这些事业能以市场化的方式操作便成为时代发展的必然趋势，结果便导致了间接管理或委托管理的产生。

间接管理或委托管理指政府与有关民营企业或个人合作，签订长期管理合同（一般为20~30年），由民营企业或个人开发某些社会公共资源。世界上越来越多的国家政府倾向于这种相对直接管理而言比较复杂的管理方式。这种管理方式可分为两种形式：出租经营和特许经营。

出租经营，指的是由政府投资建设，所有权属于政府，只将设施的经营权委托给某企业。该企业依靠对设施的运营，即开发相应社会公共资源的收入来获得利润，并将一部分收入交给政府，以便使政府弥补技术性折旧开支及其他有关费用，甚至政府也可从中获得利润。出租经营中的承租企业在经营中也有风险，它必须负责资源的开发和销售，负责所提供的资源或资源延伸出的产品的质量。因此，承租企业必须负责有关设施的运转和保养，可能还要负责部分或全部设施的更新改造等工作。一般说来，政府部门对这种管理方式比较感兴趣，因为它既可以保持政府对设施的所有权，同时又可提高效率，节省大量管理费用以及其他投入，如人力、精力、时间等。有关专家认为，签订资源管理合同是一种非常好的管理形式，它已经扩展到了政府原先所承担的许多其他公众服务部门。

但签订这种出租经营合同的前提条件是，有关设施已经存在或政府有财力修建有关设施。然而，具备这种前提条件的政府并不多或政府并不想自己投资，所以，政府特许权的经营方式就产生了。为了与一般的商业特许权相区别，冠以政府特许权（concession）的名称，主要指用特许权的方法来开发国家所有的资源或建设政府监管的公共基础设施项目，即政府通过颁发授权书的形式许可经营者（受许人）从事社会公共资源的开发和利用，受许人在获得政府特许的经营权后，承担有关设施的修建、更新改造及经营责任。全部费用均由受许人承担，它从开发、利用资源中回收成本并获得利润。在特许合同期满后，受许人应将所有设施交还政府有关部门，而且有关设施必须运转良好。这种方式给政府带来的好处是显而易见的：不用花费任何投资，在20～30年后即可拥有一个开发资源的现成硬件和软件体系。当然，政府也可以不要求受许人必须在特许经营合同期满后交出所有设施，但却要向该受许人收取定期、定额或该资源开发收入的一定比例的特许费，作为资源经营权特许的补偿。因为特许经营方式的便利性，许多国家和地区的政府特许经营都非常盛行，一系列的公共资源开发利用特许经营办法相继出台，比如《基础设施和公用事业特许经营管理办法》《关于加快市政公用行业市场化进程的意见》《深圳市公用事业特许经营办法》《北京市城市基础设施特许经营办法》等。

这种政府特许经营的行为是对"公共资源=公营资源"传统模式的挑战，也是社会公共资源投融资体制的一项重大改革，更是特许经营这种模式在政府经营、全面资源运营等方面的延伸与创新。

政府特许经营项目通常具备四个特点。

1. 一般都是资本密集型、投资回收期较长的项目

政府特许经营的单个项目的资本需求量巨大、回收期长，采用特许权方法可以吸引私有资本投资，并利用大额的国际商业贷款。项目的经营所得采取规定的利益分享方式，项目本身的商业风险由公司承担，政府承担政策变动的风险。所以，政府特许权是一种政府与私有公司之间的合作经营方式，按照特许权项目利益共享和风险共担的原则，在特许权协议条款的约束下进行项目的经营管理。这种方式在资源开发和公用基础设施建设方面可以发挥巨大的作用。

比如，在西方经济强国中，意大利的经济实力相对较弱。第二次世界大战后，在经济恢复和重新振兴的强大需求与压力下，意大利政府意识到公路建设，尤其是高速公路建设的必要性，但是筹措公路建设资金的任务十分艰巨。然而，特许经营方式的引入却有效地解决了意大利高速公路建设的难题。意大利高速公路上的事务，除了交通安全部分交由警方负责外，一切带政府行为的事务均由政府特许授权给公司，由公司执行，以保证公司有合理的收益。特许经营权最长为30年，政府只负责建设规划和收费标准的审

批。意大利是世界上最早发展特许经营公路的国家之一，早在1924年即通过特许经营方式建成了"米兰—莱克斯"的高速公路，意大利是西方少数几个以特许公司形式进行项目融资建设高速公路的国家之一。1955年，意大利颁布了《高速公路及一般公路建设法》，以法律形式将高速公路实施特许经营明确下来。自此，意大利高速公路建设得到长足发展，到2008年年底，意大利收费高速公路5694千米，由25家特许公司经营，占当年高速公路总里程6588千米的86.4%。

法国高速公路的发展也大力借助了特许经营的力量。第二次世界大战后，由于国际资金的限制，法国高速公路发展非常缓慢，1955年全国才有80千米的高速公路。为此，法国国民议会于1955年4月18日公布了法律，决定实行高速公路的政府特许经营制度。该决定的效果立刻显现出来并且成绩巨大：20世纪70年代法国高速公路达到1128千米，80年代4700千米，90年代7279千米，其中用特许经营方式建立的高速公路6200千米，占法国高速公路总里程的86%。截至2008年年底，法国拥有公路经营企业18家，收费经营公路总里程为8522千米。截至2014年，法国境内约11880千米的高速公路中，有约90%的路段为特许公司经营的收费路段。（部分资料来源：《交通财会》，褚春超、程天成、石佩文，《国外高速公路特许经营实践与经验借鉴》）

国际上流行的政府BOT方式实质上也是政府特许经营的一种。BOT，即"建设（build）、经营（operate）、转让（transfer）"，指政府特许外商或国内企业投资者从委托人（通常是政府）手中获得开发某社会公共资源的特许权，在一定期限内享有独立从事这个项目的投资建设和经营权，从中获得经济效益，经营期满后，该项目无条件地移交给国家。

我国的峪园二级公路就是湖南省首次采用BOT方式融资兴建的高等级公路，此路的建成为我国公路建设融资提供了新的实践经验。

近些年，BOT投资方式在投资主体的内涵上有了一系列创新和拓展，衍化出一些类似但又内涵不同的投资方式，如BOOT（build-own-operate-transfer，意为"建设—拥有—经营—转让"），与典型的BOT相比，BOOT的投资主体在特许的某段时间内拥有该项目的全部所有权，自主权更大；BOO（build-own-operate，意为"建设—拥有—经营"），与典型的BOT相比，BOO的投资主体在特许的某段时间内拥有该项目的全部所有权，并且可以长期经营，不需要移交或转让；BORT（build-own-rent-transfer，意为"建设—拥有—租赁—转让"），与典型的BOT相比，BORT的投资主体的灵活性更大，项目建成后先拥有一定年限、后租赁经营一段时间，最后按协议规定移交给政府；BOOST（build-own-operate-subsidy-transfer，意为"建设—拥有—经营—补贴—转让"），与典型的BOT相比，项目建成后，BOOST的投资主体先具有所有权，后具有经营权，然后享受政府补贴，最后将项目移交给政府；BTO（build-transfer-operate，意为"建设—转让—经营"），与典型的BOT相比，该类项目建成后先移交给政府，然后再由国家明确投资企业按协议经营。除此之外，BOT的创新和拓展形式还有BOOS（建设—拥有—经营—出售）、BT（建设—转让）、OT（运营—转让）、TOT（转让—经营—转让）等。我国政府在运用BOT投资方式的同时，也可以根据项目的条件，有计划地采用针对性更强的演化创新形式，以扩大BOT投资方式的使用范围，促成更多项目的合作与建设[1]。

2. 通过招投标的方式选择被授予特许权的公司

这种方式不仅可以选择最有能力的公司，避免政府腐败和项目黑幕，而且通过竞争降低了项目的成本，最大限度地为政府节约成本，或者最大限度地获得社会效益。所以，竞争、招投标是政府特许权项目的另一个重要特征。

3. 对特许出去的资源开发、项目建设等承担一定的指导、监督与帮助作用

比如，规定其产品的价格范围、监督其生产和服务的质量以及为受许人企业提供资金信贷等方面的帮助，甚至直接占投资的相当比例。

4. 需要受许人自己去开拓

政府可以在特许经营所涉及的业务上没有既存经验或历史，这些特许权所涉及的业务模式、业务内容或特许权利用方式等都需要受许人自己去开拓。而商业特许，尤其是经营模式的特许经营是在法律上规定特许人必须有一定的、成熟的经营历史实践的。

如今，政府特许经营权已经成为企业经营的一种宝贵资产，如美国学者弗里德曼认为，20世纪已经出现了"新财产"（New Property）的概念，应当将就业机会、养老金、政府特许作为新财产对待[2]。在对无形资产的研究领域里，政府特许权还被划入了无形财产的范畴。近代以来，无形财产表现为一系列不同类型、不同性质的财产权利总和，使财产范围大大扩展。19世纪，法国法学家奥布里和劳（Aubry et Rau）基于财产越来越多地以无形权利的形式表现出来的事实，创设了广义财产理论。广义财产（Patrimoine），指民事主体拥有的财产和债务的总和。他们甚至把广义财产延伸至财产权利以外的非财产性权利，认为政治权利和人格权等也属于财产形式，其中，政府的特许权便是一种当然的无形财产，"实际上无形财产并不限于股权、票据权利等，而是一个庞大的权利系统，如无形财产还包括知识产权、信托财产权、市场经营自由权、政府特许权等[3]"。

从国内外的历史和现实实践看，政府特许权应用最成功的领域首推石油天然气勘探开发、公益事业、交通等。但近年来，日渐兴盛的各种各样的冠名权特许经营却引起人们的高度重视，如我国的大型运动会（亚运会、大运会、农运会、城运会和2008年的奥运会等）、特定政府机构使用的名称（如人民大会堂指定专用产品）、博览会（如世博

1　郭玉德. BOT投资方式的转移效应、创新与拓展［J］. 东岳论丛，2003，24（4）：47.

2　Friedman, Property, Succession, and Society, 1996, wis. L. Rev. 34a.

3　马俊驹，梅夏英. 无形财产的理论和立法问题［J］. 中国民商法律网"民事法学"栏目下的"学者论坛".

会、园博会等）等。

　　1999年，云南省昆明市举办由国际展览局（BIE）国际园艺生产者协会（AIPH）批准并经正式注册的A1类专业博览会——大型国际园艺博览会。云南省园艺博览局为办好这次盛会，决定以全新的经营方式来运作，特此委托云南辰星拍卖有限公司对部分"中国′99明世界园艺博览会唯一指定产品"的特许使用权向国内外的企业进行公开拍卖，涉及的具体产品达22种，包括纯净水、矿泉水、蒸馏水、牙膏、洗涤剂、洗衣粉、洗发用品、果蔬饮料、乳酸饮料、香皂、洗面奶、方便面、咖啡、沐浴液、卫生巾、彩色电视机、啤酒、女士护肤霜、营养霜、护手霜、复印机、口红、VCD、香水等。这一次的特许经营运作给昆明的博览会举办方带来了不菲的收入，充分展现了特许经营模式"一本万利"的巨大财富魔力，特许经营权拍卖的风潮迅速在中国各地，尤其是政府的社会公共资源经营领域扩展开来。

　　2008年的北京奥运会和2010年的上海世博会的特许经营计划更是热门中的热门。"两会"的特许经营风潮早在2003年就已经刮起，而且，一开始便是"山雨欲来风满楼"的庞大气势，特许经营专卖店、特许经营产品、特许经营厂商、特许权拍卖等名词和新闻频频出现在各大传媒上。比如，2010年上海世博会专门发布《2010年上海世博会特许经营工作实施细则》，以全面实施特许经营业务，通过标志特许经营计划，即上海世博局授权给国内外合格的企业，生产和销售带有上海世博会名称、会徽、吉祥物等知识产权的产品，让更多企业分享上海世博会的品牌资源。世博特许产品经营办公室的统计数字显示，已招募的350多家特许生产商设计开发的24000种产品，涵盖日用品、食品、贵金属制品、集邮品、钻石制品、出版物等29大类，其中15000多种产品已经上市；500元以下特许产品占83%，5000元以上的占5%。园内人均特许产品消费近30元，最高日销售额突破1400万元。在上海世博会开幕的第50天，世博特许产品销售额已超过205亿元，提前完成预定目标。恰当、科学、合理地运用特许经营的操作模式，为这两次盛会带来巨大的社会效益和经济效益。（部分资料来源：新华网，曹国厂、华春雨、吴宇，《中国企业分享世博特许产品带来的机会和舞台》）

　　截至2020年年初，2022年北京冬季奥运会奥组委通过公开征集，已确定特许生产商31家、特许零售商62家，开设特许零售店80家，并在天猫平台开设"奥林匹克官方旗舰店"，推出特许商品1800余款，实现销售收入超过5亿元。北京冬季奥运会奥组委市场开发部部长朴学东表示，北京冬奥会的市场开发计划由赞助计划、特许经营计划、票务计划三大部分组成。目前，特许企业已涵盖了15个行业类别。（资料来源：《电商报》，唐云，《BOCOG渠道销售总收入超过5亿元》）

　　2021年成都世大会暨第31届世界大学生夏季运动会特许经营全球发布会上，10个品类超100款具有天府文化特色的特许商品首发亮相。未来，每季度还将上新不低于100款特许商品，后续累计上新超1000款特许商品。（资料来源：红星新闻，何鹏楠、孟武斌，《官方发布！成都大运会100款特许商品全球发售》）

目前，世界上主要有两种政府特许经营权的授予模式：行政许可与行政合同。前者指的是政府通过颁发授权书的形式许可经营者从事社会公用资源的开发和利用；后者指的是政府与经营者签订合同，依照合同从事社会公用资源的开发和利用。

在我国，政府特许经营的发展越来越受到重视。近年来，市政公用行业开始逐步推广特许经营制度，旨在打破城市供水、供热、供气、公交、污水处理、垃圾处理等行业的垄断，加快这些行业的发展和运行效率，使社会公众受益更大。

总之，政府特许经营的推广和使用，使特许经营在经济中的巨大增值、效率、速度等优势在政府的全面资源运营、城市经营、国家经营中得以深刻体现，它对于增加政府收入、提高政府声誉和形象、最大化开发利用资源、节约政府开支、减少浪费、更好地满足民众需求、提高资源运营效率、加快发展速度、扩大资源运营效益等都是大有好处的，应该得到政府的高度关注和大力推广。

同时，企业也应从政府特许经营中获得两点启示：

① 在自己条件具备的情况下，考虑运用特许经营的方式实现自己的全面资源运营。企业在自己的主营业务中可能会用到某些资源，但通常的情况是，许多资源并没有达到满负荷的利用状态或可以在多个项目运营中同时发挥作用而并不影响资源本身的状态，因此，对于所有这些没有充分利用的资源，企业可以采用特许经营的方式去运作，以从特许经营的全面资源运营中获得最大化的利益和资源利用效果。

这些可特许经营的资源有品牌资源、人力资源、信息资源、技术资源、关系资源、自然资源、物质资源、市场资源、财务资源、组织管理资源、知识产权资源等。具体运作方式可参考笔者的专著《企业全面资源运营论》。

② 加入并成为政府的特许经营受许人，充分利用政府特许权的权威、受保护、市场稳定等优势为企业获取更多的经济效益和社会效益。

1.3.2 商业特许经营

本书所讲的主要内容是商业特许经营，即特许人是非政府的组织或个人的特许经营行为。如非特别指明，本书所述的特许经营就指商业特许经营或商业特许经营中的商业模式特许经营。

1. 根据特许内容的不同，特许经营可以分为三大类

（1）商品商标特许经营，或称产品和品牌特许经营（Product and Trade Name Franchising）。

它指的是，受许人使用特许人的品牌和营销方法来批发、销售特许人的产品。受许人仍保持其原有企业的商号，单一地或在销售其他商品的同时销售特许人生产的并取得商标所有权的产品。实质就是，作为特许人的制造商为其产品寻找销路，授权受许人进行商业开发的权利，此类制造商多为拥有知名产品的大型厂家。此类受许人通常属于零售商一级，在汽车销售、加油站、大众消费品、化妆品等行业较常见。这种类别又可细

分为三类。

1）商标特许。

商标是商品或服务的标记，用于在市场上区别其他商品或服务。商标一般由文字、图形、文字与图形的组合表示。商标一般分为四种。

① 产品商标：指产品生产者或经营者为使自己的商品在市场上同其他商品相区别，用于商品或其包装上的标记。这种商标最为常见，比如你在所购买的每样商品上几乎都可以看到生产者或经营者的商标。

② 服务商标：指用于区别服务业经营者所从事的同类服务项目中的不同特点的标记。通常服务性公司或个人的对外标志都属于此类。比如，美容店、美发店、足疗店、律师事务所、会计师事务所、顾问咨询公司、设计公司等的商标属于此类。

③ 集体商标：指由工商业团体、协会或其他集体组织的成员所使用的商品或服务商标，用于表明商品的经营者或服务的提供者属于同一组织，如各种协会、社团的标志。

④ 证明商标：指由对某种商品或服务具有检测和监督能力或资质的组织所控制，而由其他以外的人使用在商品或服务上，用于证明该商品或服务的原产地、原料、制造方法、质量水平、精确度或其他特定品质的商品商标或服务商标，如绿色产品、环保或其他认证类标记。

经过国家工商管理部门登记注册的商标称为注册商标。只有注册商标才受保护，只有注册商标才能作为特许权授权他人使用。

商标注册人将注册商标授予他人使用称为商标特许。商标注册人许可他人使用其注册商标，双方必须签订商标使用许可合同；商标使用许可合同自签订之日起3个月内，许可人应将许可合同副本报送商标局备案。

作为商标特许，特许人一般只对商标的使用方法有具体要求和限制，对受许人所从事的经营活动并不做严格规定。例如，小猪佩奇、米老鼠、流氓兔、史努比、凯蒂猫、皮卡丘、机器猫和蓝猫等商标的授权使用便是一个典型例子。

2）产品特许。

产品特许指特许人将自己生产的产品授权给受许人批发或零售。特许人一般只对产品的销售方式、销售价格、销售区域及售后服务有要求，但并不限制受许人销售其他产品。比如，服装、化妆品等经常使用这种特许经营方式。在此种特许经营形势下，受许人自行开设店铺，在店铺内可销售不同产品特许人的产品。

3）品牌特许。

美国市场营销协会（AMA）对品牌下了这样的一个定义："品牌是一种名称、名词、标记、符号或设计，或是它们的组合，其目的是识别某个销售者或某群销售者的产品或劳务，并使之同竞争对手的产品和劳务区别开来。"广告教皇大卫·奥格威给品牌下的定义是："品牌是一种错综复杂的象征——它是产品属性、名称、包装、价格、历史声誉、广告方式的无形总和，品牌同时也因消费者对其使用的印象以及自身的经验而有所界定。"亚马逊公司创始人及首席执行官杰夫·贝佐斯先生认为，"品牌就是指你与客户间的关系，……简而言之，品牌就是人们私下对你的评价。"美国营销大师菲利普·科特勒对品牌的定义是："品牌是一种名称、名词、标记或设计，或是它们的组合运用，其目的是借以辨认某个销售者或某群销售者的产品，并使之同竞争对手的产品区别开来。"

尽管对品牌的理解多种多样，但笔者以为，品牌的实质就是人们对某事物的综合感知，是该客观事物（称为客体）在人们（称为主体）主观意识中的全面而高度概括凝练成的"映像"。

品牌与普通映像的区别在于，品牌所对应的映像并不是对于客体的机械与直观反映，而是经过了主体对客体的全面认识之后并对这种认识高度概括提升而最终凝练成的一种主观认定。因此，品牌既因客体的不同而不同，也因主体的不同而不同。

品牌是比商标具有更多内涵和价值的，即品牌的资产是由多重内容构成的。品牌的特许就意味着传输一个带有文化内涵、清晰定位、品质等级等诸多内容的资产。受许人接受品牌特许做生意比简单接受一个商标特许来经营更有优势和竞争力，当然，付出亦更多。

在进行品牌特许时，特许人对受许人的要求更高，不仅要求受许人有生产达标产品或提供合格服务的能力，而且要求受许人在整个经营过程中都要符合品牌所代表的水准。

（2）生产特许经营（Production Franchising）。

它指的是，受许人自己投资建厂，使用特许人的专利、技术、设计和生产标准、和/或原材料等加工或制造取得特许权的产品，然后向批发商或零售商出售，受许人不与最终用户（消费者）直接交易。

特许人有权维护企业的信誉，要求受许人按规定的技术和方法从事生产加工，保证产品的质量始终如一，以保护其商标及商号的信誉。同时，特许人有权过问受许人对产品的广告宣传及推销方法。

该类型的特许经营往往涉及专利或专有技术诀窍的使用许可。典型的案例有可口可乐的灌装厂、耐克的委托生产加工等（请参见后文相关章节）。

（3）商业模式特许经营或特许连锁（Business Format Franchising or Franchise Chain）。

该形式的特许经营也称"公司特许经营"（Corporation Franchise）或交钥匙特许经营（Turn-key Franchise），即人们习惯上所理解的特许经营。

在该种模式下，加盟者按总部的全套商业模式经营，主要特征是受许人有权使用特许人的商标、商号、企业标识及广告宣传，完全按照特许人的模式来经营；受许人在公众中完全以特许人企业的形象出现；特许人对受许人的内部管理、市场营销等方面进行很强的控制。此类特许经营越来越成为主导模式，它集中体现了特许经营的优势，目前在很多行业迅速推广。

商业模式特许经营的实质就是特许人将自己所拥有的品牌、商标、产品、单店管理系统、经营诀窍、对消费者的服务等内容开发组合成独特的具有竞争力的特许权，然后再以特许经营合同的形式授权给受许人使用或经营。商业模式特许经营是高级的、综合的商业形式，特许人对受许人所从事的经营活动有严格的限制。受许人经营的加盟店从选址、装修、陈设到产品销售、促销、服务等都必须和总部的标准保持一致，加盟店未经许可，绝不能经营其他品牌的商品或提供总部未允许的服务。目前，这种模式正在全球快速发展，并已成为特许经营的主流，如麦当劳、肯德基等均是典型的商业模式特许经营。

（4）专利及商业秘密特许。

专利或商业秘密的拥有人或有权使用人通过收取一定费用的形式，允许受许人在一定限制下经营该专利或商业秘密并从中获益。其特许人可以是组织，也可以是个人。

2. 根据特许人与受许人本身所处行业的不同及其身份的不同，可将特许权交易区分为四种类型[1]

（1）制造商和批发商之间的交易。

最早的交易形式是软饮料制造商通过特许经营的方式建立装瓶厂，简单地说，制造商在一定区域内进行生产授权，装瓶商的职责是使用制造商提供的配方、原料、技术等，并按其要求生产和装瓶（罐）饮料，并分销最终的产品，但只能分销给制造商指定的批发商。

这种运作方式现在普遍应用于酒吧、咖啡店、餐馆等行业，最典型的代表是可口可乐、百事可乐和怡泉（Schweppes）。

（2）制造商和零售商之间的交易。

此类特许经营经常被人们称为"第一代特许经营"，它起源于20世纪初期的汽车产业，结果是建设了一个特许经销网络。事实上，许多汽车制造商的"主体经销商"的运作方式就是商业模式特许经营。也有一些运作发生在石油公司和其加油站所有者之间。

商业模式特许经营中的许多因素存在这种运作中，呈现出非常接近于商业模式特许经营的特征。

（3）批发商和零售商之间的交易。

这种类型较难明确认定，它不像制造商与零售商的类型那样可以一眼辨明，这是因为人们对批发和零售的界限难以精确界定。该类特许经营包括五金商店、药店、超级市场和汽车维修业务等。

---

[1] 马丁·门德森著. 特许经营指南 [M]. 李维华，陆颖男，译. 北京：机械工业出版社，2004.

（4）零售商之间的交易。

对这种类型的交易，只需将其看成传统意义上大家所熟知的商业模式特许经营即可。它是最普遍的一种特许经营关系的存在方式。那些为人们所熟知的特许经营基本都是这种形式，包括麦当劳、肯德基、7-11便利店等。

3. 对于商业模式特许经营的细分

（1）按照受许人的授权领域大小，商业模式特许经营最基本、最常见的形式有两种（多店特许人可以看作是两个及两个以上的单店特许经营的组合，所以不做单独描述）。

1）单店特许经营。

单店特许经营指特许人将自己成功的单店经营模式许可给某一个受许人（称为单店受许人，Unit Franchisee）来经营，受许人只能开设一家特许经营单店。从严格的意义上讲，受许人只在单店的物理空间内享有特许人许可的所有权利，在单店的物理空间外则不享有这种权利，这就意味着特许人在一家加盟单店的街对面再授权新的受许人开设加盟单店是合法的。不过，特许人为了保护受许人的利益，避免受许人之间出现恶性竞争，都会将单店受许人的权利扩大，如规定围绕单店一定范围内（比如方圆1千米、比如某行政区域内）不再授权新的受许人，这个做法通常被称为单店的商圈独占保护政策。如今，这种做法已成为特许人企业的惯例并被写进了特许经营合同之中。

① 特许人企业采用单店受许人模式发展其特许权业务的主要优点如下所述：

- 单店受许人有小区域（通常是受保护的一个商圈）独家开设单店的经营权，对受许人拥有的资金量要求不高，单店经营业务相对简单、易于管理，因此便于招募受许人
- 即便个别受许人经营不善，特许人企业的整体市场也不会"亏"掉很多，因为"亏"掉的最多只是该加盟店所在的商圈

② 特许人企业采用单店受许人模式发展其特许权业务的主要缺点如下所述：

- 受许人无权再转授特许权，其只负责一家单店的业务，因此单店受许人的积极性受限，不愿投入广告宣传
- 特许人对受许人的招募及管理成本较高
- 因为加盟店要一家家地开，受许人要一个一个地招，所以特许经营体系的网络扩展速度可能会比较缓慢
- 因为特许人企业直接签订合同的另一方数量众多，所以法律纠纷的可能性和管理成本都提高了

2）区域特许经营。

由特许人将在指定区域内的独家特许经营权授予受许人，受许人可将特许经营权再授予其他申请者，也可由自己在该地区开设加盟店，从事经营活动。

比如，由两个美国房地产传奇人物——经纪商巴特莱尔和费舍尔——于1971年在美国加州创立的21世纪不动产（CENTURY 21）就采用特许经营的方式，成功地在全

球80个国家和地区设立超过9400家分店,经纪人约达150000位。2004年年底,交易额突破100亿美元,全球平均每分钟就有一宗房地产交易在21世纪不动产系统内成交。21世纪不动产于2000年3月进入中国,主要通过两级授权体制营建其在中国的特许经营网络体系。具体做法就是,21世纪不动产首先是区域授权,即在省会、直辖市或较为发达的城市选择一家名气较大、实力雄厚的房产公司作为区域分部;其次由区域分部按照21世纪不动产的要求向加盟店授权。21世纪不动产总部从中收取一定的特许权使用费和几万元人民币不等的加盟费。

通过这种区域特许经营模式,2006年,21世纪不动产中国不动产交易额已达到300亿元人民币。截至2007年4月,21世纪不动产已覆盖全国26个区域、36个城市,拥有1000家门店,万余名经纪人。截至2007年年底,21世纪不动产已覆盖全国30个区域,拥有1350家加盟店,15000名经纪人,全年房屋买卖交易额800亿元人民币,总成交面积1600万平方米。2008年,21世纪不动产二手房总成交金额达600亿元人民币,总成交面积1300万平方米,日均交易的房产达到400套。截至2008年年底,公司已进入了33个区域,57个城市。《财经天下周刊》的文章《21世纪不动产卢航:中介市场还有四倍成长空间》披露:截至2019年10月底,21世纪不动产已覆盖全国146个主要城市;体系内拥有8000多家门店,同时拥有超过62500名经纪人,店东创业家人数达到4369名。

① 区域特许经营模式的分类如下所述:
- 区域直接特许经营指特许人将自己成功的经营模式授权给一个受许人(称为区域受许人),区域受许人在规定的经营区域内(通常会在合同中严格界定并由地图表示)经营,按合同规定,区域受许人必须在规定的时间内开设若干家加盟店,以使该区域内店铺的数量达到一定的规模。由于是直接特许,因此区域受许人只能开设自己的直营加盟店,不能再授权给其他人
- 区域复合特许经营指特许人将自己成功的经营模式授权给一个受许人(称为区域主受许人),区域主受许人在规定的经营区域内(通常会在合同中严格界定并由地图表示)经营,按合同规定,区域主受许人必须在规定的时间内开设若干家加盟店,以使该区域内店铺的数量达到一定的规模。但由于是复合特许,因此区域主受许人既可以开设自己的直营加盟店,也可以再授权给其他人(如次级受许人)开设单店

② 特许人企业采用区域受许人模式发展其特许权业务的主要优点如下所述:
- 区域受许人有指定地区的独家经营权,区域复合受许人还可以再次转授特许权,因此他们积极拓展市场,愿意广告投入
- 因为特许人不需要直接管理众多的加盟店,只需要直接管理区域受许人,所以特许人对整个特许经营体系的管理层级明显扁平化,因此,管理变得简单,管理效率提高,管理成本下降
- 如果招募到合适的区域受许人的话,则特许经营体系的网络扩展速度会非常迅速

- 因为特许人企业直接签订合同的另一方数量较少，所以发生法律纠纷的可能性和管理成本都降低。

③特许人企业采用区域受许人模式发展其特许权业务的主要缺点如下所述：

- 因为区域受许人要经营区域业务，同时还必须经营好自己的直营店，所以要求他们有很好的工作经验和充足的资金、丰富的资源等实力，所以这样合格的受许人是不易寻找的，这可能会使特许人企业的招募速度变得缓慢。
- 由于区域受许人负责的不是一家单店的商圈，而是一大片市场领域，所以一旦出了问题或者经营不善，会对整个特许经营体系影响较大。比如，麦当劳公司就不采用区域特许经营制度，究其原因，克拉克认为，"如果你卖出一大块区域的特许权，那就等于把当地的业务全部交给了他。他的组织代替了你的组织，你便失去了控制权"

（2）根据特许权授予方式的不同，商业模式特许经营可以分为四个主要类别。

1）一般特许经营。

这是最常见的形式，特许人向受许人授予产品、商标、商号、经营模式等特许权，受许人使用这些特许权进行经营，并为此支付一定的费用。

2）委托特许经营。

委托特许经营，又称代理特许经营。特许人把自己的产品、商标、商号、经营模式等特许权授予代理人，由代理人代表特许人向其所负责地区内的加盟申请者授予特许权（或特许人授权代理人代表特许人在其所负责地区内为其招募受许人），并为受许人提供指导、培训、咨询、监督和支持。代理人自己并不直接经营，而是采取转嫁他人的方式开发和经营。跨国特许经营往往采取这种方式。

3）发展特许经营。

受许人在向特许人受让了特许经营权的同时，也受让了在一个区域内再建若干家分部的特许权。受许人有了这个权利，一旦事业发展顺利，就可以在该地区内，根据经营发展的需要再建若干家分部，而不必向特许人重新申请。

4）复合特许经营。

特许人将一定区域内的独占特许权授予受许人，受许人在该地区内独自经营，也可以再次授权给下一个受许人经营特许业务，即该受许人既是受许人，同时又是这一区域内的特许人。受许人支付给特许人的特许费一般根据区域内的常住人口数量确定，若他再将特许权转让给他人，那么，该受许人从他人手中收取的加盟金和权益金等特许经营费用须按一定比例上交给特许人。

（3）根据受许人能否将获得的特许权再特许，特许经营被分为直接特许和复合特许。

1）直接特许。

特许人将特许经营权直接授予特许经营申请者，获得特许经营权的受许人按照特许经营合同设立特许经营店，开展经营活动，不得再转让特许权。一般特许经营和发展特许经营属于这种类型，前文所讲的单店特许经营和多店特许经营也属于这种类型。

2）复合特许。

由特许人将独家特许经营权授予受许人，该受许人可将特许经营权再授予其他申请者，也可由自己开设加盟店从事经营活动。

（4）根据受许人的权利范围不同，可以把特许经营分为四类。

1）单体特许或单店特许。

特许人和受许人直接签订特许经营合同，受许人亲自经营，受许人只有权在某个地点开设一家加盟店。

2）区域开发。

双方先签订区域开发合同，再就每个单店签订特许经营单店合同，受许人要在规定时间内、指定区域内投资、建立、拥有和经营规定数量的加盟店，不能再特许给第三方。

3）代理特许或主体特许。

与特许人签订代理合同，以特许人名义招募、指导、培训、监督和支持受许人，然后受许人再分别和特许人签订特许经营合同。国际特许经营常采用此种方式。

4）二级特许或次特许。

与特许人签订授权合同，以特许人的身份在指定区域出让特许权，然后再以特许人的身份与受许人签订特许经营合同。国际特许经营常采用此种方式。

（5）有些研究者对于特许经营的分类颇能给人启发，比如他们按开设加盟业务所需要的资金额从小到大、单店面积从小到大、单店雇佣员工人数从小到大的顺序，把特许经营分为以下三种类型。

1）工作型特许经营。

因为这类特许经营对受许人的要求比较低，属于家庭手工作坊式的小规模化操作，不需要专门的营业场所，不需要额外雇佣员工，不需要投资价格昂贵的设备、原料等，特许人对受许人的培训比较简单，所以加盟此类业务只需要很少的投资资金，受许人在家里就可以开展特许经营业务，这更像一份兼职"工作"。

一些小型中介机构（如婚姻、房产、劳务等）、商业服务（如法律、快递、翻译、打字、维修）、委托加工（如鲜花、手工制品等）、家政服务等可以采用这类特许经营。

2）业务型特许经营。

这类特许经营投资资金较工作型特许经营多，因为受许人可能需要投资商品、原料、设备、器材、工具等，同时，这类特许业务还需要受许人有专门的营业场所和雇佣员工。此类特许经营的范围可以包括复印、照片冲洗、洗衣、快餐外卖、便利店、饰品店、小型零售店等。

3）投资型特许经营。

这类特许经营需要受许人投入相当多的资金，包括单独的店面、专有的设备工具、独特的装修装饰、外聘的员工、专有的原料或商品等。投资数额较大的餐饮店、快餐店、服装店、旅馆、超市、珠宝店、美容院、药店、装修公司、幼儿教育、租赁业等都属于此类特许经营。

客观地讲，上述这种分类方法是比较含糊的，因为它并没有给出不同类型特许经营之间的严格区别界线，比如没有给出具体的投资金额、单店面积、单店雇佣员工人数等，我们只能模糊地以大、中、小来判别，所以按照这种分类方法，难以准确界定某特许人企业究竟属于哪一类。但这种分类方法给我们的启发是，我们可以依据自己的资金、时间、场地等资源的不同，分别把特许经营看作一个工作机会、一种业务，或一个投资项目。

另外，上述的分类方法还启发我们，特许人招商的难度从小到大的顺序依次为工作型特许经营、业务型特许经营和投资型特许经营。所以，当项目招商有难度时，不妨尝试把特许权类型从投资型变为业务型，或者工作型。

同时对特许人企业而言，认清自己属于哪类特许经营，能更好地帮助特许人企业准确定位自己的潜在受许人群体的系列特征，而这毫无疑问地将有助于受许人招募战略和策略的制订。

4. 按照加盟店的产权与运营权的两权分离观点，特许经营可以分为纯特许经营和合作式特许经营

（1）纯特许经营或托管式纯特许经营。

纯特许经营或托管式纯特许经营指的是加盟店的全部投资100%由受许人负责。

按照运营团队在特许人和受许人之间分配的不同，又分为纯特许经营、托管式纯特许经营。

1）纯特许经营指的是加盟店的运营由受许人完全负责。

2）托管式纯特许经营又称为理财式纯特许经营，指的是加盟店的运营由特许人和受许人共同负责。按照加盟店的运营团队的人员不同，托管式纯特许经营又分为两类。

① 完全托管式或完全理财式指的是加盟店的运营完全由特许人团队承担。

② 部分托管式或部分理财式指的是加盟店的运营团队的关键部分由特许人团队承担。关键部分的运营团队成员可以是店长，也可以是技术主管（如对餐饮店而言，就是后厨的主力人员）等。

特许人企业可以根据自己的实际情况来决定不同类型的店面实施不同类型的加盟或管理运营形式。比如，温德姆集团在中国的酒店经营模式主要有两种：直接或间接委托管理和特许经营。对于集团旗下的高端品牌或中高端品牌，主要采取委托管理模式；对于集团旗下的经济性品牌酒店，则采取纯特许经营模式，即集团提供业主相应的品牌、培训、督导、全套系统，这就可以迅速扩大在中国二三线城市的布局。（资料来源：《TTG China旅业报》，刘欣怡，《温德姆加速布局中国，计划引进四大新品牌》）

（2）合作式特许经营。

加盟店超过50%的投资是由受许人承担，其他部分由特许人承担。

按照运营团队在特许人和受许人之间分配的不同，合作式特许经营又分为纯合作式特许经营和托管式特许经营。

1）纯合作式特许经营。

纯合作式特许经营指的是加盟店的运营由受许人完全负责。

周大福采用的"存货拥有权、售出确认"特许经营模式就类似于这种。"存货拥有权、售出确认"指特许人向受许人收取与指定存货量对等的押金或货品押金后，特许人向受许人发送货品，但特许人保留存货拥有权，直至受许人与零售客户完成销售交易为止，然后特许人按当时价格确认批发收益。在这种机制下，只有受许人真正把商品销售给最终客户，特许人才能确认收入，这就使周大福加盟店的营收确认制度与其直营店保持一致，从而使特许人营收的确认更加真实，减少因新开加盟店首次铺货而产生的营收泡沫，同时减少受许人的销售压力。这就更利于品牌的长久运营，而非依靠新开加盟店谋求虚高增长。（资料来源：智通财经网，《兴证社服：从剖析周大福（01929）看珠宝行业趋势》）

2）托管式特许经营。

托管式特许经营又称为理财式特许经营，指的是加盟店的运营由特许人和受许人共同负责。按照加盟店的运营团队的人员不同，托管式特许经营又分为两类。

① 完全托管式或完全理财式指的是加盟店的运营完全由特许人团队承担。

海澜之家的加盟就是这种方式，即受许人负责加盟店的实体投资和日常的运营费用，特许人承担店面的运营管理和商品费用。

这种方式的优点有很多，比如可以借助特许人更专业的运营团队使得店面的盈利可能性增大，特许人对于店面的管理和参与性更强，特许人更容易接触与获得一线的终端、市场、消费者状况和数据；受许人只需提供部分资金，无须参与店面的实际运营，所以更省心，因为不承担商品的成本费用，所以没有销售风险、没有存货压力。

但是这种方式的最大缺点之一就是特许人要承担单店运营不良的责任，比如海澜之家就因为店面货品销售状况不好导致了大量的库存，而这些库存的成本由特许人负责，所以这就导致了股东和媒体对于海澜之家的高库存风险的诟病。实际上，海澜之家首次冲击IPO落败，就是因为38亿库存占至总资产的56%，成为上市的拦路虎。（资料来源：新零售的新未来，范鹏，《"海澜之家"零售商业模式分析》）

② 部分托管式或部分理财式指的是加盟店的运营团队的关键部分由特许人团队承担。关键部分的运营团队成员可以是店长，也可以是技术主管（对于餐饮店而言，就是后厨的主力人员）等。

无论是上文提及的哪种形式的特许人团队的托管式特许经营，其对于特许人和受许人都是有利有弊的。比如，特许人需要承担托管店面的运营责任以及盈利职责，一旦店面运营亏损，特许人将面临来自受许人的抱怨，甚至官司；对受许人而言，因为店面的运营、人力，甚至财务等由特许人团队掌控，受许人可能由于巨大的投资而使得退出加盟变得困难，所以受许人可能会被动接受于特许人有利而于受许人无利的一些政策、安排等。对于特许人外派出去的托管团队而言，则会直接面临来自特许人和受许人的双面压力。

1.3.3 全面资源特许经营

企业把自己的所有资源进行全面性的特许经营。

那么，姓名可以特许经营吗？当然可以，姓名尤其是名人的姓名是一种宝贵的资源，可以通过特许经营的方式使之变成产品或服务的品牌或品牌的附属，从而实现扩大知名度、增强产品或服务的信任感、带动粉丝经济等卓越效果。同时，授权方或者名人本身也可以从中获得巨大的特许权收益。

比如，欧美地区的名人在21世纪初开始涉猎跨圈的生意经，其早期相当流行一劳永逸的特许经营授权形式，简言之，就是将姓名作为IP出售给各大香氛公司，这些公司则能借由名人的加持，通过自己的研发和渠道优势快速推出和贩售商品。Paris Hilton、Mariah Carey和"小甜甜"Britney Spears等众多名人都曾以这种合作方式推出过风靡全球的香水香氛产品，对他们而言，这是最省力的一种赚钱方式。（资料来源：BoF博赋社、BoF时装商业评论，Sharon Zhou，《掘金机密 | 坎爷卡戴珊家族全员投入美妆，这盘生意好做吗？》）

按照资源的数量来分，通常，企业的全面资源特许经营可以分为单独资源的特许经营、组合资源的特许经营和全部资源的特许经营。

比如，我们可以按照有形和无形的分类，把一个单店的所有资源罗列出来（见表1-2）。如此，按照笔者一贯提倡的"全面资源特许经营"的理论，你就可以有至少三类特许经营方式。

表1-2 单店资源列表

有形资源	无形资源	有形资源	无形资源
VI	MI	商标	商业秘密
SI	BI	服装	诀窍
机器	BPI	工具	专利
产品	AI	人员	品牌
原材料	专有技术	……	……

1. 单独资源的特许经营

这个指的是将表1-2中的单项资源进行特许经营。企业要学会用"倒逼法"的思维强迫自己想出让上述单项资源特许经营出去的方法并实施。你必须记住，上述的每一项资源都是可以特许经营的。

哪怕那些在你传统的思维里认为是不可能特许经营的资源，其实都是可以的。

比如，"人员"如何特许经营呢？举个小小的例子。为了节省成本，麦当劳的外卖配送是自己做的而没有外包。因为麦当劳中国的大股东中信资本同时也是顺丰的股东，所以中信资本就把顺丰和麦当劳连在了一起：麦当劳的送餐员就是顺丰的快递员。在中餐和晚餐时间，顺丰的快递员换上麦当劳的制服，为麦当劳送餐即可。这种方法其实就是顺丰外卖人员的特许经营，即顺丰将自己的人员特许经营给了麦当劳使用。

人员特许经营的方法还有很多。比如，餐馆在非繁忙的时间段，可以让自己的员工以"出租"或实质上就是特许经营的方式为其他企业或个人服务，如上门给顾客做宴席、出租厨师、小时工等；比如在2020年新冠肺炎疫情期间，大量餐饮店被迫关门歇业，很多餐饮企业与超市、便利店等沟通租用员工的方案，其中仅一家停业的餐饮企业就有逾千名员工赴盒马生鲜上班；沃尔玛全国400多家大卖场、社区店和山姆会员店及各配送中心，接纳了数千名"兼职人员"，主要岗位包括电商拣货员、理货员、鲜食员工、收银员、迎宾员、推车员等。这个被称为"租用员工""兼职人员""共享员工"的模式的本质或更确切的说法其实就是人员的特许经营。

2. 组合资源的特许经营

OEM等外包形式都是典型的组合资源的特许经营形式。

举一个实际的例子，假设你的店的生产能力是每天300件产品，而你的顾客需求却是400件产品，怎么解决这个供需矛盾呢？其中一个非常好的方法就是组合资源的特许经营。具体操作方式就是：你可以寻找那些在家不上班的群体，教会他们生产技术、同时提供原料或机器设备等，然后这些群体生产了产品之后再交给你，你们之间进行结算。这个就是非常简单的生产外包，也是组合资源的特许经营：原材料+机器设备+技术。如此，你的生产能力就可以无限地放大了。

3. 全部资源的特许经营

你把整个店面的资源全部打包，特许经营给另一方。商业模式特许经营或整店复制就是全部资源的特许经营的最典型形式。

1.3.4　可口可乐、史努比、迪士尼和流氓兔如何借特许经营创造传奇的

1. 可口可乐的全球特许装瓶系统——生产特许的典型代表

可口可乐起源于1886年，由美国佐治亚州亚特兰大城一家药品店的药剂师约翰·彭伯敦配制成功，他在去世前4年时把发明权出售。

可口可乐公司是世界上最大的软饮料公司，其品牌价值曾连续5年高居全球100家最具价值的品牌榜首（2003年的价值为704.5亿美元）。公司总部设在美国亚特兰大。可口可乐公司于1919年9月5日在美国特拉华州成立。可口可乐公司从1928年阿姆斯特丹奥运

会开始就是奥运会的赞助商,直到现在,届届不缺席。

可口可乐公司是举世闻名的汽水大王,它在全球各地有500余种产品销售,其中可口可乐、健怡可口可乐、雪碧、芬达四大品牌位列全球最畅销汽水的前5。其产品通过全球最大的分销系统,畅销世界超过200个国家和地区,每日饮用量达10亿杯,占全世界软饮料市场的48%。在美国人的心目中,可口可乐已经成了美国生活方式的象征,代表着美国文化。

进入国际市场,实行生产和销售的本土化或特许装瓶(或灌装)是可口可乐公司的最成功战略之一。

在20世纪早期,可口可乐公司的产品销售就非常不错了,比如1904年,可口可乐公司已经在国内379个城镇销售可口可乐。但公司也意识到,由于从产品的生产基地到销售场所的运输成本太大以及产品送达顾客手中的时间不好控制,所以公司的管理层设想在销售市场区域所在地直接建立工厂。当时某些经销商也正有与可口可乐公司合作建厂的想法,于是双方决定联合办厂。在联合办厂的合作意识下,可口可乐公司通过向一些地方性企业授予装瓶和销售的独家经营权,以及按照固定价格供应浓缩液的承诺,建立了一个全国性的装瓶商网络。每一家装瓶商都与可口可乐签订一份"永久合同",合同中规定浓缩液的价格,以及授予装瓶商地区独家经营权。这种早期的特许装瓶商模式取得了巨大成功,可口可乐迅速成为美国人最喜爱的饮料之一。

特许装瓶模式的基本理念是,通过合作伙伴与当地优秀饮料企业合资,签订一定年限的特许生产经营合同,由其在限定区域内生产、销售可口可乐系列产品。具体来讲就是:① 在当地设立公司,直接进行可口可乐的生产和销售;② 由当地公司筹措资金,总公司原则上不出钱;③ 除了可口可乐秘密配方的浓缩液外,一切设备、材料、运输、销售等,均由当地人自制自办。

通过特许装瓶系统,可口可乐公司获得了众多利益:

- 依靠出售浓缩液,积累了大量的资金
- 就地生产、就地销售的方式大大降低了产品的运输成本
- 使公司从最繁杂的销售事务中脱离出来,专心运作品牌
- 节省了大量独自建立生产基地和销售网络的费用
- 双方出资而不是公司单独出资建设工厂,所以大大加快了建厂的速度
- 由于当地特许装瓶商的地域熟悉性,他们可以更加及时和快速地把握市场进入的有利时机,并最快地将品牌辐射到空白区域
- 由于划区管理和各自经营,一个庞大而复杂的分销体系变得井然有序
- 控股装瓶商的方式使公司的财务控制能力大大加强
- 能根据各地市场的不同特点进行有针对性的市场运作,极大满足了世界各地的消费者需求,提升了品牌的价值

第二次世界大战使可口可乐的特许装瓶系统走向了世界。第二次世界大战时期,

远离美国本土的士兵们对有着家乡特色的可口可乐特别偏爱。因此，艾森豪威尔将军指挥其军团在北非登陆后，首先要求补充的军需就是可口可乐，除300万瓶之外，还要配备能每天生产20万瓶的机器设备。巴顿将军则要求他的军队打到哪里，装瓶厂就搬迁到哪里，他说："我们只要把可口可乐运到前线就行了，敌人肯定不战自败。"借此机会，可口可乐取得了美军专用饮料的"资格证书"，公司总裁罗拔·伍德夫大力宣传"无论美兵所到何处，可口可乐公司将会在当地以每杯五分钱的价格供应'可口可乐'。"于是，由美国政府出资，可口可乐公司开始大规模实施其特许装瓶厂系统的建设，结果是在战争结束前，世界各地的可口可乐装瓶厂已经增加到64家。第二次世界大战结束后，各地留下来的可口可乐生产设备就成为当地首家生产可口可乐的工厂。

几十年来，可口可乐公司已经在全球建起了1200多家装瓶厂。以特许装瓶理念为基础，可口可乐的全球化策略获得了极大的成功。

可口可乐公司在中国的特许装瓶系统也非常典型。公司早在1927年就在天津、上海建立装瓶厂。1948年，上海装瓶厂更成为美国本土以外第一家年产超过100万箱的装瓶厂。随着中国的改革开放，可口可乐公司重返中国市场。从那时起，可口可乐公司已投资十几亿美元与它的三个主要的装瓶集团——嘉里、太古以及中粮油合作建立装瓶厂，覆盖了中国绝大部分省市，先后在北京、大连、南京、西安、武汉、杭州、广州等地建立合资瓶装企业，并于1988年在上海建立可口可乐浓缩液厂，该厂除使中国的装瓶厂摆脱使用进口浓缩液外，还出口浓缩液到东南亚。

到2005年，可口可乐公司在中国已建设30家装瓶公司及36家厂房。2007年中国跃升可口可乐全球第四大市场，可口可乐公司占有中国碳酸饮料的市场份额约是竞争对手的一倍。

2017年12月7日，可口可乐在中国的第45家生产厂——中粮可口可乐华北饮料有限公司正式宣布投产。

总之，随着可口可乐在世界的畅销以及其装瓶商网络的扩大，可口可乐公司的成功之道——特许经营——也引发了经济领域的一场革命。

2. 史努比（Snoopy）——商标特许的典型代表

史努比这只来自美国的小狗出自"花生一族"的漫画，是美国著名卡通画家查尔斯·舒尔茨先生创作的知名卡通形象。1950年，第一则"花生一族"漫画在美国的七家日报上刊登，史努比立即走红。1965年4月9日，史努比和莱纳斯、查理·布朗（史努比的主人）、史洛德和露茜一起首度登上了《时代周刊》的封面。1969年5月，美国阿波罗10号飞船将自身指挥舱和月球舱分别命名为"查理·布朗"和"史努比"，两者一度成为此次太空计划的半官方的吉祥物。

之后，因为作者查尔斯·舒尔茨对特许经营权的释放，动画片、史努比公园、史努比商场竞相产生。1998年，史努比乐园兼礼品店在新加坡开业（该公司拥有9个国家的特许经营权，包括中国）。2000年，全球第一家美国以外的"史努比世界"主题公园在香港开幕。2001年，日本成立了"史努比村"，在此可以买到各种"花生一族"商品。史努比在全球100多个国家有超过700项品牌授权协议，其中不乏雀巢、优衣库、华纳兄弟等全球知名公司。

在持续50多年的时间里，全球共有75个国家、3亿多读者在2500多家不同的报纸上看到了18000多套史努比的漫画。通过漫画和卡通片的传播，史努比成为风靡世界的卡通人物。带给查尔斯·舒尔茨先生庞大财富的不是稿费，而是卡通商品授权。2002年，全球就有超过2万种与史努比有关的商品，包括0～4岁婴儿装；浴巾、挂毯等家用纺织品；卡通钟表、体育用品、主题电脑、手机促销、流行食品饮料促销、特色机车、主题公园等，每年利润高达11亿美元。"花生一族"拥有超过1223种世界性的专利权商品，每年平均新增1200个特许经销商和22000种新商品。

在中国，共有2000多个花生系列相关零售门店，包括 Charlie Brown Café、SNOOPY Bakery及服装品牌 SNOOPY等。

通过特许经营的方式，史努比的创作者查尔斯·舒尔茨多次登上《福布斯》杂志年收入最高艺人排行榜，成为历史上最富有的漫画家。在《福布斯》2016已故名人收入排行榜中，舒尔茨以4800万美元收入位列第二，仅次于迈克尔·杰克逊。（资料来源：金羊网，邵梓恒，《新任CEO吉田健一郎出手了，索尼抢购史努比》）

3. 迪士尼（Disney）——多种类特许经营的典型代表

迪士尼在全球拥有大约12万名雇员，旗下拥有大型游乐园、电影公司以及电视网等多家子公司。米老鼠、唐老鸭、白雪公主、三只小猪、小熊维尼等卡通人物已经成为世界上家喻户晓的动画形象。

2018年12月，世界品牌实验室编制的《2018世界品牌500强》揭晓，迪士尼排名23。

在《全球特许》杂志（License Global Magazine）发布的2018年全球授权商Top 150研究报告中，迪士尼以530亿美元授权商品零售额排名第一。

2019年7月，2019年的《财富》发布世界500强，迪士尼公司位列第170位。

2019年10月，Interbrand发布的全球品牌百强排名，迪士尼排第10位。

当今的迪士尼远远不止于从事动画电影这一个行业，已涉足迪士尼手表、迪士尼饰品、迪士尼少女装、迪士尼箱包、迪士尼家居用品、迪士尼毛绒玩具、迪士尼电子产品等多个产业。

关于迪士尼的整体盈利模式，有些专家将其称为"轮次收入"模式或"一鱼多吃"。

（1）第一吃：动画与电影的拷贝收入。

"一鱼多吃"的源头是迪士尼的年度动画巨作，公司通过发行拷贝和录像带而赚到第一轮收入，其收入基本是从美国本土和海外市场收入的数亿美元，比如1994年的《狮子王》（The Lion King）创下了10亿美元的利润，但其"后票房收入"高达100多亿美元。

近几年，迪士尼的票房收入依然十分可观，比如，成本只有1.5亿美元的《冰雪奇缘》的全球票房收获了12.7亿美元，《银河护卫队》全球票房收入为7.7亿美元，《沉睡魔咒》全球票房7.5亿美元等。2019年，《老鼠之家》在美国和加拿大的票房收入已超过28亿美元。（部分资料来源：时光网Mtime，《"冰雪2"北美开画轻松破亿打破多项纪录"极速车王"回本艰巨 汉克斯新作首周排第三》）

在这轮收入中，迪士尼赚取了第一轮利润。目前，迪士尼平均每年出产50多部故事片。

（2）第二吃：商标或品牌特许经营。

据了解，1929年，迪士尼的米老鼠刚问世时，老板沃尔特·迪士尼在一家餐厅偶遇一位家具商，口头同意家具商把米老鼠的图像印在写字台上，收费300美元。这是迪士尼公司从卡通衍生产品中获取的第一笔报酬。

如今，商标注册已经是迪士尼的一项重要商业行为，当根据《星球大战》和《外星人》制作的玩具成为年轻人的心爱之物时，迪士尼就看到了这一商机，他高价请斯皮尔伯格执导《谁杀死了兔子罗杰》，同时把其中的卡通形象推广到商场。恩斯诺在影片没有拍摄前，便与打算使用《谁杀死了兔子罗杰》中形象的商家签订了34个、生产500多种产品的协议。此后，迪士尼一发不可收拾。它在全球已发展了5000多个拥有迪士尼特许经营权的商家，产品范围从铅笔、橡皮、书包到价值数千美元的时髦服饰、数万美元的手表、汽车，应有尽有。迪士尼公司由卡通形象标贴的特许经营发展到依卡通形象制造玩偶的特许经营。这两项加起来，每年的营业额就在10亿美元上下，给迪士尼公司带来近一亿美元的利润。

还有一则故事更是形象地说明了迪士尼特许经营的巨大魅力：在全美经济不景气时，一家已向法院申请破产的制造电动玩具火车的企业赖恩公司，由于一个非常偶然的机会，获得迪士尼公司授权生产米老鼠造型的火车玩具，投入市场4个月就卖了25万部，这家公司因此奇迹般地起死回生。

目前，迪士尼各个领域的授权商超过450家，产品遍布食品、玩具、家居、化妆品、文具、服饰等各个领域。

吴怼怼的《黑天鹅湖前，看看穿越历史的战略草图》透露，迪士尼2018年财报显示，四大业务板块的收入结构为：媒体网络（有线电视和广播电视）收入高达41%；实景娱乐，即线下迪士尼主题公园和酒店度假村等，占据34%；电影发行和DVD贡献17%；剩下的IP授权等衍生品收入在8%左右。

另据智通财经的《迪士尼（DIS.US）Q1营收同比增36%，迪士尼+用户达2650万超预期》披露：2020财年第一财季（2019年第四季度）的财报数据，迪士尼获得了209亿美元的营收，以此推算出迪士尼全年营收为836亿美元。按照上述的8%的比例推算，迪士尼的IP授权等衍生品的年收入规模为66.88亿美元。

（3）第三吃：主题公园连锁与园内商品、服务的特许经营。

迪士尼乐园是基于迪士尼动漫、影片而建成的主题游乐园。除了传统的米老鼠、唐老鸭之外，迪士尼的每一部新卡通片都会创造一个新的卡通形象，随后主题公园中就会增加一个新人物，这些新人物在电影和公园营造出的氛围会吸引大量游客游玩消费，迪士尼由此赚到第三轮收入。

在迪士尼乐园里，对于顾客消费的服务或商品，迪士尼也大量采用特许经营的方式，比如，你通常只能喝到一种可乐饮料，就是可口可乐。这是迪士尼公司给可口可乐公司的特权，可口可乐在分享迪士尼乐园销售利润的同时，还要向迪士尼公司支付一笔不菲的特许经营费。

以冠名权形式体现的特许经营也是迪士尼吸金的武器，丰田、LG等国际大公司都曾赞助过迪士尼乐园中的项目，它们在获得项目冠名权的同时，也会支付一笔费用给迪士尼公司。

全球已建成的迪士尼乐园有6座，分别位于美国佛罗里达州和南加州以及日本东京、法国巴黎、中国香港和上海。其中，日本的迪士尼乐园是以特许经营形式设立的，详情见表1-3。

表1-3 全球迪士尼乐园一览表

国家	城市	建成时间（年）	占地面积（公顷）	年游客人次（万）
美国	洛杉矶	1955	30	2085.9
美国	奥兰多	1971	12228	1866.6
日本	东京	1983	80	1790.7
法国	巴黎	1992	1951	984.3
中国	香港	2005	126	670
中国	上海	2016	390	1180

注意：（1）上述数据的游客数量部分资料来源于中商情报网《上海迪士尼回应禁止自带饮食 2018年全球主题乐园游客数量排名》。
（2）其他数据资料来源于新浪财经《全球迪士尼乐园一览》http://finance.sina.com.cn/stock/t/20090112/19055750420.shtml；百度文库，《案例分析：迪斯尼乐园的全球战略》，https://wenku.baidu.com/view/76a3cccb4431b90d6d85c791.html；佛山吃喝玩乐直通车，《全球6大迪士尼乐园他们之间有什么区别？你最喜欢哪一个？》，https://www.sohu.com/a/138919927_355907

除了极个别的乐园或者极端的时期之外，迪士尼乐园的盈利是非常可观的。比如，东京迪士尼乐园从1983年开业至今，年年盈利，2015—2018年，东京迪士尼乐园和东京迪士尼海洋乐园的净利润分别为721亿日元、739亿日元、823亿日元和811亿日元，4年共计赚了3094亿日元（约合185.7亿元人民币或27.68亿美元）。

（4）第四吃：迪士尼特许经营连锁店。

美通社2017年9月2日的新闻《迪士尼商店于上海兴业太古汇璀璨开业》披露，迪士尼连锁商店始于1987年，其后，由迪士尼所有和经营的迪士尼商店进入北美、欧洲和日本。迪士尼商店是华特迪士尼公司（NYSE：DIS）消费品部的一个分支，这一业务让迪士尼品牌延伸至零售业。迪士尼商店出售高质量商品，拥有独特的产品线，帮助推广迪士尼重要娱乐项目和角色。第一家迪士尼商店坐落于美国加利福尼亚州的格兰岱尔市，开主题零售模式之先河。目前，北美地区共有200多家迪士尼商店；日本地区余40家；还有70多家迪士尼商店遍布比利时、丹麦、法国、爱尔兰、意大利、葡萄牙、西班牙和英国。2015年5月20日，上海迪士尼旗舰店在陆家嘴开业。

这些连锁店同成千上万家制造商和零售商有买卖和特许关系。通过销售品牌产品，迪士尼赚进第四轮收入。

（5）第五吃：媒体。

迪士尼一直在不断加强、收购各类传统与现代媒体，借助媒体力量扩大迪士尼品牌、商标与商品等的知名度和影响力。迪士尼推出的流媒体平台"Disney+"令各方非常期待。

4. 流氓兔（Mashimaro）——商标特许的典型代表

流氓兔是韩国金在仁先生制作的Flash动画中的核心卡通形象，曾连续两年在韩国被评为"韩国卡通造型大奖"。作为全世界最知名的兔子以及韩国第一个打进国际市场的卡通肖像，流氓兔在亚洲乃至全球掀起了巨大的风潮，在网络上转载次数达到几十亿次，流氓兔拥有全球超过20亿的粉丝，在中国拥有超过2亿人的粉丝，其知名度仅次于迪士尼的米老鼠。（资料来源：三文娱，二十原宵，《702亿元规模的韩国卡通形象产业 经典IP和扶持政策有哪些？》）

2001年2月，第一批"流氓兔"娃娃问世，不到一周，这3000个娃娃销售一空；截至2001年4月的2个月内，销售了50万只"流氓兔"娃娃。（资料来源：南方网，古风，《继"流氓兔"之后韩国流行卡通形象》）

流氓兔仅在韩国一年所创造的商业收入就超过100亿美元，是金融风暴后的亚洲十大商业奇迹之一，流氓兔被评为"亚洲最炙手可热的卡通明星"。原作者和该公司在2000年之前还没有赚到1分钱，但到2001年这只兔子就创造了1200亿韩元（约合人民币8亿元）的产值，相关产品达到1700多种。流氓兔商业成功的关键秘诀之一就在于特许经营。2002年1月，韩国政府的一项调查显示，流氓兔在韩国卡通市场的占有率排名第一，为21%，而第二位的迪士尼市场占有率只有10%左右。（资料来源：《财经时报》，猛小兔，《伤心流氓兔》）

这只因着种种离经叛道的恶举而被冠以"贱兔""流氓兔""霸王兔"恶名的小兔子——韩国网络动画明星流氓兔，成为全球许多青少年追捧的明星。小至手机吊饰、系列人物贴纸、文具用品，大到围裙、瓷杯、毛绒玩具，甚至还有内裤、电话机，似乎到处可见这只韩国卡通明星的造型图案,而这些都是特许经营的直接成果。

[练习与思考]

(1)总结各类特许经营的特点与共性、利和弊,在此基础上试着给特许经营下一个你认为合适的定义。

(2)试为每一类特许经营举出1个以上的实际例子。

(3)列出你所知道的特许经营企业或项目名称,然后界定它为哪一类特许经营。

(4)你认为特许经营还有别的分类方式吗?如果有,试着划分一下。

1.4 特许经营历史回溯

[本节要点]

本节的主要内容是从古代的特许经营雏形(即源于封建社会的政府特许)、始于胜家的近代意义的特许经营、始于麦当劳的现代意义的特许经营以及以商业模式特许经营为主的当代特许经营四个阶段来讲述特许经营的发展历史,讲解早期与近代特许经营和现代特许经营的区别,描述特许经营各个发展阶段的当时社会背景和特许经营的典型特征。最后,本节描述与展望了特许经营的未来发展趋势。

本节目的是使读者清晰认识特许经营的由来和历史演变。这种认识对于理解当代特许经营以及特许经营的未来趋势都是非常必要的。

1.4.1 古代特许经营

从字面理解,"特许"本身是"特别许可""专门同意"的意思,并非是什么组织、机构的专属,而是一个人人可行之的主观意愿行为,比如你可以把属于自己的无形权利和有形权物"特许"给另外一方。

古人对"特许"的解释是这样的,如《资治通鉴》有"旧制,边人不得内徙,诏以奂有功,特许之","特许"的意思就是"特别许可"。

"经营"的意思是筹划经管与组织计划,如唐朝杜牧的《阿房宫赋》中有"韩魏之经营"以及明末清初黄宗羲的《原君》中"毕世而经营"等。

按照这种理解,汉语"特许经营"的大致意思就是一方把属于自己的权利在某种约束条件下授予另一方来行使,即"特别许可,授权经营"。因此,"特许经营"本身并不唯一指经济领域,而是在任何领域内,如政治、教育、文化、生活、宗教等范畴内都可以有"特许经营"。

需要指出的是,我们现在所研究的特许经营,主要是经济领域内的特许经营。

与经济有关的特许经营的概念最早源于封建社会,最早的含义乃是当权者对臣子的一种"恩赐"。

1. 国外的早期政府特许经营

在国外，与经济有关的特许经营很早就出现了。罗马天主教教会曾制定授权当地教士征收什一税（本质上是教会税）的方法，要求将这些什一税的一部分上交罗马天主教会。

在天主教教会以教皇的名义授予管理教区的权利的同时，商业的封建或"庄园"系统正在全欧洲蓬勃发展。5—12世纪，以大种植园或庄园的建立为基础的社会经济政治制度在英国和整个欧洲建立。国王和贵族拥有或控制土地以及在土地上劳作的农民，封建国王和贵族是土地的唯一所有者。大部分的农民不是贵族的奴隶，就是他们的契约佣工。这几个世纪中，因为农民的辛勤劳动，庄园的产品和收入不断增加，这些农民或农奴开始要求庄园主授予他们越来越多的权利。随着时间的流逝，许多有胆量、有生产能力的农奴被授予与他们劳作的土地有关的附加权利。

在英国，一些农奴获得特定的权利，包括从土地中获取收益的权利，同时根据具体情况向国王或贵族支付一定的费用或税。这些费用被称为皇家什一税（tithe，以年收农产品十分之一缴纳教会的税），它们是现代商业"管理费"的词源。这种被授权给予特定身份的农奴称为"自由人"。

在法国，将附加权利授予农民或农奴的方法称为francis，字面意思就是授权给农民或农奴。法语词根francis成为英语术语赋予公民权（enfranchise）的词根，意思还是"授权给一无所有的人"。因此，被授予公民权、自由人身份或投票权的人，被认为已经取得特许经营权或被授予特许经营权。

但我们必须清楚，中世纪欧洲所实行的"封建制度"其实应为"契约封建制"，这是因为在当时的欧洲，属臣对君主的依附委身制是以签订自由契约的形式建立的。这种定名反映出西方文明的根基是更为理性和自由的契约制度。

到中世纪（公元476—1453年），随着政府特许经营的成熟，非政府即商业组织和个人之间的特许经营开始萌芽。比如，在当时的英国，特许经营关系已经出现在酒厂及与其有契约关系的酒馆之间，这些酒馆属于酒厂所有，但由"受许人"经营。但这时的特许经营，与现在的特许经营有着本质的区别，比如，在现代意义的特许经营中，受许人独立拥有其业务，而当时的酒馆"受许人"并不能拥有酒馆的所有权；当时的"受许人"具有"佣工"的含义，现代受许人的含义则介于独立老板与佣工之间。

中世纪的欧洲，由于王权的软弱，西方没有形成中国式的禁榷（国家专卖）制度，只是国王对某些物品享有一定的特权，最初表现为"先买权"。例如，国王一般以低于市场价的价格购买，然后再以市场价卖出，从中获得差价。14世纪以后，随着君主权力的加强和民族国家的逐渐形成，先买现象逐渐减少，特许现象逐渐增多，先买制度逐步转化为"特许权"制度，即国王在授予特许权的同时直接获得一笔收益。

12世纪个体特许经营的封建制度在16—18世纪成为整个社会的特许经营模式——殖

民地授权。欧洲君主授权"受许人"进行商业投资，允许他们在君主的授权和保护下建立殖民地，并交纳"管理费"和税金。到殖民地时代，特许经营的理念已经成熟。"实际上，13个美国殖民地中的每一个——以及全世界建立的许多殖民地——都是通过授权给其他人扩张君主领地并交纳税金和费用的商业特许经营"[1]。

由此我们可以看到，特许和特许经营的诞生以及其最初的应用范围并非是商业或经济领域，而是政府率先大规模、正式地创造和使用了这一名词，而当今商业中流行的特许经营则是后来的在经济领域内的概念延伸。

历史上，政府所进行的作为强权阶层谋取垄断剥削巨额利润手段之一的"特许经营"的例子非常多。

比如，16世纪晚期，欧洲人开辟了东西往来的新航路，英国依靠它的经济力量和它所处的大西洋航路中心的优越地位，积极开展对外贸易和海上掠夺。一些由英国商人组织、经英国政府特许的贸易公司应运而生，如莫斯科公司、伦敦公司、伊斯特兰公司、几内亚公司、东印度公司等。在这些从事经营特定地区商业的特许公司中，东印度公司发展规模最大、历时最长，是英国侵占印度的开创者和组织者。1599年9月24日，东印度公司创办人大会召开，57人出席会议。会议制订并通过了一些股东应遵守的章程及今后入股者的最低股金限额，同时拟向英国女王请求获得尽可能长期的特权和一切可能获得的权利与优待。1600年，英国女王伊丽莎白颁布特许状，成立"在东印度群岛贸易的伦敦商人的总裁和公司"，这也就是我们习惯上所说的东印度公司。17世纪的荷兰特许股份公司也是由政府特许的、在特定区域内享有贸易专营权政府的受许人，除了经济上的特许之外，它还有权承担实施这些特权所必需的战争和国家功能。

城市基础设施的政府特许经营出现于18世纪。有学者认为，首例公共设施特许权是1782年由巴黎市政府授予巴黎的佩里兄弟的给水设施的建设权。1830年后，基础设施方面的特许经营制度传播到了西班牙、意大利、比利时和德国，法国的特许权运用最为广泛。1880年，美国的一些城市开始最早出现摇铃式有轨电车，把这个特许权授予给业主。此后，自来水、排污、煤气、区域电力等领域也开始出售具有垄断性的特许经营权。

19世纪中期起，特许经营制度在列强对外扩张中开始国际化，基础设施特许权国际化运用中最为著名的是位于埃及境内的长达195千米的苏伊士运河。

自20世纪70年代末起，西方各国对公共行政管理进行了大刀阔斧的改革，史称"新公共管理运动"。在这场改革中，政府公共事业的管理职能有了收缩和调整，政府特许经营因成为一种改革的有效方式而受到越来越多的青睐。

2. 中国的早期政府特许经营

封建帝王夏启（大禹的儿子）为了笼络臣子而将大片的土地封赏给那些王公将相，

---

[1] Robert Purvin, The Franchise Fraud: How to Protect Yourself Before and After You Invest, Chapter 1. New York: Wiley, 1994.

让他们各自负责自己的经营并向朝廷交纳一定的贡税，这就是最早的特许经营或政府特许经营的雏形。

其实，"封建"一词的本义就是指"封土建国"，带有很强的政府特许色彩。在西周末、秦朝初，这种封建制度由"封建领主制"变为"封建地主制"，或者说由"宗法制"（即利用血缘关系作为维系社会的纽带，由天子、诸侯、卿或大夫、士形成一套严密的宗法封建等级制度）变为"宗法郡县制"，但政府特许却一直延续下来并成为帝王们显示权威、笼络人心、巩固其统治、为自己攫取垄断利益和特权的手段。

在中国，商业或经济上的特许经营也早有出现。比如，盐和铁是中国古代最稳定、最重要的专卖商品之一，它很早就实行了国家专卖制度。刘佛丁等在《中华文化通志·工商制度志》中认为盐业专卖政策始于西周末期，周厉王是实行这一政策的鼻祖，当时他为了抑制庶家经济的增长，从生产到流通领域全面垄断了盐铁等山泽之利。还有的学者认为盐铁专卖的最早时间始于汉武帝元狩年间，或认为始于商鞅，比如他们认为商鞅变法时秦国就已实行了盐铁专卖，战国时期秦国就实行了官营盐铁手工业的制度。在具体的专卖制方面，古代实行的有民制、官运官销、按户配盐制，也有官府控制生产、批发给商人销售、征收专卖税等方式。总之，盐铁的专卖制是中国最早的政府特许经营形式之一。

靠着政府特许的专卖与特许经营制度，战国时代真正发大财的商人都是那些盐铁商。《史记·货殖列传》上所记的战国时代的大商人，如白圭、猗顿、郭纵、乌倮氏、寡妇清之先世、蜀之卓氏、梁之宛孔氏等七人，其中，除了白圭和乌倮氏，其他五人皆以经营盐铁致富。原因是盐铁为人民生活和生产所不可或缺的，经营这两种商品的人最能致富。然而当时能经营此两种商品之人，必定要得到国家的某种特许权，即其一定要采取政府特许经营的方式。《说苑·臣术》说："秦穆公使贾人载盐，征诸贾人。"当时，秦地本不产盐，秦穆公指定商人贩运食盐，只能说明秦国大约于此时建立了经营食盐的特许制度。关于盐铁的商业兴盛和重要性，我们也可以从古代的遗留书籍中窥其一斑，比如从中国古代的两本著名论商作品《食货志》和《盐铁论》中，我们可以明显地看出，盐和铁几乎成了商品的代名词。

除了盐铁之外，别的许多产品也有政府特许经营的形式，这种专卖的形式在古代还专门有一个字来描述——榷，意为"专营、专卖"，《汉书·车千秋传》注曰"榷，谓专其利使入官也。"因此，具体商品的专卖专营就是在其名称前加个"榷"字，比如榷茶（官方专卖茶叶，独占其利）、榷货（官方专卖货物而享专利）、榷酤（官方专利卖酒）、榷盐（官方专卖食盐）等。

酒的专卖在古代被称为榷酒，即国家垄断酒的生产和销售，不允许私人从事与酒有关的行业。在历史上，酒的专卖的形式很多，但主要有以下几种：① 完全专卖，由官府负责全部过程，包括造曲、酿酒、运输、销售等。② 间接专卖，间接专卖的形式很多，官府只承担酒业的某一环节，其他环节则由民间负责。如官府只垄断酒曲的生产，实行酒曲的专卖。南宋实行过"隔槽法",即官府只提供场所、酿具、酒曲,酒户自备酿酒原料,向官府交纳一定的费用,酿酒数量不限,销售自负。③商专卖,官府不生产、不收购、不运销,由特许的商人或酒户在交纳一定的款项并接受管理的条件下自酿自销或经营购销事宜,非特许的商人则不允许从事酒业的经营。由此我们可以看出,上述第一种专卖方式显然属于"国营企业",后两种则属于政府特许经营。

唐代即已出现的新奇之纸币,最初称为"飞钱"或"便换",其实质乃是政府特许的汇票,属于政府特许经营内容之一,是原始的金融组织和世界上最早的汇兑制度。其意就是用一张纸券,写明钱数,盖上图章,分为两半,双方各持一半,飞快地发往目的地。双方所持纸券相合,核对无误,即会拿到现钱。据《新唐书·食货志》记载:"时商贾至京师,委钱诸道进奏院及诸军诸使富家,以轻装趋四方,合券乃取之,号飞钱。"有学者认为"飞钱"或"便换"是另一种政府特许经营即唐代盐茶专卖制的产物,南宋人叶水心曾经指出:"唐自开元、天宝以后,天下苦于用兵,朝廷急于兴利,一向务多钱以济急。如茶酒等末利既兴,故自肃、代以来,渐渐以末利征天下,反求钱于民间,上下相征,则虽私家用度,亦非钱不行,天下之物隐没不见,而通行于世者惟钱耳。"

宋时,盐、茶、矾等生产与运销都是政府专管专卖的。政府发给特许证明(即"引")后,商人才能到产地支领、运销。领取并运销盐的证明称"盐钞引"或"盐引";领取茶的证明称"茶钞引"或"茶引";领取矾的证明称"矾引",并分大、中、小三种,大引为"一百斤",中引为"五十斤",小引为"三十斤"。商人在京城货物纳钱,得到特许证明"引"后,即可携往茶场、盐场及矾场收领货物,再运至各地贩卖。非但如此,宋朝还建立了对商业经营进行政府管理的特许制度,我们可以从宋朝张择端所画的《清明上河图》上窥其一斑,图画之上的所有售酒处皆张挂着一种旗帜,上有三条直线,好像现代的商标,有学者推断,这可能因为当时酿造是国家专利,酒店不能"侵权",所以此旗帜可能为店铺之政府特许证。

元代矿冶业的实施也采用政府特许经营形式。官办的铁矿冶炼业由于管理不善,生产力低,后来逐渐变成官督民办即政府特许经营的形式。比如,元世祖时期河北沙河綦阳镇附近四个铁冶,原由9950户冶炼匠户承担,冶炼出来的全部产品价值还不如只抽冶户包银所得合算,当时王恽建议把冶户解散为民,"罢去当差,许从诸人自治窑冶扇炼,据官用铁货,给价和买,深是官民两便"。这就是当时政府特许经营的生动描写。

在经营畜牧业方面,宋、明采用的方式也是政府的间接经营,即政府特许经营的形式,其具体做法就是把官畜以徭役的形式寄养于民间,并实行各家各户的个体负责制,由政府统一管理。

时至清朝,政府特许经营更是非常之多。比如,清代的茶、盐等就实行专卖制,即由政府特许的茶商、盐商等凭政府的特许到指定地区运销。清初茶叶仍为政府实行专卖的商品,一般商人不能随意贩运,因此当时有"官茶""商茶"之分,"官茶"是政府亲自经营，"商茶"则是政府对一些商人的特许经营。在太平天国起义时期，由于长江中下游一带被太平军控制，淮盐不能上运，湘鄂人民苦于淡食，于是清政府特许川盐行销两湖，史称"川盐济楚"。这种贩运特权，使盐商获利颇丰，比如曾自诩"上有老苍天，下有亢百万，三年不下雨，陈粮有万石"的山西首富亢氏便是依靠清朝的贩盐特许权获得了发家的大量资本、积聚了巨额的财富。1735年（清雍正十三年），山西人杨春海等还获得清政府的"龙章特许"，在柳塘等处采煤、冶铁，在火连寨开办铁货市场。另外，在同外国的贸易往来上，清政府也明文规定，只有领有政府特许执照的行商才可以从事外贸。

说到清朝的政府特许经营，不得不提及十三行。十三行是清政府特许经营对外贸易的商行。据考，1686年春（清康熙二十五年），广东官府招募了十三家较有实力的牙行经纪人（中介商行），指定他们与外商做生意并代海关征缴关税。1759年（清乾隆二十四年），清政府正式宣布外国来华商船只允许在广州一地进行贸易，一切贸易活动由清政府批准设立的十三行进行，即一口通商，十三行由此进入"金山银海，堆满银钱""天子南库"的鼎盛期。但后来的十三行并非只有十三家洋行，最多时有26家，最少只有4家。除享有外贸特权，即所有进出口商货皆须经洋行代为买卖之外，行商还负有一定的义务，如承保和缴纳外商货物税饷及规礼、管理约束外商、办理一切与外商交涉事宜等。但遗憾的是，1842年（清道光二十二年），战败的清政府被迫与英国签订了《南京条约》，"五口通商"的条款结束了十三行的进出口特权，十三行开始走向衰落。同时，清政府逼迫十三行行商出资战争赔款，导致许多行商破产，最终直接导致了十三行的消亡。1856年，第二次鸦片战争爆发，炮火将具有150年历史的商馆化为灰烬。从此，存在了170年的十三行彻底退出历史舞台。今天，十三行遗址在广州市荔湾区东南面广州文化公园附近。

对于政府特许经营，慈禧还曾经给出了一个非常凝练的解释。清朝末年，北平水务司给慈禧上了一个办自来水公司的折子，她在上面批了四个字——"官督民办"，这四个字形象、准确地描述了政府特许经营的基本形态和本质内涵。中国最早的国有民营企业是19世纪后期在列强的枪炮中诞生的轮船招商局，当年李鸿章支持盛坚华创造招商局的时候，提出的一个观念就是"官督民办"。在轮船招商局的局规及章程中，都严明官督与商办的体制，同时规定了股份中的"官利"和盈余分配原则等事项，是名副其实的"官商"。洋务派通过"官办""官督商办""官督绅办"的方式创办了中国的近代工业，19世纪70年代起，洋务派用"商督民办"和"官商合办"等方式创办民用企业二十多家，轮船招商局、开平煤矿、天津电报总局、机器织布局等都是典型的官督商办企业。在政府特许经营企业大批兴起的同时，各地也开始成立类似的商会组织，比如1902年，潍县建立商会，此系山东建立最早的官督民办商会。但无论如何，应当承认的是，政府特许经营的形式为清朝末年的洋务运动提供了一个较之以往更为先进的经济发展模式。

总而言之，古代特许经营的雏形无论在中国还是国外，最先都是由政府实施的一种权利的授予，而这种权利包括我们现在所讨论的商业或经济上的范畴。古代的政府特许经营虽然为政府、民间企业和社会大众带来了一定的利益，为社会生产力的发展做出了贡献，但它常常成为个别人士中饱私囊、迅速积聚财富、人为制造社会不公等的工具。

【专题】公元前81年的"盐铁会议"

世界上的第一场关于特许经营的论坛，召开于什么时候？答案：公元前81年，即汉昭帝始元六年。

会议的召集者为汉昭帝，执行人为汉武帝的托孤大臣霍光，参会者分为两类人：丞相田千秋、御史大夫桑弘羊等政府要官，以及各地的贤良、文学们等民间精英。会议规模60多人，会议地点在建章宫。30多年后，这次的会议记录由庐江太守丞恒宽为主进行整理，加上参会人员儒生朱子伯提供的信息，整编后撰成《盐铁论》。此次特许经营论坛的别名，史称"盐铁会议"。

会议的主要议题和辩论热点之一就是特许经营或政府特许经营。

虽然《盐铁论》讨论的内容涉及政治、经济、司法、民风、民俗、外交等很多项，但在《盐铁论》的十卷之中有七卷（一卷、二卷、三卷、五卷、六卷、七卷、十卷）论及"盐、铁"，全书中同时提到"盐、铁"者共30处，可见盐铁之重要性，而特许经营的代表又是盐铁，足见特许经营在此次会议中的地位。取名《盐铁论》也非常直白地告诉了世人，特许经营在此次会议中的无可争辩的重要性。

会议辩论双方所述观点其实是围绕特许经营的利弊展开的，整编者恒宽在《杂论》也承认，"余睹盐、铁之义，观乎公卿、文学、贤良之论，意指殊路，各有所出，或上仁义，或务权利。"所以，会议和此《盐铁论》书的开端，就是双方鲜明激烈的"愿罢盐、铁、酒榷"以及"罢之，不便也"的多个回合的精彩交锋。

主辩的一方是以汉武帝给汉昭帝指定的四位辅政大臣之一、赫赫有名的"年十三侍中（十三岁就入侍宫中）"桑弘羊为代表的政府官员，他们主张汉武帝时定下的国策即盐铁官营、酒榷，按今天的话说就是，盐、铁、酒要施行政府专营或只允许垄断国营。这样做的好处之一是政府可以拿到丰厚的垄断利益，"边用度不足，故兴盐、铁，设酒榷""民不益赋而天下用饶"。当然，垄断国营的好处还有国家安全上的意义，比如，若任随一众人等聚集炼铁煮盐的话，容易滋生问题。

主辩的另一方为各地的贤良、文学们，他们认为垄断国营的缺点是"与民争利"且极易导致贪污腐败。白居易之《盐商妇》中就明确写明垄断国营的缺点，"每年盐利入官时，少入官家多入私。官家利薄私家厚，盐铁尚书远不知。"再者，因为垄断国营，所以为了攫取民生必需之物的高额利益，势必导致价格昂贵，《盐铁论·禁耕篇》中记载，"盐、铁贾贵，百姓不便"。还有，贤良、文学们还总结出了垄断国营企业的另一个弊端，即产品质量差，如官家锻造的铁器就是"民用钝弊，割草不痛，是以农夫作剧，得获者少，百姓苦之矣"。因此，贤良、文学们极力主张废除垄断国营，转而施行特许经营，即官督民办。

在一番激烈而精彩的辩论之后，会议的结果是特许经营的论调占据部分上风，桑弘羊的部分主张失败。

虽然改革得不彻底，但贤良、文学们还是取得了部分胜利，此会之后，"罢榷酤，而盐铁则如旧"，即虽然盐铁依旧施行国家垄断式经营，但全国罢黜酒的垄断国营和部分地区的铁器专卖，一力实施特许经营制度。

自此，以酒的特许经营为例，政府特许经营开始迅速盛行，并逐渐扩展至其他行业领域。

1.4.2 近代特许经营

近代意义的特许经营首先出现并兴盛于美国，但是关于谁是最早的特许经营者的问题存在着一些争议，有人认为最早的特许经营开拓者应该是美国的麦尼考尼克收割机公司。

据历史记载，1850年前后，麦尼考尼克收割机公司授予当地代理商[1]销售它的机器并提供相关的售后服务的独占性权利，后来，当代理人自己建立直营店来销售和分销产品时，人们就把麦尼考尼克收割机公司的授权行为认为是特许经营。

但在大多数研究结论中，胜家缝纫机公司（Singer Sewing Machine Company）被公认为是现代意义上的商业模式特许经营的鼻祖。

虽然特许经营的概念源于封建社会，但正如前文的分析所显示的那样，当时的特许经营主要是在政治领域，特许人是政府，而最初的商业零售特许经营却是由衣萨克·胜家创设的胜家缝纫中心发起的。

1851年，胜家发明了锁式线迹缝纫机，并随后成立了胜家公司。然而此时的胜家在市场推广时碰到了两个巨大的障碍：一是消费者在其想购买之前必须被教会如何使用该项新发明；二是胜家缺乏批量制造机器的所需资本。为了解决培训消费者以及缺乏拓展资金这两个问题，胜家想出了一个绝妙的计策。这就是，胜家把销售他的机器及培训消费者的权利以一定的价格出售给当地商人，称他们为受许人。这样，两个问题迎刃而解：培训消费者的事项转给了受许人负责，而胜家只需培训这些受许人；同时，受许人为获得许可权而支付的费用被用作胜家批量制造机器的资本。商业特许经营模式乍一出现，立刻就充分展现了自己的魅力和巨大优势。

1865年，胜家以5000美元的价格转让个体特许经营权。受许人不仅接受如何使用胜家缝纫机的全套培训，还接受如何经营一家缝纫中心（加盟店的雏形）的培训——提供有关缝纫店的经营、管理、市场等方面的课程和建议。胜家缝纫中心网络为产品提供了

---

1 Nancy Suway Church. Future Opportunities in Franchising: A Realistic Appraisal [M]. New York: Pilot Industries, Inc, 1979.

分销渠道,同时提供了大量的企业发展资金。在这种新的经营模式之下,胜家企业迅速扩张。

胜家商业模式的成功,使特许经营在美国进入了"星星之火,可以燎原"时期。事实证明,特许经营这种模式存在着强大的生命力和发展性。

由于胜家所取得的巨大成功,"特许经营"这一模式开始被其他企业模仿。19世纪末20世纪初,特许经营模式因其巨大的实际效果迅速地在若干个行业中得到扩展。

表1-4是各个行业首先开始特许经营的时间。

表1-4 各个行业首先开始特许经营的时间

序号	行业	开始特许经营的时间	序号	行业	开始特许经营的时间
1	制造业	1865	7	杂货业	1920s
2	汽车业	1898	8	个体服务业	1920s
3	软饮料业	1900	9	石油	1930
4	药店	1902	10	快餐业	1952
5	餐馆/食品	1920	11	旅馆	1952
6	化妆品	1920s			

其中,许多企业从这种被称为"特许经营"的方式中获得了包括企业迅速扩张在内的巨大好处。比如,自从可口可乐第一家受许人开业以来,可口可乐通过把制造、存储与分销产品的负担转移到获得装瓶权的当地商人身上的方式得以在全国扩张,作为独立承担风险与为可口可乐公司的扩张提供资本的交换,可口可乐的受许人被授予在各自区域内的独家经营权。1921年,美国全国已有2000多家可口可乐特许装瓶商。

20世纪初期,汽车的引进与批量生产在根本上改变了特许经营的同时也改变了美国文化。在亨利·福特引入集装线与批量生产的年代,单纯地批量分销汽车的方式也发生了改变,变成以销售、加油、服务汽车并为驾车者们在其旅途中提供负担得起的、熟悉的停留地为主要业务内容的更丰富多彩、更便利消费者的模式,而遍布各地的网络式特许经营恰恰能有效地满足这些需求。花费巨额资本装备其集装线的汽车制造商们惊喜地发现,他们可以利用由独立经销商提供的资本来开发其零售分销网络。同时,与汽车销售相配套的相关服务也如影随形地采用特许经营的方式扩大"跟随战略"式服务,诸如Standard Oid与Texaco之类的石油公司就把其特许经营授予遍布全国的夫妻便利店与维修公司。并非仅仅汽车及其相关行业注意并切实从特许经营中获得了巨大的利益,越来越多的其他行业也逐渐地引进了特许经营,如Travelodge及其特许的Sleepy Bear(睡熊)商标在20世纪40年代早期就已经成为家喻户晓的标志。

20世纪早期，特许经营以多种方式存在。比如，在当时的英国，由于整体消费经济的不景气，英国的旅店、酒吧、餐馆等售酒处都普遍存在资金周转不灵的问题，英国人非常喜欢饮酒尤其是啤酒，所以这些售酒的企业向酒厂支付的费用就使他们自己的财务困境雪上加霜。在这种情况下，旅店、酒吧、餐馆等业主们就向酿酒厂求助，希望酒厂能给予财务上的帮助，如赊欠、折扣等。有些酒厂为了更多地销售产品，同意了旅店、酒吧、餐馆等业主们的请求。但是这些酒厂同时也给旅店、酒吧、餐馆等提出了一些限制性要求作为他们获得财务帮助的条件或回报，比如他们约定，获得帮助的旅店、酒吧、餐馆等业主必须只能从一个特定的酿酒商处采购经营所需的所有酒，不能再去购买其他酒厂的产品。但当时的特许和现在的特许有很大不同，比如虽然有了产品"专卖"的关系，但当时的旅店、酒吧、餐馆等还是比现在的受许人们有大得多的自由，其中之一就是他们可以自由选择适合自己的经营方式。因为这种方式对于买卖双方的有利性，所以越来越多的酒厂开始使用这种专卖产品的销售方式。随着时间的推移，这种产品分销方式还产生了更多的创新，比如许多酿酒厂甚至买下了旅店、酒吧、餐馆等，并把它租给其他人经营，这就有点类似现代特许经营中的合作加盟形式。

总之，近代意义特许经营的一个最大特点就是，特许人以企业为主，品牌依托特许经营店网络发展、特许人与受许人双方资源互补。

然而万分遗憾的是，作为特许经营鼻祖的胜家并没成为"常胜将军"，由于诸多方面的原因，如创新性不够等，曾经辉煌一时的胜家在当代已经开始没落。所以最后，让我们一起回顾胜家的荣衰史，以期从中获得一些有益的启示。

1851年，美国工人胜家发明了锁式线迹缝纫机，缝纫速度为600针/分，并成立胜家公司，并于1853年取得美国专利，这一时期的缝纫机基本上是手摇式的。

1855年的巴黎万国博览会，美国的胜家缝纫机荣获金牌奖。

1859年，胜家公司发明了脚踏式缝纫机。

1865年，开始采用"特许经营"分销网络的方式销售产品，收到很好的效果，迅速打开了产品销路，从此雄霸美国市场。

1889年，胜家公司又发明了电动机驱动缝纫机，从此开创了缝纫机工业的新纪元。

到1891年，胜家公司已累计生产1000万台缝纫机。可以说，在较长时间内，胜家公司基本上垄断了世界缝纫机的生产。

1907年，胜家公司成为世界上著名的缝纫机制造公司。

1910年，美国胜家缝纫机从上海、广州等口岸大量输入中国。

1940年，从名家伟人到平民百姓都以拥有一台胜家缝纫机而骄傲。

20世纪70年代，胜家公司每年缝纫机的销售量高达300万台，世界每3台缝纫机中，就有2台是胜家牌。带有红色"S"商标的胜家缝纫机赢得了"世界上最著名的机械"的盛誉。

1975年，胜家公司又发明了电脑控制的多功能家用缝纫机，此后逐步开发工业用缝纫机。

1986年，胜家公司董事会不得不沉痛宣告：胜家从此再也不生产胜家缝纫机。

1989年，有华裔"并购大王"之称的丁谓以2.5亿美元收购拥有150年历史的全美最大缝纫机制造商"胜家"。

最后，KOHLBERG & CO. LLC. 的附属公司KSIN HOLDINGS LTD. 宣布，它以现金6550万美元收购了胜家缝纫公司。这项交易还包括2250万美元本票，并承担4630万美元与缝纫业有关的债务，胜家公司（SINGER NV）脱离了缝纫业。根据收购协议，胜家公司还必须于2005年10月之前改变名称。KSIN将恢复对胜家（SINGER）品牌名称的控制和美国、巴西与中国的缝纫业务，以及国际分销和经销商网络。该业务还包括巴西和中国的制造设备。胜家公司还销售消费电子产品、电器和家具。该公司将保留亚洲和牙买加的零售业务。

1.4.3 现代特许经营

20世纪30年代，美国开始注重商业模式特许经营，其代表性特许人有本·富兰克林、西部汽车供应商和Rexall等。1924年，艾德熊创建了早期的快餐连锁形式，1935年，霍华德·约翰逊创建的餐馆连锁被认为是第一家特许加盟餐馆连锁。1948年，奶品皇后（Dairy Queen）已经建立了2500家单店，并被特许经营历史学家们认为是"首家大型特许经营连锁"。这些并不围绕或并不完全围绕产品的以经营模式为推广中心的特许经营引起了人们的注意，人们的关注焦点开始集中于特许经营单店的完全复制，即"克隆"经营模式，因为这种一致化的特许经营对于特许经营体系的宣传、配送、营建、推广、管理、质量控制、价格等有着更为明显的优势。

正是由于"克隆"经营模式的巨大优越性，特许经营在20世纪50年代进入了一个崭新的时代，出现了真正具有现代意义的特许经营（商业模式特许经营）。这一划时代的转变要归功于美国的一个叫雷·克拉克（Ray Kroc）的中年男人。

克拉克在他45岁的时候，只是一位奶昔搅拌机的推销员。其中一位客户就是当时位于美国加利福尼亚州圣·伯纳德的一家非常成功的汉堡包、牛奶冰激凌混合饮料与油炸食物的销售店，即现在闻名世界的麦当劳（McDonald's）。麦当劳原是麦当劳兄弟于1937年在加利福尼亚州的一个小镇开办的汽车餐厅，为适应顾客需要快速服务的要求，兄弟俩改进了厨房设备和生产制作程序生产线，采用自助服务方式，从而大大提高汉堡包生产制作和服务速度，吸引了大量顾客。

因为看到了麦当劳的成功以及其生意模式的简单，克拉克意识到，如果他能够复制麦当劳体系的话，他就能够为他的奶昔搅拌机创建一个很大的市场。事实上，在麦当劳时代的早期，克拉克从销售奶昔搅拌机中赚取的个人利润比从特许经营中赚取得多。于是，他的这一思想就促成了现代特许经营——商业模式特许经营的崛起与壮大。1954年，麦当劳兄弟和克拉克签订了一份联合经营的协议，克拉克获得了在美国全国特许经营的权利,成为麦当劳特许经营的代理商。

1955年3月,克拉克在芝加哥西北郊区开设了第一家麦当劳加盟店,创立了麦当劳特许加盟体系。后来的事实已经广为人知,克拉克天才般的"克隆"模式不仅使得麦当劳从此一举成为世界快餐业的巨头,而且克拉克本人也被比作是将集装线、流水作业和机械化引入快餐业的"亨利·福特"。

但克拉克的贡献远非如此,他真正的巨大贡献在于他向人们展示"克隆"魅力的同时,推广了被现在特许经营界称为"生意制服(Trade Dress)"的用于复制企业模式的概念,掀起了一场特许经营界的巨大变革,这就是现在最为流行的、占据主流地位的特许经营模式——商业模式特许经营。

最后,我们一起回顾麦当劳的辉煌历史,以期从中获得一些有益的启示。

1937年,麦当劳兄弟在加利福尼亚州的一个小镇创办了一家汽车餐厅,名为 Dick and Mac McDonald,主营烧烤,这是今日麦当劳餐厅的原型。

1948 年,麦当劳兄弟发现烧烤店里的汉堡包最受顾客喜欢,其销售额占比也是最高的,于是主打这款价格低、上餐快的汉堡包,并且马上推出招牌产品——15美分的优质汉堡包。

1948年,麦当劳兄弟餐厅引入"快速度服务系统"原则,简称"快餐厅"。

1954年,麦当劳创始人雷·克拉克初遇麦当劳兄弟。

1955年,雷·克拉克成为麦当劳第一位受许人,世界上第一家麦当劳加盟店由其在美国伊利诺伊州爱尔克·格拉乌村成立,从此,金黄拱门下的美味汉堡包和亲切服务,立刻受到各界人士的欢迎。

1956年,麦当劳地产公司成立。

1961年,雷·克拉克向麦当劳兄弟购买商标权,经营麦当劳餐厅事业。

1965年,麦当劳股票正式上市。

1967年,美国以外第一家麦当劳——加拿大麦当劳成立。

1978年,全世界有5000家麦当劳。

1988年,全世界有10000家麦当劳。

2014年,麦当劳全球直营店和加盟店为6714家和29544家。直营店营运利润仅有28.81亿美元,但加盟店则高达75.75亿美元。

2015年,全世界共有3.6万家麦当劳,其中美国本土1.4万家。

2016—2017 年,麦当劳承租的门店占总门店数比例为40%和33%,地产带来的租金收入分别为61亿美元和65亿美元,占总收入的比重分别为25%和29%。

2017年,营收额为228.204亿美元,净利润为51.923亿美元。

2018年,营收额为210.252亿美元,净利润为59.243亿美元。2018年12月18日,世界品牌实验室编制的《2018世界品牌500强》揭晓,麦当劳排名第10位。

2019年10月,麦当劳在Interbrand发布的全球品牌百强位列第9位。

2019年，120多个国家和地区拥有3.7万家麦当劳店。

现在，麦当劳市值1600亿美元，每天为世界6900万以上的人士提供麦当劳汉堡包，麦当劳每天的收入约为7500万美元，麦当劳每天在全球供应900万磅薯条，并且每3小时就有一家麦当劳在世界某个角落诞生。快速扩展的惊人速度使得代表快速服务餐饮业连锁品牌与领导者的金黄拱门走遍世界各地。

《华盛顿邮报》的一篇文章《快餐是美国黑人的恩惠或还是负担？》说，有八分之一的美国人曾在麦当劳打工，包括主持人杰·雷诺、格莱美获奖歌手仙妮亚·唐恩和梅西·格雷、奥运会金牌得主卡尔·刘易斯以及世界首富——亚马逊首席执行官（也是《华盛顿邮报》的所有者）杰夫·贝佐斯。

再来看看其创始人雷·克拉克的简介吧。

- 雷·克拉克，52岁创立了今天的麦当劳公司
- 1902年出生在芝加哥西部近郊的橡树园
- 12岁，读完初中二年级的他就开始工作，开过卖柠檬水的摊点、一个很小的唱片店，这些店都获得了意想不到的成功
- 15岁高中辍学，在第一次世界大战中驾驶"红十字会救护车"
- 以向芝加哥人行道的小商小贩卖纸杯起家
- 曾经在佛罗里达房地产业中一试身手
- 最终的好职业——作为奶昔搅拌机的经销商——认识了麦当劳兄弟，雷·克拉克主动请缨做他们全国独家特许经营代理商
- 1955年4月15日，克拉克的麦当劳样板店在伊利诺伊州的戴斯普林斯开业，建立了他对清洁的严格标准：QSCV（质量、服务、清洁、价值）
- 1960年，店铺总数228家，销售额3760万美元。到1960年上半年结束时，公司已经卖出第4亿个汉堡包
- 1960年，克拉克公司的所有餐馆都经营得很成功，但是，净利润不足7.7万美元，还背负570万美元的长期债务。想大发展，必须买下麦当劳兄弟的所有权
- 麦当劳兄弟索价270万美元整，并要求现金支付。其中70万美元他们要用来缴税，剩下的200万美元两人平分
- 1961年，克拉克终于得到贷款——以公司的房地产作为抵押——尽管在最终偿还时耗资1400万美元，但他终于得到了日益壮大的特许经营体系的控制权
- 1961年，克拉克在伊利诺伊州的爱尔克·格拉乌村餐馆基地创建了汉堡包大学

1.4.4 当代特许经营

20世纪40年代和50年代起，在美国，从"克隆"模式特许经营中获利的人以及那些希望加入"克隆"大军的人开始游说政府当权人物，试图改变法律使其对特许经营的发展更为有利。

第1章　特许经营概述

20世纪50年代末60年代初，特许人的经济力量对法庭的影响初见成效，法庭开始接纳特许人的主张，即统一的体系能够培养出更好的竞争者，统一体系的实施被认为是支持竞争而不是反对竞争。大批热衷于商业模式特许经营人士的"院外游说"的结果是，美国法律开始允许特许人建立强大的、复制型的商业模式特许经营。

同时，第二次世界大战结束时的经济复苏、退伍老兵的就业安置、退伍兵手中持有大量社会闲散资本的状况、早期商业特许经营的成功事例等客观环境也都非常有利于特许经营这种商业拓展方式、高效创业模式的迅速发展。

因此，法律的许可、政府的支持、特许经营模式本身的优势以及受许人群体的壮大等有利因素的综合影响便引发了20世纪50年代与60年代的美国特许经营大爆炸。许多采取商业模式特许经营的著名企业都在此期间获得了高速发展和超常扩张，如肯德基和麦当劳分别于1950年和1955年开始了自己的特许经营。

特许经营受到了全美社会各界的高度关注。

值得一提的是，当时的美国快餐业的特许经营非常发达，几乎成为特许经营的代名词和代言人，麦当劳、汉堡王、汉堡大师傅（Burger Chef）、哈迪斯（Hardee's）、玩偶盒（Jack-in-the-Box）、肯德基、阿碧（Arby's）、罗伊·罗杰斯（Roy Rogers）、丹尼斯（Denny's）、温迪屋（Wendy）、必胜客、索尼克（Sonic）、利特尔·恺撒（Little Caesar's）、达美乐（Domino's）、赛百味（Subway）等都是风行一时的快餐巨头和其他企业的模仿对象。同时，特许经营也开始向其他行业大规模挺进，比如房地产业（21世纪不动产、Re-Max、Better Homes and Gardens、ERA、Prudential等）、就业服务行业（Manpower、Snelling & Snelling、Adia、Western Temp、Norrell等）、旅馆（Travelodge、假日酒店、Ramada酒店、Howard Johnson、Marriott以及希尔顿、谢拉顿等）、汽车租赁、管理服务、五金店和零售店等，特许经营实质上已经影响美国零售和服务行业的各个部分。

1959年，面对美国特许经营的一片大好形势，为了进一步推动特许经营事业的发展，国际特许经营协会（IFA）成立。协会规定，所有会员必须遵守其制订的特许经营道德规范和营运标准。当时的IFA主要由特许人组成，所以其主要维护的也是特许人的利益。但是，受许人要求保护自己权益的呼声越来越高，人们开始重视受许人——特许经营的另一个非常重要和必不可少的参加者——的利益。1971年，继公众强烈抗议加利福尼亚州一连串特许经营欺诈丑闻之后，加利福尼亚州通过了《特许经营投资法》（Franchise Investment Act），这是全美国也是全世界的第一部要求特许人向潜在受许人披露重要信息的法律。1992年，爱荷华州通过了《爱荷华州公平特许经营惯例法案》，该州首次制定了"全面"保护受许人的法规。在这种形式之下，IFA开始接纳受许人成为自己的会员。据资料显示，到2000年，IFA已经接收了至少25000名受许人。IFA会员主要包括三类：特许人、供应商和受许人。

从20世纪60年代开始，以"克隆"为标志的商业模式特许经营已经迅速地在全美、全球扩展开来。一些商业模式克隆取得了成功，如肯德基油炸鸡、假日饭店、塔可钟（Taco Bell）等，而一些没有接受"克隆"经营模式概念的企业，如霍华德·约翰逊的汽车饭店、鲍勃（Bob）的大男孩饭店以及莎基（Shakey）的比萨店等，虽然享受到了最初特许经营分销产品和服务所带来的成功，但却因为无法控制它们整个体系的质量与统一性而处于艰难的挣扎中。两相对比，"克隆"经营模式与"商业制服"的优势更加明显。

但也正是为了确保整个体系质量与服务的统一性，特许人才不得不对其"商业制服"拥有人施加更多的控制。因此，那些相当简单的特许经营合同开始加长并把特许人的权利触角延伸到生意的每一个方面，受许人的中心地位受到威胁，利益分配的天平也开始向特许人方面倾斜，特许经营合同变得更为烦琐冗长、严格与单边化，特许人不断地在特许经营合同里增加对自己有利的条款，受许人的创意被更多地扼杀了，受许人对于特许人的依赖比之以往大大增加，他们对特许人几乎唯命是从。

这种对于受许人的不利局面促使受许人联合起来维护自己的合法利益。1992年，美国成立了世界第一个受许人组织，即美国受许人与经销商协会（AAFD，American Association of Franchisee and Distributor）。AAFD的主要义务是支持受许人反抗不公平待遇，帮助他们诉讼，帮助受许人谈判成对受许人有利、对特许经营双方也公平的特许经营合同，吸引人们关注应该给予受许人但被特许人滥用的权利，支持受许人关注特许经营的联邦与州立法等。1996年，AAFD推出《公平特许经营标准》，该标准在特许人及其律师间发行，加强他们对于形成一份公平特许经营合同内容的意识，并为那些特许人提供该协会认可的特许人公平认证，其认证标准是特许人的所有受许人中必须有至少一半的受许人认为该特许人是公平的。

除了AAFD之外，美国还有另外一个保护受许人利益的组织，即美国受许人协会（AFA，American Franchisee Association）。芝加哥的这个行业协会代表着约7000名受许人，并已起草了一个法律范本，为特许经营关系中的行为制订了基本准则。

无论如何，在"克隆"经营模式与"商业制服"概念下的特许经营要比以往的特许经营有更大的成功机会和发展可能，因为它解决了先前特许经营体系在管理、控制、质量、宣传、商业秘密、体系拓展、培训、工业产权和/或知识产权转移等许多方面的痼疾。因此，在美国特许经营的发展历史上，20世纪的60年代和70年代又出现了特许经营的再一次大流行。20世纪70年代和80年代，特许经营在饭店、非食品零售店、旅馆和汽车旅馆领域占有主导地位。

遗憾的是，这次流行却不像胜家那时一样是好的方面占据主流。因为特许经营的盛行，美国20世纪60年代和70年代出现了大量的特许经营欺诈事件。正是由于特许经营欺诈现象的一度泛滥，美国政府才陆续颁布了大量关于特许经营方面的法律法规，因此，就全世界而言，美国在特许经营法律法规的制定与颁布方面是最早的，也是最为全面的。准确地讲，美国政府于1979年10月21日开始正式管理特许经营，标志就是当时的联邦贸易委员会（FTC，Federal Trade Committee）发表了它的《关于要求公告的经销代理贸易管理规则以及关于特许经营与商业机会投机禁令的解释指南》。

很快，在政府、社会、企业、法律界等的共同努力之下，从1980年起，度过欺诈狂潮期的特许经营在美国又迎来了新的黄金发展时期。20世纪80年代末90年代初的美国萧条时期也促使特许经营的特许人和受许人同时转向维护、重建、储存之类的商业，以及转向大件重要产品的服务，如汽车、房产、装潢与主要的家用设备。

20世纪90年代以后，特许经营重新在美国步入飞速发展时期，同时，特许经营在世界也进入了全面大发展的热潮时期，特许经营热浪以其不可阻挡之势迅速席卷全球。

1.4.5　早期特许经营和现代特许经营的区别

然而，我们必须注意的是，早期与近代的特许经营和现代的特许经营有着许多本质的不同。

1. 处于特许经营关系的中心地位者不同

在早期与近代的特许经营中，受许人处于特许经营关系的中心地位，受许人掌握着主动权并可借此获得比现在大得多的利益。这是因为早期与近代的特许人发展特许经营的目的往往是把特许经营作为其分销产品或服务的一种更有效的方式（这也是时至今日仍然有许多特许经营学者把特许经营的本质归为"一种营销模式"的根本原因之一），受许人因为具有"帮助"特许人的作用而受到特许人的更多尊敬和保护。所以，只要特许人想出现在受许人的地区，受许人就具备强大的讨价还价能力。而且，如果特许人没有提供优质的商品，则受许人可以终止合同，甚至改变商标。

而现代的特许经营则以特许人为中心，因为他们更强调的是特许经营"帮助"了受许人实现自己创业与做老板的梦想，所以受许人处于几乎完全听从特许人指挥与安排的地位。

2. 受许人的权益受保护程度不同

早期与近代的受许人比现代的受许人拥有好得多的合同性交易。在早期与近代，为促使受许人签约，特许人通常会向其保证有一个专营区域或受保护市场。大多数的特许经营都以满足受许人意愿的形式或以一个不确定的期限签署，特许人会经常照顾到受许人的便利，即充分允许特许经营在当地的"本土化"。因此，早期与近代的受许人要比现代受许人具有更大的利益。

现代的特许经营却给了受许人更多的限制和束缚，而且，特许人更倾向于根据自己的意思来左右商业的发展，他们往往拒绝受许人的创意，而更强调受许人遵守统一化的"遵循性"。关于这一点，我们可以从特许人单方面订立且受许人具有极少改动合同条款权利的特许经营合同、特许经营体系的统一模式、特许人对于受许人的培训、督导等方面看出来。

3. 特许经营合同不同

早期与近代的特许经营合同相当简短，更多内容是关于价格与支付的条款，而现代的特许经营合同更多强调的是特许经营关系的条款。早期的特许经营合同可能仅有2～3页纸,但现在的特许经营合同却多达数十页,并需要专业的特许经营律师花费相当的时间来编定。

早期与近代的特许经营合同没有涉及谁拥有该地址、联系生意的电话号码以及特许经营的拥有人在特许经营终止后是否可以继续留在该生意中的问题。但现代的特许经营合同却特别重视这一点,因为这些往往与特许人的商业秘密、切身利益、未来竞争对手等直接相关。

早期与近代的特许经营合同是可以谈判的,但现代的特许经营合同的大部分内容或根本性原则是一个由特许人事先拟订且不可由受许人改动条款的固定"模板",特许人的理由很简单,各个复制的单元或单店之间必须保持一致。

总之,早期与近代的特许经营合同对受许人更为有利,合同的内容和形式也比较灵活,但现代的特许经营合同则更多地变成了特许人自己的单方面意愿。

4. 双方获利的主要来源不同

早期与近代的特许经营运营并不在意获得权益金,而是依赖受许人购买并转销特许人/制造商的产品。特许经营双方均以合理的利润与公平的价格来保持销量的持续上升,并都从良性循环的分销网络中获利,因此,在早期与近代的特许经营中,产品的批发价格差成为特许人的主要盈利源泉,特许人的注意力集中于产品的销售方面。

现代特许人的获利之源虽然在理论上应主要集中于特许权使用费或权益金上,即一个通常按照受许人销售额或利润额的固定比例或一个双方约定的固定数额来收取的费用,但实际上,特许人获利之源被明显地范围扩大化了,特许人可以有多种向受许人收取费用的方式,包括一次性的加盟金,营运开始后持续的特许权使用费、广告基金、部分培训费,以及保证金、广告费、培训费(开业前/开业后)、原料费、设备费等名目繁多的费用。特许人的注意力从在意产品的销售转向在意体系的推广和销售,因为加盟金、权益金等显然是和体系规模直接相关的。

5. 行业集中度不同

在早期与近代的特许经营中,特许经营的行业大部分集中于汽车及相关商品与服务(如加油站),饮料销售,特别是啤酒与软饮料的分销以及诸如7-11、本·富兰克林(Ben Franklin)与西部汽车供应商之类的便利店网络。

现代的特许经营行业则是越来越广,并被业内人士认为是无行业壁垒,就是说特许经营是任何一个行业都可以采取的模式。虽然特许经营在某些行业比较盛行,但无论如何,"特许经营无行业壁垒"的魅力正在逐步展现和变为现实,这是一个必然的趋势,因为我们已经看到新行业里特许经营正在不断出现。

6. 特许的内容不同

早期与近代的特许经营主要是用于产品的批发和零售,特许人发展特许经营的目的就是销售自己的产品,典型的特许经营行业就是汽车销售、汽车加油站、啤酒销售等,因此，特许经营的内容其实就是产品的销售权，受许人成为特许人的一种销售渠道。

现代特许经营更多的是一种综合的商业营运模式的特许，并不是哪个特定产品的销售通路，因此，特许的内容是特许人开发的一整套关于运营一个特许经营基本单元（通常为一个单店）的工业产权和/或知识产权或其他特许权，受许人更多地被看作是特许人扩大事业、扩张业务的外力，而不仅是产品销售商。

7. 最重要的区别就是，特许经营各个单店之间"克隆"程度不同

早期与近代的特许经营在模式的一致性方面非常差，甚至根本没有任何"克隆"的迹象，大多数的早期特许人并不试图或在意控制受许人单店的外观与感觉。虽然它们使用同一个商业名称，但各个受许人单店可以自由建立自己的商业风格，可以有自己的独具特色的装饰、外表、颜色等，甚至店中提供的服务也可以不一致。

但现代特许经营十分强调一致性，甚至视"克隆"为企业的生命，各个特许经营单元或单店在外表和内容上都会追求相同而不是简单的相似，即便因本土化的原因而做出的非统一性改变也只是"大同小异"原则下的一些创新。

总的来讲，早期的特许经营主要是以产品特许为中心、以销售产品为目的的特许经营，特许人并不要求所有受许人在一致性方面严格遵守固定的规则。这可能和美国当时的法律有关，因为美国法律向来以鼓励、支持"公平"竞争为己任，因此，20世纪30年代、40年代和50年代的美国法律禁止特许人控制其受许人的质量、服务、产品或经营方式。特许人不能规定价格，也不能要求受许人使用某种品牌，乃至不能规定特许加盟店的门面。所以，"克隆"经营模式的特许经营的出现需要一个过渡的、等待法律发生有利转变的时期。

1.4.6 特许经营的未来趋势

一百多年来，特许经营伴随着历史的风风雨雨，在艰难和摸索中创造了一个又一个人类经济发展史上的奇迹。根据笔者的研究，可以明确得出这样一个结论，即特许经营必将具有一个更加灿烂而更广阔的美好发展前景。但是，特许经营的未来到底是什么？未来的特许经营将具有什么样的特色呢？

对于现在已经开展特许经营业务的企业，对于那些在特许经营面前尚犹豫不定的企业和个人，对于致力于通过从事特许经营事业而为人类、也为自己创造财富和成就事业梦想的人们而言，关于特许经营未来趋势的研究与展望将会使他们更有信心和做好准备。

综观特许经营的发展历史以及人类世界未来的走向，笔者认为，特许经营的明天将具有以下几个显著的特色。

1. 行业将更加广泛，特许范围不断拓宽

目前，特许经营已超越20世纪60年代和70年代第一段繁荣时期的以餐饮为主的局面，以极强的渗透性进入各个行业，成为企业开拓国际市场的有效方式，未来特许经营

将广泛采用高新技术，服务业和信息产业将成为未来特许经营发展的主要领域。

进入20世纪80年代后，特许经营进入了一个崭新的时期，一个显著的特点就是行业的广泛性。以特许经营最发达的美国来说，其特许经营所涉及的行业包括：① 餐饮业；② 旅店、汽车旅馆、露营地；③ 休闲旅游；④ 汽车用品及服务；⑤ 商业服务；⑥ 印刷、影印、招牌服务；⑦ 人力中介；⑧ 管家、清洁服务；⑨ 住宅新建、改装；⑩ 便利商店；⑪ 洗衣店；⑫ 教育用品及服务；⑬ 汽车租赁；⑭ 机器设备租赁；⑮ 零售店（非食品业）；⑯ 零售店（便利店以外的食品零售）；⑰ 健身、美容服务；⑱ 房地产经纪；⑲ 其他。

特许经营的又一大国日本，其行业分布十分广泛。日本新兴的特许经营行业主要包括干洗店、洗衣店、清洁用具租赁、汽车租赁业、旅店业、美容美发业、房屋修缮、唱片出租店、搬家业、运输快递业等。其他国家的发展势头也和美国十分相似。可以说，特许经营运用范围越来越广，遍及的行业也越来越多。

2. 特许经营出现新特色

现代的特许经营已经出现了许多新特色，值得业内人士关注。对这些特色的把握与了解，可以使我们对未来中国及国际特许经营的发展趋势有一个大致的推断，从而使我们正确地树立自己的运营目标或创业设想。

（1）数字时代的产物与标志渗透进特许经营。

以.com为特许经营的网络企业的浮出、电子硬件产品以及电子软件产品的特许，都标志着特许经营在未来的发展趋势必然与时代的高科技趋势相一致。

（2）以产品为中心或起点的特许经营重新复兴。

一些新兴的特许人企业是典型地从一个产品（或系列）开始，然后开发出特许模式进而实施特许经营模式的。

（3）儿童类产业开始盛行。

有人曾称儿童类产业必将是"永不落山的太阳"，这实际上说的就是随着社会的发展，围绕儿童消费的产业将具有一个非常巨大的市场前景。

（4）新型业务的特许经营。

业内常说"特许经营无壁垒"。诚然，就特许经营本身的发展历史来看确实如此，其最主要的一个原因就是一旦人们把特许经营作为一种模式与理念的时候，我们就总能把其他行业纳入特许经营的轨道中来。

3. 作为特许经营加盟双方联姻性质的中介的市场化成为趋势

事实证明，如同中国许多其他行业的历史一样，市场化的特许经营投资双方中介行为将更有效率，也更公平。

在将来，将有更多的特许经营顾问咨询公司、投资性机构、中介组织、信息服务组织、大学、研究机构（如中国政法大学特许经营研究中心）、中国特许经营第一同学会"维华会"等在特许经营的事业发展中占据越来越关键的地位。

4. 特许经营的国际化趋势

在全球经济趋向一体化的过程中，各国在政治、经济、社会文化等方面存在着差别，超越这种差别才会取得成功。特许经营在这方面有着很大的优势。特许经营进入国际市场时有着一定的优势，尤其是一些在本国市场已有相当的知名度，在海外市场也小有名气的特许经营体系，这些驰名品牌对海外市场的加盟者有着很大的吸引力。同时，许多大的特许经营体系资金雄厚，在海外市场调查分析以及人员培训方面都有着一整套的规范，而且由于其极高的加盟店成功率和丰厚的利润，这些因素无一不强烈吸引着国际市场的潜在加盟者。

事实表明，肯德基、可口可乐、麦当劳在国外市场获得的利润都超过公司全部利润的一半。

特许经营企业开拓国际市场时可以有效地与当地加盟者合作。特许经营在国际市场中要面对各种差异所带来的障碍，而当地加盟者可以凭借其"知情者"的优势，帮助特许经营总部跨越这些障碍。尤其是在获得当地政府许可之前，若没有当地加盟者的参与，对于海外总部来说，开店简直就不可能实现。一般来说，开拓国际市场时，为了取得当地人的支持，多半会采取合资或合作的形式，特许经营在常见的资金归属之外又加了一条契约纽带，而且这种契约纽带会发挥更重要的作用，同时也解决了开拓国际市场时资金缺乏的问题。

特许经营企业国际特许的方式有很多，概括起来主要有以下几种：直接授予特许权、设立独资经营机构、设立分支机构、设立附属公司、建立地区发展商、授予主特许权、建立合资、合作企业等，具体内容请参见本书的国际特许经营部分。

5. 高科技成果的广泛采用

高科技是特许经营发展的推动力。与其他商业经营方式相比，特许经营对技术进步的需求更为迫切。实现特许经营的几个统一，就要对加盟店内外的大量市场需求信息、商品与生产厂家信息、商品进销存信息及时采集、处理与分析。商品的大规模快速流转要求更高的通信与运输效率，加上经济高速发展带来的劳动费用升高和技术成本降低，使得特许经营业广泛采用高科技成果。

据IDC的最新数据显示，2018年全球科技支出最多的公司是亚马逊，科技支出超过了136亿美元，排在第二、第三位的分别是谷歌的母公司Alphabet和沃尔玛，它们的科技支出接近120亿美元。

现代特许经营业需要先进的电子信息系统。在现代化的特许经营中，电子信息技术的应用起着非常重要的作用，如计算机综合管理系统（MIS、POS）、ERP、通信网络技术、条形码、电子数据交换系统（EDI）、电子订货系统（EOS）、二维码、AI、VR等都被引入特许经营企业的管理中。计算机管理系统的优越性主要表现在：①能有效管理每种商品，真正做到单品核算；② 提高加盟店的结算速度，及时反映各加盟店的销售情况；③ 减少营业差错，有效避免差、乱、舞弊等现象；④ 提高盘点效率，杜绝非正常库存；⑤充分发挥各店的工作效率，从而发挥出特许经营规模效益的优势。

特许经营的配送中心需要高效管理，这也离不开各种高科技成果。特许经营配送中心的功能主要是承担各加盟店所需商品的采购、加工、分装、配送、仓储、调运等。国外的特许经营企业都有自己的商品配送中心，总部统一进货，并保持合理库存。加盟店本身不设仓库，营业面积可得到充分利用，经济效益的取得靠商品周转快和库存合理。而且，由总部配送的商品，其质量抽检可由总部进行，避免重复检验，减轻各加盟店的负担。

总之，现代化的特许经营的基本含义之一就是各种高科技成果的广泛应用。

2018年，麦当劳花费14亿美元增加自助点餐设备、数字菜单、外卖服务、桌边自助点餐等数字化产品或功能翻新店铺，2019年又投入10亿美元。麦当劳现已在全美约二分之一的门店中上线了自助点餐设备，全球其他市场的店铺也在同步上线该设备。一位英国高管表示，自助点餐设备让伦敦市的门店销售额增长了8%。（资料来源：好奇心日报之《麦当劳20年来最大收购，这个大数据公司具体是做什么的？》）

2020年，麦当劳新任首席执行官Chris Kempczinski说："麦当劳有三个业务加速器，即未来就餐体验、数字化和外送。"为了充分利用高科技，麦当劳花费3亿美元收购了人工智能公司Dynamic Yield，为菜单引入个性化推荐技术，让餐厅得以根据天气、时间段和顾客的点餐记录等来调整菜单推荐。比如，在夏天推荐麦旋风，在冷飕飕的天气里推荐热咖啡。同时，在后厨炸薯条、炸鸡块的人员则变成了"机器人厨师"。（资料来源：小食代，《麦当劳Chris Kempczinski：定调中国市场至关重要 全力防控疫情》）

目前，Sonic和Good Time Burgers等美国连锁餐厅在测试跟麦当劳类似的AI语音系统，据称，相关技术可以实现平均等待时间缩短7秒，80%的顾客表示比较满意。（资料来源：爱范儿，《麦当劳正迎来一场革命，未来帮你点单和炸薯条的可能都是机器人》）

Domino's Pizza正在澳大利亚和新西兰地区试用AI技术，扫描每个新鲜出炉的比萨，确保它的大小、用料等都达到品质标准。（资料来源：胡林，《麦当劳AI路：规模个性化替代规模营销》）

宜家家居的应用程序IKEA Place通过苹果的AR技术帮助顾客全真模拟体验家居设置效果，用户只需将手机的摄像头对准房间快速扫一下，就可以在房间的任何角落"摆放"选中的宜家家具，让用户看到这些家具真的摆在家中的效果。用户也可以任意改变家具的摆放位置，或近一些或远一些，这样就能从不同角度看到最终效果。IKEA Place还可以帮助用户利用AR技术观看整个房间效果，用户不仅可以摆放家具，还可以根据策展、环境和行为获得智能家居的提示和个性化家居建议。IKEA Place允许多重放置，让用户一次可以查看多个项目的外观，并利用AR技术可视化用户在当前房间的位置。IKEA Place全新的房间设置功能可让用户自行绘制带有新家具的整个房间，例如，用户打算重新设计办公室、用餐区、或休闲区，IKEA Place应用程序将通过AR技术帮助用户仔细地查看房间,帮其精心挑选合适的家具。用户只需将iPhone指向任意一件家具,APP就会提供和建议类似的IKEA家具。(资料来源:青亭网)

目前,沃尔玛正在使用机器人为货架补货、查找并将放错位置的商品重新归位、查看产品定价是否最新、货架标签是否准确、识别缺货情况并跟踪货架顶部的备货物品以减少回库房补货的次数。配合人工智能和机器学习技术,沃尔玛得以提高库存准确性,减少了员工流失率并改善了客户体验。据测试,该机器人在速度上比人工快3倍,整体效率提升了50%。(资料来源:资本实验室,张珂,《【零售案例】沃尔玛:传统零售向电商转型七步法》)

优衣库在中国的门店投放了被称为"智能买手"的LED终端,呈现关于新品上市、促销信息以及穿衣搭配的内容。优衣库方面经过测算,一台LED终端可提升门店15%的购物转化率,其互动效果是传统媒介的4~5倍。(资料来源:中国服饰,《优衣库新推"智能买手"提升销售,服饰智能化的发展状况如何?》)

6. 特许经营与相关行业的结合日益紧密

因为特许经营是一个大范围的复制式的网络铺设工程,它的建立与发展需要许多相关行业的配套跟进,如装饰装潢、物流、通信、顾问咨询等。在特许经营网络发展早期,较小规模的体系并不要求特许人与外在的服务企业建立长期的、紧密的战略联盟关系,但随着现在特许经营网络规模的扩大以及国际化的日益盛行、世界范围内战略联盟模式的推广,为了确保庞大体系的正常运作,为了保持特许经营的本质特色之一——统一经营模式,为了能以更低的成本获得更优质的服务,为了使特许经营体系的授权与营建步骤紧密衔接,特许人开始有意识地与相关的行业企业建立日益紧密的战略联盟关系。事实上,许多特许人已与装修公司、装饰装潢公司、通信公司、软件公司、特定设备公司、原材料供应商、企业的管理顾问咨询公司、招商外包公司、选址公司等建立了长期的紧密合作。

7. 顾问咨询由律师转向经营管理

以前的特许经营双方,包括特许人和受许人,在进行特许经营的咨询时主要依赖律师,这一点可以由特许经营的指导性书籍的作者相当一部分都是律师得到部分证实。

但现在不同了,特许经营的双方更多的是依赖和相信经营管理的顾问咨询公司。因为人们逐渐意识到管理的作用,意识到特许经营的成功更多的不是得到法律上的保证,而是在经营管理方面得到根本性的改善,律师只是为特许经营提供服务的一个角色。所以,专门从事特许经营顾问咨询的公司越来越多,以前没有开设特许经营顾问咨询业务的顾问咨询公司也增加了特许经营服务这一项。

8. 知识管理战略进入特许经营的运营

现在的企业在向知识型企业转变,知识管理已经成为西方企业管理的热点和重点。知识管理,就是运用集体的智慧提高企业应变和创新能力,使企业能够对外部需求做出快速反应，并利用所掌握的知识资源预测外部市场的发展方向及其变化过程。调查表明，许多跨国公司，尤其是高科技公司，如微软、英特尔等，都将知识管理理念、方法引入企业，并且产生了非常显著的效益，很多企业都建立了自己的知识管理战略。世界500强企业中已经有一半以上建立了知识管理体系，推行知识管理办法。

特许经营企业与其他商业模式的企业一样，要遵守同样的市场法则，面临同样的环境因素，特许经营的特征之一就是特许人利用自己的品牌、专有技术、经营管理模式等，与他人的资本相结合来扩大经营规模，将分散的弱小的力量聚成合力。受许人只要投入资本就可利用特许人的资源创业。其经营核心是特许权的转让，是知识的共享，但传统的特许体系内知识的流动多是单向的，多是特许人的知识向受许人的流动，企业创新潜力未得到充分发掘。信息交流是有限的，沿着等级结构流动，各部门分工泾渭分明，隐性知识不能共享并成为企业创新的源泉和动力。特许体系内企业与其他商业模式企业组织结构、管理机制不同，但面临的外部环境是一致的。实现知识、信息在体系内从上到下、从下至上、网络化、多方向流通，将知识管理战略应用于企业管理中，是增强特许经营企业核心竞争能力的关键。

9. 特许经营的"统一"将有机地与多样化、本土化、本店化结合起来

虽然"统一"是特许经营优势的根本来源之一，但消费者消费个性化和地区差异化却是不容回避的事实，而特许经营作为需要面对消费者的商业运营形式，必然要考虑不同地区的特许经营网点所处的彼此可能相差很大的外部环境。因此，为了扩张企业特许经营网络、更好地为每个不同单店商圈内的消费者提供符合他们需求的特色产品和服务、激发受许人的创意而改变特许经营的"固执"弊端，特许经营突破机械、呆板的"统一"束缚将成为未来的发展趋势之一，如肯德基在中国市场发展强劲的最大撒手锏之一就是本土化。

肯德基的本土化表现在许多方面，以下仅举几例：①在原料方面，肯德基在中国的本地原料采购比例已达95%以上，其中面包、鸡肉和蔬菜全部来自中国本土；②在产品方面，不断推出适合中国消费者口味的产品，如胡萝卜面包、老北京鸡肉卷、玉米沙拉、芙蓉天绿香汤、香菇鸡肉粥、海鲜蛋花粥、枸杞南瓜粥、鸡蛋肉松卷、猪柳蛋堡、川香辣子鸡、老鸭汤等，肯德基共推出了20多款"中国特色"的长短线产品，这些产品深受中国消费者的肯定和喜爱；③在店堂装饰方面，肯德基的店堂视觉逐渐融入大量的中国元素；④在人员方面，肯德基的员工实现了100%的本土化；⑤其他方面，肯德基的本土化进展也越来越深入，比如2003年的春节，从1月上旬到2月9日，白胡子的"肯德基爷爷"也一改平日"西装革履"的经典形象，在中国的170多个城市800家餐厅里同时换上中国人传统的节日盛装。非但如此，2005年8月，为了表明本土化的决心，肯德基对外宣布"为中国而改变，全力打造'新快餐'"，充分展示其把本土化战略执行到底的决心。

2006年，韩国零售界发生了两件令人深思的大事，即沃尔玛和家乐福分别于2006

的4月和5月,分别以8.82亿美元和18亿美元的价格,将其在韩国的店面出售给新世界百货旗下零售超市连锁商易买得公司(E-Mart)和韩国著名服装制造商依恋公司,从此彻底退出韩国市场。其实,仔细分析后我们不难发现,这两家知名的国际零售企业在韩国出现亏损和看不到盈利希望的根本原因之一就是,它们在本土化方面出现了严重的失误。

① 韩国人的居住和出行习惯是将卖场设立在大型居民区附近,这样购物非常便利。但沃尔玛追求卖场规模和低廉的土地成本,而把店面设在了郊区等偏远的地方,结果失去了相当一部分顾客。

② 家乐福在韩国的经营过程中过分强调法国式管理。从总经理到营销人员,甚至卖场店员都从法国招募,没有本土化。这样做的直接后果就是,不仅增加了人员成本,而且由于语言和文化的差异,法国雇员难以理解和掌握韩国人的消费心理。由此就不难理解为什么家乐福在韩国会经营僵化和出现巨额亏损了。

③ 在购物环境方面,沃尔玛和家乐福依照自己本国的标准,没有按照本土化的原则适当改造。比如,作为超市购物主要群体的韩国女性消费者喜欢舒适明亮的百货商场式购物环境,不习惯沃尔玛的会员制卖场,其采光、货架高度(韩国消费者不喜欢沃尔玛的过高的货架,他们更喜欢1米多高的卖台)等都不符合韩国消费者的习惯和偏好,所以这也是许多韩国消费者不愿前去消费的主要原因之一。

④ 没有摸透消费者的心理,依然照搬国外模式。比如,一些韩国消费者对价格并不敏感,低价策略对他们没有吸引力,他们更关注质量,并有"低价必然质差"的意识,因此沃尔玛的"看家"策略"天天低价"便失去了效力,并失去了购买力强的高端客户群体。

无论如何,如何既保持与发挥特许经营的"统一"优势,又能适当地多样化、本土化、本店化,是特许经营业界人士努力研究的内容,类似这样的拓展后的创新特许经营将成为未来特许经营模式的最重要特色之一。

10. 资本市场活跃,越来越多的特许人意识到招募受许人本身就是最好或更好的融资方式之一

由于特许经营企业的品牌、规模、盈利等优势,它们正逐渐成为资本市场最受关注的对象,上市、风险投资、融资等名词将逐渐成为特许经营领域的热门关键词。比如,2008年就几乎成为中国特许经营、连锁企业的"风投年",大量的活动、论坛等都是关于特许经营、连锁企业如何吸引风险投资的。

近些年,越来越多的特许人意识到一个问题,那就是招募受许人本身就是最好或更好的融资方式之一,因为特许人不必受到投资人的约束,通过招募受许人的方式,特许人在获得自己发展资金的同时可以把连锁店网络开设起来、实现自己产品或服务的销售。特许人非但不会与受许人签署对赌、优先清算等压力性条款,多数情况下受许人还必须接受由特许人单方面事先制订的统一化的商业游戏规则。特许人在融得受许人资金的同时,还可以充分开发利用受许人的其他资源,如智力、人脉关系等。

11. 受许人的多特许人化成为新趋势

美国路易斯维尔大学的博士弗兰克·沃孜沃思和温·周恩的研究表明，在特许经营业出现了一种新的趋势，那就是同时获得多个不同特许人的特许经营权的受许人在不断增加。他们在调查中向国际特许经营协会的830多位会员邮寄了问卷，回收率大概为17%。通过回收的问卷，弗兰克·沃孜沃思和温·周恩得出的结论是：多特许人或多个不同特许权的特许经营经常被用来扩大经营范围，增加受许人的利润，并且提高经营效率。他们的研究结果表明，80.1%的被调查加盟者只是获得了单一特许人的特许经营权（但是这些特许人占所有特许经营特许人的比重不到50%），并且大部分处在一个单一品牌的特许经营体系里。据他们研究，在单一品牌的特许经营体系里，直到第二或第三年，多特许人特许权的特许经营才会发生；而在多品牌的特许经营体系里，至少要等七年的时间才会有多特许人特许权的特许经营。目前，他们的研究成果已经由国际特许经营协会教育基金会、国际特许经营协会和印第安纳东南大学联合出版。

12. 特许企业的联合兼并日益加剧

在世界范围内，特许企业的联合兼并活动前所未有地活跃起来，激烈的竞争是诱发并购的主要动因。企业期望通过兼并获得更大的市场份额，更大限度地配置资源能力，节约采购、物流和管理成本，使体系的运转更有效率，对加盟者的支持更有力度。兼并扩大了企业规模，增强了兼并方作为一个世界性大公司的实力，同时为兼并双方的发展创造了机会。另外，技术的进步也使超大型企业的高效管理成为可能。

兼并的例子很多。比如，1995年，美国的温迪兼并了加拿大专营咖啡和新鲜烘烤食品的第二大快速服务餐馆连锁——提姆·豪敦斯（Tim Hortons），哈迪斯兼并了罗伊·罗杰斯的特许经营业务等。

2004年12月，为了打造以全聚德为品牌的中国餐饮联合舰队，全聚德餐饮集团将直接控股首旅集团所属各家餐饮企业，包括东来顺集团、仿膳饭庄、丰泽园饭庄、四川饭店等，以及全聚德已控股的聚德华天公司及旗下的鸿宾楼饭庄、砂锅居饭庄、烤肉宛、烤肉季、护国寺小吃等20余家老字号餐饮企业。

2008年，特许经营企业的并购行为非常活跃，比如老百姓大药房并购湘潭海诚大药房以及众多的经济型酒店的并购等。零售业则更为突出，比如，韩国乐天收购万客隆，物美控股浙江供销超市，华润收购西安爱家超市，大商集团相继收购正弘国际名店和许昌鸿宝百货，福建东百收购福建乐天百货，雅戈尔收购两个境外服装公司，LensCrafters亮视点收购上海28家"现代观点"眼镜店，国美收购三联商社，海王星辰收购宁波新世纪68家店与东莞汇仁堂18间药店等。海外企业也是如此，如沃尔玛全资收购日本西友百货，美国Blockbuster收购环城百货公司，百思买22亿拿下英国最大手机零售商50%的股份，Tesco收购韩国原家乐福36家门店，韩国乐天收购印度尼西亚大型超市MAKRO等。

2009年，特许经营企业的并购行为仍然没有停止，如慈铭等的并购行为。

13. 品牌合作的特许经营

品牌嫁接开始在特许经营领域普遍出现，合作双方的品牌吸引力和营销活动给双方带来了更多的商机。大的特许品牌与小零售商的合作以及小的特许品牌与大零售商的合作开始出现，特许人通过网络拥有了更经济、更迅速的手段，加快了特许体系的扩张。比如，沃尔玛百货商店里就有大量的其他快餐店，如赛百味、温迪屋、塔可钟、必胜客等，塔可钟的一些受许人在其店里增设了第二家店如赛百味，巴斯金·罗宾斯（Baskin Robbins）同意进入至少1000家当肯甜甜圈等，所有这些联合的实质都是联合定牌。在中国，很多企业之间也开始合作，如中石油、中石化的加油站和麦当劳、肯德基等快餐连锁企业以及便利店等已经开始大规模的合作。

联合定牌可以采取很多形式，有的学者把它们分为5类：特许人合同、受许人合同、单一受许人、双重受许人和投资组合管理。

联合定牌既有优势，也有不可避免的弊端。在优势方面，许多特许人发现，与其他强有力的企业实体联合能够提升销售额，增强市场渗透，为消费者提供更多方便，互相借助品牌力量或强强联合从而吸引更多的顾客，因相似的店铺集中在同一区域而实现区域经济的规模效应，因多店可共用许多设施、设备、供应商、人员、广告等资源而减少了每家的成本等。

但是，我们也必须冷静地看到联合定牌的一些缺点，档次差别太大的品牌之间可能会互相削弱，同业之间直接竞争，共用资源的不公平使用，因同时开设多家店铺而使初期投资成本大大增加，受许人可能要支付双重权益金并因此背负更重的负担和额外开支等。

[小资料][1]

或许利用投资组合方式的最大联盟之一是玛利特（Marriott）公司与霍斯特·玛利特（Host Marriott）服务公司。这个联合组织开发并经营着最大的、当然也是最激动人心的国际知名品牌投资组合之一。它们在机场、旅游露天广场和体育娱乐场采用这种联盟形式。该公司凭借许多主要商业品牌的许可或者特许协议来经营这些设施。这些品牌有艾罗伯·玛格丽塔（Aerobe Margarita）、AS行李（AS Luggage）、Au Bon Pain、巴斯金·罗宾斯（Baskin Robbins）、鲍勃氏大男孩（Bob's Big Boy）、体店（The Body Shop）、汉堡王（Burger King）、加利福尼亚比萨厨房（California Pizza Kitchen）、轻快帆船（Carvel）、干杯（Cheers）、酪饼厂（Cheesecake Factory）、Chic-Fil-A、智利氏烤肉和酒吧（Chili's Too Grill and Bar）、Cinnabon、乡村厨房（Country Kitchen）、当肯甜甜圈（Dunkin Donuts）、全球新闻（Global News）、美食豆（Gourmet Bean）、

---

1 罗伯特·贾斯汀，理查德·加德著.特许经营［M］.李维华，等译. 北京：机械工业出版社，2004.

Haagen-Dazs、纯度标记（Hallmark）、家庭草皮（HomeTurf）、火箭人（Johnny Rockets）、肯德基、合法海食（Legal Sea Foods）、满族锅（Manchu Wok）、迈阿密萨伯烤肉（Miami Subs Grill）、菲尔兹先生（Mr. Fields）、博物馆公司（The Museum Company）、内森氏著名（Nathan's Famous）、NFL区（NFL Zone）、熊猫快递（Panda Express）、伯金斯（Perkins）、比萨小屋（Pizza Hut）、斯特兰达比萨（Pizza Strada）、突眼（Popeye）、Pretzel Time、PS Airpub、罗伊·罗杰斯·萨谬尔·亚当（Roy Rogers Samuel Adams）、Sbarro、地平线糖果（Skyline Sweet）、星巴克咖啡（Starbucks Coffee）、斯丁格·雷氏（Stinger Rays'）、Strathmore Bagels、塔可钟（Taco Bell）、TCBY、感谢上帝今天已是星期五（TGIFridays）、领带架（Tie Rack）、VIA礼品店（VIA Gift Shops）和Vie De France等。

你会发现上面的内容中不仅包括美国的特许权项目，有的还来自欧洲、加拿大甚至是东方。投资组合系统使得玛利特组织的足迹遍及全世界。

14. 妇女和社会少数群体正日渐成为特许经营队伍中的一支重要生力军

在早期，特许经营的从业人员或受许人范围比较有限，受许人通常是以那些有钱的男性为主，该男性的家庭一起参与、共同经营一个作为谋生或创业手段的特许权项目，女性处于辅助的地位。而社会少数群体，如少数民族，因为其经济能力、知识层次、文化沟通、消费习惯，甚至居住地域等方面的问题，一直没有积极加入受许人队伍中。

但现在不同了，随着社会的发展、教育的普及、经济的发展、文化的全球互融、民主和平等人权意识的风行、交通的发达等，女性和社会少数群体在经济能力、心理状态、知识层次、消费投资等方面逐渐具备了受许人的诸项条件。实现自己做老板的梦想、创立属于自己的事业、追求自己的人生价值等同样成为女性和社会少数群体加入特许经营中的强大动力。事实表明，现在，女性和社会少数群体代表了受许人发展最快的组成部分。越来越多的女性参与特许经营，不仅作为受许人，而且作为特许人和其他企业的所有者。根据美国国家女性企业所有者基金会（UFWBO）的报告，美国女性拥有的企业已占全美所有企业的50%。

早在1985年，《大趋势》的作者约翰·奈斯比特就敏锐地意识到，"妇女群体正开始发现她们可以获得机会的被称为特许经营的商业模式。"美国众议院小企业委员会曾在1988年6月28日发布一份名为《新经济的现实情况：妇女企业家数量的增多》的报告，在这份报告公布时，妇女在全国开办企业的平均数量是男子的2倍。国际特许经营协会也认识到了女性在特许经营中的重要作用，因此在20世纪90年代早期成立了妇女特许经营委员会（Women Franchise Committee，WFC），它"通过提供交流思想、资源和经验的机会来促进妇女参与特许经营"。"预计特许经营业务的快速发展将持续到下一个世纪，未来将由以前从事特许经营业务的退休人员和女企业家来领导特许经营行业的发展。现在在美国，几乎三分之一的加盟店都是全部或者部分归妇女所有。"[1]在美国麦当劳，超过40.7%的受许人或经营者是女性和社会少数群体。

我国也涌现出不少女性参与特许经营的成功例子。据某机构举办的全国性的特许经营展会统计数据显示，展会参展单位数量以每年近60%的速度增长，其明显的特征之一就是参会寻找项目的女性占比52%，希望得到相关专业知识培训的女性占90%以上。

为了更好地推动少数族裔在加盟事业上的发展，2006年11月8日，美国联邦商务部少数族裔商业发展署、纽约中华企业协会、美国少数族裔商业协会、亚裔中小企业联盟共同主办了全美第一届少数族裔连锁加盟店商展，地点在纽约，共有20多个加盟店品牌参展，包括Arby's、DENNY'S、TCBY等由少数族裔创牌的连锁名店。

总之，从现实的趋势推断，女性和社会少数群体必将成为特许经营队伍中的一支不容忽视的重要力量。

15. 和直营相比，加盟的比例持续增大

以麦当劳为例，腾讯财经麦当劳首席执行官李伟在《轻装上阵后的麦当劳，上季度业绩确实"金拱门"了》一文中引用麦当劳首席执行官Steve Easterbrook的观点，麦当劳的下一步计划就是削减运营成本，提高餐厅增长，麦当劳将全球特许经营比例从81%提高到90%。事实上，目前，麦当劳全球的特许经营比例已达92%。

1.4.7 第四代特许经营：中国特许经营发展思想正在改变世界

由于各个国家和地区对于特许经营模式的觉醒程度、认识程度和重视程度的不同，所以导致了以活跃度和发展速度等综合指标为优先考量的全世界特许经营中心的几次大转移。

第一代特许经营中心是现代商业模式特许经营的起源地——美国。

第二代特许经营中心转移到了欧洲，以英法为主体。

第三代特许经营中心转移到了亚洲，以日本、新加坡和中国台湾为主。

第四代特许经营中心在哪里呢？

很多国家和地区都出台了雄心勃勃的计划，组建精兵强将，意欲占据第四代特许经营中心。比如，马来西亚的前总理马哈蒂尔亲自组建了特许经营协会并任会长，而且制定了特许经营的五年发展规划，声称要把马来西亚建设成东南亚的特许经营中心。印度、韩国等国家也都不断加大对特许经营的支持力度。

在这个时候，中国不能再落后了。中国要想成为世界第四代特许经营中心，最为迫切的第一问题就是要在特许经营的理论和思想上深入探索，再以此系统化的理论和思想去指导实践。

那么，在中国，特许经营的理论和思想脉络是什么呢？

---

1 （美）安德鲁·J. 西尔曼，编著.《特许经营手册》[M]. 李维华等，译. 北京：机械工业出版社，2004.

第一代，西方特许经营知识时代（2003年9月以前）。

中国特许经营界的主流正规知识以西方特许经营知识为主，但很多知识都是凌乱、局部、错误和过时的，全盘照搬西方的内容居多，很少考虑结合中国特色，所以这个阶段的特许经营知识并不能在中国的特许经营实践中发挥指导作用。在实践领域，中国的特许经营企业在国内做得都不好，更别提走向国外了。

第二代，中西方特许经营知识混合时代（2003—2008年）。

在此期间，笔者翻译了大量的外文特许经营著作，如《特许经营宝典》《特许经营101》《特许经营致富》《特许经营指南》《如何避免特许经营欺诈》《特许经营手册》《特许经营》《特许经营之梦》等，同时，结合中国国情，笔者著作、主编了很多适合中国人使用和学习的特许经营教材与书籍，如《特许经营概论》《特许经营在中国》《特许经营理论与实务》《如何编制特许经营手册107问》等。中外特许经营知识的大量面世，开阔了中国特许经营企业的眼界，它们结合自身的实际情况，灵活运用西方和中国的特许经营知识。实践结果就是在这个阶段，中国的特许经营事业开始走向成熟、走向正规、走向腾飞，部分中国特许经营企业开始小心翼翼地迈开步伐，进入世界其他国家。

第三代，"大特许"思想时代（2008—2017年）。

在这个阶段，中国人自己的特许经营思想正在快速形成和完善，中国特许经营知识的系统性、前沿性、实战性正在超越欧美日韩等发达国家。

以传统或西方的商业模式特许经营为主线，融合经销、代理、直销、微商、众筹等商业模式之长，辅以电子商务、大数据、云技术、AI等先进技术的崭新特许经营模式"大特许"在中国发展壮大。中国迅速成为全球特许人最多、潜在受许人和创业人最多、特许经营增长速度最快、未来发展最具特许经营发展潜力的国家。中国的特许经营企业开始组团，计划大规模进军海外，中国特许人的声音开始真正地在世界范围内响起。

第四代，中国特许经营思想时代（2017年至今）。

此阶段以《特许经营与连锁经营手册编制大全》为标志，以维华三类九条表、维华加盟指数、维华四维全产业链平台模型、大特许、无穷大思维法、三边策略、受许人生命周期论、特许体系的四维主次收入模型、维华盈利模型的三轮算法、加盟金的两维对角算法、波士顿矩阵选择特许经营业务的维华雷达法、基于功能区面积的单店类型划分的"维华面积矩阵"算法、维华四圈定位法等为代表的"中国特许经营思想"不断涌现，引领全球特许经营知识、实践的最前沿。在特许经营的知识、理论和实践领域，"中国特许经营思想"正在成为全球连锁和特许经营企业的主修、必修课程，就像笔者在《特许经营与连锁经营手册编制大全》的序言中所写的那样，"我坚信终有一天，人们会有如此的结论：特许经营模式源于美国，但其现代思想在中国！"

然而，我们需要认识到，虽然名字叫作"中国特许经营思想"，但这种与时俱进的、最符合时代需求的特许经营与连锁经营的理论和知识体系却完全适用于世界任何国家和地区。"中国"只是指明其发源地,"特许经营思想"毫无疑问是世界的。

[练习与思考]

（1）简要叙述特许经营的发展历史。
（2）特许经营的发展和时代背景的关系是什么？
（3）从历史的角度看，你认为什么是特许经营？
（4）你对特许经营未来趋势的理解是什么？
（5）从美国特许经营的发展历史中，你能获得什么样的启示以用于指导中国特许经营的发展？
（6）请为上述关于特许经营未来的预测查找并提供相应的支持性资料。
（7）大特许的含义是什么？
（8）中国特许经营思想具体指的是什么？

1.5 海外特许经营的发展

[本节要点]

本节主要讲述特许经营在海外的发展状况，除了用统计数字展示特许经营的辉煌成就或欠缺之外，还结合各个国家的特色进行了或多或少的讲解与分析，目的是使读者充分了解特许经营在全球的发展概况，同时激励读者对特许经营的未来发展要充满信心。

1.5.1 特许经营的全球发展

纵观特许经营的发展历史，如果从1865年胜家特许经营体系的建立算起，那么至今为止，特许经营的发展已经走过了150多年的历程。当今世界，在那些存在特许经营模式的国家和地区，无论其经济环境或文化背景如何，特许经营都在发挥着巨大作用，在国家和地区的经济发展中已经而且必将占据越来越重要的地位。

特许经营的发源地在美国，美国拥有世界上最早、最大的特许经营体系，同时还是最大的特许经营体系输出国。特许经营较为发达的国家还有加拿大、日本、澳大利亚、法国、德国、英国、新加坡等。

特许经营以各种形式存在于世界上100多个国家中（并且此数目还在继续增长），涉及很多行业。

据最新统计结果，针对国内和国外业务，目前超过1000个特许经营受许人的国家大约有20个。有超过200个特许经营授权商于境内运作的国家大约有15个。截至2010年有特许经营协会的国家大约有50个，部分海外特许经营协会的简略信息见表1-5。

表1-5 部分海外特许经营协会

序	国家/地区	协会名称	负责人	地址	联系方式
1	美国国际特许经营协会	USA–International Franchise Association	Mr Don DeBolt President	1350 New York Avenue NW, Suite 900 Washington DC 20005–4709 USA	Tel:（202）628 8000 Fax:（202）628 0812 http://www.franchise.org
2	阿根廷特许经营协会	Argentine Franchise Association	Mr Jose Fernandez President	Av. Libertador 222, 7o–A Buenos Aires 1001 Argentina	Tel / Fax:（54 11）4326 5499 http://www.aafranchising.com
3	澳大利亚特许经营协会	Franchise Council of Australia	Mr Jim McCracken Chief Executive	P O Box 1498N, GPO Melbourne Victoria 3001 Australia	Tel:（61）396501667 Fax:（61）396501713 http://www.franchise.org.au
4	奥地利特许经营协会	Austria Franchise Association	Mr Martin Knoll Chairman	Bayerhamerstrasse 12, 1st Floor A–5020 Salzburg Austria	Tel:（43 662）874 2360 Fax:（43 662）874 2365 http://www.fca.com.au
5	比利时特许经营协会	Belgium Franchise Federation	Mr Pierre Jeanmart Chairman	Boulevard de l'Humanite 116/2 B–1070 Brussels Belgium	Tel:（322）523 97 07 Fax:（322）523 35 10 http://www.fbf–bff.be
6	巴西特许经营协会	Brazil Franchise Association	Mr Ricardo Young President	Alameda Irae, 276, Moema Sao Paulo 04075–000 Brazil	Tel:（55 11）5051 9496 Fax:（55 11）5051 5590 http://www.abf.com.br

第1章　特许经营概述

续表

序	国和/地区	协会名称	负责人	地址	联系方式
7	英国特许经营协会	British Franchise Association	Mr Brian Smart Director General	Thames View, Newtown Road Henley-on-Thames Oxforshire RG9 1HG, Grande Bretagne England, UK	Tel: (44) 1491 578050 Fax: (44) 1491 573517 http://www.british-franchise.org.uk
8	加拿大特许经营协会	Canadian Franchise Association	Mr Richard B Cunningham President	5045 Orbitor Drive Suite 401 Bldg 9 Mississauga, Ontario L4W 4Y4 Canada	Tel: (905) 625 2896 Fax: (905) 625 9076 http://www.cfa.ca
9	哥伦比亚特许经营协会	Asociacion Colombiana De Franquicias	Mr Jorge Barragan B President	Holguines Trade Centre Torre Lili OF 606 Cali-Columbia	Email: jbarragan@telesat.com.co
10	丹麦特许经营协会	Denmark Franchise Association	Mr Finn Birkgaard Executive Director	Lyngbyvej 20 DK 2100 Copenhagen Denmark	Tel: (45) 3678 5822 Fax: (45) 3649 9898 http://dk-franchise.dk
11	欧洲特许经营联盟	European Federation of Franchising	Ms Carol Chopra Executive Director	Boulevard de l'Humanite 116/2 B-1070 Brussels Belgium	Tel: (32 2) 520 1607 Fax: (32 2) 520 1735 http://www.eff-franchise.com
12	芬兰特许经营协会	Finnish Franchise Association	Mr Rolf Granstrom Executive Director	Laurinkatu 47 08110 Lohja Finland	Tel: (358) 19 331 195 Fax: (358) 19 331 075 http://www.franchising.fi

续表

序	国/地区	协会名称	负责人	地址	联系方式
13	法国特许经营协会	French Federation of Franchising	Ms Chantal Zimmer Executive Director	60 rue de la Boetie Paris 75008 France	Tel: (33 1) 5375 2225 Fax: (33 1) 5375 2220 http://www.franchise-fff.com
14	德国特许经营协会	German Franchise Association	Dr Utho Creusen President	Paul Heyse Strasse 33-35 Muenchen 80336, Allemagne Germany	Tel: (49) 89 5307 140 Fax: (49) 89 531323 http://www.dfv-franchise.de
15	希腊特许经营协会	Franchise Association of Greece	Ms Anna Trigetta Secretary	Skoufou 10 105 57 Athens Greece	Tel: (30 1) 323 4620 Fax: (30 1) 323 8865 http://www.franchising.gr
16	匈牙利特许经营协会	Hungarian Franchise Association	Mr Istvan Kiss Secretary General	P O Box 446 Budapest H-1536 Hungary	Tel: (361) 212 4124 Fax: (361) 212 5712 http://www.franchise.hu
17	印度特许经营协会	India Franchise Association	Mr C Yoginder Pal Chairman	1-C, Vulcan Insurance Building Veer Nariman Road Churchgate, Mumbai 400 020 India	Tel: (91 22) 282 1413 Fax: (91 22) 204 6141 Email: iacc@giasbm01.vsnl.net.in
18	意大利特许经营协会	Italian Franchise Association	Mr Michele Scardi Secretary General	Corso di Porta Nuova 3 Milano 20121 Italy	Tel: (3902) 2900 3779 Fax: (3902) 655 5919 http://www.assofranchising.it

第1章　特许经营概述

续表

序	国ोऽ/地区	协会名称	负责人	地址	联系方式
19	日本特许经营协会	Japan Franchise Association	Mr Osamu Nibayashi International Director	2nd Akiyama Buidling Toranomon 3-6-2, Minato-ku Tokyo 105-0001 Japan	Tel: (81 3) 5777 8704 Fax: (81 3) 5777 8711
20	马来西亚特许经营协会	Malaysian Franchise Association	Dato' Adzmi Abdul Wahab Chairman	79 Kompleks Damai Jalan Dato' Haji Eusoff 50400 Kuala Lumpur Malaysia	Tel: (603) 4454700 Fax: (603) 4454711 http://www.mfa.org.my
21	荷兰特许经营协会	Netherlands Franchise Association	Mr Andre Brouwer Managing Director	Boomberglaan 12 Hilversum 1217, PR-Pays-Bas The Netherlands	Tel: (31 35) 624 2300 Fax: (31 35) 624 9194 http://www.nfv.nl
22	新西兰特许经营协会	Franchise Association of New Zealand	Mr Robert Fowler Chairman	P O Box 23 364, Hunters Corner Papatoetoe, Auckland New Zealand	Tel: (64 9) 278 9012 Fax: (64 9) 278 9013 http://www.franchise.org.nz
23	菲律宾特许经营协会	Philippine Franchise Association	Mrs Ma Alegria S Limjoco President	2/F Collins Building, 167 EDSA Mandaluyong City Philippines	Tel: (632) 532 5677 Fax: (632) 532 5644 http://www.philfranchise.com
24	葡萄牙特许经营协会	Associacao Portuguesa Da Franchise	Mr Raoul Neves President	Rua Viriato 25 – 3 1050–234 Lisboa Portugal	Tel: (351 1) 319 2938 Fax: (351 1) 319 2939

77

续表

序	国/地区	协会名称	负责人	地址	联系方式
25	新加坡特许经营与许可协会	Franchising and Licensing Association (Singapore)	Mr Dhirendra Shantilal Chairman	Informatics Building 5 International Business Park Singapore 609914	Tel: (65) 6568 0802 Fax: (65) 6568 0722 http://www.sifa.org.sg
26	南非特许经营协会	Franchise Association of South Africa	Mr Nic Louw Executive Director	24 Wellington Road 2193 Houghton South Africa	Tel: (27 11) 484 1285 Fax: (27 11) 484 1291 http://www.fasa.co.za
27	西班牙特许经营协会	Spanish Franchise Association	Mr Xavier Vallhonrat President	Avenida de las Ferias s/n–P O Box 476 46035 Valencia Spain	Tel: (34 96) 386 1123 Fax: (34 96) 363 6111 Email: pmoreno@feriavalencia.com
28	瑞典特许经营协会	Sweden Franchise Association	Ms Karen Ericsson Executive Director	Massansgatan 18 / Box 5243 40224 Goteborg Sweden	Tel: (46 31) 836 943 Fax: (46 31) 811 072 Email: karin.franchiseforeningen@telia.com
29	瑞士特许经营协会	Swiss Franchise Association	Dr Chrispoh Wildhaber Managing Director	Loewenstrasse 11 Postfach CH–8023 Zurich Switzerland	Tel: (411) 225 4757 Fax: (411) 225 4777 http://www.franchiseverband.ch
30	欧亚特许经营协会	—	—	—	—

第1章 特许经营概述

美国普度大学曾运用宏观研究和实际档案数据的手段，对特许经营在全球五大洲40个国家和地区的发展情况进行了调查。结果显示，全球特许经营活动超过了预期的增长速度，所调查国家年平均销售额已达到37亿美元，全球特许经营额平均增长率为10%。调查显示，特许人企业数量最多的国家主要分布在北美、非洲、大洋洲和亚洲。零售和餐饮等服务业是特许经营的主导行业。世界最大的4个特许经营市场分别是北美洲、亚洲、非洲和大洋洲。对于特许经营组织到海外扩张（出口）的情况，报告指出，各国特许企业的主要出口市场是：法国14%，德国10%，中国、埃及和美国各占7%。

从全球来看，特许经营已经成为国际上十分流行的商业模式。许多企业通过特许经营的方式实现了企业规模的惊人扩张，其中一个最重要的表现就是，这些采取特许经营的企业在实现国际化方面要比采取其他模式的企业更具有无可比拟的优势。

美国商务部（Department of Commerce，DOC）曾对1年后、5年后和10年后仍然继续经营的企业进行过调查，调查结果表明1年后继续经营的特许加盟店和独立企业之间的比例分别是97%和62%。5年后继续经营的数字是92%和23%，10年后则为90%和18%，具体见图1-4。

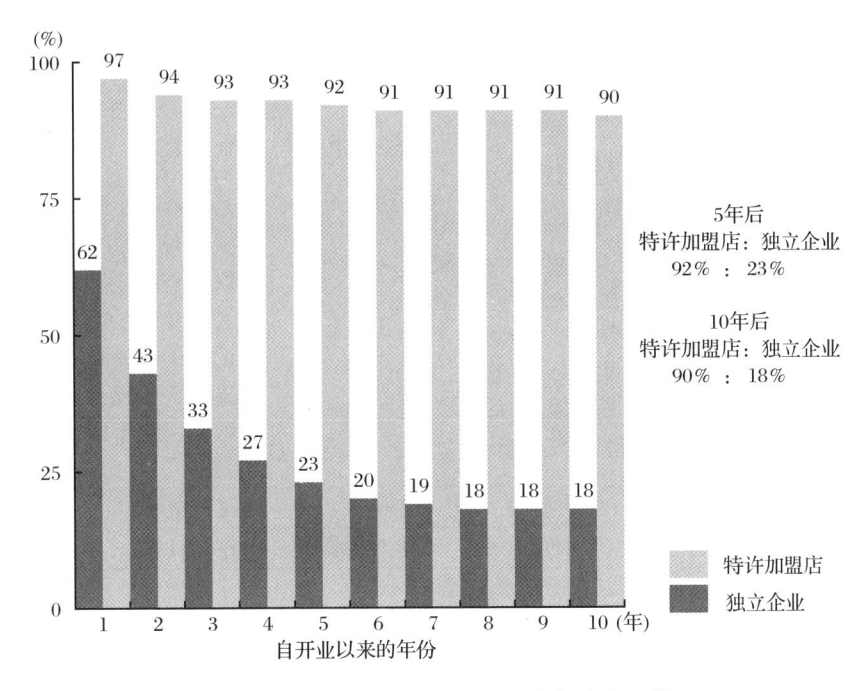

图1-4 特许加盟店与独立企业的成败率比较

在国际市场上通过特许经营取得巨大成功的企业比比皆是，如麦当劳、肯德基、可口可乐、7-11便利店、富士、通用、福特、爱克森、胜家缝纫机等。其中，麦当劳通过特许经营在全世界120多个国家建立了3.7万家连锁店，其中75%左右是加盟店。赛百味是全球最大的三明治连锁店，目前在75个国家拥有4.4万多家特许经营加盟店，加盟店比例是100%。英孚教育在50多个国家、41个顶级城市设立了500个办公室和语言学校，在中国则有近200个连锁英语培训中心。21世纪不动产是全球知名的房地产中介机构，它拥有遍布全球80多个国家和地区的9400个特许加盟店，12.7万名专业经纪人。7-11便利店在全球有超过7.7万家店，其中的95%以上是加盟店。总部设在美国的Post Net（宝驿国际特许经营公司）也是一家比较成功的特许经营品牌，它的服务项目包括UPS/EMS速递、传真、复印、打印、装订、手提电脑出租、移动电话出租、上网、翻译等，它在近20个国家拥有加盟机构过千家，在中国上海设有办事机构。洲际是全球酒店业最大的特许经营授权商之一，集团全球规模达5600多家酒店，其中80%采取的是特许经营模式。截至2019年第一季度末，洲际酒店集团在大中华区开业和签约的特许经营的酒店分别有45家和183家。（资料来源：赢商网，《洲际酒店集团特许经营模式3年观察与客房设计迭代》）。

在我国的本土企业中，近几年也涌现出不少通过特许经营取得成功的例子，而且遍布多个行业，如表1-6所示。

表1-6 中国特许经营在各行业的发展举例

行业	企业示例	行业	企业示例
服装	卡儿菲特、李宁、红都、至上服饰、校园精灵	酒店住宿	九点酒店、汉庭
食品	波尼亚、贝丽多、李记（李结巴）椒麻鸡、觅甜记、潘大姐精品炒货、全食优选、领先、皇金粟、迪孚、水果哥、碰碰凉、儒要博、真有礼、天海绿洲、联赢科创、云骊集团	中式快餐	易点沙县小吃、一闻香、西施婆婆、妙香汁、棒仔餐饮、丝路东方饺子王、凌老头龙口粉丝、来子鸡、匡记饺子、陇尚苏记、不二凉皮、庆丰包子、骨汤倾诚、远见、金年任、养亿人、艾大米
家居建材	盛基颐家、沃杰家居	IT业	飞歌电子
零售	华联超市、谭木匠	装饰装潢	东易日盛
中式正餐	盱眙龙虾、滋滋烤鱼、食尚伍味、血站大盘鸡、沈派餐饮、全聚德、老佟家、心连心、渔鲜生、客必思、绿食鑫、美特家、谭鸭血、贤合庄	婴幼童孕	妈咪全知道、谷根孕婴、喜乐宝、艺象标、婴氏、天天舞蹈、考威国际、爱格玩具
养殖种植	西娃旺旺、辽宁国美农牧、泓缘生物	汽车售修养护	哈里伯爵、百援汽车

续表

行业	企业示例	行业	企业示例
茶楼	藏金阁、水中天	房产中介	安阳超越、我爱我家
音响	沃夫德尔	珠宝首饰	钰盛美、漂靓宝贝
洗衣	荣昌·伊尔萨	家政养老	阿姨来了、中民养老、科比易清洁、至品家庭管理、夕阳红
火锅	友仁居、湘鹅庄、东方肥牛王、今远豆捞坊、渝味晓宇、九牛城、摸错门、食神锅奉行	便利店	美宜佳、联华快客
眼镜	北京同仁眼镜	足道、按摩、针灸	家富富侨、汉方洲、梅之韵、骨道堂
美容美发健身	中健娇美肤、乐家仁和、东方名剪、BEAUTY UP、仪美瘦身、普吉堂	集邮专卖	中国集邮总公司
印巴藏饰	天竺天、天堂眼	视力护理	瞳益康、亮眼睛、视易加、维视力
酒水、饮料	百事活、温家酒堡、购玖	化妆品	ey时尚彩妆吧、苗谣姿然、台湾嘉速美、素颜、康缇
保健医药	厚拾生物、美格森、万通鹿业、生命康人体5S店、太爱肽	轮胎	甲乙丙丁
报警监控	康联	超市	唐老鸭
儿童乐园	爱贝岛	厨房、橱柜	方太、柏橱
旅游	领航国际	协会类平台	中国特许经营第一同学会"维华会"
创业园	胜利大学生创业园	房地产	鲁能
保险	锋创集团投资的车险之家	驾校	一乘
玩具	澳捷尔	茶馆	真有觉
医疗药品	冠医堂、碧云堂中医、漱玉健康、金象、同仁堂	幼教早教	真爱幼幼、爱贝、鲱鱼宝宝、巧虎
母婴护理	禧巍阁	K12教育	非凡心
床上用品	富安娜		

据有关资料显示，在国际知名的大型连锁集团中，70%~80%的连锁店是通过特许经营方式建立的。美国商务部的一项调查显示，一般小零售店的失败概率为83%，而特许经营的零售店成功率却在90%以上。

2014年，全球特许经营市场总值约为3.79万亿美元。全球特许经营市场都由美国主导，占总值的63%，而亚洲整体只占全球市场总值的16%。香港贸发局的数据显示，全球特许经营业销售额按区域划分，美国占比63%，中国占8%；未来5年，预计全球特许经营业销售额将增长7%，其中，预计美国地区的增幅为3%，而中国增幅为20%，亚洲其他地区的增幅为15%。（资料来源：香港贸发局，经贸研究，《亚洲特许经营业务：香港的领导角色》）

正是因为特许经营本身给企业带来的诸多巨大利益，特许经营作为一种商业模式得到了各方的大量赞誉。

- 世界经济学家萨缪尔森告诫初次创业的人们，"第一次经商，最好是加盟到成功的连锁体系中去"
- 畅销书《大趋势》的作者约翰·奈斯比特（John Naisbitt）在奈斯比特集团的《特许经营之未来》中预言，"特许经营无论何时都是唯一的最成功的营销理念"[1]
- 前国际特许经营协会主席比尔·赫柯斯卡（Bill Herkasky）先生深有体会地感慨，"特许经营这一概念也许并不完美，但可以肯定的是，在开办新的中小企业和发展现有业务方面，特许经营是目前我们所知的其他任何一种经营方式所无法比拟的"
- 美国受许人与经销商协会创始人、著名特许经营律师、畅销书《如何避免特许经营欺诈》的作者罗伯特·普尔文（Robert Purvin）总结了自己多年经验，认为"如果运用得当，特许经营可以是一种无与伦比的商业扩张方式"
- 一名美国联邦贸易委员会的律师面对美国特许经营市场的狂热"牛市"，研究后宣称，"对于特许经营机会的购买狂热已经到了如此的地步，即投资者会购买任何称为特许经营的东西而不管此交易的质量有多差"

1.5.2 美国特许经营

1. 美国特许经营的发展历史

美国企业中最先采用特许经营方式的是胜家缝纫机公司，美国的胜家缝纫机公司被公推为特许经营的鼻祖。此后，这一方式被各大制造商广泛采用，并发展到零售业、服务业等行业中。早期比较有名的特许经营企业包括美国大西洋与太平洋茶叶公司、派克与田西福特、约翰兄弟茶号、伍尔沃兹公司等。这些公司以商品商标特许经营为主要方式，即加盟店主要借用总部的商品及商标名，但在经营管理制度方面统一性较小，它们的特许经营方式被有些特许经营学者称为美国第一代特许经营体系。

---

1 Robert Purvin. The Franchise Fraud: How to Protect Yourself Before and After You Invest, Chapter 3. (New York: Wiley, 1994.

20世纪初期，特许经营广泛进入制造业。对大部分制造商来说，完全凭借自己投资建立一个完整的销售网络是不可能的，但他们的产品有一定的品质保证，在市场上有着较高的信誉，许多人希望从这种信誉中分享利益，于是特许人和受许人就产生了。在最初的商品商标特许经营方式中，受许人类似经销商或代理商那样专门销售某一家公司的产品，甚至某一公司的特定产品，同时从总部得到商品的供应和商标的借用。这种形式很快为一些世界知名的大制造商，如通用汽车公司、福特汽车公司、爱克森石油公司、可口可乐公司等采用。

自20世纪50年代和60年代以来，特许经营风靡世界。在众多成功的特许经营体系中，麦当劳对特许经营产生了深远影响，其重要贡献在于确立并完善了全套商业模式型特许经营方式。麦当劳开创了统一运营的特许经营方式，其建立的QSCV系统成为快餐业共同追求的最高标准。

从20世纪50年代开始，美国的特许经营得到了迅猛发展。

到1988年，美国特许经营企业发展到70万个，占全美零售网点总数的36.8%，特许经营企业的增长较国民生产总值的增长快10倍。

进入20世纪90年代，特许经营的发展更是方兴未艾。1994年，特许经营企业的销售额增加到8000亿美元，占全美零售额的40%以上。

在《我是这样拿到风投的，和创业大师学写商业计划书》（美国安德鲁·查克阿拉基斯，史蒂芬·史宾纳利，杰弗里·蒂蒙斯著，梁超群、杨欣、王立伟译，机械工业出版社出版）中，作者这样描述：

2005年，美国909253家加盟店的产值共计达8809亿美元，提供1100万个工作岗位。加盟经营商的贡献占同年公共部门产出的4.4%。2001—2005年，加盟经营类企业产值平均年增长达到9%。

国际特许经营协会会长马修·夏恩说，"能充分体现该行业韧性的是特许加盟带来的经济产出增长超过40%（2001—2005），而其他类企业增长只有26%。加盟就业增长超过12%，其他企业只有3%。这些增长率（而非某些偶然零星证据）证明，经济不景气时期，特许加盟有反周期特点。"

2010—2013年，美国一共新开了13.53万家特许经营店。

2018年，美国有5000个特许人，而20年前，只有1000个左右。（资料来源：香港贸发局，《多类型服务供应及技术升级成美国特许经营展焦点》）

2. 美国特许经营发展的特点

（1）商业模式特许经营发展很快，商品商标型特许经营则有衰退迹象。

在美国的特许经营中，商品商标型特许经营的店铺数量从1972年开始急剧下降，商业模式特许经营却如日中天，加盟店急剧增加。

（2）特许经营组织的开发时间缩短，普及速度加快。

在1975年以前创立特许经营组织，从成立到发展成熟平均花11.7年的时间。

1976—1985年创立的组织，时间缩短到3.4年。1986年以来，更是平均只需一年或不到一年。

（3）特许经营在美国已成为发展最快和渗透性最高的商业模式。

IFA网站上的最新数据显示，截至2001年，全美特许经营单店（包括加盟店以及特许人的直营店）共767483家，直接雇佣近1000万人，直接产出6250亿美元，薪资总额2300亿美元。特许经营单店占了全美快餐服务业的56.3%，住宿业的18.2%，食品零售的14.2%以及店内就餐餐馆的13.1%。

到2003年，美国特许经营企业安置了超过10%的就业人口，年销售额超过1万亿美元，每人每天的消费支出中，每3美元就有1美元花在各式各样的特许经营店中。美国每12家公司中就有1家公司是特许经营，并且每8分钟就创造出一项新的特许经营项目。美国国内有1400~1800家特许经营企业，拥有60万家被授权的加盟店，大约有75种行业在采用特许经营。

国际特许经营协会透露："本行业的增长率一直超越整个经济，往往接近国民生产总值增长率的5倍。"美国商务部的《经济领域的特许经营》报告称，"特许权是美国经济的一股主要力量，它在销售额、就业、企业及国际扩展方面继续稳步增长，给那些寻求自有业务的个人及更广泛推销其产品、体系和服务的公司，提供了无限广阔的机会。"

美国特许经营公司在2013年年底拥有一个新增约17万个岗位的特许经营网络，整个特许经营行业的总产值增加5.2%，行业全年总价值为4630亿美元，约占美国GDP的3.4%。

（4）特许经营，尤其是"主体特许权"已成为美国对外输出的主要形式之一。

美国的特许人巧妙地使他们的特许业经验适应出口方面。这主要是通过授予主体特许权这一重要海外进军技巧来实现的。

根据商务部国际贸易局的数字，虽然加拿大和日本仍然占据这些美国分店的大部分，但英国已名列第三。加拿大和美国是邻国，因此，对美国特许人来说，它仍然是最富有吸引力的。

积极在海外营业的美国公司中，90%都采用"主体特许权"，余者则通过合资经营或由公司直营，而97%则期望发展更多的海外分店。

根据国际特许经营协会的报告，在美国那些只有国内特许权的公司中，有47%计划向国际扩展；根据过去的记录来看，"主体特许权"将在这一趋势中扮演重要角色。

国际特许经营协会指出，美国特许权授予者中，20%已在国外设立特许单位，但超过90%的特许权授予者认为他们所提供的产品是适于介绍到国外去的。

1.5.3　欧洲特许经营

1. 整体概况

欧洲的特许经营发展起步稍晚于美国，但也属于较早发展特许经营的地区。欧洲各国特许经营的发展和它的跨国公司虽不如美国和日本庞大，但它的成功程度绝不逊色于美国和日本。

欧洲的特许经营萌芽较早，20世纪20年代和30年代，在法国出现的卢拜毛纺公司、企鹅商业网及高里斯·萨劳梅公司，是欧洲特许经营的雏形。20世纪70年代以后，随着美国特许经营组织向欧洲的大肆进军，欧洲本土的特许经营开始成长起来，80年代呈现蓬勃发展态势。

1972年，欧洲成立欧洲特许经营协会（EFF）。特许经营在欧洲的发展有着与众不同的特点，即欧洲任何国家都没有专门的、国立的特许经营法规。特许经营在各国通过各自的特许经营协会来推广和保护，各国的特许经营协会都是欧洲特许经营协会的成员。

2. 欧盟特许经营

早在第二次世界大战前，欧洲就已存在成功的特许经营模式。20世纪70年代早期，欧洲的特许经营已发展得很完善，开始有了适用于特许经营的法律。随着各国对知识产权的进一步重视和应用，特许经营在欧洲取得了长足的发展。

截至2004年，在20个欧洲特许经营发展得比较成熟并具有一定规模的国家中，共有5552个特许经营品牌在操作，对比1998年，增加了50%，被特许者的数量达到250643家，对比1998年增加了49.7%。

欧盟是完全自由的市场经济体制，其对特许经营的管理方式主要是两个方面，一是立法主管机构；二是行业协会。

了解详细内容请登录中华人民共和国商务部官方网站或中国特许经营第一网（www.texu1.com）。

3. 法国特许经营

欧洲特许经营发展以法国为最。

法国1971年仅有特许加盟店7500家，1992年达到600个总部（1970年只有34个），30000个加盟店，创造了1750亿法郎的销售额，占整个销售业和服务业的7%。1997年，有487家从事特许经营的企业，受许人有27360家。

1993年，法国有326万个特许经营网络会员，21200个特许经营法人，营业额达到1723亿法郎。各个行业所占比例为：商业部门特许经营占60.8%，服务领域的特许经营占25.1%，旅店和餐饮业占9.7%，建筑业占4.4%。与美国和日本不同的是，法国的特许经营并不是餐饮业或便利店在国内占有绝对优势，它在各方面的发展都相对均衡。特许经营以每年20%的增长率发展，其中有快餐、饭店、快速印刷店、汽车维修。法国特许经营业逐步步入一个不断革新的、以服务业为主的领域。

2002年，法国有600家从事特许经营的企业，受许人有33000家。特许经营涉及商业领域广泛，主要是快餐、酒店、旅游、服务等行业。

2003年，法国特许人数超过700家，特许经营网点52000个。

法国人除了在国内发展特许经营外，同时注重向国外扩展，如法国青春百货公司、拉法亚百货公司、家乐福股份有限公司都是规模庞大的跨国特许经营公司。其中最为成功的首推家乐福，它除了在本土占有巨大的市场份额之外，在中国、西班牙、葡萄牙、意大利、墨西哥和泰国等国家和地区也都开设了自己的特许经营网点。

1971年，法国特许联合会（FFF，French Franchise Federation）由一些早期特许行业的先锋发起成立。联合会的所有会员均为发展特许加盟网络的特许商。法国特许联合会是欧洲特许联合会（European Franchise Federation）和世界特许联盟（the World Franchise Council）的会员。

法国特许经理人及特许网络发展商协会（Franchise Managers and Network Developers Association）汇聚了100名特许经理人和特许网络发展商。该协会帮助特许网络发展的经理们除了在法国通过特许加盟协议寻找新的受许人以外，还在国外通过区域代理发展受许人。

法国服装品牌喜爱用特许经营的形式发展壮大，据统计，2004年法国开展特许经营形式的服装品牌共有156个；2005年，法国拥有246个服装特许经营网和5877家特许经营商店，分别占特许经营市场的26.5%和14.8%，拥有91个家用纺织品特许经营网和3674家特许经营商店，分别占特许经营市场的9.8%和9.3%。在服装销售方面，存在品牌服装分店和特许经营店两种形式，特许经营店为15377家，占38.2%；而家用纺织品方面的比例则达到67.9%。

外国品牌在法国的特许经营状况并不好，服装方面不到30个特许经营网，只占市场的10.9%。相反，法国有91个品牌服装在国外发展特许经营，占41.5%。如果算上各个行业，法国品牌在全球大约有8000家特许经营商店。

了解详细内容请登录中华人民共和国商务部官方网站或中国特许经营第一网（www.texu1.com）。

4. 英国特许经营

1984年，英国特许经营业的产品和服务年营业额仅9亿英镑，2001年上升为920亿英镑。

2001年约有671个特许商，比2000年增长1%，其中75%的特许商拥有自己独立的特许经营体系。每个特许经营体系的平均经营年限为8.6年，比2000年增加0.7年。2001年，英国约有3.45万个受许人从事特许经营，每个受许人的平均销售额为29.2万英镑，比2000年增加3000英镑。4.8%的受许人转行不再从事特许经营，其中4%的受许人是自愿转行（2.1%的受许人是因为财务危机），0.8%的受许人是因为个人原因，如退休、身体欠佳或者找到了新的工作岗位。在受许人经营模式中，51%为个体经营模式，23%为合伙经营模式，26%为有限公司模式。加盟者的平均年龄为44岁。2001年英国特许经营业直接吸纳就业人员32.49万人，比2000年增加8900人。93%的受许人获利，其中56%的受许人认为获利较丰，7%的受许人经营亏损；而1991年只有70%的受许人可以获利。2001年英国特许经营的初期开办成本为6.22万英镑。银行是受许人融资的最重要来源。52%的受许人需要融资开业经营，其中79%的受许人从银行融资。受许人从银行的平均借贷金额为4.31

万英镑，高于2000年的3.25万英镑。如果把没有从银行融资的受许人计算在内，平均借贷金额则为2.23万英镑，仍然高于2000年的1.42万英镑。2001年，88%的英国受许人认为，他们与特许商的关系令人满意。上交特许商的管理费和广告费分别占受许人营业收入的7%和2.6%，略微低于2000年水平。84%的特许商和62%的受许人对特许经营业的前景看好。2001年英国特许经营海外发展势头良好。201个特许商在海外开展了特许经营业务，高于2000年的166个和1992年的166个。英国特许经营海外发展的最大障碍是法律和语言。

2004年的英国特许经营协会（British Franchise Association，BFA）调查显示，2004年英国特许经营业年营业额达96.5亿英镑，直接吸纳33万多人就业，累计约有695个特许商，3.38万名受许人，年均增加2500名新受许人。受许人的年均销售额为2.97万英镑，95%的受许人认为可以获利。2004年英国受许人的平均经营周期是9.6年，高于1992年的3.9年。8.5%的受许人转行不再从事特许经营，其中2.1%的受许人是被迫退出，6.4%的受许人是自愿转行。英国特许经营发展的最大障碍是缺少适合的特许经营项目。2004年英国加盟者的平均年龄为48岁，38%的加盟者已经超过50岁，1992年这一比例仅为16%。在加盟者中，81%为已婚，76%为男性，24%为女性，62%为招募雇员，29%为个体经营，5%为失业者，35%接受已有特许经营许可，16%有多个特许经营项目。此外，BFA关于影响受许人满意度的因素排序的一项调查显示，能够获利、可自主决策、荣誉感、特许商全面支持的有效性、特许经营的网络效应等因素位居前列，但是单纯以高回报为选择标准的受许人经营容易出现问题。

英国特许经营协会成立于1977年，是英国具有特许审核资格的自律性行业组织。英国没有专门针对特许经营行业的法律法规。BFA负责认定特许商资格、监督指导并改进特许合约的主要内容。此外，BFA还为临时会员、正式会员及联络会员提供行业指导、举办特许经营展览会、全英特许经营论坛等多项服务。

英国特许经营发展很快，2012年特许企业增长29家，达到929家；单店增长4%，达到4万多家，过去15年实现数量翻倍，产值达134亿英镑。100家单店以上的特许企业增长很快，90%以上企业盈利良好，每家单店平均年收入达34.9万英镑。特许经营领域2012年实现就业59.4万人，同比增长14%。特许领域涵盖1000个品牌，涉及汽车销售、酒店、美容、摄影等多个领域。

2013年英国特许经营业的营业额和全职雇员人数50万人均创新高，表现优于其他行业。过去12个月内，特许经营业产值近137亿英镑，占英国GDP约1%，且近90%的从业者认为2014年行业形势会进一步改善。英国特许经营行业协会2013年与2008年营业额统计数据显示，5年间威尔士地区的营业额增加33%，西北地区增加27%，东北地区增加14%，东南地区增加42%。英国有近1000家特许经营商，近80%是英国品牌，另有近25%经营商在国外开展业务。（资料来源：中华人民共和国商务部网站）

了解详细内容请登录中华人民共和国商务部官方网站或中国特许经营第一网（www.texu1.com）。

5. 德国特许经营

德国没有专门的特许经营法，没有一个通用的特许经营合同模式。

德国的现代特许经营模式源自美国。相对于欧洲其他国家，德国的特许经营虽然起步较晚，但发展迅速，并且以本土品牌为主。大约在20世纪60年代，当Nordsee（海鲜饭店）、Ihr Platz（杂货店）和OBI（欧倍德，家居市场）以特许经营的方式快速膨胀时，人们才注意到特许经营这种特殊的营销方式。

1992年，德国的特许经营组织为265个，特许经营加盟店为9950个。

1994年年底，德国共有500多个特许经营组织，特许经营在德国以平均每年25%的增长率迅速发展。德国是特许经营发展十分成熟的国家，其特许经营企业数量占全球的10%左右。

1997年，德国共有580个特许人和大约28000名受许人，年营业额为300亿马克。

进入21世纪以后，每年签署的特许经营合同数目大约有2500个。2003年，整个德国有830个特许经营体系、43000家特许加盟连锁店、39万从业人员，当年的营业额为254亿欧元。这些特许经营体系的90%是在德国本土上发展起来的，进口的比例虽然很小，但其经营规模较大。德国境内规模最大的20家特许经营体系见表1-7。

表1-7 德国境内规模最大的20家特许经营体系

排序	体系名称	行业	店数	排序	体系名称	行业	店数
1	TUI/First	旅行社	1381	11	Frsessnap	动物食品	491
2	McDonald's	快餐	1248	12	Datac	会计	469
3	Foto Quelle	照相洗像	1238	13	HolidayLand	旅行社	454
4	Kamps Bakeries	面包店	1008	14	AYK Beauty Sun	日光浴	452
5	Studienkreis	补习	1000	15	Quick-Schuh	鞋店	426
6	Schülerhilfe	补习	942	16	Burger King	快餐	420
7	Ihr Platz	零售	850	17	Avis Rent a Car	汽车租赁	355
8	Ad-Auto Dienst	汽车修理	600	18	OBI	家居市场	341
9	Musikschule Fröhlich	音乐教育	538	19	Clean-Park	汽车清洗	330
10	Sunpoint	日光浴	535	20	Minit	修鞋修锁	313

德国的特许经营主要集中于广义的服务业，有7%的体系为手工业、13%为旅馆饭店、24%从事商贸，其他的56%属于传统意义上的服务业以及无法列入上述行业的部门。

1978年，德国特许经营协会（DFV）成立。1990年以有限公司形式成立了德国特许经营研究所（DFI），主要从事特许经营方面的职业培训。1994年，德国特许经营受许人协会（DFNV）成立，会员出入的流动性较大，约有2000名会员。

德国特许经营协会对会员审核接纳的一个重点就是检验其质量，并以此为手段与那些不规范体系划清界限。作为对入会审核的一个延伸，"体系检验"（System-Checks）用来加强该行业的质量管理。通过该检验体系的被授予"检验合格单位"的匾牌。德国特许经营受许人协会计划在自愿报名的基础上启动质量检验标识。通过检验者，获得该体系证书。（资料来源：中华人民共和国商务部网站）

截至2018年，德国的特许人和受许人在稳步增长，共雇佣从业人员约70万，营业额接近1040亿欧元。

了解详细资料请登录中华人民共和国商务部官方网站或中国特许经营第一网（www.texu1.com）。

6. 意大利特许经营

截至1997年，意大利共有486家特许经营企业，营业额达17万亿里拉（1美元约合1700里拉），特许经营全国销售网点超过2.2万个，创造约6万个就业岗位。

意大利负责特许经营的政府部门是意大利生产活动部的商业、保险业和服务业总司四处的D1办公室。

意大利从事特许经营的企业的三分之二集中在意大利北部，伦巴底大区为意大利特许经营业的领头羊。

截至2003年年底，意大利共有特许经营品牌753个，比2002年的709个增长了6.2%；特许经销商38736个，比2002年的35813个增长了8.2%；从事特许经营销售的人员102870人，比2002年的96000增长了7.2%；总营业额达1480万欧元，比2002年的1390万欧元增长了6.5%。

2003年新增特许经营品牌主要集中在南部，占总新增数的36%。从行业情况看，新增特许经营品牌主要集中在食品、个人服务、信息和通信领域，而服装和餐饮这些成熟领域的新增品牌较少，旅游业则处于危机状态。

在各特许经营品牌中，从事服装（16%）和饰品（8%）的占四分之一，网络、通信和信息行业紧随其后，占11%，增长势头较好的私人服务和企业服务各占5%和6%。从大的分类来看，在特许经营品牌的分布中，商业占49%，餐饮和旅游业占13%，服务业占38%。

服装的经销点占总经销点的23%，位居榜首，紧接着是不动产服务，其经销点占总数的12%，然后是餐饮，占了8%，还有饰品和附件、汽车和摩托车、信息网络和通信、健康和卫生以及旅游，这些行业的经销点数量均占总数的5%以上。

意大利通常将拥有10个以下经销点的特许人称为小特许人，拥有300个以上经销点的称为大特许人。小特许人占特许人总数的33%，但经销点仅占经销点总数的3%，而大特许人仅占特许人总数的3%，其经销点则占总数的41%。64%的特许人拥有经销点的数目在10~300个，其经销点占经销点总数的56%。

在意大利，营业额在250万欧元以上的特许人主要集中在信息网络和通信、服装、饰品和附件以及旅游等行业。在信息网络和通信领域，营业额超过250万欧元的特许人占50%。

意大利开始一个特许经营的业务，初始投资平均在5.6万欧元，不动产服务行业的初始投资较低，一般在3万欧元，而经营一些饭店和旅店的初始投资则较高，最高的达50万欧元。

在意大利，加盟金平均为1.65万欧元，64%的特许人在发展客户时需要受许人交纳加盟金，36%的则不需要。

由于信息技术的快速发展，提供网络和电子信箱的服务已成为各特许人发展特许经营业务的一个重要部分。截至2003年年底，已有83%的特许人为其特许经营业务的开展设立了专门网站，100%的特许人开通了专门的电子信箱。而在2002年年底，这两个比例仅为49%和59%。信息技术为特许人发展和管理其物流计划提供了专业性的服务，并可为受许人提供更新的培训课程，实现信息共享，还可为特许经营的发展争取更广阔的市场。

意大利政府于2004年5月6日通过了第129号法——《规范特许经营法》，并于2004年5月24日起正式生效。该法律共有九条。

（以上资料来源于驻意大利使馆商务处调研报告）

意大利特许经营协会成立于1971年，是意大利特许经营代表组织中历史最长的"老字号"，它是欧洲特许经营联合会的创始人，时至今日它仍是该联合会的成员。

了解详细内容请登录中华人民共和国商务部官方网站或中国特许经营第一网（www.texu1.com）。

7. 丹麦特许经营

在丹麦，特许经营体系从1997年的117个发展到2001年的152个，与此同时，特许加盟连锁店由2588家增加到5032家，这其中的32个特许经营体系是从美国进口的，占进口特许经营体系的50%以上。

在特许经营体系中，最多的行业是零售业，有71个；其次为快餐和旅馆业，有21个。近年涌现的且发展迅速的体系是Radisson SAS Hotel（旅店业）。房地产业中的特许经营体系有16个，还有14个为其他服务业，如广告等。个人护理及美容业有8个特许经营体系。运输和汽车保养业有9个体系，其中较为著名的是Danish Maersk Air、Avis和Ziebart Tidy Car等。

丹麦的特许经营体系在国外得到了迅猛的发展，其中如Bang & Olufsen音响，在英国有42家特许连锁店。丹麦设计的特许经营体系出口到国外主要集中于服饰业，30个出口导向型特许经营体系，占丹麦全部特许经营体系的17%。

特许经营这种经营方式早在20世纪初就已经在丹麦产生，但直到20世纪60年代还没有真正普及。20世纪80年代后，丹麦的特许经营逐渐被人们所认识，并不断地被运用于经营模式上。20世纪90年代,丹麦特许经营业才有了长足的发展,从单纯产品的特许经营扩展到经营模式型特许经营。

在丹麦特许经营领域,通过两种途径解决特许经营中出现的法律问题:一是成立于1984年的丹麦特许经营协会(Danish Franchising Association),这是一家独立的、具有法人资格的、非营利性的社会民间团体,也是国际特许经营协会和欧洲特许经营联合会的成员。丹麦特许经营协会曾于1998年提供了一套由它制订的"特许经营标准合同文本",供特许人与受许人签订协议时参考;二是特许人与受许人在达成协议后所签订的特许经营合同。另外,丹麦还有一些专门从事特许经营法律事务的律师事务所和执业律师,以及特许经营顾问、经纪公司,为特许人与受许人提供法律服务。由于特许经营涉及的最重要的内容是商标权等知识产权,丹麦在这些领域权利的保护都是很充分和有效的。(资料来源:中华人民共和国商务部网站)

了解详细内容请登录中华人民共和国商务部官方网站或中国特许经营第一网(www.texu1.com)。

8. 西班牙特许经营

西班牙的特许经营始于20世纪60年代初期。

2002年,西班牙特许经营营业额为119.68亿欧元,比2001年增长了4.7%。但是特许经营的数量却从2001年的646家下降到634家,原因包括"开放"英语学校的倒闭,以及某些公司特许经营资格的取消等。

马德里(205家)和加泰罗尼亚(198家)是西班牙特许经营数量最多的地区,分别占48.13%和28.45%。

从特许经营的行业分布来看,服装业的品牌最多,其次为旅店饭店、家庭用品等;从营业额来看,食品业的特许经营收入最多,达32.59亿欧元,其次为旅店饭店(25.95亿欧元)和服装(11.77亿欧元);从来源国来看,西班牙本土的品牌512个,占78.56%,外国最多的特许经营来自美国(37个)、法国(36个)和意大利(19个)。2002年,西班牙本土品牌Dia超市连锁集团以30.2亿欧元营业总额占据特许经营业的头把交椅;麦当劳以5.06亿欧元排第六位。排名前171家特许经营品牌中,共有139家西班牙本土品牌,32家外国品牌,美国、荷兰和瑞士名列前三名。家政服务、看护服务及教育成为西班牙特许经营业下一轮发展的重头戏。同时,向海外拓展也已进入业界的视野。

2003年上半年,西班牙特许经营的产值已达161.5亿欧元,同比增长15%;新增投资3亿欧元,较2002年同期小幅增长;新增加盟店2000家,同比增长4.11%,其中38%的新店是由特许者本身直接开设。2003年西班牙共有特许经营连锁企业650家,比2002年增长了2.5%;2003年西班牙特许经营行业营业额为139亿欧元,比2002年增长16.3%,约占西班牙零售业营业额的10%;西班牙特许经营行业共有经营网点4.25万家,其中特许经营企业自有网点占22%,特许网点占78%;西班牙特许经营行业从业人员18.6万人。2003年西班牙特许经营业中的领军行业是超市连锁业和餐饮连锁业,上半年营业额分别为50.5亿欧元和18.7亿欧元。

西班牙的特许经营业特点主要表现为以下几个方面：

① 以西班牙本国品牌为主，海外跨国集团为辅。西班牙本国品牌占81%（531家），法国、美国、意大利等外国品牌占19%。

② 特许经营企业所从事的行业相对集中。西班牙特许经营企业涉及23个行业，主要集中在餐饮业（103家，营业额为33.11亿欧元，排名第一）、食品行业（19家，营业额为32.65亿欧元，排名第二）、纺织服装业（136家，营业额为14.3亿欧元，排名第三）。

③ 拥有巨大的创造就业能力。西班牙特许经营行业从业人员增加了21%。

④ 大企业在特许经营中占有举足轻重的地位。

⑤ 特许经营企业在地域上相对集中。主要集中在经济比较发达的加泰罗尼亚自治区（212家）和马德里自治区（206家）。按营业额计算，主要集中在马德里自治区（占42%）、加泰罗尼亚自治区、巴利阿里自治区、安达卢西亚自治区和瓦伦西亚自治区。

西班牙政府对特许经营行业几乎没有特殊的管理规定，中央政府只出台了一个便于统计、搜集信息的《2485/1998号皇家法令》，要求特许经营企业在所在自治区注册时，同时将有关材料抄送中央政府主管内贸的贸易国务秘书处（副部级单位、原隶属于经济部，现隶属于工业旅游贸易部）下属的内贸司。特许经营企业只需遵守国家或地方政府颁布的、针对其所属行业的法律、法规即可。

截至2017年6月12日，西班牙在境外开展特许经营业务的连锁企业共313家，比去年增加11家，在137个国家有21730个营业网点，比2016年增加839个。尽管西班牙的主要境外特许经营业务仍集中在欧洲，但是却已经取得了质量和数量的飞跃。首先，在美国从事特许经营连锁行业企业国家排行榜跻身前十；其次，在非洲取得较大突破，在非洲26个国家共有379个营业网点，分布最多的国家是摩洛哥、埃及和南非。

（资料来源：中华人民共和国商务部网站）

了解详细内容请登录中华人民共和国商务部官方网站或中国特许经营第一网（www.texu1.com）。

9. 希腊特许经营

希腊的特许经营首次出现在20世纪70年代，1990年后获得广泛发展，希腊3%的零售业销售额来自特许经营商。

希腊特许经营协会成立于1996年，是由希腊多个有名的连锁品牌共同创建的。

希腊特许经营商业活动发展迅速，公司总数量已经从1998年的200家增加到250家，1万个特许经营店面，大约有8万多名的从业人员。

130个国际特许经营连锁店在希腊获得了巨大的成功。

希腊ICAP公司公布的一项调查结果显示，商业占特许经营行业的43.9%，制造业占29.3%，其他类占26.8%。

希腊特许经营商业公司中有63%是从1995年开始运作的。调查显示，96.3%的特许经营商业公司扩大自己的营销网络；54.8%的公司表示通过特许经营来实现其拓展计划。

2017年3月，KEM的调查显示，2013—2016年加盟特许经营的投资额达9000万欧元，签署了700份新合同。投资者最感兴趣的领域是食品和餐饮（34.2%），依次是服务业（20.2%）、健康和美容（13.6%）、服装及配饰（8.77%）。调查显示，大部分受访者（77.23%）表示能够或打算投资10万欧元，13.86%意向投资20万欧元，3.96%意向投资在20万~30万欧元，4.95%表示他们可以投资超过30万欧元。大多数受访人（65.09%）表示有兴趣作为受许人签订协议，21.7%的受访者表示他们希望作为进口国外品牌的希腊受许人开展业务，而13.21%的受访者表示有意通过开发自己的品牌成为特许经营者。（资料来源：中华人民共和国商务部）

10. 波兰特许经营

波兰特许市场日趋成熟并逐渐本土化，同时越来越多的商家将特许经营作为振兴企业的最佳途径。

2001年，波兰本国的特许经营网点收入178亿兹罗提（约4.1兹罗提合1美元），外国特许经营网点收入53亿兹罗提，特许经营创造的价值仅占国内生产总值的3.2%。2002年波兰本国的特许经营商发展速度超过国外特许商，占整个特许体系的55.7%。

加盟特许经营的商家大部分从事商品贸易，占71.6%。波兰在2002年已有120多个特许体系，直接从业人员超过10万人。（资料来源于内蒙古科技信息网）

2007年，波兰特许经营业共实现收入720亿兹罗提，比2006年增加44%。截至2006年年底，波兰共有440个特许经营网，19000家特许经营商。这些特许经营商的店面数量达到22700个。

11. 荷兰特许经营

荷兰商业特许经营于第二次世界大战后逐渐发展起来，在零售和服务行业占据重要地位，业务模式较为成熟完善。一些早期成立的荷兰商业特许经营企业至今仍然非常活跃，如书刊文具零售商Bruna于1949年成为特许经营企业，拥有网点约370家，百货商店Hema于1960开始特许经营，在荷兰的网点已达530家，在比利时、卢森堡、法国和德国等国也设立了多家网点。

（1）市场发展情况。

荷兰的商业特许经营模式在零售和服务行业运用较为广泛。荷兰特许经营协会（NFV）将特许经营企业按业务性质划分为食品零售类、非食品零售类、服务类、餐饮类和其他类，其中食品零售类包括超市、肉店、鱼店、奶酪店、糕点店等；非食品零售类包括百货商场、服装店、书店、自行车店、文具店、家具店；服务类包括技术服务、行政服务、家庭服务、机动车服务、金融服务等；餐饮类包括咖啡厅、酒吧、快餐店、餐馆；其他类包括酒店、车辆保养和维修、加油站、装修等。

据荷兰特许经营协会、Panteia咨询公司和荷兰合作银行共同发布的统计数据显示，荷兰特许经营市场发展呈现稳中有升的态势，特许经营的品牌数量、网点数量、员工人数和营业额波动幅度较小，受金融危机的影响并不明显。

2013年，荷兰共有各类特许经营品牌749家，网点30785个，提供就业岗位281800个，创造营业额315.02亿欧元，较2007年分别增长10.7%、9.1%、14.8%和6%（见表1-8）。

表1-8 2007—2013年荷兰特许经营行业总体情况

	品牌数量	网点数量	员工人数	营业额（亿欧元）
2007年	676	28219	245576	297.0
2008年	669	28466	250201	302.5
2009年	679	28475	246708	292.3
2010年	714	29509	257400	301.7
2011年	761	30324	274200	310.8
2012年	773	30197	262600	312.4
2013年	749	30785	281800	315.02

根据协会的细分统计，2013年，荷兰特许经营品牌中服务类最多，占比达42.7%；非食品零售类网点数量最多，占比34.6%；食品零售类雇员人数和营业额最高，占比分别达43.3%和43.2%（见表1-9）。

表1-9 2013年荷兰特许经营行业细分情况Ⅰ

	品牌数量	网点数量	员工人数	营业额（亿欧元）
食品零售	87	5954	121900	136.03
非食品零售	194	10649	73100	98.62
餐饮	92	2458	41100	18.63
服务	320	9386	34100	44.61
其他	56	2338	11600	17.13
总数	749	30785	281800	315.02

按照品牌平均值和网点平均值计算，食品零售类在网点数量、营业额和雇员人数方面均位列第一，每个品牌的平均网点数量达68家，平均营业额超过1.5亿欧元，每个网点的平均雇员人数达20人，营业额228.5万欧元（见表1-10）。

表1-10 2013年荷兰特许经营行业细分情况II

	品牌平均值		网点平均值	
	网点数量	营业额（万欧元）	员工人数	营业额（万欧元）
食品零售	68	15636	20	228.5
非食品零售	55	5084	7	92.6
餐饮	27	2025	17	75.8
服务	29	1394	4	47.5
其他	42	3059	5	73.3
整体平均数	41	4206	9	102.3

产生这一现象的主要原因是行业细分中将超市归为食品零售类，其中仅Albert Heijn超市在荷兰境内的网点数量即达930家，大幅拉高了食品零售类统计的平均值。

（2）有关行业协会情况。

荷兰特许经营协会（Nederlandse Franchise Vereniging）成立于1972年，是欧洲特许经营联合会（European Franchise Federation）和世界特许经营协会（World Franchise Council）的成员。荷兰特许经营协会的成员包括207家特许经营企业和50家咨询和融资机构，其中前者占特许经营行业企业总数的27.6%，荷兰大型连锁超市Albert Heijn、老牌百货商店Hema以及跨国集团麦当劳、宜必思酒店等均为协会成员。该协会在荷兰特许经营业的发展中发挥了重要作用，主要表现在以下方面。

第一，推动行业自律，促进规范发展。荷兰特许经营协会规定会员企业必须遵守欧洲特许经营联合会颁布的《欧洲特许经营道德规范》，该规范对特许人和被特许人的权利和义务、广告宣传、信息披露、合同内容等做出了详细指导，有利于规范行业秩序。协会可为会员提供合同审查服务，帮助其完善合同条款，使合同符合《欧洲特许经营道德规范》以及荷兰和欧盟的各项法律法规。该协会还设有争端解决机制，特许人和被特许人之间产生纠纷，可向协会申请调停，协会指定专家组对有关文件和证据进行审查，与有关方进行讨论和沟通，协助其解决纠纷、达成一致。

第二，增进业界交流，提高专业化水平。荷兰特许经营协会定期举办论坛、研讨会、主题日等活动，为企业提供沟通和交流的平台；发布内部刊物和行业调查研究报告，推动专业知识的积累和传播；向企业提供法律、财务和商业等方面的基本咨询服务，推荐专业咨询机构，协助企业提高业务水平。

第三，代表行业利益，推广会员企业。荷兰特许经营协会代表行业在荷兰和欧盟进行游说，推动政府改善商业环境。该协会还加入了荷兰最具影响力的雇主协会和中小企业协会,并通过其推动有利于行业发展的政策和法律法规。此外,该协会在网站上发布会员企业信息,允许会员使用协会标识,协助企业推广业务。

(上述资料来源于中华人民共和国商务部官方网站。)

1.5.4 亚洲特许经营

1. 日本特许经营

20世纪50年代以后,由于经济的发展、市场竞争日益激烈、土地征用困难、土地和建筑费用上涨、资金短缺和劳动力负担加重等原因,日本企业竞相追求规模效益。为了解决这一问题,日本企业纷纷引入特许经营。

日本的特许经营主要受美国影响。

20世纪60年代,日本政府推行特许经营方式的连锁商店,实行新的商业政策,并拨出专款作为辅导特许经营业务的活动资金,成立了日本特许经营协会,制定有关法律,鼓励和促进特许经营商业的发展。1963年,一家名为"不二家"的西洋点心店第一次将特许加盟引进日本。

日本企业在吸收欧美经验的基础上大胆创新,形成了具有日本本土化特色的特许经营,并将创新后的经营方式返回输出国。日本麦当劳就是一个典型的例子。

日本1970年有特许经营公司61家,1981年为381家,1995年为755家,每家平均新增200家分店。日本以特许经营方式从事推销业务的主要行业是饮食、服装以及服务等。

至2003年,日本特许经营品牌700多个,特许经营网点12万个。

日本作为世界特许经营业的发达国家,其发展渗透的领域虽不及欧美广泛,但与居民生活密切相关(如衣料、食品)的行业发展却比较成功,走出了一条具有日本本土文化和经济特点的道路。

在特许经营法律制度方面,日本没有关于特许经营的专门立法。

日本有关特许经营的规定的基本出发点是对中小零售业的振兴而非规制。日本未对特许人的条件做硬性规定,任何企业如想从事特许经营,都可以自主宣传,公开有关信息,供投资者选择。

信息披露是日本有关特许经营规定的核心。根据《中小零售业振兴法》,特许人在和欲加盟该特许体系的商家签订合同时,应该以书面形式向加盟者提交下列材料,并进行解释:①加盟时所收取的加盟金、保证金及其他相关金额;②在商品销售方面对加盟者的要求、条件;③有关经营指导方针;④准许使用的商标、商号等商品表示形式;⑤合同期限及合同的更新、解除。在《实施规则》中,经济产业省对信息披露做了进一步的规定。

(资料来源:中华人民共和国商务部网站)

了解详细内容请登录中华人民共和国商务部官方网站或中国特许经营第一网(www.texu1.com)。

2. 新加坡特许经营

新加坡特许经营首次出现在20世纪70年代，1996年有125个特许经营授权商。1998年2—3月，根据PSB的一项对21个特许人和104个受许人的调查，一般特许人有7家加盟店和8家直营店，24%的特许人拥有10家以上的加盟店，76%的特许人已经发展了海外特许权或计划发展海外特许权。大约85%的特许人认为特许经营具有可行性，这比PSB1997年的调查结果要高9%。1999年有274个特许经营体系及700个受许人。新加坡零售协会数据显示，新加坡2003年的零售业营业总额为250亿新元，以新加坡为基地的特许经营营业额占15%，达37亿5000万新元。

2004年9月，新加坡有380个特许经营体系及3000个特许经营受许人，其中一半的特许经营权出自本土的商业概念。

特许经营在新加坡受到政府的高度重视，新加坡在亚洲各国中首先成为将特许经营列为国家经贸出击策略的国家。其中最著名的就是新加坡特许经营援助计划，由新加坡贸易发展局管理。特许经营援助从1991年开始，为有潜力发展特许经营的公司向国外扩展提供高达50%的发展费用，作为设计、咨询和市场开拓的开销，援助金额高达10万新元。公司在海外成功发展后，还能申请另外高达10万新元的援助资金，以支付海外适应工作的开销。新加坡特许经营发展中心于1992年成立，由国家生产力局管理，全面协助小型公司和行业组织合作社。

2009年，新加坡特许经营行业拥有超过420种的特许经营体系和超过3万名的特许经营业者，其年营业额为54.8亿新元（约合36亿美元）。虽然大量的特许经营品牌依然与食品及饮料行业有关，但其他行业，如教育行业，也在快速发展。

新浪财经的《对话：国际特许经营发展新动态与趋势实录》显示，截至2011年12月，新加坡共有550个特许人品牌，包括外国的和本土的，总门店3500多家，总营业额55亿美金。

3. 马来西亚特许经营

在马来西亚，特许经营首次出现在20世纪60年代。

1995年4月马来西亚大选之前，专门负责特许经营的是总理署"执行统筹组"部门的"特许经营发展署"，其宗旨是全方位帮助本国企业家发展特许经营。其作用和目标主要有以下几点：① 物色一些当地受过考验的成功体系，与有雄厚实力的本地公司联合搞特许经营体系；② 协调政府其他部门（如地产、金融、营业证、质量监督、训练、新产品开发等）与授予商的关系，帮助承受商申请营业文件，简化申请程序，选择营业地点等；③ 帮助授予商和承受商建立合作关系，检验准加盟者是否符合加入特许经营体系的条件；④ 专门设立特许经营城，里面除有各种各样的零售业外，还计划设立以特许经营方式营业的饭店及训练所、资料馆等，提供有关特许经营的法律、金融及助销活动的咨询。

1995年4月马来西亚大选后，新国会设立了新部门——企业发展部，专门负责发展马来西亚的特许经营事业。该部的工作计划是设立"新企业发展基金",并与马来西亚特许经营协会、UUM大学一起联合进行特许经营的教育和研究[1]。

1996年,马来西亚已发展了20多个特许经营体系,特许经营业务占其总零售业销售额的2%,市场销售额大约为2亿5000万美元,年增长率近10%。2000年,特许人企业增加到90家。2002年,马来西亚共有200多个特许人和6000多个受许人。

后来,特许人企业增至321家,并在2005年创造出约达150亿令吉的营业额。

马来西亚政府非常重视特许经营的发展,并采取了一系列实际行动,比如政府设立了专门的特许经营基金,专门为特许人和受许人提供资金援助,创办特许经营发展公司(政府关联企业)以专门吸引国外的特许人进入马来西亚,前总理马哈蒂尔曾亲自担任马来西亚特许经营协会的会长,并把2001年定为"特许经营年"。

2000—2009年,在马贸消部注册的特许经营公司有396家,后来达587家,其中404家是本地特许经营品牌。2010年,特许经营对马来西亚国内生产总值的贡献为2.2%。

马来西亚特许经营业在2006—2010年已创造了72亿美元的税收。

截至2012年3月底,相比于发达国家特许经营行业占40%的零售商业比率而言,马来西亚国内市场特许经营业占零售业的比率还不到10%。马来西亚国内市场拥有605个注册的特许经营实体和超过6000家连锁门店,马来西亚本土的特许经营企业占到了整个市场的69%,国外品牌企业占到了31%。605个注册的特许经营实体中,马来西亚本土企业416家,占比69%,国外品牌企业189家,占比31%。在国外特许商中,排名前12位的国家有:美国、新加坡、英国、澳大利亚、中国等。共有47个马来西亚特许经营品牌在海外扩展业务,建立特许连锁门店。在10个国家里总计分布了108家特许连锁门店,其中74家门店是在中国建立的。

马来西亚特许经营领域在2013年的业绩达246亿令吉,占国内生产总值的2.5%。马来西亚共有58个特许经营品牌,在全球53个国家开设1992间分行。此前,政府发布《2012年—2016年国家特许经营发展蓝图》,设定了马来西亚在2020年发展成为东南亚特许经营中心的目标。

截至2014年5月28日,马来西亚已有726家注册的特许经营公司。

马来西亚特许经营业于2015年为国家带来268亿令吉的收入,比2014年的261亿5000万马币有所增加。马来西亚国内有813家注册特许经营公司,它们来自各个不同领域,发展良好。马来西亚政府曾设立在2020年把马来西亚打造为东南亚的特许经营中心,让特许经营业收入占2020年国内生产总值的9.4%,并拥有1140家特许经营公司。

截至2018年2月,马来西亚共有851个本地品牌在贸消部注册。

---

1 范瑞忠,李正大. 国际特许经营发展状况及对中国发展特许经营的展望[J]. 财经问题研究. 1996(157):12,60.

根据马来西亚国内贸易、合作及消费服务部的规划，本国的特许经营行业对于国民生产总值的贡献率将从2010年的2.2%提升至2020年的9.4%。

马来西亚特许经营业的发展计划包括特许经营发展计划、本土特许商品发展计划、特许经营发展协助计划、毕业生特许经营计划和妇女特许经营计划。（资料来源：中国国际贸易促进会官方网站）

4. 韩国特许经营

成立于1979年的乐天快餐店是韩国第一个初具规模的特许经营企业。19世纪80年代，美国的特许经营企业进入韩国市场，给韩国特许经营业带来了更成熟的管理模式，注入了较新的经营理念，之后的20多年里，韩国的特许经营得到了较快发展。据韩国产业资源部统计，韩国特许经营业营业额占零售总销售的10%左右，并保持每年10%的增长速度。

韩国的特许经营主要集中在零售批发业。有关统计数据显示，2002年，韩国特许经营连锁业销售额达到40兆韩元（约33亿美元），占国内生产总值的7.6%，从业人员超过57万人。

2003年，韩国特许经营总销售额约480亿美元，约占名义国民生产总值的8%。其中，批发零售业销售额为300.4亿美元，约占特许经营销售总额的62.6%；餐饮业约124.8亿美元，约占26.0%；服务业54.7亿美元，约占11.4%。

韩国特许经营总部约1600家，加盟店约12万家，其中批发零售业约4.5万家，约占加盟店总数的37.5%；餐饮业5.1万家，约占42.5%；销售业4.5万家，约占37.5%；一般服务业2.4万家，约占20%。韩国特许经营从业人数约57万人，其中，批发零售业22.4万人，占总从业人数的39.3%；餐饮业23.4万人，约占总从业人员的41.1%，服务业10.9万人，约占19.1%。

共有71个特许经营公司总部进行了海外投资，在26个国家发展了743家连锁店，绝大部分（93%）分布在中国。

产业资源部分析，开设一个特许加盟连锁总店，可创造334个工作岗位，投资效果为84亿韩元。为大力发展该类企业，该部将研究促进特许经营发展的中长期计划，在税收、金融方面给予支持，完善物流和信息基础设施，促进该类企业的出口。

韩国产业资源部认为，韩国特许经营总部数量较多，但连锁加盟分店较少，连锁经营网络与发达国家相比存在很多大差距，需要进一步优化调整产业结构，扩大连锁网络，增强竞争力。

韩国政府及协会对特许经营的管理方式主要包括如下几种：

① 产业资源部是包括特许经营在内的流通物流业的政府主管部门。产业资源部下设流通物流课，具体负责流通物流相关业务，按照《流通产业发展法》的规定，促进流通物流产业发展，制定流通产业发展政策和计划，支持流通物流业的信息化和国际交流。

② 中小企业厅作为支持中小企业发展的政府部门，为包括中小连锁经营企业在内

的中小企业提供资金和政策支持，并根据相关法规评选"优秀连锁经营企业"。

③ 韩国特许经营协会作为特许经营行业协会组织，促进行业健康发展，根据需要提出立法和政策建议，制定行业自律规章，协调解决行业纷争，致力于品牌的国际化和海外投资。

韩国特许经营协会根据《特许经营公平交易法》下设解决特许经营行业纠纷的法定机构——特许经营纠纷协调委员会。委员会根据当事人的申请或国家公平交易委员会的委托，协调解决特许经营过程发生的行业纠纷。特许经营纠纷协调委员会由公益代表3人、加盟总部代表3人、加盟店代表3人共9人组成。（资料来源：中华人民共和国商务部网站）

在韩国，每增加一家新的加盟店，就会增加4.3名从业人员。韩国加盟店总约有40万家，有172万人从事连锁行业。

2016年，韩国国内加盟品牌数5200多个，加盟店数超过21.8万家。韩国加盟总部的平均存续时间是4.8年。10年以上还在经营的品牌只占全部的12.6%。（资料来源：中国食品报，《"咖啡陪你"创始人家中自杀，韩系加盟神话崩塌？》）

5. 印度特许经营

相关资料显示，印度约有600个特许人。特许经营在印度的平均年增长幅度为30%~40%，占总零售额的2%，2000年以后增长速度加快。据估计，印度特许经营的成功率高达90%，但自行创业的成功率只有10%。2010年，印度特许经营总额达到170亿美元。

国际特许经营特许人一般先在印度设立直营店，借以了解市场和修正自己的"本土化"政策。

随着印度特许经营市场的发展，国家开始制定特许经营的相关法律法规。在印度，受许人须向特许人交纳一笔加盟费，此外，还须持续交纳特许经营管理费，即权益金，通常是店铺营业额的5%~8%。

特许人的扩张方式通常为设置区域次特许人，特许人只与次特许人接触，由次特许人在所属地区招揽受许人。

印度的运动鞋市场发展蓬勃，锐步、阿迪达斯及耐克等多个全球知名品牌均在印度市场大力开展特许经营。

了解详细内容请登录中华人民共和国商务部官方网站或中国特许经营第一网（www.texu1.com）。

6. 印度尼西亚特许经营

2007年，印度尼西亚的特许经营业增长很快，达到了30%。印度尼西亚特许经营协会指导委员会主席阿米尔·卡拉莫表示，2007年的增长主要是由本地的特许经营的发展所推动的。根据印度尼西亚特许经营协会的研究，许多行业宣称自己是特许经营，但研究起来只能叫作许可证经营，也经常被称作机会商业。

第1章 特许经营概述

7. 菲律宾特许经营（资料来源：中华人民共和国商务部官方网站）

（1）菲律宾特许经营行业特点。

菲律宾特许经营业始于20世纪80年代，从20余个品牌，发展到1100多个品牌。经营行业涉及大众生活的各个方面。按照现有的品牌分类，食品类企业占42%，以快餐店、咖啡店、特色食品生产企业为主；零售类企业占34%，包括便利店、药店、超市、品牌服装店、家居用品店、饰品店、礼品店、加油站等；其他24%属于服务类企业，涉及运输、快递、清洁、洗衣、维修、汽车租赁、影像服务、教育等多个行业。菲律宾的特许经营业不仅解决了大量就业，为消费者提供了便利，也为经济增长做出了重要贡献。根据菲律宾特许经营协会（PFA）提供的数据，到2010年，菲律宾特许经营销售额达到94.5亿美元，占零售业总额的30%，而且每年以20%的增长率，成为菲律宾零售业中最具发展潜力的领域。

2011年，菲律宾特许经营领域销售额达到110亿美元，比2010年增长约16.4%。2000—2011年，菲律宾特许经营领域获得了262%的大幅增长。特许经营领域销售额约占零售业销售额的30%。彭博社确认，菲律宾特许经营领域在亚洲处于领先地位，增长速度超过了中国。

在特许经营领域中，菲律宾当地品牌与外国品牌的比例是66∶34。外国品牌在经历了20世纪90年代后期的快速发展后，出现了停止甚至倒退的现象，从最初占主导地位，到渐渐退出菲律宾市场。而当地品牌由于比较了解当地人的口味、喜好、消费习惯等，在与外国品牌的竞争中处于优势，保持着较高的增长速度。

2013年，菲律宾国内有1300个特许经营商和1.25万名受许人。

2018年7月4日，菲律宾特许经营协会总裁理查德·桑茨（Richard Sanz）在菲律宾2018年亚洲特许加盟品牌博览会新闻发布会上透露，菲律宾有约2000个特许经营品牌，拥有连锁门店约20万家，提供了约120万个就业岗位。2017年，亚洲特许经营登记增加了250%，这证明特许经营在蓬勃发展。菲律宾运营的特许经营品牌80%来自本土，其中有8个排在国际连锁品牌前列。桑茨认为，在货币贬值和通货膨胀率上升等经济挑战面前，特许经营行业继续保持增长，说明其经营模式提供的不仅是产品，还包括商业和生计。

（2）菲律宾特许经营成功经验。

菲律宾特许经营的发展，既得益于宽松的法律环境、政府的重视和有关机构的积极推进，也与自身在区域、市场、劳动力等方面的优势密不可分。

1）宽松的法律环境。

菲律宾没有专门的特许经营法规，涉及特许经营的法律法规主要有三部。

① 知识产权法（Intellectual Property Code）（共和国第8293号法案）。在某种程度上，特许经营协议的技术转移条款是根据知识产权法拟定的，因此，一个特许经营协议可以视为一项技术转移安排。

② 民事法（Civil Code）。根据民事法关于合同的一般原则，特许人与被特许人

可以就其认为方便提供的合同条款达成一致，但不能违背法律、道德和公共秩序。

③ 零售贸易自由化法（Retail Trade Law）（共和国第8762号法案）。主要目的是提高消费者福利，吸引生产性投资，降低国内消费价格，创造更多就业，促进旅游业，对小型制造业企业予以援助，刺激经济增长，并促使菲律宾产品具有全球竞争力。

2）政府高度重视。

菲律宾政府对零售业中份额持续增长的特许经营业极为重视，将其视作发展工业、创造就业和支持中小企业发展的重要途径。在菲律宾国家经济发展署（NEDA）制定的发展规划中，对特许经营业为发展本地工业、促进中小企业发展所起的作用给予充分肯定。政府还通过菲律宾国际贸易公司（PITC，一家政府贸易机构）实施了特许经营择业项目，目的是指导准备从事特许经营的企业和个人选择合适的投资项目。

3）行业组织积极推动。

成立于1995年的菲律宾特许经营协会是菲律宾最大的特许经营领域组织，有特许人会员和联合会员200余家。PFA自行制定了公平特许经营标准，作为一部领域自律法规，该标准对确保会员在特许行为中的公平交易起着约束作用，同时保护特许人和被特许人的利益。菲律宾特许经营协会还实施了多个项目，在投资机会、战略规划、商业信息、潜力开发、广告推介、教育培训等方面支持会员企业的发展。

4）自身优势地位。

菲律宾地处亚太地区核心，消费市场规模可观，有着充满生机的消费文化。随着经济持续增长，特别是外劳汇款持续增长，居民可支配收入持续增加。菲律宾也是东南亚注册特许经营管理专业（CFE）毕业生最多的国家。商业环境良好，特别是零售业发展较为成熟，全球最大的15个购物中心有4个位于马尼拉。

由于特许经营本身存在着单个店面投资较少、管理统一化、原料统一采购增加利润空间、品牌推广成本最小化等特点，特许经营模式在菲律宾取得了巨大成功，特许经营企业的成功率达到90%，是最受中小企业欢迎的创业模式。

（3）菲律宾特许经营发展趋势。

随着经济增长和生活、消费方式的改变，菲律宾特许经营领域也出现了新的趋势和创新。主要有以下几个方面：

① 随着居民对服务水平要求趋向标准化，服务行业显示出巨大的发展潜力，尤其是特种服务业，如电器维修、木工操作、管道工程等。

② 特许经营网点有从传统商业区向加油站、学校等非传统商业区转移的趋势，随着中产阶层、年轻专业人士、双职工家庭的增加，便利店发展迅速。

③ 具有互补作用的合作品牌店开始出现，并呈流行趋势，这种特许经营品牌在同一场所经营的模式，受到消费者的欢迎。

④ 本土一些特许经营品牌扩张，出现了国际化发展趋势。一些品牌连锁店不仅遍及国内，而且成功进军亚洲甚至美国市场，成为菲律宾赚取外汇的新来源。

8. 泰国特许经营

泰国特许经营分布在13个行业领域，最集中的前三位分别是餐馆、饮料及面包、用品和装饰品，而投资主要来自亚洲的马来西亚、新加坡、日本、韩国和中国。2012年特许经营市场价值规模达1680亿铢。（资料来源：中华人民共和国商务部官方网站）

9. 阿联酋特许经营

外资公司，尤其是零售品牌，如果想在阿联酋开展业务，寻找当地代理或分销商是一个简单而又直接的方式。各个领域的国际知名品牌，都是通过这种方式进入阿联酋的。中东富豪榜上的阿联酋亿万富翁，很多都是以特许经营的方式发家的。比如，Majid Al Futtaim，在38个国家拥有家乐福的独家经营权。除了家乐福，Majid Al Futtaim还拥有Abercrombie＆Fitch、Hollister、AllSaints、lululemon athletica、Monsoon Accessorize、Sacoor Brother等品牌的特许经营权。在阿拉伯富豪榜上排名第七的Al Futtaim拥有丰田、雷克萨斯、本田、道奇、沃尔沃、吉普和克莱斯勒等汽车品牌的特许经营权，此外，还是玛莎百货、ZARA等品牌在中东的特许经销商。以上这些零售巨头的商业模式十分类似，都是通过知名品牌的特许经营权而获取巨额利润。（资料来源：公众号ePandaMENA，《外资可100%控股将颠覆阿联酋零售格局》）

1.5.5 其他各国特许经营

1. 加拿大特许经营

加拿大政府1976年就对特许经营颁发了有关法令，随后进行多次修改来调节特许经营当事人之间的利益，维护该制度进一步发展。

加拿大的特许经营销售年均增长率达到15%。共有约1300多个特许人（公司）和75000个被特许人（公司）。特许经营年销售额为900亿美元，约占加拿大总体零售业的45%，占加拿大GDP的12%。特许经营店为150万加拿大人提供了就业机会。几乎每个加拿大城市都有餐饮、加油站、五金、服装和音像等领域的特许经营店，但四分之三的特许经营市场集中在安大略、魁北克和不列颠哥伦比亚三省，其中安大略省集中了加拿大56%的特许经营总部和64%的特许经营店。

加拿大政府没有设立专门的特许经营管理部门，也没有制定针对特许经营的全国性法律法规，连特许经营合同的签署也不需要政府的批准。政府的作用主要是通过特许经营所涉及的房地产、收入税收、商标版权、用工标准以及有关市政规章等方面的法律法规来保障企业间公平、自由、竞争的商业环境。但是阿尔伯塔省和安大略省有具体的特许经营法。《阿尔伯塔特许经营法》（Alberta Franchises Act）于1995年11月1日起开始实施，安大略省参照阿尔伯塔省制定了特许经营法并于2001年1月31日起开始实施。（资料来源：中华人民共和国商务部官方网站）

了解详细内容请登录中华人民共和国商务部官方网站或中国特许经营第一网（www.texu1.com）。

2. 澳大利亚特许经营

20世纪70年代特许经营在澳大利亚出现，经过几十年的发展，到2004年，澳大利亚特许经营业产值已高达800亿澳元，占澳大利亚经济总量的12%，海外特许经营收入2.82亿澳元，雇用人员达60万人。据调查，澳大利亚的特许授权商达700多家，特许加盟店近5万家。澳大利亚已是世界上特许经营程度最高的国家，人均拥有的特许经营体系数量是美国的3倍，居世界第一。自1999年以来，澳大利亚特许加盟店数量以平均20%的速度增长，在增长领域和层面上都有所突破。

据2006年的统计数据显示，有超过四分之一的特许经营商已在发展国际市场，主要以英语语言国家为主，如新西兰、英国、加拿大、美国等。据这一阶段的调研情况了解，大多数经营商对中国市场非常感兴趣，但受到人文、语言、法律法规、资金与人力、高效的低成本交易推广渠道不足等方面因素的限制，虽有愿望但市场拓展进度缓慢。

截至2008年，澳大利亚共有1200多个特许经营企业系统，并以每年15%以上的速度增长。全澳特许经营店共有71400多家，其中63500家是特许加盟店，7900家是直营店。除此之外，还有8000多家加油与服务站特许点及2500家汽车连锁销售店。因此，至2008年，澳大利亚合计共有82000多家特许经营店，年销售额在1300亿澳元以上，合人民币8450亿元以上。

从行业分布来看，零售行业特许经营店的数量占总数量的比例最高，特许经营企业有28%是在零售行业，门店数量占总量的17%；餐饮（包括快餐）与住宿行业的特许经营企业数量占整个行业的16%，门店数量占总量的23%；专业管理与服务（如IT、财务、税务、培训等服务）行业的特许经营企业占总量的15%，门店数量占总量的5%。

所有特许经营企业的平均门店数量为20家，另再有至少1家直营店。有一半的企业拥有20家以下的门店，这些小型特许经营企业平均有5年的经营历史，而更大型的企业则平均有13年的经营历史。

2010年，澳大利亚特许经营行业每年创造出的总价值约为1300亿澳元。

从涉及领域看，澳大利亚的特许经营最初在零售和家庭服务业中盛行，逐步扩大到以抵押经纪业和商业咨询业为代表的"白领服务"领域。

从增长层面看，澳大利亚特许经营业的海外拓展取得了长足进步。超过90%的澳大利亚特许经营体系都是土生土长的。据统计，特许授权人每年平均从海外获得收入达2.92亿澳元。25%的特许授权人开始海外扩张，62%的人准备在今后的3年内开辟海外市场。由于地理、文化、体制相近和经济一体化程度的加深，新西兰成为澳大利亚特许授权人开辟海外业务的首选市场，英国、美国、新加坡、南非和欧洲市场的受欢迎程度依次递减。

特许经营在澳大利亚已是一种相当成熟的经营方式。统计资料显示，澳大利亚特许授权人的经营期限平均达到15年，其中特许经营9年。90%的被特许人在扣除雇员工资之外享有利润，远远领先于小商业部门。特许经营业走向成熟还体现在特许经营争端不断下降。1998年起实施的《特许经营行为守则》发挥了重要作用，有效改善了被特许人与特许授权人之间的关系。

2010年7月，澳大利亚颁布了澳大利亚特许经营关系法规。

了解详细内容请登录中华人民共和国商务部官方网站或中国特许经营第一网（www.texu1.com）。

3. 巴西特许经营

20世纪80年代，巴西的特许经营每年增加35%。1987年，巴西特许经营协会（Associacao Brasileira de Franchising）在圣保罗成立，并在里约热内卢和米纳斯州设有分会，在伯南布哥有协调机构。截至2003年，巴西特许经营协会在巴西有600多名特许经营会员。

巴西1994年12月15日第8955号法令对特许经营立法，同时规范了签订特许经营合同双方的具体权利与义务，制定了特许经营行为规范。

根据中国商务部网站资料，2004年巴西特许经营行业收入达到300亿雷亚尔，比2002年的290亿雷亚尔增加10亿雷亚尔。特许经营行业吸收就业50万人，比2003年增长28%。巴西特许经营在世界排名第三，仅次于美国和日本。巴西特许经营行业不仅为国家就业排忧解难，还为国家的经济发展积聚了外汇。

巴西特许经营有678个网络、5000多个销售站或店，90%的特许经营网点在国内，但出口趋势明显。根据资料，体育、卫生、化妆品等领先特许经营行业，2003年营业额增长29%。家具、装饰、礼品等行业销售额增长19%，网点占行业的5%。此外，食品、教育和专业技术培训，2003年收入分别为38.5亿雷亚尔和34.6亿雷亚尔，比2002年增长6%和2%。食品网络总数达到350个，教育和专业培训网络超过1000个。

巴西特许经营出口方兴未艾。经营网点向美国、拉美、欧洲、日本、中东延伸。语言教育是巴西特许经营的优势产业。巴西Fosh已经在巴西开办622所语言学校，分校延伸到阿根廷（82所）、日本（6所）和巴拉圭（2所）。此外，食品和服装特许出口趋势强劲。

在巴西600多家特许人企业中，有10家企业成绩显赫，每家企业的受许人均多达500名以上，这10家企业是AGUA DE CHEIRO（经营香水）、CCAA（外语学校）、CLOROPHYLLA（化妆品）、FARMAIS（药店）、HERMES（凭样本推销）、KUMON（技术培训）、L'ACQUA DI FIORI（化妆品）、MICROLINS（职业培训）、O BOTICARIO（化妆品）、WIZARD IDIOMAS（语言教学）。

了解详细内容请登录中华人民共和国商务部官方网站或中国特许经营第一网（www.texu1.com）。

巴西的全国特许经营业在2016年发展迅猛，与2015年相比扩大了8.3%。总利润达到1395.9亿雷亚尔，直接创造就业机会约119.25万个，与2015年相比增长了0.2%。

巴西特许经营协会指出，圣保罗和里约热内卢是巴西特许经营店铺最多的两大城市，店铺数量分别占整个巴西特许经营店铺总数的13%和6.6%。

巴西特许经营的品牌数量已经由2015年的3073个减少为3039个，但各个品牌的特许经营商铺数量均有所增长。巴西特许经营协会阿尔蒂诺·克里斯托福尔蒂表示，这样的趋势证明了巴西的品牌市场已经日趋成熟。"美国的特许经营品牌数量很少，但每个品牌旗下的店铺数量很多，这是市场发展的必然趋势。"他说。

2017年，巴西品牌全面推进国际化进程。巴西特许经营协会与巴西出口与投资促进局（Apex-Brasil）合作，促进巴西品牌在世界范围内的发展。2016年，巴西的138个品牌已经在全球范围内的61个国家销售，而2015年巴西仅有134个品牌在全球60个国家销售。（资料来源：南美侨报网编译张乔，《巴西特许经营体系扩大8.3%》）

4. 墨西哥特许经营

1985年，麦当劳开始在墨西哥从事特许经营业务。随后，肯德基、HOWARD JOHNSON、BING等相继在墨西哥开始了该项业务。截至1990年，共有10家公司在墨西哥开展特许经营，从业人员约4万人。1992—1994年是墨西哥特许经营业快速发展的时期，特许经营企业数量迅速增至150家，其中60%是外国企业，40%为本国企业，从业人员超过12万人。1995—1996年，特许经营企业增至200家，外国企业和本国企业各占50%，从业人数约16万。

1999—2003年，墨西哥特许经营业稳定发展，企业数增至500家，其中外国企业占36%，本国企业占64%，从业人数增加到约40万。

截至2004年10月，墨西哥共有680多家连锁经营企业，其中本国企业占66%，美国企业占29%，西班牙3%，其他国家2%，销售点约4万个，从业人数超过45万。涉及行业约70个，其中食品和餐饮占23%，服装10%，建筑和不动产8%，其他服务性行业24%，其他行业35%。按地区划分，50%的企业集中在首都联邦区及周边地区，17%分布在墨西哥西北部，14%位于西部，19%分布在其他地区。

特许经营业所需原料的80%产自本国，20%为进口。

特许经营合同维持年限：1~3年占10%，4~5年占24%，6~8年占4%，9~10年占46%，10年以上占16%。

加盟金：0~1000美元占8%，1001~15000美元占36%，15001~25000美元占26%，25001~50000美元占13%，50000美元以上占17%。

前期投资费用（不含许可费）：15000~25000美元占16%，25001~50000美元占4%，50001~100000美元占23%，100001~150000美元占32%，150001~300000美元占12%，300000美元以上占13%。

投资回收期：1年占6%，2年占36%，3年占24%，4年占20%，5年以上占14%。

墨西哥特许经营业均保持两位数增长，2003年增长了16%，2004年增长19%，年销售额近500亿美元，约占墨西哥零售业销售总额的15%。

1990年，墨西哥《技术转让法》首先明确了特许经营合同的概念，并允许技术知识的转让和特定商标的使用。

1991年,《工业产权促进和保护法》的颁布进一步完善了有关特许经营的立法和规定。

1994年,墨西哥修订了《工业产权促进和保护法》,并更名为《工业产权法》,其中第142条是特许经营的定义:"通过提供商标使用的许可,进行技术知识的转让或提供技术支持,以使受转让人可以按照商标拥有者制订的统一方式从事商品的生产、销售或提供服务,以保证产品或服务的质量、信誉和形象,由此即构成特许经营。"

特许合同只涉及特许人和受许人两个当事方,不需公证或得到有关部门的批准,但应当在墨西哥工业产权协会(隶属于墨西哥经济部)登记。"提供特许权通告""特许合同"以及工业秘密、已登记的专利权和商标等都受到墨西哥法律的保护,并构成了维护墨西哥特许经营行业秩序的主要手段。

为了进一步规范和加强墨西哥特许经营行业的运作和发展,一部专门的"特许经营法"是墨西哥所需要的。

墨西哥特许经营协会成立于1989年,成立之初只有6家会员企业。截至2003年,该协会已拥有550多家会员企业。(资料来源:中华人民共和国商务部官方网站)

了解详细内容请登录阅读中华人民共和国商务部官方网站或中国特许经营第一网(www.texu1.com)。

5. 哥伦比亚特许经营

截至2005年,哥伦比亚拥有特许经营企业6881家,比去年增长2200家。

哥伦比亚特许经营企业分布的行业主要集中在零售、服务和餐饮方面,分别占45%、32%和23%。按商业活动领域分类,时装和服务企业占26%,快餐和其他餐馆14%,专门服务占13%,专营店9%,鞋类及皮革产品店占4%,通信、网络和电话占3%,娱乐和首饰各占3%,其他还包括面包店、培训中心、冷饮店、汽车服务、咖啡店、美容店、健康中心、金融中心、印刷服务中心、药店、洗染店、家具和装饰品店、模特服务中心、旅行社、美发店等。

哥伦比亚特许经营行业共创造34000个直接就业机会,13684个间接就业机会,63%的特许经营企业拥有1~4名员工,仅有0.3%的企业有100名以上员工。

哥伦比亚特许经营企业主要集中在波哥大、麦德林和卡利等大城市,其中波哥大占47%,麦德林占35%,卡利占9%。

哥伦比亚特许经营企业中57.6%为本国企业,42.4%为跨国企业。80%左右的特许经营合同期限为1~5年,其中,1~3年合同占43.3%,5年占34.4%。10年期限占11%,11年以上占7.8%。(资料来源:中华人民共和国商务部官方网站)

6. 罗马尼亚特许经营

根据特许经营专业咨询公司CHR的一份研究报告,2005年罗马尼亚特许经营公司的营业收入超过9亿欧元,比2004年增长了20%,主要是由于生产性特许经营的增加,如可口可乐和Tuborg等。

罗马尼亚的特许经营市场自2000年以来迅速增长。2000年，罗马尼亚市场上仅有40个特许经营品牌，而2005年年底已达到了191个。数量增长最快的主要是服务业、快餐类餐馆以及零售业，尤其是时尚零售领域。

报告显示，罗马尼亚本地品牌只占整个特许经营市场的20％，但由于成本较低，在与跨国公司的竞争中已经显示出优势。如以特许经营方式上市的Bella Italia比萨饼店已经签署了5个特许经营合同。该店加盟费用为6000欧元，附属投资约25000～35000欧元。

此外，苏恰瓦县的Gogoasa Yami特许经营店铺也在1年时间内增加到了40家。该品牌包括加盟费在内的总投资为1700欧元，已对罗马尼亚糕点特许经营店Fornetti构成了竞争威胁。

2017年，罗马尼亚特许经营市场规模达到30亿欧元，过去5年该市场规模实现了翻番，越来越多的企业希望通过特许经营模式迅速扩大经营。罗马尼亚特许经营市场仍然主要集中在酒店、餐馆和咖啡馆以及服务业。60％的特许经营品牌为国际品牌。（资料来源：中华人民共和国商务部官方网站）

7. 智利特许经营

从1983年Doggi's快餐店在智利开办了第一家连锁店到2008年，25年内已建立了100多家连锁店，未来还将继续扩大规模。其成功秘诀在于从1995年开始，这家公司运用了特许经营这一方式，使其开始几年在智利以销售额年均增长30％的速度发展，2007年销售额达到了6000万美元。

根据国际特许经营协会的调查，在开店的头3年，仅有5％的特许经营连锁店失败，而独立店面失败概率为40％。很多品牌经营都在采取这种形式，其中32％的品牌是餐饮业，其他行业包括洗衣店、售后服务业、教育业等。很多国际品牌已经以这种经营方式进入智利市场，如澳大利亚饮料公司Boost、西班牙洗衣店Pressto、Konizzimo比萨饼店、美国Subway餐饮店、阿根廷The Coffee Store、哥伦比亚Juan Vadez咖啡店等。智利本土的Procasa、Tronwell、Fuenzalida、Expautos、Autobahn、Dicom Equifax、Xeros以及Sushihouse等品牌也都采用这种经营形式。

特许经营体系是从20世纪80年代末到90年代初先在巴西和阿根廷站稳脚跟后才进入智利的，究其原因，很多人最初对特许经营不是很了解，因而偏向传统经营方式，加上有些企业经营失误带来的教训使一些人产生畏惧心理，还有很多人由于文化因素，认为应从生产到销售对生意全面管理，因而不肯采用特许经营方式。（资料来源：中华人民共和国商务部官方网站）

智利《信使报》曾报道，"63％的智利品牌集中在美食与服务行业，平均每个品牌的特许经营商户仅为25个，远低于拉美平均的38个，这意味着，智利品牌扩张潜力非常大。"

智利经济放缓也给特许经营体系更好的发展机会。"西班牙是一个很好的例子。经济危机导致行业关闭、大规模裁员、财富损失，但特许经营体系在危机中更容易获得商机，发展个人业务并获利。智利政府非常鼓励个人创业，而特许经营体系可以让创业者在经营中更加省心省力。"（资料来源：南美侨报网，《智利品牌特许经营发展潜力巨大》）

8. 新西兰特许经营

特许经营在新西兰的发展势头异常迅猛，特许经营体系近300个，40%以上的饭店采取特许经营方式进行运营。

新西兰没有明确的特许经营法律。

一份资料显示，只有三分之一的特许经营商愿意加入新西兰连锁协会，并且遵照连锁协会的一系列的规章制度。大部分的特许经营商或者忽视草案（用来摆脱不良特许经营活动），或者不愿意遵守连锁协会的制度。

9. 南非特许经营

南非特许经营的品牌近700个，市场总规模已高达360亿美元，约占该国GDP的12%，直接为50万人提供了就业机会。

2016年2月，商务部新闻显示，特许经营对南非国内生产总值贡献率达12.5%，其中餐馆和快餐厅、零售业、建筑和家政服务业占特许经营总收入的比重分别为24%、12%和11%。特许经营吸纳就业总人数中，餐饮和零售业合计占比超过六成。

10. 哈萨克斯坦特许经营

很多欧美企业通过俄罗斯获取在哈萨克斯坦特许经营权，尤其是在成立关税同盟后，此现象愈加严重，特许经营企业年平均增长速度达到20%。此外，很多哈萨克斯坦国内企业同时运营多个品牌，这就出现某个企业具有多个特许经营权利。哈萨克斯坦拥有专营权的企业更倾向于零售市场，不过无论是服装业还是快餐业，发展速度都过快，这可能引起未来市场的不稳定。与此同时，国内商业区面积并没有达到国际水平，这也一定程度上影响国际连锁企业进入哈萨克斯坦。2012年，哈萨克斯坦特许经营费用约为20亿美元，其中20%来于美国企业，20%来于欧洲。2018年，哈萨克斯坦的特许经营市场萎缩了10%~12%。哈萨克斯坦的特许经营店约有330~360家，流通规模在10亿~12亿美元。俄哈两国的特许经营市场发展水平相近。（资料来源：中华人民共和国商务部官方网站）

11. 俄罗斯特许经营

2016年，莫斯科零售业特许经营许可证发放数量达到3万个，营业规模达到20亿卢布。而2015年发放了1.5万个许可证，营业规模达到8.3亿卢布。特许经营扩大的原因，一是莫斯科市政府信息支持，二是经营者选择特许经营方式可免缴贸易费。

2019年，俄罗斯特许经营企业数量达到2250家，同比增长16%，2020年企业数量仍保持增长趋势，目前已达到2600家，其中本土品牌超过80%。分析师称，俄罗斯特许经营主要集中在服务业（43%）、餐饮业（24%）、非食品零售业（22%）和食品零售业（7%）。（资料来源：中华人民共和国商务部官方网站）

整体而言，在俄罗斯各个行业中，餐饮业的特许经营项目比例最大。对外国特许经营企业来说，俄罗斯有不少领域可提供众多商机，其中与健身中心、东方式按摩和水疗中心、快递和送货服务、收货站以及电子商贸等有关业务是当然的首选。其次是外语教学、专业教育、托儿和护老服务，以及较为健康的快餐业务，利润也十分可观。

一般来说，较受欢迎的特许经营项目加盟费为10万～12万美元，特许人不仅提供逐步建立业务的指导，并为新加盟商承担部分经营责任。不少有意成为加盟商的业者曾是零售商或分销商。

2015年，俄罗斯财经新闻集团RBC公布顶尖商业特许经营项目排行榜时，仅30家公司榜上有名，到2017年已增至50家，每月都有新的特许经营项目在俄罗斯市场开业。（资料来源：香港贸发局，莫斯科顾问办事处，Leonid Orlov，《俄罗斯经济复苏缓慢，特许经营热潮再现》）

[练习与思考]

（1）试比较海外各国和地区的特许经营发展，指出它们发展中的共性和特色。

（2）基于海外特许经营的发展历史或现状，你对中国发展特许经营有什么想法或建议呢？

（3）请思考国外不同地区特许经营发展与地区的关系是什么？地区的哪些方面（如政治、经济、地理、人口、文化、风俗等）可能对特许经营的发展起到什么样的作用？

1.6 中国特许经营的发展的必然性和火爆表现

[本节要点]

本节的主要内容是叙述特许经营在中国的发展状况，包括最初进入中国的国外特许人的发展概况、中国本土企业的先行者和优秀者的发展状况、特许经营展会的状况、从经济角度和失业角度看特许经营发展的有利条件、政府对于特许经营的支持、特许经营信息传播领域以及各地连锁经营协会的发展状况。

本节目的是使读者对特许经营在中国的发展状况有一个系统、详细、清晰的本质认识。

1.6.1 国外特许人的进入引起中国特许经营的萌芽

从国外的特许经营发展现状看，特许经营显然已经成为零售、服务以及第一二产业的主流模式、商业发展的关键形式以及经济发展的最重要推动力之一。

商业模式特许经营在中国的出现深受国外特许人的启迪，其中最值得一提的就是肯德基和麦当劳。

1. 肯德基

百胜餐饮集团是全球大型的餐饮集团，在全球110多个国家和地区拥有超过35000家连锁餐厅和100多万名员工。旗下包括肯德基、必胜客、小肥羊、东方既白、塔可钟、A&W及Long John Silver's（LJS），分别在烹鸡、比萨、火锅、中式快餐、墨西哥风味食品及海鲜连锁餐饮领域全球闻名。进入中国市场后，旗下品牌都表现积极并取得了不凡的成绩。

我们来看一下肯德基在中国的快速成长步伐吧。

- 1987年11月12日，肯德基在北京前门繁华地带开设了其在中国的第一家餐厅，这是中国本土的第一家特许经营企业的单店。虽然很多人对此有异议，但笔者认为这个店的开业预示着中国特许经营时代的开始，特许经营概念和单店实体已经真真切切地出现在中国了
- 1989年，肯德基在上海延安路开设分店
- 1992年，肯德基中国餐厅总数增加到11家，这是当时在中国经营快餐连锁餐厅的公司中分店数量最多的
- 1995年，肯德基中国餐厅总数增加到50家
- 1996年6月25日，肯德基在北京安贞桥开出其在中国的第100家餐厅
- 1998年，肯德基全球第10000家餐厅在北京开业
- 1999年，肯德基中国餐厅总数达到327家
- 2000年11月，肯德基在中国的第400家店开业
- 2000年11月28日，肯德基在中国共设19家肯德基有限公司，经营遍布全国的400家连锁餐厅
- 2001年10月，肯德基在中国的第500家店开业
- 2002年2月，肯德基在中国的第600家店开业，同年9月第700家店开业
- 2002年，肯德基中国新疆友好餐厅单周营业额突破100万元人民币，创肯德基全球纪录
- 2003年1月，肯德基在中国的第800家店在上海浦东机场开业。截至2003年1月，肯德基已在中国设有32家肯德基有限公司，管理并经营全国近200多个城市的850多家连锁餐厅。800家肯德基餐厅中有40多家采用特许加盟方式，分别属于10多名受许人，加盟店数量占总店数的比率仅为5%左右，大部分为其在中国的直营店
- 2004年1月，肯德基第1000家连锁店在北京朝阳区樱花园东街开业
- 2005年年初，随着海南三亚肯德基餐厅的开业，肯德基在中国的260多个城市的门店数达到了1200家

- 2005年9月8日，肯德基在中国的门店数量已达到1450家
- 2005年10月中旬，肯德基在中国的第1500家店于上海开业
- 2006年4月20日，肯德基在中国的门店数量已超过1600家
- 2007年11月8日，肯德基在中国的第2000家店在四川成都火车站餐厅开业
- 截至2008年下半年，肯德基在中国开设2300多家餐厅
- 2009年6月16日，肯德基在中国开设的第2600家餐厅正式落户郑州国贸中心，至此，肯德基已在中国的500多个城市开设连锁餐饮店
- 2010年6月1日，肯德基在中国的第3000家餐厅在上海开业
- 截至2012年9月，肯德基在中国的门店数量已经超过4000家
- 截至2014年，肯德基在中国共有4300多家门店
- 截至2015年9月，肯德基在中国共有4800多家门店
- 截至2015年10月，肯德基在中国1000多个城市拥有约4900家餐厅
- 肯德基的产品从2000年的15种增加到了36种
- 截至2018年6月底，肯德基在中国拥有5696家连锁店

第一家肯德基"不用从零开始经营"的中国特许经营加盟店于2000年8月1日在常州溧阳市正式授权转交，溧阳泰丰餐饮有限公司正式成为溧阳肯德基餐厅掌权人，总经理顾祥成为肯德基的第一位中国受许人。

肯德基在中国的特许经营策略是，开放加盟但不采用自有店面或地点开新店的方式，并且只在非农业人口大于15万小于40万，且年人均消费大于人民币6000元的地区开展特许加盟业务。肯德基的加盟条件是，特许加盟费为人民币800万元左右，包括不动产和餐厅租金在内的所有启动资金，培训时间为20周。合同还规定，加盟经营协议的首次期限至少为10年。2006年4月，为扩大加盟比率，肯德基宣布其部分加盟店的整体转让价格为200万元人民币。

表1-11是肯德基在中国的逐年开店数量。

表1-11 肯德基在中国的逐年开店数量

年份	餐厅数量	同比上一年增长量	年份	餐厅数量	同比上一年增长量
1987年	1	0	1996年	131	60
1988年	2	1	1997年	216	85
1989年	4	2	1998年	292	76
1990年	4	0	1999年	327	35
1991年	6	2	2000年	400	73

续表

年份	餐厅数量	同比上一年增长量	年份	餐厅数量	同比上一年增长量
1992年	10	4	2001年	534	134
1993年	19	9	2002年	792	258
1994年	43	24	2003年	950	158
1995年	71	28	2004年	1200	250
2005年	1506	306	2013年	4878	278
2006年	1736	230	2014年	5010	132
2007年	2050	314	2015年	5410	400
2008年	2300	250	2016年	5985	575
2009年	2600	300	2017年	6676	691
2010年	3000	400	2018年	7459	783
2011年	3500	500	2019年	7696	237
2012年	4600	1100			

2. 麦当劳

麦当劳于1990年10月8日在深圳开设中国第一家分店，1992年4月在北京王府井开设了当时世界上面积最大的麦当劳餐厅（当日的交易人次达13000次，打破麦当劳餐厅开业的世界纪录）。

截至2002年第一季度，麦当劳在中国开设了460多家餐厅，平均每年开店38.3家。

截至2005年，麦当劳发展到700家，其中北京93家，上海70家，深圳50家。

2008年11月14日，麦当劳在中国市场的第1000家店在广东东莞正式营业。

截至2009年年底，麦当劳在中国的分店达1137家。这些餐厅分布在100多个城市。经营模式主要有三种：经营双方各50%股份的合资经营模式、合同式合资经营模式和外商独资经营模式。仅6家为特许经营餐厅。

在麦当劳的特许经营合作体系里，麦当劳将在土地和建筑物方面投资，而特许经营人则需要在设备、店标、桌椅和装修等方面投资大约330万~400万元人民币。

麦当劳寻找的是个人加盟者，而非公司或合伙人，不会考虑在公司任职的董事长或工作人员。受许人必须居住在所开设餐厅的社区中，而且还要接受16~18个月的专门培训和一系列面试。

2003年8月，麦当劳在中国的第一个受许人出现——天津的孙蒙蒙女士。

截至2005年1月下旬，中国华北第一批9名麦当劳的特许经营商通过面试，6月进入麦当劳餐厅接受培训。同时，从2005年2月开始，华中、华东以及华南的40名特许经营商开始面试。经过层层筛选后，2006年麦当劳在中国放开特许经营模式后的第一批特许经营商超过先期宣布的12名。

截至2012年9月，麦当劳在中国的连锁店已超过1400家。加盟的费用从5年前的250万~300万元，降低到200万元。

截至2014年年底，麦当劳在中国有2000多家餐厅，其中传统特许经营和发展式特许经营门店约占20%。

2015年，麦当劳在中国拥有2200多家餐厅。截至2015年年底，麦当劳中国餐厅超过30%是由受许人持有及管理，麦当劳中国的受许人达52位。麦当劳计划2020年在中国开4000家餐厅，加盟店比例要超过65%。

截至2018年，麦当劳在全球有超过37000家餐厅，中国是麦当劳全球第二大市场，也是全球发展最快的市场。2018年，麦当劳中国服务顾客超过13亿人次。

2019年，麦当劳全球销售首次突破1000亿美元。

截至2019年9月，中国有超过3200家麦当劳餐厅，员工人数超过17万。

截至2020年1月底，中国占麦当劳全球餐厅总数的9%，占整个系统销售额的4%~5%，及贡献3%的经营收益。

表1-12是麦当劳在中国的逐年开店数量。

表1-12 麦当劳在中国的逐年开店数量

年份	开店量	年份	开店量
1990年	1	2010年	1200
1991年	1	2011年	1300
1992年	1	2013年	1900
1993年	4	2014年	2000
1994年	3	2015年	2200
1995年	2	2016年	2400
1996年	4	2017年	2400
1997年	4	2018年	2800
1998年	9	2019年	3200
1999年	4	未来5年	4500
1999年	370		

3. 其他国际品牌

在中国有一定规模和知名度的国际特许品牌数量有100多个。其中，来自美国的特许经营品牌约占53%（集中在餐饮、酒店、教育培训等领域），来自法国、西班牙等欧洲国家的国际特许经营品牌约占33%（集中在服装、珠宝饰品、家具、洗衣等领域）。在亚洲，日本进入我国的特许经营品牌数量最多（集中在餐饮、便利店、汽车用品零售和汽车服务等领域）。

美国排名前20位的特许经营企业中，有17家已进入中国市场。

至2015年，全球前20名的特许品牌已有15个活跃在中国市场，所以未来的中国市场将会有更多的国外强势品牌进入，这对中国本土特许经营企业来说既是威胁，也是机会。（资料来源：21世纪经济报道，卢杉、华新，《仅13%美国品牌进入，中国特许经营潜力巨大》）

总之，在国际知名的特许经营企业的启迪与带动下，中国本土企业开始关注并投入特许经营中。

1.6.2 中国本土企业掀起的特许经营"神话"

20世纪90年代初，一些中国本土企业开始涉足特许经营，其中两个最早尝试特许经营模式的典型例子分别是一个新品牌（李宁）和一个老品牌（全聚德）。这两个例子也充分说明，特许经营模式对于新、老企业都具有适用性。

1. 李宁

李宁公司是特许经营在中国创造的第一个神话。李宁公司是中国家喻户晓的"体操王子"李宁先生在1990年创立的体育用品公司。1993年，李宁公司本着"取之体育，用于体育"的精神，通过体育赞助在全国传播推广，主要以体委系统为主的代理商在全国迅速建立起加盟连锁专卖体系，从而使李宁借助特许经营的模式迅速成长为中国体育用品第一品牌，2004年6月李宁公司在香港上市。李宁销售网络扩张迅速，从2005年的3373个零售网点增长至2007年7月的4297个。其中，特许经营的零售店为3860个，占89.8%。直接经营的零售店有138个，直接经营李宁牌的特约专柜有299个。

2007年，李宁公司有门店6245家，其中直营店310家。

截至2009年年底，李宁公司店铺总数达到8156间，遍布中国1800多个城市、并且在东南亚、中亚、欧洲等地区拥有多家销售网点。

至2011年年末，李宁品牌店铺在中国总数达到8255间，并且持续在东南亚、中亚、欧洲等地区开拓业务。

2012—2014年，公司出现亏损，亏损额分别为19.8亿元人民币（李宁2012年关店1821家）、3.9亿元人民币和7.8亿元人民币，累计超31亿元。

2014年年底，李宁本人回归，李宁集团迅速好转。2015年首次扭亏为盈，营收71亿元人民币，同比增长17%，从亏损5.54亿元到营利1.4亿元人民币。

2017年，李宁有6262家门店，直营店1541家——是10年前的5倍，直营门店单店销售额达到175万元人民币，相比2016年的157万元有11%左右的提升，贡献了超过30%的营收。

截至2018年12月31日，李宁品牌在中国的线下店铺总数为6344家（不包含李宁YOUNG），年度净增加82家。

截至2019年9月底，李宁在国内的门店数量（不包括李宁YOUNG）共计6564家，较上一季末净增加142家，年度净增加220家。

截至2019年12月9日港股收盘，李宁公司股价达到25.40港元每股，股价涨幅高达204%，总市值约为588.12亿港元。

李宁集团的2019年中报显示，在多种销售渠道中，特许经销商仍旧是最重要的渠道，占总营收的48.6%，直接经营销售占总收入的28.1%，电商渠道占到21.1%。李宁集团的下一步计划是将部分原自营店铺转给经销商销售，即将直营转为加盟，扩大加盟比例。（资料来源：虎嗅APP，《李宁放手李宁》）

2. 全聚德

始建于1864年（清同治三年）的知名的中华老字号全聚德于1993年5月成立中国北京全聚德烤鸭集团公司后，开始大胆探索用特许经营方式发展分店。1999年1月，"全聚德"被国家工商总局认定为"驰名商标"，是中国第一例服务类中国驰名商标。

时至今日，全聚德已经形成拥有70余家全聚德品牌成员企业、上万名员工、年销售烤鸭500余万只、接待宾客500多万人次、品牌价值近110亿元的餐饮集团。

截至2018年年底，全聚德共有门店121家，包括直营店46家，加盟店75家（包括7家海外特许加盟店）。

截至2019年6月30日，公司成员企业（门店）共计116家，包括直营企业46家，加盟企业70家（含海外特许加盟开业企业7家）。

全聚德总市值为40亿元人民币。

3. 中国特许经营企业的发展概览

在李宁和全聚德的带领与示范下，更多的中国本土企业纷纷采用特许经营这种被称为"点石成金""一本万利"的模式，比如华联、联华、东来顺、马兰拉面、荣昌洗染等企业都快速地发展了特许加盟店。中国特许经营所实现的销售额也以年均40%左右的速度增长，大大超过全国社会消费品零售总额10%的增长率。特许经营被人们誉为"中国继股票、房地产、互联网之后的第4个最有前景的发展行业"。

1995—2000年，中国连锁企业的销售额、企业数量、店铺数量，以及占社会商品零售额的比重都增加了8倍以上。据统计，中国社会商品零售额的5%是特许加盟店创造，2000年，企业通过特许经营实现的营业额约190亿元人民币（除了加油站和汽车的连锁体系以外）。到2000年年底，中国特许经营企业已达410家（其中餐饮就有100多家），店铺11000多个，涉及超级市场、便利店、中式正餐等30多个行业。

第1章　特许经营概述

截至2001年6月，中国共有特许经营企业600多家，涉及超级市场、便利店、中式正餐等40多个行业门类，其中半数左右是2000年后才开始发展加盟店的，发展速度明显快于其他商业经营模式。

据2002年有关资料显示，当时中国特许经营体系超过1000家，比2001年增长40%，所涉及的行业超过50个。在连锁百强中，特许经营企业61家；百强中加盟店的销售额达到270亿元人民币，占百强总销售额的17%，店铺数量5400家，占百强店铺总数的40%，加盟店的销售额和店铺的发展速度都超过直营店的发展。从连锁百强企业看，加盟店的员工达11万人，平均每个门店提供20个就业岗位，平均每个特许企业有加盟员工2000人。2002年，中国社会消费品零售总额的增长率约为10%，特许经营销售额增长率则超过50%。

截至2003年10月，中国特许经营企业约1500家，加盟店约为7万家。商务部的统计数据显示，截至2003年年底，中国已有1900个特许经营体系，其中大部分属于外资，特许加盟店近8.2万家，就业约120万人，覆盖50多个行业。

2004年年底，中国特许经营体系突破2000家，特许加盟店铺数达12万家，从业人员180万人，比2004年年初新增就业人数约60万人。单个特许体系平均拥有加盟店57家。

2005年年中，中国特许经营体系突破2100家，成为世界上特许人数量最多的国家。截至2005年12月底，中国特许体系达到2320个，比2004年增长约10.4%，这些特许体系分布在近70个行业和业态中。其中，加盟店铺总数为168000家，比2004年增长40%；单个特许体系平均加盟店铺数达到73个，比2004年增长了28%。

根据有关方面的不完全最新统计数据表明，截至2006年年底，中国特许经营体系总数已超过2600家，加盟店超过20万家。

到2007年年底，中国特许经营体系总数已超过2800家，加盟店超过23万家。

"十一五"期间，中国商业特许经营发展迅猛，企业数量剧增，截至2010年年底，中国特许经营体系已超过4500个，经营范围覆盖70多个行业。

截至2020年8月14日，在商业特许经营信息管理系统完成备案并公告的企业总数量为6013家。按照经营区域范围统计，省内企业2415家，跨省企业3594家；按照经营资源类型统计，拥有注册商标的5537家，拥有专利的246家；按行业统计，零售业1752家，餐饮业2423家，居民服务业468家，教育培训业327家，住宿业121家，中介服务业184家，其他商业服务业733家；按照所属区域统计，港澳台及境外188家，境内5825家，前10名分别是北京市（1035家）、上海市（633家）、广东省（481家）、浙江省（475家）、山东省（436家）、江苏省（365家）、重庆市（286家）、湖南省（280家）、福建省（260家）、四川省（243家）。

需要注意的是，上述的数字只是备案的企业数量。实际上，中国还有大量的没有备案的企业也在采取特许经营模式，由于各种原因，它们并不想公开宣示自己是特许人，也就没有被相关机构统计在内。所以，中国实际从事特许经营的特许人数量要远远大于上述公开统计数字。

据国家统计局结果显示，中国限额以上连锁零售企业门店数量持续增长（见图1-5）。

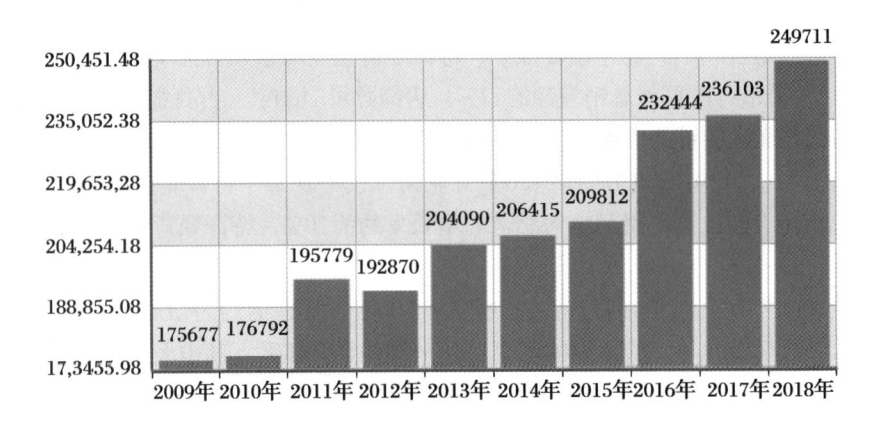

图1-5　连锁零售企业门店总数（个）

年份	门店总数
2009年	175677
2010年	176792
2011年	195779
2012年	192870
2013年	204090
2014年	206415
2015年	209812
2016年	232444
2017年	236103
2018年	249711

有关数据显示，截至2014年，全球特许经营销售额按区域划分，美国占比63%，中国占8%；未来5年，预计全球特许经营业销售额将增长7%，其中，预计美国地区的增幅为3%，中国增幅为20%，亚洲其他地区的增幅为15%。（资料来源：新华网，《香港贸发局：约九成国际特许经营商欲进入内地市场》）

在有些行业，外资特许经营企业的市场地位正在被动摇，比如麦当劳在中国快餐行业的市场份额已经从最高时的17%下降至13%，肯德基的市场份额也相应地从40%下降至24%。（资料来源：中新经纬，李晓萱、孙瑶，《金拱门到处刷屏之时，麦当劳的中国战略已悄然生变》）

总之，依据特许经营在中国的三十余年时间内就已取得的喜人成绩看，特许经营在中国的增长势头是有增无减的。从国外和国内的特许经营实践看，我们可以坚定地预言，特许经营在中国的发展必将有一个无限广阔的空间！认识特许经营、投身特许经营必将是中国有识之士的明智选择！

1.6.3　火热的特许经营展

任何一种产品或服务都有其最适宜的、独特的营销、宣传渠道。在特许人招收受许人，即特许权的营销渠道中，展会扮演着非常独特的角色，意义非常重大，是特许人非常推崇的、也是非常有效的特许权营销、宣传渠道之一。所以，一个国家或地区的特许经营发达程度，可以从其特许经营展会的情况得到一些间接的反映。

1. 特许经营展在中国的发展

在中国，自从20世纪末以来，特许经营类的展会一直处于持续上升的、越来越火爆的状态。

据有关数据显示，大型展会的参展企业曾多达500多家，参展企业既有国际知名的大特许人，也有新兴的行业代表和刚起步的特许人。参展者所涉及的行业涵盖了特许经营企业所在的主要行业，特许经营所在的主要业态、业种都会出现。一天之内的展会参观者曾高达数万人。一些国外企业还组团集体参加中国的特许经营展会。

在展会举办的同时，往往还会有一些关于特许经营的论坛、培训、评选与项目说明会等，这些辅助活动的同期举办，使展会的人气更旺，各项活动之间交相辉映、热闹非凡。

展会的组织者通常还会对展会进行相关统计，如参展行业、参展企业、投资数额、参观者的信息等，这些统计结果往往以特许经营发展的风向标、流行趋势发布等形式出现在媒体上。

许多企业都把展会作为展示自己形象、学习别人优点、招募受许人的舞台，大量的潜在投资人和受许人把展会作为和特许人面对面交流、选择特许人的重要场所，特许经营界的其他各方，包括媒体、研究机构、顾问咨询公司、项目中介、教育培训机构和对特许经营这种模式感兴趣的人或机构，也都把特许经营展会作为一次深入了解特许经营或期望从中发现商业机会的大好平台。

目前在中国，有关特许经营、连锁加盟类的展会数量非常多、展会举办频率非常高、类别也多种多样，这从一个方面反映了中国特许经营市场发展的火热局面。

从展会性质上划分，既有综合性的特许经营展会（如相关的连锁经营协会、联展平台网站、创业组织等举办的特许经营展会以及各地方政府自办的特许经营展会等）、也有行业特许经营展会（如中国洗涤产品及洗涤业特许加盟展览会、全国医药保健品连锁经营与特许加盟展览会、中国国际服装特许经营交易会等）。

从展会举办者角度看，既有各地连锁经营协会举办的，也有地方政府、企业、民间机构等举办的。

从地域范围来看，既有全国性的特许经营展会，也有地方性的特许经营展会，比如天津国际连锁加盟创业展、南京国际连锁加盟创业展、武汉国际连锁加盟创业展、西部特许经营及连锁加盟展览会、浙江特许经营展览会、西南地区特许经营连锁加盟创业展、上海连锁加盟创业展、中国东北连锁经营及特许加盟洽谈会、中原地区国际连锁加盟创业展览会、安徽连锁加盟及特许经营博览会暨全国城市连锁经营创业项目交流会等。

从展会的举办形态上看，既有固定地点的，也有流动式的巡回展览。

从展会的参与企业的档次和投资规模来看，既有中高档次的精品展会，也有中低档次的大众化展会。

从展会形式上看，既有实在的展会，也有网上的虚拟展会等。

2. 特许经营展会的特点

根据展会在中国的发展实际情况来看，无论是特许人还是潜在的受许人或投资人，都需要注意特许经营展会的一些特点。

（1）目前的展会层次和质量参差不齐。

有些展会组织者只看到了举办展会的经济利益，没有严格审核参展企业的资质，所以个别企业利用展会进行招募受许人的欺诈活动。

（2）参加展会的效果有待提升。

特许人通过展会来招募受许人的效果并不像期待的那样好。相反，由于展会参观者的投资水平、参展企业的档次、展会本身的宣传推广程度等，都可能使参加展会的潜在投资人的投资能力和兴趣领域集中于某几个行业或某几个行业中的某几类企业，所以，特许经营展会并不一定适合所有企业、所有行业。很多展会的调查结果显示，在参展企业中，投资额在50万元人民币以下的特许经营项目占了50%甚至更多，这些小型的加盟形式更受欢迎。

（3）参展的费用不低。

企业需要支付的费用包括参展人员的差旅费、食宿费、补助费、展位费、人员的通信费、宣传品费（包括彩页费、易拉宝费、展位布置费等）等，这些费用的总和可能要以万元为单位来计算，因此，特许人是否需要参展、参加哪一个展会，确实要事先好好谋算。

（4）参观展会的人不等于就是受许人。

许多实际参观展会的人可能在较长时间内根本就不会成为受许人，比如有些参观者是准备或计划做特许经营的企业派出的"探子"，有些是特许经营模式的学习者或研究者，有些是准备给特许经营企业提供服务（如信息化、顾问咨询、培训、广告、产品等）的第三方企业或组织等。

（5）展会招商的效果。

展会招商的效果从2012年开始走下坡路。调查显示，80%以上的潜在受许人或创业人更喜欢或习惯于从网络上寻找好项目。

但无论如何，我们必须要记住的是，中国特许经营类展会是中国整个特许经营市场大步向前的一个缩影。

1.6.4 具有创业投资能力、意识及行动的潜在受许人群体逐渐增多

1. 具有创业投资能力的潜在受许人群体逐渐增多

无论如何，要成为受许人，具备一定的资金是必要条件。所以，特许经营的发展需要以一定的社会经济发展为基础。

中国已出现大量具有投资能力的潜在受许人人群。在居民收入方面，近年来的城镇居民收入的年均增长速度为8%～9%，农村居民为4%～5%，城乡居民人民币储蓄存款余额持续增长，见表1–13。

表1-13　1997—2016年城乡居民人民币储蓄存款余额

序号	年份	中国城乡人民币储蓄存款余额（单位：亿元）	序号	年份	中国城乡人民币储蓄存款余额（单位：亿元）
1	2016	28012.03	11	2006	8705.62
2	2015	23913.97	12	2005	7477.70
3	2014	24158.40	13	2004	6122.35
4	2013	23086.41	14	2003	5293.54
5	2012	21644.90	15	2002	4389.69
6	2011	19126.14	16	2001	3536.32
7	2010	17003.11	17	2000	2923.13
8	2009	14672.10	18	1999	2681.30
9	2008	11952.84	19	1998	2287.19
10	2007	9155.34	20	1997	1975.26

广发银行联合西南财经大学发表的《2018年中国城市家庭财富健康报告》介绍了中国城市家庭财富管理现状和面临的问题。这份报告调查了华北、华东、华南、华中、西南、东北、西北7大区域、23个城市近万个样本。报告关注的是家庭年收入67817元（城市家庭年收入中位数）以上的家庭。报告结果显示，城市家庭可投资资产规模持续增加（见图1-6）。

	2011年	2013年	2015年	2017年	2018年（估算）
总资产	97.0	103.1	128.4	150.3	161.7
净资产	90.7	97.3	121.2	142.9	154.2
可投资资产	28.9	32.8	48.1	50.7	55.7

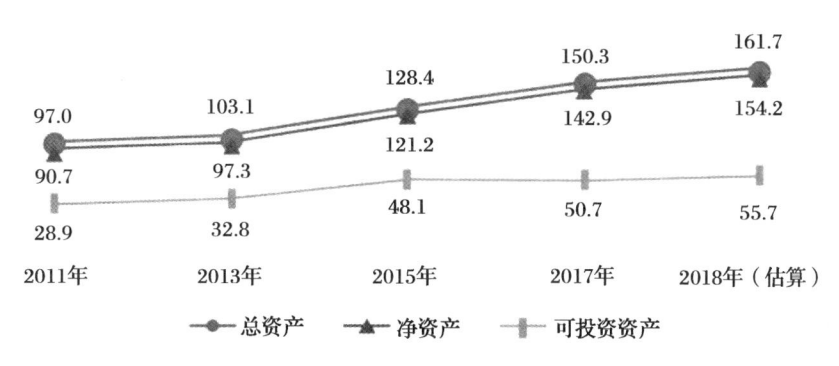

图1-6　城市家庭户均资产、净资产和可投资资产规模（万元）

上述这些数据显示，中国具有创业投资能力的潜在受许人群体逐渐增多。

2. 具有创业投资意识的潜在受许人群体逐渐增多

仅仅具有资金还不够，合格的受许人还必须同时具有投资创业的意识。统计研究表明，除了收入增加以外，中国居民的投资创业意识也正逐步加强。

据有关数据显示，2014年实际参与创业的受访者占比为13.6%，2015年打算创业的受访者则增到了20.5%。居住在城市的人比居住在农村的更想创业；已婚人士比未婚人士更想创业；男性比女性更想创业；尤其那些年龄在26~35岁的男性，有33.5%的人有创业意愿，而年收入在1万~6万元的家庭创业意愿最为突出。

随着人们对加盟式创业成功率高的认识以及特许经营理论与实践在中国的逐渐普及，会有越来越多的具有投资创业意识的人选择特许经营这一创业方式。

3. 具有创业投资行动的潜在受许人群体逐渐增多

事实表明，中国人的投资行动早已付诸实施。

国家统计局城调总队曾在河北、天津、山东、江苏、广东、四川、甘肃、辽宁等8个省市采取多相抽样方式，抽取了大、中、小城市3997户居民家庭作为有效样本户，由专职调查员进行入户问卷调查。

调查发现，在城市家庭财产的构成（见图1-7）中，家庭"金融资产"为7.98万元人民币，占家庭财产的35%；"房产"为10.94万元人民币，占家庭财产的48%；家庭"主要耐用消费品"现值为1.15万元人民币，占家庭财产的5%；家庭"经营资产"为2.77万元人民币，占家庭财产的12%。有经营活动的家庭，其财产（64.87万元）明显高于无经营活动的家庭（17.67万元），前者是后者的3.7倍。且在经营户的家庭财产中，"经营资产"在总资产中所占比重最大，达到39.1%。家庭"经营资产"的出现和逐渐增大说明，居民的投资、经营活动已经付诸实践。

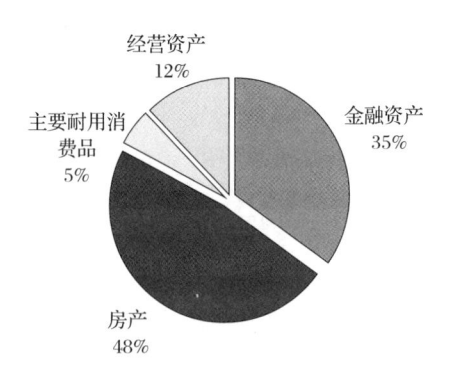

图1-7 城市家庭财产的构成

调查还发现，投资于经营活动的城市家庭已达10.9%，其中，小城市家庭从事经营活动的比例最高，为15.6%，中等城市次之，占11.4%，大城市最低，为8.9%，低于平均水平2.1个百分点，且超过九成的经营户表示将维持现有投资规模或继续追加资金投入。

进一步的调查结果（见表1-14）显示，在经营方式方面，我国城市家庭的经营方式较为灵活多样，其中以投资"固定铺面/固定摊位"者最多，占从事经营活动家庭的19.45%；在选择行业上，则"商贸"类最多，为42.11%。显然，"固定铺面/固定摊位""商贸"与特许经营有着直接的联系，因为特许经营多存在于"商贸"领域，并多以"固定铺面/固定摊位"的形式出现。实际上，"经营方式"中的"固定铺面/固定摊位""自己的公司或企业""饭店/餐馆/商店""街头摊点""与他人合伙经营企业""从事批发/中介""家庭加工"等中都存在着相当比例的特许经营机会。

表1-14 城市家庭经营方式和经营类别分布情况

经营方式	百分比（%）	行业分类	百分比（%）
固定铺面/固定摊位	19.45	商贸	42.11
自己的公司或企业	18.99	运输	11.44
饭店/餐馆/商店	14.42	工业品制造/加工	9.15
街头摊点	11.21	修理	4.35
与他人合伙经营企业	10.07	建筑	3.20
从事批发/中介	4.12	装饰装修	3.20
家庭加工	3.43	信息服务（含网上服务）	2.97
承包国营/集体企业	3.20	其他	23.57
其他	15.10		
合计	100	合计	100

整理编制自：中华人民共和国国家统计局网站

号称全球最全面的创业活动研究报告的《全球创业观察》（Global Entrepreneurship Monitor）在2006年分析了42个国家的创业水平，发现在全球几个最富裕的国家，参与创业活动的人口比例显著下降，比如美国参与创业的人口比例从2005年的12.4%降至10%，德国从5.4%降至4.2%，法国从5.4%下降至4.4%，英国从6.2%下降到5.8%，但中国的创业比例从2005年的13.7%升至16.2%。

《中国经济生活大调查》的数据显示，2015年中国创业比例为20.5%，其中，大学生创业及参与创业人数达42.3万人，比2014年增长6.8%。

2020年1月13日，全球领先的中国高净值人群权威研究机构胡润研究院发布《2020胡润至尚优品——中国千万富豪品牌倾向报告》（*Hurun Chinese Luxury Consumer Survey* 2020），结果表明中国高净值人士的财富来源主要为投资、工资和分红。

毫无疑问，随着收入的增加、储蓄的增多、经济观念的转变、越来越多的"经营"性家庭和个人的示范作用，中国人的投资意识、投资能力与投资的实际行动正与日俱增，而特许经营的小风险、入行快等优点更受潜在投资人的青睐，所以在特许经营为具有投资能力和投资意识的人们提供了创造财富、创业、实现做老板梦想的同时，数量众多的潜在受许人也对特许经营的发展起到了推波助澜的作用。

1.6.5 失业困局和产业结构调整进一步促进了特许经营的发展

1. 在新时代，中国的失业状况呈现了一些新的特点

（1）失业率较高且有持续较高之势。

国家统计局的数据显示，失业率总体趋势是在增长，且一直维持在较高状态，如图1-8所示。

（2）就业结构性矛盾突出。

随着经济改革和经济结构调整力度的进一步加大，技术进步不断加快，传统行业出现下岗失业人员，而新兴的产业、行业和技术职业需要的素质较高的人员又供不应求，不同地区、不同行业劳动力供求的不平衡性还会加剧。研究表明，约70%的失业是摩擦性和结构性失业。

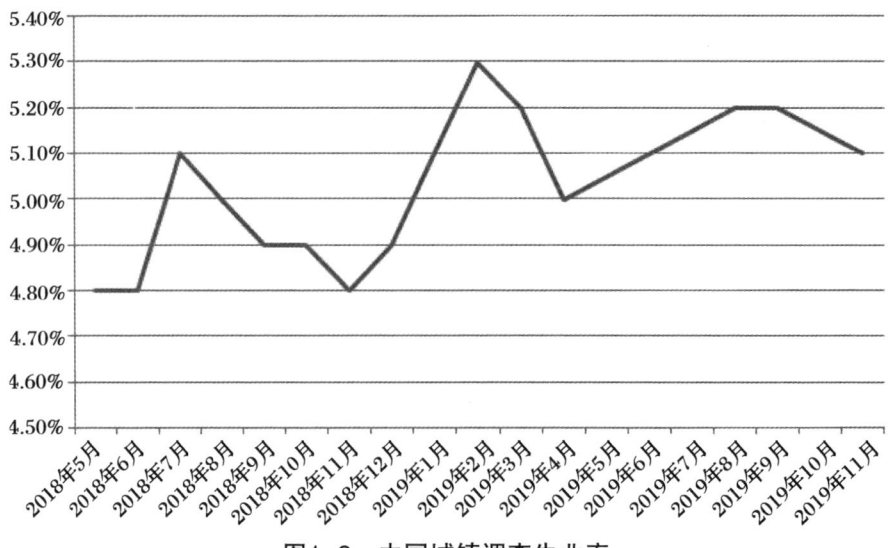

图1-8 中国城镇调查失业率

（3）大学生就业问题从1998年开始激化。

自1999年高校扩招以来，中国的大学毕业生人数逐年上涨，见图1-9。

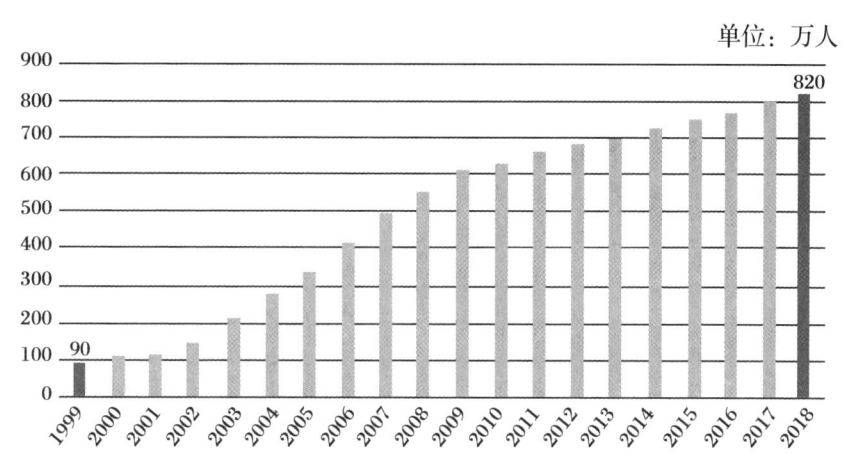

图1-9　1999—2008届中国高校毕业生总数

2019年6月，麦可思研究院对15.2万名2018年大学毕业生半年后培养质量进行了跟踪评价，发布了《2019年中国大学生就业报告（就业蓝皮书）》，结果显示，2018届大学毕业生的就业率为91.5%。其中，本科毕业生就业率（91.0%）持续缓慢下降，较2014届（92.6%）下降1.6%。

根据教育部的统计数据显示，2019年高校毕业生人数达到835万，超过2018年毕业生人数再创新高。除考研成功的学生之外，2019年的海归毕业生人数与本土毕业生人数两者相加，接近900万，就业问题严峻。

（4）经济下行时的裁员导致大批人员失业。

自2018年以来，中国经济增速放缓，再加上国际环境的桎梏，包括高科技和互联网企业在内的大量企业开始裁员。

（5）经济转型等导致新型失业人员增加。

比如，中国的钢铁、煤炭、水泥等行业面临"去产能"而导致人员失业，制造业裁员等。

2. 产业结构调整促进了特许经营的发展

面对不容忽视的失业状况，就业该如何解决呢？尽管来自各个阶层的人士各抒己见，但其中一个方法却是大家公允的，那就是，通过大力发展第三产业来解决就业问题。

第三产业解决就业问题的效果是非常巨大的。不同产业的投入产出效果方面，每投入100万元，重工业可提供的就业岗位是400个，轻工业700个，第三产业1000个，这说明以服务行业为主的第三产业的就业解决能力较大。据统计，发达国家第三产业占GDP的比重为50%~60%，我国的第三产业占GDP的30%多，所以未来发展空间巨大。

全国经济普查的结果也进一步说明，第三产业是解决我国经济增长和就业增长的最重要途径。我国将通过发展服务业来扩大就业。服务业又靠什么来发展呢？国内外的实践已经证明，特许经营是发展服务业的最有效的利器之一。

还是用一些实际的数据来说明问题吧。2019年《财富》统计的世界500强中，沃尔玛依然是世界500强上榜企业中员工人数最多的企业，员工人数达到220万。在雇员人数上，麦当劳46.5万人，家得宝（HOME DEPOT）41.3万人，家乐福36.4万人，欧尚集团（AUCHAN HOLDING）34.1万人，乐购（TESCO）32万人，截至2018年9月30日，星巴克在全球拥有29.1万员工，其中28万名员工在自营店，1.1万人从事物流、仓储、烘焙等职业。（资料来源：柳叶刀，《杀死星巴克：星巴克中国将来姓什么还真不一定》）截至2019年9月，中国3200多家的麦当劳餐厅的员工人数超过17万。这些都是典型的第三产业大量解决就业的实践证明。

这些特许人企业除了直接提供就业岗位外，其产业链所带动的就业更是十分巨大，比如宜家进入中国市场30年来，从产品开发、生产到销售，形成了完整的产业链布局。截至2020年3月，宜家在中国大陆拥有30家门店，400余家家居产品供应商和物流服务商，其产业链为中国提供近百万个就业岗位。（资料来源：外汇天眼APP，《供应商复工率达98% 宜家中国压减付款时间支持复苏》）

因此，随着政府日益明显的支持创业就业政策的频频出台、中国经济产业结构的调整，在压力与动力并存、微观与宏观条件具备的形势下，作为解决就业最好方法之一的特许经营势必在中国有一个良好的大发展。

1.6.6 政府的支持

对于特许经营，中国政府采取了一系列的行动促进其在中国的健康发展，且态度日益明朗、力度日益加大。

1994年10月和11月，国内贸易部分成两组分别考察了美国、加拿大和日本，对几国连锁经营和特许经营发展情况和国情进行了分析，并对我国连锁经营的发展提出了一些建议。

从1994年开始，国内贸易部开始有计划地邀请日本连锁店专家到中国进行特许经营、连锁方面的讲座和交流。

1995年，国务院总理李鹏在八届全国人大三次会议政府工作报告中明确指出要积极发展商业连锁经营。

1995年6月26日，国内贸易部提出了《全国连锁经营发展规划》（以下简称《规划》），连锁经营从此步入规范化发展阶段。"内贸部在《规划》中对发展我国连锁经营提出四条基本原则，即：坚持标准化、规范化，使我国连锁经营与国际接轨；从实际出发，量力而行，不能盲目刮风，一哄而上；既要打破部门、地区、行业界限，又要注意协调各方利益；坚持经济效益和社会效益统一，尽量做到为民、便民、利民，投资少，见效快，形成规模效益。"

1997年3月，国内贸易部发布了《连锁店经营管理规范意见》，规定了特许经营的定义和特许合同的基本内容。

1997年4月15日，李岚清副总理在《关于加快我国商品物流配送中心建设工作的请示》上批示：直接连锁需要一个较长的过程，要研究发展跨地区加盟连锁的路子，这就可以同发展合理布局的配送中心结合起来考虑。

1997年5月，国家工商行政管理局与国内贸易部联合发布了《关于连锁店登记管理有关问题的通知》。

1997年5月，国内贸易部组团参加了在华盛顿举行的国际特许经营研讨会。

1997年7月9日，李岚清副总理在全国连锁经营工作会议上指出，要大力发展与居民生活密切相关的快餐业、服务业连锁店。

1997年9月，财政部发布了《企业连锁经营有关财务管理问题的暂行规定》。

1997年11月14日，国内贸易部发布了《商业特许经营管理办法（试行）》（以下简称《办法》），《办法》是中国第一个规范特许经营的部颁规章，对特许经营的定义、基本形式、特许经营双方的义务和权利、特许经营合同的要求及收取费用等方面做了规定。《办法》适用于一切在中国境内从事商业（包括餐饮业、服务业）特许经营活动的企业、个人或其他经济组织，规定了特许人的背景材料需在行业协会备案。

1997年11月，财政部与国家税务总局联合发布了《关于连锁经营企业增值税纳税地点问题的通知》。

1998年2月，国家内贸局向国务院提交了《关于连锁经营发展近况的报告》，报告提出"积极引导、规范发展特许加盟连锁"。国家内贸局鼓励一切有实力的连锁经营企业，在有条件的乡、镇通过直营、特许形式开办连锁店，这是1998年国家内贸局开拓农村市场的一项重要措施。

1998年10月，首次"国际特许经营研讨会及展示会"在上海召开。

1999年，国家内贸局发布《关于进一步规范特许加盟活动的通知》。

2002年10月10日，国家经贸委办公厅印发的《全国连锁经营"十五"发展规划》指出，"严格规范、积极稳妥地发展特许经营。在加强特许经营法规建设的基础上，逐步引导特许经营向更多的行业和领域发展，要以这些行业中有自主知识产权、核心竞争力强、知名度高、管理基础好的企业为依托，推动特许经营的发展，提高行业整体素质和服务水平；积极利用和开发民族品牌，形成规范化、可复制、易扩张、能够实施有效监管的特许经营体系；鼓励实力较强的企业通过区域特许等方式，引进国际著名特许品牌，学习借鉴其成功经验和模式，缩短与国际先进水平的差距。"

2003年5月23日，商务部印发《做好当前开拓市场扩大内需工作的指导意见》，指出"要鼓励有条件的企业通过兼并联合、资产重组、参股控股或输出商标、商号和经营管理技术发展特许经营等方式实现规模扩张，积极引导连锁经营从超市、百货店向便利店、专业店、专卖店、大型综合超市、仓储式商店、折扣店等多业态渗透，从传统商业零售、餐饮业向成品油、汽车、农资、医药、烟草、图书报刊、住宿、典当、租赁、拍卖、旧货、家政服务、房地产中介和销售代理、教育培训、旅游等多行业和新兴服务业拓展，从大中城市向小城镇和农村市场延伸，从直营连锁向加盟连锁和特许经营等多种方式并举发展。"继续深化商品流通体制改革，全面推进流通方式创新，要根据市场发育程度、商品产销特点和物理特性，因地制宜，因产品制宜，积极发展代理经营、特许经营等多种现代流通方式和组织形式，减少环节，降低成本，保证商品和服务质量，便利购买和消费"。

2003年8月15日，胡锦涛同志在全国再就业工作座谈会上指出，要通过推行连锁经营、特许经营、物流配送、电子商务、多式联运等组织形式和服务方式，继续大力发展商贸、餐饮、交通运输和公用事业等传统服务业，积极发展旅游、社区服务、教育培训、文化体育和信息、金融、保险等新兴服务业。

2004年4月16日，为兑现中国加入WTO承诺，迎接零售业全面开放，推动市场流通体系建设，商务部出台《外商投资商业领域管理办法》，并于2004年6月1日起施行。新办法明确规定，从2004年12月11日起，分别取消对外商投资商业在股权、地域等方面的限制，进一步下放审批权限等。

2004年12月8日，针对当时特许经营市场出现极少数不法分子借用特许经营进行诈骗、圈钱等坑害投资者的恶性事件，商务部根据国务院的要求，组织中宣部、公安部、工商总局、税务总局、法制办、行业协会的有关负责人，召开了"关于整顿规范特许经营市场会议"。会议讨论了行业自律问题和对特许经营展会的监管问题，保证参展（会）企业的合法性和推广活动的真实性，防止不法分子利用展会进行商业欺诈。

2004年12月11日，按照中国的入世承诺，特许经营市场在中国加入WTO 3年后全面放开，我国取消了投资零售领域的地域、数量和股权比例限制，2005年分销领域入世过渡期结束，商业领域全面对外开放，中国被业内专家一致认为是世界上"极具潜力的特许经营市场"。

2004年12月31日，商务部颁布商务部令2004年第25号《商业特许经营管理办法》，自2005年2月1日起施行，国内贸易部发布的《商业特许经营管理办法（试行）》同时废止。《商业特许经营管理办法》共9章42条，除总则和附则外，分别对特许经营当事人、特许经营合同、信息披露、广告宣传、监督管理、外商投资企业的特别规定、法律责任等进行了详细规定。其明确规定，"商务部对全国特许经营活动实施监督管理，各级商务主管部门对辖区内的特许经营活动实施监督管理。"

2005年3月，国务院办公厅发布国办发〔2005〕21号文件，即《关于开展打击商业欺诈专项行动的通知》。随后，从2005年5月开始，由全国整规办联合国家11个部委（包括商务部、中宣部、发展改革委、公安部、劳动保障部、建设部、海关总署、税务总局、工商总局、质检总局、外汇局）发起的"打击商贸活动中的欺诈行为"专项行动正式启动，对包括商业特许经营在内的商业欺诈行为进行重点整治。按计划，该项活动将持续约1年时间。

2005年5月14日—15日，"现代流通与企业核心竞争力论坛"在上海举行。特许经营作为现代流通主要方式之一受到有关各方的一致重视。

2005年6月9日，国务院正式下发了《关于促进流通业发展的若干意见》。在该意见中，特许经营被作为流通业的重要推广模式之一，"鼓励具有竞争优势的流通企业通过参股、控股、承包、兼并、收购、托管和特许经营等方式，实现规模扩张，引导支持流通企业做强做大"。

2006年，商务部为特许经营的发展创造良好的外部环境的具体行动主要有三点（摘自商务部商业改革发展司王德生助理巡视员的讲话）：一是加快法律法规的制定，《商业特许经营管理条例》和《城市商业网点管理条例》都已列入2006年国务院一类立法计划，可望年内出台；二是自2005年以来，国务院出台的支持流通业发展的文件，明确了7个方面21条支持政策，商务部及各地也相继出台了许多配套政策措施，商务部门将加大政策执行力度，推动各项政策的贯彻落实；三是加强商务人才的培养，2006年商务部将实施"人才强商"工程，分层次地对全国商务部门负责人和行业从业人员进行培训，培养熟悉现代流通管理、了解世贸规则、掌握现代信息技术的中高级专业人才和高层次复合型人才，尤其是内贸流通领域技术和管理方面的紧缺人才，以及大批具有良好职业道德和一定职业技能的各行业从业人员，以缓解人才短缺对发展现代流通方式的制约。

2007年1月31日，国务院第167次常务会议通过《商业特许经营管理条例》。

2007年2月6日，国务院总理温家宝签署中华人民共和国国务院第485号令，公布《商业特许经营管理条例》，该条例自2007年5月1日起施行。

2007年3月19日，国务院下发的《国务院关于加快发展服务业的若干意见》中明确指出，"提升改造商贸流通业，推广连锁经营、特许经营等现代经营方式和新型业态。"

2011年12月12日商务部发布2012年2月1日起施行的《商业特许经营备案管理办法》。

2012年1月4日，商务部专门发布《商务部关于"十二五"期间促进商业特许经营健康发展的指导意见》，明确提出"推动我国商业特许经营快速发展"。

2012年1月18日商务部审议通过2012年4月1日起施行的《商业特许经营信息披露管理办法》。

值得关注的是，在越来越多的行业，特许经营的战略原则已经开始落地。

比如在便利店领域，为解决百姓购物难、假冒伪劣商品多、服务差等痼症，提升消费力度尤其是"内循环"力度，同时也为督促全面贯彻落地商务部等13部门印发的《关于推动品牌连锁便利店加快发展的指导意见》，商务部2020年8月专门印发《商务部办公厅关于开展便利店品牌化、连锁化三年行动的通知》(以下简称《通知》),明确要求必须提升便利店品牌化、连锁化水平。为了防止有些部门有歧义,在《通知》中,商务部明确指出,此举就是"新建一批、加盟一批、提升一批"。

据各方面的信息和事实,我们有充足的理由坚信,在未来,中国政府对于特许经营的支持力度会逐渐加大。

1.6.7 特许经营信息传播领域逐渐活跃

商业实践的发展必然引起相应理论的发展,特许经营也不例外。在中国,在特许经营实践迅速发展的同时,特许经营相关知识、技术、经验、服务的传播领域也越来越活跃。

1. 特许经营方面的专业顾问咨询公司层出不穷

这些顾问咨询公司的创立者既有来自国外的特许经营顾问咨询公司在中国的分部、代理处或受许人,也有中国本土的学者、教授、研究特许经营的专家、特许经营业的从业人士等。某些原来从事其他领域顾问咨询的专业公司,因为看到了特许经营市场的巨大潜力,也纷纷加入特许经营的顾问咨询领域。

随着顾问咨询公司的逐渐增多和竞争的激烈,顾问咨询的费用开始下降、质量有所上升。与此同时,求助外界专业特许经营顾问来帮助自己打造、完善特许经营王国的特许人和潜在特许人也越来越多。

但从现状看,中国的这些特许经营或连锁经营领域的顾问和咨询、培训公司存在着能力、资质、信用等问题,多数无法担负起前沿、科学、全面的重任,有些甚至连正确这个最低要求都满足不了。

2. 象牙塔开始关注特许经营

2004年7月,中国政法大学商学院开设特许经营专业课程并将其作为本科生、双学士的必修课以及研究生的专题课,首开国内重点大学开设特许经营系统化课程的先河。

同时,中国政法大学还以商学院的名义申请成立了中国政法大学特许经营研究中心,该中心的使命是组织协调特许经营领域的国内外有关教授、专家、学者、企业家、特许人以及所有对特许经营有兴趣的人士共同开展有关特许经营的研究、发展和推广工作。该中心的主要活动内容是围绕特许经营开展若干学术和实践的拓展,包括开设特许经营专业、特许经营学科建设、图书出版、顾问咨询、社会培训、中介(信息和项目)、网络推广、展览展会、会议沙龙等。该中心代表着中国特许经营的最高学术水平。

3. "特许经营精品丛书"破土而出

这套由国内外一流的特许经营业界及相关专家共同编、著、译的丛书,即"特许经营精品丛书",在填补国内特许经营书籍市场空白的同时,其目的也是给所有对特许经营感兴趣、有需要的人们奉献一套系列的、权威的、前沿的、实战的及全面性的知识载体，以便让特许经营创造财富、扩张财富、复制财富、积累财富以及给人们带来美好生活的本质魅力在中国、在全世界得到更充分的展示。丛书内容涉及特许经营的法律、投资、管理、经营、行业、案例、手册、历史、数据、项目、体系构建等方方面面。

截至2019年年底，该套丛书包括翻译出版国外特许经营经典书籍9本，编辑、著作特许经营书籍超过11本。更多的精品书籍还在有条不紊地策划与编辑之中，不久将陆续与读者见面。

4. 特许经营专业类媒体呼之欲出

虽然国内目前还没有专门的特许经营类专业报纸和杂志，但大量传统媒体已经开始登陆特许经营的海岸。

报纸、杂志上关于特许经营的专刊、月报、增刊、专栏等纷纷涌现，如《中国商报》《参考消息·北京参考》《中国民营经济报》《赢周刊》《中国经营报》等都定期或不定期地刊登关于特许经营的文章。一些杂志为特许经营开辟出单独的版面，如《销售与市场》的《招商》专刊已经在"挖掘并向渠道成员推荐连锁加盟各行业独具特色的特许人企业"的目标指导下开始了其雄心勃勃的"特色特许人推荐活动"。央视的《财富故事会》《致富经》《阳光大道》以及中国教育台的《中国好商机》等栏目中的相当一部分内容都是有关特许经营的专题。

笔者坚信，随着特许经营业在中国的蓬勃发展和特许经营市场空间的日渐扩大，更加专门、专业的特许经营报纸、杂志等媒体一定会出现。

5. 特许经营类专业网站百花齐放

或许是成本小、操作简单的原因，中国的特许经营专业类网站呈现出百花齐放的态势。

据笔者统计，中国的特许经营综合类网站有近30家，专门提供加盟项目信息的平台型网站20家。

这些网站的定位、风格或稍有不同，或存在较大差异，比如既有以提供特许经营的全方位知识、新闻、项目等为主的门户网站（中国特许经营第一网www.texu1.com），也有以提供特许人信息为主的"项目"或"投资"类网站和以提供信息新闻、专门知识为主的"资讯"型网站等。

除了专门的特许经营网站外，一些相关网站上也提供了关于特许经营的各种信息资料，如关于特许经营的知识、新闻等信息介绍。同时，类似《世界经理人》、中国营销传播网等网站上也有海量的特许经营类信息资料。

6. 期刊网能搜索到的特许经营或连锁类论文逐年增加

在中国期刊网上输入关键词"特许经营"或"连锁经营"，可以检索到历年的期刊网上记录的关于特许经营或连锁的全部相关论文，其结果显示，关于特许经营或连锁经营的论文数量逐年增加，具体可见图1-10和图1-11。

图1-10　中国期刊网能搜索到的历年特许经营及连锁经营类论文数目

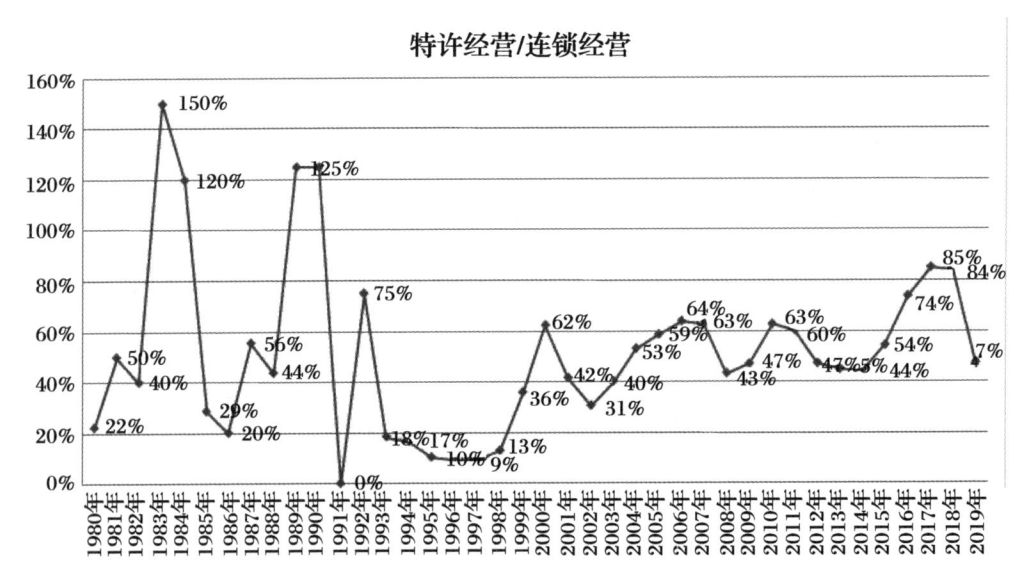

图1-11　中国期刊网能搜索到的历年特许经营及连锁经营类论文数目比例

由图1-10和1-11可以清晰地看出：

① 关于连锁经营与特许经营的论文从1980年开始逐渐增多。

② 连锁经营与特许经营的论文数量增减的趋势几乎雷同，即要么同时增加，要么同时减少。

③ 在特许经营的论文占连锁经营类论文的比例上，1998年之前波动幅度较大且极不平稳，但是之后基本波动幅度变小，且整体趋势是增加的，特许经营的论文占连锁经营的论文比例平均为53%，说明人们对特许经营的研究逐渐增多。

④ 2008年关于连锁经营与特许经营的论文数量突然增多且迄今仍为最大值，这和2007年出台《商业特许经营管理条例》以及备案、信息披露的管理办法有关，"一条两法"的出台引起了众多人士对于连锁经营与特许经营的解读和研究。

⑤ 1998—2009年，关于连锁经营与特许经营的论文数量持续增加了11年，而这期间，正是笔者的《特许经营学》等20余本系列著作问世的时间，这些著作的大规模问世和发行引发了各界对于连锁经营、特许经营的研究风潮。

⑥ 从2016年之后，关于连锁经营与特许经营的论文数量开始连续下降，说明中国的关于连锁经营与特许经营的理论已经比较成熟、比较全面，理论研究正进入深度和难点阶段。

1.6.8 各类连锁经营协会风起云涌

需要说明的是，除了中国香港之外，中国目前还没有出现以"特许经营协会"为专门名称的协会，绝大部分都是连锁经营协会，在有些连锁经营协会里也只是设立一个专门处理特许经营事宜的部门或专委会。

中国各地的连锁经营协会都是民间机构的性质，它们之间是平等的组织，并不存在上下级关系。

成立于1994年4月的上海连锁商业协会是中国的第一家连锁经营协会。

在上海连锁商业协会的带动下，各省市纷纷成立自己的连锁经营协会。广州市、辽宁省、天津市和深圳市是较早成立连锁经营协会的省市。

1. 据不完全统计，中国各类连锁经营协会已经超过50家

① 中国台湾连锁暨加盟协会：1987年，9家中国台湾本土连锁店业者为切磋连锁店经营技术而组成"久如会"，1991年有鉴于中国台湾连锁经营环境的逐渐成熟，由54家中国台湾连锁店业者号召成立"中华民国连锁店协会"，并于1989年5月24日由"内政部"正式通过更改为中国台湾连锁暨加盟协会；

② 黑龙江省连锁经营协会：成立于1992年2月15日；

③ 上海连锁经营协会：成立于1994年4月7日；

④ 中国台湾连锁加盟促进协会：成立于1995年；

⑤ 广东省连锁经营协会：成立于1995年12月15日；

⑥ 广州连锁经营协会：成立于1995年12月28日；

⑦ 深圳市零售商业行业协会：成立于1997年7月30日；

⑧ 天津市连锁经营协会：成立于1998年2月5日；

⑨ 福建省连锁经营协会：成立于1998年3月11日；

⑩ 北京市连锁经营协会：成立于1998年4月28日；

⑪ 泉州市连锁经营协会：成立于1998年5月26日；

⑫ 大连市连锁经营协会，成立于1999年9月21日；

⑬ 沈阳市连锁经营协会：成立于1999年12月23日；

⑭ 郑州市连锁经营协会：成立于2000年12月7日；

⑮ 湖南省连锁经营协会：成立于2001年9月21日；

⑯ 国际连锁企业管理协会：2003年在美国注册，2006年在中国香港注册；

⑰ 重庆市连锁经营协会：成立于2003年3月21日；

⑱ 安徽省连锁经营管理协会：成立于2003年9月4日；

⑲ 太原市连锁经营协会：成立于2003年11月27日；

⑳ 四川省连锁商业协会：成立于2006年1月9日；

㉑ 中国国际连锁商业联合会：成立于2004年；

㉒ 柳州市连锁经营协会：成立于2004年3月6日；

㉓ 绍兴市连锁经营行业协会：成立于2004年7月1日；

㉔ 济南市连锁经营协会：成立于2004年2月26日；

㉕ 中国连锁服务行业协会：成立于2005年；

㉖ 西安连锁经营协会：成立于2005年05月11日；

㉗ 中国香港专利授权及特许经营协会有限公司：成立于2005年9月7日；

㉘ 浙江省连锁经营协会：成立于2006年5月10日；

㉙ 鹤岗市连锁经营协会：成立于2006年8月10日；

㉚ 金华市连锁经营协会：成立于2006年9月13日；

㉛ 长沙市连锁经营协会：成立于2006年；

㉜ 山西省连锁经营协会：成立于2006年12月18日；

㉝ 新余市连锁（专卖）经营协会：成立于2006年11月30日；

㉞ 亚洲特许专业管理协会有限公司：注册于中国香港，成立于2007年2月1日；

㉟ 深圳市连锁经营协会：成立于2007年7月11日；

㊱ 昆明市连锁经营协会：成立于2007年8月；

㊲ 珠海市商业连锁经营行业协会：成立于2007年9月18日；

㊳ 武汉连锁经营协会，成立于2008年3月31日；

㊴ 全球连锁经营协会有限公司：注册于中国香港，成立于2009年8月21日；

㊵ 北京市石景山区特许连锁经营协会：成立于2009年12月17日；

㊶ 乌兰察布商务特许经营行业协会：成立于2010年1月13日；

㊷ 国际连锁协会有限公司：注册于中国香港，成立于2010年10月21日；

㊸ 秦皇岛市连锁经营协会：成立于2012年7月6日；

㊹ 辽宁省连锁经营协会，成立于2013年5月29日；

㊺ 中国特许经营第一同学会“维华会”：成立于2013年12月18日，由李维华博士发起与创立，是全国性连锁经营、特许经营企业的组织；

㊻ 甘肃连锁经营协会：2014年1月成立；

㊼ 亚洲特许经营产业协会（中国）有限公司：注册于中国香港，成立于2014年11月18日；

㊽ 佛山市禅城区连锁企业家协会：成立于2015年7月23日；

㊾ 河北省连锁经营行业协会：成立于2017年3月24日；

㊿ 中国香港品牌连锁协会有限公司：成立于2017年8月1日；

(51) 佛山市连锁企业协会：成立于2017年8月29日；

(52) 乌鲁木齐市连锁经营协会：成立于2019年5月22日；

(53) 云南省连锁经营协会：成立于2019年9月19日。

尽管更多的各地连锁经营协会正在积极地申报和筹办之中，但遗憾的是，除了中国特许经营第一同学会“维华会”“中国（香港）特许经营协会”“河北省特许加盟协会”“河南省商业特许经营专业工作委员会”之外，大多数协会在名称里都没有“特许经营”或“特许”的字样，它们均是以“连锁经营”的名称示外。

除了上述的专门的连锁经营协会之外，许多行业协会也纷纷设立了连锁经营工作委员会，如下所列：

(54) 中国汽车维修行业协会连锁经营工作委员会；

(55) 中国美发美容协会连锁企业家专业委员会；

(56) 上海药品零售连锁专业委员会；

(57) 武汉市商业总会连锁经营分会：成立于2000年年初；

(58) 杭州市商业总会连锁经营专业委员会：总会成立于2000年3月；

(59) 厦门市商业联合会连锁经营同业公会：成立于2004年10月30日；

(60) 河北省商业联合会特许加盟连锁专业委员会：成立于2013年1月；

(61) 河南省商业特许经营专业工作委员会：成立于2019年10月31日。

还有，一些行业直接开设了行业性的连锁经营协会，如下所列：

(62) 浙江省供销社连锁经营与电子商务协会：成立于1992年1月30日；

(63) 昆明市零售商业连锁经营协会：成立于2000年9月25日；

(64) 南平市连锁超市协会：成立于2002年9月10日；

(65) 新河县农资经营连锁协会：成立于2003年6月30日；

(66) 桓台县农资连锁经营协会：成立于2003年10月18日；

(67) 桓台县烟花爆竹连锁经营协会：成立于2007年6月13日；

(68) 鹤岗市供销农资连锁销售协会：成立于2008年1月28日；

(69) 鹤岗市供销日用品连锁销售协会：成立于2008年1月28日；

(70) 江苏省农村商品连锁经营协会：成立于2008年4月3日；

(71) 长葛市农村超市连锁经营协会：成立于2008年10月22日；

(72) 福建省社区便利连锁业协会：成立于2013年5月20日；

(73) 内蒙古食品零售连锁协会：成立于2014年9月16日；

(74) 湖北省校园连锁配送企业协会：成立于2014年12月4日；

(75) 长沙市湘菜连锁餐饮协会：成立于2015年12月1日

(76) 桂林市连锁酒店行业协会：成立于2016年6月16日。

2. 各地连锁经营协会的作用

客观地讲，各地连锁经营协会对于中国连锁经营和特许经营的发展发挥了一定的作用，通过举办特许经营展览、培训班、论坛、峰会，印刷杂志或内刊，进行统计研究、评比、顾问咨询、行业会议、联合行动等形式宣传、推广连锁经营和特许经营。在诸协会中，表现积极、比较活跃、在社会上影响较大的有上海、深圳、广州等地的协会。

3. 连锁经营协会存在的一些问题

（1）会员结构不甚合理。

大多数协会的会员主要为连锁企业和特许企业，少数会员为供应商、特许经营业界专家学者、特许经营方面的服务公司等，因此，在这样的协会会员结构之下，作为特许经营关系中最重要一方的受许人的呼声和利益就没有得到充分的关注。

（2）组织架构有缺失。

在协会中，专门的、正规的受许人分会尚未建立，有些协会甚至没有专门的特许经营部门或委员会，更不用说反映特许经营发展趋势之一的女性特许经营委员会和少数民族委员会等。

（3）没有一个全国性的权威协会。

虽然个别协会号称是全国性的，但并没有得到全体地方性协会以及中国特许经营市场中其他主体的一致支持和认可。许多地方性协会在不断独自重复相同的、互相竞争的事务，各自为战，少有全国各协会统一性的联合行动。为了推广自己，有的特许人企业不得不同时加入几个不同的协会。

（4）协会并没有把在中国境内运作的所有特许人都吸纳为会员。

在特许人数量不全的状况下，协会推出的一些统计数据、调查研究、行业蓝皮书、特许人录等就存在着不同程度的偏颇和失实。比如，某号称全国性的连锁协会推出的2006年度的中国特许经营蓝皮书的样本企业还不到100家（另一说不到200家），占中国总特许人数2320家的4.31%，其结论可能对行业产生误导。

因此，中国的特许经营市场需要规范，而协会本身就应是被规范的主要对象之一。

[练习与思考]

（1）搜索目前在中国境内运作的国外特许经营企业，至少举出20个例子，并简单陈述它们的经营状况。

（2）搜索目前中国本土特许经营，至少举出20个例子，简单陈述它们的经营状况。
（3）实际参加一次特许经营展，写一篇参展感想。
（4）请思考加盟和其他投资方式的异同。
（5）请思考如何用特许经营来解决中国的就业创业问题。
（6）在发展特许经营方面，你认为政府应该做的主要工作包括哪些？
（7）请搜索关于特许经营的专业网站，指出各个分类的特色。
（8）思考中国的各类连锁协会应如何更好地发挥作用。

1.7 中国特许经营的发展特点、阶段、症结、建议与未来大趋势

[本节要点]

本节的主要内容是叙述特许经营在中国的发展特点、阶段、症结、建议与未来大趋势。

本节的目的是使读者对特许经营在中国的发展特点、阶段、症结、建议与未来大趋势有一个系统、详细、清晰的本质性认识。

1.7.1 中国特许经营发展的特点

中国特许经营事业虽然出现时间不长，但发展较快。归纳起来，其发展呈现出如下几个主要特点。

1. 持续高速发展，并在国民经济中占据越来越主要的地位

1999年，我国连锁业企业的销售总额达1500亿元人民币，而特许经营企业销售额为200亿元人民币，占我国社会零售总额的0.5%左右。

2000年，除了加油站和汽车的连锁体系以外，特许经营的营业额达190亿元人民币。据国内贸易局调查，2000年全国连锁企业已达到2万多家，销售过亿元的70家，总销售额突破1亿元人民币，比1999年增加43%。

截至2001年，中国特许经营企业已经有600家，涉及业态30多个，销售增长达76%。其中，48%的企业是在2000年以后开始发展加盟店的。其中，餐饮业占35%以上，消费品零售企业占30%以上，居家服务特许品牌约占6%，教育产业约占3%，其他行业约占10%。

2002年年初，中国已经拥有410个特许经营特许人，11000个特许经营网点，在全国连锁百强企业中，特许经营企业有61家，比2001年有较大的增加；百强企业中加盟店的销售额达到270亿元人民币，占总销售的17%，店铺5400家，占百强店铺总数的40%。从连锁百强企业看，其加盟店的员工达11万人，平均每家门店提供了20个就业岗位。平均每个特许企业有加盟员工2000人，比2001年增加了1倍。

截至2003年10月，我国特许经营企业有1500个左右，加盟店约为7万家。商务部的统计数据显示，截至2003年年底，我国已有1900个特许经营体系，其中大部分属于外资，特许加盟店近8.2万家，就业约200万人，覆盖50多个行业、业态。

2004年年底，我国特许经营体系突破2000家，加盟店12万家。2004年度评出的北京市26个优秀特许品牌企业共有店铺5179家，其中加盟店铺3483家，占总店铺的67.3%，加盟店销售额占总销售额的81.1%，吸纳员工9.9万人，平均每家店铺安排就业19人；接纳下岗职工8770多人，占职工总数的8.8%；加盟店员工占员工总数的64.2%。

2005年，我国特许经营体系突破2100家，成为世界上特许人数目最多的国家。

截至2005年12月底，我国特许经营体系达到2320个，比2004年增长约10%，这些特许经营体系分布在近70个行业、业态中。其中，加盟店铺总数为168000家，比2004年增长40%；单个特许经营体系平均加盟店铺数达到73家，比2004年增长了28%。

截至2006年年底，中国特许经营体系已突破2600家，加盟店超过20万家，特许企业为社会提供就业岗位超过300万个。

截至2020年8月14日，在商业特许经营信息管理系统完成备案并公告的企业总数量为6013家。

总之，虽然中国特许经营市场上既有新企业将传统渠道转为特许经营的状况（比如蒙牛全国"收购"经销商并转型为特许经营），也有原有特许人退出特许经营的状况（比如当年因特许经营而风光一时的杉杉品牌则将部分加盟店转型为直营店，全聚德因初期加盟店的屡屡失败宣布其日后经营战略是直营为主、加盟为辅），但中国整体的主流趋势却是肯定的，即更多企业正在毅然决然地放弃直营，转而坚定不移地走特许经营之路，特许经营正在中国大步前进。

2. 特许经营向多业态发展，行业领域不断拓展

特许经营已经出现在绝大多数行业里，即便那些暂时还属于特许经营"盲区"的行业或业态，特许经营的模式也正在悄悄萌芽，其最终的出现只是时间问题。

特许经营在零售业、餐饮业和服务业等多种业态中广泛渗透。特许经营的业态有超市、便利店、专业店、正餐、快餐等。经营的业种包括汽车、通信器材、医药、茶叶、鞋业、眼镜、建材家居等。服务业包括洗涤、汽车租赁、家政服务、装饰装修和教育等。

同时，新兴的行业也在不断地进军特许经营，如擦鞋、顾问咨询、培训、教育、茶馆、美发、彩妆、汽车零配件超市、足疗、保健、火锅、金融产品、IT业、动漫产品等。

3. 特许经营广泛地使用现代科学技术

RFID、ERP、人脸识别、云计算、大数据、微支付、LBS、VR、3D、AI、数据抓取等现代科学技术已经广泛地运用于中国的特许经营企业和门店之中。

4. 特许经营成为企业扩张的主要手段之一

特许经营对特许人来说是一本万利的事情，即全力打造出一个本钱（品牌、经营模

式等）之后，就可以千次、万次地予以复制并不断地获取利润，而随着复制的增加，原先的"本"的价值还会随之增加；同样地，特许经营对加盟者来说则是万利一本，即加盟者只需付出一个"本"——购买特许权的使用权和/或经营权，就可以在一定的年限内依靠自己的努力和特许人的指导，以较低的风险获得盈利。因而，这样的双赢式商业模式自然会得到特许经营双方的大力认可与支持，越来越多的企业开始以特许经营方式进行延伸和扩张便成为理所当然的事情了。

根据有关机构的不完全统计，到2006年年底，采用特许经营方式的企业占到连锁企业总数的69%。其中，餐饮业和服务业采用特许经营的企业分别占到所属行业连锁企业总数的95%和83%，零售业占到59%。这个比例此后逐年增加。事实表明，特许经营必将成为中国企业未来实施扩张的主要手段之一。

5. 内资、外资企业同时发展，内资仍然占主体且实力逐渐强劲，外资实力、优势依旧保持

国家统计局数据显示，在限额以上企业统计中，外资连锁餐饮和服务业的店数都远低于内资企业。虽然外资企业的数量少，但销售额却高于内资企业，尤其在餐饮方面更是十分明显，比如2018年，外资餐饮的店面数量是内资餐饮店面数量的28.6%，但是销售额却是内资餐饮的1.5倍，差距巨大；外资零售的店面数量是内资的5.5%，但是其销售额却是内资的14.3%，差距依然很大。

在一些具体的市场上，外资企业仍然占据主要的行业地位，比如星巴克在2012年，占据中国咖啡连锁店市场60%的份额，然后持续增加，到2019年，占据中国咖啡连锁店市场80%的份额。

但是，中国的企业开始逐渐强大，比如在零售业，外资企业纷纷折戟中国市场。2014年，来自英国的Tesco（特易购）被华润创业收购，135家门店全部改名"华润万家"；美国的梅西百货、英国玛莎、韩国的易买得、日本的洋华堂、百安居、家得宝、百思买、泰国的尚泰百货等被中企收购或退出中国；2008年，韩国乐天集团以12.8亿元并购了来自荷兰的万客隆，万客隆门店更名为乐天玛特，2017年，乐天玛特宣布旗下的93家门店向利群股份、物美集团出售；2019年6月24日，苏宁易购公告以48亿元收购家乐福中国80%的股份，来自法国的零售巨头被贱卖；物美控股麦德龙中国业务；2020年春节后，英国最大零售商乐购将其与华润合资公司的20%股份出售给华润的一个子公司，价格为2.75亿英镑（约合人民币25亿元），退出中国市场。

外资零售业在中国整体衰退的主要原因如下所述：

① 为了吸引外资投资，中国政府给了外资企业非常大的政策支持和优惠，但从2007年开始，外资企业的待遇逐渐与内资企业统一，包括税收、土地占用等。

② 早期的外资企业凭借雄厚的资金实力以签约10年或更长时间的方式获得了极低的商铺租金，但近些年房租陆续到期，外资企业在房租方面的优势丧失。

③ 外资企业线上线下的大特许模式明显落后与迟滞。

④ 本土零售连锁企业青出于蓝而胜于蓝，在连锁扩张的商业模式、服务更新、产品管理、供应链、品牌、营销等诸多方面都迎头赶上甚至超越了外资企业。

⑤ 外资企业有"可以退回本土"的心理暗示，中国的本土零售业为了保家守土，必须血战到底，所以其压力和动力更足。

但是从世界的角度看，外资企业的势力不容小觑，比如2017年世界零售业前20强中，美国占了10个席位，其中前4名都被美国占据。排名第4的亚马逊和排名第20的京东都是网络零售商，其他18家均采用实体店进行销售。

6. 内资企业中的类型由单一的国有经济，向经营主体多元化发展，私营企业增长加快

2017年年底，有统计数据称，个体工商户和私营企业之和占到全国企业数量的94%。

如图1-12所示，在限额以上内资连锁零售业的所有制成分上，国有企业和集体企业已经居于次要地位，所占数量比重正在减少，私营企业成为数量占比最大的企业类型，且私营企业的数量比例还在继续增长。

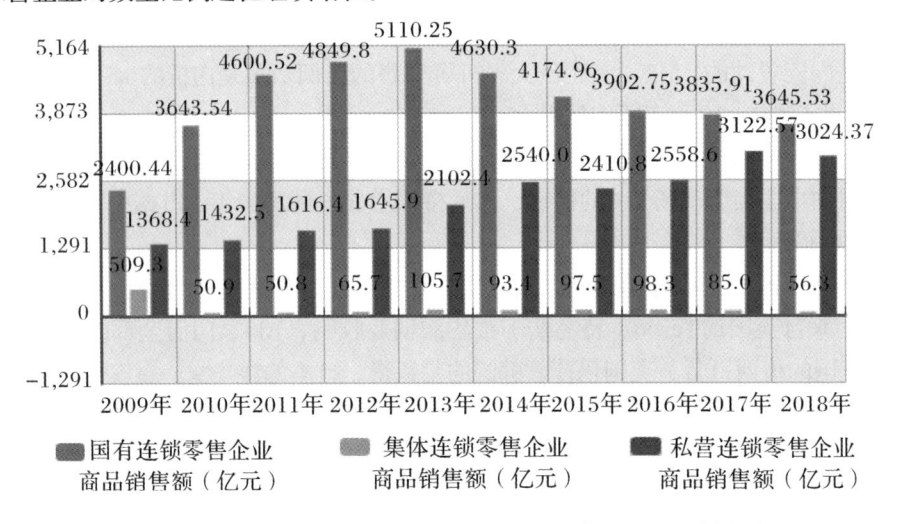

图1-12 限额以上国有、集体、私营连锁零售企业销售额

在销售额方面，国有企业所占比重排名远远落在了股份有限公司、有限责任公司和私营企业后面（这三者占全部的80%多）。

7. 政府推动和政策扶植力度逐渐加大

如前文所述，自从1995年以来，中国政府一直高度关注与明确支持特许经营事业的发展。具体请参见本文相关内容。

除了中央政府逐渐加大的支持之外，地方政府也在积极地为特许经营企业的发展营造更好的环境。比如，在便利店领域，2018年在北京开一个店要经过环保、工商、

食药、城管、消防等多部门的综合审批，甚至是螺旋式审批，整个审批过程大约6~8个月。2019年，经过政府改革，整个审批过程用时已经缩短到了一个多月。（资料来源：《北京商报》，王晓然、赵驰，《北京7-11朱赤兵：明年新店布局向社区和郊区扩展》）

8. 政府特许经营将成为发展热门之一

政府特许经营的异军突起是一个值得关注的重要现象。中国政府特许经营的范围正涉及越来越多的领域，如海陆空线路、城市基础设施和公用事业、风景区、矿产能源资源、国家固定资产、政府无形资源、各种运动会等。

随着政府职能的转换与改革、经营城市概念的普及、社会公共资源意识的觉醒以及行政许可、政府特许经营等相关法律法规的颁布和已取得实践成功的政府特许经营项目越来越多，政府特许经营必将在全球掀起发展高潮。

9. 本土特许人国际特许经营增多

目前已走向海外市场的中国本土特许品牌有全聚德、小肥羊、马兰拉面、谭木匠、汉方洲、谭英雄、大娘水饺、海澜之家、同仁堂、老凤祥等。

仅仅重庆火锅，就已经有小天鹅、秦妈、苏大姐、德庄和刘一手等多家本土火锅企业累计海外开店200多家，分布在美国、新加坡、俄罗斯、澳大利亚、加拿大、老挝等20多个国家和地区。（资料来源：新华视点，黄光红，《重庆火锅累计在海外开店达200多家 加快海外扩张步伐》）

1.7.2 中国特许经营发展的历史阶段划分

如果把1987年肯德基进入中国作为中国本土市场商业模式特许经营的开始，那么中国特许经营的发展历程可以分为如下几个阶段。

1. 启蒙期：1987—1993年，外资独占，本土观望

开始点为1987年的原因是肯德基在这一年进入中国；结束点为1993年的原因是从1993年开始，中国的本土企业开始涉足特许经营。

在这段时期，中国特许经营市场基本上是少数几个外资特许经营企业的天下，中国的企业、人士对特许经营这种模式尚不熟悉，只是处于观望、学习的阶段。

介绍特许经营相关知识、技术、概念的报纸、杂志和书籍几乎没有，人们对特许经营的魅力认识不足。

2. 萌芽期：1993—1994年，特许经营魅力初现，小荷才露尖尖角

开始点为1993年的原因是从1993年开始，中国的本土企业开始涉足特许经营；结束点为1994年的原因是，中国的报纸、杂志等媒体从1994年开始大量地、陆续地刊登特许经营方面的文章，特许经营方面的书籍开始上市。

在这段时期，由于国外特许人的示范作用，中国本土一些有远见的企业开始勇敢地尝试用特许经营来实现自己的扩张梦，并有一些企业取得了不凡成就，其中1993年首先

实施特许经营的李宁公司成为新兴企业借助特许经营迅速做大的典范，同年实施特许经营的全聚德则成为老字号企业借助特许经营恢复活力的代表。

中国最早一批研究特许经营的学者陆续在报纸、杂志上发表关于特许经营的文章，特许经营的概念和基本理论开始普及。

据笔者调查，国内财经类专业刊物上最早介绍特许经营的文章有：《国际商务研究》于1994年第3期刊登的文章《特许经营浅谈》，《经济世界》于1994年第3期刊登的文章《特许经营——日渐盛行的经营方式》，《管理评论》于1994年第3期刊登的文章《特许经营——中小企业迅速发展之路》，《中国商贸》于1994年第3期刊登的文章《国外的特许连锁店》。

1994年，中国出版《从一到无限》《商业连锁经营指南》等书籍，特许经营的专著除了香港出版的两本外，还有派力营销策划公司编著的《派力营销思想库》第二辑中的《特许经营》及国家经贸委市场司向欣、孟扬编著的《特许经营：商业发展的国际化潮流》。（资料来源于建女士给笔者的信）

这时期的特许经营文章主要以介绍特许经营的一些基本概念和国外特许经营发展状况为主。

3. 狂热成长期：1994—2000年，特许经营飞速发展但有些过火，市场上良莠不齐

开始点为1994年，我国的报纸、杂志等媒体开始大量地、陆续地刊登特许经营方面的文章，关于特许经营的书籍陆续上市；结束点为2000年，肯德基在该年发展了第一家中国加盟店，国际特许巨头对中国加盟市场的认可标志着中国特许经营发展新阶段的开始。

这段时期有几个显著特征。

① 中国本土企业和人士开始以"大跃进"的心态和行动来发展特许经营，"挑战麦肯""万店工程""做中国的麦当劳""克隆财富""制造老板"等口号此起彼伏，特许经营展会一浪高过一浪，随处可见"麦肯模式"的标准翻版，特许经营市场上的"商业传奇""财富神话"层出不穷，特许经营类的网站一夜之间群雄四起，传媒经常刊登特许经营的暴富信息，特许经营市场骤然升温，特许经营几乎成为世纪末的财富、机会、成功、投资和老板的代名词。

② 为数不少的投机分子利用特许经营进行欺诈、圈钱活动，一时间，特许经营在市场上大起大落，荣誉、官司、财富、非法集资等褒文贬字交叠而出，加盟市场真正是虚实变换、真假难辨、良莠不齐，人们对特许经营也是爱恨交加。

③ 在意识层面上，有各种各样关于特许经营的理论解说和概念诠释，随之而来的是，一些个人和公司纷纷跳出来，到处宣扬特许经营的理念并四处承接特许经营的顾问咨询项目，有的人和单位甚至自封为"特许经营第一人""特许经营的教父"等。客观地讲，这些理论和概念的散播对于特许经营在中国的普及和推广有着一定的积极意义，但某些夸大或歪曲的做法却在一定程度上成为这段时期大量特许经营欺诈事实

第1章　特许经营概述

的帮凶。

④ 由于上述几个原因，政府开始关注特许经营，其标志是1994年10月、11月，原国内贸易部分成两组分别考察了美国、加拿大和日本，以及1995年国务院总理李鹏在八届人大三次会议上的政府工作报告中明确指出要积极发展商业连锁经营。随后，政府对于特许经营的系列政策、规定陆续出台，政府对特许经营促进、约束的态度越来越明朗，力度加大。《连锁店经营管理规范意见》《关于连锁店登记管理有关问题的通知》《企业连锁经营有关财务管理问题的暂行规定》《商业特许经营管理办法（试行）》《关于连锁经营企业增值税纳税地点问题的通知》等关于特许经营方面的相关法律法规陆续出台。

⑤ 国内财经类专业期刊上关于特许经营的文章和特许经营的书籍大量涌现，而且，这时期的文章已经越过了基本概念介绍和国外状况介绍的阶段，开始深入到特许经营的实战探索、理论研究和对国内特许经营发展的深度分析上。

4. 冷静发展期：2000—2005年，大浪淘沙，优胜劣汰

开始点为2000年，肯德基在该年发展了第一家中国加盟店，国际特许巨头对中国加盟市场的认可标志着中国特许经营发展新阶段的开始；结束点为我国政府于2004年12月31日颁布了于2005年2月1日施行的《商业特许经营管理办法》。

这一时期的特许经营具有如下特征。

① 外资企业开始在中国尝试发展加盟店，标志是第一家肯德基"不用从零开始经营"的中国地区特许经营加盟店于2000年8月1日在常州溧阳市正式授权转交，它拉开了国际特许经营巨头大力开展特许经营的序幕。

② 中国的特许经营市场终于度过了第一次狂热的高潮，数年前雄心勃勃要与"麦肯"一比高低的几家企业纷纷偃旗息鼓或宣告失败，中国整个特许经营市场逐渐趋于冷静，昔日在特许经营项目面前几乎丧失理智的潜在投资人变得成熟起来，特许经营培训班出现因人数不足而一再拖延甚至取消的现象，特许经营"第一人""教父"等称谓成为历史笑柄……

③ 特许经营类的书籍开始规模性地上市，学者们认真研究特许经营及其理论。特许经营研究中心在中国政法大学隆重挂牌，特许经营课程、特许经营方向和专业呼之欲出。这时期的国内财经类专业期刊上的特许经营类文章开始深入涉及特许经营知识的各个层面，如特许权、特许经营经济学、政府特许经营、特许经营关系和冲突、特许经营中的财会问题、特许经营定量问题、特许经营法律等。2003年9月，笔者主编的特许经营丛书（现改名为"特许经营精品丛书"）面世，笔者提出"特许经营学"的概念，设计构建了特许经营学科的体系框架。但遗憾的是，学术界公认的十大核心经济管理类期刊上鲜有特许经营方面的文章发表。

④ 经过前一阶段淘汰，剩下的一批真正有实力的中国本土特许经营企业开始崛起，在它们的带动之下，本土企业实施特许经营工程的数量一直是有增无减，更重要的

是，质量比以往大大提高。

⑤ 经过疯狂、爆炸和欺诈之后，目睹了特许经营成功与失败、欢笑与眼泪、鲜花与牢狱的中国特许经营市场开始变得冷静与成熟：急于扩大发展、创造财富的企业或个人在诱人的特许经营模式前开始谨慎地论证自己进行特许经营的可行性，急切着做老板的投资者开始放慢脚步、仔细地研究如何选择和鉴别真正的好项目，学者们开始大量引进国外的优秀特许经营图书，特许经营理论研究进入实质性阶段，政府着手制定专门的特许经营法律。

5. 稳定发展期：2005—2007年

我国于2004年12月31日颁布了于2005年2月1日生效的《商业特许经营管理办法》，这标志着稳定发展期的开始；结束点为2007年的原因是2007年2月6日，国务院总理温家宝签署中华人民共和国国务院第485号令，公布《商业特许经营管理条例》，该条例自2007年5月1日起施行。

在这个阶段，由于政府对特许经营的管理逐渐进入法制化阶段，再加上前一阶段的冷静发展和优胜劣汰，特许经营市场相对规范，欺诈性的特许人企业明显减少。

6. 规范发展的成熟期：2007—2010年

开始点为2007年5月1日起实施的《商业特许经营管理条例》；结束点为2010年上海世博会隆重举行。

毫无疑问，在专门的特许经营法规出台后，政府一定会加大法规的实施、监督力度，也会对一些违反乱纪的欺诈性特许人进行有力的制裁，这必然会震慑那些欺诈投机者，使中国特许经营市场更加规范。

但我们也必须看到，根据中国加入WTO的约定，2004年12月11日中国将彻底放开外资零售企业进入本土的限制，国外特许经营企业对中国这个市场是志在必得的。一方面这为中国搞活流通、促进零售业和第三产业、发展经济、学习国际先进生产力创造了条件和动力；另一方面不可否认的是，外资的大规模入境对中国本土企业来说是一个巨大挑战。

这一时期，F1特许权花落上海、2008年北京奥运会和2010年上海世博会特许经营，也为中国的特许经营掀起一轮热潮，但这却是冷静和成熟的热潮。

7. 大特许时代：2010—2017年

在2008—2017年这一阶段，中国人自己的特许经营思想正在快速形成和完善。同时，笔者于2009年出版专著《特许经营学》，中国特许经营知识的系统性、前沿性、实战性正在大步超越欧美日韩等国家。图1-13为大特许的概念示意图。

事实证明，中国特许经营的实践也因"大特许"理论和方法而迅速爆发性发展，中国迅速成为全球特许人最多、潜在受许人和创业人最多、特许经营增长速度最快、未来发展最具特许经营发展潜力的国家。中国的特许经营企业开始组团，计划大规模进军海外，中国特许人的声音开始真正地在世界范围内响起。

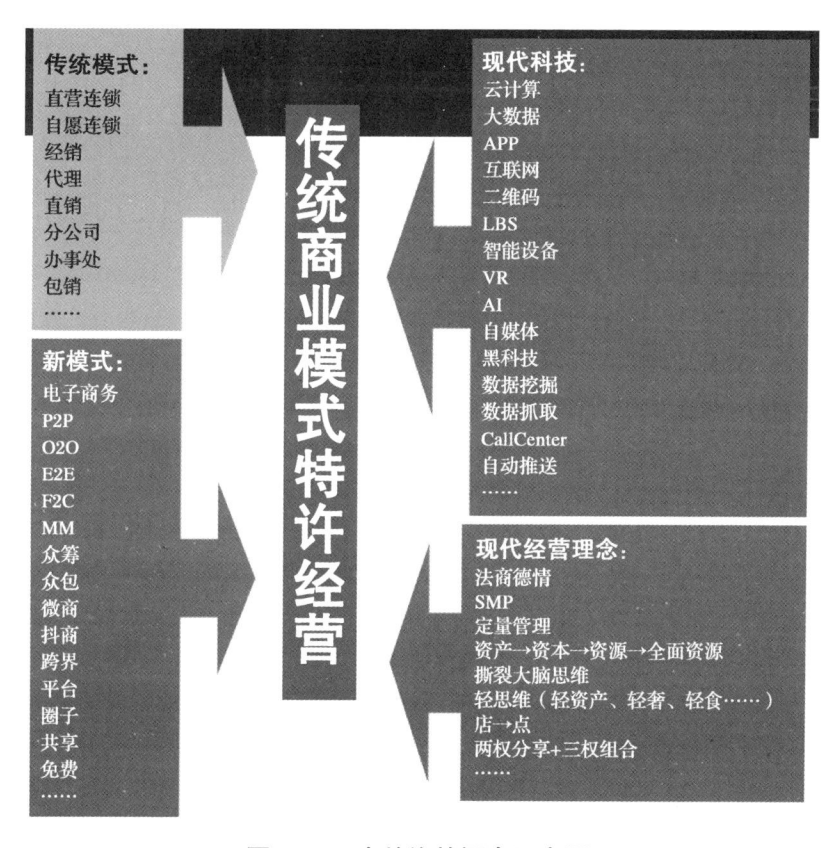

图1-13 大特许的概念示意图

8. 中国特许经营思想时代：2017年—

笔者出版了著作《特许经营与连锁经营手册编制大全》，以原创的维华三类九条表、维华加盟指数、维华四维全产业链平台模型、大特许、无穷大思维法、三边策略、受许人生命周期论、特许体系的四维主次收入模型、维华盈利模型的三轮算法、加盟金的两维对角算法、波士顿矩阵选择特许经营业务的维华雷达法、基于功能区面积的单店类型划分的"维华面积矩阵"算法、维华四圈定位法等为代表的"中国特许经营思想"不断涌现，不断引领着全球特许经营知识与实践的最前沿。在特许经营的知识和理论、实践领域，"中国特许经营思想"正在成为全球连锁和特许经营企业的主课和必修课。

可以想象，随着中国特许经营专门法规的颁布、特许经营优秀系列丛书的出版、特许经营专业在大学的开设、中国特许经营市场内特许人和投资人的成熟、国际交流的日益频繁等，中国的特许经营将走向科学、合理、健康和持续发展的正轨。

1.7.3 中国特许经营发展的症结所在

中国的特许经营在快速发展以及获取一些成功经验的同时，也面临着严峻的挑战。

1. 特许经营规模化不够,零散度高

特许经营的网络连锁经营方式的生命力,在于通过提高企业的组织化程度和规模经营,降低成本,扩大市场占有率。近些年,我国特许经营企业数量扩张速度不慢,但各家企业的店铺开发很不均衡,不少特许经营企业只有寥寥数家店铺。

截至2020年1月3日,备案的5326家特许经营企业中,加盟店超过500家的占2.12%,三分之二以上的企业的加盟店数量小于10家(见表1-15)。

表1-15 备案企业的加盟店数排序

序号	加盟店数量	备案企业数量(家)	占备案企业比例
1	加盟店超过500家	113	2.12%
2	加盟店301至500家	74	1.39%
3	加盟店201至300家	95	1.78%
4	加盟店101至200家	164	3.08%
5	加盟店51至100家	298	5.60%
6	加盟店31至50家	297	5.58%
7	加盟店11至30家	711	13.35%
8	加盟店小于10家	3579	67.20%

国家统计局数据显示,限额以上连锁零售企业商品销售额占社会消费品零售总额百分比逐年下降。见表1-16和图1-14。

表1-16 限额以上连锁零售企业商品销售额占社会消费品零售总额百分比

年份	2009	2010	2011	2012	2013	2014	2015	2016	2017	2018
社会消费品零售总额(亿元)	133048.2	158008	187205.8	214432.7	242842.8	271896.1	300930.8	332316.3	366261.6	380986.9
限额以上连锁零售企业商品销售额(亿元)	22240	27385.4	34510.69	35462.08	38006.87	37340.61	35400.4	35922.89	36630.68	38012.68
限额以上连锁零售企业商品销售额占社会消费品零售总额百分比(%)	16.72	17.33	18.43	16.54	15.65	13.73	11.76	10.81	10.00	9.98

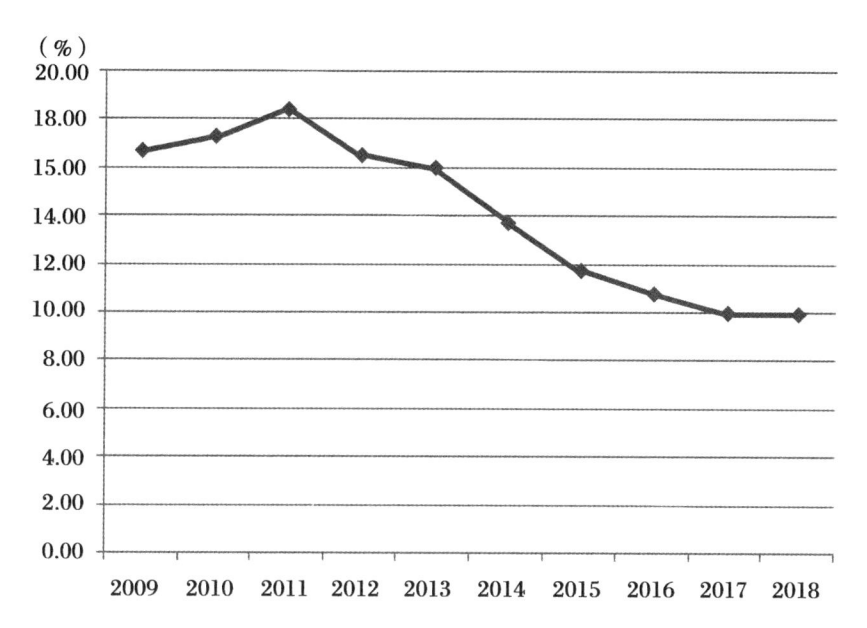

图1-14 限额以上连锁零售企业商品销售额占社会消费品零售总额百分比

即便是连锁化率很高的行业，与国外发达国家相比仍有很大的差距，发达国家的零售药店连锁化率基本达到60%以上。比如，2017年，我国零售药店45.4万家，其中连锁药店22.9万家，连锁化率50.44%，2018年的连锁化率为52.1%，早在2013年美国的零售药店连锁化率就已经接近75%，日本则是87%。（资料来源：Jack肖的雪球原创专栏，《我国零售药店的现状以及空间》）

在集中度方面，2018年我国连锁药店的TOP10市场占有率为21.6%，TOP100的市场占有率为45.3%，相较于发达国家的药店行业集中度仍有较大差距。2017年，我国药店10强的市占率约18.6%，美国的药店4强和日本药店10强的市占率分别为83%和70%。为了提高集中度，2016年12月，商务部专门发布《全国药品流通行业发展规划（2016—2020年）》，特别提出了"提升行业集中度"这个细分目标。（资料来源：前瞻产业研究院，《2019年中国连锁药店行业市场现状与发展趋势分析，药店连锁率逐年提高》；徐涛，胡叶倩雯，申万宏源研究，《2017—2018年药店行业深度研究报告》）

其他行业也是如此。比如，中国新闻网的《美团点评联合CCFA发布"2019中国餐饮加盟榜"》称，美团点评的数据显示，2018年中国餐饮连锁化率为5%，美国餐饮协会公布的2018年美国餐饮连锁化率则达30%。《华夏时报》记者冯樱子的一篇报道指出，在餐饮连锁门店集中度方面，中国约为6.2%，美国为30.8%；在餐饮连锁市场规模集中度方面，中国约为0.7%，美国为13.7%。

2. 特许经营的欺诈问题严重

许多公司宣传过度，甚至不惜使用惊人的夸张措辞，特许人依靠加盟金赚钱而非依靠加盟后业务赚钱的现象非常明显，国内的某些没有一家店、没有一个产品、没有一天的实际开店零售经历的"三无"特许人也敢招募受许人。

人们经常能从电视节目、电台、报纸等媒体上获知假特许人欺诈事件，为数不少的受害者控诉打着特许经营旗号的加盟陷阱。

全国整顿和规范市场经济秩序领导小组办公室在对其建立的中国反商业欺诈网2006年3月15日至6月30日收到的有效投诉分析后表示，中国的商业欺诈和投诉举报特点之一就是，在投诉举报的重点领域中，排名前五位的依次是虚假广告、商品房交易欺诈、网上购物欺诈、以次充好、加盟招商欺诈。

2011年12月7日，商务部发布《关于"十二五"期间进一步促进特许经营健康发展的指导意见（征求意见稿）》，就特许经营征求意见，称存在商业欺诈现象，"个别地方还存在不法分子以招商加盟形式实施商业欺诈的现象"。

3. 特许经营的发展面临来自国际企业的巨大压力

美国快餐前20强中的麦当劳、赛百味、塔可钟、必胜客、肯德基、星巴克和达美乐7个品牌已进入中国。全球快餐连锁10大著名品牌企业中，肯德基、麦当劳、必胜客、吉野家、德克士、大家乐、永和大王、罗杰斯和汉堡王已经进入中国。这些国际性强势品牌不但在中国迅速站稳脚跟，还向更深、更广的领域渗透。

国家统计局数据显示，2018年限额以上外商投资连锁零售商业企业在华营业面积已超过17925万平方米，店铺超过12282家。

中国特许经营业的发展将面临更大、更直接的压力与挑战。

4. "大跃进"现象严重

"大跃进"现象在中国特许经营领域里表现得特别明显。许多企业只看到了特许经营复制的魅力，忽略了网络扩大所产生的一系列管理和经营问题。它们一开始便把目标定为"千店""万店"，并且试图在短时间内制造覆盖全国甚至世界的特许网络。结果就是，尽管有着"前仆后继"的精神，但那些盲目追求速度的企业无一例外地成了昙花一现的昨日明星，因规模过快导致失败的案例比比皆是。

5. 条块分割、地方保护的体制制约着特许经营的进一步发展

因为特许经营需要在其他省、市、地区建立分店，然后将这些分店的相当一部分收益划转到总部所在地，所以加盟店所在地的税收会受到影响。另外，每个地方的经济发展模式并不完全相同，为了保护本地的经济，许多规则和壁垒会被设置以抵制外来经济的"入侵"。这样，条块分割、地方保护就会阻碍特许经营网络的扩展，如许多加盟店难以在当地成功注册等。

比如，在药品连锁经营方面，国家药监局负责人在一次全国整治药品市场秩序专题会上曾痛斥一些地区对连锁经营采取的或明或暗的地方封锁。部分地区对跨地域开办药品连锁经营明令禁止，在具体行动上，表现为推诿扯皮、拖延时间、设置人为进入壁垒等。

有些地方的一些非政府组织和当地的企业人为制造地方保护主义。比如，国美电器曾在天津遭到10大商场的"封杀"；苏宁电器曾遭到8大商场的"封杀"；曾在太原创下过7天时间将6万平方米的卖场全部招满的招商纪录的"北京十大商业品牌"居然之家，却在沈阳遭受"封杀"等。

世界超市巨头沃尔玛进入中国城市时，当地媒体对其冷淡的原因之一就是沃尔玛的统一结算模式不受当地欢迎，从而进一步影响了沃尔玛中国门店的开设。沃尔玛的统一结算模式就是，沃尔玛将总部设在深圳，其他各地的分公司都属总部管辖，各地、各店财务必须经总部统一结算，因而导致税收不可避免地从全国各地的单店所在地流向深圳，这一条显然影响了当地的经济利益。

6. 特许经营人才的严重匮乏

中国特许经营方面的专业人才相对匮乏，尤其是经理人级别的中高层管理人才更是奇缺。

根据苏宁易购的报表显示，2018年学历为硕士和博士的员工人数为零，见表1-17。

表1-17 苏宁易购员工学历构成

学历	员工人数	员工占比	学历	员工人数	员工占比
博士	0	0	大专	11187	28.66%
硕士	0	0	中专及以下	10962	28.09%
本科	16882	43.25%	合计	39031	

中国特许经营企业的中高层人才的主要来源有如下几个渠道：① 自学成才者。他们或者在特许经营顾问咨询公司里工作过，或者自学特许经营知识；② 来自既有特许经营企业的跳槽者；③ 参加过社会上各种各样特许经营培训班者的人员；④ 特许经营相似、相关专业（如管理、营销等）的毕业生；⑤ 与特许经营无关专业者。

从人才来源组成结构中，我们清楚地看到，特许经营的中高层人才在如今的中国处于急需补充的状态，这将严重阻碍中国特许经营的发展。

7. 知识、技能体系的混乱

和特许经营实践体系发展不规范相伴的是，中国特许经营在意识领域上处于混乱状态，具体表现如下所述。

（1）书籍内容重复度大，有很多抄袭现象，这种"剪刀+糨糊"、变相重写或抄袭别人作品的低级方式无形之中造成了极大的资源浪费和市场混乱。

（2）有些理论、说法之间有很多不同之处，甚至相互矛盾，让对特许经营不熟悉的人们无所适从。正因为此，笔者才在中国特许经营第一网（www.texu1.com）上发布了"知识纠错"系列文章，专门纠正那些错误的言论。

（3）有关特许经营理论的深度研究成果少之又少，特许经营知识领域存在大量的知识空白点。其中一个典型的例子就是，在"不求先进，只求现金"的急功近利的心态促使之下，大多数的书籍都处于一个非常低档的水平上。

（4）某些特许人的网站和某些特许经营类的专业网站为了推广自己的商业，片面夸大、扭曲特许经营理论，从而进一步加大了意识领域的混乱状态。

（5）社会上的某些培训班、资质认证、远程教育，甚至学历教育等打着传播特许经营知识的旗号，但实际上却是以唯利是图的态度来糊弄学员或学生。

（6）社会上散布着众多的所谓"特许经营专家""专业顾问师""第一人""教父"等，但据笔者了解，在这些人中，有人仅仅非核心地参与过一两个不完整、不成功的顾问案子，有人仅仅在某家特许企业里做过一段时间，有人则根本没有做过任何顾问项目而全凭自己的想象。

8. 特许经营业内统计数据太少

我们都知道，业内统计数据对于研究业内规律并对业内进行宏观和微观调控至关重要，但我国特许经营方面的统计数据却不完善。比如，我们不能确切地说出我国目前到底有多少家特许人企业，有多少家加盟店。有些学者和单位为了研究特许经营在中国的现状和规律，要引用一些调查结果，但这些调查结果的对象有时少得不到50家。毫无疑问，凭这50家企业的结果来判断整个中国的特许经营现状和得出关于中国特许经营发展的规律，结论的正确性自是不言而喻的。

9. 特许经营发展的区域不平衡

从区域发展来看，大城市（如北京、上海、广州、杭州等）、东部地区的特许经营发展较快，而中小城市、乡村、西部地区的特许经营发展则滞后得多。

截至2020年1月3日，商务部数据显示，备案的特许经营企业的数量在各省市的差距非常巨大，见表1-18。

表1-18 备案企业在所属区域的数量分布

序号	所属区域	备案企业数量（单位：家）	占备案企业比例
1	北京市	997	18.63%
2	上海市	580	10.84%
3	广东省	445	8.32%

续表

序号	所属区域	备案企业数量（单位：家）	占备案企业比例
4	浙江省	370	6.91%
5	山东省	336	6.28%
6	江苏省	288	5.38%
7	重庆市	272	5.08%
8	湖南省	255	4.77%
9	福建省	219	4.09%
10	四川省	216	4.04%
11	其他	1373	25.66%

笔者的研究表明，一个地区的经济发达程度与其特许经营备案企业的数量是正相关关系，即越发达地区，特许经营也越发达。见图1-15。

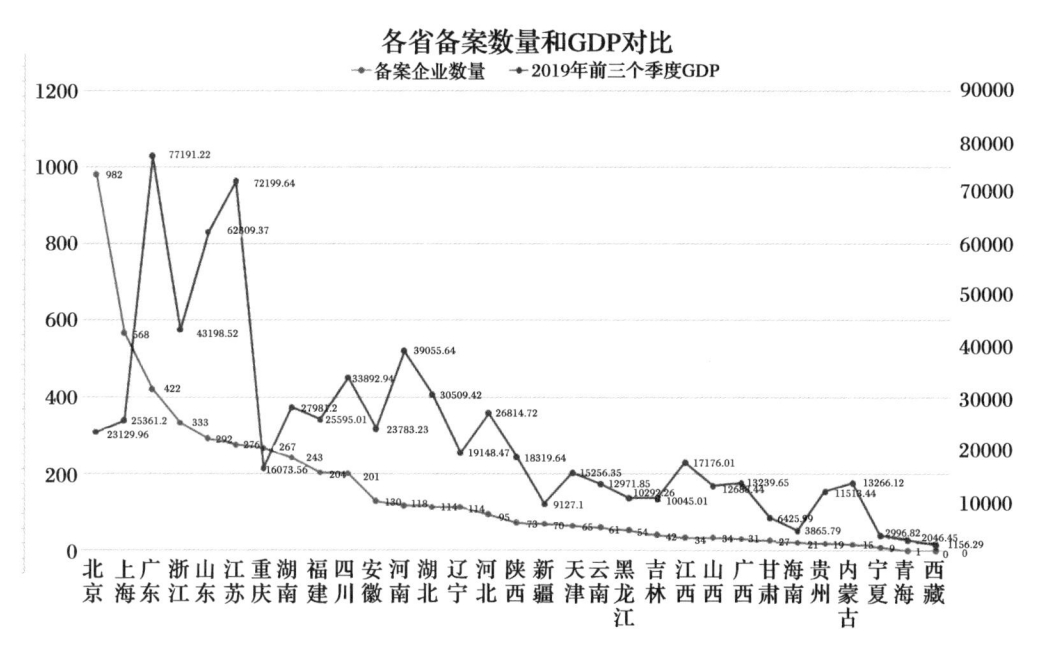

各省备案数量和GDP对比

图1-15 中国省市的GDP与其特许经营备案企业数量的关系图

10. 配送中心建设滞后

虽然90%以上的连锁零售企业都建有配送中心，但受物流规模、区域利益分割的限制，配送的进货价格不统一，进货质量没有保证，中间环节增多，反而提高了连锁企业的运营成本，不能实现企业最优效益。

2018年，苏宁零售业务毛利率为13.30%，沃尔玛在25%左右。沃尔玛"天天平价"还能维持25%毛利的背后，就是强大的供应链管控能力、全球信息化数据处理、自主物流体系带来的规模化效应和高效运营。（资料来源：读懂财经研究，《2020年，苏宁的经营利润从哪里来？》）

在家具领域，2018年，宜家家居单店营业额5亿元人民币，居然之家有2.5亿元人民币，红星美凯龙只有0.56亿元人民币，差距显而易见。

在化妆品零售领域，2017年，国内品牌娇兰佳人单店收入69万元人民币，而屈臣氏是185万元人民币，为娇兰佳人的2.7倍；法国连锁品牌丝芙兰达1669万元，是娇兰佳人的24倍。（资料来源：360化妆品网，《屈臣氏经营绩效下滑，丝芙兰和爱茉莉经营效益稳定提升》）

11. 单店盈利水平差

虽然我国特许经营企业的扩张速度较快，数量较多，但在质量，即单店的盈利率上却不尽如人意。

比如，7-11便利店在北京的全年平均单店日销额约为21000元，天津区域达到18000元，是本土便利店平均日销水平的3倍左右。（资料来源：第三只眼看零售，张思遥，《专访7-11内田慎治："中国模式"已跑通，新进市场目标三年盈利》）

在服装领域，虽然中国是世界纺织服装消费的最大市场，但本土的46家上市公司加起来的销售额总和却不足千亿元人民币，日本品牌优衣库一年的全球销售额折合人民币约为1080亿元。在中国区域，2018年，优衣库700多家店的销售额约331亿元人民币，中国本土企业的安踏体育1.2万家店的销售额为241亿元、海澜之家5097家店的销售额为190.9亿元人民币，差距十分明显。（资料来源：灰鸽观察室，《中国裁缝血拼日本优衣库：疯狂开店6000家，半年砸3.2亿广告费》；iziRetail逸芮，《海澜之家190.9亿、安踏241亿 2018上市服企营收哪家强？》）

对于限额以上连锁零售企业，从2015年开始，内资企业的单位面积销售额就开始低于外资企业的单位面积销售额，而且，这种差距有逐渐加大之势，见表1-19和图1-16。

对于限额以上连锁餐饮企业，内资企业的单位面积销售额一直低于外资企业的单位面积销售额，但是从2017年开始，内资企业的单位面积销售额开始高于外资企业的单位面积销售额，见表1-20和图1-17。

表1-19 限额以上内资与外资连锁零售企业的单位面积销售额对比

	2009年	2010年	2011年	2012年	2013年
内资连锁零售企业面积（万平方米）	10075.55	10726.45	11475.75	12341.40	13497.81
内资连锁零售企业销售额（亿元）	18602.72	23324.63	29530.14	30107.73	32368.03
内资单位面积销售额（亿元/万平方米）	1.85	2.17	2.57	2.44	2.40
外资连锁零售企业面积（万平方米）	1116.96	1340.68	1337.25	1349.62	1456.93
外资连锁零售企业销售额（亿元）	2319.95	2480.62	2902.60	2977.86	3118.83
外资单位面积销售额（亿元/万平方米）	2.08	1.85	2.17	2.21	2.14

	2014年	2015年	2016年	2017年	2018年
内资连锁零售企业面积（万平方米）	13028.59	13785.89	14232.65	13492.75	14376.19
内资连锁零售企业销售额（亿元）	31775.61	29195.99	29514.63	29323.82	30614.72
内资单位面积销售额（亿元/万平方米）	2.44	2.12	2.07	2.17	2.13
外资连锁零售企业面积（万平方米）	1596.00	1600.66	1654.32	1585.02	1715.13
外资连锁零售企业销售额（亿元）	3244.30	3607.18	3743.40	3698.61	4296.93
外资单位面积销售额（亿元/万平方米）	2.03	2.25	2.26	2.33	2.51

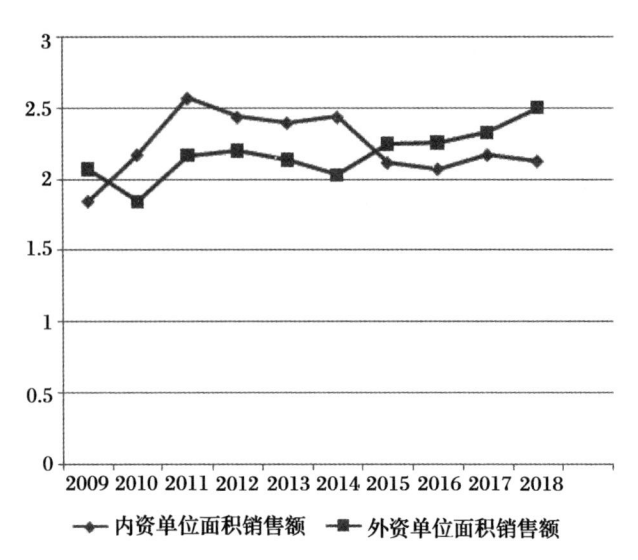

图1-16 限额以上内资与外资连锁零售企业的单位面积销售额对比

表1-20 限额以上内资与外资连锁餐饮企业的单位面积销售额对比

	2009年	2010年	2011年	2012年	2013年	2014年	2015年	2016年	2017年	2018年
内资连锁餐饮企业面积（万平方米）	389.40	403.20	426.54	474.64	487.79	499.99	503.11	497.26	456.62	427.96
内资连锁餐饮企业销售额（亿元）	127.44	129.30	132.92	143.45	148.55	151.88	157.78	154.99	144.32	127.21
内资单位面积销售额（亿元/万平方米）	0.33	0.32	0.31	0.30	0.30	0.30	0.31	0.31	0.32	0.30
外资连锁餐饮企业面积（万平方米）	244.78	278.60	316.95	320.07	372.78	421.83	371.22	404.29	435.18	422.95
外资连锁餐饮企业销售额（亿元）	100.02	111.60	118.30	117.88	139.31	149.09	134.97	137.08	135.69	137.11
外资单位面积销售额（亿元/万平方米）	0.41	0.40	0.37	0.37	0.37	0.35	0.36	0.34	0.31	0.32

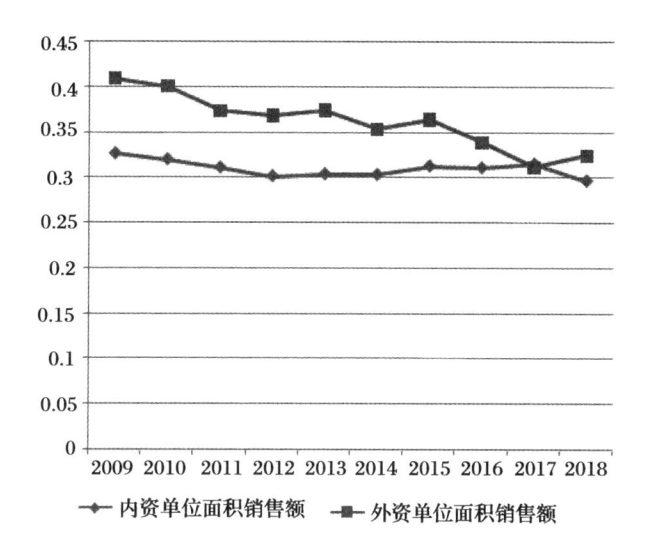

图1-17 限额以上内资与外资连锁餐饮企业的单位面积销售额对比

12. 现代化技术水平不高

这个方面集中体现在对IT的使用上。沃尔玛早在1969年就已经使用计算机来跟踪库存，1980年开始使用条形码，1985年开始利用EDI（电子数据交换）与供货商进行更好的协调，1986年发射了自己的通信卫星，20世纪80年代末使用无线扫描枪。现在，沃尔玛又是最不遗余力推行RFID（射频识别）技术的公司。据报道，通过全球网络，沃尔玛总部可在1小时内对全球4000多家分店每种商品的库存量、上架量和销售量全部盘点一遍。

与国外跨国公司相比，国内零售业在现代化技术方面较为落后。比如，联华到1999年才开始启用EDI技术，比沃尔玛整整晚了14年。另据郭庆婧写的题为《我国商业信息化发展现状与趋势调查报告》的文章披露，国内的零售企业仅有6.84%基本实现了电子商务，企业信息化投资占总资产的比例平均不到2%，与国外大企业8%~10%的平均水平相比差距较大。更主要的是，据IDG（国际数据集团）旗下子公司IDC的分析，国内零售业信息化解决方案的主体还是POS系统、SOS系统（门店管理系统）以及BMS系统（业务管理系统），而国外企业已经进入了供应链、客户关系管理、电子商务平台的建设以及用商业智能技术来分析企业数据的阶段。

1.7.4 中国发展特许经营的若干建议

1. 树立成功特许经营的典范，发挥模范带头作用

我国特许经营经过30多年的发展，已经出现了不少知名的本土特许人企业，既有新兴的品牌，也有老字号的企业，有关单位应该加强对中国本土特许经营企业的调查、统计和研究，推出一批优秀的特许人，并以各种交流、沟通的形式向社会宣扬它们的成功之道，以使更多的企业能够学为己用。

同时，政府还可以有针对性地遴选一批有希望、有前途、有特殊意义（比如平衡地方经济、节约能源、高科技、绿色环保、解决就业、保留弘扬民族文化、关系国家经济命脉、关系老百姓日常生活等）的企业和品牌，着力支持、指导它们实施特许经营工程，条件许可的要积极扶持它们走出国门，实施特许经营的国际化。

2. 健全特许经营的专门及相关的政策和法律

随着特许经营的发展，亟须建立和完善我国的法律体系，出台有关特许经营领域的政策及相关法律法规，维护加盟双方合法利益，奖优罚劣，保证特许经营的健康发展。虽然2007年5月1日起施行《商业特许经营管理条例》，但仍然需要制定系列的、专门的、具有中国特色的、不仅考虑法律因素还要考虑经济因素的特许经营法律法规，比如，要继续主动学习借鉴国外特许经营发达国家和地区的先进经验，包括UFOC的登记、披露制度以及标准特许经营合同格式等。

3. 金融系统提供专项支持

在特许经营发达国家，比如美国、日本、新加坡等，银行等金融部门都会设置专门的特许经营类业务，专门为既有、潜在的特许人和受许人提供金融上的支持。因此，我国的金融组织也可以为特许经营设立专项资金，如特许经营特许人发展贷款、受许人贷款、创业资金专项贷款、专门的特许经营创业风险保险等。

4. 为特许经营的发展创造良好的宏观环境

为了推动特许经营的发展，各级政府应在信贷、税收、网点用房、经营商品、简化工商登记、保护知识产权、人员雇佣、宣传、配套机制等方面给予大力支持，为特许经营的发展创造良好的外部宏观条件。

5. 加大教育培训力度，开设特许经营课程、方向、专业、系、学院，建设特许经营学科

为了更好地推动实践的发展，必须在中国大力举办特许经营的各类学历教育、非学历培训，这尤其需要中国大学共同努力、团结协作、创新发展。同时，为了能更好地发挥特许经营理论对实践的真正指导作用，必须集中特许经营界的专家、学者，以大学、研究中心（所）为中心，以著名或知名的特许经营特许人为实践基地，联合特许经营界及相关各界的各种力量，切实建设特许经营学科，把特许经营作为一门"特许经营学"来加以研究和发展。

教育培训的目的就是要让特许经营的理念和具体的方法技术深入每个人的心中，使特许经营的意义人所共识。具体做法如下所述：

① 在全国分阶段、有计划地在大学里开设特许经营课程、专业、系、学院。对于特许经营的学历教育，应从本科、硕士到博士都设置。

② 在全国各地选拔人才去国外考察、学习和研究特许经营。

③ 大力开展社会培训类项目，高级经理人、中层特许经营管理人员和社会普及型的低端培训同时上马。

④ 开展特许经营从业人员资格和等级认证。
⑤ 举办各类关于特许经营的知识竞赛、征文、研讨会、论坛等活动。

6. 加大、加强关于特许经营的出版物

关于特许经营的出版物，包括书籍、杂志、报纸、多媒体等，既要有民间的形式，也要有国家的权威形式；既要有关于特许经营的理论，也要有关于特许经营的实践统计资料；既要有实战技能的经验，也要有学术性强的前沿探讨等，只有这些方面互相促进，才能更好地发挥它们作为传播知识、沟通信息的媒介作用。

相关部门还要做好出版物的审核和推荐工作，对那些积极、优秀的出版物要大力扶持。核心期刊上要专门开辟出关于特许经营的专栏，鼓励和吸引更多的学者研究特许经营理论。

7. 建立健全专门的特许经营及相关协会

首先，连锁企业发展到一定程度后，必然会采取连锁的高级形式即特许经营作为自己的进一步发展模式，因此，成立专门的特许经营协会比连锁协会更有必要，而不仅是连锁经营协会。

其次，国外的实践表明，成立专门的特许经营协会而不是依附于连锁协会之下的某个部门，更能有效促进特许经营事业在中国的发展。

同时，特许经营协会的负责人要逐步采取非政府任命或具有此类性质的选举和轮流的制度，防止个人专权、垄断事件发生。

除了专门的特许经营协会之外，在协会内部或外部，我们还应该健全、完善协会的职能，比如设立受许人协会、少数民族与妇女委员会等，以便充分地、真正地发挥协会的平衡、公正作用。

8. 加强特许经营业的统计工作

行业统计数据对于反映行业发展状况与趋势、研究与发现行业发展规律、给业内企业与人士提供指导以及给国家制定的法律法规提供参考信息等具有非常重要的作用，然而，我国在这方面还有提升的空间。

在国外，比如美国，大量的特许经营专业机构（如国际特许经营协会www.entrepreneur.com等）在对特许经营进行非常专业的研究，它们投入了大量的人力、财力、精力以及对特许经营的执着、热爱与负责精神深入研究特许经营的理论与实践，也为我们奉献了大量的关于特许经营的极为宝贵的资料、知识和经验。

早在20世纪70年代，美国商务部和国际特许经营协会就联手编制了名为《经济领域的特许经营》（*Franchising in the Economy*）的年度统计报告，当1986年商务部停止发行该年度报告时，国际特许经营协会教育基金（International Franchise Association Educational Foundation，IFAEF）则承担起了这一重任，将其改名为《特许经营概览》后，继续编辑出版。这些极具市场、学术价值的统计活动和资料为美国特许经营的发展做出了巨大的贡献。更重要的是，IFAEF在编撰这些统计研究报告时，依据的是在注册州登记注册的UFOC来进行统计的,并非依据对方企业是否出钱、是否是××××协会会员等条件,这样的统计结果是客观的、真实的和权威的。

多年来,IFA曾经委托外部顾问公司做了大量的、长期性的关于特许经营的定量和数学跟踪研究,并得出了一系列极为宝贵的关于特许经营实践方面的统计资料。笔者在著写、编辑特许经营方面的文章、书籍时,参考了这些数据,而国内的数据统计是有弊端的,如资料不全、商业化味道浓、代表性不够、统计方法不科学、发布时间不规律等。

再比如,www.entrepreneur.com的网站上免费公布了关于美国和全球各特许经营特许人的详细数据,包括特许经营500强和特许经营按行业分类的数据资料。具体到每一家特许人,还有关于公司名称、地址、联系方式、公司简介、费用的详细资料、开始特许经营的年代、已经拥有的直营店和加盟店的数量以及www.entrepreneur.com对其的历年排名等。

这些资料的价值无须再说,因为它们无论是在深化、系统化、创新化特许经营理论,还是在促进特许经营事业的健康、高速、持续、有价值的发展上,都真正体现了理论和实践的互动性作用。

面对这些,中国特许经营业界的朋友们该有何反思呢?

我们必须充分认识到这个局面非常严峻,不立即改变这种局面,会影响中国特许经营事业、中国经济乃至民族腾飞等的进程!至少,我们永远也达不到美国特许经营"领导全球市场与统治国内零售经济[1]"的状况!我们为之而付出的巨大代价是什么?我们的损失可能包括经济增长放缓、失业率增加、企业竞争力的减弱、民族优秀品牌的丧失、产品和服务质量的下滑、人们生活质量的改善、创业者投资无路、外资企业逐个击败民族企业、中国国际影响力降低……

其势之危,其害之大,其利之巨,其发展之急迫,无不要求我们现在就毫不犹豫地大力提倡与发展特许经营!我们呼唤中国特许经营事业的规范,包括建立专门的、独立的特许经营专业协会以及出版中国自己的特许经营统计年鉴、白皮书、蓝皮书等系列读物。

1.7.5 中国特许经营发展的未来大趋势

中国特许经营的未来发展除了具备前文所述的特许经营在全球的未来发展趋势之外,还具有自身的一些特性化趋势。

总体来讲,中国的特许经营在未来,将会呈现出如下非常明显的37个大趋势。

1. 特许经营企业将出现一些热门或新兴的岗位,包括选址员、电商员、社群营销员、ERP信息员、网络营销员、政策分析员、大数据分析员等。

① 选址员。根据笔者的统计研究,在特许人企业的实际招商中,一个显著的问题是

---

1 [美]安德鲁·J.·西尔曼,编著.特许经营手册[M].李维华,译.北京:机械工业出版社,2004.

30%~40%，甚至更多的签了加盟意向的准受许人往往因为在意向期内选不到合适的店址而最终放弃了加盟，未能实现从准受许人向正式受许人的转变；同时，正式受许人失败的原因50%是由于店址不合适。显然，这对特许人企业的扩张速度、规模以及声誉、品牌、成功率产生了不利影响，于是，特许人企业内的专业选址员岗位便应运而生并迅速火热起来。对特许人企业而言，公司内的专业选址员可以用更专业的知识、更科学的方法与工具、更强的能力，甚至更多的时间去选择一个更合适的、与店铺经营成功相关的店址，所以特许人企业一旦拥有了专业的选址员团队以及在他们努力之下所产生的大量的合适候选店址，前面所讲的问题便迎刃而解：特许人可以把自选的优秀店址以转租等方式给予准受许人，从而大大提高了准受许人向正式受许人转变的概率；同时，大幅度降低受许人因店址不良而导致生意失败的概率。

② 电商员。在电子商务越来越猛烈地冲击实体连锁店面的当下，无论是以服务为主、还是以实体产品为主的连锁企业，都必须开展电商业务，否则，面临的除了失败，还是失败。

③ 社群营销员。在社群营销火热的当下，配备专门的社群营销员已经成为很多有眼光的特许经营企业的必然选择。

④ ERP信息员。ERP系统已经在无数的企业里被证明，其对于企业的自动化管理、成本降低、利润提升、效率提高、信息收集与梳理等方面的效果是非常显著的，是传统的人力、方法无法企及的。但是鉴于ERP系统的技术性、专业性与随时性，连锁企业必须设置专门的岗位，即ERP信息员，负责管理、搜集、分析和处理来自ERP的各类信息，以将ERP系统的功效提升到最大化。

⑤ 网络营销员。网络用户人群数量已迅速攀升。2019年8月30日，中国互联网络信息中心（CNNIC）在北京发布第44次《中国互联网络发展状况统计报告》，结果显示，截至2019年6月，我国网民规模达8.54亿人，且这个数字还在高速增长。人们对于网络已经不只是简单的使用，而是越来越依赖网络，人们获取信息和完成交易等大都通过成本更低、形式更鲜活、覆盖面更广、不受时间限制且方便的网络进行，传统的电视机、电台、纸媒等在网络的冲击下岌岌可危，网络营销注定要成为营销、宣传推广甚至直接交易的主角，因此，网络营销员必将成为企业里最热门、最吃香、最重要的岗位之一。

⑥ 政策分析员。随着国家对企业发展的各种支持、扶持和优惠政策的陆续出台，如税收减免、直接的资金补贴等，很多企业开始设立专门的部门，设立专门的政策分析员岗位，研究如何获得国家的这些政策优惠、财政补贴等，同时研究国家对于行业、企业、产品和服务的限制性政策，以便企业及时做出战略战术的修正。

⑦ 大数据分析员，不管是企业自身的包括消费者在内的大数据，还是行业内甚至行业外的大数据，分析和研究这些大数据都会对企业的决策和经营改善提供非常大的帮助，所以，越来越多的企业会设置专门的大数据分析员，对与自己相关的大数据进行有

意识的收集、整理、分析和利用。

2. 网络招商势头继续强劲，实体展会继续走下坡路

准确地讲，实体展会的招商效果在2006年之前还是不错的，但从2006年下半年开始，随着各大招商平台网站的迅速崛起，企业自己的网络营销与推广的流行，网络招商凭借其成本低、受众多、覆盖面广、地域限制几乎为零、变化灵活、随时随地进行、投入回报率高等优势，迅速击败且大部分地代替了实体展会的招商。在竞争的压力下，已经有越来越多的网络平台商承诺每天都有一定数量的潜在受许人的留言和信息。这就更进一步增强了网络招商的优势。数据显示，特许人企业的新受许人的75%甚至更多是来自网络招商，而非实体展会的招商。对越来越多的特许人企业而言，网络招商正逐渐成为其招募受许人的第一甚至唯一的渠道，实体展会招商正被逐渐地废弃。

实体展会的功能早已经不是招商，更多的是展示企业形象、实现面对面的沟通、宣告企业的存在，甚至完全出于对展会举办方的敬意、义务性支持等。

放眼未来，实体展会的招商形式可能还会继续走下坡路，所以，特许人企业应该有选择性地逐渐缩减实体展会招商的渠道，将招商的重点集中在网络招商上。

3. 网络营销日趋普及，手段由借助外力变成企业自己直接实施，全员网络营销普及

几年前，网络营销更像一个神秘的技术工种，非一般人员可为，所以，早期的企业网络营销基本都是借助外在力量，如一些专业的网络营销的个人或公司。但是随着网络技术知识的普及，网络营销的大部分手段已经变得"平民化"，如论坛、微信、微博、抖音、快手、头条、博客、贴吧、19楼、德意生活、知乎、豆瓣、篱笆、妈妈网、QQ、搜搜问问、email群发、文库、知道、百科等的普及，稍微具备网络和电脑知识的人都可以通过简单学习熟练使用。因此，越来越多的企业必然会从成本较高的、借助外在网络营销个人或公司的手段，转向自己实施，这样不仅效果相当而且成本更低，比如聘请专职网络营销人员、设立专门的网络营销部，并实施全体公司人员参与的全员网络营销。

4. 第一、二产业的生产商和第三产业的经销商、代理商等，开始关注或进入特许经营

大概在2010年前，关注并采用特许经营模式的多是已经或计划开设实体的单店或连锁店的企业，它们的绝大多数属于服务业和零售业，仿佛特许经营只适合第三产业一样。

但近年来，人们已经意识到，即便是从渠道角度讲，与传统（如经销、代理、直销、分公司、包销等）和现代的其他渠道（如电商、微商、抖商等）相比，特许经营也具备无可替代的渠道优势，比如企业可以实现更快速、更高效、更低成本、更大面积、更无限制的扩张和铸造知名品牌。所以，农业、养殖业、生产工厂甚至经销商、代理商们都开始自建渠道，而自建渠道中最好的选择之一就是构建属于自己的特许经营体系。

当然，第一、二产业开始进军第三产业还有一个重要的原因，那就是对同一个产品的产业线条而言，第三产业的利润明显高于前两类产业。以咖啡为例，据金融数据研

究服务平台JingData测算，整个咖啡产业链中，上游种植环节生豆的价值贡献约为17.1元/千克，中游深加工环节烘焙豆的价值贡献约为83元/千克，下游流通环节的价值则暴增至1567元/千克，三个环节利益分配占比为1∶6∶93。

近年来笔者的顾问咨询项目已经充分证实了这种趋势，比如来自第一产业的盱眙龙虾、鹿、玫瑰、鸡、牛等，来自第二产业的安防器材制造商康联安防，来自经销商的沃夫德尔音响，来自大代理商、大批发商的甲乙丙丁轮胎，以及来自产业成分比较复杂的中国集邮总公司等，它们在笔者的辅导下都成功地实现了特许经营体系的构建，且完成构建后的这些企业的特许经营体系无论在经济效益上，还是在社会效益上，都取得了令人瞩目的巨大成功。

5. 加盟店投资总额能力持续走高

随着人们收入的增加、可支配资金的增多，人们用于可投资的资金总量正在上升。据笔者研究，2019年的中国，潜在受许人中60%的人群的投资总额能力在40万元以下，而2018年这个数字仅仅是35万元，2017年是20万元，再之前还不到10万元。

展望未来，整体的经济趋势毫无疑问是在向提高的方向发展，因此，未来的中国潜在受许人的投资总额能力将持续走高，增速大概在年均14%左右。这对于那些因单店投资额比较高而招商有困难的特许人来说，无疑是利好的消息。

6. 受许人更加成熟与理性

随着中国特许经营市场的完善与发展，中国的潜在受许人开始变得更加成熟与理性。"投资一万，年赚一百万"之类的吹嘘欺骗不再有人相信。成熟与理智的中国潜在受许人市场对于特许经营事业的发展是有百利而无一害的，同时这也要求中国的特许人企业必须彻底摒弃靠包装、宣传就能顺利招募到大批受许人的侥幸心理，转而依靠打造企业实力，真真正正地塑造出好的加盟项目来。

7. 法院开始重视特许经营领域的问题，受骗受许人维权意识增强，维权手段多样化

从北京朝阳法院的知识产权庭开始，越来越多的法院开始关注特许经营纠纷，越来越多的律师开始提供特许经营的法律服务，已经出现了大批专业从事特许经营领域法律事务的律师。

数据显示，2018年，全国法院审理并公开的特许经营合同纠纷案件共计2034件，2017年是2640件，2016年1794件。以北京海淀法院为例，从2013年至2019年3月31日，海淀法院受理特许经营合同纠纷案件330件。

法制社会的进步使得越来越多的受许人的维权意识迅速提升，他们从原来的不了解、怀疑、惧怕打官司，变得主动寻求法律的保护，依靠法律来维护自己的正当权益。

同时，随着自媒体的发展，受许人正采用包括自媒体在内的更多维权手段来维护自己的权益。

8. 在"两创四众"的刺激下，加盟店的发展迎来黄金时期

"两创四众"已经是既定的政策导向，各级政府部门已经围绕这个导向去发展、调

整经济,所以,特许经营企业不能被动地等待被改变,而应积极主动去适应、利用这个新时代的机会。

在政府的积极号召与推动下,中国的创业处于史无前例的高潮时期。按创业人群比例20.5%、人群基数13亿计算,中国目前的创业人群总数为2.67亿人,这是一个非常庞大的人群基数。

因为创业方式分为独立创业与加盟创业两种,而这二者又各有利弊,但在成功率上,加盟创业毫无疑问地占据绝对优势,所以通过特许人的努力、政府的引导以及创业者自己的渐悟,加盟创业一定会逐渐成为中国式创业的主流。因此,即便按50%的比例计算,中国潜在受许人也在1.34亿人。然而中国目前的特许人总数只有3万左右,所以平均下来,每家特许人的受许人可以达到4467个,这与现实中的平均受许人不足100名相比,中国特许人的总数与受许人数量还有非常巨大的增长空间。

天予不取,必受其害。既然特许人企业身处中国历史上这么好的发展时期,那么通过加盟的方式占领市场、铸造品牌、扩张领地、发展事业就应成为当下特许人企业的首选之略,时不我待。

9. 更高学历的人才进入特许经营企业中

时代的发展已经使人们的就业观念发生了巨大的转变,单店工作、从事服务工作已经不再是"伺候人"的低等工作,越来越多的大学正在开设专门针对店面、服务业、特许经营、连锁经营的课程、专业,越来越多的本科生、硕士毕业生和博士毕业生,都已逐渐接受、认可并积极从事这些职业。

越来越多的高学历人才进入特许经营企业,将会彻底改善服务业、零售业的整体从业人员素质、科技含量以及现代化进程,中国的特许经营将会更加迅速地健康发展。

10. 备案企业的扩张速度放缓,"开一家,成一家"意识抬头,未备案的企业继续疯狂扩张和疯狂死亡

2007年,随着"一条两法"的出台,备案企业因为有了国家许可的资质而大量宣传自己的"备案"信息并迅速扩张,但随后的大批受许人的失败以及来自受许人的抱怨、起诉等负面效应使得这些备案的特许人企业逐渐意识到,要想健康、长远发展,必须在速度和质量之间取得一个平衡。在两相比较之后,多数负责任的企业毫不犹豫地选择了质量,那就是力求"开一家,成一家"的稳步发展,不再盲求数量。

与备案企业相比,未备案企业的法律意识、责任意识和社会道德意识依旧不够,它们依旧疯狂、偏执地迷恋连锁店面的数量,其结果必然是加盟店的大量死亡,而最终的结果几乎只有一个:特许人企业灭亡。

11. 特许经营的资本市场开始冷静降温,大家逐渐意识到加盟本身就是更好的融资方式之一

2007—2012年,可以说是特许经营、连锁企业的资本市场的黄金年份,资本市场的"大腕小腕们"都把眼光和实际的投资方向聚焦到了特许经营和连锁企业身上。然而,

那些实际获得了天使投资、风险投资的企业们很快就发现，引进的曾经梦寐以求的资金其实很"烫手"：除了引进资金之外，连锁企业们还同时引进了投资人的指手画脚、对赌协议以及面临的业绩和指标等的压力，后者则在某种程度上严重损害了特许人企业的健康发展，导致企业偏离了最初的预想战略轨道。

笔者早年在资本市场最疯狂的时候就撰写了一篇文章，其中一个最主要的观点就是：其实，加盟是更好的融资方式之一。因为加盟"融"来的除了受许人的资金之外，还可能包括受许人的人脉、经验、顾客、敬业之心等众多对于店面经营非常宝贵的资源，同时，受许人不但不能对企业的经营指手画脚，还必须得遵循通常由特许人单方面规定的标准化模式，而这些"融"的好处的绝大多数，都是在资本市场上的投资人所根本不具备的。

特许经营的资本市场开始冷静降温是自然而然的事情，大家也逐渐意识到："加盟"本身就是更好的融资方式之一。

12. 特许人企业的市场开始急速下沉，农村以及三四线城市等外缘市场日趋成为商家争夺的新焦点，"得外缘市场者，得天下"

随着城乡边界的逐渐模糊，城乡经济趋于融合，同时，大、中城市的市场趋于饱和，而农村以及三四线等外缘市场购买力却开始上升，逐渐成为消费的主要新生力量，所以，整体的中国市场消费主力开始下沉，商家的争夺焦点也正下沉。数据显示，近年来，三线及三线以下城市社会消费品零售总额占比逐年提升，2018年占比接近50%。美国国际贸易局发表的《特许经营顶级市场报告2016》（*Franchising Top Markets Report 2016*）指出，随着北京及上海等一线城市的市场已见饱和，外国特许经营品牌在二三线城市更受欢迎。（资料来源：香港贸发局，经贸研究，《香港特许经营业概况》）

2019年，在中国，肯德基已实现52%的店面下沉至国内三线城市及以下，相较而言，麦当劳三线城市下沉店面只有33%。（资料来源：品途商业评论，王通，《麦当劳入华30年却被KFC吊打，现在他们终于想通了一个道理》）

在麦当劳公布的"愿景2022"里，2022年三至五线城市里麦当劳店面的数量将占到中国区店面总数的45%。

星巴克除了发展在一二线城市的业务，也开始在三四五线城市开店，虽然不及一二线城市的销售额，但因为小城市的低租金、低人工，其投资回报率和现金回报率甚至超过了一二线城市门店。（资料来源：财联社、朱洁琰、孙诗宇，《星巴克中国"成年危机"背后：阿里腾讯的又一次战役》）

"得外缘市场者，得天下"已经变为现实。

13. 越来越多的特许人致力于招商后阶段：营建、督导、单店盈利、复制克隆、品质管理、创新研发、持续提升

过去和目前的中国的特许人企业，更重视和关注的是"招商前"工作，即如何包装公司的特许权、如何成功招募受许人，极少或根本不关注"招商后"工作，比如帮助受许人

科学营建加盟店、有效建设督导体系、提升单店盈利水平、量身定做地实现复制与克隆、确保品牌的品质不变等。而对特许经营企业来讲，"招商后"工作恰恰是重点。否则，招来的受许人纷纷"死亡"，企业品牌丑闻频生，最后的结局一定是：特许人企业死亡。

幸运的是，中国的特许人企业已经从大量的失败案例中吸取教训，痛定思痛，未来必将会有越来越多的企业清醒过来，致力于"招商后"阶段。

14. 特许经营的真正知识开始普及，"七化"社会培训日趋绝迹，正规大学继续教育崛起

2004年春夏之交，中国政法大学商学院在中国的重点大学里开设"特许经营"这门课程，这标志着特许经营的正规大学教育拉开序幕。从这时起，原先特许经营领域的主要由社会培训占主导的局面被打破，越来越多的企业人士逐渐意识到，以"庸俗化、表演化、舞台化、错误化、幼稚化、吹牛化、包装化"等"七化"为主要特色的社会培训对于特许经营知识的传播是害大于利，真正的有识之士毫不犹豫地转向了正规大学的继续教育、培训班、MBA、EMBA、SMBA等。

笔者翻译的数十本国外经典著作，以及根据本土特色著写、编辑的教材，专门开设的知识纠错网站，与各方合作开设的特训营、论坛、峰会、公开课等，也以良币驱逐劣币的强大态势净化了中国特许经营的知识与培训市场，真正的特许经营的知识在中国逐渐普及开来。

15. 顾问咨询、策划市场趋于澄净化，顾问咨询公司大浪淘沙

22年来，笔者目睹了十几家专门提供特许经营策划与顾问咨询的公司的没落。这些公司，除了不善于市场化的运作之外，自身专业性不足，它们的没落从一开始就是注定了的。但无论如何，大浪淘沙后剩下的一些策划、顾问咨询公司对于中国特许经营的提升有着巨大的价值。

16. 外国特许人继续进入中国，比如组团在国内招商、举办专门的国外企业项目展等，"失去中国，失去世界"

中国的人口数量、经济发展速度、人们的消费实力、世界地位的影响力、中国人强大的对外来文化的接受力以及国外市场饱和度的提高等，都促使越来越多的外国特许人蜂拥而至中国这个巨大的市场，这些特许人都意识到了一店：失去中国，失去世界。

正是基于对中国市场的如上判断，同时也出于对成本、效果、影响力等诸多因素的考虑，外国特许人正在如火如荼地开展两项值得我们特别关注的工作：组团在中国国内招商、在中国举办专门的国外特许人项目展。

2014年，香港贸发局问卷调查150名来自世界各地的特许人及受许人，结果显示，未来3年，87%的国际特许经营商欲打入中国内地市场。

17. 本土特许经营的国际化趋势继续增强，本土企业开始组团去国外招商与发展，或者收购进入中国本土的连锁巨头

未来，除了外国的特许人继续大规模地进入中国之外，本土的企业也开始大规模地

走出国门、冲向海外，并且也和外国特许人的做法一样，组团国外招商与发展、在国外举办专门的中国特许人项目展。我们完全可以这样预测，在不久的将来，我们在世界的许多地方，都可以看到来自中国的、具有纯正中国味的特许人的连锁店面。

随着本土企业的逐渐强大，内资收购外资的势头愈演愈烈。2019年6月，外资零售企业家乐福以现金48亿元出让家乐福中国80%的股份给苏宁易购；10月，物美收购外资巨头麦德龙中国80%的股份。

18. 高科技的广泛运用：RFID、ERP、人脸识别、云计算、大数据、微支付、LBS、VR、3D、AI、数据抓取、黑科技等

未来的店面和特许经营企业，将会广泛运用现代化的高科技工具手段与方法来提高效率、降低成本、增加利润、方便工作、方便消费者。

比如，RFID技术，在国外已经被用于超市购物筐的一次性整体扫描，它将提升每件商品的扫描速度，大大提升服务速度和顾客满意水平；ERP系统将触角延伸到了整个特许经营体系的全部供应链，在整个虚拟企业的价值链上发挥作用，而不仅是代替了人工的几台计算机和服务器；IBM等企业开发的人脸、性别等识别系统将大大改善对店面顾客的研究与分析；大数据采集全部数据加以分析，比以往的样本分析要更为准确和细致，再以云计算的技术为支撑，即便是全部数据的复杂处理也变得容易。

麦当劳美国的前首席执行官埃德·伦西曾说过，"购买一个价值3.5万美元的机械臂，要比雇佣一个效率低下、每小时赚15美元的装薯条工人便宜。"（资料来源：《北京商报》，《解雇CEO 麦当劳自酿"黑天鹅"》）

科技改变生活，科技同样改变特许经营。

19. 网上甄别真假特许人、搜寻负面信息将成为选择特许人和项目的第一道关

搜索引擎在选择项目的时候起了很好的第一道关的作用，笔者的研究表明，潜在受许人在选择项目时，70%以上会在搜索引擎上输入所欲加盟的企业名称，查询关于该项目的网上消息或网上评论，甚至在网络上与人们交流互动关于该项目的各类疑问。

由于越来越多的受骗者会在网络上曝光虚假行骗的特许人的信息，所以，潜在受许人可以通过输入"项目名称+（空格）+骗"之类的稍精准搜索来查看有无该项目的被投诉、被曝光的信息。

这个趋势告诉特许人企业，要尽可能地提高各自的加盟成功率、维护好与受许人关系，否则，受到不公正待遇的受许人会在网上留下关于特许人企业的宣传，而这些宣传会使企业意识到一句话的威力要远胜于企业10次、100次的宣传努力。

20. 整个特许经营市场日趋正规化：法、商、德、情。维华加盟指数（WFI）成为评判特许人项目价值和受许人选择项目唯一和最重要指标

受许人的日趋成熟与理性，法律法规的日渐健全，特许经营真正知识的日趋普及，标杆企业的日趋增多等，这些现状都使得整个中国特许经营的市场越来越正规化，包括特许人企业的四个方面，即法、商、德、情，都在趋于正规化。

笔者告诉潜在受许人选择项目时应考察这四个方面，所以，特许人企业应主要从这四个方面完善自己。

法，指的是特许人企业必须严格遵守中国关于特许经营以及特许人所在的行业、地区等的相关法律法规，应该严格按照"一条两法"的规定去备案和做信息披露。

商，指的是一个值得加盟的好项目应构建起完善、完备、完全、科学的特许经营体系。简单地讲，应在商业上具备三个条件：绝大多数的店面成功；店面成功的经验能被提炼出来，最好是能变成可转移、可复制的显性知识而非隐性知识；具备将提炼出来的成功经验或知识复制与克隆的能力。

德，指的是特许人企业除了经济效益之外，还应有优秀的社会道德，尽一份社会公民的责任。

情，指的是特许人企业要有人情味，比如在与受许人的具体合作过程中，并非严格局限于那些纸面上约定的义务，有利于受许人的事情，即便没有合同约定，特许人企业也可以去做。

维华加盟指数（WFI）是笔者综合考虑全球多个国家和地区的政府、研究机构、行业协会、媒体等特许经营领域的对于特许人加盟可行性的评判标准之后，并结合中国特许经营市场的实际状况而于2014年2月9日正式完善与发布。具体内容请参见本书相关章节。

21. 单店形式两极分化：大而全、小而精，社区店开始流行

在未来，店面的品类会趋于两极分化，要么是追求品类的大而全，方便各类顾客的一站式比较与购齐，要么就是小而精，只定位于为一小类细分消费者提供精准窄小的VIP服务。所以，那些说大不大、说小不小的店面在未来的生存会愈加艰难。

中城商业研究院的《2019年中国社区商业发展新趋势》显示，全国社区型购物中心数量持续增加，见图1-18。

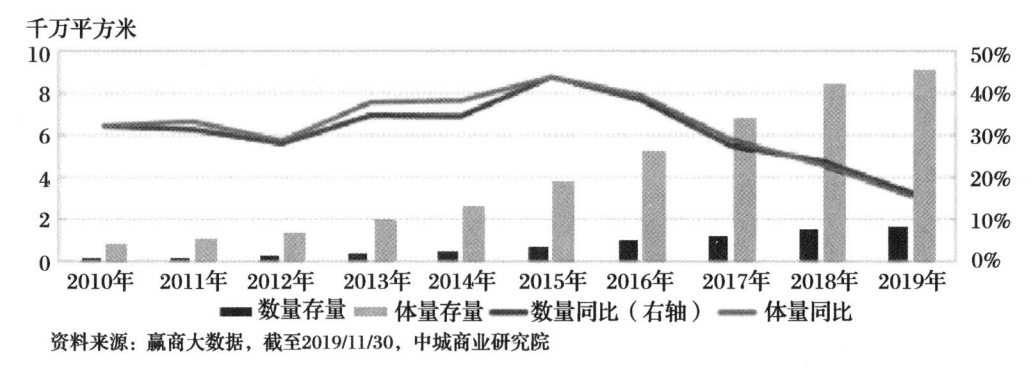

资料来源：赢商大数据，截至2019/11/30，中城商业研究院

图1-18　2010—2019年全国社区型购物中心数量、体量存量及增长率

宜家家居一直都是2.8万平方米左右的大店，但是现在宜家家居开始在中国开设只有8500平方米的小店，宜家中国总裁AnnaPawlak-Kuliga表示："我们做了很多调查，

相信通过小型商场我们可以更加贴近客户。"宜家于2018年10月在英国伦敦、2019年4月在美国纽约开设了小型店。伦敦店位于高档家具店林立的中心区域的一角,面积约400平方米,仅有厨房等的样板间。宜家计划在2021年之前,在主要城市开设30家小型店,面积不到郊外大型店的十分之一。(资料来源:《中国经济周刊》,孙冰,《专访宜家中国区总裁安娜·库丽佳:宜家"背水一战"》;上游新闻,《零售生意不好做了!宜家"瘦身",要开小型店,还要做家具租赁生意》)

在单店的两极分化上,星巴克是典型的代表。在大店方面,2010年,星巴克的高端品牌即星巴克臻选门店正式开业,2014年星巴克中国首批7家星巴克臻选门店亮相。这些臻选门店的典型特点除了经营内容更全、档次更高、品质更好之外,就是店面面积更大,比如东京臻选店建筑面积达到2966平方米,芝加哥甄选店的占地面积达3994平方米(资料来源:界面新闻,刘雨静,《星巴克芝加哥臻选烘焙工坊11月开业,面积全球最大》)

在小店方面,2019年7月,星巴克在北京开出了全球第一家"啡快",即咖啡快取店,"啡快"店面面积较小,门店内仅有四五张椅子供顾客休憩,主打即点即取的外带服务。星巴克首席执行官凯文·约翰逊表示,"2020财年,星巴克计划在中国一二线城市开设更多'啡快'新门店,提高其市场渗透率。"(资料来源:小食代,何丹琳,《星巴克中国门店突破4000家!全球CEO说计划开更多"啡快"店》)

22. 行业领域继续扩大

还是那句话,当你把特许经营的"复制成功、克隆财富"的本质灵魂当成一种理念和思维,而不仅仅是销售产品或服务的渠道,也不是开设由钢筋混凝土围成的店面,你会发现特许经营几乎无所不能,它可以适用在任何行业、任何领域。

这些年,中国特许经营所涉及的行业范围迅速扩大,几乎每个行业都开始有人或企业尝试特许经营,新的行业进入特许经营的案例层出不穷。

在未来,一定会有更多的行业实施特许经营的模式,也一定会用现实印证"特许经营无行业壁垒"的说法。

23. 直营、自愿、加盟同时进行,合资、合伙、合作等变体加盟店越来越多

很多做连锁、做特许的企业都有误解,认为企业搞特许经营就是做加盟,其实这是完全错误的。特许经营是连锁发展的高级阶段和灵魂。在这种商业模式之下,特许人不但要做加盟店,其他各种形式的店,比如直营、自愿连锁、合资、合伙、合作以及在这些基础上的创新和变体,只要有利于企业发展、有利于受许人、有利于消费者和社会,都应该去做,都应该根据具体的情况在传统或所谓的"纯加盟"的基础上去创新,绝对不能把自己禁锢于加盟店或直营店这种单一的店面形式之内。

24. 特许人企业做加盟的时间缩短

知识的普及、人才的增多、标杆示范企业的增多、市场竞争的激烈、圈地战争的加剧等使特许人企业做加盟的时间缩短。如果说之前中国的连锁企业要做特许经营的话,至少得3~5年之后,那么今天,这个时间可以缩短为1年,因为中国经过了多年的特许

经营发展之后，特许经营的知识已经得到极大的普及，特许经营类的人才大幅增多，特许经营的标杆示范企业也有很多，再加上特许经营市场竞争的激烈、圈地战争的加剧等，都使得企业要缩短进入特许经营的时间，既能够、也应该更迅速地构建特许经营体系，尽快用这种模式实现自己的扩张，提升与铸造品牌。

25. 圈子、平台、资源交换意识与经济高度渗透到连锁业中

比如，中国特许经营第一同学会"维华会"——全国性连锁经营与特许经营企业组织，就本着连锁人帮助连锁人的原则，汇聚海内外的连锁企业，大家互相帮助、合作与共同发展。

很多行业的平台，也就是联系商家与终端消费者的平台正占据越来越多的市场份额，比如，中国的酒店业，通过携程、同程艺龙、美团、飞猪等的OTA（Online Travel Agency）预订酒店的比例为酒店消费者来源的30%多，且此比例正继续增加。

国外也是一样的发展趋势，比如数据公司Hitwise2017年的一份报告指出，美国所有的酒店在线预订市场的份额下降30%，而同期OTA平台的市场份额上升70%。然而，由于OTA之类的平台提点高，导致酒店运营成本高到几乎不盈利，所以大型连锁企业开始自建营销渠道，如华住推出了"华住会"，7天成立"铂涛会"等。（资料来源：财经大事记，《酒店与OTA的"十年之痒"，OYO和华住的两种选择》）

自身资源欠缺、没有流量入口、管理与营销能力差、品牌效应不强、供应链议价能力弱的单体店面以及小型连锁更加依赖平台。

26. 中高档消费产业的连锁店市场出现新情况

中高档消费产业的连锁店市场严重萎缩，破产、转行、降低档次的企业现象迅速大量涌现，"轻奢"成为消费新趋势。

27. 特许人的多品牌化

而一个特许人会同时拥有几个特许人品牌和特许经营体系。依靠某品牌成功后的特许人有非常明显的多品牌化的趋势，其原因和目的在于最大化地利用选择目的多元的潜在加盟商资源、为既有顾客提供更深和更宽的延伸性增值服务、消化供应链或生产厂的多余能力、占领更多的相关市场、阻击竞争者、消化库存、改变既有品牌的形象、应对年轻一代消费群等。甚至，有些品牌一开始就规划了多品牌化的策略。

比如，在"周大福珠宝"成功之后，周大福珠宝集团就开展了品牌的多元化行动。仅在珠宝领域，周大福就有8个连锁品牌，每个品牌分别具有和起家品牌差异的清晰定位：① House 1929，高端珠宝品牌；② 周大福艺堂，定位高端，提供贵宾体验；③ JEWELRIA周大福荟馆，定位高端，汇聚国际珠宝品牌；④ HEARTS ON FIRE，高端钻石品牌；⑤ T MARK，可追溯钻石品牌，侧重婚嫁市场；⑥ MONOLOGUE，主打音乐元素，饰品风格更为时尚、潮流，迎合了年轻消费者的个性展示需求，线下店铺规模小而精致，是黑色酷炫的风格，售价基本都在两千元以下；⑦ SOINLOVE，面向千禧一代的轻奢、时尚、恋爱婚恋钻石，线下店铺以粉色浪漫的风格为主；⑧ Y时代，面向

千禧一代，潮流、时尚的珠宝。（资料来源：时尚周刊，王晓然、孔瑶瑶，《周大福的"下沉"式焦虑》）

28. 连锁的三种形式中，特许经营继续超越直营连锁和自愿连锁，加盟成为连锁发展的主流与灵魂

原来坚持做直营的连锁企业，也逐步意识到了加盟的好处，开始转做特许经营，比如坚持17年直营的周黑鸭在利润下滑较大之后，于2019年果断放开加盟。

29. 行业中介超市逐渐火热

什么叫行业中介超市？简言之，就是通过一个平台把某行业内的服务提供商拢到一起，然后由该平台为各服务商提供共有的服务，如携程、艺龙、饿了么、美团、药到哪、去哪儿、滴滴打车、Uber等。作为传统的连锁店面商家，应充分关注与借助行业中介超市这个新事物。

行业中介的力量是非常巨大的，根据DCCI发布的《网络外卖服务市场发展研究报告（2019Q1）》，该季度饿了么、饿了么星选、美团外卖共占据98.5%的市场份额。

2019年，麦当劳宣布与饿了么口碑正式实现会员互通，双方会员互通首日，麦当劳收获近2万名新会员，订单量环比前一周增长20%；汉堡王与饿了么的会员互通，汉堡王在短时间内新增200万名会员。（资料来源：DoNews，翟继茹，《麦当劳宣布与饿了么口碑打通会员体系 首日新用户增长量达两万》）

30. 特许人也会加盟

因为亲身体验了加盟的好处，所以在投资理财、开拓新业务领域、学习新的行业、自己的消费量比较大时，特许人会选择以加盟的方式进入另一个多元化的领域。

31. 应对宅族、懒人经济、忙碌族的"上门""移动"服务火爆

根据阿里巴巴集团发布的《2018中国人新年俗报告》，2017年春节长假期间，美团外卖总订单规模较2017年同期大幅增长171.53%，其中，除夕当天成交单量是2017年的3.02倍；超过3.8万名消费者在春节7天长假每天都订购外卖，这一数量是2017年的3.99倍。

CNNIC发布的第44次《中国互联网络发展状况统计报告》显示，截至2019年6月，中国网上外卖用户规模达4.21亿，这么大的规模背后就是"上门""移动"服务火爆的表现之一。

就全球而言，2018年，麦当劳与Uber合作，在全球60个市场的1.3万家餐厅推出了外卖服务。数据显示，外卖订单的增长是麦当劳门店订单增速的1.5～2倍，在北京、上海、深圳等大城市，外卖已占整体销售额的25%之多。2019年，全球三分之二的麦当劳餐厅（约2.5万家）提供外送服务，3年内贡献的收入从10亿美元增长至40亿美元。在中国，有超过70%的麦当劳餐厅提供外送服务，在第三方外送平台一直稳守市场份额第一。（资料来源：英为财情Investing.com，《麦当劳Q3财报前瞻：多个积极因素推动，净利有望继续增长》；亿欧，冀玉洁，《50周年的巨无霸迎来了中年危机》；foodinc，《麦

当劳新CEO首秀！定调中国市场至关重要，正同心协力防控疫情》）

2019年，肯德基、必胜客在中国的会员总数分别超过1.6亿、5000万，外卖业务占其销售额的19%。（资料来源：界面，杨立赟，《百胜中国四季度利润大涨77%，肯德基、必胜客差距在拉大》）

2019年，星巴克的外卖订单已经占到星巴克中国销售额的9%，中国的移动订单占到星巴克中国总收入的15%。（资料来源：美股研究社，《星巴克新财报亮眼成绩背后，中国超半数店铺关闭暗藏危机》）

32. 连锁企业顾问师角色发生转变

连锁企业的顾问师从律师逐渐演变为成功的特许人企业的高层或企业家，再到旧有的顾问咨询公司或策划人的转型，最后到以融合了理论与实践为一体的正规大学老师为主的最高知识阶层。

33. 连锁企业的运营原则发生改变

连锁企业的运营原则发生改变，从以商为中心，到法商结合为中心，未来会以法、商、德、情为中心。

34. 实体店与网店趋于融合与一体化，网店与实体店互相渗透

比如，亚马逊开设实体店，荷兰最大超市入驻天猫，腾讯系与阿里系、京东系都分别重金进入或直接开设实体店连锁。

事实上，到2018年时，虽然实体店的典型沃尔玛的总销售额中仅有3%来自其在线渠道，而线上店的典型亚马逊营收仅有2.8%来自实体店，但是这两个比例都正在快速增加。（资料来源：亿恩网，苗苗，《亚马逊VS沃尔玛：谁将是零售界最大的赢家？》）

实体店商品（最仰仗的优势之一是体验）与网店商品（最仰仗的优势之一是价格）的价格差距会逐渐缩小，商家利润减少。此趋势会导致实体店铺的新兴增值服务创新性增加以及利用虚拟技术增加品类、利用网络营销与跨界共享消费者，最终导致实体店铺面积缩小、租金下降、店店之间的竞合关系增多。

网店利用新技术增强顾客亲临现场的体验感，并与实体店合作将其作为网店的取送货点。

35. "大特许"时代已经来临：全方位的渠道大融合，趋向于李小龙的截拳道方式

以李小龙的拳法为例。李小龙能在咏春拳的基础上，吸取欧美的拳击、泰国的泰拳、日本的空手道、韩国的跆拳道、中国的不同流派的武术等不同"纯正"模式的优点和长处，甚至吸取了唱戏、恰恰舞等看似和武术无关的长处，同时规避了各自的短处，最后成功地创造出专属于李小龙的"模式"——截拳道。李小龙之所以能成为一代大师，不是别的，正是因为他知道自己拳法的目的之一：能打倒对手的就是好拳。所以，在明确这个目的之后，李小龙的具体拳法之道是围绕这个目的而进行，而不是为了拳法而拳法。

特许人企业从上例中应该能得出一个启发：既然现实生活中有那么多的商业模式，

而且都取得了一定的成绩，而企业的目的是实现企业的扩张、产品或服务的销售、提高市场占有率或者铸造一个知名的品牌等，具体采用哪种商业模式，绝不是企业的目的！所以，企业在做特许经营的时候，应该以特许经营这种商业模式为基础和主线，同时敞开心胸，放开眼光，广泛并实际地采纳与使用包括但不限于代理、经销、直销、设立分公司或办事处等在内的各种商业模式的长处。比如你可以在区域的市场开发上，把特许权作为一种特殊的"商品"来实施代理，从而更好发挥区域受许人的威力。

特许人要学会创造一个以自己企业的品牌为名的独特的商业模式，创造属于自己的、不是依附或从属于某个拳派的"截拳道"，而不仅是生硬地把自己划归为某一个"纯正"模式，如特许经营。

如此，模式方为真正之模式，特许经营方为真正之特许经营。

36. 行业性的规范或标准越来越多

这些规范所涉及的行业越来越多，除了全国性的规范或标准之外，还有地方性的规范或标准，甚至还有专门产品的规范或标准，如扬州炒饭、西安肉夹馍、天津煎饼馃子、湘菜、川菜等都有相应的规范或标准。

这些规范或标准的制定方有质监局与各类行业协会等官方与民间机构。

2020年4月16日，由中国汽车维修行业协会主持、笔者作为第一执笔制订的中国《汽车维修连锁经营规范》正式对外官宣，虽然这个规范针对的是汽车维修的连锁经营，但在这个规范中，国内首次对业内外一直含糊不清的连锁经营体系、直营连锁、自愿连锁、特许经营、营建等做了准确科学的界定，并统一了几家店才算连锁经营、直营店、加盟店、独立店、店中店、标准店、旗舰店、全国连锁、区域连锁、品牌管理、服务管理、信息管理等业内存在已久的争议，这些规范的内容已经作为其他行业连锁经营的规范或标准的依据与核心内容。

虽然绝大多数的行业规范或标准并没有法律或行政的强制性，但是由于有些规范或标准本身的推广宣传和对应企业的评奖评级、符合规范或标准的企业的宣传、消费者的认可与推动，有些规范或标准正被越来越多的消费者用作衡量与判断品牌含金量的主要依据之一，所以连锁企业还是应该把相关的规范或标准作为自己的参考。

37. 虚拟体验盛行

除了传统的体验营销所强调的看、听、闻、摸、尝、感觉等之外，随着科技的发展，越来越多的店面开始推出虚拟的体验营销，比如优衣库推出的虚拟试衣、宜家家居推出的虚拟家居摆放、丝芙兰推出的虚拟试妆等。

[练习与思考]

（1）除了书中内容，你认为特许经营在中国的发展还具备什么特点？

（2）试提出你对中国特许经营发展的阶段划分，并说明原因及各阶段发展状况。

（3）你认为中国特许经营的发展还存在什么症结？对此，你有什么建议？

（4）你认为中国特许经营的未来发展还会有什么趋势？

1.8 特许经营的本质及其与行业的关系

[本节要点]

本节第一部分简要讲解特许经营的本质。目的是帮助读者更加清晰、准确、深刻地理解特许经营的深层含义。第二部分主要讲述特许经营在不同行业的大致状况，目的是使读者意识到，只要科学理解与运用，特许经营可以在更多的行业得到创新性的应用。第三部分主要讲的是最热门的特许经营行业，目的是使读者掌握特许经营在行业方面的流行趋势与存在的发展空间。

1.8.1 特许经营的本质

关于特许经营的本质，即特许经营究竟是什么的问题，从特许经营产生的一个半多世纪以来就一直存在两种观点：主流观点认为，特许经营是企业为扩大市场销售额而开发的营销手段，因此，特许经营的本质就是企业的一种营销模式或销售渠道；另一种观点是，特许经营界的学者们都有意无意地回避这个似乎说不清的问题，即使一些涉及本质的文章或词句，也是在迂回曲折地论证特许经营的本质是一种营销模式或销售渠道，这是一个古老而又"经典"的论调。

然而我们必须看到，任何一门学科、一种理论、一种思想、一种信仰或一种主义，如果能千百年地延续并在今天和未来仍然光彩照人，我们可以肯定，这种使它生命得以延续并保持魅力不减的原因绝非它原始的形式、内容或日后与时俱进的改变，而是它表象之下的那个真实本质。形式、内容与表象不长久，长久的是本质。

譬如孙子兵法，它所描述的作战之法、器械兵阵、据以分析的当时环境与条件如今早已不存在了，但孙子兵法并没有成为历史，恰恰相反，它依然是兵书圣经（如中国、美国、日本等国的军校都把《孙子兵法》列为必读书），而且，孙子兵法的应用范围早已从单纯的军事领域扩展到了经济、政治、教育甚至人们为人处世的日常生活中，也早已走出中国成为世界公认的宝贵文化遗产。笔者认为，孙子兵法历经千年而愈加青春焕发的最深层原因，就是人们越来越清楚地认识和注意到了它的本质，即它对事物的分析之理和而后的应用之道，所以，沧桑遗留并在未来永放光彩的并不是那些晦涩古旧的文字，而是文字背后的思想、智慧本质。

同理，特许经营作为一种在实践上已经、正在和仍然将要继续发挥为企业增加巨大价值的经营模式，我们实在有必要去深度挖掘隐藏在特许经营表象之下的本质内涵，并明确地回答特许经营究竟是什么。关于特许经营本质的科学、准确、全面、清晰的回答是有着现实和深远意义的，它有助于揭开特许经营"点石成金术"的神秘面纱，有助于确立特许经营在理论和学术上的专有而非从属的地位，有助于更多的企业或个人在产品营销、在企业运营、在经济方面可以更有效地通过特许经营成就自己的目标，有助于我们通过其本质而赋予特许经营更多的被拓展的生命活力，并最终有助于特许经营本身在将来的辉煌发展。

限于篇幅以及本书的立意宗旨，我们在此处仅就特许经营在企业经营方面的本质进行粗浅的探源，希望能借此激发更多的有志于特许经营本质探索与发展的人们的灵感。

在企业经营方面，特许经营的本质并非只是营销模式或销售渠道，而应有着更多的内容。笔者以为，正确地、全面地理解特许经营在经营方面的本质，即特许经营本身是一种理念与思维方式，它同时具备了许多现代最新及前沿的管理、经营理论的观点与特征，它可以与多种前沿理论相融合并得到来自它们的真正而并非牵强附会的解释。而这所对应的每一种本质理解，不仅为人们积极主动采用特许经营方式实现自己各种目的提供了很好的理由，而且也从各自不同的角度诠释了特许经营的具体作用。

总而言之，认为特许经营的本质是企业的一种营销模式或销售渠道、扩张模式、虚拟经营、资源外取、资本运营、战略联盟、流程优化、多元化途径、融资方式、投资理财途径、创业方式、知识管理、企业战略或企业文化的传播等。各种认识或理解的具体内容如下所述。

1. 特许经营是企业的一种营销模式或销售渠道

毫无疑问，这是关于特许经营的最原始和公认的本质。实际上，特许经营在其产生的时候，它的创始人，无论是衣萨克·胜家还是雷·克拉克，都是出于营销的目的发明了这种更有效的营销方式，所不同的是胜家是为了销售缝纫机，而克拉克则是为了销售奶昔搅拌机或后来的餐饮服务。

即便是现在，特许经营仍然是许多企业营销产品或服务的最优选择模式之一，或者说，许多企业做特许经营的直接目的或原始想法就是利用这种模式更多、更好地销售产品或服务。在这些企业看来，特许经营就是一种更好的营销模式或销售渠道。

这一点很好理解，从销售渠道来讲，企业销售产品或服务的基本方式无非有两种：自己亲自销售和借助外力销售。前者的具体方式就是企业设立自己的销售科、销售处、销售公司等进行直销；后一种方式是通过资源外取铺设企业的市场渠道，比如经销、代理和特许经营。因此，把特许经营的本质理解为一种有效的营销模式或销售渠道无可厚非。事实上，如果运用得适当的话，特许经营确实在销售产品或服务上具有非常独特的优势。

企业可以、也应尝试通过特许经营的模式来扩大市场资源、占领更多市场份额并最终销售更多的产品或服务。

2. 特许经营是一种企业扩张模式

企业最基本的扩张方式有两种，一是内生式自我积累扩张；二是外借式扩张。但不论哪种扩张方式，都需要企业有必备的资源作为基础和后盾，扩张的最终结果也是为了形成拥有更多资源的局面。因此，资源问题成为企业扩张的核心。

特许经营模式显然属于外借式扩张。特许经营的企业或特许人为了发展自己，必然需要大量的必需资源，如人力、财力、物力、市场资源等，但并不是所有企业都具备或在短期内能够积累这些资源，而市场机会转瞬即逝，依靠自我积累式的成长自然会承受更多的因时间拖延而产生的风险，但特许经营的扩张模式却解决了这一问题，它通过借用受许人的相关资源，得以在短期内低成本、快速度、高效率地实现企业扩张。因此，特许经营很容易被许多意欲扩张企业而又缺少相应资源的人们看作是实现企业扩张的高效模式，对特许经营本质的这种理解也是实践的必然结果，当在情理之中。

3. 特许经营是一种虚拟经营的形式

虚拟经营是一种形象化的称谓。它的实质就是从外部借力，通过整合外部资源，使其为我所用，从而拓展自身的疆域，利用外部的能力和优势来弥补自身的不足和劣势。特许经营的模式显然符合这一点，我们看到，遍布各地的受许人和加盟店其实都是特许人总部的手臂延伸，它们在执行着原本应该由总部直接开设直营店时所应执行的职能。

虽然，实际上，各个单店都可能是独立的法人实体，但这大大小小的单店所组成的网络与总部却在事实上共同形成了一个规模庞大的虚拟企业。在这个并不实际存在的大企业中，特许人担当着开发和复制"原版"模式单店的角色，受许人和加盟店则担当着将复制过来的模式在实践中付诸运营的任务，双方各司其职、团结协作、资源互补，共同在一个企业品牌下存在与发展。

4. 特许经营是企业资源外取的一种

按照笔者之全面资源运营论的观点，企业本身就是一个资源的集合体与转换体[1]，而企业获得资源的基本方式有两种：资源自制（in-sourcing）与资源外取（out-sourcing）。传统企业获得资源的方式主要为资源自制，而现在企业更强调资源外取，资源外取已经且必将继续成为企业资源获得方式上的崭新亮点，"时代的发展和经营环境的变化使得资源外取从'分工协作'的概念扩展成一个体系严密的经营战略领域，这一战略除了为越来越多的企业所采纳之外，还不断纵深发展，企业进行资源外取的领域越来越接近企业的核心"[2]。

特许经营具有资源外取的典型特征，是一种综合式的资源外取而非简单基本的单项资源外取，特许人外取资源可能还包括了受许人的许多资源，如受许人的人力资源、财务资源、物质资源、市场资源、技术资源、信息资源、关系资源、宏观环境资源、自然资源、组织管理资源、品牌资源与知识产权资源等。

特许经营的优势根源之一就是这种在资源外取上的前瞻性，它使特许人充分借助外

1　李维华. 资源观的演化及全面资源论下的资源定义 [J]. 管理科学文摘，2003（2）：10.
2　申光龙，寇小萱. 论企业的资源外取战略 [J]. 天津商学院学报，2001，21（1）：26.

在广大的资源为自己服务,因此,这种对特许经营本质的理解是合乎逻辑与现实的,也具有时代意识。

5. 特许经营是一种资本运营模式

现代资本运营理论把企业的运营活动分为产品经营、投资活动和理财活动三个部分。而从我国企业的运营实际出发,我国的企业运营经历了三次"跳跃"式发展阶段。第一阶段或第一次跳跃是从产品生产向商品生产的跳跃,第二次是从单一生产型向生产经营型的跳跃,第三次是从生产经营型向资本运营型的跳跃。资本运营论的观点认为当代企业的运营实际上应该是资本的运营,并且这第三次跳跃为"最最惊人的一跳"[1]。按资本运营理论,资本运营的具体内容又可被进一步分为"实业资本运营、产权资本运营、金融资本运营和无形资本运营[2]"四种。

我们了解了资本运营的这些内容之后,再结合特许经营本身的特色,完全可以看出来,特许经营模式其实就是一种"产权资本运营"和"无形资本运营",因为特许经营所授予的特许权内容就是特许人的工业产权和/或知识产权。特许人把这一本来闲置的产权资本和/或无形资本通过出租的转让方式来实现产权与使用权或经营权的分离,这既是典型的特许经营模式,也是典型的资本运营模式。

6. 特许经营是一种企业与外界(法人或自然人)之间的战略联盟

时下的学者们大都认为战略联盟是继并购之后的21世纪的企业获取资源的主要方式,他们为了证明21世纪的企业竞争其实就是"战略联盟的竞争"而列举了大量的理由、理论解释以及实证研究结果,大量的学术论文、专著也都以"战略联盟——21世纪的竞争模式"等相似的题目赫然提醒人们当今的时代已经是战略联盟的时代。在波特所宣称的企业增长三种模式中,其中一种就是战略联盟式增长。

战略联盟是指企业与资源产权者或拥有者之间的战略性合作,是企业间协作关系的升华与提高。因此战略性合作的特点就体现在双方的合作在时间上是长期的;在动机上是为了长远的利益(如共同提高核心竞争力、共同把市场做大等);在方式方面突破了契约与共同利益的局限而建立在互相信任的基础之上,并采用多种多样的方式,如联合研发、原材料互购、合资共建新企业、合作企业等;在过程中,二者都会顾及长远利益而不会发生短视的企业行为;在合作的目的上,二者是为了获得可持续的长期竞争优势,而不是短期、即时、局部的竞争优势;在合作的性质上,"战略联盟的本质之一,是一种相互依存的企业网络[3]"。

对照上述的这些战略联盟的特征,我们可以看到,这些特征在特许经营模式上得到了充分的验证和体现,特许人和受许人之间确实就是战略联盟的一种。国外学者曾总结

1　罗珉,编著.资本运作:模式、案例与分析[M].西南财经大学出版社,2001年.
2　陈东升,等.资本运营[M].北京:企业管理出版社,1998年.
3　周建.战略联盟与企业竞争力[M].上海:复旦大学出版社,2002年.

出企业实施技术战略联盟的九大典型模式,其中两种都和特许经营有关,"特许:技术和相关能力的交换,一个公司用现金换取使用另一个公司的技术",以及"交叉特许:两家企业签约,允许互相使用对方的专有技术"[1]。

7. 特许经营是一种企业的流程优化

企业的流程被越来越多地关注,《粤港信息日报》上一篇题为《逆向营销不战而胜》的文章举了一个很好的案例,美国一家规模较小、经营内容与其他竞争对手雷同的银行,尽管内部员工从上到下工作都很努力,但整体经营情况却很一般。一次,该银行在其汽车贷款业务中,发现了一个因为内部流程改变而产生的一项竞争优势——即以24小时完成现在竞争对手48小时才能完成的汽车贷款手续,结果,这个对于流程的优化不仅使这家银行成为美国众多银行中独具特色的银行,而且也使银行进入了美国盈利能力最佳的银行名单中。

联华超市早就注意到了流程再造和优化的重大意义,它们从网点开发、设备管理、商品采购、单证流转等8个方面入手,推行8大流程重组改造,积极探索企业过程管理新途径。通过整合和优化供应链,商品周转率明显加快,公司的万余种商品,平均周转率仅13.83天,同比下降6.37天。

现在在管理学界流行的一种管理被称为"精益"(lean)式管理,其实质之一就是通过对企业的工作流程进行分析后予以精简、重组,得以降低成本、加快速度、提高效率。

可见,流程完全可以成为企业竞争失败的原因,也可以成为企业的核心竞争力,流程优化是企业提高竞争力的一条必然捷径。

企业在实施特许经营的过程中,实际上就是进行自己的流程优化。比如,为了实现"3S"(简单化、标准化、专业化),企业必须分析、提炼与优化自己的业务流程,而这个分析、提炼与优化的过程本身就是企业提高的过程。因此,特许经营的本质之一就是一种企业的流程优化。

8. 特许经营是企业多元化的良好途径

尽管企业界与理论界存在着关于企业多元化与归核化的争论,但有一点却是事实,这就是,企业在力所能及的时候都会或者应该利用多元化为自己谋取更多利益,减少整体企业的市场风险和增强整体企业的竞争优势。人们反对多元化观点,通常是因为他们害怕多元化会分散企业资源,进而影响企业整体,"与其样样通,不如一门精"是他们的口头禅。

但特许经营却是企业进行多元化的一个良好选择,而且这种多元化也较容易被反对多元化者们接受,这是因为采用特许经营模式进行的多元化主要是利用企业的可分散资源(即那些可分散使用但并不或并不明显影响资源被另外使用的资源,如知识、信息、品牌等,而有时这些资源越被分散使用,其价值就越大,如知识资源)、借助外在受许人资源进行,它并不明显地影响企业被特许出去的工业产权和/或知识产权资源即特许

---

[1] 傅强,编译.技术战略联盟——在"正和"世界里学习和交换知识[J].IT经理世界,2001(2).

权资源的为特许人自己所使用。所以，反对多元化但却想谋取更多利益或使闲置资源发挥作用的企业或人们可以选择特许经营作为企业多元化的良好途径。

9. 特许经营是企业的一种融资方式

企业用来融资的方式有很多，特许经营是其中一种很好的融资方式。

想一想特许经营的发展就能明白这一点了：特许人企业需要资金开设新店，而受许人正好拥有这部分资金，于是二者联合，一个出资金、一个出工业产权和/或知识产权（当然，其他开店资源也需要在二者之间分配及提供），在这种模式之下，特许人体系内的一家家单店便接二连三地顺利开张了。

和银行贷款、风险投资等融资方式相比，特许经营这种融资方式有它自己的很多独特优势。比如，如果选择银行贷款或风险投资，即便融来了资金，企业也要自己去开发开店所需的其他资源，如店址、经营团队、当地人脉等，同时，选址、装修、招聘、办理执照、日常运营等工作也需要企业自己去做。但在特许经营这种融资模式之下，特许人除了得到开店的资金之外，上述开店所需资源和工作可以全部由受许人来执行，因此，特许人实际上"融"的不仅仅是资金，还有更多的资源。

另外，如果企业采用银行贷款、风险投资等方式融来了资金，那么企业在经营管理、资金使用调度、企业的利润分配制度上等会受到来自这些出资方的限制和监管，但特许经营的融资方式却很少受到限制，相反，特许人在经营管理、资金使用、企业利润分配制度上等是有权建议受许人的。

因此，在如今的银行贷款、风险投资等出资方更偏重大企业、名牌企业、出资条件苛刻的客观环境下，企业，尤其是中小企业，与其要经历艰难的商业计划书和"路演"的历程来获得不容易获得的，甚至包括对赌、优先清算等苛刻条款的银行贷款、风险投资等资金，还不如尝试特许经营这种融资方式。

10. 特许经营是投资理财的良好途径

事实上，特许经营之所以大受欢迎，这是因为特许经营不但给特许人带来了诸多利益，也给社会上的许多个人提供了一个非常不错的创业或实现个人价值、目的的途径，因为它使个人的闲置资金得到了"一举数得"的利用，而且，特许经营的受欢迎程度必将随着社会上个人可支配剩余资金的增多而增大，这一点已经在第二次世界大战后美国特许经营的昌盛时期得到了很好的证明，当时大量的退伍军人成了受许人的一支重要力量，特许经营因此迎来一个发展高潮。

毫无疑问，特许经营确实是一种很好的个人投资理财的方式。也正因为这一点，开设特许经营咨询顾问的公司、个人常常把自己等同于投资行业，投资中介常常把特许经营作为一种有效的投资选择推荐给客户，特许人也宣称自己为社会公众提供了一个良好的投资机会。

11. 特许经营是创业的一种高效方式

可以说，社会上任何时期的创业欲望都没有现在这么强烈，这当然有宏观环境越来越有利、人口增多使职位成为稀缺资源、解决温饱后的个人自我价值实现心理增强等原因，但以特许经营为代表的适合创业的模式的出现也是一个非常重要的原因。

潜在受许人通过加盟一个成熟的特许人企业，可以大大缩短创业时间、减小创业失败概率、拥有更多宝贵资源、节省创业成本、迅速打开市场等。总之，与自己单独创业相比，特许经营的创业优势非常明显。所以，把特许经营的本质理解为一种高效的创业方式并非没有道理。

12. 特许经营是社会经济模式和战略

特许经营是一种新思想、新方法，是一种全新的经营模式，它具有投入少、稳定、可持续发展、竞争力强，对国家贡献大等特征。特许经营本身就是以有限资源去组合闲散社会资源的经营模式，为社会提供了大量的就业机会，它将会得到全社会的资金支持、人脉支持和社会资源支持。鉴于特许经营在发展经济、解决社会问题等方面的巨大作用和实际效果，把特许经营本质理解为社会经济模式和战略也是不无道理的。

当然，除了上面列出的对于特许经营本质的十二条不同理解之外，还有其他理解，比如认为它是一种知识的管理、一种企业的战略模式、一种企业文化的传播等。出自不同的角度、目的、专业背景、自身状况以及不同的时间阶段，人们对于特许经营的本质完全可以有不同的认识。

但是，特许经营并不是人们所创造出来的其他某个唯一理论、模式等的本质化体现，也绝不是其他某个新理论、模式等的翻版或演绎，特许经营的本质就是它自己，就是它能够融合其他前沿理论、模式等的精华并在这些精华的有序、选择性融合中提炼出自己的一套独具特色的经营方面的思维和理念，这就是特许经营的本质！

特许经营和其他理论、模式等相比的优势就是，它既含有其他前沿理论、模式等的合理成分，摒弃了不合理成分，又在这一融一弃中诞生了综合这诸多理论、模式等思想精髓的自己。因此，正是综合、扬弃、博大与再升华成就了特许经营！

所以，何谓特许经营的本质？特许经营的本质就是——特许经营！

1.8.2 特许经营的一些主要行业

特许经营因为强大的生命力、竞争力以及快速扩张的潜力，得到了迅猛发展。许多国家的特许经营遍及所有的零售业和服务业，并以非常快的速度向其他领域扩张，真正印证了"特许经营行业无壁垒"这句话。

1. 从全世界的角度来看，特许经营分布的行业主要有22种

（1）餐饮业。

餐饮业的市场非常巨大。世界中餐业联合会、社会科学文献出版社等单位发布的《餐饮产业蓝皮书：中国餐饮产业发展报告（2019）》显示：改革开放40多年来，中国餐饮业收入从1978年的54.8亿元人民币开始，1983年突破百亿元，1994年突破千亿元，2006年突破万亿元，2011年超过2万亿元，2015年超过3万亿元，2018年超过4万亿元，

第1章　特许经营概述

达到4.27万亿元，比1978年增长近780倍。中国已经成为仅次于美国的世界第二大餐饮市场。如果以近三年中国、美国的餐饮产业收入平均增速预估，中国餐饮业有望在2023年超过美国，成为全球第一大餐饮市场。

餐饮业是特许经营中最受欢迎的投资项目，尤其是快餐店。2019年，美国著名创业类杂志《企业家》（*Entrepreneur*）评出的2019年特许经营500强中，前10位特许品牌中，餐饮业（全部为快餐品牌）就占了6席，其中最著名的是麦当劳，排名第一。

中国的快餐市场非同小可。美团点评发布的《中国餐饮报告2019》的数据显示，小吃快餐的门店数量占整体餐饮门店总数的44.3%，持续稳居餐饮业各品类的老大位置。另据相关权威数据统计，2016年我国拥有限额以上连锁餐饮集团（企业）门店总数共计25634个，营业面积共计1036.9万平方米，从业人数共计75.6万人，餐位数共计341.1万个，商品购进总额共计612.43亿元，营业额共计1635.15亿元。而2003年，我国仅拥有限额以上连锁快餐业门店数1966个，从业人员仅9.26万人，其增速和市场空间可见一斑。

据有关机构的不完全数据统计，2018年中国国内餐饮连锁品牌中，加盟店的营业额为6470亿元，同期直营店的营业额为1872亿元。这意味着加盟店贡献的营业额比例高达77.5%。（资料来源：中国产业信息网，《餐饮业发展潜力巨大，连锁经营成为趋势，各地区纷纷发力餐饮连锁经营》）

餐饮业之所以能有这样的大发展，和餐饮行业本身的较高的投资回报以及稳定的现金流有关。

（2）服装业。

国家统计局数据显示，2018年全国居民人均衣着消费支出为1289元，同比增长4.1%，衣着支出在消费支出中的比重为6.5%。而同期，限额以上服装类商品零售额实现9870.4亿元，累计增长8.5%，增速较2017年提高0.5个百分点，限额以上服装零售延续了2017年以来的增速加快趋势。2018年全国重点大型零售企业服装类商品零售额同比增长0.99%。

世界贸易组织发布的《2019年世界贸易统计报告》显示，2018年，世界服装（SITC 84）出口贸易规模为5050亿美元，同比增长11.1%。中国贡献了1578亿美元的出口额，占比高达31.2%，高于排名第二的欧盟28国的出口总额（1435亿美元）以及第三到第十名的总和，稳居全球第一。可以预见，由于产能限制原因，未来若干年内，还没有哪一个国家可以成为下一个"中国"。

随着我国商业流通体制改革的进一步深入，新的经营业态不断出现，服装销售渠道也随之增多。特许经营模式非常适合服装的生产与销售，我国许多知名企业，如海澜之家、森马、雅戈尔、太平鸟等众多上市服装品牌，大多采用特许经营模式销售服装并取得了卓越的成绩。近年来，服装业的特许经营呈现出明显的快速增长趋势。

在我国，因为服装企业采用特许经营模式的情况非常普遍，所以服装业经常独立举办行业性的、专门的特许经营加盟展会，这是我们在多行业并存的综合性的加盟展上很少看到众多服装业特许人参展的主要原因。

（3）旅店住宿业。

从统计数据（见表1-21）来看，国际知名酒店几乎都采用了特许经营模式进行企业扩张。

表1-21 国际知名酒店集团所属品牌及经营模式

序号	酒店集团	酒店（座）/房间（万）	品牌	经营模式
1	洲际（英）	5000+/66	洲际、假日、皇冠假日、假日智选、恒桥公寓、Candlewood、英迪格（Indigo）	特许经营约占89%，委托管理约占6%，带资管理及其他5%。在中国均委托管理，投资极少
2	胜腾（美）	6460+/54	速8、戴斯、华美达、Baymont、Travelodge、豪生、Knights、Wingate、AmeriHost以及Wyndham等	全球排名第一的特许经营酒店集团，特许经营饭店数占100%
3	万豪国际（美）	6900+/131	万豪、JW万豪、丽思-卡尔顿（Ritz-Carlton）、威斯汀、喜来登、圣·瑞吉斯、福朋、寰鼎、至尊精选、W饭店、万丽（Renaissance）、Residence Inn、万怡（Courtyard）、Towne Place Suites、Fair field Inn、Spring Hill Suites等30个品牌	特许经营占31.9%，委托管理13.8%，带资管理及其他54.3%，旗下华美达完全实行特许经营
4	雅高（法）	4800+/70.4	诺富特、宜必思、美居、索菲特、佛缪勒第一、汽车旅馆第六	带资管理46.5%，租赁饭店21.8%，委托管理15.4%，特许经营16.3%，索菲特和诺富特以委托管理为主
5	精品国际（美）	7000+/57	Clarion Hotels、Comfort inn&Quality Suits、Quality Inns Hotel & Suites、Sleep Inn、Econo-Lodge、Rodeway Inn、MainStay Suites	世界排名第二的饭店特许经营公司，特许经营100%

续表

序号	酒店集团	酒店（座）/房间（万）	品牌	经营模式
6	希尔顿（美）	5000+/80+	Hilton、Scandic和Conrad	特许经营占23.8%，委托管理占3%，带资管理及其他占73.2%
7	最佳西方（美）	4200+/40+	Best Western、Best Western Plus、Vīb、Best Western Premier、Glō、Executive Residency by Best Western、BW Premier Collection、Aiden、SureStay、WorldHotels等17个品牌	以特许经营为主，部分国家和地区采用区域特许的方式，并允许发展次受许人
8	香格里拉（中国香港）	100+/4	香格里拉、香格里拉度假酒店、盛贸、嘉里酒店、今旅酒店	以带资管理为主，委托管理为辅
9	凯悦（美）	520+/7.8+	柏悦、阿丽拉、安达仕、君悦、凯悦、凯悦尚萃、凯悦嘉轩、凯悦嘉寓	以特许经营为主

据相关统计数据显示，截至2016年，我国共有酒店28.90万家（规模以上酒店，单酒店客房数在15间以上），客房总数1410万间（平均客房规模49间）。其中，有限服务连锁酒店2.4万家，同比共增加2669家（增速12.4%），客房总数已达213.47万间，同比增加了16.55万间（增速8.41%）。（资料来源：中国报告网，《2018年我国酒店供需关系及中端酒店发展空间预测》）

另有数据显示，我国酒店整体连锁化率为22%，相较美国近70%的连锁化率仍有较大的提升空间。值得注意的是，美国的酒店连锁化率是中国的3倍，但中国的整体客房数是美国的3倍多，中国连锁酒店集团的发展潜力相比美国还有10倍的提升空间。（资料来源：《工人日报》，吴铎思，《酒店行业进入上升期》）

事实上，从2016年开始，酒店业已进入存量整合阶段，新建投资在住宿业投资中占比有逐年下降的趋势。可以预见，随着市场的进一步整合，越来越多的单体酒店将逐渐加盟其他连锁品牌，整体连锁化的比例将进一步提高。

国内酒店业已逐步形成了锦江国际集团（含铂涛酒店集团和维也纳酒店集团）、首旅如家集团、华住集团等几大本土酒店集团，它们主要采用特许经营的方式进行扩张。其中，锦江国际集团旗下已经拥有锦江、锦江之星、7天连锁、维也纳等40多个知名酒店品牌，分布在我国31个省、自治区、直辖市以及全球120多个国家，旗下拥有8715家酒店、94万个房间，总会员人数达到了1.5亿，成为全球第二大酒店集团。华住酒店集团则拥有4230家酒店、72万间客房，位列全球第九。首旅如家集团酒店数量则达4049家，客房40万间，位列全球第十。（资料来源：互联网老油条，《中国最大的酒店集团：坐拥酒店8715家，超越希尔顿，全球排名第二》）

（4）休闲旅游业。

发展改革开放40多年后的今天，全民休闲时代来临。有关统计数据显示，美国人有三分之一的时间、三分之一的收入和三分之一的土地面积用于休闲娱乐。在世界旅游市场构成中，休闲旅游占62%。有人曾预言，休闲旅游业将成为"下一个经济大潮，并席卷世界各地"。

文化和旅游部的统计数据显示，2018年，国内旅游人数55.39亿人次，比2017年同期增长10.8%；入出境旅游总人数2.91亿人次，同比增长7.8%；2018年实现旅游总收入5.97万亿元人民币，同比增长10.5%。初步测算，2018年全国旅游业对GDP的综合贡献为9.94万亿元，占GDP总量的11.04%。旅游直接就业2826万人，旅游直接和间接就业7991万人，占全国就业总人口的10.29%。休闲旅游业将作为中国经济发展的新增长点。

在特许经营里面，休闲旅游尚属相当新的一个行业，大约有一半以上的受许人是在1989年以后才开业的。这种行业的特许合同期限一般相当长，有的甚至是无限期的，说明这一行业的稳定性要求比较高，但总部征收的广告费用却比其他行业低得多，只有46%的企业需要定期征收广告费。

（5）汽车用品及服务。

这也是一个较新的行业，在国外，这一行业约有30%的特许人规定受许人的店址必须由总部负责，或由总部作为租借的中间人。

资料显示，早在20世纪80年代的美国，汽车养护企业就占到了整个汽车保修行业的80%以上，企业的年均营业收入均在100亿美元以上，远远超过汽车专业维修市场的业绩。随着汽车"三分修，七分养""以养代修"观念逐渐深入人心，汽车养护业发展势头日渐迅猛，是投资的新兴、利好领域。

汽车美容服务异军突起。有统计数据表明，在一个完全成熟的国际化汽车市场中，整个汽车链条利润的20%为汽车销售商获得，20%为零部件供应商获得，而近60%的利润则来自汽车服务业，在发达国家汽车美容养护业已占到整个汽车后续市场的80%左右。汽车制造业每投入1元人民币，就带动24～34元人民币的汽车售后消费，一辆中档轿车每年所耗费用（除燃油费、保险费）可达6000～7000元。

公安部的统计数据显示，2019年年底全国汽车保有量已高达2.6亿辆，与2018年年底相比，同比增长8.83%。其中，私家车（私人小微型载客汽车）保有量达2.07亿辆，近五年年均增长1966万辆。全国66个城市汽车保有量超过百万辆，30个城市超200万辆，其中，北京、成都、重庆、苏州、上海、郑州、深圳、西安、武汉、东莞、天津等

11个城市超300万辆。

从现实情况来看，车主养车费用已达到或者超过汽车本身的价值，以一台15万元左右的中档轿车为例，在中等城市每月的养车费用为1000元人民币左右，按照15年报废期计算，其养车费用将达到18万元。这就意味着，一笔巨大的费用将流入从事汽车服务业的商家。（资料来源：搜狐，《15万左右的私家车，一年要花多少养车费？》）

相关市场调查数据显示，我国60%以上的私人高档车车主有给汽车做外部美容养护的习惯；30%以上的私人低档车车主也开始形成了给汽车做美容养护的观念；30%以上的公用高档汽车定时进行外部美容养护；50%以上的私家车车主愿意在掌握基本技术的情况下自己进行汽车美容和养护。（资料来源：搜狐，《还想开汽车美容店吗？为您带来汽车美容行业分析》）

与此对应的，我国维修企业的官方数据为42.8万家，但实际市场中维修企业可能超过100万家。（来源：中国汽车报网，陈萌，《中国汽车维修行业协会秘书长严波：汽修连锁仍是行业发展方向》）

汽车用品、汽车美容、汽车装饰等汽车后市场具有巨大的市场发展空间和诱人的市场前景，所以有人称汽车服务业为"黄金产业"。

但由于这个行业在目前的中国还缺少行业标准与规范，行业内鱼龙混杂，所以这个行业正处在整合阶段，加盟者在选择特许人时一定要谨慎。

2020年，笔者应中国汽车维修行业协会委托作为第一主笔编制的《汽车维修连锁经营规范》，将为汽车后市场特许经营、连锁经营的规范起到里程碑式的作用。

（6）商业服务。

这是一个新兴的特许经营业务，主要有：会计报税、广告代理、企业顾问、不动产中介、快递公司、秘书公司、包装公司等，它的数目不断增加，服务内容也在不断更新和充实中。

以不动产中介为例。在过去多年房地产经纪行业发展过程中，直营占绝对主导地位。但从2018年开始，这一现象开始改变，行业龙头们纷纷启动特许经营业务。2018年也被认为是房地产经纪行业加盟元年。（资料来源：企商网，《年度新增近200店，21世纪不动产改变上海地产经纪格局》）

以直营线下门店起家的行业"老大哥"链家，2018年开启了"三足鼎立"的经营格局：直营业务沿用"链家"品牌、加盟业务启用收购的"德祐"品牌、信息开放平台则采用"贝壳"品牌。德祐在2015年被链家收购，2018年3月，德祐在武汉的第一家加盟店诞生，开始了加盟模式发展的态势，吸引中小中介机构加盟德祐。与传统的收取加盟费模式相比，德祐面向B端加盟模式，采用按照门店营业额抽取一定比例的管理费，比例根据链家在当地的房源量等因素来确定。目前，德祐已进入深圳、广州、杭州、成都、天津、西安等一线及强二线城市，至今全国签约门店已超过10000家，仅用1年多的时间德祐门店过万，可以说这样业绩的最大功臣是链家，当然获利者也是链家。（资料

来源：腾讯房产，赵晓丽，《2019房产中介一年记｜加盟、新生、整顿，在低迷中重塑行业新格局》)

当链家的加盟店风靡全国时，其对手中原地产也在行动，于2018年3月推出了针对中小中介的加盟品牌——"原萃"，涵盖有授权加盟、交易按揭、业务工具系统、市场运营、风险管理、招聘培训、品牌营销、咨询顾问等在内的8大业务模块。（资料来源：《劳动报》，《中原集团在沪推加盟服务品牌"原萃"，加盟或取代直营成为市场主流》）

房产经纪业加盟的鼻祖，21世纪不动产自2000年从美国进入中国，就开始借助特许经营的模式快速扩张。截至2014年9月30日，21世纪不动产在全国23个城市设立了835家店，其中有600家加盟门店。而从2016年开始，21世纪不动产革新了加盟模式，通过打通门店之间的房源信息共享等方式将加盟模式做重，与此同时，采用将公司的直营店改加盟店、全国范围内进行品牌输出的轻运营模式。21世纪不动产全力进攻"加盟"。截至2019年10月底，21世纪不动产已覆盖中国146个主要城市，体系内拥有8000多家门店，同时拥有62500多名经纪人，店东创业家人数达到4369名。（资料来源：中华网，《21世纪不动产卢航：携手贝壳平台共建行业新生态》）

（7）印刷、影印、招牌服务。

此项业务所需投资额较大，稳定性要求也较高，半数以上的特许合约期限为20年。

SignARama是世界上最大的计算机设计和标识制作的公司，在全球25个国家有550多家连锁店。由雷·泰特斯（Ray Titus）和罗伊·泰特斯（Roy Titus）创立的SignARama于1986年在纽约州开办第一家特许经营店，并于1987年开始拓展特许经营，1999年在中国开了第一家店，取得了巨大的成功。

（8）家政服务。

这是一个较新的行业，随着家庭劳动社会化逐渐兴起，家政服务业在现代社会生活中具有较大的发展潜力，并已细分出保姆、清洁、搬家、花草养护、劳务中介等业务。值得一提的是，家政服务业在母婴护理和养老护理两个业态上正在蓬勃发展，也推动了家政服务业市场规模不断扩大。

中国商务部和国家发改委社会发展司公布的数据显示，2017年中国家政服务行业营业收入达到4400亿元人民币，同比增长26.0%；2018年为5762亿人民币，同比增27.9%。

2018年年底，全国家政服务企业突破70万家，家政服务业从业人员为3072万人，中国城镇现有1.9亿户家庭，约15%的家庭需要家政服务。（资料来源：华经情报网，《2018年家政服务行业市场规模、供需情况及发展趋势分析》）

据iiMedia Research（艾媒咨询）测算，2020年中国家政服务业市场规模将达到8782亿元。家政服务产业普遍需求的不断增加，会推动家政供给市场的发展，未来3～5年，家政服务业将迎来高速发展期。

但由于家政服务中屡屡出现的雇主和家政服务提供人员之间的矛盾，品牌化、特许经营化将是家政企业发展的主流趋势之一。

（9）人力资源中介。

人力资源中介的典型代表是猎头公司。在国外，此行业中85%的特许总部要求受许人必须亲自经营。

人力资源中介市场非常庞大，行业呈现上升趋势。比如，美国的人力资源中介机构超过17000家，年营业额超过250亿美元，除设立国内机构外，它们还在世界各地广设分支机构。德国的人才中介机构有上千个。

全球人力资源服务行业整体集中度很低，行业前四巨头德科、仁达仕、万宝盛华和Recruit Holding的市占率约为20.5%，前三巨头的市占率为17%。分市场来看，欧洲、美国和日本三大经济发达体占据了主要市场份额，达到了全球营收的70%以上，其中欧洲是人力资源服务行业最主要的市场，占到了世界总量的41%，北美地区占24%，亚洲地区占25%。（资料来源：人力圈靠活，《全球人力资源服务行业三巨头崛起》）

我国2011年发布的《中华人民共和国国民经济和社会发展第十二个五年规划纲要》明确提出，要规范发展人事代理、人才推荐、人员培训、劳务派遣等人力资源服务，这是我国首次明确将人力资源服务业纳入五年规划中。2011年，在人力资源服务业正式列入国家产业目录后，人力资源服务业正式成为国家重点发展的产业领域。

我国拥有世界上规模最大的人力资源市场，蕴含着体量巨大的人力资源服务需求。近年来，政府通过简政放权、转变职能，有效激发了市场活力，人力资源服务的需求被挖掘出来，使得人力资源服务业的规模迅速扩张。

截至2018年年底，全国共有各类人力资源服务机构3.57万家，同比增长18.37%；行业从业人员64.14万人，同比增长9.89%；各类人力资源服务机构共设立固定招聘（交流）场所3.19万个；建立人力资源市场网站1.33万个。2018年我国人力资源服务行业营业收入1.77万亿元，近几年连续保持20%左右的增长态势。（资料来源：财见，《大中华区人力资源品牌百强发布》）

但遗憾的是，截至目前，中国尚未出现知名的人力资源连锁企业品牌。

（10）零售业。

便利店、超市、珠宝店、时装店、饰品店、工艺品店、药店、化妆品店等都属于零售业。这是和餐饮业并列发展较快的行业。这一行业的稳定性及成功率都较高。

创立于2013年的快时尚零售特许经营品牌"名创优品"，5年时间在全球开店3500多家，2018年营收突破25亿美元，已与美国、加拿大、俄罗斯、新加坡、阿联酋、韩国、马来西亚等80多个国家和地区达成合作，平均每月开店80~100家。（资料来源：金融观察团，《名创优品金融生意：现金贷导流714高炮 人人收自称"全球催收鼻祖"》）

创立于2006年8月的休闲零食特许经营品牌"良品铺子"，十几年来深耕华中地区，辐射全国，已有2100多家门店遍布华中、华东、华南、西北、西南等13省，全渠道会员总数超过8000万。2016年、2017年、2018年及2019年上半年，良品铺子的营业收入分别为42.89亿、54.24亿、63.78亿和35.05亿元人民币，营业收入规模位居行业前列。已于上海证券交易所主板上市。（资料来源：新浪VR，《良品铺子："另类"创始人造就百亿航母》）

作为零售业代表的超市、便利店，更是利用特许经营模式扩张的典范，如国际品牌7-11便利店、本土品牌世纪华联。尤其是全国各类城市都在进行便利店圈地之战的大背景下，规模化已成为便利店盈利甚至生存的必选途径，而特许经营的低成本、快速扩张优势则使得众多的便利店无比青睐特许经营这种模式。

（11）美容健身服务业。

健身中心、美容院、整形手术中心等都属于美容健身服务业。这一特许业务出现较早，但一直持续不衰。美国1989年以后续订或新签订的健身美容服务加盟合约高达总数的88.2%，并且大多为按月收取权利金。20世纪90年代以来，日本、中国香港、中国台湾等地的健身美容服务不断涌现，成为现代生活中不可缺少的一部分。

相关数据报告显示，截至2018年年底，我国美容美发行业企业已超34万个，行业营业额达到3362.45亿元人民币，且未来5年内将持续以4.56%的复合增速增长，预计到2022年，中国美容美发行业市场规模将突破4000亿元，鲜有产业能企及这般发展速度及成长规模。（资料来源：快刀财经，朱末，《约不上！可Tony老师们为何没能上市？4000亿中国美发业，毁于套路》）

在中国美容行业蓬勃发展的背景下，美容院、养生馆、高档会所不仅在北上广等一二线城市遍地开花，也在三四线城市不断开业。同时，业内人士普遍看好连锁美容店的发展。在国内美容行业塑造美容品牌，发挥规模优势的方向下，一批连锁美容品牌正在崛起，而一些中小型的美容院也在朝着这一方向发展。

（12）租赁业。

汽车租赁、机器设备租赁等都属于租赁业。在国外，汽车租赁的特许合约期限一般都较短，一般总部按月征收权利金和广告费。在机器设备租赁方面，几乎所有的特许合约期限在10年，40%的总部要求加盟者亲自经营。

传统的租赁业是在约定的时间内将场地、房屋、物品、设备或设施等转让他人使用的业务，现代租赁业的内容还包括了人力资源的租赁（包括模特、礼仪小姐、月嫂、保姆、厨师、保镖、秘书等）等新兴领域。现代租赁在发达国家被誉为"朝阳行业"，与银行信贷、证券共同号称为三大金融工具，它同时还是商品流通的主渠道之一。

据《世界租赁年鉴》统计，世界设备融资租赁成交额1978年是410亿美元，1987年是1038亿美元，2000年达到4990亿美元，2005年为5820亿美元，2010年为5945亿美元，2015年为10053亿美元，到2017年为12800亿美元，平均每年以10%的速度增长。（资料来源：《上海证券报》，周子勋，《融资租赁行业告别多头监管》）

就具体国家而言，拥有全球最大租赁市场的美国，2017年的设备融资租赁业务额高达4103亿美元，同比增长6.9%。作为全球第二大租赁国的中国，设备融资租赁业务额达到了2656.8亿美元，租赁业务增长十分强劲，增速超过了20%。英国的租赁业务额为924.5亿美元，同比下降了0.46%，在所有国家中位居第三。德国的租赁业务额为783.2亿美元，同比增长7.29%，位居第四。第五大租赁市场国日本的租赁业务额为604.7亿美元，同比下降了2%。法国是全球第六大租赁市场国，租赁业务额达到497.8亿美元，同比增长近9%。（资料来源：中国外资租赁委员会，张志广，《全球租赁业发展情况概览》）

我国现代租赁业从1981年才开始起步，截至2018年年底，全国融资租赁企业（不含单一项目公司、分公司、子公司和收购海外的公司）总数为11777家，较2017年年底的9676家增加了2101家，增长21.7%。截至2018年年底，全国融资租赁合同余额约为66500亿元人民币，比2017年年底的60800亿元增加约5700亿元，增长9.38%。（资料来源：融易学租赁研究院，《全国融资租赁合同余额超6万亿！广东融资租赁企业占全国35.75%》）

过去20年，我国政府和租赁业界人士共同努力，专门的法律法规、行业协会、租赁论坛、系列书籍与论文、专业网站等纷纷出现，中国的租赁业一直蓬勃发展。此外，中国的租赁业在覆盖范围上也迅速增加，比如除了生产资料等传统租赁内容外，国内的生活资料租赁公司的租赁内容则五花八门，包括自行车、家具、音像、家用电器、绿植花卉、电脑、通信器材、办公用品、会展用品、图书、乐器、儿童用品、玩具、婚庆用品、宴席用品等，这些公司中的许多都以连锁或特许经营的方式来实现自己的扩张。

特许经营的模式在租赁行业非常流行，有些行业甚至以特许经营为主流模式，这其中最有代表性的就是汽车租赁业特许经营。全球最大的汽车租赁公司美国Hertz（赫兹）、安飞士（AVIS）公司，采取的经营模式都是特许经营。我国汽车租赁业的一些知名品牌也借助特许经营方式取得了大发展，如神州租车、一嗨租车、首汽租赁公司等。

（13）教育培训业。

这是一个正被看好的特许经营行业，它需要较大的投资，并且特许合约期限一般都很长。

教育培训业采用特许经营模式已是一种时代趋势。马萨诸塞大学政策研究分析中心负责人克莱德·巴罗在其《贸易自由化与美国高等教育跨国化》一文中提出，"一直在寻找新的收入来源的美国高等教育机构，有朝一日将成为像麦当劳、可口可乐和肯德基那样的特许经营企业，这种说法并不是夸夸其谈"。（引自墨西哥《每日报》7月11日报道，《走向特许经营的美国大学的自由化》）

我国的教育市场被公认为是最具"钱"景的市场之一，全国的培训机构总数超1万家，且正以每年30%以上的速度迅速增长，行业整体发展速度快。"教育培训业是21世纪最朝阳的产业之一"已成为越来越多人的共识。（资料来源：李克兵，《我国教育培训业的现状及解决办法》）

在我国，子女教育支出已经成为城市家庭的主要经济支出之一。调查显示，城市家庭平均每年在子女教育方面的支出，占家庭子女总支出的78.3%，占家庭总支出的

36.5%，占家庭总收入的32.7%。调查显示，81.4%的家庭对于课外培训或辅导的选择在于语文、数学、外语等学科类辅导；33.9%的家庭支付音乐、舞蹈、绘画、书法等艺术类培训；14.7%的家庭支付武术、游泳等体育类训练；另有3.6%的家庭让孩子参与航模、机器人等科技类培训。国家对教育培训市场进一步开放，尤其是职业培训快速迅猛发展。（资料来源：搜狐，《东方沸点分析：如今，教育培训创业市场处于一种什么状态？》）

但教育培训市场的竞争也越来越激烈，小型机构由于师资、市场开发资金缺乏，品牌难以在短期形成，市场空间越来越小。并且因为教育培训业是"先收费、后服务"的盈利模式，所以较之其他行业具有与众不同的特色，即"轻资产，重品牌"，学员为了降低学习风险，往往会集中选择具有优势的教育培训机构品牌，从而形成"强者更强、一家独大"的良性局面。（资料来源：《科技快报》，《校宝在线打造平台级流量入口，解决招生难我们是认真的》）

而相关行业分析报告恰恰显示，培训教育业的连锁企业数量稳步增长，主要教育培训连锁品牌的店铺增长率约26%。教育连锁的概念被越来越多的公众所认知与认同。教育培训行业的三大支柱就是IT、英语和少儿培训。有80%的企业采用连锁发展的模式，其中采用"直营+加盟"发展的占60%。由此可以看出，特许经营在教育培训市场也有着强大的生命力。（资料来源：《中国经济时报》，新华社记者雷敏，《培训教育业：3000亿元市场蛋糕待瓜分》）

由于教育培训领域的广阔市场和丰厚利润，以及国家政策的大力支持，比如《中华人民共和国民办教育促进法》明确规定民办学校可以从中盈利，国内外的教育培训企业纷纷采取特许经营的方式占领市场份额，包括知名企业如英孚英语、阶梯英语等全球性的知名特许经营机构，以及新东方、环球雅思、洋话连篇、东方爱婴等国内教育培训机构。

教育培训的单店投资多数属于中等规模，平均投资额为10万~90万元，面积为50~2000平方米。根据各项目的特点以及授权市场情况的不同，教育培训机构所要求的场地面积在50~1500平方米，雇佣人员的数量也在5~50人，经营面积和人力资源的不同，直接影响着加盟投资费用的差异。（资料来源：百度文库，《2019—2025年中国教育培训行业现状研究分析及市场前景预测报告目录》）

（14）婴幼儿用品产业。

曾被联合国有关组织称为"21世纪的朝阳产业"的婴幼用品市场到底有多大？《中国人口统计年鉴》的数据显示，中国0~3岁的婴幼儿超过5000万人，0~6岁的婴幼儿达1.2亿人，每年婴幼儿用品消费超过千亿元人民币。预计到2020年，中国婴幼儿用品市场将达到2108.76亿元。随着我国二胎政策的全面开放，婴幼儿用品市场呈繁荣发展态势，行业前景被普遍看好。事实上，婴幼儿用品市场是国内发展速度最快的行业之一，年均增长率在30%以上，而同期中国的GDP增长率在6.8%左右。

因为国内婴幼儿用品市场扩张迅速，众多品牌加入竞争当中，婴幼儿用品市场竞争异常激烈。我国婴幼儿用品市场在三四年前开始大规模扩张，特别是近两年的扩张速度尤其迅速。随着居民消费能力不断提高，消费理念的不断转变，婴幼儿用品从种类到数量都出现了迅猛的增长势头，在消费者和生产者的互动中，婴幼儿用品市场不断扩展，而且这种扩展势头在未来的一段时间内还将继续。（资料来源：智研咨询，《2019—2025年中国婴幼儿用品市场研究与产业竞争格局报告》）

婴幼儿用品特许经营店的主要业务内容为销售婴幼儿的服装、用品、玩具、童车、童床、食品、保健品等，以及为刚刚或即将做父母的人士提供育婴光盘、亲子教材、孕妇用品、礼品等，同时还会提供诸如立体手脚印制作、早教、胎毛笔制作、胎教培训、孕期培训等之类的服务。

（15）建筑装修。

在国外，这一行业的特许期限一般为10年，并且有40%的总部要求受许人必须亲自经营。

随着人民生活水平的提高，我国家装行业发展迅速。数据显示，我国室内装饰工程量以平均每年30%的高速增长：2011年我国家装市场1.02万亿元人民币，2014年1.51万亿元，2017年1.9万亿元，2019年已超2万亿元（资料来源：中国产业研究报告网，《2019—2025年中国家装行业深度研究与投资战略报告》）。如此巨大的市场吸引了家装市场的巨头们开始以特许经营的方式抢占更多的市场份额，其代表就是从2001年开始采取特许经营模式的东易日盛、金螳螂和业之峰。

（16）宠物用品及服务业。

虽然饲养宠物的历史悠久，但宠物作为一项独立的产业以及成为国民经济的一部分（被称为"宠物经济"），却只有一二百年的历史，其产业链主要包括宠物的繁育、训练、用品、用具、医疗、医药、贸易、食品、服装、托管、犬社、赛会、美容、玩具、护理咨询、宠物摄影、宠物婚介、宠物墓地等。

作为一个成熟的宠物消费市场，美国宠物行业的发展相对成熟，但行业增长率仍处于较高位置。根据APPA数据，2018年美国宠物市场约726亿美元，2019年约为750亿美元，年增长率达到3.9%。而此前2008—2018年，美国宠物市场规模平均复合增长率超过5%，即使在2008年经济危机时期，美国宠物行业规模依旧保持4.9%的增长速度。一定程度上，体现出宠物刚性消费的特点。（资料来源：清科研究中心，朱剑裕，《2018年中国宠物行业研究报告》）

日本宠物行业的发展具有一定的特殊性。伴随着日本经济的转型和老龄化的加剧，生育率和结婚率不断降低，居民生活压力日益增大，宠物成为居民精神寄托的一部分。根据矢野经济研究所数据，2017年日本宠物猫和狗的数量达到1922万只，远高于15岁以下儿童数量。2017年日本宠物市场规模已突破1.5万亿日元，保持1%左右的增速。在日本，养宠已经在生活场景中普及，公共区域出现为宠物准备的空间，且宠物产品和服务非常细化，行业发展已经成熟，宠物美容的项目也十分丰富，包括冲凉、洗耳、修剪毛发，甚至整容服务。伴随着宠物老龄化，宠物养老院也成为一个快速增长的行业，根据日本环境省透露，2017年日本的宠物犬养老院已经超过了100家。

我国宠物行业虽然发展历程较短，但随着养宠政策的放开和宠物数量的增加，国内宠物市场行业规模发展迅速。我国宠物数量从2010年的9691万只增加到2017年的1.68亿只，平均每年增长约8%；行业规模从2010年的140亿元增长到2017年的1340亿元，年复合增长率约为38.1%。

随着市场的发展，宠物行业竞争加剧，产品品类不断丰富，产品价格趋于合理，整个行业规模的增速逐渐平稳，2017年我国宠物行业规模增速为9.8%。参照美国，我国宠物行业还未进入成熟期，宠物市场渗透率仍将提升。未来几年，我国宠物行业规模将保持10%左右的增长率。

但我国养宠家庭的比例不足17%，与日本、美国等国都有很大的差距，养宠依然是小众行为。我国目前人均收入水平、宠物数量、宠物市场发展与美国的20世纪80年代的状态相近。类比美国的发展过程，我国宠物市场将继续高速发展，养宠家庭的渗透率和单户宠物消费支出将继续上涨。美国宠物渗透率从1988年的56%上涨为2018年的68%，按照此增长，我国未来30年的宠物渗透率将增长至近30%。根据狗民网2018年宠物行业白皮书，2018年仅犬类和猫类的市场规模已达到1708亿元，预计2020年我国宠物市场规模将超过2000亿元。（资料来源：清科研究中心，朱剑裕，《2018年中国宠物行业研究报告》）

在宠物产业诱人前景的促使下，宠物产业的特许经营专卖店覆盖领域正从用品专卖店、医疗店、美容店、服饰店逐步涉及更多、更广的范围。

（17）环境技术业。

家庭用水及商业水处理与净化等属于环境技术业。

（18）考试服务业。

巨大的中国考试培训市场令人瞩目，教育类考试、政府类考试和认证类考试每年总计有1亿多人次，全国在校生与非在校生的全年考试更达到数十亿人次。伴随着科技的发展，传统的考试技术、考试手段和考试模式正进行着信息化、智能化和规范化的改造。以特许授权形式运作的、各种各样的特许授权考站以先进的技术、全新的理念和商业模式，在中国教育培训事业蓬勃发展的进程中，将考试服务业发展成一个富有商机的新产业。

（19）信息及互联网行业。

主要包括互联网品牌线下体验及售后服务中心，品牌电脑专卖店，电脑、网络配件及软件专卖连锁店，网络服务加盟，网络技术连锁加盟等。

国内的一些知名互联网品牌和网站已经采用这种模式，如小米之家、搜捕网等。

（20）娱乐行业。

歌舞场、KTV、洗浴中心等属于娱乐行业。

由于娱乐场所本身的一些特性，如需要经营者具有一定的人脉或社会关系等资源，所以这个行业非常适合特许经营的模式。

(21)洗衣业。

有些经济学者把社会化洗涤总量、每万人拥有干洗使用设备的先进程度,作为判断一个国家和地区经济是否发达、人民生活水平高低的重要指标。

据了解,意大利总人口约5000万,干洗店有2万家,平均每2500人就有一家干洗店。西班牙人口4000多万,有干洗店4000多家,平均每1万人就有一家干洗店。日本有1.2亿人口,洗衣厂5万座,平均每2400人就有一家干洗厂。(资料来源:百度文库,《洗涤产品在国外》)

根据中国洗染行业协会及轻工业协会联合统计,截至2016年12月31日,全国干洗业界的实体经营店(包含干洗加盟店及私营干洗店、专业收衣点)数量约为100万家,其中上海、北京两市已超过2万家,远远高于其他城市甚至某些省份。(资料来源:《十大冷门行业之干洗行业》,http://www.heqian56.com/wenhua/8292.html)

值得注意的是,单体洗衣店和特许经营店比重已从1998年的86:14变为目前的约50:50。特许经营已成为洗衣业的主要发展方式,同时也涌现了一大批诸如荣昌、普兰德、象王等知名特许经营品牌。

一般洗衣特许加盟店的投资在20万元左右,包括购买设备硬件的费用、品牌使用费、年度服务费和保证金等。保证金通常要交3年,每年在几千元到1万元不等。如果想加盟知名品牌,则需要40万元以上的投资。

一般来说,七八百户家庭就可以养活一个洗衣店。洗衣店的利润每年为8万~10万元,利润率在70%~80%。

(22)珠宝业。

珠宝业的大部分公司都采取加盟的方式,包括周大福、老凤祥、周大生、六福、潮宏基、莱绅通灵、萃华、谢瑞麟等。

近几十年来,特许经营已渗透到整个第三产业里,除了上面介绍的产业外,还包括婴幼儿教育服务业、图书业、花卉园艺业、摄影业、律师事务所、顾问咨询业、金融、保险服务、足底保健、按摩、营养及服务业、唱片出租业、体检机构、环境检测与治理、视力护理、擦鞋、婚介、眼镜、建材、家纺、家居用品、酒吧、咖啡、茶馆、鲜花专卖、礼品、文具等,几乎无所不包。

除此之外,特许经营进入新领域的案例也层出不穷。

在2001年新加坡举办的"全球特许经营展销会"上,甚至出现了"风水"的特许招募。马来西亚还有专业遗嘱写作的特许经营等。

我国首家离婚公司——上海维情商务咨询有限公司已在全国陆续开设17家加盟公司。

网络游戏《傲神传》进入市场时一反传统的游戏代理渠道,采用特许经营的方式,迅速成为业界的一匹黑马,其创新的渠道模式更是让所有网络游戏运营从业人员眼前一亮。

国际特许经营协会在网站上还列出了一些新兴的特许经营行业的例子,比如支票兑现/金融服务、因特网服务、约会服务、家庭探测/氡及渗漏探测、生态环境服务等。

据有关机构的不完全统计数据显示，按照2006年年初欧洲特许联盟（EFF）推荐给世界特许联合会（WFC）的特许经营行业分类，我国特许经营已经覆盖了该分类的所有13大类别。

2. 国际特许经营协会（IFA）以及英国特许经营协会对特许经营的行业分类结果

（1）国际特许经营协会对特许经营的行业分类。

① 餐馆（所有类型）
② 旅店、汽车旅馆和露营地
③ 休闲、娱乐和旅游
④ 汽车产品和服务
⑤ 商业援助和服务
⑥ 印刷、复印、标志品和服务
⑦ 就业服务
⑧ 养护和清洗服务
⑨ 建筑和家庭修缮
⑩ 便利店
⑪ 洗衣和干洗
⑫ 教育产品和服务
⑬ 租赁服务：汽车和卡车
⑭ 租赁服务：设备和零售
⑮ 零售：非食品
⑯ 零售：食品（非便利）
⑰ 健康和美容服务
⑱ 房地产服务
⑲ 杂项服务

（2）英国特许经营协会的特许经营行业划分[1]。

1）机动车辆服务。
① 制动、变速箱和刹车的快速安装
② 汽车调试服务
③ 汽车配件
④ 汽车零件

2）酒吧。

3）汽车雇佣/租赁。

4）排污工。

5）印刷商店。

6）速食。
① 炸鸡
② 汉堡包
③ 鱼和薯条
④ 咖啡
⑤ 比萨
⑥ 烤土豆

7）房屋维护服务。
① 财产保管
② 防湿
③ 管道工
④ 整修、改造厨房和浴室
⑤ 侵入警报和火情警报
⑥ 窗户遮阳
⑦ 内部装饰
⑧ 厨房和浴室器具

---

1 马丁·门德森著. 特许经营指南［M］. 李维华，等，译. 北京：机械工业出版社，2004.

⑨ 壁炉　　　　　　　　　　　　　⑩ 车库门安装

8）包裹递送服务。

9）美容。

10）零售。

① 咖啡、茶　　　　　　　　　　② 贺卡

③ 松木家具　　　　　　　　　　④ 邮局

⑤ 新货及二手货的现金及支票交易　⑥ 冷冻物品的家居递送

⑦ 鞋子　　　　　　　　　　　　⑧ 移动电话

⑨ 保健品自动贩卖机　　　　　　⑩ 幼儿园物品和玩具

⑪ 宠物食品家庭递送　　　　　　⑫ 水力及工业水管

⑬ 易损家具维修和灾祸恢复　　　⑭ 职业介绍所

⑮ 工业清洁服务　　　　　　　　⑯ 家庭清洁服务

⑰ 地毯和室内装潢品清洁　　　　⑱ 标志制造

⑲ 不动产代理　　　　　　　　　⑳ 电视医院

㉑ 车辆清洗　　　　　　　　　　㉒ 便利店

㉓ 浴室器具修理　　　　　　　　㉔ 移动并储藏设备

㉕ 工业化学制品　　　　　　　　㉖ 风景维护服务

㉗ 面包店　　　　　　　　　　　㉘ 照片即时冲洗服务

㉙ 办公室和工业的清洁　　　　　㉚ 女仆服务

㉛ 旅馆　　　　　　　　　　　　㉜ 工具和仪器

㉝ 对砖石建筑物的再定位服务　　㉞ 教育节目

㉟ 屋顶修葺　　　　　　　　　　㊱ 录像带出租与售卖

㊲ 调查局（侦探社）　　　　　　㊳ 牛奶、乳酪的生产、分销

㊴ 饮料的调配、售卖　　　　　　㊵ 徽章标志的制造与售卖

㊶ 一小时电影的拍摄与发行　　　㊷ 保险经纪人

㊸ 乙烯基罩的修理和恢复　　　　㊹ 秘书和打字员的培训中心

㊺ 行政和管理培训　　　　　　　㊻ 饮食和健身俱乐部

㊼ 办公室产品的供应　　　　　　㊽ 旅行社

1.8.3　最热门的特许经营行业

在不同的时期、不同的国家，最热门的特许经营行业或人们最感兴趣的投资领域是不同的。本节仅在此列举一些具有统计意义的资料信息和例子，希望能给潜在受许人一些启发和借鉴。但是请读者注意两点。

① 最热门的特许经营行业指大众投资频率、或大众关注度、或现有企业数量、或特许人积极程度最高的行业，但这些行业却并不一定是成功率最高的投资领域，也不是

未来一定最热门的行业，未必适合每个人。如果你要成为受许人，还需要在专家的指导下，选择最适合你而不是最热门的行业来投资。而且，因为热门的行业得到了最多人群的关注与介入，所以竞争非常激烈，这就并不一定适合初次进入生意中的创业人。有时候，那些冷门的新生行业可能给投资人带来巨大的成功。

② 因为统计的数据、样本、工具、方法等方面存在的缺陷，所以这些统计的资料信息和例子并不能保证其准确率的100%，只能作为受许人在加盟时选择行业或领域的参考。

根据商务部备案的特许经营企业的行业热度分布，截至2020年1月3日，在商业特许经营信息管理系统完成备案并公告的5326家企业中，排名前三的行业为餐饮业、零售业与其他商业服务业，具体见表1-22。

表1-22　商务部备案的特许经营企业的行业热度分布

序号	行业	备案企业数量（单位：家）	占备案企业比例
1	餐饮业	2022	37.96%
2	零售业	1628	30.57%
3	其他商业服务业	690	12.96%
4	居民服务业	430	8.07%
5	教育培训业	298	5.60%
6	中介服务业	150	2.82%
7	住宿业	108	2.03%

[练习与思考]

（1）你认为特许经营的本质是什么？为什么？

（2）你认为哪个行业在未来会有更多的发展？或者，你认为哪个行业更适合特许经营模式？

（3）分析特许经营之所以被称为"特许经营无行业壁垒"的原因。

（4）你还能指出一种新兴的运用特许经营进行企业运营的行业例子吗？

（5）查找有关资料，回答什么是行业？在此基础上回答"特许经营是一种行业"的观点是否正确？

（6）你认为不同时期、不同机构统计的热门行业不同的最主要原因是什么？

1.9 特许经营与其他方式的比较

[**本节要点**]

本节主要讲述特许经营与其他几个易混淆概念的区别,其目的是使读者深刻把握特许经营的本质,并对特许经营的未来充满信心。

本节第五部分主要介绍社会上关于自愿连锁、直营连锁与特许经营谁是未来连锁业态主流的争论,说明特许经营才是未来连锁业态的主流。目的是使读者对连锁业态的未来发展趋势形成正确、科学的认识。

在最后一部分,通过分析实际案例,帮助读者从深层次的角度认识到,并不是特许经营不适合一些企业或行业,而是模式的操作者没有掌握科学的特许经营知识。

特许经营与其他商业模式的最根本区别就在于,它是工业产权和/或知识产权的转让,是适应知识经济时代特点的一种商业及经济发展模式,它使不同所有者的无形资产和有形资产通过特许经营这个平台得以最佳整合,使资源得到最大化的利用,被称作第三次商业革命。

了解特许经营与其他几种相似模式的异同,有助于读者深刻把握特许经营的本质,并对特许经营的未来充满信心。

1.9.1 正确认识"店":从"店"到"点"的根本转变

提到饭店、便利店、服装店、足疗店、药店等,大家都明白它们是"店"。但对于另一部分,虽然名称中没有"店"这个字,如美容院、足疗馆、幼儿园、学校、超市等,但其实指的也是"店"。

那么,关于"店",我们应该如何定义呢?

大家通常所认识和理解的店一般包括三类:独立店、店中店和专柜。

互联网出现之后,"店"又增加了一种,即虚拟店,当然这种虚拟店既可以是商家自己建立的,如自建的APP、网店等,也可以是借助他人平台建立的网店、微店等。

然而这还远远不够,如果我们进一步思考,剥离表面现象看到最深处的事物本质时,我们应该或必须坚定地看到,除了上述的传统店和虚拟店之外,分公司、经销商、代理商、城市合伙人、直销点、办事处、分校、分站甚至家庭、个人等"点"的实质也是"店"。

所以,对于"店"的全新分类结果和全新定义见图1-19。

对"店"重新分类之后,无论是做一个店、还是做连锁经营或特许经营、还是做任何的企业或不是企业的事业机构等,企业或个人的视野、采用的方法、取得的结果等各个方

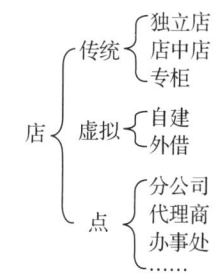

店 { 传统 { 独立店 / 店中店 / 专柜 } 虚拟 { 自建 / 外借 } 点 { 分公司 / 代理商 / 办事处 / …… } }

图1-19 "店"的全新分类

面都会发生翻天覆地的巨大提升。

在从"店"到"点"的转变过程中，企业可以获得如下好处。

① 融会贯通地将用于传统实体店的思路、方法等运用于虚拟店和"点"上面。比如关于传统实体店的选址、装修、陈列等，同样适用于虚拟店。虚拟店也需要选址（如可以自建，或选择其他网络平台），虚拟店也需要装修（如颜色、布局、整体效果等），虚拟店也需要陈列（如主次产品以及辅助道具的选择、安放等）。

② 对于"点"，如分公司、经销商、代理商、城市合伙人、直销点、办事处、分校、分站等，企业可以按照传统店的思路、方法去举一反三、融会贯通地运用，可以运用店的特许经营和连锁经营的模式去标准化、规范化、统一化各个"点"，可以按照特许经营学的理论去招募、营建、培训、督导各个"点"，如此，特许经营的灵魂思维，如复制、网络、借力等就可以迅速而有效地提升各个"点"的经营质量，进而大大提升企业经营。

③ 企业在发展业务时，不能埋头苦攻传统店的三种形式，应该同时开设虚拟店和积极发展"点"。企业应在不同时期、不同产品或服务、不同地理位置上，灵活选择运用上述的传统店、虚拟店和"点"这三种商业组织形式，完全不必受限或拘泥于某一种。当然，这三者在渠道等方面可能会有冲突，这就需要企业去有机地融合、科学地分配、一体化地操作。如此，企业的扩张速度、品牌发展、因地制宜的成功性等方面会有巨大的提升。

④ 对于每一种分类本身，企业在实际操作时，都应考虑每一种更细分类的组织形态的实际可行性。如此地打开思维式的做法，会使企业的经营迈上更高的台阶。比如，企业在开设传统店时，不仅可以开设独立店，也可以开设店中店和专柜；企业开设网店时，不仅可以自建还可以借用他人的平台；企业在外地设"点"时，未必一定是分公司，也可以采用办事处、合伙人、分站等形式。

总之，从"店"到"点"的转变，虽然只有一字之差，但结果却是天壤之别。只要树立了更广义的"店"的理念，企业所学的很多知识就可以融会贯通，企业的实际发展和扩张也会更快速和有效。

1.9.2 与虚拟店或线上店的比较：实体店的好处与"实体店+"

其实并非只是互联网人在号称要干掉实体店，很多模式也曾有过类似的口号，然而，实体店真的过时了吗？非也。真相是，那些出现过的商业模式都是在拿自己的长处去比较实体店的短处，如此，自然就会让一部分人暂时陷入误区。

所以，实体店的店主们需要仔细分析实体店的利弊，扬长避短地修炼自己，如此，才能真正应对可能会出现的新的商业模式，而不会屡屡陷于杞人忧天的悲观之中。

与线上或其他没有固定营业场所的虚拟渠道相比，实体店具有如下独到的优势。

① 安全感和信任度高。在"跑得了和尚跑不了庙"的传统意识暗示下，消费者对于看得见摸得着、切切实实存在的实体店的安全感和信任度远远高于虚拟渠道，一些关

于虚拟渠道的负面新闻进一步增强了人们对于实体店的信任度。通过实体店找到索赔的具体对象很容易，但微商、电商等却可能很难找到实际责任人。

② 更能通过全方位的体验激发购买。基于8I（MI、BI、VI、SI、BPI、AI、OI、EI）设计，顾客通过所看到的、听到的、摸到的、感觉到的、联想到的、闻到的等进行全身心的体验，实体店进而达成目的性消费、冲动型消费等销售。尤其对于一些需要尝试或反复尝试后才能购买的商品或服务更为有效，如鞋子的大小和舒服度、衣服的尺寸大小、设备的实际运营状况等。

这是线上店所没有的优势。宜家创始人英格瓦·坎普拉德认为，"网页上可以做买卖，但会减少来店的客人，这样便会失去一些额外的生意，比如有些商品是顾客随手挑拣的，并不一定是他们需要的东西。"

优衣库研究发现，有优衣库门店的城市，天猫上优衣库的销售一定好；没有优衣库的门店，销售就会差一些。

③ 提货的即时性。这一点是虚拟渠道无论如何实现不了的，尤其对于那些立即需要的产品和服务，提货的即时性是实体店的撒手锏。

④ 压力导致的动力更强。如果没有商家实实在在的资金投入和每天的必需耗费，那么，商家的销售压力不大，进而动力也不大。一旦商家投入了真金白银，每时每刻的成本和费用会不断地提醒商家要努力，其回收投资的欲望会更强烈，销售的压力和动力自然就更强。

⑤ 销售模式的全面性。一旦开设了实体店，包括面对面销售、演示、解说、店内小型OPP会、促销活动、会员聚会等各种销售方式均可实施，不必受限于沟通方式，这些必然会促进销售的更大化。

⑥ 时刻存在的宣传。即使不购买的人群也会每天大量路过店门口，这对产品和服务自然是一种很好的宣传和广告，对处在闹市区等人流量大的店铺而言，其宣传和广告效应是非常巨大的。对于每天能看到实体店的人群而言，久而久之，不管是出于尝鲜还是真的需要，其消费概率是非常大的。

⑦ 更容易植入新产品。既然店面空间已经存在，所以在店内增加新产品和新服务也更方便，商家对新产品和新服务的额外宣传与解释的成本与时间都会变小，顾客容易发现新品。

⑧ 因为投资，所以可吸收更优质的事业合作伙伴。一般来讲，具备投资能力的人群，尤其是具备大额投资能力的人群，其运营和销售实力、经验是高于没有现金投资能力的人群的。投资的人把销售作为事业、职业，不投资的人把销售作为可有可无的兼职，很显然，专业选手和业余选手的差距还是有的。

⑨ 归属感更强。有了实体店，每天面对公司的LOGO、商号、VI、SI等，店主对于自己所属的商业体系有较强的归属感，认为自己是体系中必不可少的一部分，而在虚拟渠道，如微商，有些人就会认为自己只是个无足轻重的兼职人员，不认为自己是体系中必不可少的一分子。

⑩ 多种支付方式均可使用。在实体店，各种银行卡、信用卡、储值卡、微信支付、支付宝、现金等均可使用，而虚拟渠道支持的支付方式种类明显减少。

⑪ 满足社交需要。人是有情感的生物，人类还有社交等高级层面的需求。在实体店，顾客可与店员沟通或与同时消费的顾客群接触，顾客的社交满足感更强。

⑫ 专一性更强。在实体店内销售别家产品或服务，或者把已有的顾客群转到其他商家的可能性小很多，因为相对容易地就会被所属的商业体系发现并给予处罚。而虚拟渠道，如直销或微商，一个人对同一顾客同时销售几家产品的现象比比皆是。

⑬ 实体店是某些产品或服务的唯一渠道。因为顾客现场消费的必须性、大型复杂设备器材的必须性、环境氛围的必须性等原因，如宾馆（你住在网上？）、医院（把设备等搬去你家做手术？）、游乐场（摩天轮如何弄到家里？）、幼儿园（蹦蹦床等搬家去？）、汽修店（钣喷等设备搬家去？）等，至少在相当长的时期内是离不开实体店的。所以，那些说互联网会消灭所有实体店的说法是毫无根据的。

⑭ 厂家或总部的库存压力小。为了保证服务或销售的即时性，实体店内通常需要备货，而有些线上渠道是总部或厂家备货，接到渠道订单后统一发货，总部或厂家的库存压力和成本较大。

⑮ 更合法。只要营业执照等必需证件具备，店内的各种运营都是问题不大的，而变相直销、微商等的合法性是存在潜在风险的。

⑯ 国家支持。2016年11月2日，《国务院办公厅关于推动实体零售创新转型的意见》强调重申，"实体零售是商品流通的重要基础，是引导生产、扩大消费的重要载体，是繁荣市场、保障就业的重要渠道。"

当然，上述只是实体店的部分优势。事实上，就如笔者一贯提倡的那样，事物都是有利有弊的。实体店有利，自然也有弊端；虚拟渠道有弊端，自然也有其利。所以，我们需要做的不是片面偏激地否定或推崇哪一方，而是研究如何把它们科学地融合起来，根据市场状况以及企业自己的实际去设计一套适合自己的商业模式或渠道组合。其中，实体店自然是最重要的渠道或商业模式之一。

在其他模式出现时，实体店应该充分发挥自己的上述优势，放大它们，而不是以己之短去击他人之长。比如，互联网可以搞"互联网+"，实体店就可以搞"实体店+"，就是说，新时代的实体店应该以传统的实体店为出发点和基础，不断融合新旧商业模式的优点，同时把互联网、众筹、云计算、大数据、AI等技术或手段也融合进来。如此，实体店的繁荣就是自然而然的事情了。

1.9.3 特许经营与连锁经营、直营连锁、自由连锁的比较

1. 特许经营与连锁经营

要了解连锁的含义，必须知道流通的概念。

什么是流通呢？通俗来说，流通业是从生产到消费的所有中间环节，通常指批发

业、零售业、餐饮业和物流业四个主要流通分支。广义的流通业是商品或服务所有者一切贸易关系的总和，包括商流、物流、信息流和资金流四个主要部分。狭义的流通，是指国际上通行的分销服务业，包括代理、批发、零售、特许经营等。流通的概念如今有了很大延展，已经由过去的行业概念上升为产业概念，包括交通运输业、邮电通信业、国内商业、对外贸易业、饮食业、物资供销业、仓储业、物流业等，并成为第三产业的基础和主导。特别是进入20世纪80年代以来，现代流通产业已经由过去的末端性产业逐渐演变为先导性产业，并呈现出产业化、组织化、国际化的发展趋势，日益受到人们的重视。

连锁经营是流通领域行业中若干同业店铺，以共同进货或授予特许权等方式联结起来，实现服务标准化、经营专业化、管理规范化，共享规模效益的一种现代经营方式和组织形式。

连锁经营是通过一定纽带，将众多分散孤立的经营单位联结在一起，并按照一定的规则要求运作。它包括三种基本形式。

① 直营连锁或正规连锁，简称RC，即总公司直接投资开设连锁店。

② 自由连锁或自愿连锁，简称VC，即保留连锁体系内各店的单个资本所有权的联合。

③ 特许经营，简称FC，即以特许权的转让为核心的连锁经营，也就是特许经营。特许经营的不规范的说法是特许连锁、合同连锁、加盟连锁、契约连锁、特许加盟、连锁加盟等。

从国际连锁业发展的历史来看，当直营连锁、自愿连锁发展到一定规模，形成自身的品牌和管理模式后，都转向以特许经营为主。特许经营是连锁经营发展到一定阶段的产物，是连锁经营的高级形式、灵魂和主流。

直营连锁的优点显而易见，如总部对于各经营单位或单店的决策性更强、开店关店的自由性较大等；但缺点也很明显，如直营连锁的发展常常受到资金、地域、时间、地方法规、税收等方面的严格限制，很难适应竞争日趋激烈的市场环境，其发展速度缓慢，所需资金量大，管理难度加大，使总店投资风险增大，如果没有雄厚的资金做后盾，又不能较快占领市场达到规模经济，就可能使某些总店资金周转不灵或亏损，有些甚至不得不关门或出让。另外，直营连锁店的工作人员的"打工"状态和心态使得其在没有真金白银的投资的时候，其工作动力较欠缺。

自愿连锁由于各经营单位或单店之间的结合度比较松散、总部的功能较弱等原因，整个体系的一致性很难得到保证。但自愿连锁的优点是各经营单位或连锁店可以相对自由地进入或退出，不会在退出后仍然受到严格的限制。所以自愿连锁特别受到那些既想联合、又不愿自己的企业产权或企业控制权弱化的企业的青睐。

特许经营是特许人将自己所拥有的商标（包括服务商标）、商号、产品、专利和专有技术、经营模式等以特许经营合同的形式授予受许人使用，受许人按合同规定，在特许人统一的业务模式下从事经营活动，并向特许人支付相应的费用。很显然，特许经营是一种经营技巧、业务形式的许可,是一种工业产权和/或知识产权的授予,受资金、地域、时间等方面的限制较小,在同一时间可在任何有消费者群的地域发展多家经营单位或单店,并以低成本、小风险、快速度的特征迅速扩张。但特许经营也有一些缺点,比如总部会失去一部分利益、承受泄露商业秘密的风险、对加盟店的控制力较差等。

虽然直营连锁、自由连锁和特许经营这三种最基本的连锁形式各有利弊,各有一定的适用条件和对象,但实践证明,在如今的流通业竞争逐渐转至规模、速度、网络、品牌、网点、文化等方面的时代,在由纯粹的竞争转向竞合的时代,在无形资产价值越来越超过有形资产价值的时代,特许经营的优势是显而易见的,它代表着流通业的主流和趋势。

所以我们鼓励和提倡,当企业或个人在条件具备的时候,应优先考虑使用特许经营的方式来发展、提升自己的事业。

归纳起来,我们可用表1-23列出连锁经营的三种基本形式之间的主要区别。

表1-23 连锁经营的三种形式之间的主要区别

	特许经营	直营连锁	自由连锁
单店产权人	可能是总部、单店或区域受许人、第三方或其组合	只有一个,即连锁总部企业	各店各不相同
管理模式	依据合同管理加盟店;各店人事和财务独立;特许人间接管理(支持、督导、服务、协调等)	总部对分店的各项事务均有决定权,分店员工仅是总部的雇员	依据合同;各店人事、财务独立;总部间接管理(支持、督导、服务、协调等)
经营领域	广义的特许经营在政治、教育、文化、经济等各个领域都有,并非只有"店"的形式;狭义的特许经营仅指流通领域诸行业	一般仅限于零售和服务业等流通领域诸行业	一般仅限于零售和服务业等流通领域诸行业
与单店关系	特许人和加盟店的关系是合同双方当事人	自家人	合同双方当事人;自愿联合的合作伙伴关系
筹资方式	通常,加盟店由受许人负责筹集实体资本所需资金,因此连锁网络的发展空间更大、速度更快	只要有足够的资金、人员等开店必备资源即可,所以网络体系的发展易受自有资金、人员等开店必备资源的限制	各店"自负其资"

续表

	特许经营	直营连锁	自由连锁
运作方式	开展特许经营的基础是拥有一整套合法的、符合市场需求的"特许权"组合	只需足够的开店必备资源和合适的业务类型就可以进行	只要成员愿意连锁并符合一定的标准即可
发展方式	吸收独立的商人（自然人或法人）加入而扩大体系	企业负责开设单店的全部资源，包括人、财、物、店址等	扩张规模上往往不太积极，可能有排外的倾向
自由度	约束力强，进入与退出都有严格限制	完全取决于总部的意愿	自由度大，进入与退出相对容易
各店的统一化程度	很强	较强	很差
出现时间	政府特许经营出现的时间很早；但商业模式特许经营出现在1865年	较晚	更晚
适用产业	第一、二、三产业	第三产业	第三产业

下文将详细讲解各种区别。

2. 特许经营与直营连锁

直营连锁原来的含义是公司连锁（Cooporate Chain），即同一资本所有（指连锁公司的店铺均由公司总部全资或控股开设），经营同类商品和/或服务，由同一个总部集中管理领导，在总部的直接领导下统一经营，共同进行经营活动的组织化的流通企业集团。欧美一般要求连锁店的数目要在11个以上，有些国家和地区要求在12个以上。这个定义中的关键是"同一资本所有"，这也是区别直营连锁与其他经营形式的标准。我们从中可以看出特许经营与直营连锁在本质上是不同的。

（1）产权构成不同。

直营连锁中各店的所有者或主要控股者只有一个，即连锁总部企业。

特许经营中各店的产权所有者情况则完全不同。各店的产权所有者可能会是总部（则此店称为总部直营店）、单店受许人或区域受许人（则此店称为区域直营店）或第三方，也可能是这三者的某种组合（比如总部可能会在某一加盟店中占有一定股份，那么这个加盟店就是总部和该受许人共同所有；当然，总部和区域分部之间，区域分部和单店受许人之间，总部、区域分部和单店受许人之间，都有可能共同拥有某加盟店的股份或投资、产权比例）。

（2）管理模式不同。

在直营连锁中，总部对各分店拥有所有权，对分店经营中的各项具体事务均有决定权，分店员工作为总部的雇员，完全按照总部意志行事。

特许经营的核心是特许权的转让，特许体系是通过特许人与受许人签订特许合同形成的，各个加盟店的人事和财务关系是相对于总部或特许人独立的，特许人无权直接干涉。受许人需要对特许人授予的特许权和提供的服务以某种形式支付报酬。特许人对受许人的管理主要依据特许经营合同，通过支持、督导来间接管理受许人的加盟店，并不直接参与。

（3）涉及的经营领域不同。

直营连锁的范围一般仅限于零售和服务业等第三产业。

特许经营的范围则宽广得多，除了应用在零售和服务业等第三产业之外，在第一产业农林渔牧中和第二产业制造业中也被广泛应用，比如政府、教育、文化、宗教、民间组织甚至个人之间，都可以产生特许经营关系。商业模式特许经营指的是第三产业。

（4）法律关系不同。

在特许经营中，特许人和受许人之间的关系是合同双方当事人的关系，双方的权利和义务在合同条款中有明确规定。

直营连锁不涉及这种合同（分店员工与总部的雇佣合同、承包合同等另当别论），总部和分店之间的关系由公司内部的管理制度进行调整，即属于自家人的内部事务。

（5）筹资方式不同。

企业如果要通过直营连锁来扩大规模，那么企业要筹集足够的资金，配备大批的管理人员，因此，直营连锁的发展更易受到资金和人员的限制。

特许经营通过招募独立的法人或自然人的方式来扩张体系，特许人不仅需要吸引潜在受许人，还需选择受许人，并为受许人提供培训和服务。相比之下，特许经营利用他人资源扩大市场占有率，所需资金较少，可以有更大的发展空间和更快的发展速度。

（6）运作方式不同。

特许经营业务开展的基础是一整套经营模式或某项独特的商品、商标等经营资源。特许人把这些东西以特许权的形式授予受许人，有了它，受许人就可以独立开展业务。特许经营体系的建立也是以开发特许权为基础的。

直营连锁实际上需要足够的开店资源（人、财、物、店址等）和合适的业务类型就可以进行。对于直营连锁来说，必备的资金等资源以及充足的经营管理经验和方法对于其成功是至关重要的。

（7）发展方式不同。

特许经营通过吸收独立的法人或自然人加入而扩大体系。在这个过程中，特许人需要进行大量的营销工作来吸引潜在受许人，还需要选择加盟者，并为受许人提供培训等各种服务。

直营连锁欲扩大其体系，只需进行市场调查，选择合适的地点，并具备必备的开店资源（人、财、物、店址等）就可以了。

（8）自由度不同。

进入与退出特许经营体系都有严格的约定。进入的自由度主要取决于特许人对于未来受许人的选择条件、程序、特许经营本身的加盟店状况，比如大型加盟店的庞大投资显然就会排斥许多资本实力不强的潜在受许人、要求受许人有特殊技术或经历、资源的特许经营体系也会拒绝一些法人或自然人的进入等。退出的自由度主要取决于特许经营合同的约束力，一般而言，为了避免受许人给自己带来竞争，特许人会严格限制受许人的退出，比如终止特许经营关系的受许人在一定年限内不得从事本行业或相关行业、退出要交纳一定的补偿给特许人等。因此，受许人不能轻易进入或退出。

直营连锁的自由度则完全取决于总部的意愿，总部可以根据自己的战略自主、自由地决定某个单店的开业或停业。

3. 特许经营与自由连锁

自由连锁指的是，各连锁公司的店铺均为独立法人，各自的资产所有权关系不变，各成员使用共同的店名或经营共同的商品等，与总部订立采购、促销、宣传等方面的合同，并按合同开展经营活动。各成员可自由退出。

在如下几个方面，自由连锁与特许经营有所不同。

（1）产权构成不同。

自由连锁中各店的所有者或主要控股者各不相同，总部只是一个管理、服务或协调的机构，并不对各店拥有所有权。

（2）总部功能不同。

各店之间以合同的形式约定总部的功能，即总部为自由连锁的各家连锁店提供某种管理、服务或协调，更多的是提供促进各店业务的服务，因此其强制性管理的力度较小。特许经营的总部除了服务之外，还具有监督、管理的功能，其管理更具有强制性。

（3）涉及的经营领域不同。

自由连锁经营的范围一般也仅限于零售和服务业等流通领域诸行业。

（4）法律关系不同。

在自由连锁中，总部和分店之间的关系也是合同约束下的管理，但这种合同的约束力要比特许经营的合同约束力弱，自由连锁的各成员更具有"伙伴""合作"的平等关系。

（5）筹资方式不同。

一般，自由连锁方式下各店"自负其资"，即各自负责自己的资金管理运作。

（6）运作方式不同。

只要成员愿意连锁并符合一定的标准，就可以加入或形成自由连锁。

（7）发展方式不同。

自由连锁的扩大依靠的是吸引独立店主加入，在扩张规模上往往不太积极，并且可能有排外的倾向。

（8）自由度不同。

自由连锁中的成员店的经营自主权比特许经营加盟店多。特许经营加盟店在合同期内不能自由退出，而自由连锁店相对可以自由退出，进入也比较容易。

【专题】特许经营和连锁经营的区别

（1）出现时间。

特许经营早在周厉王时就有，现代商业模式特许经营1865年在美国出现，迄今已有155年历史了，在中国有33年历史。

连锁经营只是近代100多年的事情。

（2）覆盖领域。

特许经营在第一、二、三产业全有。连锁经营只在第三产业，包括零售业和服务业。

（3）发展水平。

在第三产业里，特许经营是连锁经营发展的高级阶段和灵魂。

（4）与时俱进方面。

特许经营已经进入了李维华首倡的"大特许"阶段，融合了新老模式以及现代科技、现代特许经营理念等。

连锁经营在操作模式上还是更多地停留在老概念上。

（5）未来趋势。

在未来，特许经营是所有商业模式的主流。连锁经营只是其中一种表现形式。

（6）法律法规。

在中国，特许经营有专门的"一条两法"，即《商业特许经营管理条例》《商业特许经营备案管理办法》《商业特许经营信息披露管理办法》

连锁经营没有专门的全国性的法律法规。

（7）复制资源。

特许经营包括单资源特许、组合资源特许和全部资源特许，特许经营和复制的内容不局限于传统意义上的"店面"。

连锁经营通常指的是"店面"的统一化或复制。

（8）合同方面。

特许经营的特许人和受许人签订的是一系列合同，包括主合同与复制合同。

直营、自愿的连锁经营形式通常都是没有合作合同或只有单份合同。

1.9.4　特许经营与代理的比较

商业上的代理是代理人按本人的授权，以本人的名义或代表本人同第三人订立买卖合同或办理与交易有关的其他事宜。

第1章　特许经营概述

代理人是根据授权人授权，按授权人意志行事的人。代理人和授权人双方的权利、义务在合同中有明确的规定，但第三方不用考虑这方面的问题。特许经营合同中通常会明确规定，受许人不是特许人的代理人或伙伴，无权代表特许人行事。

代理人代表的是本人的利益并按本人的指示行事。因此，由此所产生的权利与义务均直接对本人发生效力。代理人与本人的关系实际上是一种受托的关系。代理人就是本人的受托人。本人不但对代理人为其承揽的合同承担法律责任，而且，代理人行使代理行为中如有侵权行为，本人也要承担一定的法律责任。另外，本人要向代理人支付佣金以及有关的代理费用。出口贸易中所涉及的代理一般仅限于产品的推销，而且代理人不能代表本人签订合同，更不涉及本人商标、商号名称的转让。在代理中，双方的契约关系可因本人的主动撤回授权行为而终止。

对特许经营而言，首先，其业务适用范围广泛，既可以经营各种产品，也可以经营服务项目，还可以以一揽子的形式把特许人的整体业务转让给受许人。受许人是独立的签约人，不是特许人的代理人，双方是一种连续不断的商业关系。因此，受许人在经营特许经营业务中发生的法律问题大多都与特许人无关（若特许人为制造商或供应商，因其产品对消费者产生的伤害所引起的法律责任除外），受许人与任何第三者所签订的合同均不对特许人产生任何约束力。

在代理中，本人具有价格决定权，代理人只是提取一定的佣金。特许经营的特许人虽然在法律上对受许人的出售价格没有决定权，但是由于对受许人的企业经营存在合法的经济利益，特许人有权提出价格建议，并劝告受许人采纳。受许人对特许人依附性很大，因此这种价格建议往往会起到决定性的影响，受许人的产品或服务项目的出售价格一般不会与特许人的建议价格相背离，因此，特许人在价格上所制订的推销战略基本上可以实现。

特许人可以因商标、商号名称的转让而对受许人实行有效监督、控制，使受许人长期、专一地经营特许人的产品或服务，扩大特许人的商誉，占领并扩大市场。从上面我们可以看到，特许人不必像本人为其代理人那样为受许人承担法律责任，但受许人却可以像代理人那样起到专一经营特许人产品或服务项目的作用。而且同代理人相比，受许人更加专一、稳定。特许人与受许人之间的法律关系同本人与代理人之间的法律关系完全不同，但从实际效果看，受许人可以起到代理人的作用。

不过，我们应注意到，特许人对受许人的控制要有一个限度，即除去正当的经济理由外（如维护产品的质量标准、保护商标权及特许经营体系的信誉等），若这种控制很严、很广泛，特许人往往要承担一定的法律责任。就像本人为代理人承担责任一样。美国在20世纪60年代就曾出现过这样的案例。法院认为虽然协议中规定受许人不属于特许人的代理人，然而顾客不了解受许人与特许人之间的复杂的法律关系，客观上受许人已经达到了代理人的程度，是事实上的代理人，所以特许人要对"代理人"的行为和失职承担法律责任。

综上所述，特许经营中的受许人和商业代理中的代理人的主要区别见表1-24。

表1-24 特许经营中的受许人和代理人的主要区别

	受许人	代理人
授权范围	商标（包括服务商标）、商号、产品、专利和专有技术、经营模式等	以授权人的名义或代表同第三人订立买卖合同或办理与交易有关的其他事宜
代表利益	自身利益和特许人利益兼顾	代表授权人的利益并按其指示行事
行为效力	一般为自己的行为负法律责任，与特许人无关（特许人提供产品等有连带责任的例外）	代理行为所产生的权利与义务均直接对授权人发生效力
主要盈利来源	自己的经营利润	佣金以及有关的代理费用
终止关系	特许经营的任意一方均不能随意终止合同关系	可因授权人主动撤回授权而终止
专一	专一经营特许人的产品或服务	可同时代理多个授权人
稳定	在合同约束期内，更为稳定	放弃代理关系比较自由

1.9.5 特许经营与经销、直销、包销的区别

1. 商业模式特许经营与经销的区别（见表1-25）

经销商不受给他经销权的企业或个人的约束，是完全独立的商人，可以自由选择销售多家企业的产品及销售方式，在销售过程中，经销商承担销售中的全部风险。买卖关系也可以存在于特许经营中，但这只是特许经营活动的一部分，并非特许经营的本质。特许经营的本质是工业产权和/或知识产权的转让。

表1-25 商业模式特许经营与经销的区别

	商业模式特许经营	经销
合同内容	内容详细具体、篇幅较长	内容、篇幅较少
合同可谈判性	合同的许多内容不可谈判，具有强制性，不同受许人之间的合同大同小异	合同的内容可谈判，各经销商所签订的合同可能相差较大

续表

	商业模式特许经营	经销
法律关系	权利的授予与接受关系	独立经营者之间的买卖关系
权利内容	针对完整的商业模式	针对具体的产品
关系时间	较长时期	钱货两清，则关系结束
关系深度	紧密型	松散型
销售风险	因特许人生产或供应的产品问题，特许人需要承担连带风险	经销商独自承担更多的销售风险

2. 商业模式特许经营与直销的区别（见表1-26）

世界直销协会对直销（Direct Selling）的定义是："直销是在固定零售店铺以外的地方（如个人住所、工作地点及其他场所），独立的营销人员以面对面的方式，通过讲解和示范方式将产品和服务直接介绍给顾客，进行消费品的行销。"

2005年8月23日颁布的《直销管理条例》中规定，"本条例所称直销，是指直销企业招募直销员，由直销员在固定营业场所之外直接向最终消费者（以下简称消费者）推销产品的经销方式""本条例所称直销企业，是指依照本条例规定经批准采取直销方式销售产品的企业。"直销的方式包括邮购、电话购物、电视购物、目录购物、网络购物、访问购物或一般所称的一对一组织购物。

直销一般采取厂方直接向顾客销售商品或通过直营店、媒体广告等方式销售商品，不涉及销售权的转让问题。特许经营不是简单的产品销售，是特许人将商标、商号、专利及某种商业模式的使用权或经营权授予受许人，依赖受许人的努力来销售产品或服务。

表1-26 商业模式特许经营与直销的区别

	商业模式特许经营	直销
合同	特许经营合同签订后不能随便解除	推销合同签订之日起60日内可以解除
培训人员	没有特别规定	在国务院商务主管部门备案的拥有企业颁发的直销培训员证的直销企业的正式员工，并且在本企业工作1年以上，具有高等教育本科以上学历和相关的法律、市场营销专业知识，无因故意犯罪受刑事处罚的记录，无重大违法经营记录
经营内容	产品或服务	受到国家限制的产品
加盟人员	法人或自然人	一般都是自然人，还必须除去教师、公务员、医务人员、全日制在校学生等

续表

	商业模式特许经营	直销
注册资本	符合所在行业的规定即可	严格的注册资本（≥8000万元人民币）和保证金制度
营业场所	店铺	店铺+固定营业场所外推销
政策态度	支持	限制
主要报酬	受许人自己的经营利润留存	企业至少按月支付，报酬只能按照直销员本人直接向消费者销售产品的收入计算，总额不得超过其30%
进入门槛	较高（如大的单店投资）；有门槛费（加盟金）	直销企业不得收取门槛费
经营责任	因特许人生产或供应的产品问题，特许人需要承担连带风险；其他责任大多由受许人自己承担主要责任	直销企业对其直销员的直销行为承担连带责任，能够证明直销员的直销行为与本企业无关的除外

3. 商业模式特许经营与包销的区别（见表1-27）

包销是卖方以协议的形式给予买方在一定期间、一定地区经营卖方某种或几种产品的权利。买方对这些产品具有独家经营或经营的权利，这种方式同特许经营中的产品特许经营基本相似。其区别之处是产品特许经营的受许人需向特许人支付特许经营费用，包销商没有这种义务。

同时，产品特许经营的受许人可以选择使用特许人的商号经营商业，包销商没有这种选择权。包销与商业模式特许经营差别甚大。虽然包销商与受许人均属独立签约人，但由于后者涉及商标、商号名称以及经营管理制度的使用权的授予，必然要受到特许人一定程度的控制。特许经营协议期限长，双方买卖关系稳定。受许人是特许人营销网络上的一个可靠网点。

包销商一般经营的商品广泛，有的一家同时包销数家的各种不同的商品。因此投机性大，有时出现包而不销的现象。包销协议一般期限较短，由于包销不涉及工业产权的转让，所以卖方对包销商的经营管理、财会记账、推销方法等无权进行监督指导，也无权对其出售的价格提出建议。包销商无权要求卖方对其人员进行培训，也没有交纳任何费用的义务。因此，包销方式中双方当事人之间的关系远不如特许经营方式中双方当事人的关系紧密。

表1-27　商业模式特许经营与包销之间的主要区别

	商业模式特许经营	包销
费用	受许人向特许人支付特许经营费用	没有特许经营费用
名义	受许人必须使用特许人的名称	一般不能使用产品所有者的名称
合同	期限长，特许人单方决定合同权力大	期限一般较短，双方共同商定合同
关系	更为稳定、紧密	不稳定、松散
专有	受许人只能经营特许人的产品或服务	可同时包销数家的各种不同的产品
管理	特许人实施统一的管理、监督	卖方进行监督指导的权利较小
价格	一般情况下，统一的价格由特许人单方决定	包销方可自由决定，卖方过问的权利较小
主要盈利	受许人靠经营利润	包销商靠产品差价
培训	特许人有义务培训受许人	卖方培训包销者的义务较小

总之，如果仅就销售而言，特许经营确实是一种方便的、经济的产品和服务的营销办法。它通过利用已经被试验成功的产品和服务的营销方法实现了以最小的投资和风险取得最大商业成功机会的一种可能，它向厂商提供了一种容易的、有效的纵向横向一体化发展的良好办法。同传统的营销方式相比，特许经营显示出了新的生命力。所以特许经营对世界各国的厂商有着越来越大的吸引力。

1.9.6　特许经营与设立分公司的比较

分公司是总公司机体扩展的结果，企业所有权完全属于总公司所有。因此如果要建立分公司，总公司必须做直接的资本投资。如果分公司普遍建立，可想而知，其投资额将是惊人的，而且总公司还要承担投资风险。从分公司的经理到工人都是总公司的雇员。根据各国法律，公司对其雇员在工作期间所遭受的伤害或对第三人所犯有的侵权行为要承担法律责任。公司雇员可能与公司发生劳资纠纷。总公司还要对分公司机构本身及其雇员投入各种保险避免意外损失。分公司的另一弊病是与当地客户、消费者缺乏自然的联系。

然而特许经营方式却与此不同。特许人和受许人是两个各自独立的法律实体，受许人是其企业的所有人，特许人没有责任和义务为其企业投资，因而没有投资带来的风险。虽然有时特许人帮助受许人筹措资金，但它是借贷性质或特许人只起中间人作用。受许人不但要自己投资资金建立企业，而且还要承担企业的各种保险。自当老板，自负盈亏，因此受许人工作积极主动，工作效率高，工作时间长。可是，受许人却在一定程度上起到特许人分公司的作用,因为他们要受到特许人的监督、指导和控制,长期专门推销特许人的产品或服务,并且向特许人交纳提成费。这样,当特许人的特许经营制度建立以后,就有可能很快地在一定的区域范围内建立起自己产品或服务的一体化批发零售网,减少了设立分公司所带来的弊病和法律问题。

1.9.7 直营、自愿和特许,谁是未来主流

一直以来,在特许经营总体形式处于良性发展的宏观局面下,特许经营界不断出现不同的声音,其中最引人注目的就是关于自由连锁、直营连锁和特许经营的孰优孰劣、谁是"主流"的争论。

不少"专家""业界人士"都纷纷预言自由连锁将成为中国连锁业的主旋律,"与直营连锁、特许连锁相比,自愿连锁更适合中国广大的中小零售企业的拓展"。为了说明自己的论断,不少人还列举了一系列支持性的"证据",认为中国大力发展自愿连锁的条件已经"成熟"等。随之而起的还有一系列的关于自愿连锁方面的研讨会、"试验田"、新闻报道、书籍甚至培训班等。一时间,自愿连锁成为一种时尚。

但遗憾的是,事实证明,虽然国际上的某些自愿连锁巨头进入了中国,虽然中国一些地方和企业出现了自愿连锁的形式,并且自愿连锁的模式在中国确实是在成长与发展,但自愿连锁并没有如"专家""业界人士"所预言的那样在中国有大发展。自愿连锁是中国连锁业"主旋律"的结论也被证明是毫无根据的臆断,只是某些"专家""业界人士"的"自愿"。

如果说对于自由连锁是否"主流"的争论还只是停留在口头上的话,那么,对于直营连锁是否"主流"的争论则更多地表现在了实际行动上。一些事实表明,虽然特许经营的模式为众多企业、品牌立下了汗马功劳,但还是有为数不少的企业、个人在特许经营面前踯躅犹豫,不敢轻易试水,或已经进入了特许经营,但又放慢甚至抽回脚步。

比如,率先在中国实施特许经营的全聚德在遭遇了"五连败"之后,迅速而坚定地宣布今后的经营重心为直营;从2000年开始搞特许经营的杉杉服装在2004年开始回归直营,将其在上海、北京以及几个中心城市的"受许人"全部改为直营"分公司"。非但本土特许人如此,国际知名特许人也有在中国回归直营的,比如最初在中国完全采用加盟形式的星巴克开始回归直营,其在上海、广州等地的直营控股行动已经成功,据星巴克总部的消息,其回归直营的结果是"必然的"。非但如此,星巴克高层还进一步明确,星巴克在某一个国家或某一个地区寻找一个比较有实力的大公司进行授权合作,双方是合作的关系,这种方式不属于平常所说的加盟连锁,其公司的方针一贯是坚持直营路线。商业模式特许经营的代表麦当劳、肯德基在中国的加盟脚步一直非常缓慢而谨慎,它们都是在进入中国的13年后才开始试探性地发展受许人。

特许经营模式真的像有些人说的"过时"了吗?

可是,就当一些人大呼自由连锁是"主流",一些企业回归直营的同时,另一些企

业却依靠特许经营模式取得了依靠直营很难或根本无法取得的骄人成绩。2006年，特许品牌小肥羊的销售额（525000万元）超过麦当劳（445000万元），这是中式快餐的标志性大事件。分析后不难发现，小肥羊取得如此佳绩的一个根本原因就是其大力发展加盟为主的连锁经营战略，而麦当劳却因为以直营为主而失去了优势地位。资料显示，小肥羊的总店铺数是716家，其中700家为加盟店，占到97.8%的比例，而同期的麦当劳则有750家店铺，其中仅一家是受许人，比例为0.1%。除了小肥羊之外，德克士能成为中国本土领域内的西式快餐排名第三的根本原因之一，在于其大力借助了特许经营的快速扩张网络优势。

在老的特许经营企业不断取得新成绩的同时，市场上还不断地有新企业高举特许经营的大旗，把加盟作为企业发展壮大的必然首选途径。就中国的整体而言，中国目前的特许人数量已成为世界的"老大"，而且，特许经营在中国的发展势头依然迅猛，一直保持较高的增长率。

更多的例子无须再举。总之，自由连锁、直营连锁和特许经营同时并存，不同的人对这三种连锁形式究竟谁才是主流的问题存在着争论，甚至是截然不同的观点。这种矛盾的局面使得人们在特许经营面前变得糊涂起来，左右为难。那么，曾经被誉为"21世纪主流商业模式"的特许经营对于企业而言，到底是利大于弊，还是弊大于利呢？企业应该何去何从呢？

归根到底，出现这种怀疑、不信任特许经营模式的状况，其深层次的本质原因是人们对于特许经营这种模式的不熟悉和不善驾驭。为此，我们必须深刻理解特许经营的一些本质性的东西，否则，我们还会继续做出一些错误的判断，或受到一些错误判断的误导。

首先，特许经营和其他任何一种模式一样，有其利、有其弊，并且有自己的适用范围、对象、时间等。所以，特许经营未必对所有企业、所有产品和服务、在企业的所有发展阶段、在所有地区都适用，这也正是笔者在讲解"成功构建特许经营体系五步法"时，坚持企业在做特许经营之前，一定要先做特许经营工程可行性研究的原因。如果本来企业不适合做特许经营，那么偏去做的结果就只能是失败，但如果因此而把失败的原因归结于特许经营本身，那么很明显特许经营被冤枉了。

其次，企业在特许经营中会出现这样那样的问题，究其因，特许经营是一种新的模式，所以企业必须以新的思维、方法和技术去运作，如果仍然停留在旧有模式（如代理、经销、直营等）的束缚里，即是一种"穿新衣，走老路"的状态，那么就不能很好地运作特许经营，不能充分发挥特许经营的巨大优势。这样，因为自己的原因而没有发挥出特许经营的优势，又怎么能责怪特许经营呢？

对特许经营失望而回归直营的人或企业更多的是只看到并倒在了特许经营的"弊"上，没有看到或充分发挥特许经营的"利"。这种没有全面看待特许经营的利弊的状况，再加上对特许经营的知识、理论、技术和方法等的不熟悉，必然使一些人或企业把责任推给特许经营，并转而实施较为熟悉的、传统的连锁方式，即直营方式。打个比喻来说，特许经营好比一架飞机，直营好比一辆马车。飞机的飞行速度固然很快，但也有一些弊端，如操作复杂、成本大、对驾驶人员的素质要求高等，但我们能因为飞机的这些弊端而全部使用马车吗？

其实，那些否认或怀疑特许经营的人或企业最需要问自己的一个问题是，同样的加盟问题，为什么那些成功的特许人能够很好地解决呢？

所以，问题出现了，特许人还要多想想自身原因，多借鉴成功特许人的经验，多学习和研究特许经营的理论与知识。比如学习武术，如果你没有熟练掌握某个招式，那么就不要责怪招式无用，而应检讨自己在招式的学习、理解、掌握与运用等方面的不足。

最后，笔者要强调三点。

①对任何商业模式，都要全面、辩证、客观地看待，既不能因为有些企业采用这个模式取得了成功，就预言其是"主流"，也不能因为个别企业失败，就对其全盘否定。

②从历史长河以及世界的整体局面来看，虽然特许经营在未来商业模式中的主流地位是显而易见的，但是，最适合你的模式未必一定是特许经营，如果恰当运用，自愿连锁、直营连锁也可以为你带来巨大的成功。

③既然社会上有这么多的人、企业和组织对特许经营持有怀疑和否定的态度，这就说明，特许经营理论推广、知识普及的力度需要加大。否则可能会有越来越多的企业逃避特许经营，回归直营，越来越多的人会对特许经营失去信心，那么结果就显而易见了，特许经营这样一种优秀的经济发展模式会在中国失去生存和发展壮大的土壤，因此国家的经济和人们的生活质量可能会受到损失。

1.9.8 商业模式选择的评判模型——维华三类九条表

2010年，笔者就说过"产品是根，模式是翅膀，人才是中心，品牌是目标和工具"。模式虽然重要，但在现实生活中，商业模式太多，以至于我们经常会遇到产品、服务或业务在推向市场时必须要经历的艰难选择，那就是在众多模式中选择最适合企业的那种或那几种。

比如，一家养牛的企业，为了销售牛肉，可以采取传统的经销、代理、直销以及现代的电商、微商等模式，除此之外，其连锁的具体商业模式还有其他，包括火锅、中式正餐、快餐（牛肉面、牛肉汤等）、烧烤、铁板烧、西式正餐、鲜肉店、熟食店等。因此，企业首先要面临的问题就是选择其中一个或几个。

凭感觉、偏好的主观方式来选择模式是不科学的，其导致的选择错误屡见不鲜。所以，我们必须对不同的模式有一个科学的选择标准和方法，否则，决策和方向的重大错误带给企业的不会只是一点经济损失，可能还会是灭顶之灾。

为了建立一个选择模式的科学标准和方法，我们需要做的就是研究比较哪一种模式更好，主要的考虑因素有哪几类。

第1章 特许经营概述

根据笔者在特许经营领域的22多年的学术研究和企业实践的经验，企业在选择商业模式时，需要考虑的模式因素的核心其实主要是三个：外在的（有市场），内在的（擅长），内外结合的（利润或销量）。

企业在选择哪种模式时第一需要考虑的是有市场。此处的市场主要指的是两大类市场：单店的产品（其消费者就是传统意义上的顾客，消费的内容包括有形的商品和无形的服务），特许权（其"消费者"是受许人）。衡量前者有市场与否的最核心元素是该产品的市场容量和未来增长率、消费者对产品的持续热爱度、相同或类似产品的竞争压力；衡量后者有市场与否的最核心元素和前者相似，包括特许权的市场容量和市场未来成长率、消费者对特许权的持续热爱度等，转化成特许经营的专业术语就是潜在受许人群体的市场容量、未来增长率以及是否容易复制、市场竞争激烈度。

企业在选择哪种模式时第二需要考虑的是企业的擅长。主要指的是企业的相关资源是否具备，企业资源是否足以支撑该模式的核心竞争力。企业核心竞争力的体现元素通常可以有该模式是否能充分利用与发挥企业的核心竞争力、是否能充分避免企业的短板等。

企业在选择哪种模式时第三需要考虑的是利润或销量。利润和销量这两个元素在多数情况下看起来貌似悖论、只能二取一，但到底取舍哪一个其实很简单，因为取舍的唯一标准就是企业的战略目的。把利润和销量转化成特许经营的专业术语就是特许人从受许人处的获益大小、可持续从受许人处获益性（比如，受许人需要持续地从特许人处采购只有特许人才有资格或能力提供的货品、原材料等。这样的好处是，除了特许人的持续获益外，也可加大加强特许人对于受许人的"管控"力度）、加盟单店的成功率（因为没有加盟店的成功，就没有特许人的成功，加盟店和特许人的成功是相互依存、一荣俱荣、一损俱损的）。

综上三条，我们可以总结出企业在选择模式时的三大类元素、九小类元素，称为维华三类九条表，简称"三类九条"，并按照便于计算和比较的统一的正向性描述把它们列在表格里（见表1-28）。

表1-28 维华三类九条表

序号	一级元素	二级元素	正向性描述
1	外在的 （有市场）	潜在受许人群体的市场容量	大
2		潜在受许人群体的未来增长率	高
3		是否容易复制	容易
4		市场竞争激烈度	小
5	内在的（擅长）	是否能充分利用与发挥企业的核心竞争力	能
6		是否能充分避免企业的短板	能

续表

序号	一级元素	二级元素	正向性描述
7	内外结合的结果（利润或销量）	特许人从受许人处的获益大小	大
8		特许人的可持续从受许人处获益性	大
9		加盟单店的成功率	高

有了上表之后，在实践中如何进行定量的运用和操作？按照下述五个步骤即可：

第一，尽可能地罗列所有可能的商业模式。此步的关键在于模式罗列的全面性，因为如果有模式遗漏，而那个遗漏的模式可能就是最佳的商业模式，则企业就会失去选择最佳商业模式的机会。

在穷尽罗列商业模式时，可以用多种方法、从不同角度同时进行，如此可以把商业模式遗漏的可能性减至最小。

具体的方法比如有反向思维法，比如前述的养牛企业的例子，如果企业的目的是卖牛肉，那可以从消费者的角度反向思考：社会大众都是从什么渠道消费牛肉的？如此，快餐店、生鲜店、火锅店、卤肉熟食店、电商等渠道或模式就自然而然地被罗列出来了。

还可以直接罗列你所知的所有商业模式，然后判断是否适合这家企业。

穷尽罗列商业模式的方法还有头脑风暴法，即邀集相关人士开会，大家放开思维、互相激发地罗列出所有可能的商业模式。

还可以调研国内外的所有竞争者，看看市面上的竞争者采取的都是什么商业模式。

第二，根据企业的战略目的，给每个元素赋予权重（根据企业的战略目的的不同，相互比较后竖列打分。打分的方法有很多，比如可以寻找不同的人打分，最后取平均数）。权重的总值取为100分。

第三，给每个模式的对应元素按照正向性描述打分（在同一元素下，相互比较后横栏打分）。每项的满分为100分。

第四，所有模式竖列加总得分。

第五，选择最终的商业模式时，按得分高低进行。分数越高，模式越可行。

注意：

①当每种商业模式的总得分都非常低时，企业需要重新思考，是否商业模式有遗漏或者数据有错误，或者出现了的特殊情况。

②企业可以在不同的发展阶段、根据不同的产品选择不同的商业模式。

③企业可以同时选择几种商业模式，如采用不同的商标或公司等。

现在仍然以养牛公司为例，假设企业现在要做连锁店，那么，在火锅、中式正餐、快餐（牛肉面、牛肉汤等）、烧烤、铁板烧、西餐、鲜切肉店、熟食店等模式中选择时，维华三类九条表的打分结果如表1-29所示。

表1-29 维华三类九条表的打分结果

一级元素	二级元素	正向性描述	权重	火锅	中式正餐	快餐	烧烤	铁板烧	西式正餐	鲜肉店	熟食店
外在的（有市场）	潜在受许人群体的市场容量	大	15	90	30	90	80	50	15	80	90
	潜在受许人群体的未来增长率	高	9	90	50	90	80	60	20	90	90
	是否容易复制	容易	18	90	20	80	70	70	30	100	90
	市场竞争激烈度	小	3	10	50	10	50	50	50	20	20
内在的（擅长）	是否能充分利用与发挥企业的核心竞争力	能	10	90	20	20	50	50	10	80	90
	是否能充分避免企业的短板	能	5	90	20	90	90	90	10	90	90
内外结合的结果（利润或销量）	特许人从受许人处的获益大小	大	10	90	50	70	90	90	70	90	80
	特许人的可持续从受许人处获益性	大	15	90	50	50	90	90	30	90	90
	加盟单店的成功率	高	15	80	30	80	60	60	40	90	90
总计			100	8610	3410	6930	7430	6800	3045	8720	8690

从最后一行的"总计"可以非常直观地看到，按照得分从高到低，选择模式的先后顺序应该为：鲜肉店、熟食店、火锅、烧烤、快餐、铁板烧、中式正餐、西式正餐。

根据实际的情况，企业既可以选择一种商业模式，如鲜肉店，也可以选择几种商业模式的组合，如鲜肉店、熟食店、火锅的组合，即在一个大的火锅店内开设两个档口店（鲜肉店、熟食店），在招募受许人时可以给创业人多种选择，如火锅+熟食店+鲜肉店、火锅+熟食店、火锅+鲜肉店、熟食店+鲜肉店、熟食店、鲜肉店、火锅。

[练习与思考]

（1）和网店相比，实体店有什么独特的优势呢？

（2）指出特许经营和本章所列的几种商业概念之间的最本质的区别分别是什么？

并指出各自利弊。

（3）特许经营容易被人们误以为是什么？你能指出它们的区别吗？

（4）特许经营和本章所列的几种商业概念之间的共同点是什么？

（5）特许经营和本章所列的几种商业概念之间的区别对你认识特许经营的启发是什么？

（6）搜集主张直营为主和加盟发展为主的不同企业，研究其做出"为主"战略的原因，并指出其正确和错误之处。

（7）你认为自愿连锁会是中国连锁业发展的未来主流吗？为什么？

（8）除了书中所讲内容外，你认为特许经营的未来发展还将存在什么样的趋势或特征呢？

（9）搜索社会上一些企业对于特许经营模式的抱怨，研究应如何解决这些所谓的"困境"？

（10）选择一个项目，试用维华三类九条表进行分析。

1.10 特许经营的利弊及双方的权利和义务

[本节要点]

本节第一部分、第二部分主要从各个角度分析特许经营本身的利弊，即其对于特许人、受许人和社会的"利"，以及对于特许人和受许人双方的"弊"。目的是使读者明白，特许经营本身总的来讲虽然是利大于弊的，但为了真正达到利大于弊的结果，还需要特许人和受许人双方共同努力。

本节第三部分主要讲解特许经营中的关键双方——特许人和受许人各自的权利和义务，目的是使读者充分了解特许经营本身是一个充满博弈的过程，为了使双方在特许经营中成功，需要特许经营中的主体既讲求权利，也别忘了自己的义务。

必须承认，任何一种事物都有其利，也有其弊，特许经营作为一种商业模式，也不例外。清楚理解特许经营的利弊，对于特许人和受许人来说都有着非常大的好处的，至少，它可以使特许人在决定是否采取特许经营这种方式时有衡量自己、评价实施特许经营工程可行性的依据，可以使潜在受许人或投资人在决定是否加入特许经营大军以及选择其他创业方式时能够迅速、方便、客观地多方比较，可以使特许人和受许人双方都能有效地、针对性地避弊趋利，从而同时减少特许人和受许人双方的风险，充分发挥特许经营的魅力。

1.10.1 特许经营的益处

特许经营的益处要从三个方面来讲，即特许经营对于特许人、受许人以及社会都是具有相当益处的。其实,特许经营对于特许人、受许人以及社会的"三赢"或"多赢"特性正是特许经营的最显著特色之一,因为并不是每种商业模式都能达到这个效果。

1. 对特许人来说,特许经营的主要益处

(1)扩张速度快。

借助受许人的人、财、物等资源,特许人可以突破自己资源的限制,能以更快的速度、更高的效率发展业务而不受资金、人员等开店资源的限制。

(2)扩张成本低。

因为无论开多少加盟店,特许人都只需同一个特许权,所以"特许权"这一个"本钱"的不断复制、克隆式的重复投入,就可以实现无数次的回报,真正是"一本万利"。

(3)减少财政风险。

由于开设的每一家特许经营的分店都是由受许人提供全部或部分资金,从而分担了特许人的财政风险,因此特许人可以充分运用受许人的资金发展自己的事业。

(4)提高核心竞争力。

通常,由于特许人和受许人分别负责总部及单店终端,所以,更细化的分工可以使特许人和受许人都能集中资源、以更高的效率做自己最擅长、最应该做的事情,从而提高整个特许经营体系的核心竞争力。

(5)获得政府支持。

因为特许经营在世界上的大多数国家都受到政府的支持,所以特许人可以获得本国和欲进入的其他国家的政府支持,不管对于其在本国的发展,还是对于特许人的国际化扩张,这都是非常有利的。

(6)加盟店经营的动力足、压力大。

因为受许人自己把资金、希望等"押"在了特许加盟中,知道是在"为自己干",所以受许人经营加盟店事业的动力足、压力大,更加积极肯干,这种状况有利于特许人事业的发展。

(7)特许人增加了关系资源。

毫无疑问,因任何缘由与外部合作都能使特许人增加"关系户",而"关系户"带来的关系资源将成为特许人的宝贵财富。每个受许人都会有或多或少的资源,特许人通过授权的形式,可以直接、迅速、便捷地获得新的、靠特许人自己可能无法或很难获得的关系资源。

(8)增加收益的同时降低运营成本。

显然,进货、销售数量的增大都会使特许人大幅度地降低成本,此外,还有非因成本降低而获得的多余收益(如加盟金等特许经营费用、品牌的增值、支出费用的均摊等)。因此,特许经营的规模化效应是特许人增大收入、减少支出的主要原因之一。

(9)使特许人能够进入特别的市场。

有时候,特许人意欲进入的市场存在着一些单凭特许人自己很难或根本不能解决的屏障,比如当地政策、民族习俗、交通运输、语言、文化差异、社会关系、人脉资源等，但由当地人进行本业务的经营就可能成功地消除这些屏障，从而使特许人进入更大的市场。特许人发现，利用受许人对当地的兴趣、知识、关系等资源，能更容易地把组织扩展到未在考虑范围之内的地区。

印度对零售行业有较严格的外资限制，比如海外资本持股51%以上的零售店只能经营单一品牌（如整个店只能卖索尼的产品），这显然是沃尔玛等国际零售巨头无法接受的。但是，特许经营的方式却能很好地解决这一障碍。2007年，沃尔玛正式进军印度市场，选择和Bharti合作，以Bharti的名义运营特许经营店，沃尔玛在后台提供供应链支持。（资料来源：李成东，《沃尔玛160亿收购Flipkart，印度线上零售成美国内战？》）

（10）减少日常营运中的琐事烦扰。

通常，特许人只需承担自己作为总部的职责，无须处理各分店在日常一线经营中可能出现的各种烦琐问题，如销售、人事、顾客管理、售后服务等。

（11）筹集资金。

现有多家直营分店的企业，可以通过引入特许经营制度，将其中部分或全部的分店转为加盟店，以此筹集资金，减少借贷规模。

（12）解决选址难题。

在店址越来越成为稀缺资源的今天，特许人有时候很难找到合适的店址，或需要花费很高的代价才能找到合适的店址，因此，如果把选址的任务转交给受许人，则可以有效地解决特许人选址难的问题。比如，总部不需承担去异地选址的差旅费和办公费用。再比如，总部可以有计划地吸收那些占有优良地理位置的单店加盟，如此就可以迅速地解决选址难题。

（13）各个单店的管理会有很大改善。

无论在人员激励方面，还是在尽量降低费用和扩大销售方面，一般而言，压力大、动力足的受许人会比聘请的经理做得更好。

（14）快速塑造强大品牌。

因为采用特许经营的方式可以快速、高效地铺开网络，特许人能够迅速占领较大市场，形成更高知名度，有利于塑造品牌。

（15）受许人的智慧也会给品牌增加价值。

比如，麦当劳公司的一些企业经营理念、技术等就是由受许人首先创新出来的，其中风靡世界的"麦当劳叔叔"就是受许人与广告公司共同创造出来的，"联合广告基金会"模式也是由受许人首先创立并被总公司采用的。

2. 对受许人来说，特许经营的主要益处。

（1）潜在受许人的创业领域扩大。

俗话说"隔行如隔山"，讲的就是进入一个新行业的不易，所以创业者一般只能选择自己熟悉的行业。但加盟的方式却可以使创业者轻松进入一个陌生领域，这是因为潜在受许人对特许经营业务所在行业的基本知识或专门化知识的缺乏，可通过特许人的培训项目得到克服，所以特许经营为潜在受许人提供了更宽广的创业领域。

关于特许人是否要求受许人具有从业经验、或要求其是业主/运营商的一份调查（见表1-30）表明，受许人在加盟前有没有行业经验并不一定影响其加盟某个行业的特许人。

表1-30 要求受许人是业主/运营商，或者要求具有从业经验的特许经营公司的百分比

类型	所有者/运营商 是	所有者/运营商 否	从业经验 是	从业经验 否
所有受调查者	51.0%	49.0%	10.6%	89.4%
餐馆（所有类型）	42.4%	57.6%	10.3%	89.7%
旅店、汽车旅馆和露营地	36.4%	63.6%	36.4%	63.6%
休闲、娱乐和旅游	35.7%	64.3%	14.3%	85.7%
汽车产品和服务	51.5%	48.5%	3.1%	96.9%
商业援助和服务	50.0%	50.0%	14.8%	85.2%
印刷、复印、标志品和服务	55.6%	44.4%	0	100%
就业服务	85.0%	15.0%	10.0%	90.0%
养护和清洗服务	47.6%	52.4%	14.3%	85.7%
建筑和家庭修缮	62.5%	37.5	84.4%	15.6%
便利店	75.5%	25.5%	0	100%
洗衣和干洗	40.0%	60.0%	100%	0.0%
教育产品和服务	50.0%	50.0%	33.3%	66.7%
租赁服务：汽车和卡车	20.0%	80.0%	0	100%
租赁服务：设备和零售	40.0%	60.0%	0	100%
零售：非食品	57.1%	42.9%	42.9%	9.5%
零售：食品（非便利）	44.8%	55.2%	6.9%	93.1%
健康和美容服务	45.0%	55.0%	55.0%	15.0%
房地产服务	60.0%	40.0%	40.0%	60.0%
杂项服务	55.6%	44.4%	0	100%

（2）直接受益于既有品牌和其他系列资源。

大多数情况下，受许人的经营得益于已经在消费者心目中建立起来的名称或声誉（品牌印象），得益于使用特许人的专利、商标、服务标记、贸易名称、版权、商业秘密和经营诀窍等，而这些对于创业的成功都是非常宝贵或必不可少的资源。

事实上，很多特许人都会有很多子品牌。虽然特许人的主品牌非常出名，但子品牌可能不被大众所熟悉，因此，这些子品牌无法享受到主品牌的溢价效应、营销借力等价值。如果特许人能明显而直接地把主品牌与子品牌一同显示，比如在子品牌上后缀主品牌，则子品牌的价值会瞬间放大。2018年4月11日，温德姆酒店集团全球大会上宣布，温德姆旗下12个子品牌后都将加上"温德姆"标识，如华美达、速8酒店、戴斯酒店、豪生酒店等，这一品牌统一的动作覆盖了温德姆全球7000多家酒店。数据显示，在子品牌后缀了"温德姆"之后，店面的生意明显改善。（资料来源：经济观察报，张琪，《温德姆8年开500多家酒店，规模背后要有强大品牌支撑》）

（3）受许人创业成功的机会大大增加。

美国商业部的一项研究表明，以特许经营方式创业的成功率要比非特许经营方式大得多：在以3年为限的考察期里，大约80%的新设公司失败了，许多甚至存活不到一年。相比而言，仅有不到2%的新加盟店在3年的时期中没能继续下去。

（4）和独立创业付出的资金相比，加盟方式所付出的资金可能更少。

虽然从短期来看，受许人需要交纳自己独立创业并不需要的加盟金、保证金等特许经营费用，但特许人企业所传授的多年的实践摸索和失败后的经验或教训，将节省掉受许人在创业过程中的许多不必要的花费，所以长远看来，加盟的方式可能比较划算。

（5）获得特许人提供的一系列服务。

特许人为受许人提供的"领进门、扶上马、送一程、保终生"的一系列服务，使受许人在经营上获得与特许人同样成功的概率大大提高。这些服务包括开店的全程指导与帮助，对单店经营方面的全面培训，包括营销、财务会计、人力资源管理、单店日常营运等，提供一系列包括各种经营流程细节的操作手册、财政支持、物流配送、供应商筛选、行业研究、信息收集与交流等。

（6）受许人得益于特许人在全国范围内的广告和营业推广活动。

因为品牌的同一性，所以，只要是特许人，或者是本体系内的其他任何受许人所做的广告和宣传，都会使体系内的所有单店共同受益。

比如，在2020年新冠肺炎疫情期间，麦当劳中国的卓越表现为其赢得了巨大的品牌美誉。

在海底捞、西贝、老乡鸡等都大规模关店的情况下，麦当劳除了湖北地区、部分景区和交通枢纽餐厅，有近3000家餐厅正常提供服务，仅北京就有近280家的麦当劳持续营业。截至2020年2月8日，包括湖北、北京、上海、广东、山西、河北、福建等在内的市场，麦当劳已为抗疫工作者送出超过28000份免费餐食。麦当劳还发挥了全球供应链优势，在中国宋庆龄基金会麦当劳叔叔之家专项基金的支持下，紧急采购、进口了20万个医用口罩，并顺利送达武汉定向捐赠的11家省、市和社区医院。此外，麦当劳还向武汉市金银潭医院捐赠近2000个护目镜。全国的1500家医院均可享受到麦当劳的配餐服务。没有理由不相信，麦当劳的这种社会责任感的美誉一定会为每一家麦当劳店带来更

好的客户热爱与更多的客流。（资料来源：中青在线，《麦当劳"企业专送"服务为复工者提供用餐便利》）

（7）受许人受益于整个体系的谈判能力和大批量购买带来的价格上的好处。

显然，依靠单个受许人的力量，谈判的砝码很轻，拿到特别优惠价格的可能性非常小。

比如，华住集团的全国酒店数量突破5000家，当它们集体采购的时候，进货价是很多单体酒店根本不敢想象的，华住云采购的电视机价格仅需7.5折，空调5.1折，床垫只有市场价的1.3折，也就是市场价一万块钱的床垫，华住云采购的价格是1300元。（资料来源：一点资讯，《攀登新高峰——2019华住世界大会演讲实录》）

（8）受许人既可以保持它的独立性，又可以利用特许人总部的各种专门知识和经验。

这为那些既想做老板，但又想"大树底下好乘凉"的创业者提供了一个鱼与熊掌兼得的机会。

（9）受许人的经营风险降低了。

因为特许人已经通过自己的摸索和失败对体系进行了不断的完善和修正，所以开设一家单店的失败风险就会大大减少。而且，一般来说，特许经营企业的历史越长、体系越成熟，受许人的风险就越小。

7-11便利店公司一直在采取措施使受许人的经营风险更小化。其中一项措施就是7-11总部实施的"90天试运营期"，意思是说，7-11的受许人可以在加盟店开业后的90天内终止特许经营合同（但总部没有终止合同的权利），已支付的加盟费和前期投资在扣除总部的培训费用之后将得到返还。这个试运营期给了受许人反悔的权利和机会，从而进一步降低他们的经营投资风险。

（10）获得有价值的集体的经验交流和共享。

这些信息和经验既是体系外的人得不到的，也是单个业者很难做好的。散布在各地的单店除了会碰到同样的问题外，各自也会碰到不同的问题，同时，因为他们采用的是同一模式、同一品牌、销售的是同一产品或服务、使用的是同一技术等，所以，受许人之间的经验交流和共享就更有借鉴价值，会使每个人受益，真正使大家在沟通中共同成长。

（11）获得持续的研发。

受许人得益于特许人为改进经营、保持体系与时俱进和强大竞争性而作的持续不断的研究开发工作，从而使自己能在激烈的市场竞争中以创新取胜。

比如，7-11总部每年都会开发近5000个SKU（库存量单位），7-11有一支150人的商品研究团，每天会分析销售数据，研究各种商品销量和利润，把每一平方米的效率发挥到最大。为了提供便利生活，全家便利店一直为消费者提供2500多款商品，每年对70%的商品进行更新。（资料来源：商业汇评，《7-11便利店人均创收117万，创造便利店神话》）

据说在正式推出外卖服务之前，星巴克对热饮杯盖反复测试了2000多杯饮品，模拟下单送达过程测试时长更是超过2000个小时，配送测试距离累计达1.2万千米；外卖咖啡杯所使用的杯盖，是星巴克团队用时近10个月设计的，避免了运输途中因摇晃、颠簸而导致的洒漏，甚至可以倒杯不洒；特殊的封口贴也保证了饮品和食物的安全性。（资料来源：财视传媒，《星巴克推外卖，增加多少成本，付出多少代价》）

显而易见，上述这些研发的量级依靠单个的店面是根本完不成的。

（12）更易获得贷款。

如果银行认识到了特许经营的优势，可能更愿意贷款给受许人。事实上，在国外的许多银行中已经专门设立了特许经营借贷服务部门，其职责就是专门为特许经营的特许人和受许人提供资金援助。有的特许人还会有更强大的支持，即会给受许人提供贷款担保，如此，受许人的贷款就变得容易多了。有的特许人则会更进一步地为其受许人融资，如7-11便利店公司。

在日本，7-11加盟店内的一切设备都是总部所有，受许人不必负担购置设备的费用，只需向总部交纳设备租赁费用即可；商店的装修费用由受许人负担，但总部会提供长达15年的银行贷款担保。通过这种形式的融资，7-11的受许人只需较少的资金，如日本只需300万日元左右，在中国只需3万~4万元就可以加入7-11体系，开始市场运作，这样能够有效调动加盟者的积极性，有利于受许人成功，减少受许人的资金风险和压力。

在少数情况下，麦当劳也允许受许人采取设备租赁的方式加盟，但这仅仅针对那些自有资金不足、但是在其他方面都相当优秀的候选人。麦当劳先代为购买设备（如器具、座位等）、代出钱装修单店，而后将店面租赁给受许人，受许人可在3年内买入这些设备和"装修"。不过即使是这种针对特别优秀受许人的期权式的融资模式，麦当劳仍然要求受许人至少拥有10万美元以上的自有资金。

猎头特许经营企业SRA国际公司，允许某些新加入的受许人用2年或以上的时期内的收入来支付3.5万美元加盟费中的2万美元。

（13）提高受许人的管理能力。

在特许人的指导帮助、派员驻店的指导下，以及通过与同体系其他受许人的交流切磋，受许人的管理能力得到迅速提升。

（14）获得以前工作中不曾有过的满足感。

受许人拥有自己的事业，这和受他人雇佣而工作的感受是不一样的，因此，受许人可以从中获得不同的满足感。

（15）受许人没有创业的孤单感。

受许人知道，自己随时都在和数十、数百、数千甚至数万名"伙伴"受许人在采用同一模式、同一品牌的市场上作战，自己不是孤单的，而是数量众多的受许人集体中的一分子。因此，有了困惑时，受许人既可以和特许人交流，也可以和其他受许人"战友"交流。

仅从特许经营对于受许人的诸多益处来看，特许经营就十分适合于个人创业或企业尝试新领域，因为风险与成本被大大地降低了，而成功的概率却大大增加了，同时受许人还能获得一些额外的好处，所以加盟是一种非常优秀的创业与投资选择。

3. 对社会来说，特许经营的主要益处

（1）提供更好的产品或服务。

专业分工的协作与特许人、受许人双方联手的共同经营，将充分发挥特许人与受许人的各自优势，从而使共同打造的产品或服务质量更好、性能更优、技术更先进、数量更充裕、价格更合理、覆盖领域更广泛。

1996年，沃尔玛在深圳的两个门店营业后，对当地零售业的经营造成很大影响：周边商场的商品价格普遍下调10%，销售额下降10%~15%。（资料来源：中国商报/中国商网，张涛，《深耕中国市场23年，沃尔玛为零售业带来了什么》）

（2）增加就业。

特许经营主要通过三种方式为社会创造就业机会：一是特许人事业的扩大促使自己与相关企业（如供应商、合作者等）的业务增多，从而使加聘人员成为必需，或者至少使原有人员不再失业；二是特许经营使受许人因开展了新的业务而产生的新岗位，即受许人会招聘新人就业；三是特许经营本身造就了一批专事特许经营业务的职位，如顾问咨询、律师、项目中介、行业协会、特许经营专业人士等。

仅在直接解决就业方面，特许经营的威力就十分巨大，截至2018年4月，2800家店的麦当劳中国员工人数超过15万人，95后员工占比超过60%，其中超过1.5万名为00后。（资料来源：赢商网，《麦当劳未来五年将在中国新增2000家餐厅，2018年预计招聘8万人》）

（3）提高创业成功率。

特许经营以其独到的优势使受许人创业的成功率大大提高，这是其他的创业方式所无法相比的。创业成功率的提高也会促进社会创业风气的形成和高涨。

（4）弘扬合作精神。

人类的发展需要合作，特许经营显然通过"合作发展、共铸多赢"的方式加强了企业、人们之间的合作，为社会提供了更多的合作机会，一个特许经营成功的例子更是正面弘扬了合作制胜的精神。

（5）资源在全社会得到更优配置。

企业和个人从事自己最擅长的工作是包括特许经营在内的所有外包活动的核心思想，因此，资源间搭配不合理的现象在外包活动中得到很好的解决，外包通过科学分工、合理专业化、更互利和密切的合作使资源在社会范围内得到更优的配置。

（6）发展社会经济。

特许经营企业因其网络效应使其在发展经济上具有积少成多的特征。

特许经营公司在市场的直接注入资金、上缴政府税收、间接增税、带动内需等方面具有连带效应。一家公司就能达到这样的效果，如果有百家、千家、万家这样的特许经营公司，其对社会经济的促进作用是显而易见的。

比如，自从麦当劳进入中国以后，先后引进了众多的全球核心供应商来华投资，近

100个食品与包装供应商在华投资总额超过200亿元。（资料来源：浙江在线，高佳晨，《麦当劳深耕中国，五年新开两千家餐厅》）

2017年，百胜中国已拥有700多家本土供应商，占总采购量的85%，且这一比例逐年上升。（资料来源，钱江晚报，高佳晨、陈婕，《百胜中国：做高品质餐饮，向中小城市拓展》）

沃尔玛于1996年进入中国，截至2020年，在中国拥有10万余名员工，在中国180多个城市开设了400多家商场，累计服务顾客70亿人次，与中国7000多家供应商达成合作关系，沃尔玛商场中的95%都属于本地商品。（资料来源：中国新闻网，徐金波，《沃尔玛将长期扎根中国，打造全渠道零售商》）

（7）全社会的技术创新。

无论是特许人还是受许人，都因为专注自己所长而增加了技术创新的概率，从而使整个社会的技术创新水平大大提高。

（8）知识管理与创新。

特许经营网络的普及必然伴随着特许人知识的提炼与传播，这对于知识的管理与创新无疑有着巨大的促进作用。

如此，特许经营对于社会有着这么多的巨大好处，各国政府怎么会不支持它呢？所以才会有越来越多的政府把特许经营作为国家战略和根本国策。

[资料]

中国台湾连锁协会关于加盟优势而对受许人的一项调查见表1-31。

表1-31 加盟优势与赞成者的百分比

加盟优势	赞成者的百分比
特许体系可提供吸引顾客的知名商标或名称	100%
发展加盟店需要时间较短	98%
特许体系提供验证过的经营模式	98%
管理经验积累较为快速有效	98%
可接受训练，增加日后自行经营事业成功的可能性	96%
比受雇领薪有较大的工作满足感	92%
比个人独立经营的风险较小	90%
可享有较低廉的进货成本	83%
比受雇领薪有较多的独立自主性	81%

续表

加盟优势	赞成者的百分比
通过特许体系，事业较易扩大	79%
时势所趋，可免于被淘汰	60%
投入心力较独立经营为少，较为轻松	59%
受许人店的开店成本较独立店低	53%
参与加盟较独立经营获利多	39%

西安大略大学的拉塞尔·M·奈特（Russel M Knight）教授认为特许人和受许人对特许经营的优越性持一致的看法，见表1-32。

表1-32 特许人和受许人对特许经营的优越性的看法

有关特许经营优越性的观点	持同意意见的特许人	持同意意见的受许人
特许经营比独自经营能赚更多的钱	51%	47%
特许经营比独自经营风险小	78%	88%
特许经营比做雇员有更大的满足感	95%	82%
特许经营比做雇员有更大的独立性	92%	83%
特许经营提供经过考验的经营方式	83%	99%
特许经营提供的品牌有利于经营	96%	99%
建立特许店比独立企业要快	92%	86%

资料来源：Russel M Knight, University of Western Ontario

1.10.2 特许经营的弊处

按照辩证法的观点，凡事有其利就必有其弊。我们必须冷静地看到，特许经营虽然有其"三赢"的诸多利益，但在实际经济生活中，特许经营本身还有着许多不可忽视的弊端。这些弊端也是我们应当了解的，至少可以使我们在特许经营中避免掉入这样那样的陷阱，避免犯盲目投资的错误。

简而言之，特许经营的弊端主要体现在如下几个方面。

1. 对特许人之弊

（1）失去对某些资源的控制并变得过分依赖受许人。

虽然有合同的约束，但特许人把业务交由受许人来做，不可避免地会对某些资源、功能、厂家等过分依赖和失去控制，这种不能完全自主的状况显然是一种不好的潜在威胁。

由于受许人处于提供产品或服务的一线市场，直接面对消费者，所以他们对于市场的了解、对于消费者的把握等非常深刻，如果特许人或总部把自己的主要精力集中于研发等方面而忽视对市场的亲身体会，那么在市场信息、流行趋势、客户资源、单店的经营管理等方面就会依赖包括受许人在内的一线单位，时间越久，这种依赖就会越强，在受许人面前的强势地位就会受到威胁和动摇。

相反，如果总部能处理好和终端实体店的关系，则可以获得很多好处，包括来自消费者的最真实、最快速、最全面、最实际的市场反馈等。华丽志Luxeco的一篇文章描述道，ZARA会对所有门店的员工进行特殊培训，包括如何了解消费者的需求等内容。培训之后的店员对消费者的需求获取就会专业、全面、快速和敏感，他们在日常的工作过程中会随时记录消费者对面料、颜色、价格、设计等的反馈，然后店员把这些及时反馈给总部，总部根据这些反馈及时、迅速地更改自己的产品、店面等。2015年，一位女性顾客走进日本东京的ZARA门店寻找一条粉色围巾，短时间内世界各地的其他门店也收到了类似的咨询信息。于是，ZARA在7天内立即在全球的2000余家门店推出了粉色围巾，结果供不应求，3天内50万条围巾销售一空。

（2）一荣俱荣，一损俱损。

因为特许经营的"克隆"效应，既容易"一荣俱荣"，也容易"一损俱损"，公司声誉和形象会受个别加盟店的影响。

某品牌便利店的加盟店老板卷巨款走人，欠下200多名供货商数百万货款。据称该老板有两次类似卷款走人的前科，结果是，这一次事件使得该品牌的加盟门槛、对体系的管理能力、对消费者的负责态度、社会责任心等遭到公众质疑。毫无疑问，该品牌形象在消费者、供货商等群体中大打折扣。

（3）特许经营合同限制了策略和战略调整的灵活性，特许人在创新性方面会受到束缚。

比如，特许经营合同一般都对单店的外观、产品和服务内容、流程等做了规定，所以，当特许人想对体系内的网点做一些改变时，可能会面临违约的风险。

（4）当发现加盟店店主不能胜任时，无法更换。

因此，特许人必须确保选择的人适合该项特许业务，有能力承担经营自己业务的责任。

（5）难以保证受许人产品和服务质量达到统一标准。

无论特许人设计了多么严密、细致的督导、监管措施，在利益的驱使下，可能会有一些受许人偷工减料、违规经营。所以，当特许人招募了不合格的受许人时，就等于给自己体系的质量统一性埋下了一颗定时炸弹。

（6）增加了新的管理问题。

特许经营固然使特许人从一些复杂烦琐的一线运营中解脱出来，但也会使特许人在特许经营中碰到了新的管理问题，比如对受许人的评价、选择、协调、督导、考核以及交货、结款、工业产权和/或知识产权、品牌、企业文化冲突、信息沟通等方面都需要特许人妥善处置，否则任一方面的事故都会给特许人造成麻烦。

第1章 特许经营概述

韩资咖啡品牌"咖啡陪你"曾迅速扩张,提出要在中国开5000家连锁店,但是最后却因为管理跟不上、资金危机,中国市场的大部分门店倒闭。

正因为此,特许人企业才更需要系统学习特许经营的理论和知识,学习如何科学管理、经营整个特许经营体系。

(7)损失部分收入。

特许人可能发现虽然特许分店的投资收益可能较高,但从分店流向特许人的现金形式的收入会少于特许人直营店的收入潜量。

在现实中,许多企业不做特许经营、不发展加盟店的主要顾虑之一,以及许多已经做了特许经营、发展了加盟的特许人之所以要收回加盟、转归直营的主要原因之一,就是不甘心本来应该是自己的收入却被受许人分享,不甘心"肥水流入外人田"。

(8)减少了"关系户"和潜在收入。

特许人自己建立当地业务时就会因之而拥有许多"关系户",这些"关系户"可以给企业带来附加利益(包括一些收入),而一旦企业实施了特许经营,这些关系资源便会失去,企业因之而存在的潜在收入也会随之不复存在。

(9)培养自己的竞争者。

在特许人的指导、培训和帮助下,受许人自己可能成为该特许经营领域的专家,那么,一旦受许人在此领域"单干"或向上下供应链延伸,则其必定是特许人的强劲竞争对手。

在现实经济生活中,退盟后的受许人成为原特许人强劲竞争对手的例子非常多,更甚之,某些受许人加盟某特许经营体系的初衷可能就是为了日后的"单干",这正是"教会了徒弟,饿死了师傅"的现实版故事,在某种程度上是受许人对特许人的一种欺诈。

(10)泄露商业秘密。

在特许经营过程中,特许人不可避免地要与受许人就技术、生产规划、市场、研发等方面进行交流与沟通,因此,泄露特许人的一些数据、资料、技术、秘密也就在所难免。如若不慎,特许人还可能泄露非常重要和关键的商业秘密,而这些泄密都为特许人自己留下了隐患。

曾在中国大地上风行一时但最终又闹得乱哄哄的诸如馋嘴鸭、土掉渣烧饼之类的特许经营体系失败的主要原因之一,就是因为特许人对核心产品配方控制不严,最终导致了流失市场的直接恶果。这些核心产品的配方开始时的售价可达数万元,甚至数十万元,但随着配方的大面积流失,一些网上流传配方的要价竟然只是几元钱。但是只要特许人沉下心去研究,总还是有许多保密办法的。

(11)对自己品牌的削弱。

特许经营战略、受许人等的选择不当会削弱企业品牌,从这个角度讲,特许经营是一把双刃剑,使得好了,这把剑可以给特许人带来巨大的正面效应,使得不好,可能会砍伤自己。

知名品牌"狗不理"就是一个因特许经营实施不当而遭受重大损失的典型例子。在加盟费的诱惑之下,"狗不理"曾经大量发展受许人,据相关资料,"狗不理"在加盟的最辉煌时期,全国共有100多家"狗不理"加盟店,仅一年收取的加盟费就达600多万元。但这100多家加盟店、600多万元加盟费的代价就是,因为相当多的"狗不理"受许人的低劣经营,严重影响了"狗不理"的品牌声誉和信誉。在盲目招商、急功近利、只求数量、不讲质量的错误战略战术的带领下,始创于1858年、被誉为"天津三绝"之一的"狗不理"终于2005年2月28日,通过拍卖方式被天津同仁堂整体收购,拥有近150年历史的一个知名品牌就落了这么个可悲的下场。

（12）外部纠纷产生的可能性加大。

一般,产生外部纠纷的可能性与外部关系的数目成正比,采用特许经营的企业比完全依靠自己扩张的企业有更大的外部纠纷概率。

如果某连锁企业的网络内仅是直营店,则它们和总部是上下级关系,即使产生摩擦也属于"家务事",可以通过总部的行政命令得到最终解决。但受许人和总部或特许人之间是一种契约关系,双方都要承担相应的民事经济责任。那么,在特许人工作失误、受许人经营不善或其故意挑剔的情况下,特许人就会面临大量的外部纠纷,而有些纠纷是不能通过行政命令的方式简单解决的。

（13）缺乏合适的受许人。

特许人可能招不到合适的受许人,若然,则前期特许经营体系筹建所花费的成本就成为完全的沉没成本。

（14）特许经营模式对公司及其业务范围的影响。

特许经营模式会限制公司及其业务范围的扩大,这是因为有些产品或服务是不能或很难"复制"的,因此也就不适合做特许经营。

（15）成为受许人的"替罪羊"。

受许人在经营过程中出现的一些问题,总部或特许人需要承担连带责任。比如,沈阳一家药店受许人突然失踪,闻讯而来的几十名供货商要债无门,便将"矛头"直指其特许人总部,最终特许人总部不得不为几十万元的货款"埋单"。

（16）对网络的直接控制力减弱。

因为特许经营是一种契约关系,特许人对加盟店只能依靠合同或其他方式进行间接控制,而不能直接干预,所以如果没有掌握特许经营知识,则特许人用传统的对待直营的方式方法来对待加盟店,则其对网络的直接控制力就大大减弱了。

2. 对受许人之弊

（1）创业初期可能需要巨大的资金。

因为在创业初期,受许人除了单独创业时所需要付出的资金外,还必须向特许人支付一次性的加盟金、保证金等费用,如果这些费用很大（如有些特许人的加盟金高达数百万元,甚至以千万元计）,则受许人在创业初期将承受巨大的资金压力。而且,在投资完全收回并开始盈利之前,有的受许人还必须定期向特许人交纳权益金,这对受许人也是一个不小的资金压力。

（2）经营过程中的持续资金压力。

在受许人的经营过程中，受许人还需要定期不定期地向特许人支付一些费用，如权益金、培训费、广告基金等。

（3）一损俱损。

统一化的最显著弊端之一就是，当特许人、直营店以及任何一家加盟店出现"丑闻"时，所有受许人都会受到牵连。

（4）总部或特许人的错误会直接导致加盟店跟着遭殃。

中国咖啡界的两大失败案例当属上岛咖啡和咖啡陪你，两者都曾在中国的咖啡连锁市场上叱咤风云，然而其结局却令人深思：一个是1000多家店瞬间凋零大半，另一个是700家店面几乎完全关门。其失败的原因固然有很多，但多数媒体都不约而同地指出，原因之一就是总部的管理，尤其是股东们的各行其是或内斗。但不管是什么原因，最终，所有受许人都受到了连累而损失巨大。

比如，根据《中国青年报》（作者：关婧，万兴亚）的一篇题为《"京都薇薇"被判侵权，百余受许人利益如何保障》的报道，2006年4月19日，北京市高级人民法院做出终审判决，驳回京都薇薇公司的上诉，维持原判，撤销"京都薇薇"注册商标，至此，"沈阳薇薇"与"京都薇薇"长达4年的商标之争终于画上句号。然而事情远没有这么简单，侵犯"沈阳薇薇"注册商标的"京都薇薇"还有更多受许人的问题需要处理，因为其在北京的3家加盟店及在全国的近百家加盟店都立即面临着改头换面的境遇。毫无疑问，受许人要承受一定的损失，但造成这些损失的根源却是特许人。

2007年，北京超市发商业有限公司倒闭，旗下的150家网点的超市发半数直营门店关门，残存的几十家加盟店也成了断线风筝，有的在硬扛，不能扛的一些加盟店就关门、转让了。虽然特许经营合同还有一年多才到期，但受许人们在加盟时所交纳的抵押金、加盟费用等却无处讨要。

（5）缺乏自主权。

一般而言，受许人都必须按特许人的要求去做，无形之中这会使受许人成为特许人的附属，使自己过分依赖总部。受许人受到特许经营合同和协议的限制和监督，当自己有了优秀创意时，却不能付诸实施。

（6）统一化和本土化之间的矛盾会影响受许人的生意。

因为特许经营体系强调统一，过分标准化的产品和服务可能并不适合受许人的当地情况，当统一化和本土化之间的矛盾不能得到协调处理时，受许人的生意就会受到影响。

（7）受许人的业务发展速度过快时，总部的后续服务跟不上。

有的受许人生意非常好，但总部的商品配送、技术支持却达不到要求，这样，受许人的业务就会受到总部能力的限制。

（8）为人作嫁衣。

受许人用自己的资源努力工作的结果是增加了特许人的品牌（这个永远都不是受

许人的）价值和实际收益，但当自己退出该特许经营体系时，可能非但不能享受原特许品牌价值提升后的任何利益，而且还不能继续从事特许行业，从而变为真正的"幕后英雄"。

（9）限制将来的发展。

特许经营合同常常会在许多方面限制受许人，会规定许多不利于受许人发展的条款，如在解除合同后一定时间内不得从事原先所加盟的行业等。

（10）泄露商业秘密。

受许人在特许经营过程中与特许人的交流、沟通同样也会泄露自己的一些商业秘密，甚至包括私人秘密。

（11）利益分配上的不公。

实质上，特许人是特许经营权这个真正具有最大价值的工业产权和/或知识产权的所有人，受许人只是购买了特许人的一种被称为"特许权"的产品的使用权或经营权，是特许人业务链条的"终端"，因此，大多数的情况是，在因工业产权和/或知识产权而获得的利益中，受许人只占了其中一小部分，大部分却被特许人拿去了。

（12）减少了"关系户"与潜在收入。

与独立创业相比，受许人会拥有更少的"关系户"，这是因为，受许人的许多事情都是由特许人代办的，如采购、配送、广告与宣传设计等，这样，受许人就失去了和这些利益相关者发生紧密、直接关系的机会，从而使其"关系户"数量大大减少，进而减少其潜在收入。

1.10.3　特许经营双方的权利和义务

作为一种依靠契约维系的商业发展模式，双方的权利和义务是吸引双方走到一起的原因，是保证特许经营关系能够维持并发展下去的基础，是双方结成共同发展、共铸双赢合作关系的前提，也是双方合作经营的主要内容。特许经营的双方都应该积极、主动、自觉地履行各自应尽的义务和维护对方的权利。

由于各个特许人的实际情况不同，不同的特许人在其单方面拟好的特许经营合同里约定出的双方各自的权利和义务可能不同，但对于同一个特许人的不同受许人而言，这个特许经营合同中规定的权利和义务却是基本一致的。但在一些特殊的情况中，比如针对不同国家的受许人，同一个特许人下的受许人的特许经营合同的具体细节也可能在大原则相同的情况下略有不同。

如果把特许经营比作一场游戏的话，那么双方的权利和义务就是游戏规则中的最重要内容。特许经营双方在进入游戏之前，首先必须明确游戏规则并按游戏规则办事，否则，特许经营这个游戏就很难正常进行下去。所以，明确双方的权利和义务不论是对特许人及潜在特许人、还是受许人及潜在受许人，都非常重要。

此外，特许经营的双方还应严格区分两类不同，即法律上（包括法律及政府管理当

第1章　特许经营概述

局的政策、规定等）的权利和义务以及非法律上的权利和义务的不同，合同上的权利和义务以及非合同上的权利和义务的区别，不能相互混淆。

从下面这个案例中，我们可以清楚地看到，现在某些特许人同样权利和义务不分。经营某外国民族特色饰品连锁店的特许经营的老板在和笔者的一次谈话中，曾抱怨说她的受许人对她意见很大。笔者问其原因，她解释道，她的一些受许人经常会敏锐地发现当地市场上的流行饰品，一旦觉得某类饰品有利可图，受许人就会要求总部给其进货。特许人觉得既然受许人是自己的"合作"伙伴，同时为了让受许人赚钱，往往就会答应受许人的进货要求。可是特许人去进货的国外经常会发生战乱，有时货物无法按时运到受许人处。这样，往往只流行一个短暂时期的饰品经常在流行期过了之后才运到受许人处。受许人因此对特许人多有抱怨，认为她是不合格的特许人。

那么，这个特许人真的不合格吗？特许人到底错在哪里？

首先可以肯定的是，在这个案例中，受许人所认为的特许人的错其实并不是特许人真正的错。其次，特许人真正的错在于，她没有搞清楚什么该做，什么不该做，即没有搞清楚什么是自己的权利、什么是自己的义务、什么是自己的法律上的权利和义务，以及什么是自己的非法律上的权利和义务。

按照特许经营规则，体系内的单店经营什么样的商品或提供什么样的服务是由特许人决定，而不是由受许人决定的，受许人最多只有建议权。但是，上述案例中的特许人和受许人都把受许人的建议当成了特许人的"义务"，这本身就是错误的。在这个案例中，如果双方的合同里没有规定特许人"必须"满足受许人类似的上述"要求"，那么，特许人如果满足了受许人的这个要求，则特许人的行为并不是在尽义务，准确地说，应该是"帮忙"；反之，若特许人没有满足受许人的要求，受许人也不能据此认为特许人是不合格的，毕竟，这个法律不保护、合同没规定的要求不是特许人"必须"要满足的，不属于特许人的义务之一。

类似的案例还有很多，限于篇幅，我们就不再举更多的例子。总之，准备进入和已经进入了特许经营的各方都要记住关于权利和义务的三点注意事项。

① 无论合同上说明与否，法律上规定的权利和义务都是你一定拥有和必须要遵守的。

② 除去法律规定之外，合同上规定的内容也是你必须要遵守的（当然，前提是这些规定要合乎相关的法律法规）。

③ 如果法律没规定、合同上也没约定，那么，你的权利是不受保护的，你的义务也不是你"必须"要履行的。

本文下面所列的特许人和受许人的权利及义务，并不一定是商业模式特许经营的相关法律法规或政府政策所规定的"必须"（具体的法规内容请参见本书附录部分），也不一定是所有的特许经营合同都会明文规定的权利和义务，只是在特许经营界经常出现并几乎成为"惯例"的特许经营双方的权利和义务，各个体系的特许人应根据自己的实际情况予以必要的取舍。

1. 特许人的权利

① 保留特许权的部分内容为自己的产权所有。这里需要说明一个经常被大多数人误解的一个问题，即关于特许权的授予到底是不是"出售"的问题。

特许权的内容包括品牌、商标、专利、商业秘密、经营管理诀窍和产品、设备等无形和有形的组合，在这些组合的内容之中，有的是"出售"给受许人的，如产品、设备等。但有的，如商标、品牌、经营管理诀窍和商业秘密、专利等，却不是"出售"，更类似于有偿的"借"，如果非要说"出售"的话，那么特许人出售给受许人的也只是这些特许权的使用权。从这个意义上讲，许多书、文章、观点中认为的受许人"购买"了特许权的说法是错误的。

所以，特许权的有些内容的授予不是"sell"，更像是"lend"。

因此，笼统地认为特许权的授予是"出售"的行为是错误的，必须要更正过来，因为这种理解会带来诸多法律、经营管理上的困惑和争端。

② 要求受许人遵守通常由特许人单方面拟定而不同受许人都基本相同的特许经营合同中规定的内容，并对违反特许经营合同规定，侵犯特许人合法权益，破坏特许经营体系的受许人，按照合同约定给受许人以相应惩罚，直至终止其特许经营资格。

③ 要求受许人遵守特许人编制的特许经营系列手册。

④ 向受许人按约定收取包括加盟金、特许权使用费、培训费、保证金等在内的特许经营费用。

⑤ 要求受许人遵照特许人制订的整个体系的"统一化"政策。

⑥ 监督、检查、纠正受许人经营模式的权利。

⑦ 按照《商业特许经营管理条例》及相关适用法律法规中关于信息披露的规定，将受许人的特许权和加盟店相关信息进行相关披露。

2. 特许人的义务

① 在潜在受许人加盟前对其进行相应的本体系的信息披露。各个国家和地区对特许人的信息披露的内容、形式、时间、程序等的规定不同。在我国境内开展特许经营活动的特许人应遵守《商业特许经营管理条例》《商业特许经营信息披露管理办法》的相关条款。

② 向受许人授予包括合法注册的商标在内的特许权，并提供必要的特许经营系列手册。

③ 持续地指导、支持和帮助受许人进行商业经营，包括对受许人开店的支持、技术等的培训、物流配送等。

④ 制订并实施特许经营体系的广告、宣传、促销计划。

⑤ 向受许人提供统一购买的物美价廉的设备、工具、材料等，或向受许人推荐供应商。物美价廉，指的是特许人向受许人提供或推荐的这些东西，在同等质量的情况下，一般应小于等于市场价或受许人单独购买时的价格，这是由于特许经营的网络规模效应必然会使特许人的大批量购买能获得更多优惠。同时，特许人还要对这些设备、工具、材料的质量负责，承担相应的保证责任。

第1章 特许经营概述

⑥ 设计、构建、管理、协调与不断更新发展整个特许经营体系，制订整个特许经营体系的发展战略，不断开发新产品和服务新模式，保证整个特许经营体系的竞争力。

⑦ 协调各个受许人之间的商圈冲突和区域利益。

⑧ 尽力帮助受许人能按加盟承诺那样回收投资并盈利。

为了约束特许人，除了法律法规和政府的相关政策之外，各国特许经营协会也常常会明文规定特许人必须遵守一些义务，如国际特许经营协会要求其会员必须切实遵守表1-33所示的道德法规：

表1-33　国际特许经营协会的道德章程（Code of Ethics）

- 在广告宣传及授予特许权或代理权时，会员应遵守所有适用的法律法规，会员的提供公告应完整、准确并不在如下方面产生误导，即受许人或代理人的投资、会员义务，在特许权或代理权关系中的受许人或代理人的义务，以及关于特许经营或代理的所有重要事实
- 所有关于会员的特许经营或代理的重要事项都应包含在一份或多份书面合同中，这些合同将清晰地规定双方的关系以及双方各自的权利和义务
- 会员应只选择与接受这样的受许人或代理人，即经过合理调查研究的；看起来拥有运营特许的商业或实施代理所要求的基本技术、教育程度、经验、个人性格以及财务资源的；以及满足特许经营等合同所规定的受许人或代理人义务要求的。在授予特许权时，不应歧视性地仅仅出于种族、肤色、宗教信仰、国籍或性别来做决定。然而，这并没有禁止特许人的如下授予特许权的行为，即把特许权作为计划的一部分授予潜在的受许人，以使缺乏资本、培训、商业经验或其他受许人常规要求的人可以拥有一份特许权，同时，特许人采取的任何其他正面的行动计划也不被禁止
- 会员应在特许经营合同的持续期间为其受许人或代理人提供合理的指导
- 会员与其受许人或代理人的所有交易都必须公正。会员应尽其所有的善意努力并通过直接沟通与协商的方式来解决受许人或代理人的抱怨或双方的争执。会员应在具体的情况下采用某个合理恰当的度，以给其受许人或代理人一份通知以及一个合理的补救双方契约关系破裂的机会
- 任何会员均不得从事金字塔式的分销计划（pyramid scheme of distribution）（笔者注：在中国被称为传销）。金字塔是这样一种体系，购买者的未来回报主要取决于招募新成员而不是取决于产品或服务的销售

3. 受许人的权利

① 按合同约定获得对特许人体系的商标、商号、专利、经营诀窍等特许权的使用权或经营权。

② 得到特许人帮助开店、在试营业期特许人派员驻店指导以及日后正常营运时的督导等特许人指导、支持和帮助的权利。

③ 获得并使用必要的特许经营系列手册。

④ 得到特许人为统一性而必需的产品、原材料、设备、工具等物流配送和信息提

供的权利。

⑤ 获得特许人统一开展的广告宣传和促销支持。

⑥ 持续不断地获得或使用特许人开发的用于本体系加盟店的新产品和新技术。

⑦ 在特许人授权的区域内享有独家经营权并得到特许人的区域保护，比如至少得到一个单店的商圈保护。

⑧ 获得特许人必要培训的权利。

除了特许经营方面的法律法规以及政府的政策之外，行业协会之类的组织也会规定受许人的一些权利，如美国受许人与经销商协会（AAFD）颁布的《受许人权利法案》，见表1-34。

表1-34　美国受许人与经销商协会（AAFD）颁布的《受许人权利法案》

美国的受许人，代表着最佳的美国企业精神，因此承认与需要一个基本的最小量的商业尊严、公正与公平。据此，美国的受许人声明此《受许人权利法案》为一个公平与公正特许经营体系的最小需求。

- 享有在特许经营生意中要求公正的权利
- 享有参与交易或生意的权利
- 享有特许人的忠诚、善意与公平交易的权利，特许人应致力于其职责，建立一个基于承诺和实际行动的信用关系
- 享有商标保护的权利
- 享有市场保护的权利
- 享有要求特许人充分披露的权利
- 享有得到初始与日后持续培训的权利
- 享有获得后续支持的权利
- 享有获得营销帮助的权利
- 享有与其他受许人联合的权利
- 享有陈述与向特许人申诉的权利
- 享有适用受许人所在地的法律和法院，以及寻求保护与解决争议的权利
- 享有合理的更新特许权的权利，除非有正当的理由，不能因此而被终止合同
- 享有对等的终止合同的权利
- 享有合同终止后的竞争权利

美国受许人与经销商协会制定了《受许人权利法案》，并致力于提高特许经营领域与普通大众对此的认识[1]。

4. 受许人的义务

① 按总部定价方案制订收费标准。

② 按总部VI要求，装修营业场所及设置店招。

1　*Franchise 101*，Ann Dugan，Dearborn Financial Publishing, Inc. 1998.

③ 遵守总部的统一性要求和合同、手册规定的其他内容。
④ 接受并配合特许人对于整个体系的管理、监督与协调。
⑤ 为特许人提供的体系资料以及其他有关特许经营的信息进行保密。
⑥ 维护特许经营体系的信誉，并同各种侵犯特许经营体系合法权利的行为做斗争。
⑦ 在特许经营合同结束时退还特许权的相应标记物给特许人或将其销毁，并不得在规定期限内参与同业竞争。
⑧ 与总部保持信息、文件往来，主动沟通交流，向特许人及时提供真实的经营数据、财务状况等合同约定的信息。
⑨ 努力工作，争取最大的营业额。
⑩ 按时、按量交纳特许经营费用。
⑪ 听从特许人对于培训、广告、宣传、促销等活动的安排。

【案例】特许经营曾经的典范，"咖啡陪你"经历了什么

曾经于8年时间内就在全球开店1200家、在中国的2年多的时间内就签约加盟商上千家、开店数量飙升至600余家，并一举成为中国咖啡连锁头部企业……

"星巴克教会中国人什么是咖啡，'咖啡陪你'教会中国人如何开咖啡店"的传说、《冲到最后一刻——"咖啡陪你"领军韩国咖啡市场的秘密》一书都成为过去。

成功的企业案例各有特色，但失败的企业几乎都有一些共性。总体来讲，"咖啡陪你"失败的原因有以下几点。

（1）盲目扩张。

自2008年在韩国开张第一家店的4个月时间之内，"咖啡陪你"就开了9家店铺，1年之后店面扩展到100家，5年之后，"咖啡陪你"不但进军海外，而且店铺总数超过1000家。

"咖啡陪你"自2012年进入中国市场，仅1年时间就突破100家店，2年多后即2014年店面超过600家，其开店速度远超星巴克等咖啡连锁。这其中的95%是加盟店。

对比可知，麦当劳、肯德基在进入中国13年后才开始小心翼翼地发展本土加盟商。而星巴克在进入中国13年后才开设了700家门店。

（2）只求数量、不问质量。

与盲目扩张相伴随的问题通常都是单店的质量或盈利状况非常差，虽然有庞大的连锁店的规模，但是"咖啡陪你"的单店盈利非常差，只有不到20%的店面盈利，大多数的店面亏损或严重亏损。

媒体报道称，"来到中国发展后的一年半时间里，'咖啡陪你'是一边开店一边关店。"

（3）选择加盟商的门槛放低。

为了实现快速扩张，"咖啡陪你"在选择加盟商上面几乎没有限制。只要有钱，所有人几乎都可以加盟。如此，大量的不合格加盟商挤进特许经营体系中，他们带来的贡献远远小于他们给体系带来的伤害。

与之对比的是，麦当劳在中国台湾开放加盟时，在1万多个申请者中，麦当劳只批准了三个。麦当劳的严格遴选机制与"咖啡陪你"的来者不拒形成了鲜明对比。

（4）加盟店的类型选择失误。

"咖啡陪你"选择了三种店面类型：按照总部与加盟商投资占比，分为51%对49%、60%对40%、0对100%等三种。在三种形式中，70%的加盟店采用了加盟商出资49%、"咖啡陪你"出资51%的形式，这种形式虽然可以在总部的掌控力度上有所改善、利于特许人体系的融资与上市，但其最大的弊端就是需要占用总部大量的资金。或许，这是"咖啡陪你"后来资金链断裂、不足的重要原因之一。

（5）资金链断裂。

"咖啡陪你"在中国不到4年的时间，资金链就出现了严重问题：拖欠意向加盟商的返还意向金、拖欠员工工资、拖欠供应商货款、拖欠办公室房租，甚至拖欠装修款。

2020年的新冠肺炎疫情期间大量的单店、连锁企业和非连锁的企业因为平时不注重资金储备，在疫情突然来临之际，个个叫苦不迭、后悔莫及。

资料来源：

1. 李铎，陈克远. 咖啡陪你残局谁来收场[N]. 北京商报，2016-01-13.

2. 董枳君. 咖啡陪你败退中国 疯狂扩张引发体系之乱[EB/OL]. http://finance.sina.com.cn/roll/2018-11-29/doc-ihmutuec4832887.shtml，2018-11-29.

3. 冯仑. 咖啡不再陪你，"韩国版星巴克"溃败记[EB/OL]. https://legacy.iyiou.com/p199571.html，2019-05-08.

4. 商界. 咖啡陪你遭遇加盟商公开抗议，被指是骗子品牌[EB/OL]. http://finance.sina.com.cn/chanjing/gsnews/20150428/153522064305.shtml，2015-04-28.

5. 祝瑶. "咖啡陪你"过度扩张 杭州首家门店数月前已歇业[N]. 今日早报，2015-05-14.

6. 俞哲萍. "咖啡陪你"成了"咖啡赔你"，杭州50%门店已关闭[EB/OL]. http://news.winshang.com/html/048/3668.html，2015-05-27.

[练习与思考]

（1）如何在特许经营的实际运作过程中有效地扬"利"避"弊"？

（2）在我国的实际特许经营运营中，哪些"利"体现出来和未体现出来？哪些"弊"体现出来和未体现出来？为什么？

（3）你认为哪些权利和义务是必要的？哪些是不必要的？

（4）为了实现特许经营的"双赢"或"多赢"，谈谈你对权利和义务的看法。

（5）各举一个成功和失败的特许经营案例，从权利和义务的角度分析其成功或失败的原因。

1.11 特许经营的原则与统一

[本节要点]

本节内容除了介绍经典的"3S原则"和"double"原则之外,还介绍了关于特许经营的其他原则。目的是使读者了解特许经营中的运营规则,而这些规则都是特许经营得以顺利进行的保证和经验总结。

本节第三部分主要讲述特许经营"统一"的利弊,第四部分着重讲解特许经营中的两大类统一:必要的统一和可选择的统一。目的是使读者对特许经营的"统一"有一个全面、辩证的认识。

1.11.1 "3S"原则

特许经营作为一种有效的商业模式,为了保证其健康、正常发展,特许人和受许人都必须遵守一定的原则。

"3S"原则是特许经营的最经典的基本原则,凡是了解特许经营的人无不知道这个著名的原则,其他许多原则都是从此原则上引申、变化出来的。特许经营的本质是工业产权和/或知识产权的转让,而"3S"原则的执行正是使这种转让成为可能并给双方都带来最大效用的手段。

"3S"原则,指的是标准化(Standardization)、专业化(Specialization)和简单化(Simplification)这三个原则,因为这三个原则的英文单词的第一个字母都是"S",所以人们习惯上称之为"3S"原则(见图1-20)。

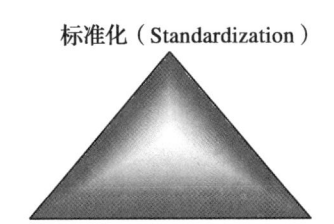

图1-20 特许经营的"3S"原则

对于特许经营体系而言,这三个原则的主要目的或意义不同,简单地讲,标准化的主要目的是使整个体系内的单店保持高度的统一性,专业化的主要目的是提高整个体系的运转效率,简单化的主要目的是使工作便于学习、复制、实施和考核。所以,标准化的工作对象通常是特许经营体系的总部、分部或区域受许人、单店的有形和无形部分,专业化的工作对象通常是体系内各职能主体,简单化的工作对象通常是体系的总部、分部或区域受许人、单店的各项具体的工作。

1. 标准化（Standardization）

标准化是为了利于特许经营模式的复制、利于特许经营体系的管理和控制或保持整个特许经营体系的一致性，这是特许经营的优势和竞争力之一，其意思就是指特许人对其业务运作的各个方面，包括流程、步骤、外在形象、产品或服务等硬软方面，经过长期摸索或谨慎设计之后而提炼出能够随着特许经营网络的铺展而适应总部、分部或区域受许人、各个地区加盟店的一套全体系统一的模式。

特许经营企业实施标准化的目标或意义就是为了形成复制的"原型"或"样板"及指导原则，这样，企业就可以按照标准化后的"原型"或"样板"及指导原则进行总部、分部或区域受许人、一个个单店的运营或复制，并能保证体系内的总部、分部或区域受许人、每家单店无论是在有形还是无形方面都保持一致，不"走样"。

从另一个角度而言，标准化的意思就是企业CIS（Corporate Identity System）的导入与建设或其结果，而现代广义的CIS包括七个部分：MI（Mind Identity，理念识别）、BI（Behavior Identity，行为规范识别）、VI（Vision Identity，视觉识别）、SI（Store Identity，店面识别，或Interior Identity室内识别）、AI（Audio Identity，声音识别）、BPI（Business Process Identity，工作流程识别）、OI（Other Identity，其他识别）。因此，特许经营的标准化还可按照标准化的内容将其分为两大类：硬件的标准化和软件的标准化。

硬件的标准化主要指企业VI、SI的统一性。VI具体包括总部、分部或区域受许人、店面外观和内饰、设备、工具、文件、办公用品系列、企业证件系统、账票系列、制服系列、企业指示符号系列、办公环境设计规范、交通工具系列、产品应用系列、广告应用系列规范、公司出版物、印刷物等。SI则指总部、分部或区域受许人、单店的空间布局、商品陈列方式等。

软件的标准化主要指MI、BI、AI、BPI以及OI等无形部分的统一性。其中，MI包括理念识别的基本要素和理念识别的应用要素两个方面，前者包括企业经营策略、管理体制、分配原则、人才观念、发展目标、企业人际关系准则、员工道德规范、企业对外行为准则、政策、风气、道德、精神、宗旨等，后者包括企业信念、企业经营口号、企业标语、守则、座右铭等。BI包括企业行为（企业家的行为、企业模范人物的行为、企业员工的行为）和企业制度（企业领导体制、企业组织机构、企业管理制度）两大基本部分。AI指企业歌曲、企业音乐、称呼制度等。BPI则指企业或单店运作的具体流程、方法等。OI则包括总部、分部或区域受许人或单店的气味识别、温度识别、湿度识别、亮度识别等。

一般而言，硬件的标准化的设计、实施和复制都比较容易，而软件的标准化的设计、实施和复制则要难得多；硬件的标准化一般不会成为或不宜单独作为企业的核心竞争力，因为很容易被竞争者模仿，特许企业的核心竞争力通常体现在很难被竞争者模仿的软件的标准化上。

第1章 特许经营概述

标准化是特许经营最基本的原则之一,也是连锁经营最基本的特色之一。

麦当劳就是标准化原则的不折不扣的执行者,比如在单店里,"小到洗手有程序,大到管理有手册",即他们做任何事都有一套标准的制度、方式或流程,所以其总部、分布在全球各地的分部或区域受许人、3万多家店才能整齐划一地运作。事实上,我们无论看到麦当劳的哪一个单店,其建筑式样、设计等都充分保持了麦当劳独特的外观特色和商业个性。华丽耀眼的金色双拱门的大写字母"M",十分惹人注目,顾客总能迅速辨认出来。

在商品品种上,麦当劳总部通常不会给予任何受许人自由经营商品、提供服务的权力,严格禁止在操作上自行其是。

比如,雇员要穿规定的制服,男雇员必须剪短发,女雇员必须穿平跟鞋、戴发网、化淡妆等。

麦当劳的标准化已经准确到了用数字来描述的地步,麦当劳单店里,严格要求面包不圆或切口不平都不能销售;奶浆接货温度要在4℃以下;牛肉原料必须挑选精瘦肉,脂肪含量应该在17%～20.5%,并且不得使用添加剂。牛肉绞碎后,一律按规定做成直径为98.5毫米、厚为5.65毫米、重为47.32克的肉饼,肉饼必须由83%的肩肉与17%的上等五花肉混制。接触生食、熟食必须戴不同颜色的手套。"煎汉堡包时必须翻动,切勿抛转",要在50秒钟内做出一份牛肉饼,一份炸薯条及一杯饮料,烧好的牛肉饼出炉后10分钟、法式炸薯条炸好后7分钟内若卖不出去就必须扔掉等。

再比如,最适合人们从口袋里掏出钱和取食品的高度是92厘米,因此,麦当劳柜台高度以92厘米为标准;厨房用具全部是标准化的,如用来装袋用的"V"型薯条铲,可以大大加快薯条的装袋速度;用来煎肉的贝壳式双面煎炉可以将煎肉时间减少一半;所有薯条均采用"芝加哥式"炸法,即预先炸3分钟,临时再炸2分钟,从而令薯条更香更脆;在麦当劳,与汉堡包一起卖出的可口可乐,据测在4℃时味道最甜美;面包厚度在17厘米时入口味道最美;面包中的气孔在5厘米时最佳;吸管粗细的设计依据是使顾客能用吸吮母乳般的速度将饮料吸入口中,因为这时人的感觉最好;不要让顾客在柜台边等候超过30秒,因为30秒是人与人对话时产生焦虑的临界点;顾客排队不能超过2分钟;在顾客点完所要食品后,服务员要在1分钟内将食品送到顾客手中;员工上岗操作前须严格用杀菌洗手液洗手消毒,规定两手揉搓至少20秒钟再冲洗,冲洗完毕后还必须用烘干机将手烘干,如果接触了头发、衣服等东西,就要重新洗手消毒;等等。

正是由于麦当劳始终如一地坚持经营标准化,同时建立及使用快餐生产线等现代工业化生产方式,并不断提高生产经营的机械化、自动化程度,推广规范化操作行为,才使得全世界的麦当劳单店成了一座座标准化下的"厨房工厂"。

无独有偶,同样是快餐特许经营巨擘的肯德基也将标准化视作生命线。在鸡肉原料方面,肯德基要求重量、大小、外观基本一模一样。翅根、翅中须修剪干净、无黄皮、无绒毛等,重量要在28～42克,相差甚至不能超过2克。在运输储藏方面,要求厂商必须有为肯德基配备的专用车，要做到-2℃~2℃的冷链运输，并且每家门店都规定了准确的送货时间。肯德基规定它的鸡养到7个星期，一定要杀，因为肯德基认为，到第8个星期时，虽然鸡的肉长得最多，但肉质太老。

星巴克同样有一些标准化的规定，顾客进门的10秒钟内，店员要给予眼神接触；每杯浓缩咖啡煮18~23秒口味最佳；拿铁的牛奶至少要加热到150度，但是绝不能超过170度；装好1磅的准备售给顾客的咖啡豆后，标签一定要贴在星巴克标志上方1英寸半的地方；等等。

零售巨头沃尔玛的标准化工作也是做得一丝不苟，一些规定还非常有趣。有些规定比较模糊，比如著名的"太阳下山"规则就是如此，沃尔玛规定，每个店员在太阳下山之前必须干完当天的事情，而且，只要顾客提出要求，不管是乡下的连锁店还是闹市区的连锁店，店员都必须在当天满足顾客要求。沃尔玛的有些规定则量化得很清楚，如著名的"三米原则"或公司的创始人山姆·沃顿的"10英尺态度"，即沃尔玛公司要求员工无论何时，只要顾客出现在三米距离范围内，就要温和地看着顾客的眼睛，点头、微笑、打招呼。同时，沃尔玛的有些规定似乎量化得"过分"了，比如沃尔玛会规定员工对顾客微笑的量化标准，它要求员工对顾客微笑时必须露出八颗牙齿。更多的例子无须再举，总之，沃尔玛的标准化或量化的细节服务，不仅赢得了顾客的热情称赞和滚滚财源，而且为企业赢得了价值无限的口碑，为企业长远发展奠定了坚实的基础。

欧洲第三大、世界第五大贸易和零售集团麦德龙公司（Metro）的经营秘诀之一也是坚持标准化的"克隆"原则。克隆内容包括商场的外观、内部布置等硬件方面，同时还包括商场运作的软件方面。

举例来说，麦德龙在硬件方面的标准化内容主要有：① 楼层。所有麦德龙商场均为一层结构；② 面积。营业面积基本都是1万平方米左右，再加上一个宽大的全部免费的停车场，共4万平方米左右；③ 外墙。所有麦德龙商场均为深蓝色马赛克外墙装饰，十分便于顾客识别；④ 雨篷。在紧挨着商场旁边，麦德龙商场会建筑一个永久性雨篷，目的是方便下雨天开汽车来进货的专业顾客的自助运输；⑤ 陈列。货架全部是高4.5米的工业用大型货架，各种商品的陈列位置在每个商场均一样，是完全按照标准化原则"克隆"出来的。

麦德龙在软件方面的标准化内容主要体现在商场经营管理和运作的各个方面。比如从与供应商议价开始，直到下单、接货、上架、销售、收银整个流程和其中的每个细节，以及商场的部门设置和人员配备等内容，麦德龙都编制了一套非常完善的标准化手册，如此就保证了麦德龙在全球的3000多个商场的操作都是整齐划一、步调一致而没有"走样"的。

近些年，国内的企业在标准化方面也正逐步迎头赶上。比如，中国本土超市巨头联华早于2003年就已经引入流程的标准化管理，将28个流程和400多项管理制度的全部数据整合录入总部的信息系统，借此可以对全国不同业态的1921家连锁店进行统一的专业化管理。

2. 专业化（Specialization）

专业化就是特许经营体系各基本组成部分的总体分工问题。因为分工的高效，所以特许经营网络为了保障这个可能很庞大体系的良性运转，就必须把不同的职能交由不同的部分来完成，然后各个部分有机协调、合作的结果才能使特许经营体系成为一个具有自我发展和良好适应外部环境能力的有机整体，专业的人做专业的事，从而实现"帕累托优化"。

特许经营体系的三大基本部分指的是特许经营总部（包括配送中心）、加盟店和区域分部或区域受许人。其中，总部负责全局的战略发展、业务研究、战术总结推广和总体的协调、管理、控制、物流配送等工作；加盟店负责具体的业务与以及与客户直接面对，它们是特许经营体系的一线最前沿阵地；区域分部或区域受许人则负责特定区域内特许经营体系的开发、建设和维护等工作，它对上要对总部负责，对下则要对加盟店进行协调和管理等工作。

3. 简单化（Simplification）

简单化指作业流程简单化、作业岗位活动简单化，由此可以使员工更容易学习与掌握必需的技术或方法、工作执行准确，提高工作效率，以最小的时间和体力支出获得最大的效益。在管理实践中，特许人一般都会对作业流程和岗位工作中的每一细节做深入的研究，并通过手册归纳出来。

零售业有一句名言："Retail is detail（零售就是细节）"，意指简单化后的细节对于零售企业的重要性。著名的麦当劳手册中甚至详细规定了奶昔员应当怎样拿杯子、开机、灌装奶昔直到售出的所有程序。通过手册，所有的员工都能依照手册规定操作，即使新手也可以依照最有章法的工作程序迅速解决操作问题。对于这样的简单化规定，有人将此称为"KISS"原则，即"Keep It Simple And Stupid"的缩写，意思是"让它简单些，连笨蛋都看得懂"。

举例来说，7-11对每项任务都做出了非常细化的要求，把复杂的工作简单化了，下面以清洁为例说明7-11的规定。

① 各店铺每天清洁工作的内容有：店内地板的清洁、店门口的清洁、停车场的清洁、电灯的擦拭、厕所的清洁、复印机的擦拭、招牌的擦拭、柜台周围的清洁、垃圾袋的更换、垃圾箱的清洁、食品柜台的冲洗、店内设备的擦拭、公用电话的擦拭等，一天必须进行数次。除了清洁售货的店铺外，店后临时存货间、临时货架等也都必须清洁。

② 清洁流程：必须先用拖把清洁，再用抹布和清洗上光剂清洁。

③ 清洁时间：一般上午11点用拖把清洁，然后用湿抹布擦拭，此后，下午2点半、5点、9点、11点、凌晨2点、早上6点，一昼夜共拖7次地，其中要用浸湿的抹布擦拭4次。每天用清洗上光剂清扫2次，一次是下午2点半，另一次是凌晨2点半，用机器清洁后，必须用拖把再拖一次。碰到雨天或雪天，清洁得更频繁。

④ 清洁工具：7-11采用进口的抹布，它由棉与化纤混纺制成，纤维很细，不仅浸湿后容易干，而且不易撕破。此外，为了保持抹布干净，还用全自动洗衣机洗涤抹布。

从上面的规定中可以看出，如此细化的工作分解怎能不在保证了工作质量的同时，又容易被员工所理解和掌握呢？

被称为"穷人店"的德国知名折扣零售连锁企业阿尔迪一直奉行简单化的经营原则。原阿尔迪集团负责人布兰德斯在其著作《阿尔迪成就的11个秘密》中总结，其实所有的秘密加在一起，就是一个词："简单"。

在商品的品种管理上，阿尔迪以精为主，并不单纯地追求花色品种的数量，直到今天，阿尔迪依然仅保留600~700种商品，货品装在只有一半高的纸箱里，堆在光秃秃的货架上，价目表悬在头顶，而不是贴在商品包装上。多数情况下，每种商品只提供一种选择，即同类商品之中最好的品牌，每一种商品都只有一种规格的包装。

除了硬性的商品之外，在公司管理等软性方面，阿尔迪也坚持简单化的原则，而简单化的管理模式促进了阿尔迪团队管理效率的整体提高，同时使其管理成本大幅度下降。阿尔迪坚持不上市，为什么呢？因为公司领导人认为上市会增加成本，包括会计费用、法律费用、公告费用等，这都增加了单店运营成本，而这些成本会转嫁到顾客身上。

需要注意的是，简单化原则的意思并不是要企业把工作流程省略、缩减，相反，简单化的真正含义是在仔细研究工作全过程的基础上，合理分解工作，使本来复杂烦琐的工作变成一个个简单明了的操作，这样非常有利于工作模式的复制和其他人员的学习、掌握，也使特许经营成为可能。

1.11.2 "双重（double）"原则与其他原则

1. "双重（double）"原则

"double"原则，意即"双重""双份"的原则，指的是在一家企业中，当它实施了特许经营之后，企业在经营、管理许多方面都由原来的单一性变成了双重性。因此，企业在实施特许经营工程或构建特许经营体系的过程中，一定要改变原来的"单"意识，转而树立"双"意识。

同时，在对"双"化后的内容进行经营管理方面，因为"双"的两方既有共性，也有不同之处，所以特许经营企业必须仔细研究"双"的每一方面的独特性质，用不完全相同的视角、理念、方法、知识、技术等来经营"双"的每一方面，而不能仅仅沿袭传统或习惯的"单"内容下的思维，或者仅仅做一个经营管理上的简单延伸。

关于"双"的具体表现，下面举几个特别需要关注的例子。

（1）产品的双重。

普遍意义上的产品概念是大家十分熟悉的，即企业投入资源后所生产出来并用以进行市场直接交换的实际物质（有形产品）或服务（无形产品）。比如，汽车企业的有形产品是汽车，饭店的有形产品是饭菜（当然包括服务等辅助产品）等。

对于特许经营企业而言，除了上述的普通意义理解上的产品之外，它还增加了另一类重要的产品——特许权。所以，特许经营企业必须记住，特许权也是企业的一种产品，它必须用产品的观念、经营方法和理念等来对待特许权。比如，传统上的产品全面质量管理（TQM）、产品研发、成本计算、营销、促销、包装和"4P"等同样适用于特许经营企业的独特产品特许权。

（2）直接顾客的双重。

对于没有实施特许经营的企业而言，直接顾客指的就是单一的一类：企业产品或服务的最终消费者。而对于实施特许经营的企业而言，直接顾客除了企业产品或服务的最终消费者之外，还增加了特许权这个产品的消费者，即受许人。

特许经营企业必须时刻记住的是，这两类顾客都是企业的"上帝"，企业对待受许人应该像对待顾客一样：全心为其服务并以其满意度为考核自己的最重要指标之一。

（3）管理、营销等体系的双重

显然，因为特许经营企业产品的双重和直接顾客的双重，所以企业的管理、营销等体系必然会随之变成了双重。

由于这两类产品的各自特性不同，特许经营企业对这两类产品的管理、市场开发和对两类直接顾客的管理、营销等是不同的，企业必须针对这两类产品和两类直接顾客，分别采取对应的最有效措施，建立两套不同的管理、营销等体系。

2. 双赢原则

因为特许经营体系的最基本双方（特许人和受许人）之间是商业的契约关系，利益是二者联系的根源或最重要纽带之一，所以特许经营必须以双方都获利为基础，只有这样才能让双方的合作关系长期维持下去。所以，双赢就是特许经营的最大特点和最重要原则之一，单方有利或双方权利义务关系的失衡都势必导致特许经营体系的最终瓦解。

特许经营是特许人利用受许人的一些资源（比受许人的资金、店址、人脉、人力等）实现快速扩张的捷径，但特许经营不同于一般的商业模式，特许人的体系所销售的不只是产品和服务，更重要的是还有商标、商号、专利、经营管理诀窍等特许权的使用权，它必须让受许人能从其提供的特许权中得到期望的利益，只有这样，特许人才可以使自己的事业发展走上良性轨道。也就是说，若特许体系的发展是以合作双方的互惠互利为基础的。若特许人一味追求利益，收取过高的加盟金和权益金，或在服务支持上达不到承诺的标准，受许人无法取得预期利润，就不可能吸引更多的人加盟，即便吸收了一些受许人，最终也必然导致现有受许人采取不合作态度，特许体系也就无法成功、正常运作。

反之，受许人如果经营较为成功，产生了自满情绪，不服从特许人的管理，隐瞒营业额以达到少交或不交特许经营费用等目的，也会影响特许人的服务支持能力，最终可能导致"双输"的后果。所以，特许人与受许人是一荣俱荣、一损俱损的关系，对这一关系的处理好坏直接关系着特许经营的成败。坚持互惠互利的"双赢"原则是处理双方关系的准则之一。

（1）在互惠互利的"双赢"原则下，特许人要做到的事情。

① 特许人在受许人加盟前，应当及时提供可能影响受许人做出是否加盟决策的尽量多信息，即披露信息，包括合同内容、特许人的经验及目前的经营情况、受许人需进行的投资、受许人的可能利润等。

② 特许人应具有经实践检验的、成熟的商业经营模式、知识和经验。

③ 特许人确保稳定、优质优价地提供原材料、产品及服务。特许人按照特许经营协议的规定方式向受许人提供合理的经营指导和适时培训，并应当继续研究、开发、改进产品和服务，发展经营管理专有技术，使得受许人能够获得这些成果，促使受许人保持市场竞争力和盈利。

④ 特许人本身应当合法经营，遵守所有适用的法律法规；不侵犯他人权利、不从事不公平竞争、更不能强迫受许人做出一些非事先约定或违法违规的行为。

⑤ 特许人有义务保护特许经营商标和商誉，同时避免做出损害他人利益的行为。

⑥ 特许人的广告宣传和授权活动，应当符合法律法规，广告信息必须准确，不含有误导性信息。

⑦ 特许人与受许人之间的所有交易遵循公平原则。

⑧ 特许人应尽力以善意方式通过直接沟通和协商解决与受许人之间的争议与纠纷。

⑨ 特许人在终止特许经营合同之前，应预先通知受许人其违约情况，并给予受许人纠正违约行为的合理机会。

（2）在互惠互利的"双赢"原则下，受许人应做到的事情。

① 加盟前，受许人有义务诚实地配合特许人关于受许人资格或条件的调查，如受教育程度、经营经验、个人素质和资金来源等。

② 受许人执行特许人规定的统一的财务管理制度，对营业额不得漏报、瞒报，按合同规定按时按量交纳特许经营费用。

③ 对特许人的专利、专有技术等要严格保密。

④ 严格按特许人编制手册规定进行操作，向消费者提供品质符合特许人规定的产品和/或服务。

3. 循序渐进原则

特许经营的发展需要一个过程，任何一家企业开始之初都不可能达到盈亏平衡，想要在短期内盈利或收回成本是不可能的。

据统计，在美国，1975年以前创业的特许组织，从成立到发展成熟，平均花11.7年的时间。而1976—1985年创业的组织，此期间缩短到3~4年。1986年以来，更是平均只需1年或不到1年。这表明，构建特许体系的时间有逐渐降低、缩短的趋势。一方面，这说明现代企业较以往急功近利，公司一成立，就急于向特许方向发展，以便在更短时间内占领更大市场；另一方面，特许体系的蓬勃发展也使民众越来越能接受特许经营方式，为特许组织缩短实施特许经营工程的时间提供了客观条件。当然，特许经营理论的发展与传播、标杆或成功范例的增多、特许经营类人才的增多等也是企业构建特许经营体系时间加快的一个重要原因。

即便如此，特许人根据业务发展状况逐步建立和扩展特许体系以将风险降到最低限度依然是明智的做法。在体系扩张的速度、规模和质量上，要坚持一个原则，即宁愿牺牲速度、规模，也要保证质量。

特许人在体系扩张过程中，很多方面都必须要循序渐进，不能盲目冒进。

（1）特许人不能因为急于扩张规模而降低受许人的甄选标准。

不合格的受许人会给整个特许体系带来严重危害，他们的经营失败会影响整个体系的声誉，从长远看是不利的。

国外的特许组织总部往往愿意找产权明确、资金力量不雄厚、学历不太高、需要通过努力才能使生意成功的中小投资者。这些人可能倾其全部积蓄投资加盟事业，因此他们能，并且会全力关注自己的加盟店，一丝不苟地按照总部的要求行事，这样既能维护总部的良好声誉，又给自己带来效益。

但这种理想的受许人并不好找，尤其是特许人在推广体系的初期，品牌可能还不够强大，即使直营店验证了成功的经营模式，但是当规模扩大时总部的管理能力能否跟得上体系的发展还无从验证，对于中小投资者来说，加盟一个不成熟的特许体系的风险要比加盟一个成熟的特许体系的风险大，所以特许人招募到合格的受许人就更为困难。

千万要注意，即使招募合格的受许人会用更多的时间，也不能放松标准，因为一旦签订了特许合同，经营一段时间后发现受许人不能胜任工作时，总部也无法更换，因为总部不能像对待自己直营店的经营管理人员那样随意换人，所以特许人的某地市场可能就会一直被没能力的受许人"套牢"，从而可能失去至少一个加盟期的商业机会。

（2）特许人不要期望在事业刚开始时就达到盈亏平衡。

建立和运营特许业务，必然要投入大笔的资金和其他资源，在最初的一两年内，可能要面对净亏损的局面。特许人向受许人索取过高的首期加盟金是不明智的，会使很多中小投资者望而却步，从而阻碍体系的发展。

有些特许人企图凭借收取较高的加盟金或初始费、保证金、权益金等来赚取大笔利润，这是不符合特许经营的运行规律的，也不能取得潜在加盟者的信任。而且，即使初期的受许人较少，诸如商标注册、员工薪水、办公费用、差旅费、特许推广费等总部的管理服务费用等也是不可避免的，但因为让受许人得到良好的服务是总部的职责所在，也是体系良性循环发展的根本，所以，特许人的大部分收入应该是从对受许人的服务中来，应该是在受许人一步一步的成功中逐渐增长的。

因此，不但受许人要有思想准备，即他（她）不可能立即或在较短时期内就可以见到特许经营带来的利益，就是特许人在发展体系网络时，也要本着切实可行的实际操作原则，本着对受许人负责的原则，脚踏实地、循序渐进地推进，不能盲目超速度地扩大网络，否则的话，过大的摊子会把自己置于死地。

麦当劳在外界巨大的诱惑面前始终坚持"开一家店，成功一家"的战略，所以它才能稳步地成长为快餐业和特许经营的巨头。比如，麦当劳在台湾刚开放加盟时，有一万多人申请加盟，但麦当劳仅仅选择了三位。

7-11在北京、天津开出首店7年后才实现盈利。即便如此，声称已经摸出中国可复制的单店盈利模式以及稳定可控的盈利周期的7-11在参考此前经验的基础上，也只是争取将新进区域盈利周期从7年缩短至3年以内。但是一旦盈利便一发不可收，据股东王府井集团2017年财报显示，北京7-11净利润达到3720万元人民币，已填补所有前期亏损。（资料来源：环球营销网，《7-11内田慎治：中国模式已跑通，新进市场目标三年盈利》）

4. 分散式网络经营原则

特许经营不强调单店的大规模经营，而是重视多店铺结合的大型经营体，即它依靠众多单店所组成的"联合舰队"的网络取得成功，而不是依靠某一个巨型的航空母舰取得成功，这正是特许经营的联合优势，故称为分散式网络经营，这和大型百货公司或购物中心、销品茂（shopping mall）等单体经营者有着明显的不同。

如果百货公司或大型购物中心采用的是大象战略，那么特许经营采用的就是蚂蚁战略。蚂蚁虽小，但数量众多，因此在蚂蚁和大象的较量中，双方各具优势。正因如此，中小型企业才更适合或应该采用特许经营类的连锁模式，以网络化的优势抵消自己单兵作战时的弊端。

日本最大的零售商不是超市巨头大荣（Daiei），而是面积仅100平方米左右的7-11便利店。当大荣和其他零售商深受经济低迷、通货紧缩之苦时，7-11的销售额和利润却在增长。与7-11的母公司伊藤洋华堂相比，虽然7-11的商品品种只占全公司的1%，但销售额却占全公司的60%，如果以每平方米的销售额来计算，则7-11是所有零售店中最高的。这些骄人成绩的取得和网络化战略的应用分不开。

零售市场监测（Retail Market Monitor）公司分析了全球2500家零售商的数据，计算了这些零售店2019年店内和网上净销售额的预测值。排名第一名的是沃尔玛（2019年店内净销售额5030亿美元，2019年在线净销售额490亿美元），第二名Costco（2019年店内净销售额1510亿美元，2019年在线净销售额70亿美元），第三名便是7-11（2019年店内净销售额1200亿美元）。（资料来源：正商参阅，《全球10大零售商排名曝光：沃尔玛居首，Costco第二》）

5. 大量商品批售的低成本原则

特许经营的销售网，是由一个个单店的销售、一个个分部或区域的销售构成的一个由点到线、再由线到面的网络式销售通路，商品销售数量相当可观，符合大量商品批售的经营原则。显然，大量的商品批售是特许经营成本降低的最主要原因之一，因为大批量的进货或生产使特许人增加了议价采购的能力，或降低了商品的单位采购或生产成本，所以只要特许经营体系保持合理的销售价格，获得可观的利润的可能性就会大大增加。

希尔顿酒店的创始人康拉德·希尔顿在自传《欢迎惠顾》中提到酒店管理的七条金科玉律的第三条就是"大量采购"。

阿尔迪（奥乐齐）超市之所以能低价的最根本原因之一就是其进货价低，而进货价低的最根本原因之一是因为采购量大，所以供应商提供的进货价就非常低。数据显示，阿尔迪单品年均采购额超过5000万欧元（沃尔玛只有150万欧元），这让它成了世界上最大的批发采购商，面对如此庞大的进货量，供应商没有任何理由不给出最低进货价格。（资料来源：中国时尚品牌网，《阿尔迪杀入沃尔玛老巢，到2014年已拓展1300余家门店》）

绝味的价格优势为什么比周黑鸭明显得多？最主要原因之一就是绝味采用加盟模式，规模更大，所以采购成本更低；周黑鸭17年来坚持走直营之路，发展缓慢，规模小，所以采购成本更高。数据显示，截至2019年11月，绝味的门店数量多达10598家，而周黑鸭仅有1255家门店。2013—2015年，绝味的采购量为8万～9万吨，周黑鸭的采购量为3万～5万吨。绝味相较周黑鸭更具备规模优势，且平均采购单价方面较周黑鸭更低。分品类看，二者鸭脖的采购单价接近，而鸭锁骨、鸭掌的采购单价分别较周黑鸭低21.9%、5.4%。通过门店的规模效应，绝味将原料采购成本控制在营业成本的50%以内，而周黑鸭却要高达70%左右。（资料来源：铑财，《周黑鸭的"老二"保卫战，煌上煌能否后来居上？》）

相比较而言，那些实施特许经营欺诈的特许人常常具备一个典型的特征，即他们向受许人供应的设备、原料、产品、工具等，通常会比受许人自己在市场上采购的价格高出许多。如此，受许人的加盟还有什么意义和竞争优势呢？所以受许人在选择特许人时，可以把特许人企业给受许人配送物品的价格与市场上的价格差作为一个考察因素。

6. 特色原则

不管特许经营是销售某具体产品，还是提供某种无形服务，也不管特许经营销售的是自有品牌，还是引进别人品牌，有一条是不可改变的，这就是特许经营必须具有自己的特色或保持经营的差异性，这是特许经营竞争取胜以及可持续发展的基本原则。

（1）日本7-11公司的特色。

1927年创立于美国德州达拉斯、初名为南方公司的美国7-11的失败，很大程度上就源于其特色战略的失败。20世纪80年代，随着便利店竞争的白热化和郊外大型购物中心、折扣店的大量涌现，焦急之中的7-11没有从突出自己的特色入手，相反，错误地采取跟随战略，以当时流行的价格折扣的形式仓促应战。结果，丧失了便利特色的7-11很快就被竞争对手挤压到濒临破产的地步。1987年，无奈之下，生命垂危的美国7-11将特许经营合同抵押给租赁公司，1989年又不得不有偿转让夏威夷和加拿大的美国7-11店铺给他们曾经不屑一顾的晚于美国7-11公司10年成立的日本7-11公司。1992年，作为受许人的日本7-11正式当家做主，完全接手了总部的一切工作。

在日本7-11总部的带领之下，7-11公司迅速走出阴影，并使7-11的业务遍及全世界四大洲二十多个国家和地区，共设立23000多个零售点，每日为接近3000万的顾客服务，稳居全球最大连锁便利店的宝座。

其实，细细研究后不难发现，7-11便利店之所以成功的最大原因之一就在于提供的产品和服务有自己的清晰特色——便利，靠着这个"便利"的特色，它才能成为当今最成功的便利店典范和以小做大的样板。7-11的"便利"特色如下所述。

1）在商品花样上。7-11经营品种约3000个，其中食品占75%，杂志和非食品占25%，另外，7-11便利店每3天就要更换15~18种商品，总部平均每月会向加盟店推荐80个新品种，使商店经营的品种经常更换，以适应市场变化，也给顾客以新鲜感。

2）在扩充服务上。除了提供社区居民的生活必需品之外，7-11还根据顾客要求和市场趋势，不断补充、更新服务内容以便为顾客提供真正的便利，比如店内涉及的扩充服务内容会包括：① 代缴费，代为支付公用品（水、电、煤气等）账单，在深圳，7-11还成为首家24小时"实时"代收中国移动话费的零售网络，在日本，甚至还包括通信费、生命保险费等；② 售卡及票，包括各类电话卡、手机充值卡、补换SIM卡、上网卡、游戏点数卡、网站点数卡、体育彩票、彩票投注卡、各类演唱会、展览会及讲座门票，以及泊车卡等；③ 代办各类培训的报名手续；④ 代为订购，可代订考试教材、潮流用品、礼品、车票、机票等；⑤ 其他服务，如送货上门、冲晒及数码影像、提供手机充电、出售邮票、复印、传真、旅游服务等。

3）在营业时间上。最初7-11的营业时间是上午7点到夜里11点，后来改为24小时全天候服务，彻底解除了顾客的消费之忧。

4）在地理位置上。7-11抛弃许多大型购物中心远离都市在郊区建设的弊端，把店开到接近社区、接近顾客居住地的位置，顾客步行七八分钟就可以到达，十分方便。

多年来，7-11一直都在致力于为顾客提供尽可能大的"便利"，既然如此之"便利"，那么7-11在众多便利店以及巨型零售店、超市、商场等的包围中脱颖而出就是必然的事情了。

其实除了7-11之外，其他便利店也在积极拓展自己的特色，"1+N"已经成为便利店的标配。比如，统一银座的店内就有充值电话卡、报纸杂志、提款机、微波炉加热、快餐、开水冲泡等服务。烘焙、书吧、水吧甚至洗衣、公交充值、政务服务等都是"N"的题中之意。（资料来源：齐鲁晚报，《不少便利店进行数字化转型》）

（2）商业"巨鳄"德国麦德龙的特色。

1）专业会员制营销。

麦德龙超市店的门口竖着一块告示牌，上面明明白白地写着：谢绝非会员入内。任何一个顾客想要进去看看，要先成为它的会员。猛一看，真是匪夷所思，因为别的店都怕顾客不来，而麦德龙竟然拒绝接待非会员的顾客！为什么呢？其实这就是麦德龙的特色，因为它有自己特定的服务对象，即其特定的服务对象是具有法人资格的中小批发商、零售商、餐馆，法人单位只需凭营业执照原件就可成为会员，不需交纳会

第1章 特许经营概述

员费，它走的是专营、深度营销而不是通吃、宽度的营销策略。因为麦德龙的会员会享受到非常优惠，比如不论购物多少，一律以批发价计算等，麦德龙也以给顾客带来"利润"作为自己的核心目标。如此，成为会员也要有一定的条件，比如主要应是具有法人资格的四大类：餐饮类企业，中小型零售商，需要原材料的经营类企业，如工厂、小店面、夜总会等，以及需要原材料的非经营类机构，如政府、学校、各种联合会等。但由于麦德龙的顾客利润目标，一些大批量的团购者甚至个人都积极成为麦德龙的会员，截至2004年年底，上海麦德龙的会员客户已经发展到40万家，麦德龙西安店还没有正式开业，就已发展了8万名专业会员。

2）现购自运（Cash & Carry）。

现购自运，即顾客用现金付款并自己负责运输。现购自运模式的核心是"一制两论"。"一制"指商品由供货商送上门，麦德龙在1~2个月以现金方式与顾客结算，商品运输则由顾客自己负责，麦德龙一般提供400个左右的停车位供顾客免费使用。"两论"为"有限顾客论"和"有限利润论"，"有限顾客"指的是麦德龙会确定自己特定的目标市场消费群体，主要瞄准集团消费和中小商店等批量购买者，"有限利润"指的是麦德龙所赚取的利润介于批发市场和一般的零售企业之间。不过，这个20世纪60年代提出的概念现在也做出了适当调整，如今也可以用信用卡消费，如果需要，麦德龙也会给专业客户提供相关的运输服务。

3）透明发票。

麦德龙给客户开具的发票会翔实、准确、清晰地记录所有交易的实际内容。最初，许多人预言这个政策在中国会遭遇彻底的失败，但事实证明，中国政府、学校、企业单位等非常认可透明发票，因为对于这些采购单位来讲，透明发票的制度使他们不必再花费额外的精力、时间、人力与成本去监督采购人员的可能的贪污等票下交易行为以及因灰色交易而导致的产品质量问题，采购单位可以大幅降低采购物品和采购管理的成本，同时提高采购品的质量。所以从这个角度讲，透明发票这个特色为麦德龙赢得了大量的忠诚客户。

4）不准1.2米以下儿童进入卖场。

这条规定的原因是麦德龙防止儿童在堆积着各类货品的卖场中受伤，看似无情，其实却充满着经营者的细心和对顾客的关爱。

5）自建店。

麦德龙不租赁，只是购买并拥有店的产权。自建店的制度使麦德龙避免了租赁制度下的租金、租期的不稳定因素和可能产生的一些纠纷，从长期来看，还是比租赁店址更为划算，也更容易控制。

尽管社会上对于这些特色存在着一些争议，但事实就是，麦德龙股份公司是德国最大、欧洲第二、世界第三的零售批发超市集团，在2018世界品牌500强排行榜中，麦德龙排名第170位，2019年《财富》世界500强排行榜中，麦德龙位列267位。麦德龙现购自运在全球35个国家拥有760多家批发商场及食品配送业务。2017—2018财年，麦德龙现购自运销售额约达295亿欧元。1996年，麦德龙在上海开设了它在中国的第一家现购自运批发商场，给中国带来了全新的商业理念。迄今，麦德龙在中国的60个城市开设了97家商场，拥有超过11000名员工及1700万客户。（资料来源：麦德龙官方网站）

1.11.3 统一化的利弊

前文已经讲过，特许经营的优势根源之一在于它的"克隆"与"统一"，这是特许经营的最大特点之一。因此，各个单店在模式上的统一便是不可避免的事情。

然而，关于特许经营体系究竟应该在什么具体的方面要求达到"统一"本身却并未获得包括法律法规在内的业界的"统一"看法。许多业界人士，尤其是特许经营实践界的特许人，纷纷采用列举的方法向受许人和公众展示自己在"统一"方面的优势，为此，"六大统一""八大统一""十大统一""n大统一"等提法应运而生。

那么，特许经营企业到底应该如何"统一"呢？为此，我们首先要了解"统一"的利弊。

1. "统一"的利

统一的优点即"克隆"的优点，具体体现在几个方面。

① 统一本身可以产生强大的广告效应。统一的形象、不断的重复性刺激可以产生很好的广告效果。

② 统一可以节省复制成本。如果各个单店的模式都不同，为众多单店各自设计一套模式将是一件辛苦且耗费大量资源的工作。

③ 统一可以确保特许人开发出来的经实践验证非常有效的模式能够在受许人那里同样取得成功。

④ 统一使各个单店之间有命运共同体的意识，从而利于调动协作的团队意识，使诸多受许人和单店之间互相促进而不是互相损害。

⑤ 统一降低了采购成本。大量采购使得采购人的谈判处于明显的优势地位，可以为整个体系的所有单店带来折扣利益。

⑥ 统一有利于标准化、简单化、专业化，即特许经营体系最基本的"3S"原则的贯彻实施与推广深化。

⑦ 统一所产生的一荣俱荣、一损俱损的客观局面使得特许人和受许人都把为顾客提供优质的产品或服务作为自己的责任，因为个别单店的劣质产品或服务不但会遭到顾客的反对，就是体系内的自己人出于利益考虑也会强烈反对，所以这在客观上有利于社会公众的利益。

⑧ 统一可以使特许人开发出的工业产权和/或知识产权迅速地复制到各个受许人那里，从而大大提高整个体系改善、创新的速度和效率。

⑨ 统一使得特许人对于庞大体系的管理、考核与监督变得轻松、简单，从而提高了整个体系的运营效率。

⑩ 统一使各个受许人有受到来自特许人的公平待遇的感觉，这将减少受许人与特许人之间以及受许人相互之间的猜疑，更有助于整个体系的稳定、团结发展。

2．"统一"的弊

但是我们也必须看到，特许经营体系的统一也是有一些弊端的。

① 统一使受许人失去了许多根据自己实际情况进行创新的动力与机会，僵化、教条、依赖、懒惰意识的增强显然不利于体系的成长。

在好市多（Costco）的营收来源中，除了占比70%多的商品销售收入、2%左右的会员费收入之外，还有很多用于吸引顾客的其他营业项目，如餐厅、药店、加油站、机票购买、酒店预订等。然而进入中国之后，这些其他营业项目很难在中国实现"统一"，因为这些业务很难开展：店面周边的餐厅太多、竞争太大，药店的资格不容易获得，加油站的业务根本无法和遍布城市各个角落的中石化、中石油相抗衡，机票和酒店类的预定早已被携程、同程艺龙等平台瓜分完毕。所以，好市多欲在中国为其主营业务寻找辅助类的吸客项目，必须重新研究出适合中国特色的业务，绝对不能照搬在美国屡试不爽的那些"统一"性业务。

② 统一的采购增加了采购人营私舞弊、谋取私人利益、采购劣质产品的机会，使体系蒙上一定的风险。

③ 统一扼杀了各个受许人当地的实际情况的差别，从而人为地造成不公平和受许人的不满。

④ 统一化的管理、协调和实施需要具备额外的设计、监督的技术与成本。

⑤ 统一限制了体系的扩张与发展，因为在那些没法实行统一的地方，特许人只能忍痛放弃。

⑥ 统一使许多偏爱个性的潜在受许人备感压抑，从而影响其积极性。

1.11.4 统一的实战攻略：必要的统一和可选择的统一的有机组合

正是因为特许经营体系的"统一"既有优点，也有弊端，所以，特许人不应盲目、僵化、贪大求全地追求"统一"，从而在增加统一优势的过程中同时增大了统一的弊端。正确的做法应该是在扬长避短的原则下，在优点和弊端二者间寻求一个合理、科学的平衡或灵活性，使得原则性和灵活性相互协调。否则，刻意追求统一或不统一的个性化都会使企业受到伤害。

希尔顿酒店的创始人康拉德·希尔顿在自传《欢迎惠顾》中，总结了自己一生经营酒店的经历、经验与教训，其中包括酒店管理的七条金科玉律，第一条就是"酒店的任何一个分店必须要有自己的特点，以适应不同国家、不同城市的需要"。

对特许经营企业而言，不"统一"的"反传统"做法未必一定会导致失败。北京全聚德就是一个很好的例子。全聚德至今已有近150年的历史，知名的"老墙"是全聚德百年沧桑的历史见证，有着深厚的文化底蕴，并已经成为全聚德企业文化不可或缺的组成部分。那么，要不要每个全聚德的店都建造一堵"老墙"呢？全聚德人经过研究、讨论后认为，克隆"老墙"并不是在传播文化，而是在稀释历史文化，是对文化的机械、呆板理解，而且刻意追求统一并不能达到良好的效果。于是，"老墙"便成为前门店独有的历史文化，前门店特设的"皇帝间"吸引了很多的消费者。和平门店则突出"名人文化"，王府井店营造独特的"王府文化"等，各具特色也成就了一些全聚德加盟店的辉煌。对消费者而言，不同店面的风格或特色会使消费者乐于尝试不同的体验，避免了审美疲劳后的拒绝消费。

相反，完全"统一"的做法未必是好事。还是全聚德，刻意追求统一却导致了一些失败。建设深圳全聚德店时，为保持百年老字号的原汁原味，从门牌、壁画、灯具到桌椅，样样求精，仅装修就耗资700万～800万元，而且深圳全聚德店追求统一的做法非常"彻底"，比如北京烤鸭的鸭坯全部由北京运来，熏烤鸭子的木材也非北京果木不可等。这些刻意追求统一的措施使得深圳全聚德店的启动和经营成本非常之高，结果便是从开店之日就埋下了破产的种子，所以说深圳全聚德店的最终夭折是必然的。

既然"统一"有利有弊，企业可能"成也统一，败也统一"，那么，一个特许经营体系究竟应该如何科学地实施"统一"呢？

笔者以为，一个特许经营体系的统一应该分为两类：必要的统一（necessary unification）和可选择的统一（selective unification）。

作为企业而言，正确的做法是把这两者巧妙灵活地结合起来，不能机械化地思考。星巴克就是这方面的典型之一，其在VI上所坚持的就是必要的统一和非必要的统一相结合的原则。具体而言就是，星巴克店的外观可以不完全相同——可选择的统一，但内部装修却要严格遵照连锁店统一的装饰风格——必要的统一。在外观方面，据了解，全世界的星巴克店铺都是由星巴克的美国总部设计的，星巴克在那里有一个专门的设计室和一批专业的设计师和艺术家。他们设计每家单店时，都会依据当地的商圈特色、意图设店的建筑物的既有风格、目标顾客的特征等，然后思考如何把美国星巴克的文化融入其中。所以，除了招牌统一之外，星巴克的每一家店都是各具特色。例如上海城隍庙商场的星巴克就像座现代化的庙，而濒临黄浦江的滨江分店则表现出花园玻璃帷幕和宫殿般的华丽等。这与传统的特许经营强调所有门店的VI高度统一的原则截然不同，以至于许多专业搞VI的人认为星巴克的这种做法是违反传统VI理论的典范而对之大加批判。

再举一个肯德基的例子，肯德基的北京前门店于1999年打破了全球统一店面建筑外观和形象标志的惯例，装修成典型的中西合璧，以长城、四合院等中国传统建筑风格为主要基调，用泥人、风筝、皮影、剪纸等中国传统工艺品来装点各餐区。整个店从里到外都具有浓浓的中国味。

宜家进入印度之后，做了很多改变，比如商店里一些橱柜和台面被降低，以适应印度妇女的身高；主卧样板间将儿童房纳入，因为在印度，通常孩子们在上小学前都是跟父母同住的；当地一个社区合作伙伴为宜家的顾客提供交付和组装工作，以适应印度DIY文化的缺失；当地的一家物流合作伙伴运营的电动三轮车将占货物交付车队的20%；餐厅的菜单将包括传统的印度食品，如samosas和biryani，因为很多印度人不吃牛肉或猪肉，经典的瑞典肉丸也是用鸡肉做的；印度人常常水洗地板，所以，家具需要加高，才不会在清洁时弄湿；印度南部闷热潮湿，所以宜家家具以松木做材料就不适合，必须改变材料；大部分印度人倾向于使用汤勺，不用餐刀，所以宜家在印度的儿童餐具就是4把勺子。（资料来源：界面新闻，《宜家进驻印度市场，全面"在地化"调整能避免水土不服吗？》）

宜家在中国，也做了很多本土化工作。比如中国的房间通常都会有阳台，所以宜家中国用来展示的样板间，会有阳台的模板展示。但即便是同一个国家，阳台的展示也不同。在中国的南方，阳台一般用来晒衣服，在北方一把用来储存食物。所以，宜家在中国南方和北方的店的阳台展示就不同。（资料来源：36氪，《在中国、印度、韩国和美国，宜家是如何入乡随俗的？》）

在具体的产品上，周大福每家店的商品的70%是统一铺货，其他按照市场不同进行本土化或本店化配置。比如考虑到中国南北方差异，北方人高大、豪迈，喜欢比较张扬的饰品风格，男性消费者比较喜欢粗的金链；南方女孩比较娇小，所以饰品不能太大，精致美观的更易被接受。（资料来源：第一财经周刊，《周大福：未来在三四五线城市》）

1. 必要的统一（Necessary Unification）

必要的统一指的是对于所有的特许经营单店而言都要求统一的方面，这是特许经营模式本身的特性所决定的，也是特许经营模式对企业的基本要求。不能达到这些基本方面的必须统一，一个体系便不是真正的、完善的特许经营，至少，这种经营模式是不能完全充分发挥商业模式特许经营的诸多优势的。这些必要的统一包括七个方面。

（1）统一品牌。

这是最基本的统一，如果各个单店的品牌都不能统一，它们肯定不属于同一个特许经营体系。这个很好理解，比如受许人加盟了麦当劳，那么店招就只能是黄色的大"M"，绝对不能是"KFC"。

21世纪不动产（CENTURY 21）的《营业规范手册》是每一个受许人都必须遵守和认真执行的统一行为准则，分两部分：行为准则和特许标志体系。行为准则部分讲述的主要是总部的一些强制性政策和推荐性政策（强制性政策就类似于必要的统一，推荐性政策则类似于可选择的统一）。特许标志体系部分专门讲述了关键的"CENTURY 21"标志，并提供了该标志可能出现的不同形式，指导受许人如何制作户外标志，以及带有"CENTURY 21"标志的文具和广告等。这样，不管"CENTURY 21"的店在何处，都可以保持"CENTURY 21"标志的统一性，这样的高度统一对于"CENTURY 21"的成功非常重要。

但是一定要记住的是，特许经营体系的必要的统一和可选择的统一不是绝对的事情，它针对不同的企业、企业在不同地区等不同情况，还可以有些变化，如虽然品牌是一致的，而标识可能不一致，一个知名的例子就是英国的麦当劳分店居然将醒目的"M"标识都改了，据说是为了消除它原有的"张扬"，增加亲和力。

（2）统一CIS的大部分内容。

单店克隆的就是这些CIS所包括的内容，具体是MI、BI、VI、SI、AI、BPI、OI七个部分。注意，之所以说是统一大部分内容，意思是，单店之间的CIS也可以或应该有些许差异，如前文描述的星巴克在VI方面就是这样。再比如，日本京都的麦当劳为了和周围的古典街道相融合，而把自己的标识由大红色变成了紫红色。

（3）统一经营模式。

现在的商业模式特许经营之所以能在19世纪中叶的时候迅速战胜产品特许经营、生产特许经营等成为特许经营模式中的主流，其最主要原因之一就是其在经营模式上的"统一"优势，这一点是商业模式特许经营区别于其他形式特许经营的基本点，不可违背。

（4）统一培训。

每个单店，尤其是加盟店的日常运营方式、技术、理念等都是特许人培训的结果，同一个老师尚能教出完全不同的弟子，而分散的、不同的培训更难保证产生统一化的结果了。因此，为了使各单店真正"克隆"总部，即特许人开发出来的原版模式，他们必须接受统一的培训，这是加盟店运营前和运营中维持统一特性的保证。统一的培训指的是在培训的内容、教材、师资、方法、理念、时间、考核等方面，各个受训人接受的是统一的东西。

（5）统一产品。

特许经营的本质之一或原始本质之一就是作为一种更好的营销方式，它是为了销售某种或某些产品而产生的，特许经营体系要通过它的诸多单店向广泛的顾客传达本体系的相同产品，而不是各自卖自己的产品。而且，在顾客的眼中，一个特许经营体系通常对应着固定的产品，比如提到肯德基，大家想到的都是油炸鸡，不会有人想到油炸鸭，所以，产品的统一常常是特许经营体系的必须统一。

（6）统一服务。

服务作为单店提供统一产品的辅助手段，本身也是广义产品的一部分并被计入产品的价值之中，不同的服务必然导致广义的产品不同，这就违反了产品统一化的原则，所以，特许经营体系的服务模式常常被要求统一。

（7）统一管理。

特许经营体系是一个在地理区域上广泛铺开的网络，是一个需要各单店、各受许人通力协作、团结一致的战斗，在这个范围广而又有着许多统一性要求的体系中，没有统一管理下的各自为政的局面是很难成功的，所以，特许经营体系常常实行统一的管理。

2. 可选择的统一（Selective Unification）

可选择的统一，指的是这些统一的方面并不是特许经营本身的特性使然，各个特

第1章 特许经营概述

许人可以根据自己的实际情况决定是否需要采用这些统一。

在传统的连锁经营理论里，一定要强调品牌的统一，如加盟商的门店招牌一定要和特许人的一致。这其实是一个典型的误区。

即便是招牌，也可以不统一。

比如便利店巨头罗森在许多加盟商的门店招牌上实施的就是不统一或俗称"双品牌"的战略：武汉中百集团加盟罗森后的招牌名称为"中百—罗森"，北京超市发加盟罗森后的招牌名称为"超市发—罗森"，南京中央商场（集团）股份有限公司加盟罗森后的招牌名称为"中商—罗森"，等等。

"双品牌"战略的好处是非常明显的。

第一，维系加盟商原品牌的顾客。许多时候，加盟商的品牌在当地的知名度和顾客群中的信任度可能高于特许人的，所以"双品牌"的战略措施可以使得忠诚于加盟商品牌的顾客不至于因为更换新品牌，尤其是更换了顾客们不熟悉的特许人的新品牌而流失。

第二，加盟商更能接受，特许人的招商更灵活。这种"双品牌"的战略措施让那些不愿意丢掉自己苦心经营多年的自有品牌或对加盟终止后仍然希望可以继续从事原品牌事业的加盟商更能接受，从而使得特许人的招商可以顺利加快而不至于耽搁在可能时间很久的沟通与谈判上。

就目前的实践情况来看，如下方面经常被某些特许人列入可选择的统一的范畴之内。

（1）统一配送。

某些在单店当地可以就近、自行买到的无关统一大局、不影响产品或服务质量、不影响体系或品牌声誉或品质的原材料、设备、工具等就没必要实行统一的配送，强行的统一配送不但不会体现特许经营的优势，还会造成不必要的浪费。

同其他连锁企业不同的是，7-11总部就不实行商品的总部统一配送，它也没有总部配送中心，它采取的做法是集约化的区域配送体系。7-11按照不同的地区和商品群划分，组成共同配送中心，由该中心统一集货，再向各店铺配送。通常，7-11指定一个受委托的批发商负责若干销售活动区域，并经营来自不同制造商的产品。地域划分一般是在中心城市商圈附近35千米，其他地方市场为方圆60千米，各地区设立一个共同配送中心。

统一配送有时会给企业带来巨大的成本，得不偿失。比如有一家做火锅餐饮的企业，为了使其火锅达到"原汁原味"，配送内容甚至包括了火锅的汤水，结果仅汤水配送这一项内容，就使其配送成本大为增加，本来只需30元左右的火锅底，到了加盟店那里就不得不升至60元以上，价格的偏高拒绝了很多消费者。实际上，现在很多知名火锅企业仅仅配送底料、汤料，由受许人根据用水量、按照总部的规定比例自行调配，火锅口味也并没有多大实质性的不同。

沃尔玛在中国的商品配送体系也遭到了许多学者、专家的批评，原因就是沃尔玛通常是将其商品统一运送到诸如北京之类的配送中心，然后该配送中心再分别发到各地的单店。很显然，这其中的重复性物流浪费是不可避免的。这或许也是沃尔玛在中国的经营不如家乐福更成功的原因之一吧。

（2）统一广告。

各个单店的实际地区状况千差万别，统一化的广告对受许人而言是不公平的，可能还会人为地造成好的更好、坏的更坏的"马太效应"。

在广告媒介方面，有的地区经济发达，则网络、电视、报纸、杂志等媒体比较适合。但在经济不发达地区，最适合的广告媒介可能是无线广播和报纸，甚至是路边广告、三轮车背面广告、公交站台广告等，如果统一采用网络或电视的形式，效果可能会非常差，因为这些地区的网络或电视机普及程度可能较低。

在广告的语言方面，也应因地制宜，不能使用统一化的语言，否则效果会大打折扣。非但不同国家之间，即便是同一个国家的不同地区，也应考虑语言的差异问题。

（3）统一采购。

某些非关键的设备、工具、装饰装潢材料、产品原材料等可以规定一定的约束条件而由受许人自己去采购，这样会更节省费用，也在某种程度上减少了特许人的工作人员利用统一采购的权利为自己谋取私利的机会。

按照国际惯例，在特许经营体系的产品、工具、设备、原材料、耗材等采购上，特许人通常有三种基本的做法：特许人统采统配；特许人不统采统配，但是指定供应商，受许人必须从指定的供应商处采购；特许人指定标准，受许人按照标准自行采购。当然，特许人企业可以把上述三种做法按照不同的采购对象进行划分，不同的采购对象实施不同的采购做法。

在商品采购上，7-11总部只是向加盟店定期提供各种各类商品的标准价格、供货厂家的促销信息、供应信息等供加盟店选择。加盟店可以根据当地市场的实际状况，自行决定供货厂商、采购商品、出售价格等。但是，如果加盟店向推荐名单以外的厂商进货，那么加盟店在采购商品前，必须提前通知总部并获得总部批准。7-11所采取的这种菜单式、非统一的采购方式，最大限度地调动了各加盟店的主观能动性，减少了总部的工作量和成本，也更加切合当地消费者的需要。

值得注意的是，很多借特许经营之名、行推销设备、产品等之实的"特许人"就非常强调"统一化"的采购，但其统一采购的背后却有着强行推销劣质商品的巨大嫌疑；另外，还有许多特许人可能会借统一采购的名义来赚取受许人的更多利益，如配送商品的价格差等，而且统一采购的物品类别越多，特许人可能赚取的价差范围就越广、数额就越大，这些都是加盟者在选择特许人时必须注意的。

（4）统一价格。

不同地区的经济发展水平不同，价格当然不能完全一致。特许人在这方面应灵活应对，太过僵化的统一只会影响企业的发展。一个发达地区的高价格产品在不发达地区卖同样的价格，有多少顾客消费得起呢？

宜家家居进入印度之前，调研了800家印度家庭，发现印度人均收入只有中国人的四分之一，所以，为了践行宜家的让老百姓都能买得起的"好物低价"宗旨，印度宜家家居的价格非常低，实现了两个世界之最，"全球最低价格，全球最大餐厅"。在宜家家居印度首家门店销售的7500种商品中，1000种定价在200卢比（约合20元人民币）以下，瞄准了印度中产及低收入阶层。（资料来源：志象网，罗瑞垚，《去宜家"开挂"》）

根据每日经济新闻的报道，决策服务网站Finder对全球76个国家和地区的星巴克价格进行了统计。排在榜首的是丹麦的哥本哈根，一杯中杯拿铁的价格为6.05美元（约43.2元人民币）。土耳其伊斯坦布尔最便宜，同样的中杯拿铁只需1.78美元（约12.7元人民币）。中国排在第26位，上海中杯拿铁的价格为4.08美元（约29元人民币）。

日本大荣公司各店的价格也不一致，商店所处位置、目标顾客、竞争对手价格、商品库存量、销售时机、顾客需求、社会流行变化等都会影响价格的水平和幅度，大多数商品价格是由总公司商品部的采购员决定的，价格制订的一个不变的法则是：地点就是零售业的一切。

即便是同一个国家，各个城市之间的价格也会不同。麦当劳注意到了这一点，以单个产品为例，巨无霸在北京市场定价就低于在深圳的定价，这显然是因为深圳市场消费能力和可承受价位较北京更高。麦当劳方面表示，价格"会根据供应链成本以及经济发展的变化做出相应的调整。"对于具体定价的因素，包括"交通运输情况、生活水平、地理位置、市场研究和顾客分析。"

（5）统一设备。

有些非关键的设备实在是没必要统一，这一点通常会成为特许人强行推销其设备的借口，甚至成为某些生产设备的企业做特许经营的原因，关于设备的强行统一已成为国外某些特许经营法律法规所明文禁止的，应引起受许人的注意。

（6）统一产品类别。

一个特许经营体系内可能会有多种产品，但一些单店内的畅销品可能并不适合在其他单店出售，如那些很有地方特色（在价格方面、在适应民族习惯方面、在社会风俗认同方面等）的产品，就没有必要搞全部体系的统一。"未来我们也许会在西北省份卖酸辣汤，在东部城市卖海鲜汤，"麦当劳前全球市场高级总监、现任中国区副总裁兼首席市场官罗凯睿（GaryRosen）对《环球企业家》说。比如在印度，因为当地人的信仰问题，他们不吃牛肉、猪肉，所以麦当劳在印度的店里只能卖夹着蔬菜的汉堡。德国麦当劳还特别推出啤酒，法国的麦当劳还有红酒出售。7-11在台湾的本土化策略一是不卖汉堡而卖黑蛋（茶叶蛋）。

事实上，店面的氛围也应因地制宜。宜家家居就一直有意识地打造并强化体验式氛围：在泰国，宜家的广告主打夸张无厘头，到了英国就变身文艺风，在德国是精致风格，到了法国走性感路线，在美国宣传"英雄主义"，在马来西亚变成热辣东南亚风情，在中国则走上了脉脉温情的家庭路线，中国的"宜家躺"就创造了"家"的氛围。（资料来源：界面，《来看看世界各地的宜家广告都有多不一样！》）

最后需要说明的是，上文关于必要的统一和可选择的统一的举例中，读者必须注意的是，对于某些企业而言是必要的统一，对于另外的企业则可能是可选择的统一；对于某些企业而言是可选择的统一，对于另外的企业则可能是必要的统一。

对特许人而言，最好的情况应当是"菜单式"特许，即特许人事先开发出一套产品系列——产品"菜单"，然后由特许人指导各个受许人根据自己的实际情况从这个产品"菜单"的系列中选出（而且只能从这个系列中选出）在该受许人的单店进行销售的产品，这样就既保证了产品的统一性，又充分考虑了各个受许人的实际情况，当为最佳的统一方式。

所以，必要的统一和可选择的统一是辩证的、具体的，只有和具体的企业结合起来才有意义。

特许人在实践中如何设计、确定与实施必要的统一和可选择的统一的有机组合呢？

第一步，因为特许人出让的、复制的是特许权，所以特许人需要把特许权的内容细目罗列并进行编号见表1-35。表1-35仅作为示例，企业应根据实际情况进行细目的分解与编号。

表1-35 维华特许权细目与编号表

特许权的主体			
有形部分的细目		编号	无形部分的细目		编号
VI			VI-1	MI			MI-1
VI-2				BI			BI-1
SI			SI-1	BPI			BPI-1
机器	1	JQ-1	专有技术 || AI	AI-1
机器	2	JQ-2	专有技术	1	ZJ-1
机器	3	JQ-3	专有技术	2	ZJ-2
产品	1	CP-1	专有技术	3	ZJ-3
产品	2	C9-2	商业秘密	1	SM-1
原材料	1	YC-1	商业秘密	2	SM-2
原材料	2	YC-2	商业秘密	3	SM-3
商标			SB-1	诀窍		JuQ-1
服装			FZ-1	诀窍		JuQ-2
工具			GJ-1	专利		ZL-12
人员			RY-1	品牌		PP-1
……			……	……		……

需要注意的是：

第1章　特许经营概述

① 表1-35中的"细目"应细到什么程度呢？"细目"应该细到该细目作为一个独立而完整的元素，要么整体改变，要么就不能改变。比如，店里有三类机器，则每个机器均为一个细目，分别编号；如果为适应不同的地区特色，VI中的"标准色"可以分为两类，则每一类标准色即为最终的细目，以此类推。

② 对于那些必要的特许权内容即"必要的统一"部分，企业可以做出特殊的标记，如表1-35中的阴影部分。

第二步，把划分成细目并编号完毕的《特许权细目与编号表》展示给受许人，所以受许人必须选择阴影部分内容即"必要的统一"内容；对那些非阴影部分即"可选择的统一"内容，受许人可根据实际情况决定选或者不选。但是，受许人无论如何选择，均不能超出上述《特许权细目与编号表》的内容。

第三步，如果有的受许人发现自己的加盟店所属地区需要增加某些独特的特许权内容，如独特的产品，那该怎么办呢？流程是这样的，见图1-21。

```
┌─────────────────────────────────────────────┐
│  该受许人提出该独特的特许权内容的申请给总部  │
└─────────────────────────────────────────────┘
                      ⇓
┌─────────────────────────────────────────────┐
│  总部决定是否列入特许权内容。若是，进入下一步 │
└─────────────────────────────────────────────┘
                      ⇓
┌─────────────────────────────────────────────┐
│ 由总部对新增加的该特许权内容进行创意设计、标准化并最终形成手册 │
└─────────────────────────────────────────────┘
                      ⇓
┌─────────────────────────────────────────────┐
│ 总部将该新增加的特许权内容增加到《特许权细目与编号表》里 │
└─────────────────────────────────────────────┘
                      ⇓
┌─────────────────────────────────────────────┐
│ 总部将更新后的《特许权细目与编号表》展现给所有受许人 │
└─────────────────────────────────────────────┘
                      ⇓
┌─────────────────────────────────────────────┐
│   所有受许人选择或不选择新增加的特许权内容    │
└─────────────────────────────────────────────┘
```

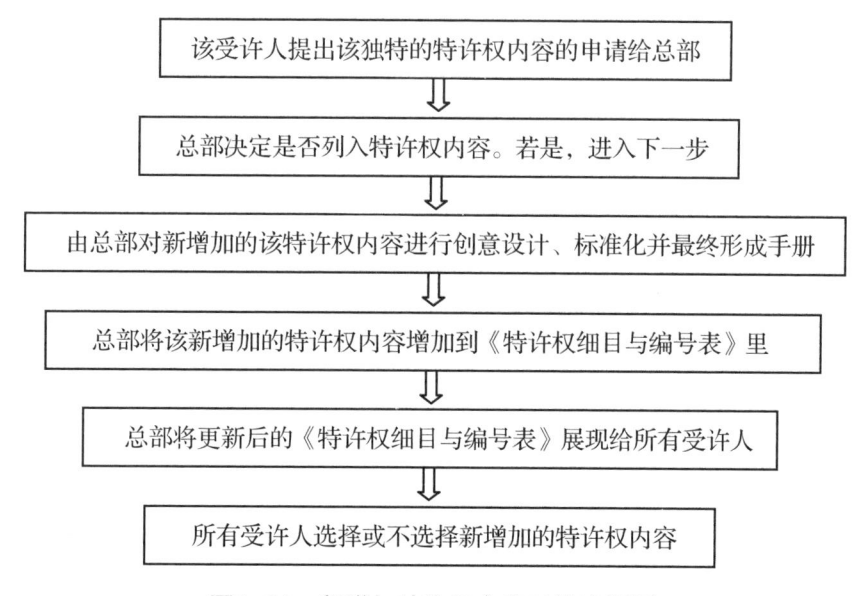

图1-21　新增加特许权内容时的流程图

总之，特许人应该原则性地坚持必要的统一以确保特许经营本身的优势得以最大化发挥，同时还应在特许经营企业的实际运营中，灵活地确定那些可选择的统一，即统一的规定可以依据当地的具体条件而改变，比如麦当劳、肯德基的加入中国饭菜系列，商品价格依据当地实际情况有所变化，VI的色调根据当地情况进行些许修正等。只有正确地认识和把握好了统一和非统一的关系，特许经营企业才能借助特许经营模式实现财富的真正复制与扩张。

[练习与思考]

（1）简述特许经营中的基本原则。
（2）你认为特许经营运营中还需要哪些原则？
（3）找一个成功和一个失败的特许经营企业案例，从特许经营原则的角度分析成功或失败的原因。
（4）查找特许经营企业关于"统一"的宣传资料或信息，指出哪些是必要的统一？哪些则是可选择的统一？
（5）论述特许经营企业的"统一"和企业运营的关系。

1.12 特许经营的教育培训及学科建设

[本节要点]

本节主要描述了特许经营的教育培训在国内外的特点，目的是使读者清醒地认识到我国在特许经营教育培训方面的落后现状以及我国建设、完善特许经营学科的紧迫性。最后，本节对我国建设特许经营学科的相关问题进行了初步的探讨。

1.12.1 国外的特许经营教育培训

与国内相比，国外发达国家和地区的特许经营教育与培训是比较发达与完善的，尤其是在企业实战型的特许经营人才培养方面，国外已经拥有相当完善的体系与机构。它唯一的不足之处是国外正规的特许经营学历教育，即颁授学士、硕士文凭的高等教育不多。这既是国外教育培训讲究实战的体现，也给我国的正规化特许经营教育提供了良好的经验、教材、师资以及发展空间。

下面以美国为例，简要介绍国外在特许经营教育培训方面的状况。

1. 普遍存在特许经营学院、研究中心、专业、课程

值得注意的是，即使没有设置专门的特许经营学院或专业，美国几乎所有大学都开设了特许经营或与其相关的课程。同时，一些公司、行业组织和民间团体也在举办各种不同档次、内容和规格的特许经营教育与培训。可见，经济发达的美国是多么地重视特许经营。

下面主要列举一些设有专门的特许经营学院、研究中心的美国高校或政府、行业组织：

• 圣·托马斯大学（Institute for Franchise Management of University of St. Thomas），设有特许经营管理学院
• 内布拉斯加（Nebraska）–林肯大学，设有国际特许经营研究中心
• 路易斯安那（Louisiana）州立大学，设有国际特许经营研究中心
• 马里兰大学，美国第一所提供特许经营MBA级别课程的大学

第1章 特许经营概述

- 小商业发展中心的特许经营学院（Franchise Institute，Small Business Development Center）
- 美国肯尼色州立大学，（Kennesaw State University U.S.A.）
- 美国得克萨斯大学El Paso分校，[University of Texas at El Paso（UTEP）] U.S.A.
- 威斯敏斯特大学设有国际特许经营研究中心（International Franchise Research Centre，University of Westminster）
- 国际特许经营协会大学（IFA University）

（1）美国四所大学在特许经营方面的教学计划。

1）内布拉斯加-林肯大学。

凡斯·麦忍斯（Vance Mehrens）教授除了在内布拉斯加大学教授关于特许经营的本科课程外，还在内布拉斯加-林肯大学领导该大学的国际特许经营研究中心。国际特许经营研究中心成立于1987年，是内布拉斯加-林肯大学工商管理学院管理系的附属机构——内布拉斯加企业家中心的分支。

国际特许经营研究中心倡议和组织了特许经营社团，通常，该社团在每年2月都要举行一次年会，届时，国际特许经营协会同时举行会议。社团成员是来自全世界的大学教学人员，这些大学教学人员要么在大学里教授特许经营方面的专业课程，要么就对特许经营有兴趣。

2）路易斯安那州立大学。

路易斯安那州立大学在罗伯特·贾斯汀（Robert Justis）博士的指导下建立了国际特许经营中心，罗伯特·贾斯汀博士以前是内布拉斯加-林肯大学特许经营国际研究中心的副教授，他还在路易斯安那州立大学教授正规设立的特许经营本科课程，他被认为是特许经营教育领域的先驱。

路易斯安那州立大学特许经营中心的目标是提供关于各种级别的特许经营业务和经营方面的全面服务教育计划。该中心提供关于国内和国际特许经营业务各个方面的大学级别的课程，这些课程包括市场营销、融资、规章制度和经营方面需要注意的问题。

罗伯特·贾斯汀博士和合著者加德（Judd）博士已经出版了一本教科书《特许经营》（Franchising），该书由西南出版公司在1989年出版（该书已由李维华翻译、由北京机械工业出版社出版）。该书共分6个部分，有22章和1个附录，涉及特许经营的所有阶段。这本书被几所大学采用作为教科书。

3）圣·托马斯大学。

圣·托马斯大学位于明尼苏达州的圣保罗，这个大学建立了一个特许经营学院，其中包括特许经营方面的8门课程（24个学分）。

圣·托马斯大学的特许经营学院由凯瑞·班勃考克（Cheryl Babcock）教授担任院长。凯瑞·班勃考克教授是内布拉斯加-林肯大学国际特许经营研究中心的前主任。圣·托马斯大学的MBA课程能够使学生获得在特许经营管理方面的证书。其研究生课程包括：

- 创业的数据分析
- 创业的财务金融情况
- 进行特许经营的数据分析
- 创业的市场营销
- 创业政策
- 管理者应掌握和了解的财务会计
- 游说、招揽生意
- 特许经营管理

通常,学院也允许本科学生参加这些科目的学习。

圣·托马斯大学也为拥有MBA学位但是想通过学习特许经营的课程进一步提高MBA学位价值和含金量及获取更多知识的学生提供一项教学计划。圣·托马斯大学还提供一个继续教育计划,其中包括向每一个在特许经营行业工作的学生播放10周的电视短片(每周3个小时)。

4)马里兰大学。

马里兰大学推出了关于特许经营和许可经营的课程,教学的档次为MBA水平,马里兰大学因此成为美国第一所提供特许经营MBA级别课程的大学。这个3学分的课程每周上一次课,由特许经营律师安德鲁·J. 西尔曼(Andrew J. Sherman)任教。学生被要求参加期中考试并准备一份期中试卷,试卷涉及关于特许经营的专门课题。表1-36和表1-37列示了试卷课题名单和课程提纲。

表1-36 一个商学院关于特许经营和许可经营方面的课程提纲 I

(a) 要求阅读的资料	1.《特许经营》(Franchising),由R. Judd (Southwestern, 1989) 编著 2.《特许经营和许可经营:建立你的企业和业务的两种途径》,由安德鲁·J. 西尔曼(Amcom, 1991) 编著
(b) 评分	1. 60%的期末考试成绩将根据学生准备的20~30页试卷计算,其中45%的分数由书面试卷计算,15%的分数由每个学生在学期最后两周内进行的试卷口头陈述计算。在××××年1月11日对试卷论述的课题进行更细致的讨论,这是第四学期 2. 30%的分数根据在××××年3月3日举行的期中考试的成绩计算 3. 剩下的10%的成绩则根据学生课堂参与情况计算。鼓励所有的学生参与课堂讨论

第1章 特许经营概述

（c）课程目标	1. 让学生深入了解特许经营对国内经济和国际市场的重要作用 2. 了解特许经营和许可经营作为企业发展战略的作用，并把特许经营和许可经营与其他企业发展战略相对比 3. 了解在构建特许经营体系中的重要的经营、管理培训和财务问题 4. 了解在招募和选择受许人的过程中所涉及的法律和规章制度问题，以及特许人和受许人的持续关系 5. 学习知识产权和质量控制作为增长战略的内在组成部分的重要性

表1-37 一个商学院关于特许经营和许可经营方面的课程提纲 Ⅱ

日期	课程	阅读作业
1/21/××	（a）对特许经营的介绍 （b）企业和业务发展战略 （c）特许经营依据	
1/21/××	（a）特许经营对国内和国际经济的影响 （b）特许经营在规章制度方面的问题	Justis & Judd, pp.3-60; Sherman, pp. 81-100
2/4/××	（a）特许经营体系的综合管理和经营	Justis & Judd, pp.139-156, 238-262, and 338-370
	（b）特许经营行业中产品分销、质量控制和反垄断问题	Sherman, pp. 58-77 and 15-42; Siegel v. Cicken Delight and Krehl v. Baskin Robbins
2/11/××	（a）对特许经营协议的概述 （b）多店扩张策略（区域发展协议和次特许经营） （c）对试卷课题的讨论	Justis & Judd, pp. 97-118, Sherman, pp 120-157
2/18/××	（a）特许经营中的业务和战略计划 （b）特许经营中的财务管理问题及分析	Justis & Judd, pp. 61-94 and 271-316; Sherman, pp. 259-283
2/25/××	（a）受许人招募和经营场地选择策略	Justis & Judd, pp. 159-199, 319-336, and 372-399;
	（b）特许经营中的经营培训和场地支持	Sherman, pp. 213-236 and 43-47
3/3/××	期中考试	

续表

日期	课程	阅读作业
3/10/××	寒假	
3/17/××	（a）在特许经营体系内保护知识产权的战略	Justis & Judd, pp. 119–138; Sherman, pp. 158–185;
	（b）不公平竞争，善意和公平交易的潜在义务，习惯法商业诉讼 （c）对期中考试的审查和讨论	《免费散发》（*Handouts*）杂志
3/24/××	（a）受许人的观点和认识：在评估特许人中的分析和危险信息	Justis & Judd, pp.403–430 and 475–493; Sherman, Handout-Inc. Magazine（January 1992）
	（b）过程报告和对试卷的讨论	Justis & Judd, pp.263–266
3/31/××	（a）特许人、受许人之间的关系管理 （b）特许人、受许人之间的交流和咨询委员会	497–531；《免费散发》（*Handouts*）杂志
4/7/××	（a）在特许经营中的冲突的起源争议管理和守法议题 （b）处理受许人非法退盟及违规问题 （c）管理特许权转让、特许经营协议续签和终止程序	Justis & Judd, pp.517–548; Sherman, pp. 101–109 and 186–209
4/14/××	（a）国际特许经营	Justis & Judd, pp. 549–567
	（b）特许经营中的经营区域和房地产问题	201–237；Sherman, pp. 237–255；Handouts
4/21/××	（a）特许经营以外的其他办法	Sherman, pp. 301–332
	（b）把许可经营作为发展战略	
4/28/××	试卷说明和陈述（所有的试卷应该在4/24/××陈述和说明）	
5/5/××	试卷说明和陈述	

资料来源：安德鲁·J.西尔曼，编著.特许经营手册［M］.李维华，等译.北京：机械工业出版社，2005.

（2）提供特许经营法律课程的法律学校。

除了综合性和经济管理类院校之外，美国还有一些法律学校也提供关于特许经营法律方面的课程,如迪肯森(Dickinson)法律学院、科拉顿(Creighton)大学法律学院、福特翰(Fordham)大学法律学院和佛罗里达大学法律学院等。

迪肯森法律学院讲授的特许经营法律方面的课程通常是关于商标的课程,尤其是商标许可的那一部分。特许经营体系被用于说明商标的授权使用,但很快,情况就十分明显,人们需要设立法律学校的课程传授特许经营知识。

关于商标的课程必须被看作是进行特许经营方面法律教学的前提条件,或者至少,商标的课程要与法律教学方面的课程同时进行。16名对特许经营表现出强烈兴趣的学生参加了该课程。学生被分为四组。分配给每个小组一个特许经营体系以使他们能够进行角色扮演。每个组里的两个学生被选择出来代表特许人,另外两个学生代表受许人。

在授课的学期内,课程安排要求学生代表他们的小组会面谈判并制订一份特许经营合同。表1-38列示了这种课程的典型课程提纲。

在学期的课程中,通常,学生要进行正规的和定期的课堂会面,学生会在相应的特许经营背景知识中学习特许经营的课程,这些特许经营背景知识包括特许经营的历史、特许经营的商标关系、商业秘密、特许经营体系的结构和统一特许权提供公告(Uniform Franchise Offering Circular,UFOC)。

表1-38 在迪肯森法律学校的特许经营课程提纲

时间安排	内容
8月30日	特许经营概述
9月6日	商标/商业机密许可证
9月13日	特许经营体系的开发
9月20日	州政府和联邦政府在特许经营方面的规章制度
9月27日	商讨特许经营合同的结构
10月4日	第一次特许经营小组会议——每一个法律公司分别会面
10月11日	各个特许经营小组分别会面
10月18日	反垄断和特许经营诉讼
10月25日	发言人:安德鲁·J. 西尔曼 西尔沃、弗里德曼和塔夫律师事务所(Silver,Freedman & Taff) 华盛顿特区(Washington,D.C.)
11月1日	每个特许经营小组在教授的办公室里分别见面 下午12:30-1:55 麦当劳集团 下午1:55-2:20 假日饭店(Holiday Inn)集团 下午2:55-3:20 迈达斯消声器(Midas Muffler)集团
11月8日	反垄断和特许经营诉讼
11月15日	最终小组会议

11月22日	学生讨论反垄断案例 • 圣洁公司（Siegel）对鸡乐公司（Chicken Delight）：亚瑟·默里集团（Arthur Murray Group） • 肯德基公司对多样化包装公司（Diversified Packaging）：麦当劳集团 • 普林西比公司（Principe）对麦当劳公司假日饭店集团 • 萨色公司（Susser）对卡佛公司（Carvel），克莱公司（Krehl）对巴斯金·罗宾斯公司（Baskin Robbins）迈达斯消声器集团
11月28日	所有的合同都应该完成

课堂上传授的内容包括演讲、角色扮演和建立特许经营模型，并且还要求学生完成阅读作业。通常要求提供关于反垄断法的案例；每个特许经营小组都必须在课堂讨论上分析一个反垄断问题。

在说明和展示每个小组谈判、起草和执行的特许经营合同时，角色扮演练习达到了最高潮。在学期的最后的课程中，每个小组都必须向全班说明他们的特许经营课程，并且说明他们为什么用独特的方式制订他们的特许经营合同。教授会对每个小组做出的说明进行讲评和鼓励其他小组一起讨论。

美国其他三所法律学校也提供了关于特许经营法律方面的课程。这些学校包括科拉顿（Creighton）大学法律学院［加里·班顿郝斯特（Gary Batenhorst），"教父比萨饼"法律总顾问］；福特翰（Fordham）大学法律学院［拜伦·福克斯（Byron Fox）教授］；佛罗里达大学法律学院［谢尔登·科恩（Sheldon Cohn）教授］。这些课程在传授特许经营知识方面是十分出色的，并且由富有教学经验和技巧的教授讲授。另外，还有四所法律学院提供特许经营法律方面的课程。一些学校可能把关于特许经营法律的授课包含在其他课程中，如公司和商标方面的课程。影响特许经营业务和经营的法律主题的范围似乎表明，提供分别设立的课程是正确的。同时，特许经营业务所产生的市场营销活动的数量也证明，让更多的法律学校提供关于特许经营的课程教学的建议是正确的。

2. 教育培训的三个方向

在美国，特许经营的教育培训方向和侧重点在不同的大学、学院、研究中心及其他组织里可能会互不相同，但归纳起来，不外乎三个最主要、最基本的方向和侧重点。

①FM（Franchise Management），即特许经营管理。这个方向着重从经营管理的角度研究特许经营，商学院、经济管理类学院多为此方向。

②FL（Franchise Law），即特许经营法律。这个方向着重从法律的角度研究特许经营，法律类学院和机构多为此方向。

③FI（Franchise Investment），即特许经营投资。这个方向着重从投资的角度研究特许经营，金融类学院和机构、创业型课程多为此方向。

3. 国际特许经营协会的CFE认证及其教育基金有限公司

第1章 特许经营概述

第二次世界大战后，美国正处于特许经营发展的早期阶段。当时，包括麦当劳和假日饭店在内的许多公司都以特许经营的方式取得了巨大成功，特许经营成为商业领域的传奇神话，人们大多坚定地认为特许经营是一定可以取得商业成功的利器。在这种意识下，许多心存不轨的投资分子开始冒用特许经营的名义进行诈骗。在接二连三的特许经营欺诈丑闻出现之后，许多受许人成为误导性的特许权转让的牺牲品，媒体对那些虚假特许经营的曝光以及对特许经营的负面的揭露使得特许经营整个业界面临着严重的声誉危机。在这种情况下，政府不得不干预特许经营的发展。然而，纷纷出现的州和联邦机构宣称要制定规章制度以对特许经营进行约束和管理的传闻却使那些真正的特许经营业界人士和推崇者深感忧虑，因为这些可能出台的规章制度将阻碍合法的特许经营商业的发展。

在这种背景之下，一些富有责任感的特许人成立了国际特许经营协会（IFA），他们为特许经营行业制订了道德规范和标准并在特许经营业内实施，以使特许经营业能有秩序和有规则地成长。早期的国际特许经营协会基本由特许人代表组成，它的作用是让成员记住职业道德及公平合理的交易对整个特许经营体系都是有益处的。同时，为了确保和提高特许经营业界的整体素质，国际特许经营协会还制订与推出了一系列教育培训计划，这些教育培训计划几乎覆盖了特许经营行业和业务的所有方面。在具体的教育形式上，国际特许经营协会主要运用了如下几种手段：出版（包括资料、协会手册、书籍、报告、内部刊物等）、网站、研讨会、展会、社会培训、资质认证、顾问咨询、广告宣传等。

截至2006年年初，国际特许经营协会的会员主要包括三类，特许人、供应商和受许人。

在IFA举办的各类教育培训内容上，有两个方面的影响力最大。

（1）管理人员资格认证计划——注册特许经营师CFE（Certified Franchise Executive）。

这是国际特许经营协会最近举办的一个综合的教育计划，该计划的全称是"国际特许经营协会经理主管人员教育和资格认证计划"。顾名思义，这个计划的主要目的是提高和改进特许经营经理主管人员在特许经营方面的专业知识。

为此，国际特许经营协会设计了八个部分的课程：特许权营销、战略经营管理、经济和人口的力量对特许经营未来发展前景的改变、人力资源管理、金融和会计、特许经营业务中的房地产、特许经营中的法律和道德问题、特许经营的经营和管理体系。

按照计划，每部分的讲授时间为一周，分别由国际特许经营协会的人员与路易斯安那州立大学的教学人员进行讲授。在全部完成八部分的课程并满足某些正规的要求以后，学习者可以成为"注册特许经营师CFE（Certified Franchise Executive）"，其性质类似于人们所熟悉的CPA，即注册会计师。

CFE证书由国际特许经营协会的特许经营大学提供，是特许经营界的权威职业资格认证。该证书可在2～4年的时间内获得，实行学分制，共需3500个学分。学分由四个方面的课程构成。

① 核心课程（1600学分）
- 综论（Diversity）
- 经济学、会计学或金融学（Economics，Accounting or Financing）
- 受许人招募与培训（Franchisee Recruitment and Training）
- 特许人/受许人关系（Franchisor/Franchisee Relations）
- 特许经营法律法规（Franchise Law Regulations）
- 人力资源管理（Human Resource Management）
- 管理与运营（Management & Operations）
- 市场营销（Marketing）

② 选修课程（900学分）
- 特许经营中的对局概念（Duel Concept in Franchising）
- 转型特许经营（Franchise Conversions）
- 特许经营发展趋势（Franchising Trends）
- 保险（Insurance）
- 国际特许经营（International Franchising）
- 公共关系/沟通（Public Relations/Communication）
- 房地产与选址（Real Estate and Site Selection）
- 资源管理（Resource Management）
- 技术（Technology）
- 其他感兴趣的领域（Other interest areas）

③ 参与规定活动（500学分）
- 参与规定的会议、研讨和展览。

④ 业务实践（500学分）

从经济管理的角度讲，CFE的课程所涵盖的内容十分广泛，充分体现了特许经营专业的内涵之广以及特许经营从业人员的素质要求之高，归纳起来，其主要讲授的内容主要涉及如下方面。
- 商业与会计（Business & Accounting）
- 沟通（Communications）
- 多样管理（Diversity Management）
- 多样日常事务（Diversity Today Series）
- 特许经营遵循（Franchise Compliance）
- 特许经营基础（Franchising Fundamentals）
- 人力资源与招聘（HR & Recruiting）
- 行业技术（Industrial Skills）

第1章　特许经营概述

- IT与技术（IT and Technology）
- 管理技术（Management Skills）
- 谈判（Negotiating）
- OSHA遵循（OSHA Compliance）
- 项目管理基础（Project Management Fundamentals）
- 项目管理师（Project Management Professional）
- 销售与顾客服务（Sales & Customer Service）
- 团队绩效（Team Performance）

注册特许经营师CFE的培训计划受到了特许经营业人士的高度推崇和热烈欢迎。然而，这个培训计划和在大学里讲授的特许经营市场营销和经营管理方面的基本教育还是有很大的不同的，比如大学里的课程更为详细、基础、全面、系统和注重理论素养的训练，而这项培训更强调的是短期速成、实战、热门专项讲座等。

（2）国际特许经营协会教育基金有限公司。

该公司的目的是负责国际特许经营协会制订的资助特许经营领域的教学计划。该基金通过募集资金的方式来支持各个基本的特许经营教育计划，其目的是打算支持"在四年大学教育等级之下的以实际业务为导向的教育（计划）。"国际特许经营协会的计划不仅提供大学等级的课程，也为那些不可能上大学的在经济和教育方面处于劣势的人群提供特许经营业的基本理论和知识方面的培训。

因此，国际特许经营协会的这一教育培训计划满足了更大量的社会人士对于特许经营知识的渴求，是对大学正规教育体系的有益补充。

4. 美国律师协会的特许经营论坛

国际特许经营协会为特许人所做的工作之一就是美国律师协会特许经营论坛，它由特许经营律师组成。特许经营论坛的工作重点集中在特许经营规章制度的法律问题上，这些法律问题包括税收、协议、反垄断法规则、房地产、商标、诉讼等。这个论坛大约有1500名对特许经营法感兴趣的成员。由业内顶尖人士组成的美国律师协会论坛委员会提供许多继续教育的课程计划，这些课程计划包括每年秋季举行的研讨会，每个研讨会的参加人数都被限定在三十人，并由一个专家小组领导，有时也会有一些特许经营业界的特许人、专家、政府人员、学者等参与进来。每次会议大概持续一个半小时。会议将讨论和研究在特许经营法律领域方面出现的新进展和最前沿的法律领域问题，这些法律领域包括反垄断法、破产法、诉讼、税收方面的法律、特许权注册和国际特许经营等。为了鼓励听众参与以及为讨论者提供了充分的交流观点和分享经验的机会，会议的组织形式比较宽松，并不是严格的一一发言制。同时，美国律师协会特许经营论坛还出版自己的刊物，即《特许经营法律期刊》，这是一份季刊，包括关于特许经营法律所有内容的许多文章。这些文章的质量很高，通常由专门从事特许经营法律业务的律师撰写。

5. 特许经营MBA

特许经营MBA，就是专攻特许经营的MBA，因此，除普通MBA的课程外，特许经营MBA还将学习与特许经营有关的课程，如创业战略［New Venture Strategies（Entrepreneurship）］、创业融资（New Venture Finance）、特许经营管理（Franchise Management）、特许经营法律（Franchise Law）、风险政策（Venture Policy）。

除了美国之外，其他经济发达国家也非常重视对特许经营的教育。比如在韩国，随着大企业纷纷宣布允许特许经营，并新增了专门负责特许经营的职务CPO，企业对特许经营的关心不断增加，为适应这种需求，大学开设专门讲授特许经营的课程。韩国特许厅宣布从2006年第一学期起在韩国科学技术院、首尔大学、延世大学、高丽大学等全国16所以理工科为主的学校增设与特许经营相关的课程。

1.12.2　国内的特许经营教育培训

1. 中国本土市场上进行特许经营的教育、培训的组织方

① 顾问咨询公司。它们的重点是特许经营的局部、碎片化培训，更强调实际技巧、过往经验等方面的训练，也会涉及和特许经营的理论相关方面的培训，如单店管理、物流、信息系统、人力资源、法律、市场营销等。其培训讲师多是社会上的顾问咨询师、企业人士等。这些顾问咨询公司的培训内容虽然在标题上都很时尚，但实质内容很多都是过时、错误、片面、零散、异想天开的。

② 以大学、学院、学校之名实施的培训。不管这些具体的实施培训方是大学、学院、学校本身的一个机构，还是某大学、学院、学校所特许的机构，它们对外招生往往都会打着某大学的名义。部分培训讲师是打着招生旗号的大学里的讲师，另外一部分则是社会上的顾问咨询师、企业人士等。培训内容会有一些理论内容，比之其他培训可能较系统化。因大学、学院、学校本身的学历性教育的独特优势，以它们之名举办的培训有可能会慢慢地向学历或仿学历方向演化。

③ 协会。除了专门的各类、各地连锁经营协会之外，其他行业性协会（如美容美发协会、餐饮协会等）也会举办一些特许经营方面的培训，但因为协会本身没有师资力量，所以讲师多是外面聘请的。因为利益互换、私人关系、成本费用、肥水不流外人田的私心等原因，多数讲师的水平都是严重不足的。

④ 专门的培训公司、个人。一些专门做培训的公司、个人在看到特许经营培训市场的巨大机会之后，自然插足此领域的培训。这类培训的师资基本都是外请的，培训的组织方更像是一个"中介""平台"或资源整合者。

⑤ 自媒体、公众媒体。因为自媒体或公众媒体有大量的连锁企业客户，所以为了赚取额外的利益或增加对客户的黏性，也开始涉足特许经营的培训市场，讲师绝大多数都是外请的，而且出于成本的考虑以及防止企业客户资源的外泄，媒体通常频繁地更换讲师，所以培训多数是质量不稳定、内容不连续的。

2. 国内特许经营教育培训的10个特点

① 培训机构良莠不齐。国内多家特许经营管理咨询机构，甚至是根本没有特许经营足够知识、经验的机构和个人，都看到了中国特许经营培训市场的巨大潜力，纷纷涉足特许经营的教育培训市场，直接造成了中国本土特许经营培训市场的良莠不齐。

② 缺少全国性的权威教育培训机构。除了维华商创之外，国内尚没有一家教育培训机构在业界具有大家共同认可的权威性，一类重点的大学里更是没有特许经营专业。

③ 缺少特许经营企业普遍认可的学历、认证或培训证明。国内的个人、机构等的特许经营的培训或结业证书在特许经营业界的认可度方面非常差，企业基本不认可这些证书。

④ 中国特许经营的学历教育的主要形式渗入了高校的相关专业中，如在物流、营销、经济管理、法律、连锁经营等方面。

⑤ 虽然开设"连锁经营"专业的大学、学院和一些职业学校为数不少，但开设特许经营课程的大学却寥寥无几。虽然国内多所大学都有开设专门的特许经营课程的意愿，但至目前为止，国内真正开设特许经营课程的一类大学只有中国政法大学商学院。

⑥ 培训内容雷同。除了维华商创之外，国内个人、机构等的特许经营的培训基本上是大同小异，在理论的深度、宽度方面不足，在前沿性、科学性、全面性、系统性、实战性甚至正确性等方面更是有严重缺陷。

⑦ 全面的系统性培训和具体的针对性培训同时并举，即国内的这些培训既有全面性的特许经营培训，也有针对特许经营中的某一方面而进行的局部培训，比如如何招募受许人、店长培训、如何维护良好的特许经营关系、成功构建特许经营体系、特许经营法律、特许经营合同等。

⑧ 没有MBA及以上的特许经营学历教育。由于这种MBA及以上的特许经营学历教育性培训往往需要具有硕士或博士授予单位（比如高等学校）的支持才可进行，所以这个门槛限制了MBA及以上的特许经营学历教育性培训。

⑨ 培训的师资、教材相差较大。因为各家做培训时，都不想宣传别人，所以多数都是讲师自带教材或没有教材，所以在目前市场上的特许经营教育培训中，组织培训的各方都主要是各自推出自己的师资和教材或只是简单的课件、讲义，但也有个别讲师会同时出现在几个不同的培训班中。

⑩ 除了实际开设培训班之外，许多专业性的网站都会发布大量的特许经营及相关知识、信息等，这些线上发布起到了在线培训的作用。

公平而辩证地讲，目前的国内特许经营教育培训的实际状况十分不如人意，它们的存在与发展某些时候伤害和阻碍了中国特许经营事业的发展，中国政府应该在这个方面下大力气进行整治。

3. 笔者设计的关于特许经营的主要专业课程

最后，列举一些实际课程安排方面的例子以便读者参考。表1-39是笔者为中国的大学特许经营专业设计的主要专业课程。

续表

表1-39 特许经营专业的主要专业课程

学科基础课	专业方向课	专业任选课
商业谈判	单店开设与管理	特许经营分行业研究
运筹学	特许权的开发与管理	特许经营投资与融资
特许经营概论	商业房地产与选址	特许经营经济学
经济学	特许人/受许人关系	特许经营信用评估
市场营销	特许经营推广与招商	如何选择特许经营项目
管理学	特许经营企业文化	特许经营的热点专题讲座
商业美学	特许经营培训与督导	《合同法》《公司法》等相关法律
零售学	专卖店VI、SI设计	策划理论与实务
会计学	特许经营的人力资源管理	
财务管理	特许经营财务与金融	
品牌管理	特许经营物流与供应链	
商业心理学	成功构建特许经营体系	
国际商务	特许经营的手册编制	
管理信息系统	国际特许经营	
客户关系管理	特许经营专业英语	
战略管理	政府特许经营	
资本运营	商标及专利许可法律	
创业学	特许经营法律法规与合同	
项目管理	特许经营历史与未来趋势	
电子商务	特许经营管理思想发展史	
领导力	特许经营信息化技术与管理	
法学概论	特许经营标准化	
文案写作	商业模式设计与实务	

下面是笔者为特许经营特种兵特训营设计的三天四夜的课程安排。

第1章 特许经营概述

三天四夜，包括连锁企业构建特许经营即连锁加盟体系的核心等内容，如必知必会、前沿热点、战略&定位、体系构建、标准化、手册编制、招商、热点专题、24小时答疑等。

本营可以解决的问题至少包括：

- 战略和定位：未来的方向在哪？如何赢？
- 体系：全面打造竞争力最强的万店帝国
- 标准化：史上最全的SOP与静态标准化
- 手册：机制替代人治，经营道术凝成宝典
- 招商：新时代如何快速招募、成交受许人
- 前沿和趋势：中国与全世界最新研究成果
- 热点：特许经营前沿、热点、痛点、焦点问题
- 复制：万店裂变，克隆财富，复制成功
- 资源：人脉、钱脉、消费脉、合作……
- 所有：所有特许问题，一站式专家团答疑

趣味教学：培训+实操+路演+点评+导师+私董会+模拟+作业+畅谈+案例展讨+评奖+答疑+……

第一晚，开学典礼、欢迎晚宴、饭桌拓展、立刻成为亲密小伙伴

第一天

目标一：必知必会、前沿、趋势、标准化、构建特许经营体系新五步法

课程一

① 特许经营的最前沿实战成果首发首讲

- 从店到"点"的时代应对
- 一体化的线上线下融合模式
- 特许经营的三个核心思维
- 复制成功的三大保障
- 终极盈利模式——维华三步算法
- 定位秘籍——维华四圈定位法
- 最全之受许人"管控"手段与方法
- 单店面积计算法——维华面积矩阵
- 受许人生命周期全解剖
- 界定商圈范围的维华等消费线
- 你不只有直营和加盟，还有16种
- 撕裂你的大脑——全面资源特许
- 特许经营制胜的五驾马车
- 一通百通的商业流水线
- 选择最优模式的维华三类九条表
- 多元化：维华四维全产业链模型
- 精确至极九种特许经营费用算法
- 三边、倒逼、三段与反向思维极限
- 产品服务定位的维华雷达法
- ……

② 特许经营的全球与中国未来大趋势

③ 特许经营学的必知必会全攻略

④ 成功构建特许经营体系全新五步法

第一步　特许经营调研与战略
- 市场调研
- 内部调研
- 商业模式设计、特许经营战略和定位
- 组建项目工作组
- 制订甘特工作计划与PMP规划工作分配

第二步　理念的导入与六大设计、标准化、手册编制
- 特许经营理念的导入、特许经营全流程或受许人生命周期图
- 体系、总部、单店等盈利模式之设计、标准化、手册编制
- 单店与8I之设计、标准化、手册编制
- 总部之设计、标准化、手册编制
- 区域分部之设计、标准化、手册编制
- 体系框架之设计、标准化、手册编制
- 特许权之设计、标准化、手册编制

第三步　特许实体运营网络的落地和实施
- 样板店实体之落地、手册完善与团队建成
- 总部（分部）实体之落地、手册完善与团队建成

第四步　复制与招商体系之设计、标准化、手册与实施
- 全程复制体系：营建体系之设计、标准化、手册与实施
- 无形复制体系：培训体系之设计、标准化、手册与实施
- 有形复制体系：供应链体系（供应商、加工制造厂、分销商、物流配送）
- 招商体系之战略战术、手册

第五步　督导体系、合同与备案和信息披露的法律法规体系、TQM体系的设计、标准化、手册与实施
- 督导体系
- 系列合同、备案&信息披露等法律法规体系
- TQC、品牌体系

教官：***
形式：课堂讲授+案例研讨+答疑+作业+点评
训练：现场针对知识点进行作业练习；现场点评
目标二：能独立制定特许经营的商业模式设计、战略和定位

课程二
- 模块一，特许经营前的市场调研
- 模块二，特许经营前的内部诊断
- 模块三，全产业链之商业模式设计
- 模块四，特许之可行分析、商业计划
- 模块五，特许经营定位和全面战略规划，至少包含15大项内容、31项总部战略、

第1章 特许经营概述

18项单店战略
- 海量案例分析

教官：***
形式：课堂讲授+案例研讨+答疑+作业+路演+点评
训练：每个学员做自己企业的商业模式、战略和定位、可行性、商业计划
第二晚，选择每组中优秀的战略作业路演，集体点评，集体打分，排名评奖
第二天
目标：深刻了解标准化并独立操作，独立编制全部手册
课程一：标准化

- 特许经营3S深解与批量案例
- 标准化之SOP与静态标准化
- 标准化之对象、内容、原则等必知
- 破局：标准化难题的海量绝招

教官：***
形式：课堂讲授+案例研讨+答疑+作业+点评
训练：现场针对知识点逐个作业练习；现场点评
课程二：史上最全，编制特许经营&连锁经营之全套手册圣经解读

- 连锁"宪法"真相
- 手册的法商理实结合
- 手册细节把控优化
- 手册的图表文技巧
- 手册顺序递进管控
- 手册编制最佳BPI
- 手册编制组团队的打造与管理
- 手册与体系构建的完美融合
- 手册编制的13个秘传诀窍
- 手册的保密与知识产权
- 手册的量身增值性包装
- 手册TQM的三全、四循环管理
- 手册的落地、完善全宝典
- 手册编制实例有问必答
- 手册的资治通典
- 手册的4类130部
- 手册的KISS内容揭秘
- 手册的编制最优计划
- 手册编制过程控制
- 手册编制的三原则、三标准
- 手册编制的地点与时间设计
- 手册与复制、输出体系的对接
- 实现手册同步无缝的会议管理
- 手册的总部、分部、终端分配
- 手册的365天无空挡更新升级秘诀
- 手册与合同的前后和谐搭配
- 超百本的各行业在用手册实例观摩
- ……

教官：***
形式：授课+答疑+案例展示+实操+路演+点评+导师+私董会+模拟+作业
训练：每人编制全部手册名录、老师指定的分类手册。
专家导师团一对一、手把手地辅导与陪练。
第三晚，选择每组中优秀的战略作业路演，集体点评，集体打分，排名评奖
第三天

目标：掌握招商知识，熟练招商技能，设计全套招商文件

课程：

- 举一反三之智——招商就是"销售"
- 招商前的包装策划等赋能准备
- 招商最强沟通方式和工具设定
- 招商成交流程及时间的科学规划
- 无穷多似的招商渠道与推广大全
- 各类潜在受许人特征分析研究
- 虎狼之师即招商团队管理与激励
- 招商中的OPP营销和神秘剧本
- 招商前必会——盈利与手册之义
- 现场成交的加盟政策制定技巧
- 招商招募表格等文件手册编制
- 招商战略、战术计划的制订与实施
- 招商话术技巧与常见问题应对
- 逆向——受许人选项目全流程分解
- 成功和欺诈案例的正反双向解
- ……

教官：＊＊＊

形式：授课+答疑+实操演练+模拟+作业

互动答疑：学员现场提问题，现场统一答疑

第三天下午，大咖专题讲座

专题一：【法务】特许经营法律法规与合同精讲　　　　＊＊＊律师

专题二：【前沿】（神秘嘉宾）

第四晚，毕业盛典、奖品发放、颁证仪式、晚宴狂欢

1.12.3　我国建设与完善特许经营学科的充分必要性和战略意义

1. 我国建设特许经营学科的充分必要性

在特许经营学科建设的充分性方面，下面的这些状况分别从不同的角度进行了论证：

① 国外的特许经营学科发展的客观现实已经说明了一切，我们不但在实践上不能落后，在指导、推动、提升实践的学科建设与发展上也同样不能落后，否则我们就会永远落后。

② 国外150多年与国内30多年的特许经营实践为特许经营的学科建设、发展与研究积累了大量的案例、方法、技术等正反素材，这是特许经营学科建设和理论发展的坚实实践基础。

③ 除了数量众多的受许人外，中国目前的特许经营特许人数目已成为世界最多，有些企业还成功进入国外，在国际市场上与国外巨头同台较技，这些为数众多的新老品牌特许经营企业为特许经营学科的实证研究、试验检验等提供了不可多得的宝贵基地。

④ 已经存在了大量关于特许经营的可借鉴的相关理论知识和数据资料，比如国内外近年来已经出版和发表了大量的有关著作和文章，它们对特许经营学科所涉及的许多方面进行了或多或少的探索和研究，我们可以在综合利用的基础上进行自己的独立与系统化创新。

⑤ 我们拥有现代化、网络化的特许经营学研究方法和技术，这些基础性工具使得

我们的特许经营学科建设可以及时跟上国际发展的节奏。

⑥ 中国在其他学科建设上的经验可以给我们的特许经营学科建设提供优秀的范例和参考。

⑦ 我国特许经营业界众多的培训、教育机构甚至个人都已经做了大量的特许经营教育与培训工作,在教学方法、教学形式、教学经验、资料、教材、参考读物、师资、课程设计、实习、证书等有关研究与教学等方面进行了大量有益的尝试。

⑧ 国内业已成立的多家特许经营专门性及相关类研究中心、机构已经在特许经营的理论发展和学科建设上取得了不少可喜的成绩,我们需要做的只是整合分散的力量,从而以更高的效率向着共同的目标前进。

⑨ 特许经营在社会经济发展中已经占有相当比重,并且这个比重还在继续飞速增加,特许经营在某些地区已经成为当地经济发展和商业发展的主流模式,这就更加需要加强在特许经营理论和学科上的建设力度,以便科学规范、指导特许经营实践的发展。

⑩ 特许经营的发展具有长远、创新的未来,并不是昙花一现的某个"热点"或"流行",这在一方面说明特许经营学科建设是一个任重道远的工程,另一方面说明,特许经营的学科建设并不是阳春白雪式的理论游戏,而是有着具体的实践意义的。

⑪ 经过30多年的风风雨雨,特许经营模式本身已经得到了政府、企业、学术界等的普遍认可与支持,这为特许经营的学科建设提供了良好的外部环境条件。

⑫ 虽然整体层次较低、良莠不齐,但毫无疑问的是,目前的中国已经在特许经营学术、理论和实践方面培养出了一批人才,这些人才为特许经营学科的建设提供了基础性的人力保障。

我国除了已经具备特许经营学科建设的充分条件之外,学科建设也是一件十分必要和紧迫的事情,其必要性主要体现在如下几个方面:

① 我国特许经营的实践急切需要理论指导。中国现在的状况是,相比较而言,实践发展很快,但理论研究和教育培训严重滞后,二者的不平衡已经阻碍了特许经营的继续发展和提高,个人或企业依靠特许经营进行新发展、政府本身进行特许经营以及政府对特许经营进行调控都急需理论的指导,那么理论的提高则急需学科建设的持续、强大推动力。

② 国家特许经营法律法规的建设、政府部门对特许经营的管理、约束与促进等也需要大量的特许经营方面的专业人才,特许经营企业急切需要大量受过特许经营系统性、专业性教育培训的人才,人才的问题已经成为中国特许经营继续发展的关键瓶颈。很明显,进行学科建设之后,特许经营的教育培训会在速度、规模和质量上有实质性的进展,特许经营类专业人才会源源不断被培养出来,我国的特许经营事业才能更快、更好地发展。

③ 虽然我国在特许经营教育培训上急速发展,但因为学科建设不力,所以这些教育培训,尤其是学历性教育,会不可避免地出现一些知识、理论上的空白点,这样的局

面长期下去的结果就会损坏特许经营教育培训的完整性、系统性、科学性、先进性及其声誉和影响力，并最终损坏特许经营实践的发展。

④ 事实证明，作为独立学科发展的某门知识、理论会迅速走向完善，而附属于某学科下的非独立学科的知识、理论则进展缓慢。特许经营也是一样，为了使其在知识和理论方面加速完善，把它作为一个独立的学科而不是作为经济、管理学科的附属或内容之一来发展是非常必要的。

上述这些充分必要的状况和现实都说明，在我国建设一个专门的学科——特许经营学——已经是历史发展的必然，这是不以人的意志为转移的客观规律。

2. 我国特许经营学科建设与完善的战略意义

在我国建设与完善特许经营学科是有着非常伟大的时代战略意义。

（1）特许经营学科的建设具有高度的学术或理论意义。

我国学科建设的第一步就是要向国外的学科建设看齐，填补国内学科空白。"百年大计，教育为本"，学科建设关系一个国家的教育水平，因此，教育应重视学科建设。同时，学科建设也可以使特许经营理论的研究、知识的传播、技术的推广以及实践的发展得到更多的支持、重视和参与，更有利于特许经营本身的健康、持久发展。没有学科这一"正规名分"，特许经营的发展会受到很多限制，始终徘徊在低层次的水平上。

特许经营是一门综合性、边缘性、实践性很强的学科，它的良好发展对经济管理类、行业专业等其他学科和知识体系的发展必然也是个促进。因此，特许经营学科的建设不但可以大大促进自身的发展，还会促进、带动一批相关学科的发展。

（2）特许经营学科建设的实践意义是多方面的。

第一，学科建设是达到我们自主创新的必然途径。必须承认，国外的某些特许经营的理论和实践都比我们先进得多，我们要想赶超外国，必须首先谦虚学习。那么，要学习国外的话，先学什么？先要学习人家的理论知识，要想制夷必须先"师夷之技"。如果只是在实践上一味地模仿，那么我们就会永远停留在"学习""跟随"的阶段而无法创新，结果必然是越来越增加我们对外国的依赖性，想要超越外国的想法也只是痴人说梦。但是通过学科建设，我们可以自主创新，最终使我们在实践和理论上都逐步赶上国外的发展步伐。

第二，我们已经清楚地看到，特许经营在中国发展的这30多年时间，虽然有许多令人欢欣和鼓舞之处，但也不乏许多急需改变的地方，如正规化、立法、规避陷阱、教育培训等，缺乏正确、完善、创新、具有中国本土特色的特许经营理论的指导一致被认为是所有这些弊端的根源之一。实践需要理论的指导，正规化的学科建设与完善是发展某项理论的最佳途径之一，所以我国建设特许经营学科就有着非常重要的实践意义。

第三，特许经营的学科发展所带来的理论提升除了会大力促进第三产业尤其是服务业的发展外，还会因产业链的带动效应而促进第一产业、第二产业以及"第四产业"即信息业的发展，因此在全社会的范围内大大促进所有资源的开发。

（3）特许经营的学科发展有利于行业进步。

因为特许经营和行业结合得非常紧密，许多行业都是借助了特许经营而迅速成长发展起来，所以特许经营的发展会直接促进众多行业的发展。而特许经营又是"无行业壁垒"的，即它可以在任何一个行业里发挥自己的优势，所以特许经营的学科发展所带来的理论提升与实践发展对于行业进步是非常有利的。

（4）特许经营的学科发展所带来的理论提升与实践发展也会进一步地促进就业创业等一系列社会问题的解决。

当然，特许经营的学科建设还有更多的实践意义，而所有这些发展都会最终导致整个中国的发展。

1.12.4　特许经营学科建设的相关问题

1. 特许经营学科的研究对象

（1）学科是相对独立的知识体系——《学科分类与代码》（GB/T 13745-92）中华人民共和国国家标准。

（2）学位按下列学科的门类授予：哲学、经济学、法学、教育学、文学、历史学、理学、工学、农学、医学——《中华人民共和国学位条例暂行实施办法》（1981年5月20日国务院批准实施）。

再考虑到国家对其他学科方面的类似定义及描述，根据特许经营本身的特征、历史与发展，笔者认为特许经营是一门"学"，并将其定义为：特许经营学，是研究企业、政府等组织和个人特许权运动规律的经济、管理学科。

2. 特许经营学科发展的七个基本原则

① 在传统基础上揉进现代的经济、管理思想与理论的再提高、升华，比如本书所论述的特许经营本质的众多发展方向。

② 宏观（国家、地区的特许经营管理、法制建设等）、中观（与行业紧密结合，如餐饮、服装、美容、商品零售等）和微观（企业、个人等）等三个方面同时进行。

③ 国际特许经营、政府特许经营的研究将成为学科发展的两个重要分支。

④ 除了发展"纯粹"的特许经营理论之外，还要密切关注和协调发展与特许经营学相关学科的理论，否则的话，特许经营学科的发展会受到限制和阻碍。

⑤ 坚持理论联系实际的学科发展原则。

⑥ 坚持全面发展的原则，指的是要全面性地发展特许经营学科体系的每个方面，使特许经营学成为一个完整的体系，而不是残缺不全、零零散散的信息堆积。

⑦ 坚持中外结合、古今融会、不断创新的原则。

3. 学科发展方向举例

特许经营学科有多个发展方向，因为特许经营本身就是一个讲究"融弃"的、以海纳百川的胸怀来对待自己以及其他学科的。以下只是一些发展方向的举例。

① 基础理论研究的深入探讨。
② 特许经营与企业经营业绩的研究。
③ 特许经营诊断和评估的研究。
④ 特许经营定量的研究。为了使特许经营得到更快更好的发展，我们必须摒弃想当然的"定性"化思维和经验式判断，转而用严谨的定量化的科学态度来对特许经营中的诸多问题进行仔细深入地探索与研究。
⑤ 特许经营法规政策的研究。
⑥ 特许经营企业运营的研究。
⑦ 特许经营进入的研究——个人进入、企业进入等。
⑧ 特许经营教育培训的研究。包括对特许经营的从业人员和即将从业人员进行教育培训，以及特许人对受许人的教育培训这两个主要方面。
⑨ 特许经营文化的研究。
⑩ 特许经营元素的研究。
⑪ 特许经营与国家、地区等发展战略的研究。
⑫ 特许经营与相关学科关系的研究。
⑬ 特许经营主体及其关系的研究。
⑭ 特许经营财务会计与金融的研究。
⑮ 特许经营风险的研究。
⑯ 特许经营管理的研究。
⑰ 特许经营历史的研究。
⑱ 特许经营与别的商业模式的融合研究。
⑲ 特许经营与现代科技，如互联网、AI等的结合研究。
⑳ 其他。

上述中的每个方向都包含着非常丰富具体的细节性内容，以"④ 特许经营定量的研究"为例，该方向至少包含如下这些内容：

- 特许经营费用的数量确定或科学计算数学模型
- 加盟期限的长度确定
- 直营店与加盟店的比例确定
- 一个体系每年应开设多少店，这些店中直营店和加盟店又如何分配具体的数量
- 每店员工数量及具体到每种岗位上的员工数量的确定
- 选址的数量化评估
- 选择特许人时的数量化评估
- 选择受许人时的数量化评估
- 物流配送中的数量化问题（几个配送中心？路线如何走？多少配送车辆？每辆车的运送数量？多少工作人员？发车时间安排？……）

- 特许经营体系网络中各店、各商品的定价及其之间的差额问题
- 单店的营业时间确定（8小时，12小时，24小时？起始时间？打烊时间？等）
- 招商的咨询电话数量问题
- 单位面积内开店的数量问题、商圈的大小确定问题
- 人员的工资及奖金数量确定问题
- 单店内服务面积的划分与确定（比如餐饮店内设几个包间？每个包间的面积多少？大厅内设几张台面？这些台面中，单人台、两人台、三人台……n人台等如何确定与分布？等等）
- 单店的面积如何计算
- 对受许人进行督导时如何定量化打分
- 盈利模式的数据化模型问题
- 在众多商业模式之间的选择问题书
- 如何确定招募单店加盟商、多店加盟商，还是区域加盟商

4. 特许经营的研究

特许经营的研究主要分为基础理论研究和应用研究。

（1）基础理论研究。

主要研究特许经营理论的基础部分，包括其系统的学科基础理论部分、扩展理论部分、与其他学科的交叉综合部分，既有对过去特许经营实践与理论发展的综述，也有对现行特许经营实践与理论的调查、分析。同时还对特许经营的未来发展进行研究与预测，既对企业、个人、政府等的特许经营具体原理、操作方法的科学知识依据进行研究，也对国家或地区等的整体宏观特许经营发展战略进行探讨。

在基础的理论方面，如下这些内容都是为了建设一个完整、独立的特许经营学科而必需的，也是一个特许经营专业的学生所必须学习和掌握的：

① 单店开设与管理　　　　② 特许权的开发与管理
③ 商业房地产与选址　　　④ 特许人/受许人关系
⑤ 特许经营推广与招商　　⑥ 特许经营企业文化
⑦ 特许经营培训与督导　　⑧ 专卖店VI、SI设计
⑨ 特许经营的人力资源管理　　⑩ 特许经营财务与金融
⑪ 特许经营物流与供应链　　⑫ 成功构建特许经营体系
⑬ 特许经营的手册编制　　　⑭ 国际特许经营
⑮ 特许经营专业英语　　　　⑯ 政府特许经营
⑰ 商标及专利许可法律　　　⑱ 特许经营法律法规与合同
⑲ 特许经营历史与未来趋势　⑳ 特许经营管理思想发展史
㉑ 特许经营信息化技术与管理　㉒ 特许经营标准化

㉓ 商业模式设计与实务

上述这些基础的理论研究方面也正是笔者在编辑这套"特许经营精品丛书"时的工作思路，即我们的丛书将会按照上述的这些方向逐步编辑和出版。

（2）应用研究。

主要研究与传授如何使企业、个人、政府等利用特许经营方式进行经济运作，如何使企业、个人、政府等充分利用特许经营所提供的机会。其重点在于应用，为政府、企业和个人等提供实际的运作操作指导。特许经营学科的应用主要体现在三个方面。

① 行业、企业的应用：比如餐饮、服装、美容、汽车后服务、房地产等行业、企业的发展如何与特许经营更好地结合。

② 政府里的应用：比如政府如何利用特许经营来合理、科学、高效地开发社会公共资源，以及社会上的企业或个人等如何介入政府的特许经营项目等。

③ 其他方面的应用：比如跨学科的应用、跨特许经营专业的应用等。

5. 特许经营学的理论体系构架

在上面论述的基础上，参照一般学科建设的经验和根据特许经营的特性，我们初步将特许经营学的理论体系构架设计为如下几个方面。

① 特许经营体系，从经济、管理、哲学等角度，研究特许经营的整体的性质及其运动规律。

② 特许经营要素理论体系，从特许人、受许人、配送中心、供应商、特许经营组织机构、特许经营信息、特许经营技术、特许权市场、特许经营环境、单店、网络等特许权形成和运动要素的角度，研究特许经营各要素有机结合、协调运动的规律。

③ 特许权生产理论体系，从特许权生产与再生产的角度，研究特许权生成和发展的规律。

④ 特许权经营理论体系，从特许权提炼、特许权评估、特许权贸易、特许权转化、特许权竞争等方面，研究特许权的运营规律。

⑤ 特许经营管理理论体系，从协调、指导、决策、监控、权益、风险等方面，研究特许经营活动及其组织机构的管理规律。

⑥ 特许经营方略学理论体系，从特许经营政策学、特许经营谋略学、特许经营方式方法与艺术、特许经营经验与案例等方面，研究特许经营运作的具体政策、方式、方法与艺术。

⑦ 特许经营经济学理论体系。特许经营经济学是一门研究特许经营的经济现象及其运动变化特征的科学，其主要研究内容包括特许经营的经济作用、成本和价值、经济效果、产业结构、系统、技术、经济理论等。

⑧ 特许经营社会学理论体系（特许经营心理学、特许经营行为学等）。社会学是研究社会的科学，也就是对于人群的结构、机能、社会关系、社会组织和社会变化的研究。在特许经营领域中，也有许多人群、关系、组织和变化。例如，特许人、受许人、

供应商等都是具有特定权利和义务的人群；特许人与受许人之间，特许人与供应商之间，受许人和供应商之间等都有着为了保证特许经营的成功所必要的特定关系；总部、分部、直营店、加盟店、配送中心等，都是大小不同、职能有别的围绕特许权进行运作的机构或部门，这些机构或部门的职能和结构都在不断变化，并与其他社会结构处在密切的相互关系中。对以上各种人群、机构或部门和其关系的变化的研究，就是特许经营社会学的研究对象。

⑨ 特许经营比较学理论体系。特许经营比较学指的是，人们从设计、构建、维护和升级更新等方面，把特许经营与其他经营管理理论、商业模式等相比较，针对它们的同与异，全方位进行特许经营的探索研究与比较。

⑩ 特许经营文化学理论体系。它以特许经营中的各方创造出来，又受它濡染、规束的文化为研究对象，探讨与特许经营有关的文化的起源和演变规律，比较各特许人企业、各特许经营行业、各特许经营地区、各特许经营国家的文化的异同，分析其成因，研究其意义，揭示特许经营文化的本质。

⑪ 特许经营法学理论体系。它的研究内容主要包括，特许经营及相关法律法规的基础理论知识，我国现行的各种特许经营及相关法律制度、法律规范，我国特许经营及相关法律法规的历史沿革和发展趋势，特许经营及相关法律法规在实施中的情况和经验，外国特许经营及相关法律法规，国际特许经营及相关法律法规的立法状况等。

⑫ 特许经营史学理论体系。主要从历史的角度、运用历史学的手段和方法来研究特许经营，内容主要包括特许经营及其相关要素、实践的发展演变历史。

⑬ 特许经营"三资学"体系，即分别从资本、资产和资源三个角度来研究特许经营的内在规律。

⑭ 特许经营信息学理论体系，主要从信息学与特许经营相结合的角度来研究特许经营，比如以计算机和网络技术为工具对特许经营的信息进行储存、检索和分析等，进而得出关于特许经营的一系列规律；比如以计算机和网络技术为特许经营体系的更高效运作提供辅助工具等。

⑮ 特许经营知识管理体系，主要是运用知识管理的技术、理论、工具和方法来研究特许经营。

⑯ 其他。

[练习与思考]

（1）试比较中外特许经营教育培训的异同。

（2）讲讲你对特许经营在中国进行教育培训的看法。

（3）你更喜欢特许经营学科的哪个方面或发展方向？说明你的理由。

第2章　特许经营费用及加盟期

[**本章要点**]

第一节主要讲解特许经营费用的定义、意义和分类。

第二节主要讲解特许经营的三大类费用中的第一类即加盟金及其计算。

第三节主要讲解特许经营费用中的第二类即权益金和市场推广与广告基金及其计算。

第四节主要讲解特许经营费用的第三大类即特许经营中的其他费用及其计算。

第五节主要讲解特许经营的三大类费用的组合的相关知识。

第六节主要介绍特许经营费用的9种计算方法。

第七节主要介绍区域受许人开店数量的计算。

第八节主要讲解特许经营期限即加盟期及其计算。

本章的目的是使读者理解并掌握关于特许经营费用、特许经营期限的理论知识及其计算方法。

2.1 特许经营费用的定义、意义及分类

特许人将历尽辛苦开发出的特许权授予受许人,以及在受许人经营过程中仍然持续地向受许人提供大量支持性工作是需要受许人给予一定回报的;受许人直接享用特许人的品牌及其他可以减少风险、提高创业成功率的资源、模式是要付出一定代价的。特许人得到的回报以及受许人付出的代价的经济体现形式就是特许人向受许人收取的各种费用。

特许经营费用指的是在特许经营关系的存在过程中,为使特许经营能成功进行,受许人需要向特许人支付的费用。

如果把特许权作为一种特殊"商品"的话,那么特许经营费用实际上就是特许权这种"商品"的"价格"。因此,特许经营费用的问题实际上就是特许权的"定价"问题。

了解和掌握关于特许经营费用的知识,比如费用的名称、类型、构成、特点、目的、数量计算、收取方式等,对于特许人、受许人、潜在特许人和潜在受许人都是非常必要的。具体而言,意义主要体现在几个方面。

1. 对特许人的意义

① 合理、科学地设计、收取、运用特许经营费用,可以有效地减少特许经营关系双方的冲突和纠纷,保证特许经营体系的良性运转。

② 理直气壮地收取合理的费用,保护自己和整个特许经营体系的正当权益。

③ 坚决取消不合理的费用,增强自己的信誉和特许经营竞争力。

2. 对受许人的意义

① 按时、按量支付合理的特许经营费用,减少特许经营关系双方的冲突和纠纷,保证自己的加盟创业成功进行。

② 拒绝特许人的不合理费用,保护自己的正当权益。

③ 在自己的加盟全程中,提前、合理、科学地规划、实施自己的资金战略。

3. 对潜在特许人的意义

① 在实施特许经营工程之前,可以对此工程进行经济预算,判断项目的可行性,估计项目的未来收益。

② 避免因特许经营费用在设计、收取和运用上的不合理、不科学而影响特许经营工程的实施。

③ 增强特许经营的竞争力。如果把特许权看作特殊"商品",那么这个特殊"商品"的"价格",即特许经营费用显然就是此"商品"的营销"4P"之一,所以特许经营费用也是特许人竞争力的一个主要体现,需要科学规划与实施。

4. 对潜在受许人的意义

① 在加入特许经营之前做好思想准备,可以据此费用筹集自己的创业资金、估计自己的投资收益、预备经营过程中的资金需要。

② 可以根据特许人费用的收取情况判断该特许人是否收取了某些不合理的费用。
③ 根据特许经营费用的合理性与科学性等来帮助选择一个合适的特许人。

为了研究的方便，按照各种费用的性质，可以把特许经营费用分为三类：特许经营的初始费、持续费以及其他费用。如图2-1所示。

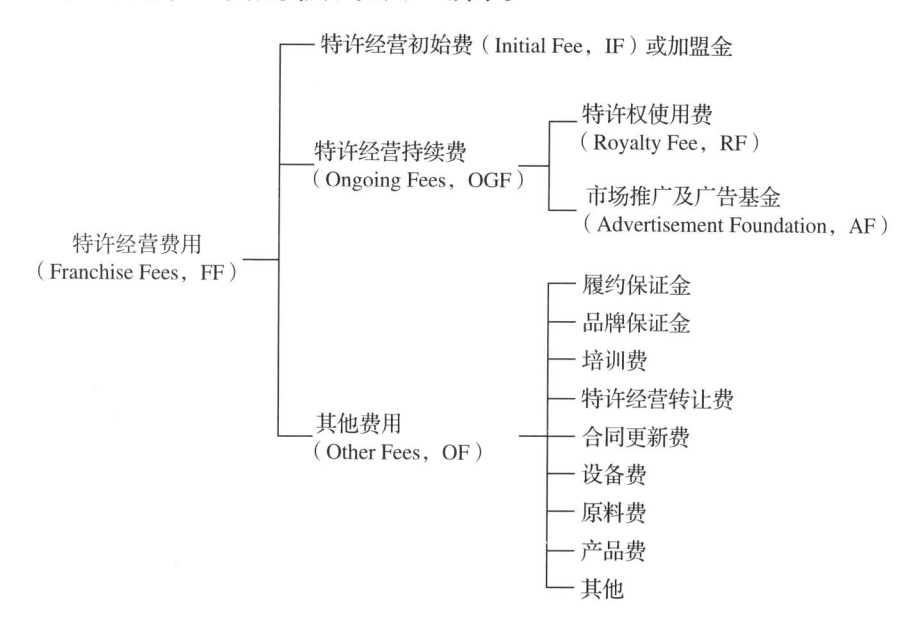

```
特许经营费用          ┌─ 特许经营初始费（Initial Fee，IF）或加盟金
（Franchise Fees，FF）│
                      │                              ┌─ 特许权使用费
                      ├─ 特许经营持续费              │  （Royalty Fee，RF）
                      │  （Ongoing Fees，OGF）      ─┤
                      │                              └─ 市场推广及广告基金
                      │                                 （Advertisement Foundation，AF）
                      │                              ┌─ 履约保证金
                      │                              ├─ 品牌保证金
                      │                              ├─ 培训费
                      │                              ├─ 特许经营转让费
                      └─ 其他费用                   ─┼─ 合同更新费
                         （Other Fees，OF）          ├─ 设备费
                                                     ├─ 原料费
                                                     ├─ 产品费
                                                     └─ 其他
```

图2-1 特许经营费用的构成图

2.2 特许经营初始费（Initial Fee，IF）或加盟金及计算

特许经营初始费即加盟金，指的是特许人将特许经营权授予受许人时所收取的一次性费用，它同时体现了特许人所拥有的品牌、专利、经营技术诀窍、经营模式、商誉等无形资产的价值。

特许经营初始费的交纳时间通常是在双方签订正式特许经营合同之后的一个约定时间内，比如签字后的一周到三个月之内。具体时间根据特许人的不同而不同，并在特许经营合同上予以说明，法律上并没有严格的规定。但因为签订合同就意味着特许人要帮助和指导受许人进行市场调研、商圈分析、选址、装修、培训等一系列工作，所以，特许人通常为了尽快建设加盟店，可能会要求受许人在较短时间内一次性交齐加盟金，并可能会以实际收到加盟金的日期作为特许经营合同生效的时间。当然，根据受许人的实际情况，有的特许人也允许受许人分次分批交纳加盟金。

按照我国现行税法的规定，特许人收取的加盟金，应该列入"其他业务收入"，不能列入"营业外收入"。同时，因为特许人企业一次性收取的加盟金属于转让无形资产取得的收入，所以加盟金应同时缴纳企业所得税和营业税。

特许经营学：理论与实务全面精讲

加盟金是受许人进入特许人特许经营体系的门槛费，通常，只要加盟店开业，即使受许人悔约，此费用也不予退还。一个特许经营加盟期限需要且仅需要交纳一次加盟金，特许经营合同到期后，如果双方续签，那么受许人需要再为下一个特许经营期限交纳一次加盟金。

加盟金的数额没有法律的明确规定，各个特许人也各不相同。就国内外的情况看，大致有三种情况：第一种是免除加盟金的，但潜在受许人需要注意，特许人可能会在其他费用方面把免除的加盟金"补"回来；第二种是特许人只收取数额很少的象征性的费用，从数千元到数万元不等；第三种是特许人收取数额较大的加盟金，少则十多万，多则几十万，甚至上百万元或更多。

通过调查实际的企业情况，不难发现，不同国家和地区、同一国家和地区内的不同行业间，同一行业的不同企业间，同一企业在不同时期、不同地点的加盟金都不同，差距可能还非常大。

比如同是快餐，麦当劳的加盟金为250万元人民币，德克士为180万元人民币，国内的一些中式快餐的加盟金只有几万元人民币、几千元人民币，甚至几百元人民币。这里需要注意的问题是，肯德基号称其在中国的"加盟金"为800万元人民币，实际上，肯德基的这笔费用是一家单店的整体买断费用，并不是严格意义上的特许经营初始费，即加盟金。

同一企业的加盟金也并不是一成不变的，可能会随着企业的发展而逐渐抬高或降低。

那么，在如此多变的加盟金数额面前，很多特许人肯定都会有一个疑问：我的加盟金到底应该是多少呢？加盟金的数额到底有没有一个科学的计算方法呢？还是说，加盟金的具体数额只是拍脑袋"拍"出来的呢？

实际上，加盟金的具体数额应该或必须是经过科学的方法计算出来的，而不能随意主观确定。下面就来详细讲解如何科学计算加盟金数额。

从前述的加盟金的目的来看，加盟金由三部分组成或受到三个因素的制约，即加盟金的数额是由特许人的前期支持成本、特许人的期望利润以及加盟金调节系数，见图2-2。

如果用函数来表示就是：

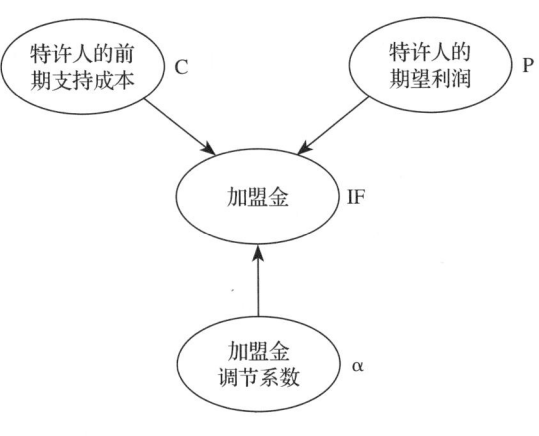

图2-2 加盟金的构成

第2章　特许经营费用及加盟期

加盟金=f（特许人的前期支持成本，特许人的期望利润，加盟金调节系数）
或
$$IF=f（C, P, α）$$

2.2.1 特许人的前期支持成本（Cost，C）

特许人在前期（即受许人的加盟店开业并进入正常运营这段时期）需要为受许人提供许多支持，包括向潜在受许人传达加盟信息、接受潜在受许人的第一次咨询、挑选甄别合格受许人、帮助受许人选址、对受许人进行培训（免费的部分）、帮助受许人招聘人员、免费赠予受许人物品（包括开业用品、促销品，甚至前期铺货等）、开业支持、派总部人员到受许人单店进行现场指导等。简而言之，从特许人向潜在受许人传达加盟信息、潜在受许人第一次向特许人咨询开始，一直到该受许人的加盟店正式开业并进入正常营运阶段，特许人需要为受许人提供一系列支持，这些支持需要特许人耗费一定的成本，那么，这个成本应该由受许人支付，并作为加盟金的一个基本组成部分。

特许人应该详细列出自己在前期为受许人提供的所有支持活动，根据每项活动耗费的成本初步估算前期的费用总值。应该清楚的是，加盟金的"底线"就是这个前期的支持费用总值，换言之，特许人的加盟金应该至少等于这个前期值。

由此看来，许多特许人的加盟金为零的政策就应该这样理解，对于那些虽然免去了加盟金却仍然在前期提供支持的特许人而言，基本上有三种情况会导致他们收取零加盟金。

第一种情况是，特许人在转嫁加盟金，即特许人并不是真的不收取加盟金，而是使用了一些策略，比如把加盟金转移到了其他费用之中（比如转移到了产品价格、培训费用、权益金、设备费用等）。所以，"零加盟金"并不是真正的"零"。潜在受许人加盟时，要着眼长期，从加盟的全程来看待所有特许经营费用，而不能孤立地、片面地受个别看起来很少费用的吸引和迷惑。

第二种情况是，特许人缩减自己的前期支持活动进而缩减了前期所需要收缴的加盟金。因此，在这种情况下，表面上是受许人被免去了加盟金，享受到了"优惠"，实际上受许人并没有得到多少好处，因为受许人可能因特许人前期提供支持的力度变小而为自己以后的经营埋藏下较大的隐患。对特许人而言，零加盟金虽然可能会暂时吸收更多的受许人，但由于受许人质量的参差不齐，尤其是特许人未收取加盟金，所以也就没有更充足的费用为受许人提供开业前的支持，所以受许人失败的概率增加，体系失控的可能性增大，这对特许人的特许经营体系而言，也是一个很大的隐患。对受许人而言，因为他们没有付出费用就直接得到了一个特许权，所以受许人对这种"免费"的东西可能会不珍惜、不重视，因此经营加盟店的压力就可能变小，动力也就可能随之变小，最终，加盟店可能经营失败。所以，这种对受许人支持"缩水"下的零加盟金政策对特许人和受许人来讲，其实是一个双败的结局。

例如，曾与苏大姐齐名的火锅品牌露凝香于2003年崩盘的原因固然有很多，但一个主要原因正如其创始人黄世雄所说，露凝香是因为零加盟金而倒下，零加盟金是其最大的败笔。当时，为了招揽更多的受许人，为了和同行竞争，黄世雄打出了零加盟金的口号。在零加盟金的诱惑之下，不到半年，露凝香就招募了60多名受许人，9个月后，发展到100多名受许人，露凝香当时平均每隔几天就新开一家店，扩展速度快得惊人。但是零加盟金的隐患却日渐暴露：因为零加盟金，不收取任何费用，所以总部无法为受许人提供充足的管理、研发、培训、开业帮助等支持；同时，因为收不到加盟费，露凝香花不起大价钱聘请优秀的管理团队，导致管理出现问题。2003年，重庆火锅品牌露凝香终因底料质量不稳定、受许人投诉增多、老顾客对露凝香的味道和管理等失去信心，加盟店开始倒闭，并最终导致整个品牌和企业的崩溃。这就是零加盟金给特许人和受许人都带来恶果的一个典型案例。

第三种情况是，特许人在实施强力的竞争措施，比如当市场竞争异常激烈时，特许人为了应对激烈的市场竞争，在对受许人的前期支持不"缩水"的情况下，也可能通过零加盟金来吸引更多的潜在受许人。如果把特许权看作是一种特殊"商品"的话，那么零加盟金的做法就相当于低价或促销战略。从长期来看，这种情况对特许人、对整个特许经营体系的发展是不利的，因为特许人在短期内可以为少数受许人提供"优惠""免费""白送""倒贴"的服务，但长期下来、在众多的受许人面前，"免费"服务会耗费特许人一定的成本的。所以，这种战略只适用于短期实施，适用于实力雄厚的特许人，适用于特许人需要采取市场渗透等特殊竞争战略的特定条件下。

受许人要准确判断特许人采用零加盟金的原因属于哪一种情况，并采取相应的措施，不能轻易地掉进特许人的费用"游戏"陷阱中。如果特许人实施强力的竞争措施而采取零加盟金政策，那么受许人就可以考虑加盟，因为这个零加盟金是实力雄厚的特许人为受许人提供的"优惠"。相反，如果特许人把加盟金加到了其他方面或者缩减了前期的支持活动，那么受许人就要谨慎行事，因为这个零加盟金既不能保证特许人前期提供的支持达到相当的力度，也不能保证特许人不在后续的其他方面向受许人收取更多的费用。

但无论如何，因为特许人的前期支持费用是必须支出的，而这个前期支持费用对于特许人更尽心地用自己的优势资源来使受许人顺利、成功经营加盟店是必需的，它对特许经营双方都是有利的，所以笔者建议特许人应光明正大、理直气壮地收取加盟金，并且此加盟金的最低数额应该等于前期费用总值。

如果特许人能把收取的加盟金的具体用途都向受许人说明的话，那么笔者相信，当受许人看到自己交纳的加盟金都是特许人为了使自己更成功而支出时，看到这个费用实际上是"取之于民、用之于民"时，受许人一定会更加信任特许人，当然也会心甘情愿地支付加盟金。毕竟，透明和坦诚更值得信任。

2.2.2 特许人的期望利润（Profit，P）

在收取了上述第一项即前期费用总值之后，特许人前期支持的支出是没有问题了，因为至少是不"亏本"的。那么在此"底线"之外，特许人还可以收取自己期望的利润。

特许人收取自己的期望利润，笔者以为这是无可厚非的。因为特许人从零开始地付出自己的脑力、智力、体力并投入了相当的各种资源（人、财、物等）来打造自己的品牌、技术、经验、商誉、客户群、产品、关系网络等，这些对于成功经营一家企业或单店都是非常宝贵的"秘籍"，受许人因为使用了特许人积累、造就的许多高价值资源而必然会大大地减少风险、提高成功率、节省不必要的浪费、缩短创业成功时间等，所以，特许人因受许人享受到的这些利益而向受许人收取一定的利润也是合情合理的，正如销售产品要赚取利润一样，是符合市场经济规律的。

从理论上讲，期望利润的数额大小主要取决于特许人自己的意愿，并没有严格的科学计算方法。但特许人应充分考虑"双赢"、受许人创业初期资源紧张、特许双方长期利益、特许权市场的竞争和需要以及行业管理、甚至国家的相关法律法规等各个方面，确定一个双方都能接受的合理的利润值。

2.2.3 加盟金调节系数（α）

仅仅把加盟金等同于前期支持费用总值与特许人期望利润的总和是不够的，因为特许人向受许人最终收取的加盟金数额还要受到其他因素的影响，这些因素包括行业竞争、续约次数、加盟店数、加盟地域、加盟店性质和规模、加盟期限、权益金、受许人的初期总投资、特许人的战略目的、特殊情况发生等。因此，在特许人加总了前期支持费用总值与特许人期望利润并得出加盟金的初值之后，特许人还应该根据这些因素的影响情况来调节这个加盟金初值。

下面具体介绍加盟金调节系数的影响因素。

1. 行业竞争

毕竟，特许人需要和同行竞争，而加盟金这个门槛费无疑也是竞争的一个重要因素，所以过高的加盟金会使特许人失去大量合格的潜在受许人，而过低的加盟金则要么迫使特许人将不收取的加盟金费用转嫁到其他费用上，要么就会因资金的不足而影响特许人建设特许体系的质量。

一般而言，当同业竞争比较激烈、本特许体系没有明显的竞争优势时，特许人收取的加盟金可以适当放低一些；当同业竞争不太激烈、本特许体系有明显的竞争优势（比如是别人没有的新项目、品牌卓著等）时，特许人收取的加盟金就可以适当抬高一些。但无论如何，仍旧如前文所言，加盟金的最低数额一般不能低于"底线"——特许人前期提供的支持费用总值。

2. 续约次数

对许多特许人而言，不管是出于关系，还是特许人对老受许人的奖励或对新受许人的吸引，特许人都可能会对续约的老受许人在加盟金方面实行一定的优惠减免政策，如第二期加盟金比第一期低，第三期会更低……依此类推。

但IFA的一份统计资料显示的关于加盟金减免和续约次数的关系却呈现出相反的结果，即越来越多的特许人正趋向于不再以减免加盟金的形式来吸引或奖励老受许人，相反，却对老受许人收取更多的加盟金。

对于这种"反常"情况，其原因可能有如下几个主要方面。

① 使新老受许人站在竞争的同一起跑线上，从而吸收更多的新人进入特许经营体系。如果老受许人新开的加盟店的成本大大降低，新受许人开店成本很高，结果自然导致老受许人更容易成功，新受许人更容易失败，这样不利于体系引进新的受许人，不利于受许人队伍引入"新鲜血液"。

② 不管是老受许人，还是新受许人，特许人对于开店的支持成本都是固定的，所以特许人用于补偿开店支持成本的加盟金就不能减免。

③ 随着时间的推移，特许人的体系更加成熟，因而体现"特许人所拥有的品牌、专利、经营技术诀窍、经营模式、商誉等无形资产的价值"的加盟金自然就水涨船高了。

3. 加盟店数

受许人购买特许权使用权或经营权的交易其实和购买普通商品有许多类似之处，在数量和价格方面也极为相似，即也有批发和零售的意味。因此，有的特许人会规定，加盟的店数越多（区域受许人或多店受许人），平均到每家单店的加盟金可能就越少。

但对特许人本身而言，随着加盟店数的增多，特许权的成熟度、品牌力、价值等也会增大，所以特许人可能也会随着自己的成熟与成长增加加盟金，见表2-1。

表2-1　店数与特许经营费用的关系

店数	1~30店	31~100店	100店以上
加盟金	30000	50000	60000
权利金	2.5%	3.5%	5%
广告宣传费（不变）	1%	1%	1%

4. 加盟地域、加盟店性质和规模

因为目标顾客市场的不同，特许人可能会针对不同的加盟地域规定一个最低的加盟店规模，相应地，加盟金等费用也会有所不同。比如某特许经营体系的加盟金规定见表2-2。

表2-2　某特许经营体系的加盟金规定

店面面积（平方米）	加盟金（万元）	保证金（万元）	合同期（年）
省级中心店 801以上	30	10	3

续表

	店面面积（平方米）	加盟金（万元）	保证金（万元）	合同期（年）
市级特许店	501~800	20	8	3
地级特许店	301~500	10	5	3
县级特许店	200~300	5	2	3

当然，除了以固定值的方式收取加盟金之外，企业还可以根据店面面积（无论以建筑面积还是使用面积为计算基数，都应在特许经营合同中明确说明）大小来收取加盟金，即以平方米为单位来收取固定比例的加盟金，比如加盟金的收取数额为300元/平方米；对于有些行业，加盟金的计算则以直接受益的单位元素为计算单位，如酒店业的加盟金可以为2000元/房间。

5. 加盟期限

通常，特许人每个加盟期限都会重新向受许人收取加盟金，所以特许人的加盟期限必然与加盟金存在正相关的关系，即加盟期限越长，加盟金就会越高。

6. 权益金

加盟金和权益金是特许人向受许人收取的两个主要费用，通常，加盟金是加盟店开业前所交纳的一次性费用，而权益金则是加盟店开业后每个月都要交纳的费用，所以加盟金看作是特许人收取的前端费用，权益金则是特许人收取的后端费用，因此，前端的加盟金和后端的权益金是此消彼长的反相关关系，即一般而言，前端加盟金高的企业会收取较低的后端权益金。

7. 受许人的初期总投资

很多书籍和论文都提及，在大数据的统计研究之后发现，加盟金通常是受许人初期总投资的5%~10%。

需要注意的是，这一数字未经科学论证过，它只是当下的统计结果而已，所以仅供特许人在确定自己的加盟金时参考。

8. 特许人的战略目的

当特许人的战略目的不同时，加盟金的数值也会随之变化。比如，如果特许人想快速地占领市场、形成规模，那么加盟金可能会取低，因为这样可以让更多的受许人进入体系；如果特许人的战略目的是通过加盟金获得较高的利润收入，则应收取较高的加盟金；等等。

9. 特殊情况发生

当某些特殊情况发生并给特许人带来长期或短期的品牌价值、声誉等变化时，特许人可以应时改变加盟金的收取。

比如，笔者的顾问咨询项目渝味晓宇上了电视节目之后，知名度迅速提升，大批潜在受许人蜂拥而至，这时，渝味晓宇果断地大幅度提升加盟金。

综上所述，如果我们用C表示特许人的前期支持成本、P表示特许人的期望利润、α表示加盟金调节系数的话，那么加盟金IF（Initial Fee）就由下述两个公式决定：

$$\begin{cases} IF=(C+P)\alpha \\ IF \geq C \end{cases}$$

2.3 特许经营持续费（Ongoing Fees，OGF）及计算

特许经营持续费指的是在特许经营合同的持续期间，受许人需要持续地向特许人交纳的费用，它主要包括两类：特许权使用费和市场推广及广告基金。

2.3.1 特许权使用费（Royalty Fee，RF）

特许权使用费，又称权益金、管理费等，指的是受许人在经营过程中按一定的标准或比例向特许人定期或不定期支付的费用。它体现的是特许人所拥有的品牌、专利、经营诀窍、经营模式、商誉等无形资产和有形产品、无形服务等特许权的价值，是特许人在受许人的经营活动中所拥有的权益。特许权使用费的具体内容和交纳办法也在特许经营合同中予以详细地说明。

权益金的数量可以是一个固定的数额，即受许人需定期交纳一定数量的费用而不管这期间的加盟店的营业状况如何。有些特许人，尤其是那些提供服务收费项目的特许经营，对于受许人营业收入的控制或掌握很困难，比如总部对受许人服务类项目的收费的控制要比产品难得多，这是因为总部很难准确控制服务类项目的进出"货量"，也就是说，很难通过盘点等办法准确掌握提供服务的受许人的营业数据。所以，笔者建议，对于服务类项目的特许经营而言，权益金的收取更宜采用定额定期制，如规定每月上交权益金3000元。如此收取权益金的方法简单明了，可免去双方的很多不必要的麻烦、猜疑甚至对抗。但收取固定值而不是营业收入或利润的某个比例的弊端是，特许人和受许人的利益相关性和一体性减弱了，双方不再是捆在一条绳上的"蚂蚱"，这个结果可能会影响特许人对于受许人的支持以及受许人对特许人的信任。

权益金的数量可以是根据受许人的营业状况而按照一定的比例向特许人交纳的，如按照受许人加盟店营业收入、营业利润等的一个固定比例上交。根据目前国内的实际情况，按照营业收入进行收取时，按照统计数据显示的结果，这个比例的范围在1%~5%最为普遍，国际上最高的甚至超过了10%。

进一步资料显示，按照营业收入的比率收取权益金的方式更为流行，权益金的计算公式为：

$$RF = \beta \cdot T$$

其中，T代表营业收入（Taking），β代表收取的比率，通常为1%～10%。

但笔者建议，如果特许人采取比率的方式收取特许权使用费，最好是按照加盟店的营业收入而非营业利润的百分比来收取。原因很简单，与监控营业利润相比，特许人更容易控制、更容易较为准确地得到受许人的营业收入。这样有利于特许双方减少不必要的纠纷，因为受许人经营成本、费用的计算问题经常是特许双方发生争执的主要原因之一。另外，特许人按照营业收入的比率收费还有利于促进受许人积极主动减少经营成本，因为受许人知道，减少的经营成本其实就是自己可以增加的利润。反之，如果特许人向受许人收取利润的百分比，那么受许人可能会做假账以增加成本、费用的数额或减少收入的数额，从而为自己谋取更多的利益，这显然不是一种良好的合作状态，不利于双方建立持久的互利、互信关系，是对特许经营关系的一种损害。

另外，还要注意，特许人所采取的权益金比率还可能是一个变量，如随着加盟店毛利的增多，特许人提取的权益金的比例可能会更多或更少，见表2-3。

表2-3　某特许经营体系的权益金收取机制

加盟店毛利/月 （以¥代替毛利/月）	特许人分配的毛利比率或 权益金比率	受许人分配的 毛利比率
¥≤30000元	25%	75%
30000元<¥≤50000元	30%	70%
¥>50000元	35%	65%

日本7-11公司通过收取变化的权益金比率的方式激励受许人更好地经营。日本7-11公司和加盟店之间毛利分配的原则是：24小时营业的加盟店只需上交给总部43%的毛利额；16小时营业的加盟店必须上交给总部45%的毛利额。商店开业5年后，根据经营的实际情况及实际成绩，作为奖励，总部可减少加盟店上交毛利额的1%～3%：平均每日营业额为30万日元以上的店铺，降低1%；每年毛利额达到5800万～7800万日元的，再降低1%；每年毛利额在7800万日元以上的，可降低2%；最高可降低3%。

权益金的收取时间间隔可以是月、季、年，也可以是周。不过习惯上，许多企业选择按月收取。

2.3.2　市场推广及广告基金（Advertisement Foundation，AF）

市场推广及广告基金，指由特许人按加盟店营业额或利润等的一定比例或某固定值而向受许人定期或不定期收取的费用所组成的基金，该基金一般由特许人统一管理，或特许人和受许人双方共同管理。受许人使用该基金时需向特许人提出申请，由特许人审批和统一规划。该基金主要用于特许经营体系（包括特许人和受许人）的市场推广和对外广告宣传方面，但一般不能用于特许人招募受许人的广告或宣传。

统计数据显示，特许人基于营业收入收取市场推广及广告基金的比率大多数在2%以下，少数在2%~5%。

鉴于和权益金同样的理由，如果特许人按比例而不是固定值收取此基金，那么笔者建议收取的比率基数为营业收入而不是利润，计算公式如下：

$$AF = \gamma \cdot T$$

其中，T代表营业收入（Taking），γ代表收取的比率，通常为0%~5%。

收取这个费用的原因是特许经营体系在广告效应方面的双重特性。

首先，因为特许经营体系的统一化性质，所有单店在理念以及外观、实体等软硬件方面都是大同小异的，所以，任何单店的广告都会使其他单店以及整个体系受益，因此，为了整个体系广告策略的整体性和一致性，特许人需要对特许经营体系的广告集中管理。

其次，由于各个单店所在区域的实际情况不同，如消费者对该特许经营体系的认同度、特许经营体系在当地的知名度、单店的规模、季节的变化、当地的经济发展阶段等是不同的，可能还相差很大，所以客观上存在单店各自在其所在区域进行单独广告的需要。以上特许经营广告效应方面的双重性决定了，特许人需要集中管理广告基金才能公平地平衡诸单店之间的利益，并使广告效果最优。

最后，特许人收取这个基金的另一个重要原因在于可以发挥广告资金积少成多的效应。因为每个受许人或单店单独做广告时，不可能拿出巨额资金，但如果成百上千甚至成千上万个单店联合起来，即便每家店出的资金很少，但汇总的资金数额却非常巨大。如此，用这笔巨额资金去做广告，可以放大单独做广告的效应，如延长广告时间、在更权威的媒体上做广告等。

市场推广与广告基金的收取时间间隔可以是月、季、年，也可以是周，不过习惯上，许多企业选择按月收取。

费用的具体内容和交纳办法应在特许经营合同中予以说明。

2.4 特许经营中的其他费用（Other Fees，OF）

特许经营费用除了上述两类最基本的费用外，还有其他形式的费用。需要注意的是，这些费用并不是特许经营模式所独有的，在其他契约式的经营模式里，如经销、代理等，这些费用也是存在的。所以，这些其他费用并不是每个特许人都要收取的，因特许人的不同而不同。同时，这些费用的收取数额并没有严格的计算方法，是

第2章　特许经营费用及加盟期

遵守国家和地区的法律法规政策的前提下的一些行业惯例或者纯粹就是特许人的主观决定。

特许经营中的其他费用包括履约保证金、品牌保证金、培训费、特许经营转让费、合同更新费、设备费、原料费、产品费、铺货货品保证金、软件使用许可费等，下面分别描述。

履约保证金，指的是受许人签订合同后交纳给特许人的保证金，作为受许人保证遵守所签合同条款的押金。特许人向受许人收取的这个费用主要用于当受许人未履行所签合同的义务，如未及时向特许人支付款项时的补偿。特许人在扣除受许人履约保证金后一定时期内，受许人应迅速按量补齐保证金。合同期满，受许人未有违约行为，保证金本金如数退还受许人。一般而言，退还的保证金不计利息。

品牌押金，又称为品牌保证金，是受许人在签署特许经营合同的同时向特许人交纳的费用，用于约束受许人在特许经营关系持续期间不发生有损特许经营体系品牌的行为。合同期满、未有违约情况，押金本金如数退还受许人。一般而言，退还的押金不计利息。

培训费，是特许人对受许人进行培训时需要收取的费用。特许人对于受许人的培训分为两个阶段或类型。一类培训是在签订合同后、开设单店前进行的培训，主要内容是全方位地使受许人进入运营单店的角色之中。这时的培训通常是免费的（费用已包含在前端收取的加盟金里。但是，当培训过的加盟店的工作人员从加盟店离职后，加盟店再派人到特许人处参加培训时，特许人通常就会对新工作人员收取一定的培训费），受许人所要承担的是自己的交通费和食宿费。另一类培训是在受许人单店开业之后的正常营业过程中，特许人对受许人进行的培训，主要内容是特许人开发的新的技术和知识、体系的新规定等，受许人在承担交通费和食宿费之外，特许人可能会向他们收取一定的培训费。

特许经营转让费，指的是在特许经营合同未到期时，如果受许人放弃该特许经营并将其转让出去，需要交纳给特许人的费用。特许人收取这个费用的原因是特许人需要花费额外的资源去培训新的受许人或可能的新的单店团队，因此，原受许人需要对特许人的额外花费做出补偿。值得注意的是，在有些国家和地区的特许经营法律法规中，特许经营未到期是不允许受许人或特许人单方退出的，因此也就没有特许经营转让费。

合同更新费，又称续约费，指的是受许人在特许经营合同到期时，如果要续签合同，需要在额外的特许经营正常费用之外另行交纳更新费。尽管此费用通常被认为是非法的或不合情理的，但现实中的许多特许人却常常要求受许人必须交纳，并以不再续签相威胁。合同更新费可以是一个固定值，也可以按比例交纳，通常为加盟金的某个百分比，如肯德基要求受许人续签时除了支付加盟金50%的续约费外，不需要支付其他费用。

设备、原料和产品费，指的是受许人向特许人支付的由特许人代为购买或提供的设备、原料和产品的费用。由于各种原因，如设备、原料和产品是特许人自己专门定制的非标准物、特许人的集中采购会降低物品价格、保证整个体系的一致性等，特许人通常会指定各个单店使用统一的设备、原料和产品。如果特许人代为购买或提供的话，受许人就要向特许人支付一笔费用。不幸的是，这一点常常被某些特许人用作赚取额外利益的机会，如有的特许人会从设备、原料和产品供应商的折扣中"提留"一部分给自己、向受许人强行推销自己生产的设备、原料和产品等，对此，受许人应保持警惕性，因为这已经成为假特许人欺诈的主要手段之一。按照国际惯例，特许人统一配送给受许人的设备、原料和产品等的价格必须小于等于受许人自己从公开市场自行采购的价格。如果受许人不能从公开市场采购到该设备、原料和产品的话，那么特许人通常可以自行确定设备、原料和产品的合法合理的较高的价格，而这也就成为特许人从受许人处获得盈利的手段之一。

铺货货品保证金，指的是受许人在订购货物时向特许人交纳的非货物价款的费用，一般而言，特许人可根据实际的货物数量和价值等确定铺货货品保证金的收取额度。特许人为保险起见，通常会收取最低数额为货品成本的铺货货品保证金。合同期满，受许人未有违约现象且货物款项支付完全时，保证金本金如数退还受许人或提前作为货物价款的抵扣。退还的保证金不计利息。

除了上述费用外，某些特许人还可能会向受许人收取其他费用，如7-11总部会向受许人收取定期盘点服务费，麦当劳会向受许人收取房租（据2014年的财报，其特许经营业务92.72亿美元的营收中，房租高达61.067亿美元，占66%），有的特许人会要求受许人支付总部派到加盟店的驻店指导人员的薪水和出差补贴，有软件许可的特许人还会收取软件的许可费用等。

其他费用所占的特许人的收入比例有时可能非常大，比如，麦当劳除了卖汉堡包之外，还号称是"房地产商"，美国上万家店铺的60%的店铺所有权属于麦当劳，麦当劳总收入的90%来自受许人的房租。

综上所述，特许经营的费用的计算公式可用下式来表示，特许人可以根据前文所述的方法分别计算，如此就可以得出一个较为合理的特许经营的费用体系：

$$FF = IF + OGF + OF$$
$$= (C+P)\alpha + (RF+AF) + OF$$
$$= (C+P)\alpha + (\beta \cdot T + \gamma \cdot T) + OF$$
$$= (C+P)\alpha + (\beta + \gamma)T + OF$$

通常情况下要满足的条件为：$IF \geq C$，$1\% \leq \beta \leq 10\%$，$0\% \leq \gamma \leq 5\%$。

如果根据费用的目的、用途以及费用发生的时间来划分的话，我们可以得到如下的特许经营关系阶段（具体内容请参见本书之"特许经营关系与管理"）与特许经营费用的对应关系图（见图2-3）。

第2章 特许经营费用及加盟期

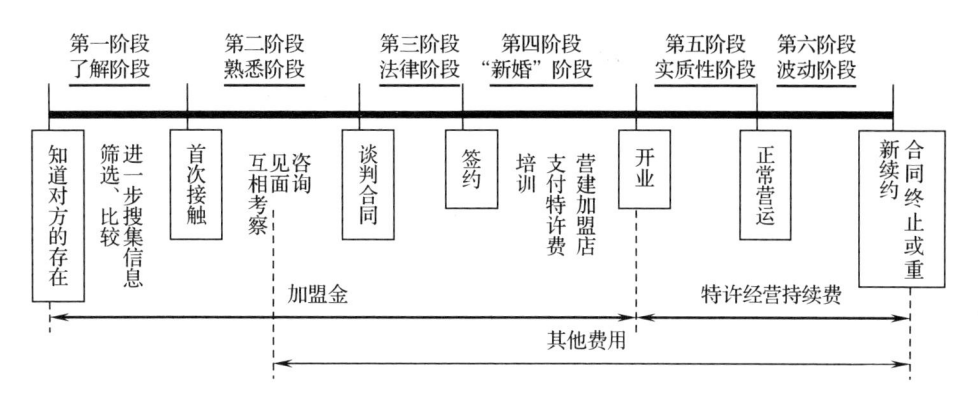

图2-3 特许经营关系的整个生命周期阶段与费用的关系

如果你要想科学地计算特许经营费用，那么你就必须对上图有一个深度的准确理解，至少要清楚每类费用的发生时期和运用目的。

上面讲的是特许经营费用的计算，但在实际的企业设计中，未必每项费用都要有，你要根据自己企业的实际情况设定你的费用架构，比如表2-4是笔者为一家特许人企业设计的特许经营费用收取表（不包括原料、设备等费用）。

表2-4 某特许人企业的特许经营费用

序号	名称	数值	交纳方式	备注
1	意向书保证金	5000元	一次性	按工作（包括去受许人处考察与确定店址等）扣减；加盟后冲抵加盟金
2	加盟金	1万元/100平方米	一次性	一个加盟期一次；面积以单店建筑面积为计算基数
3	权益金	4元/平方米/月	按月交	面积以单店建筑面积为计算基数
4	广告基金	2元/平方米/月	按月交	面积以单店建筑面积为计算基数
5	软件许可费	2万元	一次性	一个加盟期一次
6	品牌押金	0.5万元/100平方米	一次性	一个加盟期一次；加盟期内没有损害品牌的行为，加盟期满、受许人履行合同义务后一次性退还；面积以单店建筑面积为计算基数

2.5 特许经营费用的组合

在了解了特许经营费用的三大组成部分之后，对特许人而言，为了使特许经营费用——特许权这个特殊"商品"的"价格"——更有竞争力，对受许人更有吸引力，对特许经营体系的健康、快速发展更有推动力，特许人还必须以"价格组合"的思维和方法合理、科学地规划并实施特许经营费用的组合策略。

特许经营费用的组合策略，指的是特许人为实现一定的目的，而把特许经营的三类费用看作整体，并对其单项费用的类别、数额、收取方式、收取时间、比例等因素进行科学的安排或设计。

特许经营费用的组合需要坚持一定的原则。

2.5.1 整体、平衡原则

因为特许权这种特殊"商品"的"消费者"——受许人——在对不同的特许人进行费用方面的比较并选择时，他或她所比较的绝不仅仅是三类费用的某一个或某几个，而是全部费用的组合这个整体。原因很简单，无论先交哪个费用，后交哪个费用，也无论哪个费用多，哪个费用少，受许人最关心的内容之一是其支付给特许人的费用总值。当然，因为资金是有时间价值的，所以受许人还对费用的支付时间、方式等非常关心。受许人的投资预算和未来效益预期也都是以受许人需要支付的费用总值为基础的。

所以，特许人在规划与实施特许经营费用时，必须以整体性的系统或"平衡"思维来看待单项费用，并通过改变每类具体的费用项目的手段，达到在整体性费用总值不变的情况下，特许经营费用的组合对受许人更有吸引力。具体地讲，费用的平衡有时间上的平衡、数额上的平衡、类别上的平衡、收取方式上的平衡等多个方面。

比如，在时间平衡方面，一般而言，受许人对于特许经营费用的时间上的组合性偏好最基本的就是前多后少、前少后多和前后均衡三类，其他类别都是基于这三类的改变。针对每种时间上的费用组合偏好，特许人应该采取相应的措施。

1. 前多后少

这种费用偏好指的是，受许人更喜欢前期多交费用，如一次性的加盟金，而不愿意后期多交费用，如权益金（因为他们对把自己辛苦劳动所赚得的收入分一部分给特许人感到不"公平"），换句话说，就是受许人宁愿"短痛"，而不愿意"长痛"，那么，面对这类受许人，特许人应该抬高前期费用，如抬高加盟金的数额，降低后期费用，如降低权益金的数额。

2. 前少后多

持有这种费用偏好的受许人可能是由于资金紧张，无法一下子拿出很多资金，所以希望前期尽量少支付，后期多支付，即用后期赚来的钱回报特许人。对于这类受许人，特许人应该压低前期费用或者采取分期支付的方式，以吸引更多的合格受许人，并以此类似给受许人融资的方式更大力度地支持受许人，帮助他们以尽可能小的资金压力开始加盟事业。

3. 前后均衡

这种费用偏好指的是，受许人希望在加盟过程中，向特许人支付的费用是相对平稳的，即"细水长流"，避免有的时期特别多，有的时期特别少。对于这种受许人，特许人应合理规划特许经营费用中的各个单项，使其在受许人的加盟全程中保持一个相对均衡的水平。

比如，在费用类别的平衡方面，受许人可能更认可加盟金、权益金和产品原料费用，而对其他费用心存疑虑。一些受许人认为，某个品牌既然是成功的、知名的品牌，那么自己为了大树底下好乘凉，付出加盟金和权益金是理所当然的。同时，购买了特许人的产品或原料，为之付费也是正常的。但对其他费用，如广告基金、设备等有时不是特别认可。有的受许人可能会认为自己购买的设备更便宜，自己做自己的广告不需要特许人统一做广告。那么对于这类受许人，特许人除了讲明收取费用的必要原因（如设备是为了保证产品、服务的质量和整个体系的统一；广告基金是为了发挥更大的集合性威力等）外，还可以通过费用平衡的策略促使受许人接受。如把设备费加到加盟金里，然后以"赠送"的名义返还给受许人。虽然"羊毛出在羊身上"，但赠送的行为可能让受许人兴奋。

再比如，如果特许人对受许人有后续的、持续的配送，包括原料、耗材、设备、工具等，这些配送是受许人运营中所必需的，则特许人通过批量生产或进货就一定能从配送中获取不菲的收入或利润，那么，为了获得这个后续的收入，特许人可以把受许人前期以及加盟期内需要交纳的其他费用，包括加盟金、保证金甚至权益金等减少，如此，特许人就可以招募更多的受许人进入体系，从而实现特许人赚取后续配送利润的目的。

对有的受许人而言，类别众多的费用会给他们繁乱的感觉，他们更喜欢一次性的清晰明了的"了断"。对这种受许人，特许人可以采用打包费用的方式，一次性结算。单店的整体转让，或者被称为"不从零开始"，就是一个很不错的特许经营费用组合策略。比如，肯德基的800万元或200万元费用就包括了加盟金、设备、所有的装饰装潢，甚至餐厅的全部员工等。2006年5月，首次在我国招募加盟的全球比萨巨头之一的Papa John's（棒约翰）的"不从零开始"费用是250万元人民币左右，包含了门店设计费、营运管理费、加盟费、采购保证金等多项费用。

在特许经营费用的收取方式的平衡上，特许人可以采取多种多样的、受许人更能接受的组合，如一次性和分期、分批，定额和比例，预交和最后结算等。

总之，特许人要以整体、系统和平衡的思维规划特许经营费用，不能孤立地规划单项的费用，因为这些费用之间都是彼此联系并互相影响的，它们共同组成特许经营费用这样一个有机整体。

2.5.2 动态原则

动态原则指的是，特许人企业在自己的不同发展时期，采用不同的特许经营费用组合，即对自己的特许经营费用根据时间的改变而做出相应的改变，不能一直固守几年甚至几十年前的费用组合。

特许经营费用中可以动态改变的内容包括特许经营费用的类别、数额、收取方式、收取时间甚至名称等所有方面。

比如，企业开始招募受许人时，为了和其他特许人竞争，吸引更多的受许人，特许人收取的特许经营费用的类别、数额可以比较少，收取方式也可以更灵活，时间也可以较为宽松，名称上也应比较规范。

当特许人企业比较成熟时，收取的特许经营费用的类别和数额可以多些，方式和时间上也可以严格。事实上，现今那些知名品牌的企业的特许经营费用平均起来要比一般的特许人企业高许多，支付方式和时间上几乎没有受许人讨价还价的余地。比如，麦当劳、肯德基的特许经营费用都在几百万元以上，而我国中餐（包括正餐和快餐）特许人企业的特许经营费用却只有几十万元，少的只有数万元，这从一个侧面反映了特许经营体系的成熟与否和费用高低之间是一种正相关关系。

以北京的金象大药房为例，其与时俱进的动态特许经营费用组合策略十分值得特许经营界的同人借鉴。

该公司自1999年开始做特许经营，开始时的加盟者寥寥无几。

2002年1月28日，金象大药房正式从即日起在北京范围内公开吸纳特许加盟店，为吸引更多的潜在投资人，加盟政策非常优惠，包括一系列的"免费"：对新加盟的门店免费进行员工专业知识培训；免费提供门店改造装修设计方案；免收加盟金；赠送价值1万元的进、销、存计算机管理软件；免费提供价值2万元的计算机硬件设备；对城八区内新加盟店，赠送1万元门店改造等。此举很快引来众多受许人，金象门店数量从2001年的80家一跃发展到182家。

2004年3月6日，针对北京依靠自身力量难以通过GSP认证的部分单体药店（2004年12月31日为药品零售企业GSP认证截止时间，届时没有通过GSP认证的零售药店，依照规定将取消经营药品的许可资格），金象再次推出加盟优惠条件：免收加盟金，赠万元加盟费、免费赠送3万元计算机硬件及软件、免费培训员工等。此举致使连锁门店数量猛增至288家。

从2004年8月开始，政府放开了新办药店的政策，连锁企业要扩大规模不必只能靠吸纳加盟店，还可以自己选址开店；同时，到2005年3月，金象在全国已拥有300家连锁门店，在北京地区拥有155家加盟店和55家直营店，约占北京市场15%～20%的份额。在企业已经发展成熟、品牌升值、管理难度加大的时候，为了控制加盟店数量、保证开店质量、加大直营店比例，金象大药房宣布，加盟金开始涨到8万元，其中一次性收取加盟金5万元、收取保证金2万元、每年收取权益金1万元。

从金象的特许经营费用的动态调整中，我们可以看出，金象成功的原因固然有很多，但根据自身状况和外在环境动态组合自己特许经营费用的策略无疑是在药店市场竞争异常激烈的今天，金象这样一个后起的品牌能和同仁堂这样的老字号企业并称为京城药品零售"四大家族"的最主要原因之一。

麦当劳加盟金数额也是随着时间的推移而变化的。1953年，一个名叫福斯的人仅向麦当劳兄弟支付了1000美元就获得了麦当劳的特许经营权。实际上，在麦当劳发展加盟的早期，单店的加盟金就只有1000美元左右，除此之外，麦当劳总部再按加盟店的营业额的1.9%收取权益金。而现在，麦当劳在中国的加盟金已经达到了250万元人民币，权益金的比例也有很大的增加。

2.5.3 个性原则

个性原则有两层意思，一是针对受许人而言的，一是针对特许人而言的。

对受许人而言的个性原则的意思是，对于不同的受许人，因其所在地域、资金、资历、影响力、投入度等各有不同，所以每个受许人的特许经营费用组合可以不同，特许经营费用组合上无须"统一"和"复制"。

比如，特许人如果想进入某个具有特定意义的地域，但昂贵的加盟金却是一个无法逾越的障碍，那么此时，特许人可以为此地域的合格受许人设置较低的加盟金数额。通常，同一企业在不同国家之间的加盟金是不同的，这是因为不同国家的经济发达程度不一致，如果采取同样的加盟金数额，会阻碍特许人网络的发展。同时，因为特许经营费用反映了特许人提供给受许人的支持与服务的成本因素，而在不同国家提供支持与服务的成本是不同的，所以特许经营费用的组合也会不同。

特许人招募受许人时，还会碰到这样的情况，即有的受许人在资历、学历、兴趣、能力等方面非常符合要求，或者此受许人的加盟对本体系而言具有重大意义，但遗憾的是资金不足，支付不起前期的特许经营费用，那么此时，特许人可以适当降低特许经营费用以招揽受许人。

对特许人而言的个性原则指的是，因企业在历史、所属国家、规模、品牌、战略、资金实力、所属行业、团队、产品、服务等方面不完全相同，所以每个特许人都应针对自己的具体情况为自己量身定做一套特许经营费用组合方案，不能抄袭或简单模仿其他特许人的特许经营费用组合。

2.6 计算特许经营费用的9种方法

对于特许经营费用的计算，我们可以采用多种不同的方法，然后综合比较各种计算方法的结果，如此就更接近真实、科学的特许经营费用值。

特许经营费用的计算方法至少包括9种。

2.6.1 "前期支持成本+利润，再用系数调节"的算法

计算加盟金可以采用这种方法。具体内容请参见本书相关章节。

2.6.2 行业统计比例法

利用业内统计数据得出的结果进行估算，如加盟金通常为单店开业前期总投资的5%~10%。权益金通常为加盟店流水的1%~10%。广告基金通常为加盟店流水的0%~5%。

2.6.3 随行就市法

对业内企业，尤其是比你的企业强的和比你差的对标企业们的费用进行统计，然后按从小到大的顺序画出曲线图。

需要注意3点：

① 费用数值相同的对标应重复显示，不能归为一个数值和一个企业。

② 调研的对标数量越多、强弱企业越全面，则此曲线图越准确和越实用，据此确定的特许经营的数值也越准确。

③ 有的对标可能由于特殊原因而使你在画曲线的这个数值出现数值异常现象，比如你在画对标们的加盟金数值时，有的对标企业的权益金收高了、有的为了拓展市场而将加盟金降低为零甚至负数等，所以调查对标们的加盟金数值时，应同时查看其另外两类特许经营费用，如果发现异常，应剔除此数据并对其单独分析。

例如，假设我们调查完对标们的加盟金后，其数值排列见表2-5，曲线图见图2-4。

表2-5 加盟金的数值排列

对标企业	对标	对标	对标	对标	对标	对标	对标	对标	对标	对标	对标	对标
加盟金（万元）	1	1	1	2	2	3	3	3	3	3	5	5	10

画出的曲线图见图2-4。

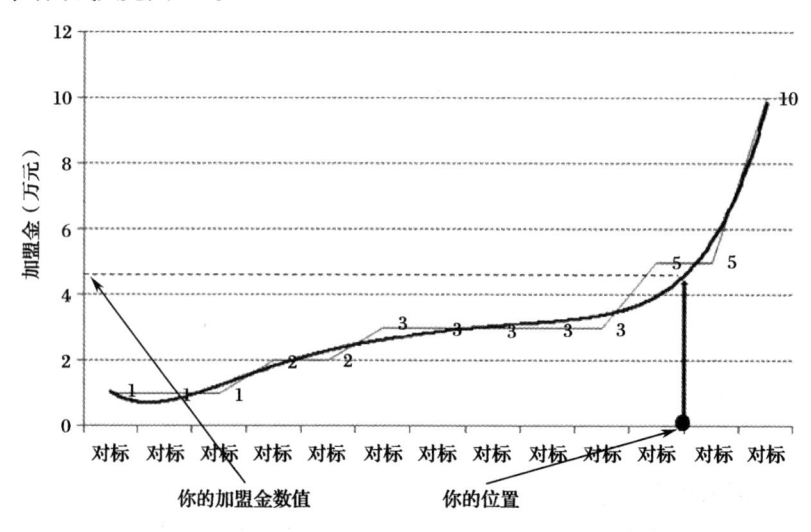

图2-4 加盟金曲线图

根据你的企业的不同情况确定你在曲线中的位置，从而确定特许经营费用的值。

① 根据企业在市场中的地位，强则费用可取高，弱则费用应取低。比如，你认为企业应该是市场中的领导者或第一品牌，则你可以取最高值或比最高值再略高；如果你认为自己只是市场中分量不大的新手，则可以取最低值或比最低值再低一些。

② 有无意外情况，比如企业如果上了影响巨大的电视类节目、有重要名人或领袖光临、突然被媒体大规模传播等，特许经营费用可能迅速加高，甚至一步跃升到同行业的最高值。

③ 企业的战略意图，比如，如果企业的战略意图是渗透、撇脂或温和型，则对应的特许经营费用可以是低、高、中。

④ 企业位置的确定有很多办法，如根据市场份额、品牌知名度、处于同等市场地位的其他企业、自己认为的市场位置、计划或目标中的位置等来确定企业的位置。

当然，上述的曲线图还有一个作用，那就是特许人可以拿企业现在的费用数值反推出企业的市场位置，以此检查二者是否吻合。若不吻合，需要仔细查找原因并重新定位或重新确定特许经营费用的数值。

2.6.4 战略调整法

特许人企业应该根据自己的实际战略意图或目的调整特许经营费用。

① 若特许人的战略意图是通过收取加盟金赚取较高的利润，则加盟金应该取大值。

② 若特许人的战略目的是通过加盟店数量增多的方式占领地盘、形成影响力、提高品牌价值，则加盟金甚至权益金都应该取小值，如此才能吸引更大量的创业人加盟。

③ 若特许人的战略目的是让加盟店销售特许人的产品、原料、设备、机器或工具等并因此赚取差价，则特许人应尽量收取更低的加盟金、权益金、广告基金，以吸引更多的创业人。

④ 若特许人的战略目的是通过资金运作获取更多的利益，或者说，特许人自认为有资本运作、金融运作的较强能力，那么除了多收保证金之外，其他都可以降低，因为这样的话，虽然受许人在没有违约的情况下，特许人要在加盟期满后把保证金退还给受许人，但是加盟期的那几年时间已经足够善于资本和金融运作的特许人钱生钱了。

2.6.5 维华对角差值均等算法

因为加盟店所处的城市、加盟店本身的面积等因素的不同，所以对其收取的特许经营费用也应该有所差别，如此才能更公平、更易被受许人接受。

维华对角差值均等算法的意思是指，我们在用其他方法计算出了加盟金、或权益金、或保证金等的最高值和最低值之后，接下来就是对角取均值、右向和下向降低、横向和纵向差值局等之算法。具体以加盟金为例。

第一步，建立两维费用表（见表2-6）。一个维度是加盟店所处的城市级别，一个维度是加盟店的面积。假设加盟金的最大值是10万元，即一线城市、大店的加盟金是10万元；建设加盟金的最小值是3万元，即三四线城市、小店的加盟金是3万元。

表2-6 两维费用表

店型	加盟金（万元）			
	一线城市加盟金	新一线城市加盟金	二线城市加盟金	三四线城市加盟金
大店	10			
中店				
小店				3

第二步，确定左下角和右上角的值（见表2-7）。比如，可令这两个值相同，等于上一步两对角值的平均值，即（10+3）/2=6.5。

表2-7 确定左下角和右上角的值

店型	加盟金（万元）			
	一线城市加盟金	新一线城市加盟金	二线城市加盟金	三四线城市加盟金
大店	10			6.5
中店				
小店	6.5			3

第三步，在横向和纵向上相对均匀即差值相对相同地向右、向下逐渐递减数值。

先看第一行的横向，最大值10与最小值6.5的差是3.5。3.5除以列数减去1（即4-1=3）的结果约是1.2。因此，第一行横向的最大值之后的第一个值就是10-1.2=8.8，第二个值是8.8-1.2=7.6。见表2-8。

对于第三行，用上述算法。即最大值6.5与最小值3之间的差是3.5。3.5除以列数减去1（即4-1=3）的结果约是1.2。因此，第三行横向的最大值之后的第一个值就是6.5-1.2=5.3，第二个值是5.3-1.2=4.1。见表2-8。

表2-8　横向计算结表

店型	加盟金（万元）			
	一线城市加盟金	新一线城市加盟金	二线城市加盟金	三四线城市加盟金
大店	10	8.8	7.6	6.5
中店				
小店	6.5	5.3	4.1	3

第四步，算出第一列、第四列的中间值，等于最大值和最小值的平均值，即第一列的中间值为（10+6.5）/2=8.25，取整为8.3。第四列的中间值为（6.5+3）/2=4.75，取整为4.8。见表2-9。

表2-9　纵向计算结果

店型	加盟金（万元）			
	一线城市加盟金	新一线城市加盟金	二线城市加盟金	三四线城市加盟金
大店	10	8.8	7.6	6.5
中店	8.3			4.8
小店	6.5	5.3	4.1	3

第五步，算出第二行的空白数值，算法和上述的第三步的算法完全相同。

最大值8.3与最小值4.8之间的差是3.5。3.5除以列数减去1（即4-1=3）的结果约是1.2。因此，第二行横向的最大值之后的第一个值就是8.3-1.2=7.1，第二个值是7.1-1.2=5.9。见表2-10。

表2-10　第二行计算结果

店型	加盟金（万元）			
	一线城市加盟金	新一线城市加盟金	二线城市加盟金	三四线城市加盟金
大店	10	8.8	7.6	6.5
中店	8.3	7.1	5.9	4.8
小店	6.5	5.3	4.1	3

经过了上述五个步骤之后，加盟金在不同级别城市的不同面积的店的加盟金就设定了。

2.6.6　特许经营三类费用的组合

特许权这种特殊"商品"的"价格"和普通商品，比如一瓶水的价格的区别之一在于，特许权的"价格"不是一个单一的数值，而是由三类支付方式、支付时间、是否退还等不同的费用所组成。所以，在确定特许权的"价格"时，需要整体协调与平衡这三类费用。

2.6.7　反向算法

假设特许经营的三类费用，通过先计算加盟店收入支出利润、再计算总部收入支出利润、最后再把加盟店和总部的收入支出利润放在一起，调节加盟店和总部的每一项收入支出利润，在加盟店的投资回报拥有与对标相比具有竞争力、加盟店与总部双赢这两个大的前提下，确定特许经营的三类费用。

2.6.8　以举一反三的思维充分利用普通商品的定价方法和策略

当你把特许权也当成一种"商品"的时候，当你充分理解了笔者所说的特许经营的"double"原则之后，你一定会举一反三地把所学会的用于定价普通商品的方法移植到对于特许权的"价格"即特许经营费用的确定上，二者的原理是一模一样的。

2.6.9　固定值和比例的转换

特许经营费用可以收取固定值，也可以按比例收取。比如，对于权益金而言，特许人可以收取受许人的每月流水、或利润、或配送物品价值的一个比例，而在有些时候，比如加盟店的流水不好确定、特许人和受许人双方对于利润有争议（如对于成本、费用和收入的具体组成是否适当有争议）等的时候，特许人可以向受许人每月收取固定数额，如此一来，双方的争议以及未来各自利益的作假就会被大幅度减少。

那么，如何在固定值和比例之间进行转换呢？方法其实很简单。比如，权益金每月收取的固定值确定后，就可以将此固定值除以估计的平均月流水或利润，如此得到按比例征收状况下的流水或利润的比例值；如果权益金是按月流水或利润、或配送物品价值收取的比例，则固定值可以是此固定值乘以平均月流水或利润、或配送物品价值而得出的数值。

综上，多种方法得出的结果总比单一方法得出的结果更接近真相。所以，我们在用不同的方法同时对特许经营的三类费用分别计算或调整之后，我们就可以综合比较不同的结果，然后选择一个更正确或更科学的数值。

2.7 区域受许人开店数量与特许经营费用的计算

在实际经营中，许多特许人企业都会采取区域特许的方式实现自己的快速扩张，因此，如何科学确定区域受许人在某区域内可开设连锁店的上限数量、每年的开店数量、如何计算并收取区域受许人的特许经营费用等就是非常重要的问题。

2.7.1 确定区域内可开设连锁店的上限数量

关于这个数量的计算方法其实有很多，下面只举两个简单可行、易于操作的计算方法，特许人企业可以按如下讲解直接计算出区域内可开设连锁店的上限数量。

1. 面积计算法

这个方法的原理就是以城市为单位，以某类型的店为计算模型，根据单店的商圈保护范围，计算出该市的城区可开设单店的最大数量。开店上限数量的计算公式为目标计算区域的面积除以对应城市级别的单店的商圈保护面积。如果某公司有多种类型的店面，如面积不同的几种店面，则计算时可取中间面积的店面类型作为代表。

假设某特许人A按城市级别、单店面积两个指标设置不同的商圈保护范围（按半径1.2千米计算）见表2-11。

表2-11　商圈保护范围

	省会、直辖市	省会、直辖市之外的城市	县级市及以下
旗舰店（800平方米以上）	1500	2000	2500
标准店（400~800平方米）	1200	1500	2000
小型店（200~400平方米）	900	1200	1500

计算时，我们可以取"标准店"所对应的商圈范围作为计算依据。

那么，对于一级城市南京，我们查到其城区面积为4844平方千米，建成区面积513平方千米，所以A特许人在南京可开设的单店的最大数量是：

$$513/(3.14 \times 1.2^2) \approx 113.5$$

由此，我们认为A特许人在南京城区可开设的单店上限数量为113家。

注意，我们在这里之所以不取"城区面积"，而取"建成区面积"的原因是为了公平对待区域受许人，所以只计算目前（我们称之为"目前计算法"），而不计算未来。实际上，城市的区域受许人的开店上限数量是在不断增加的，对于发展速度快的城市尤其如此。但是，为了避免这种目前计算法给特许人带来的未来损失（因为建成区面积的增大必然会增加开店上限数量，但区域受许人却可以依据既有合同而坚持较少的开店上限数量），建议特许人给予区域受许人的加盟期不宜过长，通常可以取单店受许人的加盟期的2~3倍。如果A特许人的加盟期是3年，那么，A特许人的区域受许人的加盟期就可以是6~9年。

2. 人口计算法

这个方法的原理是以城市为单位，以某类型的店为计算模型，开店上限数量的计算公式为该城市的城区人口数量除以某类型店所能覆盖的人口数量。

仍以A特许人为例，先来计算A特许人的每家单店需要多少人口为其提供充足的客源。

比如，依据科学规划，A特许人的800平方米的标准店的每天平均消费人数为480人。假设平均每家A特许人单店周边人口的3%（这个数字其实也是A特许人在该城市的预期市场份额，会因城市的不同而不同。在竞争激烈的大城市，这个值要小些；在竞争不激烈的中小城市，这个值会大些）会到店消费，平均每人每周消费2次，一年的消费日按365天计算。

所以，如果设定一年之内，A特许人的单店周围的商圈所需要的总人次为X，则我们可列出方程式如下：

$$X \times 3\% \times 12 \times 8 = 480 \times 365$$

求解可得：X=60833人。

也就是说，每60833人的区域，就可以开设一家盈利状况不错的A特许人的单店。

以南京为例，查到其人口数量为：全市户籍人口617.2万人，常住人口741.3万人，市区户籍人口534.4万人。

保守起见，我们以常住人口741.3万人为计算依据，则南京市的可开设A特许人的单店的上限数量就是：

$$741.3万/60833 \approx 121（家）$$

3. 取最小值

对上述的面积计算法和人口计算法，或者其他计算方法计算出的结果要进行最后的选择，选择的依据就是上述全部计算方法的结果的最小值。

所以，我们最后得出结论：A特许人在南京市的开店数量为113家。

2.7.2 确定区域受许人每年的开店数量

作为特许人企业来讲，总部希望或要求区域受许人在一定时间内、以一定的年增长速度能完成上述的上限开店数量。比如A特许人规定，南京区域受许人要在10年内完成113家店的开店计划，10年的开店速度增长率为每年增长35%（这个值是中国特许经营企业的年平均增长率）。

假设A特许人的南京区域受许人在第一年的开店数量是X，则我们有如下的方程式：

$$X \times (1+1.35+1.35^2+1.35^3+1.35^4+1.35^5+1.35^6+1.35^7+1.35^8+1.35^9) = 113$$

求解得：X=2家。

同时，依次可求得后9年的区域受许人的每年新开店数量依次为3、4、5、7、9、12、16、22、30。

但考虑到特许人企业给区域受许人的加盟期是6~9年，我们取中间值，即8年的加盟期，则区域受许人在其加盟期内的每年新开店数量依次可以设定为4、5、7、10、13、18、24、33。

2.7.3 特许人向区域受许人收取的特许经营费用的计算

在区域受许人上交给特许人的特许经营费用上，仍然可以坚持加盟金一次性交纳，权益金、广告基金按周期（如月、季、半年、年等）交纳，其他费用要采用具体问题具体对待的方式。

具体费用的计算可按如下方法进行。

1. 加盟金

仍如上例，在8年的区域加盟期内，A特许人在南京市的区域受许人应该发展的总店数为113家。假设A特许人给予区域受许人的每家单店受许人的加盟金折扣为60%（区域受许人可以以全额的加盟金给予其另发展的区域内的次受许人，或其自己直接投资开店，如此，区域受许人在加盟金上可以获得40%的收入），则区域受许人需要交纳给特许人的一次性加盟金为：

$$113 \times 60\% \times 7.2万 = 488.16（万元）$$

（注：假设A特许人的"标准店"的加盟金为7.2万元）

2. 权益金（又叫管理费、特许权使用费）和广告基金

区域受许人因为替特许人开拓区域而获得的这部分利益的分配可以有两种方式：第一种，区域受许人直接向其区域内的所有加盟店收取权益金、广告基金等费用，然后按照约定比例上交特许人；第二种，区域内的单店受许人全部将费用上交特许人，然后由

特许人按约定比例返还给区域受许人。

但无论哪种方式，权益金和广告基金的计算方法都可按如下方法操作。

仍如上例，在8年的区域加盟期内，A特许人在南京市的区域受许人应该发展的总店数为113家。假设A特许人给予区域受许人的每家单店受许人的权益金或广告基金为60%，则区域受许人可以以全额的权益金或广告基金给予其另发展的区域内的次受许人，或其自己直接投资开店，如此，区域受许人在权益金或广告基金上可以获得40%的收入。

3. 其他费用

对于保证金，特许人在受许人无违约的情况下要原数返还，所以特许人可以不给区域受许人分配这个收入，当然，特许人也可以以很小的比例奖励区域受许人。

对于总部配送的物品，如原料、设备、工具、器材等，特许人企业可以给区域受许人一个折扣，然后区域受许人再全价给区域内的次受许人。比如，特许人给区域受许人8.5折，区域受许人则给其区域内的次受许人全价。

2.8 加盟期及计算

加盟期，即特许经营的期限，指的是特许经营双方缔结一次特许经营合同所规定的合同持续时间，一般以"年"为单位。

不同特许体系的加盟期是有很大差异的，不同行业之间的加盟期长短各有不同，见表2-12。

表2-12 不同行业的特许经营合同的有效期年限分布[1]

类型	1年	5年	10年	15年	20年	永久	其他	总计
所有受调查者	0.9%	16.1%	45.4%	12.2%	20.0%	3.0%	2.4%	100%
餐馆（所有类型）	0	3.5%	31.6%	15.8%	49.1%	0	0	100%
旅店、汽车旅馆和露营地	0	20.0%	10.0%	10.0%	60.0%	0	0	100%
休闲、娱乐和旅游	0	0	58.3%	16.7%	8.3%	16.7%	0	100%
汽车产品和服务	0	6.9%	38%	27.6%	24.1%	3.4%	0	100%
商业援助和服务	4.0%	24.0%	48.0%	8.0%	16.0%	0	0	100%
印刷、复印、标志品和服务	0	14.3%	21.4%	14.3%	50.0%	0	0	100%

---

[1] Arthur Anderson & Co., *Franchising in the Economy*, 1989-1992, （Washington, DC: International Franchise Association, Education Foundation, Inc., 1992）.

续表

类型	1年	5年	10年	15年	20年	永久	其他	总计
就业服务	0	33.3%	38.9%	5.6%	5.6%	5.6%	11.1%	100%
养护和清洗服务	0	35.3%	52.9%	0	5.9%	5.9%	0	100%
建筑和家庭修缮	0	19.4%	51.6%	19.4%	3.1%	6.5%	0	100%
便利店	0	25.0%	75.0%	0	0	0	0	100%
洗衣和干洗	20.0%	0	80.0%	0	0	0	0	100%
教育产品和服务	0	40.0%	40.0%	20.0%	0	0	0	100%
租赁服务：汽车和卡车	0	0	100%	0	0	0	0	100%
租赁服务：设备和零售	0	0	0	100%	0	0	0	100%
零售：非食品	0	9.5%	61.9%	4.8%	19.0%	4.8%	0	100%
零售：食品（非便利）	3.4%	17.2%	37.9%	17.2%	13.8%	0	10.5%	100%
健康和美容服务	0	10.0%	60.0%	10.0%	5.0%	5.0%	10.0%	100%
房地产服务	0	50.0%	50.0%	0	0	0	0	100%
杂项服务	0	23.2%	57.7%	3.8%	7.7%	3.8%	3.8%	100%

即使同一个行业的特许人，他们之间的加盟期可能差别很大。下面以餐饮业为例，见表2-13。

表2-13　国内外餐饮特许人企业的加盟期（年）对比

国外餐饮特许人企业的加盟期		国内餐饮特许人企业的加盟期	
特许人名称	加盟期（年）	特许人名称	加盟期（年）
赛百味	20	重庆小天鹅投资控股（集团）有限公司	3～5
麦当劳	20	成都谭鱼头投资股份有限公司	3～5
肯德基	10	成都老房子餐饮管理有限公司	5～10
汉堡王（Burger King）	20	重庆苏大姐餐饮文化有限责任公司	3
Sonic免下车餐馆	20	成都巴国布衣餐饮发展有限公司	3
达美乐（Domino's Pizza）	10	重庆德庄实业（集团）有限公司	3
Quizno's三明治	15	马兰拉面快餐连锁有限责任公司	5

续表

国外餐饮特许人企业的加盟期		国内餐饮特许人企业的加盟期	
特许人名称	加盟期（年）	特许人名称	加盟期（年）
塔可钟（Taco Bell）	20	内蒙古小肥羊餐饮连锁有限公司	3~5
北京好伦哥餐饮有限公司	8	北京友仁居餐饮集团	3
马来西亚玛利朗国际快餐公司	8	沈阳老边饺子有限公司	1~5

从表2-13可以看出，国际知名餐饮业的加盟期普遍较长（大多在8~20年），而国内的餐饮业则普遍较短（平均为4年左右）。在其他行业我们也可以看到类似的现象，即不同特许人的加盟期差别很大。那么，为什么会有这个差别呢？或者说，究竟特许人应该如何为自己确定一个比较科学合理的加盟期呢？

笔者以为，一个合理的特许经营加盟期应该由两段时间组成，即：

加盟期=投资回收期+盈利期

首先，一个加盟期必须至少等于该单店的投资回收期。这是显然的，因为受许人如果要加盟，那么特许人至少应保证受许人能收回投资。这个投资回收期就是一个加盟期的"底线"，即投资回收期是一个加盟期的最小值。所以，从上述公式就可以明白，为什么政府特许经营项目的加盟期一般都比较长，多达数十年甚至上百年，主要原因就是政府特许经营项目投资大、投资回收期长。

但显然，受许人投资加盟的目的绝不仅仅是收回投资，他们还希望收回投资之后能有一段盈利的时间，即有一个合理的盈利期。因此，对于投资回收期差不多的加盟店而言，加盟期的区别所在就是这个特许人给予受许人的盈利期。至于盈利期的长短，它并不完全取决于特许人的主观意愿，而还要受外在客观因素的制约，如加盟金和权益金、加盟店盈利率、行业更新性、体系成熟度、竞争等。

1. 加盟金和权益金

受许人支付加盟金和权益金换回的直接好处之一就是一个加盟期内的特许人的品牌、商标、技术诀窍、经营模式、经验等的支持，即购买了特许人在一个加盟期内的特许权的使用权或经营权，因此对同一个特许人而言，如果收取的加盟金和权益金较高，那么相应地，他也应给予受许人较长的加盟期；反之亦然。

2. 加盟店盈利率

当单店盈利率较高时，意味着受许人可以在较短的时间内收回投资并获取一定的利润，因此，特许经营的期限稍微短些并不会对受许人产生太大的影响。相反，如果单店盈利率较低，受许人收回投资并赚取一定利润的时间也就越长，在这种情况下，加盟期太短对受许人是不利的，所以，为了达到双赢，特许人应适当加长加盟期，以使受许人有充足的利润可赚。

3. 行业更新性

不同行业的技术、流行、品位等方面更新速度是不同的，有些传统行业，如餐饮，往往在很长一段时间内都不会有内容和形式的大改变。但对有些行业而言，如IT、时尚产业、服装服饰、新兴产业、高科技产业等，其内容和形式变化得就很快。对这种更新速度快的行业，因为特许人需要与时俱进地改变特许权的内容和形式（包括MI、BI、VI、AI、SI、BPI、OI）以可持续发展和在竞争中立于不败之地，所以加盟店也相应地要做改变，在这种情况下，由于特许经营合同的约束作用以及受许人的心理惯性束缚等原因，加盟店可能会抵触改变，这就会阻碍整个特许经营体系的前进和发展。对于这种情况，特许人要有足够的预见性并采取相应的对策，其中一个战略对策就是采取较短的加盟期，以便在需要改变体系时能灵活应对，不会产生太多的合同纠纷。

4. 体系成熟度

体系成熟度对于加盟期的影响非常大。成熟的体系因为自己在特许权的各个方面都已经比较完善，且它们不会有很大或根本的改变，所以特许人可以采用较长的加盟期以稳定发展。那些尚处于摸索和实验阶段的特许人则恰恰相反，为了给自己将来的改变留出空间和余地，特许人最好不要采取较长的加盟期，以免把自己束缚在特许经营合同之下。其实也正是这个原因，国外发达国家的成熟特许经营体系的加盟期普遍都要比中国同类的不是特别成熟的特许人的加盟期长。

5. 竞争

无论如何，因为我们处在一个充满竞争的时代，所以特许人在制订加盟期的时候，绝不能忽略竞争的因素，一般情况下，如果两个特许经营体系各方面的条件都差不多，那么潜在受许人可能会更偏爱加盟期更长的那一个。

当然，最后计算出的加盟期还要符合法律法规的规定，比如我国《商业特许经营管理条例》第二章第十三条规定，"特许经营合同约定的特许经营期限应当不少于3年。但是，被特许人同意的除外……特许人和被特许人续签特许经营合同的，不适用前款规定。"

[练习与思考]

（1）你认为的特许经营费用的定义应该是什么？
（2）谈谈你对特许经营费用分类的看法。
（3）查找一些特许经营企业的收费资料，讨论其中合理与不合理的成分。
（4）请思考，如何计算特许经营费用。
（5）请思考，为什么有的特许人收取零加盟金和权益金呢？
（6）请思考，你认为应该如何计算出一个科学的加盟期？
（7）试分析中外同种行业之间加盟期区别的原因所在。

第3章　特许经营法律法规

[**本章要点**]

首先，本章介绍国内外在特许经营法律法规建设方面的概况，总结各自的发展特点。其次，重点介绍特许经营中最常用、最主要的三个文件：UFOC、特许经营主合同、特许经营辅助合同，为了方便读者对其有感性直接的认识，叙述中按照标准UFOC、特许经营主合同及辅助合同的格式与内容逐一讲解。最后，为了方便读者实战，本章还展示了若干合同的范本供读者学习、研究和使用。

本章的目的是使读者了解国内外特许经营在法律法规方面的建设状况，以及掌握如何撰写UFOC、特许经营主合同与辅助合同。

3.1 国外特许经营法律法规发展概览

因为特许经营是商业或经济中的一种模式,所以特许经营中的主体(即特许人和受许人)应至少受到两大类法律法规的约束和限制:一类是特许经营的专门性法律法规,另一类是用于约束和限制所有商业和经济行为的相关的法律法规。

最初,和其他模式一样,在特许经营还不甚发达时,人们主要依据相关的法律法规来管理、规范特许经营市场。但当特许经营逐渐成为一股社会经济中的主要力量时,专门性的特许经营法律法规的问世就是自然而然的事了。随着专门性的特许经营法律法规的出台,特许经营市场的管理和规范的主要依据就变成了专门性的特许经营法律法规,而不再是相关的法律法规。

整体来看,国外在特许经营法律法规的建设方面,有以下几种情况。

1. 具有全国性的或统一的特许经营专门性的法律法规

世界的第一部特许经营的专门性法律产生于美国加利福尼亚州,时间是1971年,名称是《特许经营投资法》(*Franchise Investment Act*)。但遗憾的是,这个最早的专门性的特许经营法是地方性的,并不对美国全国产生约束力。一部全国性的关于特许经营的管理性法规是由联邦政府联邦贸易委员会(FTC,Federal Trade Committee)于1979年10月21日颁布的《关于要求公告的经销代理贸易管理规则以及关于特许经营与商业机会投机禁令的解释指南》。经过多年的发展,美国在特许经营法律法规的制定与颁布方面是最早、也是最为全面的。

目前,欧盟的特许经营立法工作主管机构是欧盟委员会竞争总司,特许经营的立法属于欧盟竞争法中的"纵向协议(Vertical Agreement)"立法部分。欧委会在1988年11月30日颁布了4087号条例[Regulation (EEC) No. 4087/88],该条例于1989年2月1日正式实施,完全地、直接地适用于全部成员国。1999年12月31日,该条例适用期满(实际适用到2000年5月31日),欧委会于1999年12月22日发布了2790号条例[Commission Regulation (EC) No. 2790/1999]取代4087号条例,并于2000年6月1日起开始实施。但这些立法并不是从法律上对特许经营进行管理和领导,而是从法律上确保特许经营这一经营方式不会影响欧盟内部市场的公开透明和充分竞争的原则。

巴西于1994年12月15日颁布了第8955号法令对特许经营立法。

澳大利亚于1998年起实施强制性的《特许经营行为守则》。2010年7月,澳大利亚颁布了特许经营关系法规。

意大利政府于2004年5月6日通过了第129号法——《规范特许经营法》,并于2004年5月24日起正式生效。

韩国制定了专门的《特许经营公平交易法》。

墨西哥也拥有自己的一部专门的《特许经营法》。

沙特阿拉伯的特许经营法于2020年4月生效。

2. 有特许经营的专门性法律法规，但不是全国性的，而是地区性的

还有些国家，虽然没有全国性的特许经营的专门的法律法规，但某些地方却制定了专门的特许经营法律法规，比如加拿大虽然没有制定针对特许经营的全国性法律法规，但阿尔伯塔省和安大略省却制定了具体的特许经营法。其中，《阿尔伯塔特许经营法》（Alberta Franchises Act）于1995年11月1日起开始实施，安大略省参照阿尔伯塔省制定了特许经营法并于2001年1月31日起开始实施。

3. 没有专门的特许经营法律法规，特许经营市场主要依据相关的法律法规进行管理和规范

截至目前，国外许多国家，甚至包括那些特许经营非常发达的国家，都没有制定专门的特许经营法，而是依据相关的法律法规来管理和规范特许经营市场，如德国、丹麦、西班牙、日本、波兰、埃及等。

20世纪70年代早期，欧洲就有了适用于特许经营的立法，但欧洲的任何国家都没有制定全国性的、专门的特许经营法律法规。

其中，西班牙政府对特许经营行业几乎没有特殊的管理规定，特许经营企业只需遵守国家或地方政府颁布的、针对其所属行业的法律法规即可。在德国，与特许经营关系密切的相关法规为：债务法，商务、社会、竞争、消费者保护、专利、商标、著作权、劳动和社会保险方面的法规，德国和欧盟的反垄断法等。

但是我们应该看到，世界上正在有越来越多的国家在制定专门的特许经营法律法规，这是一股不可逆转的主流。比如，随着特许经营市场的发展，印度已经开始制订特许经营的相关法律法规，中东欧国家如拉脱维亚等国也纷纷就特许经营进行立法。

3.2 中国特许经营法律法规发展概览

按照颁布的时间顺序，截至目前，我国政府及相关部门颁布的和特许经营有关的法律法规见表3-1。

表3-1 我国政府及相关部门颁布的和特许经营有关的法律法规

序号	法律法规的名称	颁布单位	颁布时间
1	《关于加强连锁企业商品质量管理促进连锁经营发展的通知》	原国内贸易部国家技术监督局	1996年3月4日
2	《连锁店经营管理规范意见》	原国内贸易部	1997年3月27日
3	《关于连锁店登记管理有关问题的通知》	原国家工商行政管理局与原国内贸易部	1997年5月30日

续表

序号	法律法规的名称	颁布单位	颁布时间
4	《关于连锁店经营专营商品有关问题的通知》	原文化部、原邮电部、原国家新闻出版署、原国家工商行政管理局、原国家烟草专卖局联合发	1997年6月25日
5	《企业连锁经营有关财务管理问题的暂行规定》	财政部	1997年9月29日
6	《关于连锁经营企业增值税纳税地点问题的通知》	财政部与原国家税务局	1997年11月11日
7	《商业特许经营管理办法（试行）》	原国内贸易部	1997年11月14日
8	《上海市商业连锁企业若干规定》	上海市人民政府	1997年11月25日
9	《零售业态分类规范意见（试行）》	原国家内贸局	1998年6月5日
10	《外商投资商业企业试点办法》	原国家经贸委与外经贸部	1999年6月25日
11	《关于进一步规范特许加盟活动的通知》	原国家内贸局	1999年10月19日
12	《文化部关于促进和规范音像制品连锁经营的通知》	原文化部	2001年4月2日
13	《关于规范加油站特许经营的若干意见》	原国家经济贸易委员会	2002年8月26日
14	《全国连锁经营"十五"发展规划》	原国家经贸委办公厅	2002年10月10日
15	《文化部关于加强互联网上网服务营业场所连锁经营管理的通知》	原文化部	2003年4月22日
16	《国家税务总局关于开展对外国企业取得利息、特许权使用费等征收企业所得税和营业税专项检查的通知》	国家税务总局	2003年5月19日
17	《商业特许经营管理办法》	商务部	2004年12月31日
18	《关于开展打击商业欺诈专项行动的通知》	国务院办公厅	2005年3月30日
19	《关于促进流通业发展的若干意见》	国务院	2005年6月9日

续表

序号	法律法规的名称	颁布单位	颁布时间
20	《商业特许经营管理条例》	国务院	2007年2月6日
21	《商业特许经营备案管理办法》	商务部	2011年12月12日
22	《商业特许经营信息披露管理办法》	商务部	2012年2月23日

总起来讲，我国在特许经营法律法规建设方面具有七个主要特点。

1. 起步晚

在1997年之前，我国特许经营市场的管理和规范主要依据的是相关的法律法规。直到1996年3月4日，国内贸易部国家技术监督局颁布了《关于加强连锁企业商品质量管理促进连锁经营发展的通知》，这是一个部颁的、针对连锁（而不是特许经营中）的局部问题——商品质量——的一个规定。

1997年3月，国内贸易部发布了《连锁店经营管理规范意见》，首次以官方的身份规定了特许经营的定义和特许合同的基本内容。因此，我国特许经营法律法规的建设起始时间应该是1997年3月。

2. 步子慢

在特许经营的专门性法律法规方面，从1997年11月开始的《商业特许经营管理办法（试行）》以来，到10年后的2007年，各方翘首以待的《商业特许经营管理条例》终于出台。

这说明我国政府对于特许经营法律法规的建设是非常谨慎的，因此步子就相应地比较慢。

3. 相关的法律法规逐渐从多以"连锁"为名的状态，转向明确提出"特许经营"和"商业特许经营"

从1997年至今，在既有的和特许经营相关的法律法规中，比如《关于加强连锁企业商品质量管理促进连锁经营发展的通知》《关于连锁店经营专营商品有关问题的通知》《关于连锁经营企业增值税纳税地点问题的通知》《企业连锁经营有关财务管理问题的暂行规定》《关于连锁店经营专营商品有关问题的通知》《关于连锁店登记管理有关问题的通知》《连锁店经营管理规范意见》等，"连锁"都是主要提及对象，特许经营更多的是"捎带"着提及。

但我们也应看到，"特许经营""商业特许经营"正逐渐地从"连锁"中独立出来，对它的管理也不再是将之作为连锁的一个附庸。这也从侧面反映出，我国政府的相关人员对于连锁与特许经营的认识是有一个过程的，特许经营不能依赖对连锁的"捎带"性管理，它需要独立于连锁之外的专门性法律法规。

4. 只有一部全面性的《商业特许经营管理条例》

1997年11月14日，经过国内众多有识之士的努力呼吁和促成，国内贸易部颁布了《商业特许经营管理办法（试行）》。7年之后，即2004年12月31日，这个试行的管理办法"转正"了。从严格意义上讲，《商业特许经营管理办法（试行）》是一个部颁规定，并不是法律。

2007年2月6日，《商业特许经营管理条例》出台，中国在特许经营的专门性法规方面的空白得以填充。

5. 特许经营（及连锁）在政府管理上的多重特征

部门、地区与行业性的规定和全国性的、综合性的规定同时并存，充分体现了特许经营（及连锁）在政府管理上的多重特征。

部门、地区和行业性的规定的典型的例子有，《文化部关于加强互联网上网服务营业场所连锁经营管理的通知》《国家税务总局关于开展对外国企业取得利息、特许权使用费等征收企业所得税和营业税专项检查的通知》《关于规范加油站特许经营的若干意见》《文化部关于促进和规范音像制品连锁经营的通知》《上海市商业连锁企业若干规定》《关于连锁经营企业增值税纳税地点问题的通知》等。

因此，我国的特许经营企业在实际运作时，需要兼顾中央、部委和地方的法律法规或政策，实际中碰到的法律法规问题比较复杂。

6. 对于连锁或特许经营的管理正逐步从强调个别职能，转向全盘化的管理

比如，在1996年发布的《关于加强连锁企业商品质量管理促进连锁经营发展的通知》，以及1997年发布的四个规定中，即《关于连锁经营企业增值税纳税地点问题的通知》《企业连锁经营有关财务管理问题的暂行规定》《关于连锁店经营专营商品有关问题的通知》《关于连锁店登记管理有关问题的通知》，它们强调和管理的主要对象分别是商品质量、税收、财务、商品和登记等五个在特许经营或连锁中的个别方面，它们都作为同年颁布的《连锁店经营管理规范意见》的补充。

但在1997年年底以后颁布的规定或法规中，如《商业特许经营管理办法（试行）》《关于进一步规范特许加盟活动的通知》《上海市商业连锁企业若干规定》《商业特许经营管理办法》《商业特许经营管理条例》《商业特许经营备案管理办法》《商业特许经营信息披露管理办法》等，倾向于从连锁或特许经营体系的方面来全盘化地进行管理。

无论如何，我们可以肯定的是，从局部的职能管理走向全面的管理，是我国特许经营法律法规建设的历史性进步和必然趋势。

7. 特许经营的管理性法律法规出台频率正逐渐减少

早期的法律法规或政策的出台频率是相当高的。仅1997年一年之中就出台了多部管理性法律法规，除了上海市政府的《上海市商业连锁企业若干规定》外，全国性的法律法规包括《关于连锁经营企业增值税纳税地点问题的通知》《企业连锁经营有关财务管

理问题的暂行规定》《关于连锁店经营专营商品有关问题的通知》《关于连锁店登记管理有关问题的通知》《连锁店经营管理规范意见》《商业特许经营管理办法（试行）》等6部，这是历年中出台连锁及特许经营类法律法规数量最多的一年，堪称连锁的"法律法规年"。

再往后，法律法规出台频率放缓，每年颁布的数量一般都不超过2部。《商业特许经营管理条例》《商业特许经营备案管理办法》《商业特许经营信息披露管理办法》出台后，直至2020年年初都未有全国性的对于特许经营的管理性法律法规出台。

回顾过去，展望未来，我们可以确信，中国制定专门的、越来越健全的特许经营法是管理、规范和促进中国特许经营市场走向良性发展的必经之路和大势所趋。

3.3 特许经营中的法律性文件

因为特许经营是一种契约关系，所以在特许经营中必然存在着一定的法律性文件，特许经营双方在相关法律法规的约束下，按照这些法律性文件规定的内容进行运作。

特许经营中的法律性文件有很多，其中最重要的法律性文件就是统一特许权提供公告（UFOC，Uniform Franchise Offering Circular。在中国，最类似于这个UFOC的是《商业特许经营信息披露管理办法》所规定的"信息披露"这份文件）和特许经营合同。

统一特许权提供公告是一份特许人按照法律或相关规定向社会和/或潜在受许人公示其特许经营相关内容的文件。

因为特许经营受到两大类法律法规的约束和限制，所以特许经营合同自然地分为两个对应的大类：一类是主要依据专门的特许经营法律法规而拟订的专门的特许经营合同；另一类是主要依据非专门的特许经营法律法规、而主要依据其他用于约束和限制所有商业和经济行为的法律法规而拟订的合同。所以，特许经营合同并不是一份合同，而是一系列合同，它有广义的特许经营合同和狭义的特许经营合同之分。

广义的特许经营合同指特许人和受许人之间签订的用于规定双方在特许经营关系过程中的权利义务、确定双方特许经营关系的法律契约。它包括特许经营主合同（即人们通常理解意义上的特许经营合同）和特许经营辅助合同。

特许经营主合同，指的是该合同由特许人和受许人双方签订，是双方建立特许经营关系的正式法律凭证。该合同规定特许经营双方的主要权利、义务，特许经营权的内容、特许经营期限、特许经营地域、特许经营费用、违约责任、合同解除等所有重要内容，它又可分为单店特许经营合同、多店特许经营合同和区域特许经营合同，分别是由单店受许人、多店受许人、区域受许人和特许人签订的特许经营合同。

特许经营辅助合同，指的是在签订特许经营主合同的同时，为确保特许经营关系能更完善、切实地建立和运行，而由特许人和受许人双方另行签订的一些合同，一般包括

《商标使用许可协议》《防止腐败合作协议》《软件许可与服务协议》《市场推广与广告基金管理办法》《竞业禁止协议》《保证金协议》《供货合同》《加盟意向书》《单店店面转租合同》等。

狭义的特许经营合同专指特许经营主合同。

我们可以用图3-1来表示特许经营合同的大致分类。

广义的特许经营合同
- 《特许经营主合同》（狭义的特许经营合同）
  - 《单店特许经营合同》
  - 《多店特许经营合同》
  - 《区域特许经营合同》
- 《特许经营辅助合同》
  - 《商标使用许可协议》
  - 《防止腐败合作协议》
  - 《软件许可与服务协议》
  - 《市场推广与广告基金管理办法》
  - 《竞业禁止协议》
  - 《保证金协议》
  - 《供货合同》
  - 《加盟意向书》
  - 《单店店面转租合同》
  - 其他合同

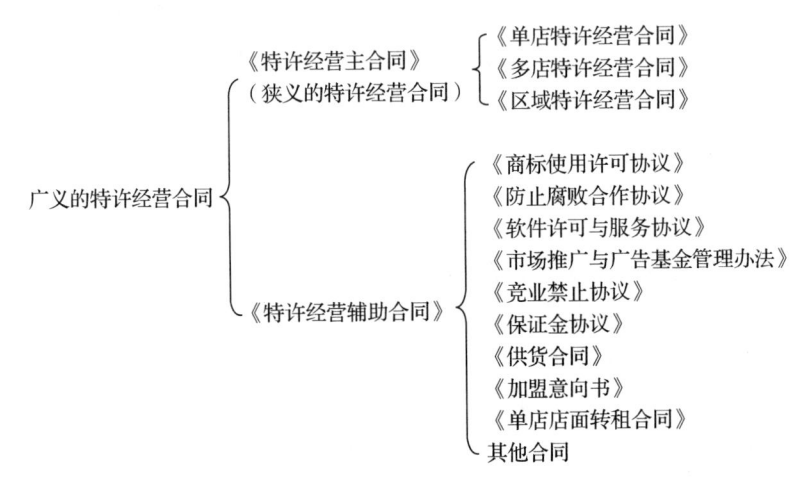

图3-1　特许经营合同的大致分类

总之，作为一个完整、规范的特许经营企业而言，其特许经营法律文件应该包含上述的这些类型。为了使自己的体系更成功和确保品牌不受损害，特许人应在开发体系的过程中科学、不遗漏地订制这些文件；潜在受许人应详细考察意向特许人的这些文件是否全备，并以此作为选择正确特许人、避免加盟陷阱的一个必备内容；作为政府和特许经营的主管或协调部门、机构而言，应指导、监督上述这些文件的合理性。

下面分别讲述统一特许权提供公告和特许经营的系列合同。

3.4　统一特许权提供公告（UFOC）

在美国，为了加强对受许人的保护和对特许人的约束，特许人必须像上市公司要为股东揭示某些公告一样，为受许人提供一份揭示自身特许经营概况、资料的文件，这个文件在美国被称为统一特许权提供公告（UFOC，Uniform Franchise Offering Circular）。这份公示文件的目的是在潜在受许人加盟之前，由特许人给潜在受许人关于该特许经营的尽可能多的实质性信息，以便潜在受许人能因理解了特许人的特许权的状况、受许人自身的经济责任等而做出明智的投资以及能够制订一份关于加盟的商业计划等。

于2012年1月18日商务部第60次部务会议审议通过，自2012年4月1日起施行的《商业特许经营信息披露管理办法》明确规定，特许人企业必须向潜在受许人出示一份规定内容的信息披露文件。这些规定内容包括了特许人向受许人应当进行信息披露的义务、时间、内容等。显然，我国信息披露书的格式和内容上应该更全面化、细化、标准化和科学化。

因此，学习美国的关于统一特许权提供公告的规定对于我国特许经营立法以及特许经营的实际运作都是十分有益的。

1993年4月25日，北美证券管理者协会（NASAA）通过了对于《统一特许权提供公告指南》的扩展性修正。这些修正从1995年1月1日起开始对特许人具有约束力，并且在14个注册州被全部采纳以及获得了联邦贸易局的批准。随着新特许经营法在1995年1月1日生效，联邦贸易委员会（Federal Trade Commission，FTC）和美国的50个州都使用了相同模式的《统一特许权提供公告》，有些州还保留了在必要情况下强制实施更严格条款（包括注册登记条款）的权利。

关于统一特许权提供公告的提供时间，联邦贸易委员会的特许经营规则要求，"在特许经营的双方首次见面时或之前，以及在潜在受许人可以给此特许经营任何支付或签署任何协议前的至少十个工作日时，特许人要提供给潜在受许人一份公示文件或统一特许权提供公告"，这10天被称为"10天冷静期"。显然，严格的法规规范了特许经营的交易过程，限制和约束了不规范的特许人的特许经营行为，并使受许人的权益得到了更有效的保护。

关于统一特许权提供公告的内容和形式，联邦贸易委员会有着严格的规定，而且规定非常详细具体和格式化。比如，不但统一特许权提供公告内容的具体条目有详细统一的规定，甚至字体的格式（如粗细、字号、位置等）也给出了统一的规定。

在内容方面，一份标准的符合法规规定的统一特许权提供公告至少包括四个方面：联邦贸易委员会封页、目录、3个条目的具体内容以及附件。

1. 联邦贸易委员会封页

该封页清晰而明显地展示了如下内容。

① 在封面的左上角显示受许人将来要在加盟店中使用的公司的LOGO或商业的其他标志，在封面的中上部分有粗体字的"特许权提供公告"字样。

② 特许人的基本情况，包括特许人的名称、公司性质、地址、邮政编码、电话等。

③ 对于特许经营商业的简短描述，说明本特许经营向大众提供的产品或服务。

④ 特许经营费用及受许人的初始投资额。

⑤ 两个声明。一个是来自联邦贸易委员会的声明。该声明的主要意思是：联邦贸易委员会没有核对并发现该文件所提供信息是否准确，联邦政府没有同意或证实该特许权提供公告（因此，UFOC的资料可信与否需要受许人自己去辨别，政府并不对该资料负责——笔者注）；另一个声明告诉阅读者可以在什么地方找到关于本特许人的信息。

⑥ 该统一特许权提供公告的有效日期。

⑦ 特许人还应在封面上提供关于本特许经营的仲裁及风险等信息。比如"对于本特许经营合同的所有争议将在加利福尼亚州进行仲裁,州外仲裁可能会对你不利,但在加利福尼亚州进行仲裁可能使你的花费较多"。另外,在字体方面,按照联邦贸易委员会的规定,此部分内容需要用大写字母来显示,而封面其他部分一般是不允许用大写字母或其他突出显示字体样式的(如下划线)。

除了特殊情况(如关于风险部分的提示内容过多)外,封页内容最好限制在一页纸之内,因此上述各个部分的内容应尽量简洁、精练。

因为美国的特许经营注册是在各个州单独进行的,所以也有人把特许人的商业商标、LOGO、商业名称或受许人用以运营商业的商业标签或标记的范例、特许经营商业的简述、特许人名称、商业组织类型、主要的商业所在地与电话号码、受许人为了加盟该商业而必须投资的总数额、将解决争议的法律或仲裁程序、判决争议的管辖地以及加盟本特许经营体系的若干风险因素等内容单独划分为一类,并称之为"州注册页",其主要内容就是特许人注册情况的说明。

图3-2来源于国际特许经营协会的官方网站的《特许经营概览第三卷》*The Profile of Franchising Volume III*):

(Logo)
Franchise Offering Circular
Belmont Mufflers, Inc.
A Minnesota Corporation
First Street
Jackson, Minnesota 55000
(612) 266-3430

The franchisee will repair and install motor vehicle exhaust systems. The initial franchise fee is $10,000. The estimated initial investment required ranges from $132,700 to $160,200. This sum does not include rent for the business location.
Risk Factors:

THE FRANCHISE AGREEMENT REQUIRES THAT ALL DISAGREEMENTS BE SETTLED BY ARBITRATION IN MINNESOTA. OUT OF STATE ARBITRATION MAY FORCE YOU TO ACCEPT A LESS FAVORABLE SETTLEMENT FOR DISPUTES. IT MAY ALSO COST YOU MORE TO ARBITRATE WITH US IN MINNES OTA THAN IN YOUR HOME STATE.

Information about comparisons of franchisors is available. Call the state administrators listed in Exhibit ____ or your public library for sources of information. Registration of this franchise with the state does not mean that the state recommends it or has verified the information in this offering circular. If you learn that anything in this offering circular is untrue, contact the Federal Trade Commission and (State or Provincial authority).
Effective Date:

图3-2 统一特许权提供公告的封面实例(英文)

中文意思见图3-3。

（Logo）

统一特许权提供公告

贝尔蒙消声器有限公司
一家明尼苏达州的公司
第一大街
杰克逊，明尼苏达州，55000
（612）266-3430

受许人的业务是修理和安装机动车的尾气排放系统。加盟金是10000美元。初始投资额估计在132700~160200美元，不包括房租。

本加盟项目的风险因素包括：
特许经营合同要求，所有的争议都将在明尼苏达州进行仲裁。对于本特许经营合同的所有争议将在加利福尼亚州进行仲裁，州外仲裁可能会对你不利，但在加利福尼亚州而不是你所在的州进行仲裁可能使你的花费较多。

你可以得到关于特许人的相关信息。打电话给附件中的政府管理部门，或者去你所在地的公共图书馆查询都可以。本特许权在政府部门的登记注册并不意味着，本特许权受到政府部门的推荐，或政府部门已经核实了本提供公告中的内容。如果你发现本提供公告中存在虚假信息，请与联邦贸易委员会以及（全国或州）政府当局联系。

有效期：

图3-3　统一特许权提供公告的封面实例（中文）

2. 目录

"目录"用粗体字显示，主要显示两部分的内容：23条的主体内容和附件。联邦贸易委员会还规定，23条的主体内容的顺序用阿拉伯数字表示（1、2……23），而附件顺序要用大写英文字母表示（A、B、C……），见图3-4。

3. 23条主体内容的具体条目[1]

特许人必须按照顺序把如下"23条"要求披露的内容如实呈现出来。

条目1：特许人与其前身及分支机构

主要是关于特许人的基本事实，包括特许人总部所在地、运营内容、特许人与其人员的从业经验、特许人的前身与分支机构概况以及特许人以前是否曾以某种名称开展过特许经营。

条目2：从业历史

特许人必须披露主要的股东、雇员以及过去5年中所有主管、董事会成员、行政人员、管理人员及特许经营经纪人的行踪。

---

[1] 罗伯特·贾斯汀，理查德·加德著.特许经营[M].李维华，等译.北京：机械工业出版社，2004.

目 录

基本内容部分
1 特许人与其前身及分支机构 1
2 从业历史 1
3 诉讼 1
4 破产 1
5 初始特许经营费 2
6 其他费用 2
7 初始投资 2
8 对于产品与服务来源的限制 2
9 受许人义务 3
10 融资 3
11 特许人义务 3
12 关于受许人的经营地域 3
13 商标 4
14 专利、版权与所有权信息 4
15 参与特许经营实际运营的义务 4
16 受许人可以销售内容的限制 4
17 更新、终止、转让与争议解决 5
18 社会名人 5
19 盈利声明 5
20 特许经营店名录 5
21 财务报表 6
22 合同 6
23 反馈文件 6
附件
　A. 财务报表 7
　B. 特许经营合同 10
　C. 受许人名录 55
　D. 政府管理当局和地方办事处 59
　E. 协商销售的复印件 60
　F. 设备租约 62
　G. 房屋租约 64
　H. 贷款协议 67
　I. 反馈文件 70

图3-4　统一特许权提供公告目录示例

条目3：诉讼

本部分的主要内容是特许人、其前身、列在"条目2"中的人以及在特许人主要商标名义下提供特许经营的分支机构是否卷入了正在进行的或过去的诉讼之中，或者他们是否接受过禁令或限制令。联邦贸易委员会规则标准要求诉讼披露应向前追溯七个财政年度。

这一项中必须包含三种类型的诉讼：① 尚未解决的刑事犯罪或重大的民事纠纷；② 统一特许权提供公告日期前10年内的、已经结束的刑事犯罪或重大民事纠纷；③ 当前法庭的限制性的传票，传票内容是关于特许经营的，或者是违反了美国或加拿大特许经营法、证券法、反托拉斯法、贸易管理或贸易惯例法而收到的传票。

条目4：破产

特许人必须披露牵涉到它自身、它的分支机构、它的前身以及它的高层管理人员或普通合伙人的、发生于提供公告日期10年以内的破产事件。经理与其他行政管理人员不必揭示牵涉他们的破产事件。如果存在一个需要公示的破产事件（并非每种破产都需要公示），特许人就必须披露在美国《破产法》下的债务人的个人或公司名称、事发日期以及实质性事实。

条目5：初始特许经营费

本条目告诉受许人必须为签署一份协议而支付的费用，以及初始特许经营费的退回条件。它告诉受许人，本支付是一次付清，还是分期付款。若是分期付款，则本条目还要说明分期付款的期限。"条目10"中也讨论分期付款的期限。如果初始特许经营费不是统一的，那么本条目就告诉受许人初始特许经营费于申请日之前的财会年度支付的公式与范围以及决定其数额大小的因素。

条目6：其他费用

本条目告诉受许人权益金、租赁谈判、建设、改造、额外培训、广告、群体广告、额外协助、审计、会计、存货以及转让与更新费的数量及支付日程表。特许人必须告诉受许人这些费用是如何计算出来的、退还费用的条件是什么以及何时可以增加它们。特许人必须披露直营店是否是任何合作广告的成员，以及若是的话，直营店在合作中的投票表决力量。如果直营店具有控制力量，那么特许人必须披露费用的范围。

条目7：初始投资

本条目通过提供运营一个典型的体系内特许经营店所需要花费的大致范围的方式帮助受许人制订商业计划。它要求特许人披露：所有权成本，设备、固定设施及其他固定资产，建设、改造、租赁物改善与装潢成本，存货，担保品储蓄、公用设施储蓄、商业执照与其他预先支付费用，以及受许人在运营开始前及在特许经营的初期所要求的额外资金。这些支出都列于一个首先显示开业前花费的表中。

条目8：对于产品与服务来源的限制

本条目说明受许人是否有义务购买或租赁来自特许人或其他指定者，或者来自特许人同意的或在特许人指定目录之下的供应商的产品或服务。基本上，它说明的是，提供产品的供应商的名称和地址、受许人必须从这些来源处购买多少、受许人是否能获得经过同意后的新供应商以及谁为转售产品进行担保。

条目9：受许人义务

该条目出示了关于受许人义务的一个长长的列表，内容包括：选址、确定并获得地址、租赁、准备与开张，费用，标准与政策，地域开发与销售配额，广告，不竞争条目，争议解决。

条目10：融资

此条目披露了特许人、其代理或合伙人所直接或间接地提供给受许人的每个融资安排的术语和条件，包括关于贷款人、利率、偿还期限、担保物权、可能会需要的个人担保以及受许人在违约时承担的责任方面等。融资文件的副本应当附在统一特许权提供公告文件后面。

条目11：特许人义务

这是文件中最长部分，详细说明了特许人对受许人做出的合同承诺，包括营业前和营业后的。营业前的义务包括受许人企业选择店址、帮助受许人进行店铺建设、雇佣员工和营业前培训。应当详细描述特许人的广告宣传计划：广告内容的限制要求、广告来源、体系是否已建立受许人广告宣传委员会、受许人是否必须参与所有的地区广告合作方案。这一部分还要披露要求受许人使用的计算机信息系统、签订特许协议与开始营业之间相隔的时间、特许人的培训方案。

条目12：关于受许人的经营地域

本部分描述了受许人的地域。它披露了特许人是否现在或可能在以后在受许人的地域内使用特许人商标来另外建立加盟店、直营店或其他分销渠道，或者以一个不同的商标销售或转让相似的产品或服务。它还会披露受许人维护区域专营性所需的花费，以及区域在什么条件下可以转变。

条目13：商标

本条目披露特许人是否拥有它的商标以及是否拥有别人无异议的联邦注册商标。它披露了将许可给受许人的主要商标，并指明严格限制商标使用或许可的协议。

条目14：专利、版权与所有权信息

本条目披露特许人是否拥有对于特许经营很重要的专利权或版权，以及特许人是否能够与意图更新版权。如果特许人声称所有权是保密信息或商业秘密，那么特许人必须披露他们的一般主题以及受许人使用的条目与条件。

条目15：参与特许经营实际运营的义务

本条目清楚地说明，受许人是否有义务亲自参与特许经营商业的直接运营，或者是否特许人仅仅推荐受许人参与而已。

条目16：受许人可以销售内容的限制

本条目描述了受许人的产品线。特许人必须披露它强加于受许人可以销售的产品或服务之上的限制或条件，或限制受许人可以销售货物或服务对象的限制或条件。

条目17：更新、终止、转让与争议解决

本条目披露了受许人终止、更新或转让受许人的特许权以及解决受许人与特许人的任何争议的权利。

这一部分要求以表格形式展示典型特许经营合同中的23条独立条款。这些条款涉及合同的有效期、续约权利、转让条件、终止、在特许经营合同期间及结束后对竞争行为的限制。它为特许经营合同中出现的内容及条款的简要说明表格提供了交叉参考。

条目18：社会名人

本条目披露了社会名人在特许人营销活动中的角色。它告诉受许人这些名人是如何得到补偿的、他们参与实际管理或特许人控制的程度以及社会名人在特许人企业中的全部投资额。

条目19：盈利声明

如果特许人想向潜在受许人展示其财务业绩，或者展示该体系内的其他受许人财务状况如何，那么这些信息应出现在本条目中。特许人不是必须提供此类信息，但如果想提供这类盈利声明，必须在该项列出。声明必须有合理的事实依据，必须披露关键假设。联邦贸易委员会规则要求，如果要披露盈利声明，特许人应当在独立的披露文件中披露相同的信息。

与特许经营提供相关的盈利声明必须被全部包括进本条目之中，并必须拥有在其被提出的时候的一个合理基础。如果没有提出盈利声明，那么本条目必须包含负面披露。一个盈利声明必须包括一个对于支持其编写与制作的实际基础与实质性假设的描述。

条目20：特许经营店名录

本条目由三个表格组成，体现三方面内容：① 3年内在特许体系中增加或减少的分店数目的统计数据；② 企业拥有的店铺的3年的统计数据；③ 计划下一年开张的加盟店和企业直营店的情况。这一条目还要求特许人披露在上一个财政年度内以任何理由离开该体系的受许人的姓名、住址和电话号码。

条目21：财务报表

本条目包括了特许人商业的经过审计的财务报表，包括申请日之前的过去两个会计年度末的平衡表以及特许人在过去三个会计年度中每个年度的股东资产净值与现金流报表。受许人还可以发现特许人分公司或在其他公司里拥有直接或有益控制财务利息的公司的财务报表，以及与分特许人有关的实体的财务报表。

条目22：合同

此处，特许人必须附上受许人将签署的所有协议的复印件，这些协议包括特许经营合同与租约、选择、购买协议以及可能有重要意义的财务文件。

条目23：反馈文件

提供公告的最后一页是给潜在受许人的关于提供公告反馈的可拆分文件。应该有两份反馈文件复印件：一个由受许人保管，另一个由特许人归档以证明它是遵守联邦贸易委员会的交付与时间要求的。

4. 附件

通常在统一特许权提供公告的后面还有一些附件，如下所示：

- 财务报表
- 特许经营合同

- 受许人列表
- 协商销售的复印件
- 房屋租约
- 反馈文件
- 政府管理当局和地方办事处的相关文件
- 设备租约
- 贷款协议

3.5 特许经营主合同

经过多年的发展，特许经营主合同基本已经定型和模板化。但国内外的特许经营合同是有较大差别的，本书仅就国内特许经营合同做一简单陈述，有兴趣深入研究的读者可以参阅相关的书籍。

特许经营合同又可分为单店特许经营合同、多店特许经营合同与区域特许经营合同，前两者与第三者的条款事项大致相同，但是具体内容上有所差异，但我们可以把区域受许人视为一个特殊的单店受许人并以此来改写特许经营的单店特许经营合同为区域特许经营合同。此处仅以特许经营单店合同为例说明特许经营合同的结构及要描述的内容。

国内的特许经营单店合同大致分为四个组成部分：合同引言、合同中关键用语释义、合同的主体部分以及合同的附件部分。具体包括的内容和条款如下所述。

注意：这是一个作为示例的特许经营合同模式，各个特许人在使用中可以根据自己的实际需要进行修改。下面的叙述略去了合同前的双方名称、地址等确认以及合同结尾的签字确认。

1. 合同引言

主要说明的是特许人的特许权内容、声明特许人的商标是已经注册过的合法商标，以及本合同的意图。

2. 合同中关键用语释义

说明下文中的一些简略词的准确全称，如合同里常用的"甲方""乙方""非独占许可""特许人的标志""特许业务""生效日""加盟店店长"等。

3. 合同的主体部分

合同内容的主体部分共有二十二条。

第一条 特许授权的内容

说明该特许权的授予对象、内容、时间期限等限制，以及合同续签等事项。

第二条 加盟店的所在地点

说明加盟店的具体地址与要求，以及加盟店地址的变更办法、程序、条件等。

第三条 特许费用

主要说明应交纳的特许经营费用的名称、内容、数额、交纳的具体办法以及未交的惩罚措施等。

第四条　特许人的权利

主要说明特许人的对于受许人的监督和收取相应特许经营费用等的权利。

第五条　特许人的义务

主要说明特许人在受许人开业前后所应尽的义务,如培训、开店指导、商品配送、广告宣传等。

第六条　受许人的权利

主要包括受许人有权使用或经营特许人授予的特许权、获得特许人提供的支持、指导和帮助的权利等。

第七条　受许人的义务

主要包括受许人的按规定支付特许经营费用、按特许人CIS及手册规定建设单店、按特许人约定运营单店、维护特许人的商标及声誉、遵守特许人单店手册的运营规定、接受特许人的监督与管理、保守商业秘密、同对特许人的商标侵权做斗争等义务。

第八条　特许人声明

主要是确认特许人在本合同中的关于商标、合同限定内容以及对签约人的授权等。

第九条　受许人声明

主要是确认受许人对单店地址、加盟意图、遵守手册、对签约人的授权、对合同的认识等方面的声明。

第十条　当事人关系

本条款旨在说明,受许人是且应为一个独立的缔约方,且本合同中任何规定不得解释为在特许人和受许人之间建立代理人、联营关系或共同投资人关系。除非本合同另有规定,特许人或受许人皆不得以对方的代理人或代表人的身份开展活动,或承担对方的各项债务及相关财产责任。未经特许人许可,受许人不得为他方债务提供担保。

第十一条　合同权益的转让

说明受许人转让该合同时的条件、程序、交纳给特许人的费用等有关特许经营合同的转让事宜。

第十二条　特许人保留的权利

主要是阐明并确认特许人关于其特许权内容的权利,比如在受许人确认及同意的条件下,特许人有权随时修改和补充其按照本合同授权受许人使用或经营的特许经营体系模式,以及在本合同有效期间内,对特许经营体系所做的任何及所有改进应归特许人所有并以特许人名义就该改进部分取得相应的工业产权和/或知识产权等。

第十三条　合同的终止

主要是说明不同的合同终止方法的缘由及相应的程序、结果措施等,既包括特许人的终止,也包括受许人的终止,既有正常的终止、也有非正常的终止。同时本条款还对在合同的不同终止情况下特许人和受许人各自应负的责任进行说明。

我国《商业特许经营管理条例》中规定的一条也必须满足，即"第十二条　特许人和被特许人应当在特许经营合同中约定，被特许人在特许经营合同订立后一定期限内，可以单方解除合同。"

第十四条　合同终止后受许人的义务

主要说明本合同因故（包括期满或提前终止）终止时，受许人应尽的义务以及未尽义务时的惩罚办法。受许人的义务比如有应清欠付特许人的所有特许费用、立即并永远停止使用所有特许人体系的工业产权和/或知识产权、在规定期限内将含有特许人标记的物项退还特许人或销毁、尽快并永远停止以特许人加盟店或受许人名义进行对外活动等。

第十五条　违约责任

本条款主要是说明特许人和受许人各自在不同情况下的违约时所应承担的责任。

第十六条　不可抗力

主要是对"不可抗力"进行定义，并说明在发生不可抗力事件时各方应采取的措施，以及发生不可抗力时合同的部分或全部义务可能被免除的有关规定。

第十七条　争议的解决

主要说明双方在发生争议时的解决原则、办法、程序等。

第十八条　可分割性

主要说明如果本合同的某一或若干条款在任何方面无效、非法或无法执行，这些无效、非法或无法执行的条款或部分将视为从未包括在本合同中。其他条款的效力不变，同时具有法律效力，并可执行。

第十九条　通知

主要说明在本合同项下应发出的通知的格式、时间、方式等要求，以及特许人和受许人各自的接收通知的具体地址的邮编、传真号、收件人以及地址变更的应对事项等。

第二十条　对合同的弃权

主要说明特许人和受许人对于弃权的约定，比如规定"合同中的任何一方对于对方任何违反本合同规定的弃权不应当视为对任何后续违约或其他类似违约的弃权"。

第二十一条　对合同的变更、解除和终止

说明合同变更、解除和终止的条件、内容及程序等要求。

第二十二条　其他约定事项

包括附件说明、本合同适用法律、合同的有效期、份数、解释权等。

4. 合同的附件

通常可以包括特许人单店的经营范围及工作程序、合同中提及的受许人必须遵守的手册、加盟店设计图及照片等。

按照我国2007年5月1日实施的《商业特许经营管理条例》的规定，特许经营合同应当包括下列主要内容：

(一) 特许人、被特许人的基本情况；

(二) 特许经营的内容、期限；

(三) 特许经营费用的种类、金额及其支付方式；

(四) 经营指导、技术支持以及业务培训等服务的具体内容和提供方式；

(五) 产品或者服务的质量、标准要求和保证措施；

(六) 产品或者服务的促销与广告宣传；

(七) 特许经营中的消费者权益保护和赔偿责任的承担；

(八) 特许经营合同的变更、解除和终止；

(九) 违约责任；

(十) 争议的解决方式；

(十一) 特许人与被特许人约定的其他事项。

3.6 特许经营辅助合同

特许经营本身是一种商业或经济行为，在此商业或经济行为过程中，除了标准、独特和主要的特许经营合同外，根据各个行业、地域、时间、特许双方等的不同，特许经营双方还需要签订其他合同以作辅助。这一系列的特许经营合同才构成了完整的特许经营法律文件体系。

受许人选择加盟而非独自创业，主要原因之一就是希望能够获得来自总部或特许人的支持，希望这些支持中包括提供企业在创办和运作过程中的一系列法律性文件，如工程装修合同、工程保修合同、房屋租赁合同、人员管理中的劳动合同、保密协议、产品或设备购买合同、广告代理合同、运输合同以及行业内的专有合同等，这些合同是所有企业而非只有特许经营企业才有的普遍性法律文件。

但由于特许经营商业模式的独特性，在特许经营中的辅助合同里，还有其他非特许经营商业所没有的一些具有特许经营特色的合同，如商标许可合同、防止腐败合作协议、软件许可与服务协议、市场推广与广告基金管理办法、保证金合同、竞业禁止协议等。

安德鲁·J. 西尔曼在《特许经营手册》（*The Franchising Handbook*）中，列举了特许经营合同中通常使用的补充合同样本。西尔曼认为，特许经营合同不是受许人在被授予特许经营权时所签订的唯一文件。根据特许人想要得到的法律保护的程度、特许人与受许人之间经济关系的性质以及特许经营体系进行经营时所依据的行业规则，下列文件可能也是必不可少的[1]：

1　安德鲁·J. 西尔曼编著.《特许经营手册》[M]. 李维华，等译. 北京：机械工业出版社，2004.

① 全面弃权文件。所有的受许人在与特许人约定续约并继续执行特许经营协议时，或转让经营协议时，或转让他们在加盟店中的资本股份时，都必须签署并执行全面弃权文件。这份文件作为弃权书，将使受许人不能向特许人提出所有现在已经存在的或潜在的索赔或权利要求。在全面弃权文件是被迫签署的或其效力违反了国家政策的情况下，一些法庭限制了全面弃权文件的效力范围。

② 个人担保。为了达到众多税收和法律方面的目的，许多受许人为经营加盟店专门成立了公司，他们想以受其严格控制的公司的名义来执行特许经营协议。尽管这对特许人来说并不是一个重要问题，但是对在特许经营协议下确保所有的主要公司股东对财务与其他义务负个人责任方面却有很多好处。在这种情况下，我们极力建议特许人确保执行特许经营合同的受许经营公司的所有主要股东都要对受许人根据特许经营合同而应履行的义务承担个人责任。

③ 签署租赁协议。出于许多原因和目的，特许人可能想把带有其商标的一组标志单独租给受许人。除了额外的出租收入，商标或者标志出租通常包括交叉违约条款，这些条款授权特许人在中止与受许人的关系后立刻撤走并除去这些标志。这是确保顺利、高效地中止与心怀不满的受许人的关系的一个有力手段。标志租赁协议应该说明所有受许人都要遵守的具体条款和条件。

④ 特许经营合同下受许人经营地点选择附录。特许经营合同下受许人的经营地点选择附录应该在受许人于特许经营合同指定的地理区域内选择好具体的经营地点后再执行。附录修改了在特许经营合同签署时对经营地域范围的最初划定，这是确保具体的经营地点满足特许人要求并获其批准的手段和工具。

⑤ 租赁协议转让的选择权。受许人与房东签订租赁协议获得经营场地并在经营场地上建立主要经营中心，特许人因为任意原因而与受许人中止合同时都可以行使该租赁协议转让的选择权，这一选择权使特许人成为受许人签订的租赁协议的承租人。

⑥ 雇员非竞争和不泄密协议。这是受许人所有雇员都必须执行的协议，确保向这些雇员传授的所有信息都得到保密。这份协议也向受许人的所有雇员施加非竞争约束和限制。

⑦ 特别弃权书。这一文件应该由受许人在停止经营加盟店时签署。它是一份书面确认书，确认不存在在统一特许权提供公告中没有规定的特许人已经做出的或受许人可以信赖并依据的收入索取权、事实陈述或保证、担保。它通常也是一份确认专门的统一特许权提供公告和相关文件被及时提供给受许人的文件。

⑧ 存货购买协议。存货购买协议详细说明了当按特许经营协议和市场状况预计受许人将从特许人或其附属机构、单位购买某些种类的存货、储备或其他商品时，特许人和受许人的权利和义务。存货购买协议规定了相关事项及要点，如价格、货运条款、特定产品的担保、退货的方针与策略以及定购手续与程序。

[实例3-1]　《加盟意向书》实例

下面给出《加盟意向书》的模板，供读者学习、研究和实战时参考。

但要注意，每个特许人要根据实际情况拟订一份专属于自己的《加盟意向书》，不能生搬硬套别人的意向书。因为出版需要，下面的内容与实际意向书相比，有所删改。

甲方：

法定代表人：

地址：

邮编：

电话：

乙方：

法定代表人：

地址

邮编：

电话：

经甲、乙双方协商一致，本着互信、互惠、互利的原则，就乙方加盟"***"达成如下共识及意向：

1. 甲方许可乙方具备在＿＿＿＿＿＿＿＿＿＿＿＿＿＿＿＿＿＿＿＿（精确地址）经营"***"加盟分店的候选资格，在此同意接受其申请，并与乙方进行进一步的正式加盟谈判。

2. 在本意向书签订时，乙方向甲方交纳保证金＿＿＿＿＿＿＿＿元人民币。甲方向乙方出具保证金收据。在双方签订正式的特许经营合同时，此保证金从乙方应交的加盟金中扣除，乙方返还保证金收据。保证金不计利息。

3. 甲方在乙方支付保证金并签订本意向书后，至甲乙双方签订正式的特许经营合同前，为乙方保留加盟资格＿＿＿＿＿＿＿天。甲方承诺在本合同有效期内，不再将本合同约定的区域特许权许可给第三方。

4. 在甲方为乙方保留本合同约定的加盟资格期限内，乙方应遵循甲方的指导并努力按照甲方的要求进行选址。

5. 在甲方为乙方保留本合同约定的加盟资格期限内，若乙方没有按照甲方要求进行选址，甲方有权收回乙方的加盟资格，同时，在保证金中扣除甲方因指导乙方选址等而产生的相关费用（包括但不限于甲方人员的工作报酬、食宿费用、选址指导、考察等），余额返还乙方，乙方返还保证金收据。

6. 甲乙双方承诺在正式的特许经营合同签订之前的谈判、考察等时间内，向对方提供的资料、信息、意愿等都为真实可靠的。如果甲方有弄虚作假和故意隐瞒的情况，乙方有权要求甲方承担双方谈判和选址等的一切费用；如果乙方有弄虚作假和故意隐瞒的情况，甲方有权要求乙方赔偿双方谈判和选址等的一切费用。

7. 乙方在与甲方谈判中所获取的有关甲方的商业经营资料、信息，以及"***"特许经营体系的资料、信息均属于甲方的商业秘密，乙方应采取相应的保密措施，保证其自身及工作人员不自己利用或向任何第三方泄露或交付任何第三方使用该信息资料；否则，乙方应向甲方赔偿因此造成的一切损失。此保密义务在本合同终止后仍然继续生效。

8. 甲方在与乙方谈判中所获取的有关乙方的商业经营资料、信息，均属于乙方的商业秘密，甲方应采取相应的保密措施，保证其自身及工作人员不自己利用或向任何第三方泄露或交付任何第三方使用该信息资料；否则，甲方应向乙方赔偿因此造成的一切损失。此保密义务在本合同终止后仍然继续生效。

9. 本合同权益不能转让给第三方。

10. 甲乙双方应严格遵守本意向书之规定，履行本意向书下的义务。任何一方当事人违反，均应向对方赔偿因其违约而遭受的一切损失。

11. 因本意向书产生或与本意向书相关的一切纠纷，应提交湖南怀化市仲裁委员会仲裁裁决，该裁决对甲乙双方均具有约束力。

12. 本意向书自签订之日起生效，甲乙双方共同遵守，并据此谈判签订特许经营合同。本意向书一式两份，双方各执一份。

13. 在双方签订正式特许经营合同后，本合同自动终止。

14. 若在本合同规定期限内没签订正式特许经营合同，则本合同有效期截至_____年_____月_____日，届时，此合同将自然终止。

甲方（盖章）：_____　　乙方（盖章）：_____
法定代表人（签字）：_____　　法定代表人（签字）：_____
委托人（签字）：_____　　委托人（签字）：_____
地址：_____　　地址：_____

签订时间：_____年_____月_____日　　签订时间：_____年_____月_____日

[实例3-2] 《单店特许经营合同》实例

下面给出《单店特许经营合同》，供读者学习、研究和实战时参考。但要注意，每个特许人要根据实际情况拟订一份专属于自己的《单店特许经营合同》，不能生搬硬套别人的合同。因为出版需要，下面的内容与实际的《单店特许经营合同》相比，有所删改。

第3章　特许经营法律法规

甲　　　方：
地　　　址：
法定代表人：
授权代表：
联系电话：

乙　　　方：
地　　　址：
法定代表人：
身份证号：
联系电话：

引　言

1. "***"品牌是指***所拥有，可以授予其受许人使用的包括但不限于公司商标、商号、产品和服务、专利、专有技术、经营模式、管理体系、VI系统、SI系统等以及上述要素的整合所构成的"***"的文化、经营理念和公司商誉。

2. "***"商标是甲方经国家知识产权局商标局核准的注册商标，类别是第＿＿＿类，注册证号为＿＿＿＿＿＿＿，有效期为从＿＿＿＿年＿＿月＿＿日至＿＿＿年＿＿月＿＿日。

3. 为宣传"***"的商标/商号并为以下所使用的专有技术提供方便，***公司为其特许的受许人设计并开发了标准化的标志、公司名称、名片、文具、商业表格、经营流程手册、销售培训计划、人事管理和控制体系等，以及特定的"***"单店服务标识，以下统称"***"特许体系。

4. 现乙方欲根据以下约定自甲方取得本合同项下的特许经营权，在核准地点经营一家"***"加盟店。

5. 甲、乙双方本着平等互利、等价有偿、诚实信用的原则，订立本合同。甲、乙双方应严格遵守国家法律、法规的相关规定并严格执行本合同。

释　义

本合同以下条款中，下列词语具有如下含义：

1.甲方是指享有"***"特许体系的独立使用权，并有权许可乙方使用该特许体系的法人，在本合同中指***公司。

乙方是指与"***"特许体系特许方签订特许经营合同，而被授予在本合同规定的核准地点使用"***"特许体系的一方，在本合同中指的是＿＿＿＿＿＿＿＿＿＿＿＿＿＿＿＿＿＿＿＿＿＿＿＿＿＿＿＿（受许人姓名或加盟的公司名称）。

2. 非独占许可是指甲方根据本合同授予乙方的一种特许权利，根据该特许权，乙方可以在本合同规定的核准地点使用"***"特许体系经营特许业务，该特许权不是排他的，即甲方可以许可他人享有乙方同样的权利，但甲方承诺在本合同所指的加盟期内不在本合同有效区域授权第三方相同的权利。

3. "特许业务"是乙方经授权使用"***"特许体系及"***"特许体系商标，以本合同及其附件所规定的方式经营的具体业务。

4. "生效日"是指本合同经甲乙双方签署的日期（如甲乙双方签订日期不一致，以后一个签署日期为准）。

5. 加盟店店长：受许人实际聘用的加盟店店长。

第1条 特许授权的内容

1.1 特许经营权的授予：甲方同意根据本合同规定的条款及条件授予乙方在本合同有效期内，在本合同核准地点内经营"***"加盟店业务而使用"***"特许体系的非独占、不可再分许可的使用权（以下简称特许经营权或特许权）。

1.1.1 甲方承诺在本合同所指的加盟期内不在同一区域授权第三方享有与乙方同样的权利；本合同所指区域是_____
_____（商圈范围）。

1.1.2 前述1.1.1的承诺并不表示甲方授权乙方可以未经甲方批准增开新店、扩大或缩小本合同约定的单店面积。

1.2 名称与使用

1.2.1 乙方应以"***"（以下简称特许商号）为商号经营规定的餐饮业务，且未经甲方事先书面同意，不得在本合同规定的核准地点使用其他名称。

1.2.2 乙方所使用的"特许商号"的外观及其他识别所用字样，应当事先经过甲方书面同意。甲方保留要求乙方更改或修正任何乙方标示"***"加盟店名称或商标的权利。甲方在乙方不正当使用名称或标识未做、未达更改或修正要求时，不视为甲方放弃以后要求更改或修正的权利。

1.2.3 乙方为经营加盟店目的标示上述"特许商号"时，包括但不限于办公室标牌、营业场所标牌、文具、名片、广告材料等，应严格遵照甲方的相关合同与手册约定。

1.2.4 乙方未经甲方事先书面同意，不得将"***"的字样用作公司名称的一部分。

1.2.5 除非甲方同意，乙方不得在经营合同规定特许业务外使用"***"标志。

1.3 期限与展期

1.3.1 除依本合同的规定提前终止合同外，本合同的有效期为_____年，自甲乙双方在本合同上签字之日起开始生效。

1.3.2 展期

如乙方完全充分地执行本合同规定的各项条款和履行其各项义务，经甲方书面同意，本合同可以展期。甲方有权选择在乙方满足以下条件时与乙方签订展期合同：

第3章　特许经营法律法规

（1）乙方在合同期限届满之前半年内向甲方提交展期的书面申请。
（2）乙方所欠甲方的债务都已清偿。
（3）乙方完全履行本合同，并不存在任何违反本合同的行为。
（4）乙方同意交纳续约时的特许经营相关费用。

1.3.3　期满未续展

如乙方在本合同所规定的任何期限届满后没有选择展期而又继续从事"***"加盟店营业的，应立即停止实施上述行为，并赔偿因此给甲方造成的一切损失。

第2条　"加盟店"的所在地点

2.1　乙方仅在＿＿＿＿＿＿＿＿＿＿＿＿＿＿＿＿＿＿＿＿＿（以下简称"核准地点"）设立及经营面积为＿＿＿＿＿平方米的"***"加盟店，行使其根据本合同获得的特许业务。

2.2　乙方若需变更"核准地点"，应提前50日向甲方发出书面请求，说明：① 新地点的地址；② 变更原因；③ 其他可能影响甲方做出批准与否的因素。

2.3　非经甲方事先书面同意，不以"***"加盟店的名义从事任何非特许业务活动。乙方从事特许业务以外的其他业务均无权使用"***"特许体系。

第3条　特许经营费用

在本合同有效期内，乙方应当支付下述费用：

序号	名称	数值	交纳方式
1	加盟金	＿＿＿＿＿＿万元	一次性交纳
2	权益金/管理费	＿＿＿＿＿＿万元	自＿＿＿＿年＿月＿日起或每月＿日
3	品牌保证金	＿＿＿＿＿＿万元	一次性交纳
4	设备器材原料等	＿＿＿＿＿＿万元	一次性交纳

3.1　上表中"一次性交纳"的支付方式为：自双方在合同上签字之日起__2__个工作日内向甲方一次性支付。甲方应向乙方开具正式的现金收据。乙方也可用银行汇兑方式足额汇入甲方指定银行指定账号。（银行汇款时务必注明汇款用途为"加盟金"）

甲方指定银行：＿＿＿＿＿＿＿＿＿＿＿＿＿＿＿＿＿＿＿＿＿＿＿＿＿＿＿＿＿＿＿

甲方户名全称：＿＿＿＿＿＿＿＿＿＿＿＿＿＿＿＿＿＿＿＿＿＿＿＿＿＿＿＿＿＿＿

甲方指定账号：＿＿＿＿＿＿＿＿＿＿＿＿＿＿＿＿＿＿＿＿＿＿＿＿＿＿＿＿＿＿＿

3.2　乙方支付的加盟金不予退还。

3.3　如乙方延迟交付任何款项，每延迟一日，乙方应当向甲方支付每日万分之四的滞纳金及延迟支付款项期间的利息（按照同期中国人民银行一年期固定资产贷款利率计算）。

3.4 培训费

为保证"***"特许体系的运行，甲方建立了完善的培训体系，乙方在组织人员参加培训时，应向甲方交纳适当费用。

3.4.1 乙方开业前的首次集中培训之培训费全免，但乙方人员食宿差旅等自费。如果乙方后续新聘人员继续接受集中培训，每人须交纳培训费用，具体请参见甲方针对受许人的培训手册及相关规定。

3.4.2 乙方参加甲方组织的临时培训、论坛、活动等时，费用交纳方式及数额等参见届时的甲方放给乙方的培训规定。

3.5 品牌保证金

3.5.1 如由于乙方的原因，包括但不限于媒体曝光、执法机关判罚等导致"***"品牌受损的，甲方有权根据实际情况扣减乙方的保证金。甲方在做出最终决定之前，应给予乙方充分的申辩机会。

3.5.2 若乙方在加盟期内没有做出或导致甲方品牌损失的情况，期满后，甲方将保证金按本金全额退还乙方，不计利息。

第4条 甲方的权利

甲方在本合同项下的权利包括但不限于：

4.1 为确保"***"特许体系经营的统一性和产品服务质量的一致性，甲方有权对乙方的经营活动进行监督、指导。

4.2 甲方有权向乙方收取本合同及甲方的系列手册所规定的各种费用。

第5条 甲方的义务

5.1 根据本合同的规定向乙方提供"***"特许体系有关的服务与管理的培训，包括但不限于向乙方提供系列经营手册。

5.2 为乙方提供开业前的培训和指导。

5.3 协助乙方做好开店准备工作。

5.4 在本合同有效期内为乙方提供持续的经营指导。

5.5 甲方将根据市场情况对"***"品牌进行广告宣传，以维护和提升该体系的整体形象。

第6条 乙方的权利

乙方在本合同项下权利包括但不限于：

6.1 乙方有权在本合同约定的期限和核准地点行使特许经营权。

6.2 乙方有权依本合同规定在从事本合同约定业务时使用"***"特许体系。

6.3 乙方有权在本合同有效期内获得甲方提供的"***"特许体系特许业务的经营技术。

6.4 乙方有权接受甲方按本合同规定所提供的"***"特许体系的培训和指导。

6.5 如遇特殊情况，乙方可于本合同签订__7__日内单方面解除合同，但乙方需要弥补在此前甲方因此而遭受的所有损失以及付出的成本、费用。

第3章　特许经营法律法规

第7条　乙方的义务

7.1　支付费用

7.1.1　乙方应及时向甲方支付本合同第3条中规定的各项费用以及按照本合同或甲乙双方之间的其他约定应由乙方支付给甲方的任何其他款项及费用，并不得附有任何条件或限制。

7.1.2　乙方延期支付费用的，除按万分之四加收滞纳金外还加收利息，利率应以同期中国人民银行固定资产一年期贷款利率计算。

7.1.3　乙方在此确认及同意其对本条的任何违反将构成违约，情节严重时甲方有权依据本条款的规定终止本合同。

7.2　开办义务

乙方在以本合同规定的"特许商号"开始营业之前，应自行负担费用完成下列各项义务，该义务在本合同有效期间内应持续履行。

7.2.1　营业场所外观：乙方需依本合同和甲方提供的装修设计效果或方案的规定对其未来营业的"加盟店"营业场所进行必要的装修、翻修或更新。加盟店的设计方案必须经甲方书面认可。

7.2.2　营业场所招牌：乙方应在"核准地点"装设一个或多个有内部照明的显示"特许商号"的招牌。该招牌的式样必须符合甲方规定的标准及规格，其美工设计、字形排列、彩色设计、大小尺码、结构及整体外观等须经甲方事先书面核准。

7.2.3　设备器材原料工具：乙方应购置足够数量的设备器材原料工具及相关物品，其上应载明甲方的"特许商号"或符合甲方的规定。

7.3　持续性义务：除上述"开办义务"外，本合同有效期间内严格按照本合同和甲方的其他的相关规定开展营业活动。

7.3.1　管理及督导

乙方同意按下述规定积极参与甲方对"加盟店"营业的管理及督导：

（1）乙方应亲自积极、直接参与加盟店的营运，以及确保乙方遵守本合同的规定。

（2）加盟店店长如有任何变动，乙方应征得甲方的同意；但甲方无正当理由不应拒绝乙方更换加盟店店长。

7.3.2　记录

乙方同意建立并保持本合同和系列运营手册中规定的各种记录与报告，并应根据本合同和系列运营手册中规定的提交时间及方式将该记录及报告提供给甲方。

7.3.3　财务报表

乙方应按甲方要求，于每一会计年度结束后30天内将其按会计准则、营业规范守则编制的一份完整翔实的财务报表提交甲方。

乙方承诺将及时和如实的记录其营业收入的情况，不得隐瞒或虚报任何营业收入和其他数据，否则将构成严重违约，甲方可以据此立即终止本合同并追究乙方的违约责任。

7.3.4 竞业禁止

未经甲方事先书面同意，乙方及其本加盟店的股东、合伙人、高级职员在本合同有效期内或期满或终止后五年内不得直接或间接以高级主管、董事、股东身份或名义投资、经营或管理任何与本特许经营体系相关或相似的行业。

7.3.5 免责条款

甲方不应承担因乙方经营加盟店或与乙方的经营有关的争议而发生本合同规定的应由甲方承担的费用以外的其他任何费用（包括但不限于诉讼费用与律师费用），由乙方予以赔偿。乙方根据本项规定应履行的义务于本合同期满或终止后继续有效。

7.4 与服务的品质及商誉有关的义务

乙方确认，其提供的服务应保持"***"加盟店特许体系要求的标准，并应努力提高与"***"商标有关的声望与商誉。因此，乙方同意履行下列各项义务。

7.4.1 特许商号的使用

乙方同意于本合同有效期间内经营其特许业务时，在一切广告、推广及交流等活动中使用甲方的特许商号，包括电话答询、营业场所招牌、场地牌示、名片、文具、促销及广告材料，以及乙方使用的一切其他资料。乙方承诺，在本合同有效期间及在"核准地点"经营特许业务的过程中，除了使用特许商号外，不得以任何方式使用其他的商标或商号。乙方同意甲方对参与乙方"特许经营权"业务的所有人员进行督导，并确保乙方全体人员遵守本合同及系列运营手册的规定。

7.4.2 营业时间

本合同有效期间内，乙方应保证每日的正常营业时间。乙方承诺提供迅速、礼貌及高效率的服务，使乙方的服务及经营水准符合甲方的系列运营手册及专业标准的要求，从而保持并提高"***"商标及"***"特许体系的价值。

7.4.3 接受甲方稽核

乙方允许甲方于任何时间检查乙方的业务及营业场所，并承诺将乙方的账册、纳税申报资料与记录提供甲方稽核。甲方根据本合同行使其稽核权时，乙方应于收到甲方的书面通知后，保证在乙方的核准地点备妥一切相关账册、纳税申报资料及其他记录，供甲方稽核。甲方有权利为其所有加盟店制订一套统一的簿记制度，而乙方同意依甲方的规定保持其账册记录。

7.4.4 职业道德标准

乙方同意以符合本合同和系列运营手册中的规定及国家、地方法律法规，以及行业惯例或类似规定的方式经营"加盟店"，并以相同方式督导乙方的所有雇员。乙方应将任何与乙方营业有关的案件及惩戒处分纪律资料提供甲方。乙方同意在本合同有效期内保持其经营、资质证书、注册登记文件及执照合法有效。

第3章　特许经营法律法规

7.4.5　"***"特许体系

（1）乙方承认甲方享有自行使用，或在甲方核准地点内授权他人使用"***"特许体系的权利。

（2）乙方同意并承诺仅就其在"核准地点"经营时使用"***"特许体系，并且乙方的上述使用权是以乙方能继续充分并及时履行其在本合同项下的各项义务为先决条件。

（3）乙方承诺将以适当且符合本合同要求的方式使用"***"特许体系。

（4）乙方除享有根据本合同规定使用"***"特许体系的权利外，并未取得与该标志和体系有关的任何其他权利。

（5）乙方同意在本合同有效期间内或提前终止后的任何时间，乙方不得对"***"特许体系提出有关所有权的任何主张，或于任何时间对"***"特许体系的有效性提出争议、诽谤或怀疑。

（6）乙方同意不在本合同有效期间内或期满或提前终止后任何时间，采用或使用或设法登记、注册足以与本合同特许使用的"***"特许体系构成混淆的任何相同或相似名称、标记、标识、互联网域名、微博、微信、头条、抖音、论坛、旗帜或符号等。

（7）乙方同意在与上述"***"特许体系以及甲方根据本合同规定授予乙方使用的其他产品及物品的权益保护有关的任何法律诉讼（不论是由甲方自行提起或由他人提起）程序中与甲方配合并协助甲方。

7.4.6　商业秘密

（1）乙方承诺，由甲方根据本合同透露给乙方的、有关"***"特许体系的任何资料，其中包括但不限于在会议、研讨会、培训课程、会谈或系列运营手册或其他材料中随时透露的信息和资料是甲方独家的、保密的商业秘密。乙方同意其将在本合同有效期内和之后对所有这些资料保守绝对机密，并同意不在甲方没有特别书面授权或批准的任何其他业务中或以任何其他方式使用这些资料。乙方除了为依据甲方在本合同中已设置的限制行使其本合同项下的权利或履行本合同项下的义务所必须外，不应当将这些资料泄露给其他雇员。

（2）乙方特此同意如果在对"***"特许体系的经营管理中开发出任何有关该系统的新概念、流程或改进，应当于20日内通知甲方，并向甲方全部、无偿提供有关的各项资料。

（3）乙方承认，所有上述概念、流程或改进应当成为甲方的无形资产，甲方可以自行使用或将这些资料透露给其他受许人与直营店分享。

（4）乙方应当促使其高级职员、董事和股东承担本条规定的保密义务。本合同终止后，本条款继续有效。

7.4.7　广告及广告的审查

乙方可自行出资做广告宣传与推广，但活动的计划、内容等应事先征得甲方的书面同意。

7.4.8 营业场所面积与外观要求

（1）乙方所有营业场所的地点、面积、外观、内部装饰及整洁状况，必须符合甲方的标准要求。为此，乙方同意并保证使其营业场所在面积及内外观等方面均符合系列运营手册所规定的各项要求，并且乙方在其"加盟店"的营业场所只有经甲方验收合格后方可正式营业。

（2）乙方应持续将其营业场所的内部与外部形象保持在与当初被甲方验收时相同或更高的标准。如乙方不遵守此项规定，甲方有权利单方面提前终止本合同。

7.4.9 顾客关系与商誉的保护

（1）乙方同意，当乙方客户向甲方投诉时，甲方可以就该投诉进行调查，并可以从乙方、该投诉当事人以及相关证人处获得他们对相关事实的意见。

（2）乙方同意在此调查过程中与甲方充分配合。甲方收到一项投诉后，除特殊情况，将于45天内完成调查。完成调查后（且乙方仍未解决该争议时），若甲方根据其获得的事实资料足以认定该项争议是由于乙方提供的服务品质不符合标准要求，或以重大不当方式处理事务时，甲方将以书面告知乙方该项调查结论，并将甲方做出的指导原则提供乙方，规定乙方可以正确解决该项争议的方法。

（3）对于乙方未能按照甲方提供的指导原则解决该争议时，甲方有权利使用乙方交纳的保证金对乙方客户先行赔偿，详见《保证金协议》。

7.4.10 甲乙双方的关系

甲乙双方同意，甲方有权指定第三方受让甲乙双方本合同项下甲方的权利义务。如第三方受让本合同，乙方承诺其应继续向第三方支付本合同规定的原来应向甲方支付的所有特许费用并继续履行本合同规定的义务。转让时，如乙方尚未完全支付本合同规定的对甲方的特许费用和其他费用，乙方应向甲方履行支付。

7.4.11 第三方侵权的处理

乙方发现第三方对"***"特许体系的侵权行为后，应告知甲方，并对甲方针对侵权行为所采取的措施进行积极配合。

第8条 甲方声明

甲方兹声明下列陈述确属真实无误。

8.1 甲方有权自行使用并授权乙方使用"***"特许体系。

8.2 甲方签订本合同的行为不违反或不构成不履行甲方作为当事人的其他任何合同或承诺。

8.3 签署本合同的甲方高级主管人员被合法授权代表甲方签订本合同。本合同一经双方代表签署且加盟金等特许经营费用支付到位，即构成对甲方有效并具约束力的义务，甲方应根据本合同的要求履行其义务。甲方并未授权其他任何业务人员代表甲方签署本合同。

第3章　特许经营法律法规

第9条　乙方声明

乙方兹声明下列陈述确属真实无误。

9.1　乙方有能力与意愿领取到在"核准地点"所在地有关政府部门批准从事本合同项下特许经营之业务所需的营业执照、资质资格等所有有关文件，从而可以合法从事本合同所定义的特许业务。

9.2　乙方并无任何意图出售，或试图出售，或转让其加盟店的全部或部分股份，乙方也不存在正在进行解散，或清算的程序，乙方董事会或其股东也没有采取任何行动授权解散或清算程序。

9.3　乙方理解并认同甲方规定的高水准及统一的质量、外观及服务标准对于维护"***"商标价值的重要性和按照"***"特许体系经营加盟店的必要性。乙方特此声明有能力与意愿遵守该标准。

9.4　乙方在签署本合同之前已认真阅读并充分理解所有甲方向其提供的有关"***"特许体系的资料及相关文件。

9.5　乙方在签署本合同30日之前已认真阅读并充分理解甲方按照中国2007年《商业特许经营管理条例》及2012年4月1日生效的《商业特许经营信息披露管理办法》所做出的全部信息披露。

9.6　乙方签订本合同的行为不违反或不构成不履行乙方作为当事人的其他任何合同或承诺。

9.7　代表乙方签署本合同的签约人系经过乙方授权。本合同经双方代表签署，即构成对乙方有约束力的义务，乙方应根据本合同的要求履行其义务。

9.8　乙方确认，除在甲方交付乙方的各种材料中列明的事项外，甲方本身或任何甲方的全权代理人或代表人未曾做出任何其他性质的声明、承诺、担保或保证，以诱使乙方签署本合同。乙方了解，加盟店的成功依赖于乙方的努力。乙方声明，其有意愿管理或督导乙方加盟店的业务。乙方确认，甲方或任何他人皆未担保或保证乙方加盟店的经营必然盈利。

9.9　乙方及乙方高级职员、董事与重要股东均已仔细阅读本合同并充分了解其中条款的内容及重要性，并共同声明，其各自均有能力也有意愿遵守该规定。

9.10　乙方完全了解应于甲方规定的期限内缴清其应缴的费用，若未于甲方所规定的期限内交纳，且经甲方按本合同催告后仍未于甲方规定的期间缴清其应缴的费用，甲方可以在书面通知乙方后提前终止本合同且不承担任何责任。

9.11　乙方向甲方提供的信息是真实准确无误的，包括但不限于店面地址、面积、人员的姓名、性别、报表等。

第10条　当事人关系

乙方系一个独立的缔约方，且本合同中任何规定不得解释为在甲方和乙方之间建立代理人、联营关系或共同投资人关系。除非本合同另有规定，甲方或乙方皆不得以对方的代理人或代表人的身份开展活动，或承担对方的各项债务及相关财产责任。未经甲方的许可，乙方不得以与"***"有关的任何事项为他方的债务提供担保。

第11条 合同权益的转让

11.1 本合同中规定的任何权利或利益，未经甲方的事先书面许可，乙方皆不得以任何方式转让、转移或分割给任何第三方或与之共享；且未经甲方事先同意的任何此等转移、转让、共享或分割，均属无效。甲方有权拒绝乙方转让本合同的权利或权益的要求。甲方给予的同意或许可可以附加以下条件，其中包括但不限于：

11.1.1 受让人的资格须符合转让时甲方当时评定新加盟成员的标准；

11.1.2 乙方付清应向甲方支付的一切款项；

11.1.3 乙方已经对其违反本合同、乙方与甲方签订的任何其他合同的所有违约行为以及对甲方的侵权行为承担了全部责任；

11.1.4 由受让人签署一份甲方于上述转让行为发生时甲方使用的特许经营合同，该合同的格式可以载有与本合同不同的条款；

11.1.5 由受让人向甲方支付一笔转让费，金额为届时单店加盟金的_____%；

11.1.6 受让人须自行负担费用参加甲方举行的新加盟成员培训；

11.1.7 受让人应签署一份声明，证明受让人于预定转让日之前至少30个营业日已收到最新的关于"***"特许体系的相关文件，并已仔细阅读并理解、同意所有上述文件的内容；

11.1.8 若乙方预定的受让人拟于本合同"核准地点"以外的其他地址经营特许业务时，该预定的新地点应符合甲方当时加盟店址评定标准的要求并经甲方书面确认。

11.2 乙方如欲转让（不论直接或间接）其在本合同下的"特许经营权"，应提前以书面形式通知甲方，载明预定转让的条款、预定受让人的最近财务报表以及甲方就该项转让计划所要求的其他资料，且应给予甲方充裕的时间，使甲方就任何拟议中的转让计划能够依照与新加盟成员有关的规定处理。

11.2.1 接到该项通知后，甲方应于 60 天内同意或拒绝同意该转让计划，或选择依通知书中列明的相同条款自行接受该转让计划。若甲方既未行使其任何权利或选择权，也未以其他方式答复乙方，应视为甲方拒绝同意该项转让计划。

11.2.2 甲方对某一转让计划，根据该计划特定条款所做出的同意，不应视为甲方也同意可按任何其他条款规定做出转让，或可转让予任何他人，或构成甲方同意任何后续的转让。

11.3 在根据本合同规定对"特许经营权"做出任何转让之前，乙方或乙方预定的受让人同意自行支付合理的必要费用，促使该预定受让人的营业场所符合甲方当时就其加盟店的营业场所内部或外部面积、装潢、整体外观以及整洁状况所订的最新标准。

11.4 非经甲方事先书面许可，乙方不得在"***"特许体系、加盟店的经营场所或乙方从事"***"加盟店特许经营业务所获得的任何营业收入或收益上设定任何担保。

第3章　特许经营法律法规

第12条　甲方保留的权利

12.1　乙方明确了解并同意,甲方对依本合同授予乙方使用的各种"***"特许体系的商誉、商业秘密与专有财产保留一切权利、所有权及权益。

12.2　乙方确认及同意,甲方有权随时修改和补充其按照本合同授权乙方使用的"***"特许体系,包括修改和补充系列运营手册中规定的各种标准、规格与其他要求事项。乙方应依本合同规定自行负担费用并遵守有关修改和补充事项。在本合同有效期间内,对"***"特许体系所产生的新概念、流程及所有改进应归甲方所有,并以甲方名义就该改进部分取得相应的知识产权。

12.3　甲方就其并未明确授权乙方的各项"***"特许体系的部分,保留其一切权利。

第13条　合同的终止

13.1　甲乙双方经协商一致决定终止合同的,自终止协议签署之日起,合同终止。

13.2　本合同规定的期限届满时,合同自然终止,除非乙方选择展期。

13.3　如本合同履行中乙方出现以下情况,甲方有权单方面提前终止合同且不承担任何责任:

（1）乙方擅自在本合同规定的核准地点外行使特许经营权。

（2）未经甲方同意,乙方擅自向第三方转让对"***"特许体系的特许经营权。

（3）乙方违反本合同及系列运营手册的规定,不向甲方提供真实的财务会计报表或其他经营数据。

（4）乙方因资不抵债、破产、资产被强制留置给债权人而进入任何形式的无清偿能力、破产程序或为债权人利益提出申请而使用的程序。

（5）乙方营业执照被工商管理部门吊销或其股份在未经甲方同意的情况下被出售;

（6）乙方或其股东、董事、高级职员等违反本合同规定的保密义务及竞业禁止义务。

13.4　乙方出现包括但不限于以下违约情况,甲方应提前5日书面通知乙方纠正违约行为,如乙方未在通知确定的期限内予以纠正,甲方有权单方面提前终止合同且不承担任何责任:

（1）乙方未按本合同规定的付款金额、期限、方式等向甲方履行付款义务。

（2）乙方未遵守本合同和系列运营手册中关于"***"特许体系商号使用之规定。

（3）乙方未按本合同和系列运营手册的规定维护"***"特许体系的商誉和统一形象。

（4）乙方未按本合同的规定办理并取得从事本合同规定业务所必需的各种批文批复执照等手续。

（5）乙方未能在本合同生效之日起_____天内开设并开业运营符合要求的加盟店,或未能将其现有营业场所装修,使其成为符合要求的加盟店;符合要求包括但不限于符合甲方关于营业场所面积、装潢与品质、一切标牌符合本合同及系列运营手册所规定的其他要求。

（6）乙方未能依照法律、法规和餐饮行业的职业道德准则的规定经营特许业务。

13.5　甲方出现以下违约事项，乙方应提前5日书面通知甲方纠正该违约行为；如甲方拒不纠正，乙方有权单方面提前终止合同：

（1）无正当理由，甲方不提供"***"特许体系的特许经营权。

（2）在乙方未出现任何违约事项的情况下甲方违反本合同的规定。

13.6　因任何一方违约导致合同终止的，违约方仍应按照第15条规定，向另一方承担赔偿损失等违约责任。

13.7　本合同的终止不能免除任何当事人于该终止前产生于合同有效期内的责任，也不影响由本合同明确规定的本合同终止后仍然有效的条款的效力和履行。

13.8　除非本合同另有规定，乙方应向甲方支付的款项，不应当以产生于本合同或与本合同有关的争议为理由，被预扣或抵作甲方因被起诉对损失负有赔偿义务的款项。

第14条　合同终止后义务

本合同因故（包括期满或提前终止）终止时，乙方应不再是一个被授权的前述"***"受许人，且有义务完成所有下列行为及事项；而下述义务不受本合同终止的影响，且属乙方的持续性义务。

14.1　付清乙方欠付甲方的所有特许费用。

14.2　乙方应立即并永远停止使用所有"***"特许体系，包括但不限于所有类似"***"特许体系的名称及商标，以及含有"***"特许体系的任何其他名称或标识，或表示乙方是或曾经是一个被授权的受许人或加盟店的任何其他名称、标识或标记、或类似的色彩及文字。

14.3　乙方应于 30 日内将含有"***"特许体系或任何类似名称、标记、称号、或表示或足可表示乙方是或曾经是一个被授权的"***"受许人或加盟店的标记、文具、信件、表格、手册、印刷材料、胶卷、磁带、磁盘、光碟、经许可的软件等销毁或交付给甲方，并尽快将甲方租借乙方的任何设备、器材、工具、原料等退还甲方。

14.4　乙方应尽快并永远停止以"***"加盟店名义刊登广告，包括但不限于立即将乙方营业场所内外含有"***"特许体系标记或其他类似识别标记的招牌拆除，并立即将表明出售或出租的含有"***"特许体系标记或其他类似识别标记或旗帜（包括现场招牌及支架）以及与任何"***"特许体系现场标牌的色彩或造型或形状结构类似的任何现场标牌或其他招牌拆除。

（1）乙方承认此等物品构成甲方专有的商业用品，且乙方与甲方建立特许经营关系之前在其经营中从未使用过该类型的商业宣传品。

（2）若乙方未能于本合同终止之日起 30 日内拆除乙方营业场所内的所有上述标记，乙方在此授权甲方进入乙方场所内查处该标志，乙方应偿付甲方因查处、储存及处置该等物品所发生的一切费用。若乙方未能于甲方拆除物品后 15 日内取回该等物品，甲方应有权自行决定出售或以其他方式处置该等物品，且甲方有权用出售或处置该等物品的收入所得，用以抵扣拆除、储存及出售该等物品所发生的费用，并用以抵扣乙方欠付甲方的款项或债务。

14.5　乙方应立即并永远停止使用"***"特许体系,包括但不限于含有"***"特许体系内容的各种手册及辅助资料、推广影片及促销资料,以及甲方依本合同规定交付乙方使用的一切商业秘密、机密资料及专用资料。

14.6　乙方应立即将系列运营手册等"***"特许体系经营窍门相关系列资料原件及复印件退还甲方。

14.7　乙方应避免做任何可能表示乙方现为或者曾经为一个被授权的"***"受许人或加盟店的行为。

14.8　将甲方根据本合同规定要求乙方建立并保持的一切簿册、记录和报告,于本合同终止后至少保留3年,并且许可甲方于该保留期间内在正常营业时间对乙方的该等簿册记录进行最后检查及稽核,以查证乙方根据本合同推定应缴付相关款项是否均已付清。

14.9　乙方应被视为已依据本合同规定授权甲方可采取任何必要措施注销乙方在公用电话簿及其他名录上以"***"特许体系名称刊登的电话号码或广告,并停止其他表示乙方现在或过去与"***"特许体系之间关系的资料的使用。如任何刊登该等资料的电话公司、名录出版商及其他个人或实体,因为甲方根据乙方上述的委托授权所采取的任何措施而蒙受任何费用、损害、律师费、各杂项开支及债务,乙方应负责赔偿。

14.10　乙方应立即并永远促使其所有高级主管、员工停止穿着有"***"特许体系的制服或任何其他表示或可能表示乙方现在是或过去曾是一个被授权的"***"受许人或加盟店的服装,并尽速将该等服装销毁或交回甲方。

14.11　乙方确认,本合同有效期间内及本合同终止(包括期满,且随后未发生转让的情况)后,甲方应有权获取和使用乙方根据合同或相关规定提供给甲方的资料。

第15条　违约责任

15.1　本合同因乙方原因被提前终止时,乙方应向甲方支付违约金,违约金的数额为人民币_____万元整。

15.2　乙方未按本合同规定的期限或金额向甲方支付特许费用,经甲方书面通知后予以补交的,乙方应向甲方支付滞纳金及迟延支付期间的利息。滞纳金以迟延缴付金额的万分之四/日的方式确定;利息按照同期中国人民银行一年期固定资产贷款利率确定。

15.3　如乙方违反竞业禁止规定,甲方除按照本合同的规定要求乙方纠正或终止合同外,有权按乙方违反竞业禁止所得的金额向乙方索赔损失。

15.4　乙方未按照本合同的规定,在得知特许区域内存在任何对"***"特许体系侵权的情况下及时通知甲方,应当赔偿乙方未能履行其义务而使甲方受到的更大损失。

15.5　除本条规定的事由外,如乙方在履行合同中出现其他违约事项,其应当即时纠正,继续履行合同,并向甲方赔偿甲方因其违约遭受的实际损失。

15.6　甲方违反本合同规定的,乙方有权书面通知其纠正,如甲方拒不纠正,乙方有权终止合同并要求甲方承担因甲方违约所遭受的实际损失。

第16条　不可抗力

16.1　"不可抗力"指本合同双方无法预见、无法控制、无法避免且在本合同签署之日后发生并使任何一方无法全部或部分履行本合同的任何事件。不可抗力包括但不限于爆炸、火灾、洪水、地震及其他自然灾害及战争、征收、没收、政府主权行为、法律变化或未能取得政府对有关事项的批准或因政府的有关强制性规定和要求致使双方无法继续履行本合同，以及其他重大事件或突发事件的发生。

16.2　如果发生不可抗力事件，受影响一方应当以最便捷的方式毫无延误地通知另一方。不可抗力事件发生的___15___天内向另一方提供该事件的详细书面报告及经当地公证机关证明不可抗力发生的有效证明。受到不可抗力影响的一方应当采取所有合理行为消除不可抗力事件对履行本合同的影响，以便另一方决定是否终止或推迟本合同的履行，或部分或全部地免除受影响方在本合同中的义务。

第17条　争议的解决

17.1　双方之间因本合同产生的或与本合同（包括但不限于有本合同的生效、解释、履行、修改和终止）有关的一切争议、纠纷或索偿均应当首先通过友好协商解决。

17.2　如果通过协商未能解决争议，任何一方当事人均不得在其后的仲裁程序和其他任何程序中援引对方当事人在协商中提过、建议过的、承认过的以及愿意接受过的任何陈述、意见、观点或建议作为其请求、答辩及/或反请求的依据。

17.3　在提起仲裁程序之前，当事人应当书面通知对方争议的存在及性质。甲方和乙方各自同意在对方收到通知起___60___日内尽可能友好地解决争议。如果在以上期限内争议未得到解决，则任何一方可将争议事项提交_____仲裁委员会申请仲裁，该仲裁裁决为终局裁决，对双方当事人均具有法律约束力。

第18条　分割性

如果本合同的某一或若干条款在任何方面无效、非法或无法执行，这些无效、非法或无法执行的条款或部分将视为从未包括在本合同中。其他条款的效力不变，同时具有法律效力，并可执行。

第19条　通知

19.1　本合同项下应发出的任何通知或其他文件应以中文形式书写，可以通过专人递送、挂号信、Email、手机短信、传真或快递服务方式按下述地址送达或发给要送达的一方：

（1）甲方：

地址：

邮编：

传真号：

Email：

手机：

收件人：

（2）乙方：
地址：
邮编：
传真号：
Email：
手机：
收件人：

如任何一方变更其通信地址，则应提前15日将其新通信地址书面通知对方。
19.2　任何通知或文件的送达时间按以下方式确定：
（1）如为递送，为实际送达时。
（2）如为邮寄，为交付挂号邮寄后7天。
（3）如为通过EMS快递服务发出，为该服务受理后3天。
（4）如为传真，传出传真的传真机打印出指明传真已全部发送至接收的传真号码的传输结果报告时。
（5）如为Email、手机，发出信息后1天。

第20条　弃权

任何一方对于对方任何违反本合同规定的弃权不应当视为对任何后续违约或其他类似违约的弃权。

第21条　修改

对本合同的任何修改应当以书面形式，并由双方当事人签字。

第22条　附件

本合同的附件是本合同不可分割的组成部分，与本合同具有同等法律效力。本合同附件若与合同规定不一致，以合同为准。

第23条　其他约定

法定代表人（授权代表）：　　　　　　法定代表人（授权代表）：
签约地点：　　　　　　　　　　　　　签约地点：
签约时间：　　　　　　　　　　　　　签约时间：

附件：系列特许经营手册目录及实际的手册

[实例3-3] 《区域特许经营合同》实例

下面列举一份《区域特许经营合同》，供读者学习、研究和实战时参考。本合同的受许人是一个不具备再特许权力的区域受许人，或称为多店受许人。

注意，每个特许人都要根据实际情况拟订一份专属于自己的特许经营合同，不能生搬硬套别人的合同。因为出版需要，下面的内容与实际的《区域特许经营合同》相比，有所删改。

甲　　　方：
地　　　址：
法定代表人：
授 权 代 表：
联 系 电 话：

乙　　　方：
地　　　址：
法定代表人：
身 份 证 号：
联 系 电 话：

引言

1. "***"品牌是指所拥有，可以授予其受许人使用的包括但不限于公司商标、商号、产品和服务、专利、专有技术、经营模式、管理体系、VI体系、SI体系等以及上述要素的整合所构成的"***"的文化、经营理念和公司商誉。

2. "***"商标是甲方经国家知识产权局商标局核准的注册商标，类别是第____类，注册证号为_____，有效期从_____年____月____日至_____年____月____日。

3. 为宣传"***"的商标/商号并为以下所使用的专有技术提供方便，***公司为其特许的受许人设计并开发了标准化的标志、公司名称、名片、商业表格、经营流程手册、销售培训计划、人事管理和控制体系等，以及特定的"***"连锁店服务标识，以下统称"***"特许体系。

4. 现乙方欲根据以下约定自甲方取得本合同项下的特许经营权，在核准区域经营"***"加盟店。

5. 甲乙双方本着平等互利、等价有偿、诚实信用的原则，订立本合同。甲乙双方应严格遵守国家法律、法规的相关规定并严格执行本合同。

释义

本合同以下条款中，除文字需另做解释外，下列词语具有如下含义：

第3章 特许经营法律法规

1. 甲方是指享有"***"特许体系的独立使用权，并有权许可乙方使用"***"特许体系的法人，在本合同中指***公司。

2. 乙方是指与"***"特许体系特许方签订特许经营合同，而被授予在本合同规定的核准区域使用"***"特许体系的法人，在合同中指＿＿＿＿＿＿＿＿＿＿＿＿＿＿＿＿。

3. 非独占许可是指甲方根据本合同授予乙方的一种特许权利，根据该特许权，乙方可以在本合同规定的核准区域使用"***"特许体系和标志经营特许业务。该特许权不是排他的，即甲方可以许可他人享有乙方同样的权利，但甲方应遵守本合同的相关规定。

4. "***"标志是指使用"***"加盟店这一名称的各种表现形式，包括但不限于"***"加盟店商标及本合同和甲方配发给乙方的系列运营手册中所列明"***"特许体系的其他宣传用语、商标、标志、核准商号等。

5. "特许业务"是指为本合同之目的，乙方经授权使用"***"特许体系和标志，以本合同及其附件所规定的方式经营的具体业务。

6. "生效日"是指本合同经甲乙双方签署的日期（如甲乙双方签订日期不一致，以后一个签署日期为准）。

7. 加盟店店长，受许人实际聘用的加盟店店长。

第1条 特许授权的内容

1.1 特许经营权的授予甲方同意根据本合同规定的条款及条件授予乙方在本合同有效期内，在本合同核准区域内经营"***"加盟店市场开发、餐饮业务经营等业务而使用特定"***"特许体系的非独占不可再分许可的使用权（以下简称特许经营权）。

上述"***"特许体系规定在甲方配发给乙方的系列运营手册中，包括其修订及补充部分。乙方同意接受甲方的上述授权。

1.2 名称与使用

1.2.1 乙方应以"***"区域受许人的名义经营"***"加盟业务，且未经甲方事先书面同意，不得在本合同规定的核准区域外经营。甲方保留要求乙方更改或修正任何乙方标示"***"名称或商标的权利。甲方在乙方不正当使用名称或在乙方标示未按要求更改或修正时，不视为甲方放弃以后要求更改或修正的权利。

1.2.2 乙方为经营"***"特许体系目的标示上述特许的商号时，包括但不限于办公室标牌、营业场所标牌、文具、名片广告材料，所有这些标示均应严格遵照甲方配发给乙方的系列运营手册的规定。

1.2.3 乙方未经甲方事先书面同意前，不得将"***"及其中任意词的组合的字样用作公司名称的一部分。

1.2.4 除非甲方书面同意，否则乙方仅可为经营特许业务而使用"***"加盟店及类似标志。

1.3 期限与展期

1.3.1 除依本合同的规定提前终止合同外，本合同的期限为_____年，自甲乙双方在本合同上签字之日（以下简称生效日）起开始生效。

1.3.2 展期

如果乙方充分完全地执行本合同规定的各项条款和履行其各项义务，则经甲方书面同意，本合同的期限可以展期。甲方有权选择在乙方满足以下条件时，按届时与其他受许人签订的特许经营合同的条件与乙方签订展期合同。

（1）乙方应在合同届满之前 90 天内向甲方提交展期的书面申请。

（2）乙方所欠甲方的债务、款项等都已经清偿。

（3）乙方完全履行本合同，并不存在任何违反本合同的行为。

（4）乙方支付一笔展期费，数额为当时的加盟金全额的_____%。

1.3.3 期满的继续

如乙方在本合同所规定的任何期限届满后没有选择展期而又继续从事"***"特许体系相关业务的，应立即停止实施上述行为并应赔偿因乙方行为给甲方造成的一切损失。

第2条 区域受许人的经营区域

2.1 乙方仅在_____（以下简称核准区域）设立及经营"***"加盟事业，行使其根据本合同获得的特许业务。非经甲方事先书面批准，乙方不得在任何其他地点经营任何"***"的特许业务。

2.2 乙方不得在核准区域从事任何非特许业务活动。乙方从事特许业务以外的其他业务均无权使用"***"特许体系及其相关体系。

2.3 乙方可在核准区域内代甲方招募甲方的受许人，但所有受许人必须与甲方直接签订特许经营合同，所有特许经营费用交予甲方，然后由甲方付给乙方相应的酬劳。

2.4 经甲方事先书面同意，乙方可以开办临时办公室和其他种类的办公室，具体办法另行协商。

第3条 特许费用

在本合同有效期内，乙方应当支付下述费用。

3.1 加盟金：乙方向甲方支付的加盟金为_____万元人民币。支付方式为自本合同生效后 3 个工作日内向甲方一次性支付。乙方支付的加盟金不予退还。

3.2 为保证"***"特许体系的运行，甲方建立了完善的培训体系，乙方在组织人员参加培训时，人员、内容及费用等参照甲方的系列运营手册的规定。

3.3 保证金：乙方应与甲方签订保证金合同，向甲方交纳____万元人民币品牌保证金。

3.4 依照本合同及本体系的系列手册所规定的乙方应向甲方交纳的其他费用。

第4条 甲方的权利

甲方在本合同项下的权利包括但不限于：

4.1 为确保"***"特许体系经营的统一性和产品服务质量的一致性，甲方有权对乙方的经营活动进行监督、指导。

4.2 甲方有权向乙方收取本合同及本体系的系列手册所规定的各种费用。

第5条 甲方的义务

5.1 根据本合同的规定向乙方传授与"***"特许体系有关的经营的方法与技巧，包括但不限于向乙方提供系列运营手册。

5.2 在本合同有效期内为乙方提供经营指导、培训。

5.3 甲方应对"***"特许体系进行广告宣传，维护与提升"***"特许体系的整体形象。

5.4 甲方对乙方在核准区域内自建店及招募加盟店、进货等的回馈支付标准与政策，详见甲方的《特许权手册》。

5.5 乙方的所有受许人及其人员的培训由乙方统一负责。

第6条 乙方的权利

乙方在本合同项下权利包括但不限于：

6.1 乙方有权在本合同约定的期限和核准区域行使特许经营权。

6.2 乙方有权依本合同规定在从事"***"特许业务时使用"***"特许体系。

6.3 乙方有权在本合同有效期内获得甲方提供的"***"特许业务的经营技术。

6.4 乙方有权接受甲方按本合同规定所提供的"***"特许体系的培训和指导。

6.5 乙方有权在本合同签署后的 7 日内退出本特许经营体系，但乙方需要弥补在此前甲方因此而遭受的所有损失和支出的成本费用。

第7条 乙方的义务

7.1 支付费用：乙方应及时向甲方支付本合同第3条中规定的各项费用以及按照本合同、本体系系列手册或甲乙方之间的其他约定应由乙方支付给甲方的任何其他款项及费用，并不得附有任何条件或限制，或有任何抵消或抵扣。延期支付费用的，甲方除按万分之四加罚乙方滞纳金外应加收利息，利率应以同期中国人民银行固定资产一年期贷款利率计算。乙方在此确认及同意其对本条的任何违反将构成严重违约，甲方有权依据本条款的规定终止本合同，并保留对乙方的追索赔偿。

7.2 拓展义务：乙方应自行负担费用完成各项义务，在本合同有效期间内努力开设并已经运营规定数量的____家"***"加盟店。

合同生效后的第一年必须至少开设____家"***"加盟店，其中属于乙方直营店的_____家，非属于乙方直营店的____家。

合同生效后的第二年必须至少开设____家"***"加盟店，其中属于乙方直营店的_____家，非属于乙方直营店的____家。

合同生效后的第三年必须至少开设____家"***"加盟店，其中属于乙方直营店的_____家，非属于乙方直营店的____家。

合同生效后的第四年必须至少开设____家"***"加盟店，其中属于乙方直营店的_____家，非属于乙方直营店的____家。

合同生效后的第五年必须至少开设____家"***"加盟店，其中属于乙方直营店的_____家，非属于乙方直营店的____家。

7.3 对所有核准区域内的受许人，按照甲方要求的质量和进度进行全部的开设和运营单店全程所需的指导、培训、管理及督导，同时协助甲方对受许人进行物流配送和督导。

7.4 竞业禁止

未经甲方事先书面同意，乙方本人、董事、股东、合伙人与高级职员在本合同有效期间内和期满或终止后5年内不得直接或间接的以高级职员、董事、股东身份或名义投资、经营或管理任何位于"核准区域"周围200千米范围内其他餐饮或相关企业、实体或业务等。

7.5 免责条款

甲方不因乙方的经营或与乙方的经营有关的争议而发生任何费用（包括但不限于诉讼费用、律师费用），否则由乙方予以赔偿。乙方根据本项规定应履行的义务于本合同期满或终止后继续有效。

7.6 与服务的品质及商誉有关的义务

乙方确认，提供的服务应保持"***"特许体系要求的标准，并应努力提高"***"加盟店的与产品、服务、商标有关的声望与商誉。

7.7 接受甲方稽核

乙方允许甲方于合理时间检查乙方的业务及营业场所，并承诺将乙方的账册、纳税申报资料与记录提供甲方稽核。甲方根据本合同行使其稽核权时，乙方应于收到甲方的合理通知后，保证在乙方的核准区域备妥一切相关账册、纳税申报资料及其他记录，供甲方稽核。甲方有权利为其所有"***"受许人制订一套统一的簿记制度，而乙方同意依甲方的规定保持其账册记录。

若甲方对乙方的账册记录稽核结果显示任何一个月内乙方及其下的"***"加盟店的特许经营费用断缴时，甲方除有权根据本合同或法律规定纠正外，并有权要求乙方支付甲方稽核费用以及催收稽核中发现的各类拖欠款项而发生的任何费用。此外，每延迟一日乙方应按上述迟付（或未付）的款项的万分之四向甲方支付滞纳金，并加缴利息，利率应以同期中国人民银行固定资产一年期贷款利率计算，直至上述拖欠款项全部付清为止。

7.8 职业道德标准

乙方同意以符合本合同和甲方系列运营手册中的规定及国家地方法律法规，以及相关的道德规约或类似规定的方式经营甲方的区域特许业务，并以相同方式督导乙方及其下的所有"***"加盟店、雇员。乙方应将任何与乙方营业有关的案件及惩戒处分纪律资料提供甲方。乙方同意在本合同有效期内保持其经营、资质证书、注册登记文件及执照合法有效。

7.9 系列运营手册

乙方同意遵守系列运营手册的规定。

乙方确认，甲方有权在其认定对"***"特许体系的持续成功与发展有重大影响时，有权对系列运营手册做合理的修改和补充。因此，乙方同意甲方可以随时以合理方式变更或补充"***"特许体系以及系列运营手册规定的标准与规格。乙方同意自行担负费用并于收到上述修改和补充事项 30 日内予以修改。

上述修改和补充应被视为是签订本合同时的"***"特许体系和系列运营手册中的一部分。甲方应以书面、传真或正常邮件方式通知乙方关于系列运营手册的修改和补充或"***"特许体系变化及其他变更事项。

7.10 "***"特许体系

乙方承认甲方享有自行使用，或在甲方核准区域内由甲方授权他人使用"***"特许体系的权利。

乙方同意并承诺仅就其在核准区域经营时使用"***"特许体系，并且乙方的上述使用权是以乙方能继续充分并及时履行其在本合同项下的各项义务为先决条件。

乙方承诺将以适当且符合本合同要求的方式使用各种"***"特许体系。乙方除享有根据本合同规定使用"***"特许体系的权利外，并未取得与该标志和体系有关的任何其他权利。

乙方同意，在本合同有效期间内或提前终止后的任何时间，乙方不得对"***"特许体系提出有关所有权的任何主张，或于任何时间对各种"***"特许体系的有效性提出争议、诽谤或怀疑。

乙方同意不在本合同有效期间内或期满或提前终止后任何时间，采用或使用或设法登记、注册足以与本合同特许使用的各种"***"特许体系构成混淆的任何相同或相似名称、标记、标识、互联网域名、微博、微信、头条、抖音、论坛、旗帜或符号等。

此外，乙方同意在与上述各种"***"特许体系以及甲方根据本合同规定交付乙方使用的其他产品及物品的权益保护有关的任何法律诉讼（不论是由甲方自行提起或由他人提起）程序中与甲方配合并协助甲方。

7.11 商业秘密

7.11.1 乙方承诺，由甲方根据本合同透露给乙方的、有关"***"特许体系、"***"加盟店特许权和"***"加盟材料以及甲方服务和产品的经营和业务的知识，其中，包括但不限于，在会议、研讨会、培训课程、会谈或地区系列运营手册或其他材料和/或单店系列运营手册中随时透露的信息和资料是甲方独家的、保密的商业秘密。乙方同意其将在本合同有效期内和之后对所有这些资料保守绝对机密,并同意不在甲方没有特别书面授权或批准的任何其他业务中或以任何其他方式使用这些资料。乙方除了为依据甲方在本合同中对乙设置的限制行使其本合同项下的权利或履行本合同项下的义务所必须外,不应当将这些资料泄露给其他雇员。

7.11.2 乙方同意如果其及其下的任何单店在对"***"特许体系的经营或促销中开发出任何有关"***"特许体系的新概念、流程、材料或改进,应当于7天内通知甲方,并向甲方全部、无偿提供有关的各项资料。

7.11.3 乙方承认,所有上述概念、流程、材料和改进应当成为甲方的独有财产,甲方可以自行使用或将这些资料分享给其他受许人。乙方应当促使其职员、董事和股东承担本条规定的保密义务。本合同终止后,本条款继续有效。

7.12 广告的审查

乙方同意至少应于广告的计划发表或推出广告之前7天将其制作的一切广告或推销资料提交甲方审查。

7.13 顾客关系与商誉的保护

乙方同意,当任何当事人就乙方处理的某项交易而向甲方投诉时,甲方可以就该案进行调查,并可以从乙方、该投诉当事人以及相关证人处获得他们对相关事实的意见。乙方同意在此等调查过程中与甲方充分配合。甲方收到一项投诉后,将设法于 30 天内完成调查。

完成调查后(且乙方仍未解决该争议时),若甲方根据其获得的事实资料足以认定该项争议是由于乙方提供的服务品质不符合标准要求,或在该项交易中以重大不当方式处理事务时,甲方将以书面告知乙方该项调查结论,并将甲方做出的指导原则提供乙方,规定乙方可以正确解决该项争议的方法(例如,取消该项进行中的合同,并退还所收定金或其他款项等)。

如果甲方直接收到投诉人的反映或了解到涉及乙方的有关某项交易的投诉,且依本款的规定认定乙方或其代理人在该交易中有重大不当行为;且确认乙方于收到甲方认定乙方处理失当的通知后,未能于30天内与投诉当事人以甲方满意的方式解决该项争议时,甲方可以提前10天书面通知乙方后终止本合同。

7.14 甲乙双方的关系

甲乙双方同意,甲方有权指定第三方受让甲乙双方本合同项下甲方的权利义务。

如第三方受让本合同,乙方承诺其应继续向第三方支付本合同规定的原来应向甲方支付的所有特许费用并继续履行本合同规定的义务。转让时,如乙方尚未完全支付本合同规定的对甲方的特许费用和其他费用,乙方应向甲方履行。

7.15 第三方侵权的处理

乙方发现第三方对"***"特许体系的侵权行为后,应告知甲方,并对甲方针对侵权行为所采取的措施进行积极配合。

7.16　乙方合法经营

乙方经营其业务所发生的任何及一切税费，乙方应于到期日缴付。

第8条　甲方声明

甲方兹声明下列陈述确属真实无误。

8.1　甲方有权利自行使用并授权乙方使用"***"特许体系。

8.2　甲方签订本合同的行为不违反或不构成不履行甲方作为当事人的其他任何合同或承诺。

8.3　签署本合同的甲方高级主管人员被合法授权代表甲方签订本合同。本合同一经双方代表签署，即构成对甲方有效并具约束力的义务，甲方应根据本合同的要求履行其义务，甲方并未授权其他任何业务人员代表甲方签署本合同。

第9条　乙方声明

乙方兹声明下列陈述确属真实无误。

9.1　乙方是在核准区域所在地合法设立并存在的公司。乙方有能力和意愿领取到在核准区域所在地有关政府部门批准从事本合同项下特许经营之业务所需的营业执照、资质资格等所有有关文件，从而可以合法从事本合同所定义的特许业务。

9.2　乙方并无任何意图出售，或试图出售，或转让其公司的全部或部分股份，乙方也不存在正在进行解散或清算的程序，乙方董事会或其股东也没有采取任何行动授权解散或清算程序。

9.3　乙方理解并认同甲方指定的高水准及统一的质量、外观及服务标准对于维护"***"特许体系商标之价值的重要性，理解并认同按照"***"特许体系经营"***"区域受许人、加盟店的必要性。乙方特此声明自己有能力与意愿遵守该标准。

9.4　乙方在签署本合同之30日前已认真阅读并充分理解所有甲方向其提供的有关"***"特许体系的特许经营材料和有关甲方的文件，包括但不限于甲方按照中国《商业特许经营信息披露管理办法》规定的信息披露内容。

9.5　乙方签订本合同的行为不违反或不构成不履行乙方作为当事人的其他任何合同或承诺。

9.6　代表乙方签署本合同的签约人系经过乙方授权。本合同经双方代表签署，即构成对乙方有约束力的义务。

9.7　乙方确认，除在甲方交付乙方的各种材料中列明的事项外，甲方本身或任何甲方的全权代理人或代表人未曾做出任何其他性质的声明、承诺、担保或保证，以诱使乙方签署本合同。乙方了解，受许人的成功依赖于乙方的努力。乙方声明，其有意愿管理或督导乙方区域内所有"***"加盟店的业务。乙方确认，甲方或任何他人皆未担保或保证乙方区域受许人、加盟店的经营必然盈利。

9.8　乙方及乙方高级职员、董事与重要股东均已仔细阅读本合同并充分了解其中条款的内容及重要性，并共同声明，其各自均有能力、也有意愿遵守该规定。

9.9　乙方完全了解应于甲方规定的期限内缴清其应缴的费用，若未于甲方所规定的期限内交纳，且经甲方按本合同催告后仍未于甲方规定的期间缴清其应缴的费用，甲方可以在书面通知乙方后终止本合同。

第10条　当事人关系

乙方乃系且应为一独立的缔约方，且本合同中任何规定不得解释为在甲方和乙方之间建立联营关系或共同投资人关系。除非本合同另有规定，甲方或乙方皆不承担对方的各项债务及相关财产责任。未经甲方许可，乙方不得为他方的债务提供保证。

第11条　合同权益的转让

11.1　本合同或本合同中规定的任何权利或利益，未经甲方事先书面许可，皆不得以任何方式转让、转移或分割给任何第三方或与之共享；且未经甲方事先同意的任何此等转移、转让、共享或分割，均属无效。甲方有权拒绝乙方转让本合同的权利或权益的要求。甲方给予的同意或许可可以附加以下条件，其中包括但不限于：

11.1.1　受让人的资格须符合转让时甲方当时评定新加盟成员的标准。

11.1.2　乙方欠付甲方的一切款项，包括但不限于应付特许权使用费等以及经营区域受许人、加盟店等而欠甲方的任何其他债务。

11.1.3　乙方已经对其违反本合同、"***"特许体系系列运营手册、乙方与甲方签订的任何其他合同的所有违约行为以及对甲方的侵权行为承担了全部责任。

11.1.4　由受让人签署一份甲方于上述转让行为发生时甲方使用的特许经营合同，该合同的格式可以载有与本合同不同的条款；且如经甲方要求，由本合同的保证人（如有的话）签署一份确认其继续就乙方履行本合同义务提供保证的声明书。

11.1.5　由受让人向甲方支付一笔转让费，其金额为当时的加盟金全额的____%。

11.1.6　受让人参加甲方举行的新加盟成员培训的费用、时间、内容形式等需遵照甲方的相关手册规定执行。

11.1.7　受让人应签署一份声明，证明受让人于预定转让日之前至少30个营业日已收到最新的关于"***"特许体系经营的相关文件，并已仔细阅读并理解所有上述文件的内容。

11.1.8　若乙方预定的受让人拟于本合同核准区域以外的其他地址经营特许业务时，该预定的新地点应在原核准区域的附近以及预定的新营业所应分别符合甲方当时受许人评定标准的要求。

11.2　乙方如欲转移或转让（不论直接或间接）其在本合同下的"特许经营权"，应提前以书面形式通知甲方，载明预定转移或转让的条款、预定受让人的最近财务报表以及甲方就该项转移或转让计划所要求的其他资料，且应给予甲方充裕的时间，使甲方就任何拟议中的转移或转让计划能够依照与新加盟成员有关规定处理。

接到该项通知后，甲方应于 60 天内同意或拒绝同意该转移或转让计划，或选择依通知书中列明的相同条款自行接受该移转或转让计划，但甲方可选择是接受该特许经营权以及其加盟点的移转或转让，还是接受该特许经营权的移转；如选择后者，则交易中价金应反映特许经营合同的价值，且其金额不得超过甲方当时出让新特许经营权的特许经营费用。

若甲方既未行使其任何权利或选择权，也未以其他方式对乙方的通知做出答复，应视为甲方拒绝同意该项移转或转让计划。

甲方对某一移转或转让计划，根据该计划特定条款所做出的同意，不应视为甲方也同意可按任何其他条款规定做出移转或转让，或可转移或转让予任何他人，或构成甲方同意任何后续的移转或转让。

11.3 在根据本合同规定对"特许经营权"做出任何转让之前，乙方或乙方预定的受让人同意自行支付合理的必要费用，促使该预定受让人的营业场所符合甲方当时就其受许人的最新标准。

11.4 非经甲方事先书面许可，乙方不得在"受许人"的经营场所或乙方从事"特许权"业务所获得的任何营业收入或收益上设定任何担保。

第12条 甲方保留的权利

12.1 乙方明确了解并同意，甲方对依本合同授予乙方使用的各种"***"特许体系商誉、商业秘密与专有财产保留一切权利、所有权及权益。

12.2 乙方确认及同意，甲方有权随时修改和补充其按照本合同授权乙方使用的"***"特许体系，包括修改和补充系列运营手册中规定的各种标准、规格与其他要求事项。乙方应依本合同规定自行负担费用以遵守有关修改和补充事项。在本合同有效期间内，对"***"特许体系所做的任何及所有改进应归甲方所有，并以其名义就该改进部分取得相应的知识产权。

12.3 甲方就其并未明确属于乙方的各项"***"特许体系的部分保留其一切权利。

第13条 合同的终止

13.1 甲乙双方经协商一致决定终止合同的，自终止协议签署之日起，合同终止。

13.2 本合同规定的期限届满时，合同自然终止，除非乙方选择展期。

13.3 如本合同履行中乙方出现以下情况，甲方有权立即终止合同：

13.3.1 乙方擅自在本合同规定的核准区域外行使特许经营权。

13.3.2 未经甲方同意，乙方擅自向第三方转让对"***"特许体系的特许经营权。

13.3.3 乙方违反本合同、系列运营手册、销售信息指南的规定，不向甲方提供真实的财务会计报表。

13.3.4 乙方因资不抵债、破产、资产被强制留置给债权人而进入任何形式的无清偿能力、破产程序或为债权人利益提出申请而使用的程序。

13.3.5 乙方营业执照被工商管理部门吊销或其股份在未经甲方同意的情况下被出售、转让。

13.3.6 乙方或其股东、董事、雇员等违反本合同规定的保密义务及竞业禁止义务。

13.3.7 乙方没有遵守甲方的统一化经营模式，经甲方书面通知后，在甲方通知的限定时间内未能改善。乙方必须接受甲方的督导，否则甲方有权终止本合同。

13.4 乙方出现包括但不限于以下违约情况，甲方应提前15日书面通知乙方纠正违约行为，如乙方未在通知的期限内予以纠正，甲方有权终止合同：

13.4.1 乙方未按本合同规定的付款金额、期限、方式等向甲方履行付款义务。

13.4.2 乙方未遵守本合同和系列运营手册中关于"***"特许体系商号使用之规定。

13.4.3 乙方未按本合同和系列运营手册的规定维护"***"特许体系的名誉和统一形象。

13.4.4 乙方未按本合同的规定办理并取得从事合同规定业务所必需的各种批文、批复、执照等手续。

13.4.5 乙方未能在本合同规定的期限内开设符合质量与数量要求的"***"加盟店，或未能将其现有营业所装修，使其成为符合要求的"***"单店受许人；符合要求系包括但不限于符合甲方关于营业场所面积、装潢与品质、一切标牌符合本合同及系列运营手册所规定的其他要求。

13.4.6 乙方未能依照法律、法规和相关的职业道德准则的规定经营特许业务。

13.4.7 乙方未能在本合同及甲方手册规定的区域内及各店的销售及进货任务。

13.5 甲方出现以下违约事项，乙方应提前 15 日书面通知甲方纠正该违约行为；如甲方拒不纠正，乙方有权终止合同：

13.5.1 无正当理由，甲方不提供"***"特许体系的特许经营权。

13.5.2 在乙方未出现任何违约事项的情况下，甲方违反本合同的规定。

13.6 因任何一方违约导致合同终止的，违约方仍应按照本合同之规定，向另一方承担赔偿损失等违约责任。

13.7 本合同的终止不能免除任何当事人于该终止前产生于合同有效期内的责任，也不影响由本合同明确规定的本合同终止后仍然有效的条款的效力和履行。

13.8 除非本合同另有规定，乙方应向甲方支付的款项，不应当产生于本合同或以本合同有关的争议为理由，被预扣或抵作甲方因被起诉对损失负有赔偿义务的款项。

第14项 合同终止后义务

本合同因故（包括期满或提前终止）终止时，乙方应不再是被授权的前述"***"特许体系加盟方，上述义务不受本合同终止的影响，且属乙方的持续性义务。同时，乙方有义务完成所有下列行为及事项。

14.1 付清乙方欠付甲方的特许费用（包括加盟金、特许权使用费等）。

14.2 付清乙方欠付甲方的其他费用。

第3章 特许经营法律法规

14.3 立即并永远停止使用所有"***"特许体系，包括但不限于所有类似"***"特许体系的名称及商标，以及含有"***"特许体系的任何其他名称或标示，或表示乙方是或曾经是被授权的"***"特许体系加盟方或加盟店的任何其他名称、标示或标记、或类似的色彩及文字。

14.4 45 天内将含有"***"特许体系或任何类似名称、标记、称号、或表示或足可表示乙方是或曾经是被授权的"***"特许体系加盟方或加盟店的标记、文具、信件、表格、手册、印刷材料、胶卷、磁带、磁盘、光碟、经许可的软件和广告等销毁或交付给甲方，并尽速将甲方租借乙方的任何设备、材料、工具等退还甲方。

14.5 立即并永远停止以"***"特许体系受许人名义刊登广告，包括但不限于立即将乙方营业所内外含有"***"特许体系标记或其他类似识别标记的招牌拆除，并立即将表明出售或出租的含有"***"特许体系标记或其他类似识别标记或旗帜（包括现场招牌及支架）以及与任何"***"特许体系现场标牌的色彩或造型或形状结构类似的任何现场标牌或其他招牌拆除（乙方承认此等物品构成甲方专有的商业用品，且乙方与甲方建立特许经营关系之前在其经营中从未使用过该类型的商业宣传品）。

若乙方未能与本合同终止之日起 45 天内拆除乙方营业场所内的所有上述标记，乙方在此授权甲方进入乙方场所内查处该标志，乙方应偿付甲方因查处、储存及处置该等物品所发生的一切费用。

若乙方未能于甲方拆除该物品后 15 天内取回该等物品，甲方应有权自行决定出售或以其他方法处置该等物品，且甲方有权用出售或处置该等物品的收入所得，用以抵扣拆除、储存及出售该等物品时所发生的费用，并用以抵扣乙方欠付甲方的款项或债务。

14.6 立即并永远停止使用"***"特许体系，包括但不限于含有"***"特许体系内容的作业手册、训练手册、销售手册及辅助资料、推广影片及促销资料，以及甲方依本合同规定交付乙方使用的一切商业秘密，机密资料及专用资料。

14.7 立即将系列运营手册等"***"特许体系的经营窍门相关系列作业书册原件及复印件退还甲方。

14.8 避免做任何可能表示乙方现曾为或者为一被授权的"***"特许体系加盟方或加盟店的行为。

14.9 将甲方根据本合同款项规定要求乙方建立并保持的一切簿册、记录和报告，于本合同终止后至少保留3年，并且许可甲方于该3年保留期间内在正常营业时间对乙方的该等簿册记录进行最后检查及稽核，以查证乙方根据本合同规定应缴付的一切特许权使用费及其他相关款项是否均已付清。

14.10 立即注销并停止使用于本合同终止时在乙方核准区域使用的电话号码，并注销乙方在公用电话簿及任何其他名录中"***"特许体系加盟店或区域受许人名称刊登的资料。乙方应被视为已依据本合同规定授权甲方可采取任何必要措施注销乙方在公用电话簿及其他名录上以"***"加盟店名称或区域受许人名称刊登的电话号码或广告，并停止其他表示乙方现在或过去与"***"之间关系的资料的使用。如任何刊登该等资料的电话公司、名录出版商及其他个人或实体，因为甲方根据乙方上述的委托授权所采取的任何措施而蒙受任何费用、损害、律师费、各杂项开支及债务，乙方应负责赔偿。

14.11 立即并永远促使其所有高级主管、员工停止穿着有"***"加盟店的制服或任何其他表示或可能表示乙方现在是或过去曾是被授权的"***"特许体系加盟方或加盟店的服装，并立即将该等服装销毁或交回甲方。

乙方确认，本合同有效期间内及本合同终止（包括期满，且随后未发生转让或转移的情况）后，甲方应有权获取和使用下列资料：

乙方根据"***"特许体系列运营手册和销售信息指南的规定提供给甲方的资料，以及系列运营手册以后补充的任何其他资料。

以上资料，在本合同之下文合称"客户资料"。

甲方可于本合同有效期间内为营业目的使用该等客户资料，包括但不限于公共关系、广告及统计资料编制、客户投诉的调查与解决及服务品质调查等目的。此外，甲方应有权于本合同终止后继续使用上述"客户资料"，并于甲方认为必要时，为商业目的将该等"客户资料"提供给其他"***"受许人使用。

乙方同意，在本合同期满或提前终止（包括乙方转让其"特许经营权"之情况）后的_5_年内，不在核准区域或任何"***"加盟店所在地点周围_____千米内设立餐饮经营机构或办公室，经营本合同中所定义的特许业务，并不得以任何直接或间接的方式带走原受许人的客户或业务。

第15条 违约责任

15.1 本合同因乙方原因（包括但不限于本合同的规定）被提前终止时，乙方应向甲方支付违约金，甲乙双方一致同意采取以下方式计算违约金的具体数额：即先行确定乙方自本合同生效日起至本合同被提前终止之日，乙方每月应交付甲方的特许权使用费的平均金额，所得总金额即为乙方应支付的违约金。尽管有上述规定，如果甲方在本合同的最后一年内根据本合同的13.3和13.4的规定终止本合同，则乙方向甲方支付的违约金应为本合同被提前终止之日起前2年乙方每年应交付甲方的特许权使用费的平均金额。

15.2 乙方未按本合同规定的期限或金额向甲方支付特许费用，经甲方书面通知后予以补交的，乙方应向甲方支付滞纳金及延迟支付期间的利息。滞纳金以延迟缴付金额的万分之四/日的方式确定；利息按照同期中国人民银行固定资产一年期贷款利率确定。

15.3 如乙方违反竞业禁止规定，甲方除按照本合同的规定要求乙方纠正或终止合同外，有权按乙方违反竞业禁止所得的金额向乙方索赔损失。

15.4 乙方未按照本合同的规定，在得知特许区域内存在任何对"***"特许体系侵权的情况下及时通知甲方，应当赔偿乙方未能履行其义务而使甲方受到的更大损失。

15.5 除本条规定的事由外,如乙方在履行合同中出现其他违约事项,其应当即时纠正,继续履行合同,并向甲方赔偿甲方因其违约遭受的实际损失。

15.6 甲方违反本合同规定的,乙方有权书面通知其在30天内纠正,如甲方拒不纠正,乙方有权终止合同并要求甲方承担因甲方违约所遭受的实际损失。

第16条 不可抗力

16.1 "不可抗力"指本合同各方无法预见、无法控制、无法避免且在本合同签署之日后发生并使任何一方无法全部或部分履行本合同的任何事件。不可抗力包括但不限于爆炸、火灾、洪水、地震及其他自然灾害及战争、征收、没收、政府主权行为、法律变化或未能取得政府对有关事项的批准或因政府的有关强制性规定和要求致使双方无法继续履行本合同,以及其他重大事件或突发事件的发生。

16.2 如果发生不可抗力事件,受影响一方应当以最便捷的方式毫无延误地通知另一方不可抗力事件的发生,并在15天内向另一方提供该事件的详细书面报告及经当地公证机关证明不可抗力发生的有效证明。受到不可抗力影响的一方应当采取所有合理行为消除不可抗力事件对履行本合同的影响,然后另一方再决定是否终止或推迟本合同的履行,或部分或全部地免除受影响方在本合同中的义务。

第17条 争议的解决

17.1 双方之间因本合同产生的或与本合同(包括但不限于有本合同的生效、解释、履行修改和终止)有关的一切争议、纠纷或索偿均应当首先通过友好协商解决。

17.2 在提起仲裁程序之前,当事人应当书面通知他方争议的存在及性质。甲方和乙方各自同意,双方的代表应当在收到通知后60日内尽可能友好地解决争议。如果在以上期限内争议未得到解决,则任何一方可将争议事项提交甲方所在地的_____仲裁委员会,仲裁裁决为终局并约束双方。

17.3 如果通过协商未能解决争议,任何一方当事人均不得在其后的仲裁程序和其他任何程序中援引对方当事人在协商中提过、建议过的、承认过的以及愿意接受过的任何陈述、意见、观点或建议作为其请求、答辩及/或反请求的依据。

第18条 可分割性

如果本合同的某一或若干条款在任何方面无效、非法或无法执行,这些无效、非法或无法执行的条款或部分将视为从未包括在本合同中。其他条款的效力不变,同时具有法律效力,并可执行。

第19条 通知

19.1 本合同项下应发出的任何通知或其他文件应以中文形式书写,可以通过专人递送、挂号信、Email、手机短信、传真或快递服务方式按下述地址送达或发给要送达的一方:

19.1.1 甲方:

地址: 邮编:

传真号: Email:

手机：

收件人：

19.1.2　乙方：

地址：　　　　　　　　　　　　　　　邮编：

传真号：　　　　　　　　　　　　　　Email：

手机：

收件人：

如任何一方变更其通信地址，则应提前15天将其新通信地址书面通知对方。

19.2　任何通知或文件的送达时间按以下方式确定。

19.2.1　如为递送，为实际送达时。

19.2.2　如为邮寄，为交付挂号邮寄后7天。

19.2.3　如为通过EMS快递服务发出，为该服务受理后3天。

19.2.4　如为传真，传出传真的传真机打印出指明传真已全部发送至接收的传真号码的传输结果报告时。

19.2.5　如为Email、手机，发出信息后1天。

第20条　弃权

任何一方对于对方任何违反本合同规定的弃权均不应当视为对任何后续违约或其他类似违约的弃权。

第21条　修改

对本合同的任何修改应当以书面形式，并由双方当事人签字。

第22条　附件

本合同的附件是本合同不可分割的组成部分，与本合同具有同等法律效力。本合同附件若与合同规定不一致，以合同为准。

第23条　其他约定

_____

_____

法定代表人（授权代表）：　　　　　　法定代表人（授权代表）：

签约地点：　　　　　　　　　　　　　签约地点：

签约时间：　　　　　　　　　　　　　签约时间：

附件：系列特许经营手册目录及实际的手册

[实例3-4]　《市场推广与广告基金合同》实例

下面列举一份《市场推广与广告基金合同》，供读者学习、研究和实战时参考。

但要注意，每个特许人要根据实际情况拟订一份专属于自己的《市场推广与广告基金合同》，不能生搬硬套别人的合同。因为出版需要，下面的内容与实际的《市场推广与广告基金合同》相比，有所删改。

为宣传、推广特许人的品牌，并使所有加盟店从中受益，集中力量做更有力的推广宣传，并本着"取之于民，用之于民"的基本原则，特制定本市场推广与广告基金合同，所有受许人和特许人都应严格遵守并切实执行。

一、基金的收取。

1. 各受许人均应在每月5日之前上交其上月营业额的_____%给特许人指定的账户，作为市场推广与广告基金。

2. 基金的交纳不得拖延或少交、分期支付，不得以非现金之外的物品抵押或充当。

3. 受许人不得在其营业额上弄虚作假。

4. 一经发现受许人违反基金收取的上述规定，将处以隐瞒或虚假部分、少交部分的10倍罚款。

5. 连续2月未交、少交、虚交此基金的，特许人有权终止其特许经营合同，并追究受许人的相应违约责任。

二、基金的管理。

1. 基金由特许人负责管理与具体执行。由受许人选举产生的受许人基金管理委员会进行监督。

2. 特许人于每年1月做出上年度的基金使用汇报和本年度的基金使用规划，并通报全体受许人。

3. 特许人应仔细研究市场及本体系状况，力求以最少的资金发挥最大的效果。

4. 受许人基金管理委员会每年举行一次选举，具体内容和形式见《受许人基金管理委员会章程》。

三、基金的使用。

1. 原则上，基金款项将用于全国性广告宣传，投放媒介可包括电视、报纸、杂志、户外展示、广播、网络、直投、张贴、交通工具等，特许人应合理、科学确定基金在各媒介上的分配比例。

2. 基金在各媒介上的分配比例可由特许人随时根据市场情况及企业内部状况做出修改。

3. 基金的使用应本着公平、公开、公正的原则，以使每个受许人都能合理地得到来自基金的回报。

4. 特许人应跟踪每笔基金的支出，并及时在全体系内予以公告。

5. 本基金不可挪做任何非以宣传本体系品牌、使所有受许人直接受益的活动之用。

四、各受许人可自行出资做广告宣传与推广，但活动计划、内容等应事先征得特许人的书面同意。

五、任何受许人对于基金使用的不满均可直接向特许人或受许人基金管理委员会提出口头或书面申诉。特许人或受许人基金管理委员会必须在接到不满申诉后的一周内做出书面回答。

六、本办法系特许经营合同的补充条款，对特许人、受许人具有法律约束力，本办法未尽事宜，依照特许经营合同、系列运营手册的相关规定执行。

七、本办法的最终解释权属于特许人总部。

特许人：　　　　　　　　　　　　受许人：
委托代理人：　　　　　　　　　　委托代理人：
法人代表：　　　　　　　　　　　法人代表：
地址：　　　　　　　　　　　　　地址：
时间：　　　　　　　　　　　　　时间：

[实例3-5]　《保证金合同》实例

下面列举一份《保证金合同》，供读者学习、研究和实战时参考。

但要注意，每个特许人要根据实际情况拟订一份专属于自己的《保证金合同》，不能生搬硬套别人的合同。因为出版需要，下面的内容与实际的《保证金合同》相比，有所删改。

甲　　方：
地　　址：
法定代表人：
授权代表：
联系电话：

乙　　方：
地　　址：
法定代表人：
身份证号：
联系电话：

鉴于双方已于＿＿＿＿年＿＿月＿＿日签署了特许经营合同《＿＿＿＿＿＿＿》（以下简称主协议），双方为了保证上述合同的顺利履行及友好合作，根据《中华人民共和国合同法》等有关法律、法规的规定，甲乙双方就已签订的特许经营合同中关于保证金的支付及其管理等具体事宜，经协商达成补充协议如下：

1. 乙方应在本补充协议生效之日起3个工作日内向甲方交纳保证金人民币￥＿＿＿＿＿＿元整（大写：＿＿＿＿＿＿＿＿＿）。甲方应向乙方开具正式的现金收据。乙方也可用银行汇兑方式将保证金足额汇入甲方指定银行指定账号。（银行汇款时务必注明汇款用途为"预交保证金")

　　甲方指定银行：_____

　　甲方户名全称：_____

　　甲方指定账号：_____

2. 保证金的管理。

保证金由甲方统一进行管理。

3. 甲方只能将上述保证金用于如下用途。

（1）乙方向甲方支付的保证金用于保证向甲方支付的应付费用（包括但不限于特许经营权使用费、培训费、货品费等）；如果乙方违反本款之规定，甲方有权从乙方支付的保证金中直接扣除其欠缴部分及相应利息。

（2）如甲方接到乙方客户对乙方的投诉，经调查认定乙方应该对该客户赔偿但乙方接到甲方通知后拒绝赔偿的，甲方有权根据实际情况，直接使用保证金向该客户进行赔偿。

（3）如乙方违反甲乙双方之间任何协议的规定给甲方造成任何损失，甲方有权直接从保证金中扣除相当于甲方损失的金额，保证金不足以赔偿的，甲方可继续向乙方追偿。

（4）如乙方违反其应对甲方履行的其他义务，应当承担违约责任的，甲方有权从该保证金中扣除乙方应支付的违约金。

4. 保证金的补足。

（1）在本补充协议有效期内，乙方应使保证金总额始终保持不低于初始交纳的数量，如发生赔付事件导致保证金总额减少，甲方按照本协议规定扣除相关款项后，有权通知乙方补足上述差额部分。乙方应在接到甲方书面补缴通知的3个工作日内向甲方补足保证金。

（2）甲方如使用保证金进行任何赔付，应以书面方式（包括电子邮件、传真等）通知乙方。在向乙方出具的书面通知中，应详细描述赔付事件、赔付事件的处理过程、赔付金额。赔付完成后，应向乙方出具必要的赔付资金往来凭证（银行的转账证明或被赔付方签字的收款确认）。

（3）保证金不能足额赔付时，甲方没有义务替乙方支付额外的赔付金额，如因特殊情况，导致甲方向消费者支付了超出保证金数额的赔付金时，甲方有权要求乙方补偿甲方代替乙方支付的赔付金，并在指定时间内补足保证金。

（4）如乙方自接到甲方书面补缴通知后未能够在规定期限内向甲方补足保证金差额的，甲方有权单方面提前终止与乙方签订的特许经营合同，并保留其他追索赔偿的权利。

5. 保证金的返还。

（1）保证金不是甲方收取的服务费用，甲方应在主协议终止后一个月内，如果乙方未违反本协议规定，且乙方不再欠甲方任何应付款项时，将保证金余额退还乙方。乙方应退还甲方开具的保证金收据，并向甲方开具现金收据。

（2）保证金的返还不计利息。

6. 本协议未尽事宜，按照甲方与乙方签订的特许经营合同执行。

7. 与本协议有关的一切争议应由双方协商解决。如协商不成，则任何一方均可将该争议提交_____仲裁委员会__（地址：_____）仲裁，仲裁地为_____市；该仲裁裁决为终局裁决，对双方当事人均具有法律约束力。

8. 如本补充协议中任何条款的规定与主协议相冲突，以本补充协议的规定为准。

9. 本协议自双方签署盖章之日起生效，至主协议有效期满时终止。

10. 本协议一式二份，由双方各执一份，具有同等法律效力。

11. 本协议的解释权属于甲方。

甲方（盖章）：_____　　　　乙方（盖章）：_____
法定代表人（签字）：_____　　法定代表人（签字）：_____
委托人（签字）：_____　　　　委托人（签字）：_____
地址：_____　　　　　　　　　地址：_____
签订时间：____年____月____日　　　签订时间：____年____月____日
签订地点：____年____月____日　　　签订地点：____年____月____日

[**实例3-6**] **《商标许可合同》实例**

下面列举一份《商标许可合同》，供读者学习、研究和实战时参考。

但要注意，每个特许人要根据实际情况拟订一份专属于自己的《商标许可合同》，不能生搬硬套别人的合同。因为出版需要，下面的内容与实际的《商标许可合同》相比，有所删改。

合同编号：_____

商标使用许可人（甲方）：_____
商标使用被许可人（乙方）：_____

根据《中华人民共和国商标法》的规定，甲乙双方在平等互利的原则上，经充分协商，签订本商标许可使用，共同信守。

一、"***"商标是甲方经国家知识产权局商标局核准的注册商标，类别是第_43_类，注册证号为_____，有效期从_____年____月_1_日至_____年____月____日。

二、被许可人经营范围："***"加盟店。

三、甲方同意将"***"商标许可给乙方在_____（精确地址）使用，许可期限自_____年____月____日至_____年____月____日。若乙方是单店受许人，则不得以任何形式再许可给第三方使用；若乙方为区域受许人，则在甲方书面授权的前提下，乙方可以将商标转许可给乙方所在区域的次受许人。乙方在经营业绩良好的基础上，合同期满，如需延长使用时间，再由甲乙双方另行续订商标使用许可合同。

四、甲方有权监督乙方使用"***"注册商标的情况，甲方实行不定期监督抽查，乙方提供的商品及服务必须符合甲方的特许经营合同和特许经营系列手册中相应规定，不得以次充好。乙方若有违反双方之间任何协议的，甲方有权单方面提前终止本合同，并不承担任何责任。

五、乙方不得任意改变甲方注册商标的文字、图形等或其任意组合，并不得超越许可的范围使用甲方的注册商标。

六、若乙方为区域受许人，甲方不得于＿＿＿＿＿年＿＿＿月＿＿＿日至＿＿＿＿年＿＿月＿＿日内在＿＿＿＿＿＿＿＿＿＿＿＿＿＿＿＿＿＿＿地区使用或许可第三方使用"***"注册商标。

七、商标使用许可合同提前终止，须经甲乙双方协商一致，并向国家知识产权局商标局备案。

八、本合同终止时，乙方应立即终止该商标及所有象征或代表该商标的使用，否则视为违约，违约责任按照《中华人民共和国商标法》等有关法律法规处理。

九、合同发生争议，按以下第（＿＿＿＿＿）项方式处理：

1.由仲裁委员会仲裁，提请＿＿＿＿＿＿＿＿＿＿＿仲裁委员会仲裁解决。

2.向＿＿＿＿＿省＿＿＿＿＿市人民法院起诉。

十、本合同一式＿三＿份，经法定代表人签字有效，甲方两份（一份自留，一份备案）、乙方一份。

许可方（盖章）：＿＿＿＿＿＿＿＿＿＿＿＿　　被许可方（盖章）：＿＿＿＿＿＿＿＿＿＿

法定代表人：＿＿＿＿＿＿＿＿＿＿＿＿＿　　法定代表人：＿＿＿＿＿＿＿＿＿＿＿＿

签订时间：＿＿＿＿＿＿年＿＿＿月＿＿＿日　　签订时间：＿＿＿＿＿＿年＿＿＿月＿＿＿日

签订地点：＿＿＿＿＿＿＿＿＿＿＿＿＿＿　　签订地点：＿＿＿＿＿＿＿＿＿＿＿＿＿＿

商标使用许可合同备案表

收文编号＿＿＿＿＿＿＿＿＿＿＿＿＿＿＿＿＿＿

收文日期＿＿＿＿＿＿＿＿＿＿＿＿＿＿＿＿＿＿

国家知识产权局商标局：

由＿＿＿＿＿＿＿＿＿＿＿＿＿＿＿＿公司的第＿＿＿＿＿＿＿＿＿＿＿＿＿号"***"商标（商标注册证的影印件/复印件附后），根据《中华人民共和国商标法》第二十六条规定，许可＿＿＿＿＿＿＿＿＿＿＿＿＿＿＿＿＿＿＿＿＿＿＿＿使用。经双方协议，签订商标使用许可合同，请予备案。

许可使用的商标：

（贴商标图样，并由注册人骑缝盖章）

许可使用的经营范围：_____"***"加盟店_____
许可使用期限：_____
具体使用许可条件，见所附的许可合同副本。

许可方（盖章）：_____　　被许可方（盖章）：_____

法定代表人（签字）：_____　　法定代表人（签字）：_____
地址：_____　　地址：_____
签订时间：_____年____月____日　　签订时间：_____年____月____日

[实例3-7]　《特许经营授权书》实例

为了美观和表示隆重，特许人通常将《特许经营授权书》做成牌匾或挂件的形式。其大致内容和格式为：

编号：

获得×××（特许人全称）_____（受许人加盟地区准确、详细的全称）特许经营权资格。
授权内容：
授权期限：
经营地点：
备注：
×××（特许人全称）

　　年　　月　　日

图3-4　特许经营授权书格式

当然，企业也可以根据自己的实际情况进行上面格式和内容的变更，比如有的特许人喜欢加上自己企业的LOGO、有的喜欢加上特许经营体系创始人的签名等。

[练习与思考]

（1）除了本章所列出的特点之外，你认为国内外特许经营法律法规还有什么特点呢？

(2)查找并比较不同国家在特许经营专门法律上的异同。

(3)请比较我国政府先后颁布的《商业特许经营管理办法(试行)》《商业特许经营管理办法》《商业特许经营管理条例》,指出其中的异同,并分析为什么做这样的修改以及哪样的修改更好些?

(4)虚拟一个特许经营企业,然后为之撰写一份统一特许权提供公告和特许经营合同。

(5)比较中国的《商业特许经营信息披露管理办法》中的信息披露的内容和美国的统一特许权提供公告的区别,说明中国应该如何完善特许人的信息披露制度?

(6)试比较中外特许经营合同的异同。

(7)试论特许经营辅助合同的意义所在。

(8)请思考,特许经营辅助合同具体有哪些?列出这些合同的名称。

[专题] 全面"权利"管理——坚持科学的维权之道

全面的"权利"管理,是全面质量管理(TQC)理论延伸出的一个对于自己的"权利"的管理思路和做法。具体而言,全面的"权利"管理主要包括如下三个方面。

1. 实施全过程的"权利"管理

正如产品的质量管理一样,经过许多年的发展,人们已经从事后的单纯检验逆向提前到了产品的设计和创意阶段。全面质量管理理论给我们的启发是,任何事情都有一个发展的生命周期,我们既要注重对"果"的管理,更要注重对过程和"因"的管理。因此,如果我们能事先警惕并采取相应的积极安排,即一切从"头"开始、未雨绸缪、把祸因消灭在萌芽状态,那么,不利的结果出现的概率就会大大降低。

维权也是如此。许多商标等知识产权被侵权的案例,就是由于没有防患于未然,事后"救火"时出现了一系列艰难事件,很多企业都是当市场上已经出现了大量侵权事件时才猛然醒悟到要去维权。但这时的市场上已经出现了很多侵权者,维权时间、成本、难度也大大增加了,内蒙古小肥羊的旷日持久的诉讼维权案就是一个鲜活的例子。如果企业在实施特许经营的早期就树立了明确的品牌维权意识,那么今天的局面可能就会好得多。所以企业一定要记住,"防患胜于救灾"。

除了控制源头之外,企业在经营过程中的每一个时间段,都应实施坚定、清晰的维权战略战术。维权是企业长期的持久的工作,不能搞时有时停的"运动"。

2. 实施全内容的"权利"管理

这个意思指的是,企业在进行"权利"管理时,应根据自己的现实条件和未来发展战略,对"权利"内容进行全面的、系统性的管理,一旦有所遗漏,就会给侵略者以可乘之机。具体实施中,企业的维权内容应包括商品、商标、专利技术、经营诀窍、商业秘密、形象等,不能只局限于商标一个方面,今天你的商标被侵权,明天可能就是你的专利技术被侵权。

即使在每项要维权的因素中，比如商标，企业也要对该项因素的细化内容进行全面的、系统性的维权。比如，注册商标时只是图文结合，并没有单独的文字，这就很容易被别人堂而皇之地合法模仿，而你却毫无办法；只是在企业目前所在行业的类别注册商标，比如当年的"永和"在1994年核准注册的只是第30类商品商标（豆浆、茶、乌龙茶、豆花、冰激凌），并没有"第42类服务商标：餐馆、快餐馆"，所以当别人注册餐饮的第42类时，企业也只能干瞪眼。

其实，这也是前文所说的维权需要知识的原因。事实上，就笔者所接触的许多公司而言，相当多的人对商标注册的基础知识都并不十分清楚。因此，企业在注册商标时，关于商标的类别、年限、注册内容、行业、有效区域、组合形式等都要研究透彻，据此做出自己的选择，否则就会留下后患。比如，老干妈为了防止商标侵权，除了"老干妈"之外，还注册了很多，包括老干爹、干老妈、干妈老等数十种。

3. 实施全体人员的"权利"管理

企业的权利、品牌的维护不但是企业自己的事，还应是和该企业相关，尤其是那些直接相关的人员的共同的事情，如股东、员工、受许人、供应商及其他利益相关者等。

实施全体人员的"权利"管理包括两层含义。

第一，前文所述的企业自己的全体人员和相关人员都要积极参与企业的"权利"管理，共同维护企业的品牌等知识产权。比如在现在的特许经营合同中一般都会有这样一条规定，即特许人要求受许人有打假、维护本体系品牌的义务，这实际上就是一种全体人员的"权利"管理的具体运用。所谓人多力量大的道理就是这样，企业应发动尽可能多的相关利益者来共同维权，而不要仅仅单打独斗或者依靠法务的区区几个人。

第二，企业要对自己的全体人员和相关人员实施"权利"管理。比如，在特许经营合同中一般都会有一条"禁止同业竞争"的规定，即规定受许人在加盟终止后若干年内不得从事加盟事业所在的行业，其目的就是预防少数受许人的不良侵权意图（如另立山头等）。在现实中，"馋嘴鸭"案例的主要教训之一就是特许人对于受许人的维权意识不够，结果导致"馋嘴鸭"配方秘密外泄。

总而言之，企业应拥有积极主动的维权意识、扎实的维权知识以及采取坚定、科学的维权行动，并在全面"权利"管理的思想指导之下，实施科学的维权之道。如此，那些只想投机取巧的侵权小丑们才能没有藏身之地，中国的市场经济才能得到真正有序、和谐的发展，企业也才能在市场经济的大海中安全稳定地航行。

[**案例思考**]

（1）查找相关资料，总结被侵权的公司应该吸取的教训有哪些？

（2）从诸多侵权的案例来看，为了中国特许经营的发展，我们需要在宏观和微观的哪些方面进行改进？

第4章　特许经营关系与管理

[**本章要点**]

第一节主要是在对"关系"概括性讲述的基础上，介绍特许经营关系的定义以及研究特许经营关系的意义所在，强调指出受许人不同于雇员和独立雇主。目的是使读者了解特许经营关系的基本知识。

第二节主要讲解特许经营关系的六个阶段、每个阶段的特征，以及特许人和受许人在每个阶段应采取的相应策略。目的是使读者全程了解特许经营关系的发展演变，以便采取针对性的措施来维护和谐、共赢的特许经营关系。

第三节从几个不同的角度讲解了为了创造和维护良好的特许经营关系，特许人、受许人和政府等相关各方应如何做。目的是使读者了解建设良好特许经营关系的基本原则和具体方法。

4.1 特许经营关系的定义及意义

4.1.1 关系

关系的一般含义是人和人、人和事物、事物和事物以及事物内部诸要素之间的客观联系或其联系的状态。社会学认为，关系是随着人类社会的诞生而诞生，随着社会的发展而发展。只要有人存在，就有不以人的意志为转移的关系存在；只要有人的交往，就存在着关系的发生、发展、终止等变化。

从其诞生之日起，企业就一直处于各种关系之中，如与供应商的供应关系、与顾客的市场交易关系、与政府的管制及被管制关系、与同行企业的竞争关系等。企业的关系运营就是把运营活动看成企业与以上各方发生互动作用的过程，核心是建立与发展和各方的良好关系，以便获得利益。

关系很早就被人们当作一种资源。远古的人们基于血缘关系维系家族的生存与延续，宗族基于亲缘关系团结一致抵御外敌，同一地区、同一国家的人们基于共同的祖先、文化、习俗、信仰等关系凝聚成一个极具向心力的团体。企业也一样，它会基于企业整体以及企业中每个人的不同关系实现各自的目的。

关于如何开发、建立、维护、利用关系的学说与理论早已出现并且直到今天仍然是人们关注的焦点。在企业的经营管理方面，整体性论述企业关系资源开发利用的公共关系学（Public Relations，PR）以及就某些方面专门论述特定的关系资源的学说（如顾客关系管理CRM等）是企业经营管理的必修经典内容。

自20世纪80年代后期以来，"关系"一词开始见诸海外报纸杂志。关系学首先在营销领域得到重视并首次作为科学的名词写进书本。1984年，菲利普·科特勒在《营销管理》第六版中提出了"大市场营销"的概念，源于20世纪80年代欧洲工业品市场和服务市场的公共关系与市场营销有机结合所形成的关系市场营销概念在20世纪90年代进入关系营销时代。

4.1.2 企业关系的分类

按照不同的划分依据，企业的关系可以有多种分类结果。

① 按照关系对象或关系另一方（因为至少需要两个主体）的类别，关系可以分为顾客关系、供应商关系、政府关系、员工关系、股东关系等。在公共关系学里，把企业关系分为24种关系的分法就是此种划分。特许人和受许人之间的关系是一种独特的关系，我们称之为特许经营关系，它不是顾客关系、供应商关系、政府关系、员工关系、股东关系等中的任何一种。

② 按照企业与关系另一方之间在沟通、联系以及发生相互作用时的状态，企业关系可以分为直接关系和间接关系。对于直接关系对象，企业可以直接与之交流、沟通并发生相互作用。对于间接关系，企业必须通过中间人或传递媒介与之交流、沟通、发生相互作用。显然，特许人和受许人之间的关系是直接关系。

③ 按照企业间作用的性质，企业关系可以分为竞争关系、合作关系、从属关系、上下级关系等。值得注意的是，关系在现代的发展趋势或特点之一就是愈来愈趋于综合与复杂，比如现在企业间已经不再是纯粹的竞争关系，而是融合了合作成分在内的新型的"竞合"关系。在特许经营中，特许人与受许人之间的关系也是一种复杂的关系，双方既是"合作"关系（注意，不是法律意义上的合伙人），也有上下级关系、从属关系与竞争关系的特点在内。

④ 按照关系得以维系的纽带，企业关系可以分为感情关系、法律关系、地缘关系、亲缘关系或血缘关系、交易关系等。特许人和受许人之间的关系是法律关系或契约关系，也是一种交易关系。

⑤ 按照关系双方主体的不同，企业关系可以分为企业—企业关系、企业—个人关系与个人—个人关系（属于企业关系）。特许人和受许人之间的关系同时具备上述三种关系的特点。

⑥ 按照关系持续时间，企业关系可以分为长期关系、中期关系与短期关系或临时关系。一般而言，关系的价值与可利用性是和关系的时间成正比的，长期关系的价值一般要比短期关系的价值大。正是这个原因，现在的企业重视"顾客终身价值"的管理方法，热衷于把与每位顾客首次交易时所形成的临时关系变为长期关系甚至永久关系。特许人和受许人应努力建设的是中、长期关系，临时关系或短期关系对特许人和受许人双方都有损害。

4.1.3 特许经营关系

特许经营关系，指的是特许人和受许人（包括潜在受许人）双方从知道对方的存在开始，经过一系列建立、发展、维护关系的活动，包括进一步搜集信息、筛选、比较，首次接触、咨询、见面、互相考察，谈判特许经营合同，签订特许经营合同，培训、支付特许经营费用、营建加盟店，加盟店开业，加盟店正常营运，一直到双方特许经营合同终止或重新续约期间所发生的各种关系的总和。

特许经营关系包括特许人和受许人（包括潜在受许人）双方之间的经济关系、法律关系、合作关系、竞争关系、人际关系、冲突关系等。

关于特许经营关系的定义，我们必须注意四点。

① 特许经营关系的主体是特许人和受许人（包括潜在受许人）。

② 特许经营关系发生的时间起点是"知道对方的存在"，即在双方没有产生实际接触之前，一方就可能已经通过某种渠道知道了另一方的存在。比如，某位潜在受许人通过广告、实地经历甚至道听途说知道了某个特许人。笔者以为，这时特许经营关系就已经存在了。当然，特许人也可以通过某些渠道或媒介知道潜在受许人的存在，如参加特许展、创业展之类展会的观众，创业类培训班的学员，本体系的忠实顾客等，都可能是潜在受许人。

③ 特许经营关系发生的时间终点是特许经营合同终止或重新续约。如果续约，特许经营关系就会重新进行一遍如下工作，包括谈判特许经营合同、签订特许经营合同、

培训、支付特许经营费用、营建加盟店、加盟店开业、加盟店正常营运一直到双方特许经营合同终止或再度续约。当然，双方还可以继续循环下去。

④ 特许经营关系是一种独特的关系，它包括众多细化关系的组合，如经济关系、法律关系、合作关系、竞争关系、人际关系、冲突关系等。因此，开发、建立、维护和利用特许经营关系，也包括对这些细化关系的分别的开发、建立、维护和利用。

4.1.4 研究特许经营关系的意义

特许经营关系是特许经营体系成败的关键之一，研究这种独特的商业关系具有四点意义。

1. 减少特许人和受许人之间的冲突

特许人和受许人之间关系的发展是一个漫长的过程，可能潜伏着各种各样的冲突和危机。对这些冲突和危机的处理不当，极有可能导致特许经营关系的破裂，进而给双方带来巨大的损失。因此，预见、规划和正确处理双方关系中的各种冲突和危机便是非常关键的事情。

为此，特许人和受许人双方都要对特许经营关系的全过程、各阶段特点等关系有全面的了解，这样才能及早预防，或在问题发生时及时处理，把损失减少到最低，把双方之间的冲突尽量最小化。

2. 确保双方各自的成功

特许经营的成功是双方共同努力的结果，是在关系持续时期的每个阶段尽心经营的结果，任何一方、任何一个阶段的失误都可能使特许经营关系功亏一篑。只有特许经营双方在特许经营关系的每个阶段都取得了成功，特许经营的整体和全过程才能成功。否则，整条关系链或关系生命周期中的任何一环、任何一个时期出了问题，都可能导致双方关系破裂和特许经营合同终止。因此，认识、研究和经营特许经营关系是特许人和受许人双方的必修课。

3. 便于双方分阶段采取不同的战略

了解了特许经营关系或特许经营生命周期的每个阶段的特征之后，特许人和受许人对各个阶段的特点、特许经营双方主体的意识和行为有了清楚的认识，这样，特许经营双方才能针对具体问题各自制订最佳战略。

4. 便于用全面质量管理的思维来经营特许经营关系

经典的全面质量管理的思想之一强调的是"三全"，即全程、全员、全面，在这种"全"的思维下，特许人和受许人只有充分认识了特许经营关系的"全程、全员、全面"，才能有效地对整个特许经营生命周期实施强有力的控制，从而实现特许经营网络体系的整体最优。

4.2 特许经营关系的六个阶段与管理

一个完整的特许经营关系的生命周期指的是，从某潜在受许人知道特许人的存在，或特许人知道某潜在受许人开始，一直到双方签订的特许经营合同所约定的加盟期结束为止所经历的时间阶段。

按照时间来划分，我们可以把特许经营关系的一个生命周期划分为六个阶段，七个标志性划分点分别是：① 知道对方的存在；② 首次接触；③ 谈判特许经营合同；④ 签订特许经营合同；⑤ 加盟店开业；⑥ 加盟店正常营运；⑦ 双方特许经营合同终止或重新续约。

我们称这六个阶段为了解阶段、熟悉阶段、法律阶段、新婚阶段、实质性阶段和波动阶段（见图4-1）。下面分别叙述和讲解每一阶段。

第一阶段 了解阶段	第二阶段 熟悉阶段	第三阶段 法律阶段	第四阶段 "新婚"阶段	第五阶段 实质性阶段	第六阶段 波动阶段
知道对方的存在	进一步搜集信息 筛选、比较	首次接触	咨询 见面 互相考察	谈判合同	签约	营建加盟店 培训 支付特许费	开业	正常营运	合同终止或重新续约

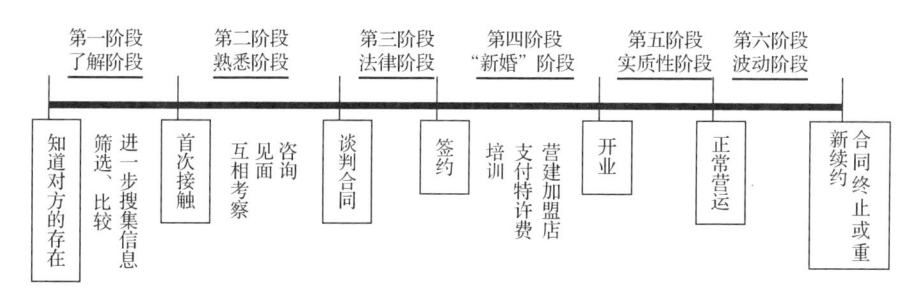

图4-1　特许经营关系的一个生命周期阶段

4.2.1　第一阶段：了解阶段

这个阶段非常特殊，因为在许多人看来，它显然不应属于特许经营生命周期中的阶段，理由是此时的双方——特许人和潜在受许人——还没有发生任何实质性的关系。

这种理解和认识是片面的。虽然双方没有发生任何实质性的接触，但一个不容回避的事实是，他们已经通过其他渠道进行了间接的沟通和接触。比如，潜在受许人可以通过浏览广告、参加展会、参观特许人的单店、听人介绍、听新闻、亲自消费等多种渠道知道特许人的存在。但需要注意的是，由于特许经营模式本身的特点，更多的情况是特许人在明处，潜在受许人在暗处，所以潜在受许人可以通过多种渠道或媒介搜集特许人的信息，但特许人对于潜在受许人的了解就非常模糊，只能大致知道某个区域、某类人群可能是潜在受许人，但他们是否能转化为受许人却是不可知的，所以，目标的不确定性以及搜集全部潜在受许人信息的巨大成本等因素使得特许人对潜在受许人的了解处于相对的劣势。

所以，此阶段的最主要特征之一就是，关系双方处于信息不对称的阶段，更多的情况是潜在受许人掌握着关系进一步发展的主动权，特许人只能影响而不能完全控制关系的产生、发展。或者说，在信息沟通方面的通常状况是，特许人是先主动、后被动的，即首先主动发布了关于特许经营体系的信息，然后处于等待的被动状态；潜在受许人则相反，是先被动后主动的，即先被动地等待特许人发布招募加盟的信息，然后主动联系特许人。

为此，特许人在此阶段的战略就很清楚了，为了成功招募尽可能多的合格受许人，特许人至少完成两个目标：一是使尽可能多的潜在受许人知道特许人的信息；二是使尽可能多的知道特许人信息的潜在受许人采取第二阶段的行为，即与特许人进行首次接触。因此，特许人需要做到三点。

① 加大招募加盟信息在潜在受许人市场中的发布力度、广度和深度。只有这样，才能扩大潜在受许人了解特许人信息的人数，也才能为特许人带来更多的机会。为此，特许人需要在招募加盟信息的目标发布受众群定位、发布媒介、发布频率、发布时间、发布方式、发布内容等方面进行科学规划与实施。

② 树立良好的形象。潜在受许人在获知特许人的信息后，会进一步搜集关于特许人的信息并对若干目标特许人进行筛选，以形成对特许人的更多认识。在这个过程中，潜在受许人可能接触到关于特许人方方面面的信息，包括好的和坏的，受许人具体接触到哪条信息不是特许人能掌控的，所以特许人必须注意每个细节，争取在每个方面、每条信息上都给受许人留下良好的印象。否则，一着不慎，满盘皆输。

③ 随时准备接受与潜在受许人的首次接触。为此，特许人必须把自己的各种联系方式（包括电话、电子邮件、传真、地址、邮编、微信、QQ等）准确地传达给潜在受许人。联系方式要以方便潜在受许人为原则，如设置800、400免费电话等。

对潜在受许人而言，此阶段需要搜集尽可能多的信息，多确定几个候选对象并进行对比，不要急于加盟，不要轻易相信第一印象。

4.2.2　第二阶段：熟悉阶段

从潜在受许人与特许人的首次接触开始，双方关系便进入了第二阶段，即相互增进了解、更加熟悉对方的过程。

双方会采取一系列的行动，如潜在受许人向特许人的咨询、双方的相约见面、互相考察等，在此阶段，特许人还可能向受许人展示类似统一特许权提供公告的信息披露资料，双方签订一个合作意向书。

此阶段的最主要特征是，双方都处在了明处，都试图更全面、更深刻地了解对方。

特许人在此阶段的任务应该包括四点。

① 科学、规范地设计和实施对潜在受许人咨询的回答活动。对回答技巧与回答内容的设计、对咨询活动的记录、对咨询者的后续追踪等，都要仔细规划，首次咨询将在很大程度上决定双方关系有无继续下去的可能，特许人必须予以高度重视。

② 鉴别潜在受许人的合格性。特许人应根据事先设计好的受许人遴选标准在众多的咨询者中敏锐地发现适合者。注意，判定对方是否合适时，不要轻易下结论，不能带有主观色彩和个人喜好来判断对方。

③ 安排双方的相互实地考察。在熟悉阶段的高潮或结尾时期，是特许人和潜在受许人各自对对方信任的最后确认，即相互的实地考察。如果此相互考察的结果是彼此满意的，那么他们就会进入特许经营关系的确定阶段，会进入特许经营合同的谈判过程。因此，特许人既应安排好潜在受许人对特许人总部、样板店、加盟店等的实地考察，也应亲自或者派人去潜在受许人处实地考察，确认潜在受许人的说法是属实的。

④ 不要轻易许诺。许多特许人在此阶段为了吸引潜在受许人进入合同谈判阶段，可能会信口做出日后无法兑现的承诺，无法兑现的承诺可能会给以后的关系冲突埋下火种。

潜在受许人在此阶段的任务应该是仔细审查特许人提供的所有口头、书面等信息资料，认真思考，用自己的行动去切身感受，并一直保持冷静、客观的心态，准确判断特许人的特许经营体系对自己的适应性，避免掉入特许经营陷阱。除此之外，潜在受许人可以征求专家（如财务、法律、特许经营、投资、行业、政府主管机构等人员）以及特许经营体系中的已退出和现有受许人等建议。

4.2.3 第三阶段：法律阶段

此阶段的主要活动是特许人和潜在受许人（或准受许人）针对特许经营合同逐条谈判，并达成一致结果。在经历了前两个阶段的了解和熟悉之后，双方已经对彼此充满了信任，对合作的未来充满了信心。

此阶段的重要特征之一就是特许人和潜在受许人（或准受许人）双方第一次在双赢意愿的基础上，为各自未来的权利、义务做第一次现实的约定，为日后的特许经营关系定下游戏规则。

特许人在此阶段的任务主要有三。

① 提供一系列双赢的、严谨的特许经营合同。双赢的合同是特许经营关系得以和谐、健康发展的基础，严谨、科学的合同则是用法律手段解决双方关系冲突时的主要依据之一。

② 解释并说服潜在受许人（或准受许人）接受对所有受许人都基本一致的格式化的特许经营合同。

③ 在签约关头，既不要因为合同条款的争议而使潜在受许人（或准受许人）离开，也不要为了强留住该潜在受许人（或准受许人）而无原则地让步。

潜在受许人在此阶段的主要任务是仔细审核特许经营合同的每一条、每一款，在谈判中尽量为自己的未来争取最有利的条款。虽然许多特许人都宣称特许经营合同是格式化的或不能由受许人修改的，但只要潜在受许人（或准受许人）努力争取，总能获得特许人的一点让步。鉴于法律的专业性和严谨性，建议潜在受许人（或准受许人）请律师或特许经营顾问协助进行。事实证明，不重视合同、没有仔细研究过合同中的每一条款、对合同相关法律知识缺乏、轻率地在合同上签字的受许人日后对特许经营关系发生抱怨的概率更高。

4.2.4 第四阶段："新婚"阶段

签订特许经营合同之后，潜在受许人（或准受许人）真正成了受许人，特许人和受许人之间确立了明确的法律关系。因此，他们都必须严格履行特许经营合同所规定的权利和义务。随着正式关系的确立，随着双方权利、义务的约束，随着特许人兑现了承诺，随着双方一起工作，就像新婚夫妇一样，此阶段出现的两个主要特征是：第一，双方之间开始出现冲突的萌芽，但同时亲密信任的关系也达到了顶点；第二，双方关系发生的主体从此前的潜在（或准）受许人和特许人（或其招募人员）变得多元化，受许人方的雇员和特许人方的雇员开始进行全面的、大规模的接触。

特许人在此阶段的主要任务是按照合同的约定，对受许人进行培训，指导、协助受许人营建加盟店，包括指导、协助受许人进行选址、人员招聘、店面设计及装潢、开业筹划、商品铺货和陈列等。在双方关系方面，因为特许人给予受许人的许多服务都必须在真正的市场中进行，因此，受许人会自然而然地将特许人为其实际提供支持的内容、数量、范围、力度、效果等和签约前特许人所描述和承诺的做比较，预期和现实的落差必然会引起受许人的不满，因此，冲突在此阶段萌芽。为此，特许人必须认真、切实履行自己在合同中规定的义务，把冲突消灭在萌芽中。

受许人在此阶段的主要任务是在特许人的指导、协助下营建加盟店并向特许人支付特许经营费用。受许人在此阶段对于体系一致性的遵循也在经受着考验，受许人的自作主张和固执己见常常会导致双方冲突的萌芽。

但无论如何，由于双方在一起工作，目标是一致的，所以双方的友好、亲密关系也在此阶段达到了最高值。

4.2.5 第五阶段：实质性阶段

从受许人的加盟店隆重开业开始，一直到加盟店进入正常营运状态为止，特许人和受许人双方的关系开始受到外界市场的影响和考验。在此期间，特许人的特许权开始接受外界市场的考验，受许人此时会将原先的预期、特许人的承诺与如今加盟店的实际经营、盈利等状况进行比较。

双方关系进入契约关系的实质性阶段，即受许人开始审视特许人给予的支持、思考支付特许经营费用的价值所在；特许人观察受许人遵循体系标准化的状况、实际经营能力、独立操作效果等。

此阶段关系的主要特征之一是双方逐渐从狂热的"热恋"和"新婚"中冷静下来，关系中加入了理性、法律的成分。

为了维持良好的关系和减少冲突，特许人在此阶段应大力支持受许人的新店开张，不但要领进门，还要扶上马、送一程，确保受许人首战告捷和开门红，因为一个良好的开端会给受许人留下非常好的记忆，也会大大减小日后特许经营关系发生不好波动的频率和幅度。当然，特许人也应以"保终生"的心态和行动让受许人在整个加盟期间成功运营。受许人应严格遵循特许经营体系的各项规定，并迅速进入角色，不能存在一切都依赖特许人的思想。

4.2.6 第六阶段：波动阶段

在特许经营合同持续的绝大部分时间里，即从加盟店正常运营开始一直到合同终止

第4章 特许经营关系与管理

的这段时间里,特许人和受许人双方的关系始终处在波动的阶段。波动是此阶段特许经营关系的最大特征。

此阶段之所以叫波动阶段,是因为此阶段双方关系一直在波动,一直在友好和冲突之间来回转换。波动的根本性原因主要有两点:第一,随着交往的增多,双方互相认识得越来越透彻,因此,缺点也逐渐地暴露,互相欣赏优点会更加友好,互相指责缺点就会引起冲突;第二,市场考验着双方在合作、利益、支持、竞争等方面的态度和行为,经营状况好、利润丰厚时,双方皆大欢喜,否则就会推诿责任,甚至发生冲突。

特许人在此阶段应做到三点。

① 持续提供强力的支持,始终坚持为受许人服务的精神,把受许人看作自己的"顾客""消费者",以"让顾客百分百满意""顾客永远是对的"的态度与行动来指导、协助受许人的日常营运。

② 成立专门的部门、机构(如国外特许人企业成立的受许人委员会)或委派专门人员(如督导员、客服员等)处理特许经营关系中的波动和冲突。

③ 采取有效方法维护和谐的特许经营关系,如定期沟通、受许人大会、互联网、内部网、电子邮件、月刊或半年刊杂志、时事通讯、当地或全国的受许人俱乐部,甚至是特许人给受许人的生日贺电以及对受许人的个人问候等。

综上所述,我们根据每个阶段的特点画出特许经营关系曲线,如果以时间为横坐标、以双方的友好和谐度为纵坐标(值越大,双方关系越是友好和谐),那么我们就可以得到图4-2的特许经营关系中的友好和谐度曲线图。

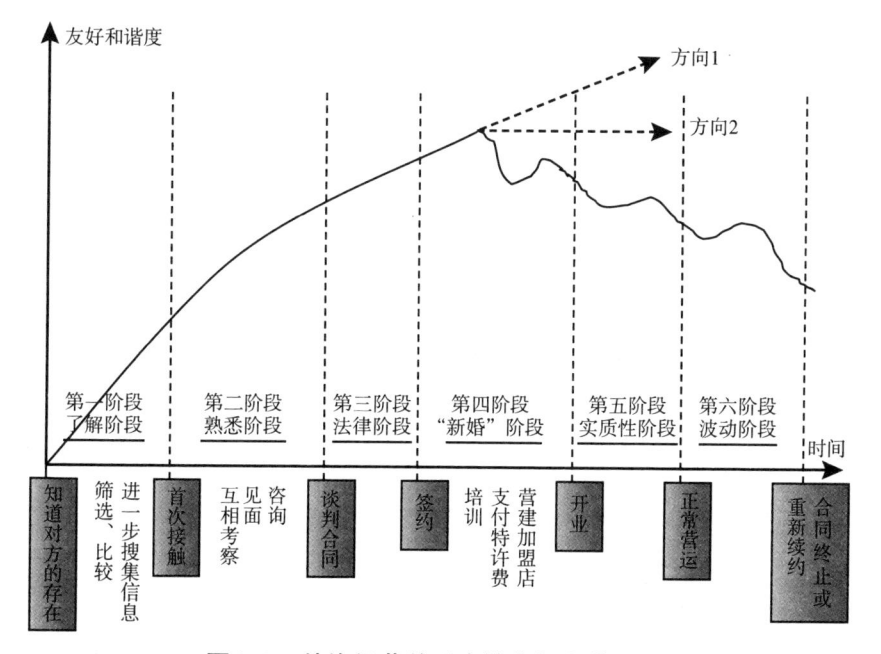

图4-2 特许经营关系中的友好和谐度曲线图

从图4-2我们可以得出六点结论

① 特许人和受许人双方的友好和谐度在第一阶段、第二阶段、第三阶段和第四阶段的开始部分始终处于上升的良好状态中。

② 双方的友好和谐度在第四阶段，即新婚阶段达到最大值，此时双方互相之间非常信任、对合作的未来充满信心，共同憧憬着美好的明天。

③ 从第四阶段的某个时间点开始，双方的友好和谐度出现波动，这主要期望和现实之间的反差造成的。

④ 通常，即便是在友好和谐度的下降阶段，友好和谐度也并不是直线下降的，而是呈波浪形下降，即在中间过程中，由于双方的一些为维护良好关系而做的努力，友好和谐度还可能会上升。在整个下降过程中，双方的友好和谐度就处于升升降降的变化中。

⑤ 优秀的特许人会在双方友好和谐度达到最大值的时候，通过自己的努力而使友好和谐度曲线继续上扬，见图中的方向1。

⑥ 无论如何，如果特许人不想使双方的友好和谐度继续下降并导致双方特许经营关系的终止，那么特许人应该在友好和谐度的最大值时采取有力措施，使友好和谐度曲线的走势如图4-2中的方向2。

当然，选取了其他因素（如时间长度、特许人付出成本、双方之间的信任度、受许人加盟店的利润、冲突程度、参与关系的人数等）作为纵坐标，我们还可以画出更多的曲线图，这些曲线图所反映的特许经营关系过程中的因素变化轨迹对于特许人和受许人双方的战略、战术决策都具有非常重要的参考价值。

4.3 如何创造并维持良好的特许经营关系

特许经营关系的良好状态非常重要，它不但关系到特许经营体系的稳固和发展、关系到受许人的快乐职业生涯，也会给整个地区或国家的特许经营事业、人民大众的生活和经济发展带来非常积极的促进作用。

但是，创造并维持良好的特许经营关系，不是一件简单的事情，它需要特许人、受许人和政府以及社会相关方面人士等的共同长期努力，需要多角度的思维辩证地看待和经营这种特殊的关系。

为了拥有良好的特许经营关系，首先，特许经营双方必须了解特许经营中的一些比较常见的冲突原因[1]。

- 不合适或很差的店址

---

1 罗伯特·T.贾斯蒂斯，威廉·斯莱特·文森特，著. 特许经营致富[M]. 李维华，等译. 北京：机械工业出版社，2004.

- 不充分的设备系列
- 拙劣的初始培训
- 不完整的运营手册
- 不充分的后续培训和信息
- 可行的特许人建议的不足
- 不充分的市场调查
- 效果差的广告宣传资料
- 缺少合适的运营信息供给
- 低估费用和收入
- 产品和服务缺少多样化
- 缺少独占区以及特许人使用其他方案绕过受许人将产品和服务销售到市场上
- 无效果的广告策略
- 特许人的由受许人承担费用的修改特许经营体系的单边权利
- 过多地使用商家优惠券以及商品和服务促销导致的利润率较低而权益金更高
- 特许经营合同中规定的费用的调整
- 特许人以低于特许加盟店价值的金额购回它的特许权
- 过多的最低业绩要求
- 特许人认为应当包含在权益金费用中的支持服务费
- 违反特许经营合同和相关协议的过多处罚
- 强加给受许人的对产品、服务或价格的过多限制
- 对受许人进入一个竞争性企业的权利的限制
- 广告基金的变更
- 特许人的公司直营店同受许人拥有的特许加盟店之间的竞争
- 特许人从供应商处获得回扣和酬金
- 从特许人处租赁设备、广告牌等的租赁费用过高
- 缺少持续的支持
- 缺少财务支持
- 特许人对质量控制问题进行过多的控制
- 过多的质量控制条款导致受许人被迫从特许人以及他人处购买供应品、设备、广告牌、秘密配料等。受许人希望特许人拥有强有力的质量控制计划，但是，并不希望因质量控制过多而导致利润率降低
- 缺少研究和开发
- 缺少交互的双向沟通

更进一步地，《世界经理人》中的一篇文章还对每种引致冲突或纠纷的原因进行了排序，其统计结果给人们一些有益的启发（见表4-1）。

表4-1　纠纷原因发生频率

纠纷原因	发生频率
加盟店对总部提供的"营销指导与支持"不满意	66%
加盟店对总部提供的"商品的价格"不满意	62%
加盟店对总部的"政策配合度及执行力"很低	49%
加盟店对每月的营业额不满意	47%
加盟店与总部之间对于"商品采购限制不得自行进货"的争议	43%
加盟店对于总部举办的促销活动的不愿配合	40%
加盟店与总部之间对于"商圈保护范围"的看法有分歧	38%
加盟店对于总部举办的"教育培训"不配合	36%
加盟店对"每月上交的权益金与管理费用"有争议	34%
加盟店不能每月按时交货款	32%

当然，特许经营关系中的冲突远不止这些，而且对不同的企业而言，各种冲突发生的频率也不尽相同，但上述的冲突都是特许经营关系中最为常见的，因此应该引起双方的关注。

为了创造并维持良好的特许经营关系，下面几点都是必需的。

4.3.1　政府创造一个良好特许经营关系的大环境

从宏观上讲，为了使单个的特许经营体系都有着良好的关系，国家和政府主管部门制定适当而健全的法律法规，从法律、政策的角度使双方拥有一个良好的开端和过程中的强制性约束。如果宏观上的环境不合理地偏向了某方，那么所有特许经营体系的关系都会受到不利的影响。比如，在美国特许经营立法的早期，政府制定的法律法规和政策曾强调保护特许人利益，特许经营协会也主要由特许人组成，某些特许人便有恃无恐，引发了一系列的特许经营欺诈丑闻，受许人不得不联合起来成立受许人协会以对抗特许人为主的协会，特许人和受许人这一对本来是利益共同体的亲密伙伴却成了两大对抗阵营，特许经营关系处于紧张状态。后来，美国的特许经营法律发生了改变，它们既约束限制了特许人（如严格的统一特许人提供公告的披露规定），又约束限制了受许人，行业协会也既有特许人协会，也有受许人协会，那么，权利的均衡就逐步使特许经营关系走上了正轨，特许经营事业在美国出现了大发展。

上述美国的特许经营立法的前后过程对于中国制定特许经营法律法规以及行业协会的建设颇有启发意义。

4.3.2 "先合同，后感情"的基本原则

从微观上讲，特许经营体系中的特许人和受许人必须坚持"先合同，后感情"的基本原则，在创造和维护双方关系的过程中始终以法律法规、合同为指导原则，因为无论如何，双方关系都可以最终归结为法律上的契约关系，这是特许经营关系的本质之一。实践中已经出现的许多特许经营纠纷都和这一点有关，即特许人和受许人把商业与感情混为一谈，各自的许多义务、责任和权利都没有以合同的形式明确下来，而是凭借自己的推测或"信任"建立特许经营关系，一旦出现问题，就会法庭相见。

4.3.3 良好的关系需要双方共同努力

创造尤其是维持良好的特许经营关系是特许人和受许人双方共同的事情，任何一方都有责任和义务为此努力。因此，双方应本着相互理解、携手合作、共铸双赢的精神，多考虑自己的不足和对方的优点。

作为受许人，不能有依赖思想，更不能片面地把自己看作特许人"特许权"的"消费者"，从而处处从"上帝"的角度来思维和行动。受许人应该感谢特许人提供的发展事业的机会，感谢特许人对自己的"扶上马，送一程"以及全程经营提供的持续帮助，受许人应坚决依靠自己的努力，严格遵循特许人的指导运作特许经营的业务。

总部应该采取一些措施去掉受许人的依赖思想，比如7-11会给受许人推荐五六千个货品，但是最终选择哪些货品的决策权在受许人手上。所以出现卖不出去的货品，受许人要承担85%的责任损失，7-11总部承担15%的损失。7-11就是用这样的方式纠正受许人的过分依赖意识，倒逼每一个店家积极主动地做好决策和运营。

作为特许人，不能存在着"领导""控制""老板"等居高临下、偏重自我的意识，应该感谢受许人用其资源和辛苦工作来实现特许人的拓展大业，特许人应该把受许人作为自己的朋友和事业伙伴，经常和持续地给予其尽可能多和有效的真心帮助与支持。

特许经营关系的维护需要双方共同努力，因为良好的关系对双方都有利，否则也都会受到损害。所以，受许人在此阶段应该努力配合特许人，遵循特许人的指导与协助。笔者翻译的《特许经营》一书里列出了一些特许经营双方应配合的事项（见表4-2）。

表4-2 特许人和受许人关系指导法则[1]

	特许人	受许人
1	建立强大的培训项目	参加所有的培训项目
2	召开全国和地区会议	参加所有全国和地区会议
3	建立受许人咨询委员会（FAC）	参加所有受许人咨询委员会的活动

---

1 罗伯特·贾斯汀，理查德·加德，著.特许经营［M］.李维华，等译.北京：机械工业出版社，2004.

续表

	特许人	受许人
4	支持和维持广告宣传委员会	参加广告和促销委员会的活动
5	编制时事通讯、备忘录和其他信息交换手段	为时事通讯和备忘录提供有关特许经营的信息
6	开通24小时免费热线	恰当使用热线
7	培养执行和销售动机	参加此类会议
8	建立对业绩突出的受许人的奖励结构	追求并获得奖励
9	制作促销广告包和广告单	获取信息并为其他受许人进行促销活动
10	提供财务和管理报告	使用这些报告中的信息以改进加盟店

4.3.4 良好关系的前提、中心和关键是受许人成功

这一点主要是针对特许人而言的。

特许人应当把使受许人成功作为处理双方关系的最重要的目的和基石，一旦受许人的事业取得了成功，通过加盟的方式获取了切切实实的经济利益，那么双方就不会存在严重的分歧和摩擦。反之，如果受许人的事业失败或受许人严重亏损，那么一般而言，无论特许人怎样努力，双方关系也不大可能良好。

4.3.5 全面"关系"管理

如同全面质量管理所强调的一样，要得到好的质量必须坚持"三全"，即全面、全程和全员。创造并维护良好的特许经营关系也是如此，需要全面、全程、全员地来实施。

（1）全面。

全面指的是要对特许经营关系的各个方面，如经济关系、法律关系、合作关系、竞争关系、人际关系、冲突关系等关系类别，受许人个人和特许人之间、受许人的员工和特许人的员工之间、受许人和受许人之间等不同主体之间的关系等，都要创造并维护，使之处于良好状态。

（2）全程。

良好特许经营关系的创造和维护是一个从零开始的全程工作，就像一条链环一样，其完整性和强度取决于两点：一是每个环节的完整性和强度；二是最弱一环的完整性和强度。因此，特许经营关系的创造和维护要坚持一切从头开始和自始至终不松懈的原则，始终以危机意识来经营双方关系。

在关系的最开始，即受许人知道特许人的存在，避免留下纷争的隐患，特许人应该

遵守法律规定，在宣传、广告方面谨慎行事，不要夸张体系的盈利能力、不要做出无法兑现的承诺、不要弄虚作假，制订科学合理的受许人甄选条件等。事实表明，许多受许人后来的不满意多是源于特许人开始时所做的承诺没有兑现。

在首次接触过程中，特许人一直要以诚实、严谨的态度与潜在受许人交流。诚实意味着特许人要把体系的美好未来及可能的风险、优点及弊端、完善及不足之处等如实告诉受许人，让其有心理准备，对特许经营体系有一个真实的判断。严谨意味着特许人严格按照既定的受许人条件甄别选择受许人，不能为了体系的发展凑合着选择受许人，否则可能会埋下纠纷的种子。严把入口对于特许经营关系具有决定性意义，如果在招募受许人的工作上出现失误，把不适合的受许人带进了特许经营体系，那么将来的特许经营关系就要出现问题。一些成功的特许人总能严格地守住"口"，比如，在2003年的一次加盟展会上，首次参展的麦当劳公布了加盟者的条件，开始接受中小投资者的加盟申请，一年中共有1000多名加盟者提交申请，几经考察，麦当劳最终选择了一位天津投资者作为其在内地的首位特许受许人，可见麦当劳发展特许加盟业务是慎之又慎的。

谈判特许经营合同时，特许人既要坚持基本原则不可更改以保证体系的一致性，又要以灵活的方式吸收合格的受许人。合同条款应尽量详细准确，并总结经验不断完善特许经营合同，尽量把所有隐患都在合同条款中予以说明。特许人和受许人双方都要仔细阅读、研究合同条款，彻底理解条款后再签订合同，绝不能匆忙行事。为此，特许经营合同的撰写和完善就绝不是律师一个人的事情，特许人还应邀请经营管理专家、特许经营专家、自己体系中其他部门的专家等从各自的角度提出建议。

特许人和受许人在从签订特许经营合同到加盟店开业的这段时间，是双方确定法律关系后第一次真正履行各自责任和义务的时期，这对双方来说是第一次真正的考验，对未来关系的重要性非同小可。因此，双方必须慎重对待，留下良好的第一印象。特许人应全力履行其帮助、指导受许人营建加盟店的义务，受许人则应及时交纳特许经营费用并认真接受特许人的指导。

从开业到加盟店正常运营的这段时间是单店能否有个"开门红"、能否盈利以及受许人将来能否充满信心经营的关键时期。特许人应继续其"送一程"的支持和帮助，使得受许人能独立成功经营。受许人则应努力工作、积极学习、遵循体系统一化规定，为自己的事业、也为特许经营关系打下一个好的基础。

总之，在特许经营合同存续期间的每个环节，双方都应一如既往地严格遵守特许经营合同的约定，切实履行自己的义务，加强相互沟通和理解，如此，特许经营关系才能始终保持良好的状态，双方也才能实现真正的双赢。

（3）全员。

全员指的是，良好的特许经营关系的存在不只是特许人和受许人的事情，所有涉及的人员，都应该有创造与维护良好关系的意识与行动。

受许人、特许人、各自的员工和股东等，都应积极参与创造与维护良好的特许经营关系的行动，只有大家齐心协力、充分参与，关系才能越来越好。

4.3.6 建立双方沟通的机构或机制

缺乏有效、充分的沟通常常是关系恶化的根本原因，因此，建立有益的机构或机制，可以提高特许人和受许人双方之间的沟通效率，改善沟通效果。

特许人和受许人的沟通应尽量避免公函的形式，多采用电话、微信等非公函的方式。原因是：①一纸盖有公司大章的"沟通函"，给人冷冰冰的感觉。②一纸公函提醒了受许人"咱们是两方"，很容易地就把本是一家人、一体化的共荣共辱意识转变为对立、对抗的意识，而对立、对抗的意识一旦形成，后续的合作效果可能要大打折扣；③如果公函里还引用了合同的某条某款，那么双方可能就合同问题进行纠缠而不是全心全意地做好项目；④公函的出现会提醒受许人做任何事情都要查找合同，因此，合同规定的事项会做，合同没规定但对双方都有利的事情，受许人有可能不做，然而任何合同都不可能涵盖所有方面，如此"公事公办"的结果可能导致双败而非双赢；⑤公函给人的感觉是单向的命令，不是沟通的最佳方式——协商。显然，协商之后双方均同意的结果会被更有力地执行，而单方面的命令很可能被阳奉阴违地抗拒。当然，如果公函内容逻辑混乱、错误百出、只谈特许人的贡献而对受许人的努力与付出视而不见，那么特许人的形象受损，特许人企业的商誉和品牌形象也会一落千丈。所以，利用公函进行沟通不仅是不明智的选择，更是智商和情商的严重不足。"士为知己者死、女为悦己者容"已经很清楚地告诉我们如何激励与沟通。所以，沟通之前，请务必记得：特许人和受许人是合作伙伴、是家人，是一荣俱荣、一损俱损的亲密关系。

受许人顾问咨询委员会是一种很好的机构。例如，赛百味于1999年成立了受许人协会，该协会由全体受许人选出的代表组成，他们代表受许人与特许人直接对话，就有关问题共同磋商，内容包括受许人的抱怨以及对公司发展的建议。事实证明，受许人协会的存在除了使特许经营关系更加良好之外，还给赛百味公司带来了巨大的利益，正如赛百味的创始人佛瑞德·迪路加自己所说的那样，公司从"挖掘蕴藏在加盟者身上的企业家精神"的行为中获得了成功的力量。

[练习与思考]

（1）试述特许经营关系的六个阶段。
（2）什么叫特许经营关系？它与其他商业关系的主要区别是什么？
（3）请思考，为什么特许经营关系的起点是知道对方的存在？
（4）参照友好和谐度曲线图，根据每个阶段的特点画出另外一条特许经营关系的曲线图。
（5）分析为什么特许人和受许人之间不是雇佣关系？受许人为什么不是独立的老板？
（6）试从其他角度分别描述应该如何创造和维护良好的特许经营关系。

第5章　国际特许经营

[**本章要点**]

本章主要讲解在全球经济一体化的新时代背景下，特许经营必然要走国际化途径的事实和内在规律。因为特许经营本身的契约性特征，所以本章第四节还对国际化特许经营过程中的若干法律问题进行了初步的探讨。目的是使读者认识到，特许经营的国际化是一个必然现象，同是也需要我们认真研究，因为国际化的特许经营有许多新特点和方式。

5.1 特许经营国际化的发展历程

随着特许经营的国内市场日趋饱和以及国际标准日趋完善，全球经济一体化的增强，"地球村"局面的形成，特许经营的国际化趋势愈加明显，跨国特许经营变得越来越普遍。越来越多的特许人跨越国界发展加盟店，越来越多的创业者、投资人成为外国品牌的本土受许人。

随着许多国内特许人进入到国外市场，特许经营已日益成为国际性的活动。从1971年到1985年，美国特许人在国外的特许店以每年17%的速度增长。这几乎相当于国内的两倍。由于国外业务的稳定增长。根据美国商务部的资料，在1988年，美国共有228个特许人（大多是小特许人或者中等规模的特许人）通知美国商务部他们正在考虑于1990年时在海外市场上进行扩张。在这些特许人中，50%是从事产品和服务的特许人，30%是酒店连锁经营的特许人，27%是非食品产品的零售商，34%是食品和相关服务的零售商。总之，在1990年前的二十年内，大概有400个特许人已经把业务扩展到国际市场，并开立了31000多家商店或者分销渠道。1993年，美国已经有1000多家本国公司在国外拥有25000家特许店。1975—1996年，73%~94%的特许店是由外国特许受许人建立的。1999年，已有超过数百家美国公司在国外拥有34000家以上特许店。

国际特许经营在日本也为数众多，其中7-11便利店，共有8500家分店，麦当劳有2400家分店，肯德基超过1000家分店。

许多特许经营公司凭借着国际特许经营这个利器为企业赢得了巨大的利益。

比如早在1982年就进入中国市场的可口可乐，其超过一半的利润来源于国外市场，是世界上最大的特许经营商之一。

肯德基预料到国际市场的增长主要是由于妇女就业人数和人们可支配收入的增加，因此向具有这两个特征的国家扩展业务。肯德基公司的国外销售额（5600家特许店销售额为46亿美元）超过了其在国内的销售额（5231家特许店的43亿美元销售额）。

据百胜财报，2009年，中国市场营业利润同比提高9%。百胜中国区以全球最高的毛利率，实现销售收入36.82亿美元，这一数字占到公司全球收入的34%。中国已成为百胜在全球发展最快、增长最迅速的市场。

美国著名财经杂志《福布斯》2010年10月的报道指出，在百胜集团今年的总收入中，中国贡献了41.5%，超过了2009年的35.8%。中国持续成为百胜旗下各大快餐店的增长引擎，来自中国市场的营业利润占到了百胜总营业利润的49%。

2015年的数据显示，百胜中国为百胜全球贡献了超过50%的利润。

麦当劳在国外市场获得的利润占总利润的52%，销售收入占总销售收入的54%，而国内的利润和收入分别占48%和46%。2001年麦当劳增开的1700~1900家新麦当劳餐厅中，650家设在亚太地区，550家设在欧洲，350家设在拉丁美洲，200家设在美国国内，其他设在中东、非洲和加拿大。可以看到，麦当劳85%以上的分店都选择在美国国外设立。[1]

为了促进更多的特许人企业实施国际特许经营战略，现在许多国家都在大规模地举办国际特许经营展，邀请来自全世界各个国家和地区的特许人参展。比如，外展网信息显示，自2003年开始举办的俄罗斯国际特许经营展BuyBrand，在2016年的展会上，共有49个国家的2310家公司参展，共有121323名观众参展。

今天，世界各国都以更开放的态度和更友好的政策推进特许经营的国际化，因此，研究和掌握特许经营的国际化知识将是我国特许经营业界的必修课。

5.2 特许经营国际化的原因

我们必须认识到，特许经营的国际化并非偶然现象，而是时代发展的必然产物。除了经济国际化的原因之外，特许经营自身的特征及发展所需的内外条件也都促进了特许经营模式的跨国界行动。

简单地讲，特许经营国际化的原因主要有如下五个方面。

1. 世界经济一体化的大势带动

第二次世界大战以来，和平与发展成为人类共同关注的话题，各国、各个地区都集中精力发展经济，经济成为新时代综合国力的重要基础之一。为了扩大市场和取长补短，经济的交流和往来越来越频繁。

而且，世界贸易组织在全世界经济发展中作用与地位的进一步提高以及成员国的不断增多，欧洲统一联盟和统一货币的出现，美、加、墨三国间北美自由贸易区的形成，东盟诸国的联合发展等，都既反映了地区经济一体化的现实，也反映了世界经济一体化的趋势已是不以人的意志为转移的客观必然。

特许经营作为商业运营模式的一种，也随着国际化的潮流向全球扩展。

2. 各国特许经营发展土壤的形成

事实上，第二次世界大战以来，全世界绝大多数国家的经济都在向好的方面发展，具体表现为国民收入普遍增加、投资增长、居民储蓄增多、政治斗争让位于经济发展、法律法规健全以及良好的商业环境开始形成等，这些都是适合建立特许经营的条件，也适合特许经营向外扩展。因此，世界各国经济环境的改善为特许经营的国际化的迅速茁壮成长提供了肥沃土壤。

3. 特许经营的本性使其国际化成为必然

特许经营的本性或其优势之一就是从大量的"复制"和网络的扩展中获得利益，扩张业务既是特许经营的魅力所在，也是特许人的利益源泉。但这时就出现了一对矛盾，即虽然特许人的利益是与单店"复制"数量以及网络规模的大小成正比的，但特许人要

---

[1] 罗伯特·贾斯汀，理查德·加德. 特许经营[M]. 李维华，等译. 北京：机械工业出版社，2004.

保证每家单店都有其一定的商业圈，以便受许人获得成功，因此，当国内商业圈逐渐饱和时，特许人必然将触角伸向更广泛的国外市场。

4. 制造商借助特许经营体系

随着世界范围的大分工以及外包方式的盛行，许多制造商跨越国界进行生产的投资和销售，因此，为了替产品开发销售渠道，利用受许人资金和资源发展自己市场的特许经营模式就非常适合制造商的要求。在竞争日趋激烈的国际市场，企业从原先并非很有效率的营销与运作中撤出，逐渐建设自身的特许经营体系，不但有利于稳定产品的分销渠道，也有利于对其进行良好的管理，获得较高的收益。

5. 海外旅行的普及和通信、交通的发达

由于海外旅行日益普遍，人们见识外国商品、服务和经营形式的机会增多，在国外看到新鲜、有市场、感兴趣的事物就想把它引入国内是人之常情。特许经营的产品多在国际间享有品牌知名度和良好的声誉，在消费者心目中已形成稳定的印象，如果引进很容易被市场接受。

通信和交通的发达，更加促进了特许经营的国际化。配送和信息管理是特许经营成功的两大关键，这都依赖通信和交通的发达程度，否则在异国他乡的加盟店很难得到总部的统一化服务，总部也很难管理和控制这些异国受许人。因此，通信和交通的发达为特许经营的国际延伸奠定了坚实的基础。

国际市场竞争比国内市场竞争具有更大、更多的差异性、复杂性和风险性。一方面，国际市场的巨大利润吸引着特许经营体系开拓国际市场；另一方面，对国际市场的不了解又导致了许多特许经营企业的失败。

5.3 特许经营国际扩张的方式

1. 设立独资经营的业务

特许人不是通过授予特许权来经营业务，而是自己直接在目标区域内经营业务，采用这种方式的特许人可以在目标国外市场建立直营店。因此特许人需要足够的人力和财力来建立和保持业务经营。

公司直营网络的成功对其在将来建立特许业务是一个极好的宣传和经验总结，这种方式常被作为特许人在海外实施特许经营的前奏和试探性运营。

2. 直接授予特许权

这意味着特许人直接与独立的受许人订立特许合同，向他们授予特许权，并提供基本的支持和后续服务。这种方式的技术上的局限性在于特许人距离其目标区域越远，越难向受许人提供支持和服务。但直接授予特许权与建立分支机构相结合，可带来税收上的好处。采用此种方式时，特许人必须考虑几个可能出现的问题：语言障碍、可能影响特许经营业务开展的当地法律、文化和生活方式的差异（如居民在爱好和习惯上的差异）、治安状况、税收、人才、物流状况、经济发达程度是否与业务匹配等。

这种方式较适合于资金实力雄厚、体系较为成熟的特许人，因为为远在异国他乡的受许人提供与本国受许人同样服务的支持显然是对特许人管理、配送等能力的一个巨大挑战。弄不好，特许人不但给受许人带来伤害，还可能损害自己的声誉，甚至失去这个市场。

3. 设立分支机构

特许人可以先在国外市场设立分公司、办事处等开发管理机构，然后由此机构负责目标国外市场的特许经营业务开拓。

分支机构可分为几种情况：特许人需要经营自己的分店；特许人直接向目标区域授予特许权，建立分支机构以便为受许人提供服务；分支机构可以是地区级的，以便为地区内所有受许人提供服务。是否建立分支机构更多地受业务所在区域法律等因素的影响。

4. 设立子公司

子公司可以承担下列职能。

① 从本土直接向目标区域授予特许权的特许人可使用子公司为受许人服务。

② 特许人可授予子公司总特许权，子公司可以自己经营业务，也可以把特许权再授予给次受许人。

③ 子公司可以成为目标国或地区的合资企业的一方。

④ 子公司可以为地区内的次受许人或次特许人服务。

5. 通过总特许安排，设立子特许人（或次特许人）

子特许人通常拥有在该国或地区建立自己的分店或发展次受许人的独占权利。子特许人实质上拥有相当于特许人在其他地区所有的地位，因此，这种方式有利也有弊。特许人必须考虑下列问题。

① 鉴别和选择合适的人或公司作为子特许人的困难。

② 应具备强大的国内基础，以便满足子特许人的需要。

③ 从国内业务中分出人手和资金。需要指出的一点是，实际的人员和资金需求总是比预期的多。

④ 用时总是比预计得要长。

⑤ 特许人在目标区域只有一个实体处理各种问题。他所面对的只是次特许人，无法与次受许人直接打交道并指导他们的日常经营。

⑥ 次特许人提供给次受许人的各项服务相当关键，这些服务包括选择和培训次受许人、地点选择及其他经营中的服务。服务应能保证次特许人严格执行体系的标准和质量控制。

⑦ 特许人应尽可能地参与次受许人的选择过程，还应做定期的质量控制访问，向次受许人传达这样的信息——特许人对他们的经营非常关注。

⑧ 特许人在国内利用受许人资源的方式，也应同样应用于总特许合同。而且这种利用可在两个层级上进行。首先，次特许人被要求为在目标区域建立和开发特许体系提

供财务资源。因此在制订总特许合同前，特许人需要次特许人展示其财务能力。其次，需要次受许人显示其经营加盟店的财务能力和人力资源。

⑨ 协议鼓励次特许人运用当地的知识、根据当地的条件发展特许人的体系。当地的商人对本地的竞争状况、经济环境、法律规定和金融财务资源有更丰富的认知，也了解哪家公司适合作为体系的供应商。

⑩ 在国内，特许人从特许业务中得到的现金收入比自己直营的收入要少。与此类似，根据总特许合同收取的费用也要比在目标区域直接授予特许权要少。因为次受许人所交纳的特许费要由特许人和次特许人分享。次特许人向特许人交纳的特许费水平和计算方法要在谈判中确定。

⑪ 次特许人可能降低特许体系的各种标准，因此，特许人应开发出建立和保持标准的策略。这可以通过提高选择次受许人的标准，初始和后续的培训，经营中的访问、视察和提醒来实现。

⑫ 特许人可能由于多种原因面临不得不终止合同的境地。

6. 建立合资企业

特许人将发现合资企业也会出现许多问题，如确定一个合适的合资对象。双方需要就所占股份比例、需要注入的资本金额谈判。合资公司本身也将成为特许体系中的次特许人，因此特许人可以把其服务和经营诀窍等技术算作一部分投资。

合资公司能帮助特许人在目标区域以共享的方式建立特许体系，而当地的合作伙伴在总特许合同下进行经营。但特许人可能会卷入通常可以避免的经营风险中，而合资伙伴对总特许合同赋予特许人在诸多事务上的最终决定权不满。这两种情况都会导致合资双方关系的不稳定，容易产生摩擦。

特许人还将发现当他想终止合资关系或合同时会遇到很大困难，这主要是因为合资伙伴的位置及其对特许体系的作用无法立即被取代。

5.4 国际特许经营涉及的法律问题

在国际特许经营中，不管是国外的次特许人发展特许经营（加盟店的经营者因此被称作次受许人），还是特许人亲自在国外发展特许经营（加盟店的经营者因此被称为受许人），都必须注意国际特许经营的特许人和次受许人或受许人所涉及的法律问题。

1. 双方的法律地位和法律关系的实质

除对对方的合同履约能力进行调查和评估以外，尤其需要考察当地法律的特殊规定，比如，是否把受许人看作是特许人的代理商或雇员。在特许合同中，应保证受许人是独立的合同当事人，而不是特许人的代理人或合作伙伴。

2. 政府的态度

确定政府对待特许经营和商业秘密的态度是至关重要的。通过对政府态度和现有政策的调查，可获得政府对特定行业的支持和鼓励，从而为特许人和受许人带来成功和盈利。

3. 竞争法

许多国家制定了竞争法，目的是刺激竞争。这些法律并不直接针对特许权的交易，但其普遍适用性会影响特许经营活动的开展。

4. 不公平竞争

特许人当然不愿意把受许人培养成日后的竞争对手。特许人有两个基本防御武器：一是限制合同期内和合同期后的竞争；二是保护特许人的商业秘密。这两种武器都是以合同为基础的，其在选定区域的受保护状况应事先进行调查。合同期内的限制比合同期后的限制容易实现。后者则受到竞争法和其他因素的影响。

5. 工业和知识产权法

特许人的工业和知识产权是特许业务的基石。这些产权包括：商标和服务标记，商号，商誉，经营诀窍、方法和商业秘密，版权及专利权等。必须对注册保护这些权利的途径进行调查，因为每个国家在这方面的法律规定不管多么相似，总会有一些重要区别。在特许权交易中，通常这些权利的使用是由许可证规定的。

6. 公司法

当决定建立分支机构或子公司时，除了考虑税收因素外，还应该研究当地公司法的有关规定。

7. 特殊的特许经营方面的法律法规

有些国家可能制定专门的规范和限制特许经营的法律法规。做出特许经营国际化决策时，必须考虑这方面的法律法规。

8. 特殊行业法

有些国家对某些行业的经营活动做出一些限制，从事这些行业业务的特许人应详细研究这方面的法律规定。

9. 货币管制和支付年金的限制

有些国家限制货币的进出，因此特许人有必要研究这些限制，以便制订相应的对策。

10. 进出口管制

有些国家对于什么可以或不可以进口或出口有各种各样的限制，特许人必须对此找到一些替代的办法，如选择本地供应商等。

[练习与思考]

（1）搜集有关特许经营国际化的资料，写出一篇关于特许经营国际化方面的小论文，内容主要包括特许经营国际化的由来、特点、应对方式和具体操作手法等。

（2）谈谈你对特许经营国际化的认识。

（3）如果国外的特许人进入中国，需要什么样的要求与步骤呢？

（4）以美国或者其他国家为例，思考中国企业进入美国或其他国家时的要求与步骤。

第6章　特许经营手册

[**本章要点**]

本章内容共分15节，讲解的是特许经营系列手册的理论与实战技法。

6.1主要讲解的是手册的基础知识，包括定义、意义与分类。

6.2主要讲解的是手册编制前的资料与工具准备。

6.3主要讲解的是手册编制的人员管理。

6.4主要讲解的是手册编制的成本费用管理。

6.5主要讲解的是手册编制的时间管理。

6.6主要讲解的是手册编制的内容管理。

6.7主要讲解的是手册编制的技巧。

6.8主要讲解的是手册编制的原则。

6.9主要讲解的是手册编制的外观管理。

6.10主要讲解的是手册字数与册数管理。

6.11主要讲解的是手册编制的质量管理。

6.12主要讲解的是手册编制的保存与保密。

6.13主要讲解的是手册编制的落地管理。

6.14主要讲解的是手册编制的交付管理。

6.15主要讲解的是手册编制的更新管理。

6.1 手册的基础知识：定义、意义与分类

6.1.1 特许经营手册的定义

特许经营手册，指的是特许人所编制的一系列用于介绍、规范、指导、监督、考核特许经营体系并使之顺利运营的文件，是特许人工业产权和/或知识产权的物化形式，是特许人对于自己的特许经营业务的全面性的状况、经验、技能、知识、创意等的总结、提炼、创造与升华，其体现形式可以是文本（Word、Excel、PPT等）、图片、音频、视频、软件系统等。它们可以有多种分类方式，比如按照使用者的不同，可以分为总部手册、分部或区域受许人手册、单店手册。

6.1.2 手册的使用者是谁

手册的使用者至少有五类。

① 特许人员工。比如总部的《人力资源管理手册》《财务管理手册》等关于总部职能的手册。

② 受许人及员工。比如《单店礼仪手册》《店长手册》《单店技术手册》等关于单店的运营的手册。

③ 潜在受许人或社会大众。比如关于加盟等内容的《加盟指南》《信息披露手册》等。

④ 准受许人。就是已签订《加盟意向书》但还没签订《特许经营合同》的个人或组织，供其使用的手册如《单店选址手册》等。

⑤ 政府主管部门。比如《备案手册》之类的手册。

特别需要注意两点。

① 同一本手册的使用者可能不同。比如，《MI手册》的读者就包括总部、分部或区域受许人、单店。

② 同一个内容在不同的手册里可能不同。比如，加盟条件，就分为特许人的内部版本和对外公布的版本，内容、条款数、形式等的差别可能非常大。

6.1.3 手册对特许人的意义是什么

无论是对于特许人，还是对于受许人，手册都具有非常重大的意义。对特许人而言，手册具有如下意义。

1. 经营上的意义

（1）手册是特许人的核心资源和核心竞争力

从形成过程来讲，手册的编制和完善需要特许人全体人员（包括可能参与其中的所有受许人、外脑、智库等各方）的努力，需要几代人、几个月、几年甚至十几年、几十年的辛苦付出，经过无数次的更新和修改，特许人为之付出了大量的时间、人力、物力

和财力等,因此,这样一套凝聚了特许人全体人员心血的系列化手册对于特许人而言是生死攸关的。

从内容上讲,系列手册是整个特许经营体系得以复制的"DNA",是特许经营体系得以成功实施与不断升级的直接或间接表现形式,是特许经营模式的"灵魂"和核心竞争力所在,是特许人全体人员的心血、知识、智慧的凝聚,是过去、现在以及将来复制的单店或区域受许人得以成功的必备要素,所以,毋庸置疑,它是特许人的核心资源和核心竞争力之一。

(2)手册是特许经营"复制""克隆"统一化的依据和保障

特许人要想把成功的模式"复制""克隆"给众多的受许人或直营业务而不走样,有一套事先编制好的既定标准是必需的。只有按照这些事先规定的游戏规则,特许经营体系才能有效地保障统一性,奠定受许人或直营业务成功的基础。系列手册发挥了依据和保障作用。

(3)手册是培训受许人或直营业务人员的主要教材

为了使受许人或直营业务人员按照特许人的规定模式运作并成功,特许人必须给予受许人或直营业务人员关于整个特许经营模式的一整套培训,而从各个角度总结、提炼和设计的关于特许经营模式的系列手册理所当然地成为受许人或直营业务人员接受培训的最主要教材。

(4)手册是提升特许经营体系质量的有效手段

有时,过程比结果更重要。

特许人在编制系列手册的过程中,必然要对自己特许业务的历史、现状和未来认真总结、分析和研究,对特许业务的宏观和微观两个方面仔细科学地梳理,因此,编制手册的过程本身就是对特许业务的一种流程优化和科研。

实践证明,每一个特许人在编制手册的过程中都对自己的特许业务有了更深刻、准确、科学、前沿、系统、细节的认识,也因此做了大量的改进与提高,显著提升了整个特许经营体系的全面性的质量,包括人、财、物等的质量,以及产、供、销等业务模块的质量。

(5)手册是招募受许人的有力手段

因为手册对于特许经营体系、对于受许人经营成功的重要性,所以潜在受许人选择特许人时的一个重要考察点就是:特许人是否有一套完善的手册。从实践上看,手册早已成为特许人招募受许人的一个重要手段,以及潜在受许人选择特许人时的主要依据之一。

(6)手册是个人资源公司化的有效手段

特许人可以通过手册汇集员工或外部人士的资源精华,这些资源不会因为个别员工或外部人士的变动而遭受损失,所以是个人资源公司化的有效手段。长年累月下来,那些凝聚了从创业开始或之前的企业所有人员和外部人士的经验、技术、知识、创造等手册的价值是不言而喻的。更重要的是，任何个人都只能了解或掌握其中的一部分，它的全部最新内容都只属于公司。

2. 安全上的意义

（1）保证经营安全

人员流动，尤其是技术、销售等关键岗位的人员缺失非常令人头疼，人员流动率大的行业更是如此。有了手册，企业可以部分甚至完全解决因人员变动而给企业经营带来的不利影响。这是因为新进人员可以通过手册掌握技能并以最快速度达到流失员工的工作状态，从而使企业空缺岗位得到及时、迅速和保证质量的补充，保证企业经营安全。

加入其他企业的人员因为不能了解或掌握手册的全部最新内容，所以他们对原企业的威胁性也会减少。如此，企业不会对某些个人形成依赖，也不用时时担心人员流动了。

（2）保证知识安全

因为经验、技术、知识等的主要载体之一是人，所以企业人员流动的另一个重大不利之处就是附着在人身上的经验、技术、知识等会随之缺失。对企业的知识管理而言，如果事先把每个人的经验、技术、知识等用手册的形式记录下来，那么，企业可以最大限度地减少因人员的变动而给企业带来的技术、知识等缺失风险。

3. 法律上的意义

我国在于特许经营企业的管辖法规中反复提及"手册"。比如，2007年5月1日开始施行的《商业特许经营管理条例》第八条明文规定：特许人向商务主管部门备案，应当提交下列文件、资料：……（三）特许经营操作手册。第十四条又明确规定：特许人应当向被特许人提供特许经营操作手册，并按照约定的内容和方式为被特许人持续提供经营指导、技术支持、业务培训等服务。

另外，特许经营企业备案时也需要提交手册目录或更细节化的内容，2011年12月12日发布的修订过的《商业特许经营备案管理办法》自2012年2月1日起施行，其中第六条明确规定，申请备案的特许人应当向备案机关提交以下材料：（九）特许经营操作手册的目录（须注明每一章节的页数和手册的总页数，对于在特许系统内部网络上提供此类手册的，须提供估计的打印页数）。

在某些地区，特许人企业备案时不仅要求企业提供手册目录，而且要求企业携带完整的手册以备查看。

国外的特许经营相关法律法规也对手册做出强制性的规定。比如，美国联邦贸易委员会颁布的特许经营法规就规定"为了在保持特许经营体系的统一性和连续性的同时，使本体系得到不断的发展，以适应不断变化着的市场形势，需要一份单独的特许经营店操作手册，作为特许经营协议的附件。"

因此，编制手册是特许人经营合法性的一个必备条件。

6.1.4 手册对受许人的意义是什么

对受许人而言，手册同样具有非常重要的意义。

特许经营系列手册是受许人经营过程中的指导性"宪法"和"宝典"。

之所以说"宪法"，是因为特许人对受许人的督导主要依据手册来进行，受许人在经营过程中，必须严格遵照手册的规定，否则就是违反了特许经营体系的统一性，所以手册是保证整个特许经营体系有序运转的"宪法"。

之所以说"宝典"，是因为受许人在经营过程中可能发生的主要问题和解决办法，特许人已经编制在手册里，受许人经营过程碰到疑难问题和困惑时，可以随时查询对应的特许经营手册。

6.1.5 手册对潜在受许人和准受许人的意义是什么

潜在受许人在正式加盟之前阅读《企业介绍手册》《加盟指南》《信息披露手册》等，可以了解特许人情况、了解特许权情况以及判断特许人项目的优劣、是否适合自己加盟等。

准受许人签订《加盟意向书》后依据《单店选址手册》，准受许人可以选择、确定合适的加盟店店址。

6.1.6 特许经营手册对编制者的意义

笔者在为特许经营企业提供全案顾问咨询策划服务时，相当一部分的时间都在编制各种不同类型的手册。因为我们顾问咨询策划服务的内容不仅仅是帮助企业打造一个完善、科学的特许经营商业模式，还要帮助企业训练出一批特许经营的骨干精英，编制手册的过程本身就是训练人员的最好方式之一。因此，我们在具体构建特许经营体系时会让企业选拔出的工作人员参与体系构建（包括编制系列手册）的具体环节中。

长期工作于一线的工作人员刚开始的时候比较排斥手册的编制工作。主要原因有两点：一是外在顾问的介入加大了他们的工作量，短期之内又不能够获得实实在在的物质或精神回报；二是他们不愿意分享自己的成功经验，尽管他们知道编制手册对企业本身来说意义非凡、价值巨大，但他们担心自己的"绝活"被标准化成手册之后，任何一名新上岗的人员都能够通过学习手册来顶替自己，那自己存在的价值就大打折扣了。

但是真正进入手册编制状态后，凡是参与手册编制工作的人员都会意识到，这是一个全面提升自己综合能力的契机。

为了让每一个特许经营企业在编制手册之初就能够得到公司全员的支持，笔者将参与过手册编制工作的企业人员所收获的主要价值罗列如下。

1. 全面系统掌握整个特许经营体系

如果将特许经营体系比喻成一台机器，那么安放在机器内部的齿轮、传送带、轴承等零部件就是整个体系内不可缺失的一本本手册。这些手册本身既相互独立，又相互联系。

为了保证手册与手册之间不会出现脱节、标准不一等现象，所有参与手册编制的人员每天都需要参与各类型手册的讨论之中，耳濡目染之下，他们会非常熟悉整个特许经营体系的各个构成部分，此种机会对于任何一名身处特许经营领域的管理者来说都是不可多得的，因为建立、完善公司整个特许经营体系的过程就是自身通过"理论+实战"的方式来综合、深度、细节化学习特许经营的过程。

2. 全面提升个人综合能力

任何一名参与特许经营手册编制的成员都会接触到自己从未了解过的信息、从未尝试过的操作等。这对于个人能力的提升是一个非常难得的机会，用一句通俗易懂的话来讲，凡是参与手册编制的成员都相当于经历了一次特许经营体系的超强特训营，虽然过程很辛苦，但是最终的收获非常巨大，在专业知识与技能、其他知识与技能、科研能力、说写做创、团队协作、计算机水平等方面均会有实质性的大幅度提升。

6.1.7 特许经营手册分为哪些类别

按照不同的划分标准，特许经营系列手册可以有不同的分类结果，下面仅列举几个常用的分类。

1. 按主要使用者分

在了解此类划分之前必须要知道的是，有些手册并不仅仅限于某一或几类使用者，而是几方可以共用的。比如，同一本手册的使用者可能既是总部，也是分部或区域受许人或单店。

（1）总部手册。

总部手册是总部为了特许经营体系的良性运转而编制的，对特许经营总部的运营、管理等方面的工作指导和规范，这是特许人自己进行特许经营体系运营与管理的依据。

使用者主要为总部员工，必要时可以将部分内容交由受许人使用，如总部的关于产品知识、公司介绍等方面的手册。

（2）分部或区域受许人手册。

分部或区域受许人手册是指导分部或区域受许人如何在独家区域开展工作的指南，内容主要是分部或区域受许人如何开展工作的原则、流程、制度、表单和具体的工作内容等。主要使用者为分部或区域受许人。

（3）单店手册。

单店手册是关于一家单店从商圈调查、市场分析，一直到选址、装修、办证、招聘、培训、设备工具和产品等进场、试营业、开业策划、正式开业的开店阶段和单店正常运营阶段的所有工作，即单店在建设前、建设中及建设后的所有工作的原则、流程、制度、表单和具体的工作内容等规范，是单店全部运营活动的指导和规范。使用者是特许经营体系的单元店，包括总部、分部的直营店和加盟店等。

2. 按主要形成来源分

按照手册的编制方法或内容的主要形成来源不同，特许经营手册分为如下三大类。

（1）设计型手册。

在这类手册的编制中，经验的提炼总结只起辅助作用，创新创意的设计占主导地位。通常，特许人企业事先没有多少"曾经做过"的经验，手册编制依赖的主要是编制人的创造力或设计力。

（2）总结型手册。

在这类手册的编制中，经验的提炼总结占主导，设计起辅助作用。手册内容的编制更多的是对特许人经验的总结、提炼和升华。当然，这并不排除编制人在总结过去的基础上的创新和改进。

（3）混合型手册。

在这类手册的编制中，经验的提炼总结与设计各自所起的作用主次区分不明显。

虽然有上述三种分类方式，但特别需要注意的是：① 绝大多数的手册的编制都需要设计和经验提炼总结两种基本方法，缺一不可，上述分类方法只是强调某种方法的比重差异；② 对不同的企业而言，同一手册可能分属不同的类型。比如，《单店常用表格》手册，对那些曾使用过大量类似表格的企业来说，属于总结型，否则就属于设计型或混合型。

3. 按具体内容分

按照手册的具体内容划分，手册可以划分地更详细，如《公司介绍手册》《MI手册》《BI手册》《VI手册》《SI手册》《AI手册》《BPI手册》《特许权要素及组合手册》《单店开店手册》《单店运营手册》《单店常用表格》《单店店长手册》《单店店员手册》《单店技术手册》《单店制度汇编》《分部运营手册》《总部人力资源管理手册》《总部行政管理手册》《总部组织职能手册》《总部财务管理手册》《总部商品管理手册》《总部产品知识手册》《总部物流管理手册》《总部信息系统管理手册》《总部培训手册》《总部产品设计手册》《总部产品生产手册》《加盟常见问题与回答手册》《总部招商手册》《总部督导手册》《总部CI及品牌管理手册》以及《加盟指南》（含加盟申请表）等。

4. 按内容表现的主要形式归属划分

系列手册可分为结论型手册、方法型手册和原因型手册等三个基本类型，详见手册的内容是"what""how to do"还是"why"。

6.1.8 手册的内容是"what""how to do"还是"why"

手册的内容应当是"what"（告诉读者是什么，即结论型手册）、"how to do"（告诉读者如何做，即方法型手册），还是"why"（告诉读者原因，即原因型手册）呢？

答案就是，不同的手册应根据不同的内容来安排。有的手册可能大部分内容只属于一种，但更多的手册则包含上述三种内容，只是各自所占比重有所不同。具体分类见表6-1。

表6-1　手册的内容是"what""how to do"还是"why"

序号	使用者	手册名称	what型	how to do型	why型
1	单店	《单店盈利模式手册》	√		
2		《单店组织架构与人员编制手册》	√		
3		《单店礼仪标准与服务技能手册》	√	√	
4		《声、光、温、味、像管理手册》	√		
5		《单店工程装修流程》	√	√	
6		《单店营销大法》		√	
7		《单店人力资源手册》	√		
8		《单店财务与税收手册》	√		
9		《单店物流手册》	√	√	
10		《单店业务产品手册》	√		
11		《单店设备器材手册》	√		
12		《单店技术手册》	√	√	
13		《单店前厅运营管理手册》	√	√	
14		《单店制度与流程汇编》	√	√	
15		《单店出品标准手册》	√		
16		《店长手册》	√		
17	单店	《单店常用表单手册》	√		
18		《单店投资回收预算表》	√		
19		《单店选址手册》	√	√	
20		《单店应急事件处理手册》		√	
21		《VI手册》	√		
22		《SI手册》	√		
23		《单店统一配送独有物品表》	√		
24		《单店开业庆典手册》	√	√	
25		《单店陈列手册》	√		
26		《单店目视化手册》	√		

续表

序号	使用者	手册名称	what型	how to do型	why型
27	总部或分部或区域受许人	《公司介绍手册》	√		
28		《员工手册》	√		
29		《总部组织架构与职能手册》	√	√	
30		《总部行政与人力资源手册》	√		
31		《总部财务与税收手册》	√	√	
32		《总部供应商管理手册》	√		
33		《总部网络营销手册》	√	√	
34		《MI手册》	√		
35		《VI手册》	√		
36		《营建手册》	√	√	
37		《培训手册》	√		
38		《总部物流手册》	√		
39		《督导手册》	√	√	
40		《研发手册》	√	√	
41		《电商手册》	√	√	
42	总部或分部或区域受许人	《TQC暨后续工作持续提升手册》	√	√	
43		《特许权手册》	√		
44		《加盟指南》	√		
45		《招商战略规划》	√		
46		《招商的四类记录跟踪表》	√		
47		《招商部工作手册》	√	√	
48		《加盟常见问题与回答手册》	√		√
49		《受许人的成、败案例手册》	√		
50		《特许经营备案手册》	√		
51		《特许经营信息披露手册》	√		
52		《来总部考察的潜在受许人接待手册》	√	√	
53		《招商说明会即OPP会议手册》	√	√	

6.2 手册编制前的资料与工具准备

6.2.1 编制手册前需要准备哪些资料

编制手册前，企业需要提供一些现成的、先期的资料，这样可以提高编制效率，避免编制人再去搜集、整理，尤其当编制人是企业聘请的外部顾问时更要如此。

下面是笔者为企业列出的需要企业先期提供的一些资料的名录，供读者参考：

① 公司的组织架构和各部门人员配置
② 公司介绍
③ 业务、技术和产品介绍
④ 公司各类对外宣传册（文本、实物、电子版等）
⑤ 公司各类关于自己的音、像资料
⑥ 公司各类广告（文本、实物、电子版等）
⑦ 外界对公司的文字、音像等的写实、报道等
⑧ 公司获得的各类荣誉
⑨ 公司及各部门的规章制度
⑩ 各类合作合同和对外合同
⑪ 已加盟店铺的各类合同、文本资料、备忘录等
⑫ 公司的各类照片
⑬ 单店及总部的各类手册（文本、实物、电子版等）
⑭ 公司及各店的管理财务报表（近三年）
⑮ 所有工作人员档案及相关记录
⑯ 店内各类说明、POP、优惠券、代金券、宣传广告、促销政策
⑰ 各店产品和服务明细
⑱ 公司内部的培训教材、资料
⑲ 公司各类执照、证件的复印件
⑳ 各类人员的名片各1张
㉑ 装修装潢图纸的复印件
㉒ 公司各类广告、营销、促销、合作、交易、商业计划书等文件
㉓ 特许经营筹备组前期做的各类文件
㉔ 公司内部杂志、报刊、下发文件
㉕ 公司年终总结报告、会议备忘录、战略规划
㉖ 供应商合同、名录等详细资料
㉗ 消费者资料
㉘ 市场调研资料
㉙ 其他公司认为有必要让顾问了解和知道的资料

记住，上述的公司已有资料可能有错误、互相之间不同或矛盾或者有些内容需要重新界定，所以编制人必须逐一核实所有内容是否为企业当下的真实信息。

6.2.2 编制手册前需要准备哪些设备工具

因为编制手册时需要外出调研、内部访谈、查找资料、网络搜索、实际体验、现场观察、模拟实验、分析研究、撰写、设计、拍摄、开会等，所以编制人必须配备一些基本的查找、记录、编制、设计、保存等方面的设备工具。俗话说得好，"工欲善其事，必先利其器"，有了良好的武器，手册的编制质量才有了良好的基础条件。

一般而言，编制手册前需要准备下列设备工具（见表6-2）。

表6-2 编制手册时需要的基本设备工具

序号	用途	设备工具	必须有	最好有	可以有
1	办公	电脑	√		
2		文字、图片、音频、视频类编辑软件	√		
3	记录	数码相机	√		
4		录音笔	√		
5		笔和笔记本	√		
6		录像机			√
7	物质文件处理	复印机		√	
8		扫描仪		√	
9		打印机（最好是彩色打印机）	√		
10		传真机			√
11	会议	投影仪	√		
12		白板及白板笔	√		
13	沟通	电话	√		
14		网络	√		

6.3 手册编制的人员管理

6.3.1 手册编制组的组织架构与岗位职责

手册编制组的组织架构和特许经营体系构建的组织架构是相同的。在有外部专业顾问的情况下，手册编制组的组织架构见图6-1（若企业自己编制，则去掉顾问）。

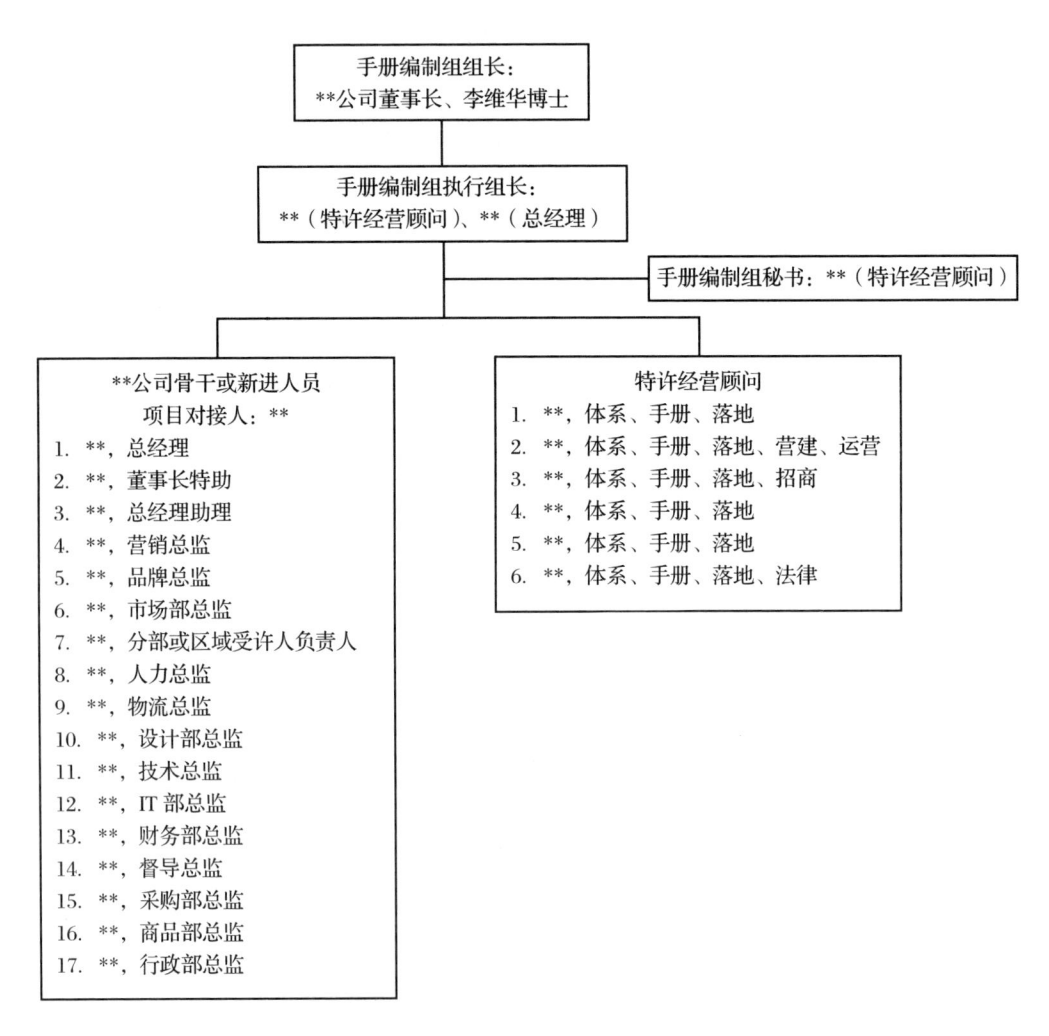

```
手册编制组组长：
**公司董事长、李维华博士
    │
手册编制组执行组长：
**（特许经营顾问）、**（总经理）
    │────────────────────── 手册编制组秘书：**（特许经营顾问）
    │
    ├── **公司骨干或新进人员
    │   项目对接人：**
    │   1. **，总经理
    │   2. **，董事长特助
    │   3. **，总经理助理
    │   4. **，营销总监
    │   5. **，品牌总监
    │   6. **，市场部总监
    │   7. **，分部或区域受许人负责人
    │   8. **，人力总监
    │   9. **，物流总监
    │   10. **，设计部总监
    │   11. **，技术总监
    │   12. **，IT部总监
    │   13. **，财务部总监
    │   14. **，督导总监
    │   15. **，采购部总监
    │   16. **，商品部总监
    │   17. **，行政部总监
    │
    └── 特许经营顾问
        1. **，体系、手册、落地
        2. **，体系、手册、落地、营建、运营
        3. **，体系、手册、落地、招商
        4. **，体系、手册、落地
        5. **，体系、手册、落地
        6. **，体系、手册、落地、法律
```

图6-1 手册编制组的组织架构（在有外界专业顾问的情况下）

1. 手册编制组组长的岗位职责

① 对手册编制的整体性的方向、原则、进度等重大问题做出最终战略决策。

② 协调各种人、财、物资源，保障手册编制顺利进行。

③ 对手册编制的阶段性成果、文件、记录等签字确认。

④ 全程参与、关注项目。

2. 手册编制组执行组长的岗位职责

① 对手册编制的全程、全面和全员负有计划、协调、组织、控制之职责，保证手册编制按时、按质、按量地完成。

② 对除了手册编制组组长之外的所有手册编制组成员进行选拔、任用、工作分配、监督、考核、指导、激励、考勤，在手册编制结束后针对特许经营总部的合适岗位提出人员建议。

③ 应手册编制组组长之要求随时汇报手册编制的相关情况。

④ 负责手册编制组的日常例会、点评、培训、确认完成、签字、答疑等工作。

⑤ 亲自承担部分的手册编制、执行落地等手册编制组成员必做工作。

⑥ 完成手册编制组组长安排的其他工作。

3. 手册编制组秘书的岗位职责

① 在手册编制组执行组长和手册编制成员之间承担上通下达的联络作用。

② 负责通知、召集手册编制组的会议，并做例会记录，以截图的形式于会后发到手册编制组微信群里，同时打印每日例会会议记录交执行组长签字，并保存签字后的每日例会记录于自己处。

③ 负责会议、活动、咨询现场、咨询过程中重要节点事件的拍照、录像、新闻撰写等。

④ 做好整个手册编制期间的档案收集、保存等事项。

⑤ 督促特许经营顾问努力工作，负责全部特许经营顾问的考勤记录，统计每个人的工作质量和数量。

⑥ 亲自承担部分的手册编制、执行落地等手册编制组成员必做工作。

⑦ 完成执行组长安排的其他工作。

4. 项目对接人的岗位职责

① 做好整个手册编制组的办公条件、出差安排、外部资源协调等后勤工作。

② 通知、召集手册编制组成员参加手册编制组的会议、活动等。

③ 督促、保障手册编制组成员努力工作，负责全部人员的考勤记录，统计每个人的工作质量和数量。

④ 协调公司与维华商创的甲乙双方关系，为特许经营顾问的差旅食宿提供帮助。

⑤ 亲自承担部分的手册编制、执行落地等手册编制组成员必做工作。

⑥ 完成执行组长安排的其他工作。

5. **公司的骨干或新进人员的岗位职责

① 遵守手册编制组工作各种制度和纪律，按时上下班、参加例会、汇报工作、编

制手册、实际落地、学习等。

② 努力工作，按时、按质、按量地完成所分配的任务。

③ 每日12点和16：30，准时把所有分配的工作任务的名称、进度百分数以及问题和建议发到手册编制组微信群里。

④ 在手册编制过程中，通过参加培训、参加每日例会、自学、与特许经营顾问交流、思考与领悟等方式，把自己变为岗位的专业领域、行业以及特许经营与连锁经营领域的专业人才。

⑤ 积极主动对接顾问老师，与其交流、合作。

⑥ 亲自承担部分的手册编制、执行落地等手册编制组成员必做工作。

⑦ 完成执行组长安排的其他工作。

6. 特许经营顾问的岗位职责

① 积极主动地指导、协助和实际参与对接的**公司的人员的工作，对工作的最终结果、质量、数量、完成时间等负有首要责任。

② 亲自承担部分的手册编制、执行落地等手册编制组成员必做工作。

③ 完成执行组长安排的其他工作。

6.3.2 手册编制人的分类

严格地讲，每本手册都是集体劳动的成果，即每本手册都不是哪一个人能够编制出来的，它需要不同的人来协作、配合。

虽然每家企业都希望自己的员工既能干（即实际的操作、执行能力，我们称之为"武"），又能写（即文字功夫，我们称之为"文"），但这种文武双全的人并不多见，更多的情况则是文者不精武，武者不精文。

为了充分发挥手册的真正作用，手册要形式为文，内容为武，所以就需要团队配合才能编制出一本本优秀的手册来。手册的形式和执笔主要由"文"者担当，内容或素材的提供主要由"武"者承担，创新部分二者共同进行。

因此，每一本手册的主要执笔人或主要编制执行人通常都是一致的，即由文字组织能力或制作图片、音频、视频能力强的人承担。比如，SI手册和VI手册就要求手册编制者有很强的图片处理能力和艺术设计能力。每本手册的协助人，即"武"者则各有不同。当然，为了加快手册的编制进度，也可以由"武"者先行提供草稿，再由"文"者修改润色，或由"文"者提供目录、框架等，然后由"武"者填充内容。

具体到每本手册的主要执笔人或主要编制执行人，又会因手册的类型不同而不同。通常的情况是，总结型手册的编辑中"武"者起主要作用，设计型手册的编辑中"文"者起主要作用，混合型手册的编辑则是"文"者、"武"者共同发挥作用。

一般情况下，手册编制的"武"者与手册的对应关系见表6-3。

表6-3 手册编制的"武"者与手册的对应关系

序号	使用者	手册编制的"武"者与手册的对应关系	
		手册名称	主要协助人——"武"者
1	单店	《单店盈利模式手册》	创始人、高层、店长
2		《单店组织架构与人员编制手册》	店长
3		《单店礼仪标准与服务技能手册》	店长
4		《声、光、温、味、像管理手册》	店长
5		《单店工程装修流程》	店长、装修部
6		《单店营销大法》	店长
7		《单店人力资源手册》	店长、人力资源部
8		《单店财务与税收手册》	店长、财务部
9		《单店物流手册》	店长、物流部
10		《单店业务产品手册》	店长、商品部、技术部
11		《单店设备器材手册》	店长
12		《单店技术手册》	技术部
13		《单店前厅运营管理手册》	店长
14		《单店制度与流程汇编》	店长
15		《单店出品标准手册》	技术部
16		《店长手册》	店长
17	单店	《单店常用表单手册》	店长
18		《单店投资回收预算表》	财务部、店长
19		《单店选址手册》	营建部
20		《单店应急事件处理手册》	店长
21		《VI手册》	设计部
22		《SI手册》	设计部
23		《单店统一配送独有物品表》	物流部
24		《单店开业庆典手册》	企划部、店长
25		《单店陈列手册》	店长、商品部
26		《单店目视化手册》	店长

续表

序号	使用者	手册编制的"武"者与手册的对应关系	
		手册名称	主要协助人——"武"者
27	总部或分部或区域受许人	《公司介绍手册》	创始人、高层、相关部门
28		《员工手册》	行政部
29		《总部组织架构与职能手册》	创始人、高层
30		《总部行政与人力资源手册》	行政部、人力资源部
31		《总部财务与税收手册》	财务部
32		《总部供应商管理手册》	采购部
33		《总部网络营销手册》	网络部
34		《MI手册》	创始人、高层
35		《VI手册》	设计部、创始人、高层
36		《营建手册》	营建部
37		《培训手册》	培训部
38		《总部物流手册》	物流部
39		《督导手册》	督导部
40		《研发手册》	研发部
41	总部或分部或区域受许人	《电商手册》	电商部
42		《TQC暨后续工作持续提升手册》	行政部
43		《特许权手册》	品牌部
44		《加盟指南》	招商部
45		《招商战略规划》	招商部
46		《招商的四类记录跟踪表》	招商部
47		《招商部工作手册》	招商部
48		《加盟常见问题与回答手册》	招商部
49		《受许人的成、败案例手册》	招商部、营建部、督导部、客服部
50		《特许经营备案手册》	招商部、法务部
51		《特许经营信息披露手册》	招商部、法务部
52		《来总部考察的潜在受许人接待手册》	招商部、行政部
53		《招商说明会即OPP会议手册》	招商部

6.3.3 手册编制人应具备的基本素质

手册编制人大致可分为两类:"文"者,即主要执笔人或主要编制执行人;"武"者,即手册编制的协助人。对他们的要求各有不同,见表6-4。

表6-4 优秀"文"者、"武"者的基本素质

序	优秀"文"者的基本素质	优秀"武"者的基本素质	共同的基本素质
1	文字或图片、音频、视频等编辑能力强	丰富的实践工作经验	具有协作精神
2	思维逻辑清楚	精通本职工作	具有钻研精神
3	善于访谈	善于表达	善于沟通
4	善于记录、归纳、整理、提炼与升华	熟悉同业者情况	具有保密意识、创新能力
5	善于调查、快速学习	善于分析、分解和洞悉竞争者的技术、产品、服务等	熟悉行业、企业
6	具备一定的对应手册内容的专业知识	较强的岗位能力	领会手册的意义
7	熟练操作电脑和相应软件	较好的岗位成绩	理解"细节、傻瓜、实战"的手册原则
8	本科及以上学历	乐于分享	
9	善于融合百家之长		
10	具备一定的科研能力		

6.3.4 手册编制组需要多少人

根据笔者的经验,手册编制组人员一般在14个人左右比较适宜,这样的话,企业的成本不大,人员之间利于分工,参与编制手册的人员还可以被训练成特许经营总部的骨干,进入特许经营总部的各个部门工作,因为特许经营总部的部门一般也在14个左右。

当然，如果企业人员足够、资金足够、又不影响编制人的工作的话，手册编制组的人员多一些更好，如此一来，手册编制的进度会大大加快。

6.3.5　编制手册时是否要请外部顾问

最好在外部专业顾问的指导与协助下编辑手册，有的手册则必须要在外部专业顾问的主导下进行。

有些工作是一般企业无法依靠自己的力量完成或无法专业化地完成的，如SI手册、VI手册以及手册的外观和图形的设计与制作等。而且，系列手册的总体战略安排以及每本手册的细节、目录等的设计或编制也需要编制人员具有一定的专业技术知识才能做得更好。

表6-5是一般情况下企业自己编制手册与聘请外部专业顾问编制手册的利弊对比。

表6-5　企业自己编制手册与聘请外部顾问编制手册的利弊对比

利弊	企业自己编制手册	聘请外部专业顾问编制手册
利	● 直接成本较低 ● 手册泄密性低 ● 可以立即开展工作	● 手册质量较好 ● 外部顾问编制手册的经验可以借鉴 ● 企业比较省心
弊	● 手册质量不能保证 ● 有些编制工作很难独立完成 ● 手册编制工程容易出问题 ● 编制时间较长	● 直接成本较高 ● 聘请水平差的顾问存在风险 ● 企业秘密外泄可能性增加

6.3.6　如何辨别一个真正的外部企业顾问

随着人类社会的发展，顾问咨询作为一门既老又新的智力行业，势必会有越来越大的发展，而它本身也必然会给众多需要外部专家指导的组织和个人带来事业上的腾飞。但笔者以为，顾问不是人人都能做的，一个优秀的特许经营顾问不但在特许经营方面是专家，在顾问咨询或者某些专业领域方面也要是专家，顾问咨询本身需要相当的技术和知识。根据多年从业经验，笔者总结出一名优秀或合格顾问（或者一个顾问团队）的四项必备技能：

- "说"，对于培训客户、成功营销、沟通等至关重要
- "写"，文本的功底不可忽视，尤其对于编制手册、广告、文件、宣传材料等而言更是如此
- "做"，顾问的执行能力要强，不但能说和编制出优秀的策划文案，还能使之变为现实、落地实施
- "创"，必须有创意、创新、创造能力，生搬硬套的"模板式"顾问往往会导致

企业失败

但遗憾的是，特许经营市场上的某些"顾问"根本不具备上述技能。所以企业在选择顾问咨询公司或外部顾问时，一定要考察对方的四个基本方面。

第一，经验，没有任何特许经营体系实践经验的顾问总是会给企业带来或多或少的风险，所以，最好能让顾问提供其做过的成功案例，基于此企业大致判断对方的实力。

第二，顾问以前的客户对其服务的反馈也很关键。因此，企业在借助外脑的时候一定要谨慎，咨询顾问前客户对其评价，对寻找正规的、名声好的、有一定实力的、有特许经营业界知名人士作为成员的顾问咨询公司或团队大有帮助。

第三，顾问的知识面要宽。因为一个完整特许经营体系的建设需要多方面的知识：管理、法律、财务、人事、营销、物流、广告、电商等。所以，顾问的知识面一定要广，或者对方是一个由各种必备专业的人士组成的咨询团队。早期，国外的特许经营顾问主要由律师担当，但在特许经营体系日益复杂和更重视管理的时代，律师显然不能完全胜任这份工作，企业需要的是精通特许经营管理、经营的顾问，律师同会计师、IT专家等，是其中的组成人员。

虽然顾问对于企业本行业的熟悉能更有利于项目的进行，但这并不意味着顾问一定要熟悉本行业，因为企业借助外脑主要是借助其在特许经营方面的优势，而不是借助其在本行业方面的优势，这一点企业必须要注意。

第四，不要被"顾问"的表面现象所迷惑，要看到对方的真才实学。现在社会上的许多人善于演说或鼓吹，他们的口才足以把稻草说成黄金，但实际上他们并没有真才实学。

6.4 手册编制的成本费用管理

6.4.1 手册编制的成本费用

编制手册的成本费用是不固定的，会因不同的手册、不同的手册编制的投入资源、不同的编制方法、不同的编制要求等各有不同，甚至会有很大的差别。

企业应在保证手册编制质量的前提下尽量压缩成本费用。

一般而言，手册编制的直接和明显成本费用主要体现在几个方面，为了最大限度地节省成本费用，企业应在六个方面下手。

① 编制人员的报酬。手册的编制人若是企业员工，那么报酬基本就是人员薪水。若是企业聘请外部顾问来编制手册，费用就会增加。但企业可以采取折中的方式，比如请外部顾问"指导"，而不是"亲自"编制，那么成本费用就会降低。

② 必需的办公成本费用，包括办公场所、电脑、打印机、网络、电话、复印机、

照相机等日常办公成本费用。

③ 资料成本费用。编制手册的过程中可能需要购买书籍、报纸、杂志、调研报告、光盘、统计数据等资料，资料的成本费用属于手册的编制成本。

④ 公关成本费用。编制手册过程中可能会请某些专家、公司机构的专家做指导或提供某些内容，企业需要支出一定的费用。

⑤ 出差成本费用，编制手册的过程中调研市场、受许人或竞争者等，这就会产生出差成本费用。

⑥ 外包成本费用，手册编制过程中的有些工作可能是企业自己做不了的，比如SI、VI、手册外观和图形等的设计制作等，那么工作外包出去的成本费用也是手册编制成本费用的重要组成部分，有时候这部分费用还会相当的多，企业一定要兼顾质量、成本两个方面，寻求一个最佳的平衡点。

6.4.2 如何控制编制手册的成本费用

控制成本的方法有很多，但其基本原则和思路就是三点：全面、全员、全程。

① 全面的成本费用控制。全面意味着手册编制的各种成本费用，如前文所述的人员、办公、资料、公关、出差、外包等成本费用，每一个都要控制。

② 全员的成本费用控制。全员意味着手册编制每个人都有权利和义务去控制成本费用。

③ 全程的成本费用控制。全程意味着在手册编制的过程中，每一个环节都要控制成本费用。

只有做到了上述的"三全"，编制手册的成本费用才能控制到最优状态。

6.5 手册编制的时间管理

6.5.1 一本手册多长时间才能编制完

首先必须明确的是，任何一本手册的编制都是一个动态的、长期的过程，手册时刻处于完善之中、又永远没有最终完善的状态。只要企业还存在，手册就会需要不断的修正和完善。

但是，手册的阶段性完成是有一定时间规律的，即手册可以有第一版、第二版等。即便是这个阶段性的手册完成，其时间长度也受多种因素影响，如编制资源（人力、物力、财力等）的投入程度、企业的历史积累资料、编制人的素质、编制团队的协作与管理、参考资料的数量和质量等。

根据笔者多年的顾问咨询和手册编制经验，表6-6是一般情况（假设每本手册都有专人专职编制，企业有一定的实践经验）下每本手册初稿完成的用时，仅供企业参考。

表6-6 手册初稿完成用时

序号	使用者	手册名称	手册初稿完成用时（天）
1	单店	《单店盈利模式手册》	3
2		《单店组织架构与人员编制手册》	1
3		《单店礼仪标准与服务技能手册》	2
4		《声、光、温、味、像管理手册》	1
5		《单店工程装修流程》	2
6		《单店营销大法》	2
7		《单店人力资源手册》	2
8		《单店财务与税收手册》	2
9		《单店物流手册》	2
10		《单店业务产品手册》	2
11		《单店设备器材手册》	1
12		《单店技术手册》	2
13		《单店前厅运营管理手册》	2
14		《单店制度与流程汇编》	2
15		《单店出品标准手册》	2
16		《店长手册》	2
17		《单店常用表单手册》	1
18		《单店投资回收预算表》	0.5
19		《单店选址手册》	2
20	单店	《单店应急事件处理手册》	1
21		《VI手册》	15
22		《SI手册》	10
23		《单店统一配送独有物品表》	1
24		《单店开业庆典手册》	1
25		《单店陈列手册》	2
26		《单店目视化手册》	1

续表

序号	使用者	手册名称	手册初稿完成用时（天）
27	总部或分部或区域受许人	《公司介绍手册》	3
28		《员工手册》	1
29		《总部组织架构与职能手册》	2
30		《总部行政与人力资源手册》	2
31		《总部财务与税收手册》	2
32		《总部供应商管理手册》	2
33		《总部网络营销手册》	2
34		《MI手册》	1
35		《VI手册》	15
36		《营建手册》	2
37		《培训手册》	2
38	总部或分部或区域受许人	《总部物流手册》	2
39		《督导手册》	2
40		《研发手册》	2
41		《电商手册》	2
42		《TQC暨后续工作持续提升手册》	1
43		《特许权手册》	1
44		《加盟指南》	1
45		《招商战略规划》	3
46		《招商的四类记录跟踪表》	0.3
47		《招商部工作手册》	2
48		《加盟常见问题与回答手册》	2
49		《受许人的成、败案例手册》	3
50		《特许经营备案手册》	0.5
51		《特许经营信息披露手册》	0.5
52		《来总部考察的潜在受许人接待手册》	1
53		《招商说明会即OPP会议手册》	2
	总工时		123

6.5.2 系列手册的全部第一版要多长时间才能完成

每家企业的实际情况不同，如是否有专业顾问的参与、手册编制小组的人数与质量、手册编制小组的工作时间、产品与服务的数量与复杂程度、项目管理的水平、企业投入资金的数量等，所以系列手册的全部第一版的完成时间也各有不同。

根据笔者的实际经验，一般而言，如果企业合理分配资源和科学规划、管理系列手册的编制工作，那么全部手册的第一版完成时间应在1~2个月。

第一版完成之后，企业需要根据实际情况对手册进行内容的更新、数量上的增减、不同手册的合并或分开等。

6.5.3 编制手册到什么时候算完成

手册永远没有"完成"的时候，只有阶段性的完成版本。任何一本手册都要在"动态"的原则下，不断地修正和完善。

6.5.4 手册的编制是单独进行，还是应与体系构建同时进行

因为手册的编制是一项系统性的重要工程，特许经营体系的构建也是一项重要的庞大工程，二者是互有交叉、不可完全分割的，所以笔者建议在构建特许经营体系的同时进行手册的编制工程，不要分开实施。

6.5.5 先编制合同，还是先编制手册

许多欲做特许经营的企业几乎都会碰到这个问题，是先编制特许经营合同，还是先编制特许经营手册？

答案是，一般应是先编制手册，后编制合同。

原因如下所述：

① 许多合同条款的编撰和确定是以手册的内容为依据的，比如，特许人的权利和义务、受许人的权利和义务等部分的条款需要在总部手册已经规定好的前提下才能完成，必须先确定了培训、单店日常运营规范等内容，才能在合同中规定双方应如何做和不应如何做。所以，特许人应以手册内容来定合同的内容，不能反其道而行之。

② 对特许人而言，手册是可以改变的，但合同一旦签订后就相对固定。因此，特许人应统筹规划，先把整个特许经营体系的思路梳理清楚之后再去签订合同。编制手册既是梳理思路的有效手段，又是梳理思路的必然结果。所以，特许人应该先把手册编制好。

③ 从法律上讲，我国2007年5月1日起施行的《商业特许经营管理条例》规定，"特许人应当在订立特许经营合同之日前至少30日，以书面形式向被特许人提供本条例第二十二条规定的信息（注：即信息披露的主体内容），并提供特许经营合同文本"。同时，第十四条规定，"特许人应当向被特许人提供特许经营操作手册"，所以特许人企业应该先编制好手册。

④ 现实的情况是，简单的合同文字的描述有时候很难把问题说清楚，许多合同所描述的特许权内容需要以手册作为合同的附件来加以明示。一般，特许经营合同常以下列文件

作为附件：单店的经营范围及工作程序、部分手册、加盟店设计图及照片等。所以，编制特许经营合同之前，要先把手册编制出来，即使仅是手册的第一版，也远胜过没有手册。

6.5.6 手册必须要在招商之前编制

从经营上而言，特许人企业在实施特许经营之前若没有系列手册，可能会出现下列情况：招商时缺少强有力的支持项目，招商人员各执一词，对受许人的培训没有教材和依据，受许人没有运营指导和标准，特许经营体系本身不规范，加盟店的复制没有原型等。如此一来，特许经营体系的扩张就很难成功。

从法律上而言，特许人企业在招商之前若没有系列手册，则特许人向受许人"……提供代表该特许经营体系的营业象征及经营手册"的法律义务就无法履行。对外商投资企业而言，在招商之前编制好特许经营手册是其申请开展特许经营业务的必要前提条件。

从手册本身而言，纵然有的手册可以在招商的同时或之后编制，但因为手册之间的"配套"性即完整一体性，后来编制的手册可能会导致前面手册的修改，这样会引发受许人对于特许人的信任危机。而且，手册的编制需要一定的时间和资源投入，临时抱佛脚的匆忙之作只能应付，不能真正起到手册指导、规范、监督、考核的作用。

所以，对特许经营体系而言，手册绝不是可有可无的装饰品，而是招商前的"必需品"，是在特许经营市场上冲锋陷阵用的枪支弹药，枪弹都没准备好，怎么能上阵呢？

6.5.7 如何制订手册的编制计划

因为系列手册的编制是一项庞大的系统工程，所以特许人企业必须在编制手册前做一个详细、科学的规划，并用项目管理的方法进行这一工程或项目，以便统筹安排、分工实施。

科学家在论证人比动物高级时，总喜欢拿人造房子与蜜蜂筑巢相比较。他们认为人比动物的高明之处，即人和动物的本质区别在于，人在建造房子之前就已经在大脑中有了房子的形象，而蜜蜂是没有的。这种区别实际上是在说，人做事是有计划性的，人类的无数实践也早已证实，合理与科学的计划是人类事业成功的根本保证。

计划是管理的首要职能。法国人法约尔（Henri Fayol）很早就意识到了这一点，他甚至认为"管理就是计划……活动"。编制系列手册活动作为特许经营企业的一个重要运营项目，更强调计划的重要性与关键意义。正如宾夕法尼亚大学的杰克·吉多和陶森大学（Townson University）的詹姆斯·P. 克莱门斯所言："简单地说，项目管理过程就是制订计划，然后执行计划"。

在编制系列手册的工作中，计划的内容主要包括：

① 确定要达到的既定目标。主要包括编制的时间、成本、目标状态等方面。

② 确定计划所包含的所有活动。活动指的是计划实施过程中相对独立的工作、工序或任务等。

③ 确定实施计划及完成各项活动的具体方法，如编制前、编制中和编制收尾时的

各项活动及方法的确定。

④ 确定编制计划中各活动的逻辑顺序（紧前活动、紧后活动及无关活动）以及具体的实施时间（最早开始时间、最早结束时间、最晚开始时间、最晚结束时间、活动的过程时间等五类时间）。

⑤ 确定计划实施期间的各种资源（人、财、物、信息等）的需求数量及时间（最早获得时间、最迟获得时间及概率）。

需要注意的是，对于一些简单、常规或重复性的编制工作（比如第一版手册完成后的修改、完善等），企业没有必要制订很详细的计划，有时甚至可以凭经验直接着手进行。但对那些复杂的、重要的或首次碰到的编制活动，企业为了确保项目实施的成功与节省投入，必须在手册编制实施前制订较为详细的计划。制订计划时，必须以调查研究为基础，在充分掌握了必要的、可靠的资料与信息之后，结合编制手册的具体特点、条件和要求，才能制订出一份可行、合理与科学的手册编制计划。

计划的方法本身也是在不断发展的。19世纪的工业革命促进了科学管理，也促进了计划方法的发展。随着泰勒（Fredrick Winslow Taylor）分工和专业化理论的提出，甘特（Henry Qaurence Gant）提出了迄今仍然使用广泛的、用有时间的线条图计划的方法，被称为甘特图（条形图或横道图）。1956年，美国杜邦化学公司在探索更有效的维修工程施工计划时，提出了关键路线法（Critical Path Method，CPM）并编制了专用的计算机程序。与此同时，美国海军部为执行北极星导弹研究任务，提出了与CPM原理相同的网络计划方法——计划评审方法（Programme Evaluation and Reviewing Technique，PERT）。此后，其他形式的网络计划方法，如优先日程图示法（Precedence Diagramming Method，PDM）、图表审评技术（Graphical Evaluation and Review Technique，GERT）等相继发展起来。

通常而言，制订手册编制计划的步骤如下所述。

① 定义编制目标。目标要求清晰、明确、可行、具体和可以度量，能为与编制有关的人员、部门所理解并赞成。

② 分解手册编制工作。把编制工作分解成工作细目，工作细目继续分解，直到工作包，即最底层的细目为止，并在每一细目旁标明负责部门或个人。多种形式可以表示工作分解结构，常用的两种形式见图6-2和图6-3。

③ 界定活动。界定每一个工作包所必须执行的具体活动，但要注意，活动一定消耗时间，但不一定消耗人力，如等待时间作用的过程等。

④ 绘制网络图。可以采用双代号网络模型，也可以采用单双代号网络模型，主要表明编制过程中各活动之间的必要的次序和相互依赖性。

网络计划模型由三个基本要素构成：节点、枝线（弧）和流，见表6-7。

⑤ 估计时间与资源。主要包括时间的长短和资源的类别、数量等。

⑥ 对每项活动进行成本预算。成本预算的依据主要是每项活动所需的资源类别和数量。

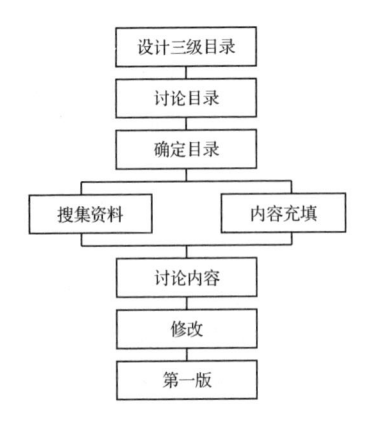

图6-2　流程图形式的工作分解　　　　图6-3　文本格式的工作分解

表6-7　网络计划模型的基本要素

网络计划模型	枝线（弧）	节点	流
双代号网络模型，又称箭杆式网络模型（两个节点表示一项活动）	组成工程的各项独立的活动（或任务）	各项活动之间的逻辑关系（先后顺序等）	完成各活动所需时间、费用、资源等参数
单代号网络模型，又称节点式网络模型（一个节点表示一项活动）	各项活动之间的逻辑关系（先后顺序等）	组成工程的各项独立的活动（或任务）	完成各活动所需时间、费用、资源等参数

⑦估算手册编制进度计划及预算。根据编制要求，是在固定时间下的成本最小，还是在固定成本下的时间最短，抑或要求资源平衡等分别采用网络有关分析技术（如CPM法等）和资源规划技术（运筹学内容）进行项目的时间、成本预算。

⑧排出手册编制的进度表。在上述估算进度及预算的基础上排出编制活动的进度日程表，表中应明确标出每段时间内发生的活动类别、资源使用状况（包括人力资源等）以及负责与执行的部门或人员。

在实际应用中，特许人企业可以采用简单方便的分阶段的任务指派单的形式来代替甘特图。表6-8是笔者为企业编制手册时的实际指派单例子。

6.5.8　不同手册的编制应在特许经营体系构建的什么阶段开始

每本手册的编制开始阶段都不尽相同，它因不同的手册、不同的特许经营体系构建阶段、不同的人员资源状况、不同的需求紧迫度、不同的资源投入等而有不同。因此，系列手册的编制是一个系统性的工程，需要经过企业的项目规划一步一步地实施，它不是一朝一夕或一蹴而就的事情。

下面结合构建特许经营体系五步法分别介绍不同手册在一般情况下的编制开始阶段，具体到每家企业，则需要根据实际情况做一个专属于自己的系列手册编制规划（见表6-9）。

表6-8　×××特许经营工程第二阶段任务指派单（4月27日—5月22日）

指派时间：二〇〇五年四月二十六日 下午2:30

序	工作任务简称	负责人	执行人	要求结果	备注	4.27	4.30	5.1	5.7	5.8	5.9	5.11	5.13	5.15	5.20	5.21	5.22
1	《公司描述手册》	×××	×××	提交文本	第一阶段未完工作												
2	《产品、技术手册》	×××	×××	提交文本	第一阶段未完工作			假期									
3	《MI手册》	×××	×××	提交文本	第一阶段未完工作												
4	《SI手册》	×××	×××	提交文本	第一阶段未完工作												
5	《VI手册》	×××	×××	提交文本	第一阶段未完工作												
6	《单店开店手册》目录	×××	×××	提交文本	三级												
	内容	×××	×××	提交文本	向营建部人员请教			假期									
	确定	×××	×××	提交文本	讨论、修改、定稿												
7	《单店运营手册》目录	×××	×××	提交文本	三级												
	内容	×××	×××	提交文本	向样板店人员请教												
	确定	×××	×××	提交文本	讨论、修改、定稿												

续表

序	工作任务简称		负责人	执行人	要求结果	备注	4.27	4.30	5.1	5.7	5.8	5.9	5.11	5.13	5.15	5.20	5.21	5.22
8	《单店店长手册》	目录	×××	×××	提交文本	三级												
		内容	×××	×××	提交文本	向样板店人员请教			假期									
		确定	×××	×××	提交文本	讨论、修改、定稿												
9	《单店店员手册》	目录	×××	×××	提交文本	三级												
		内容	×××	×××	提交文本	向样板店人员请教												
		确定	×××	×××	提交文本	讨论、修改、定稿												
10	《单店制度汇编》	目录	×××	×××	提交文本	三级												
		内容	×××	×××	提交文本	向样板店人员请教												
		确定	×××	×××	提交文本	讨论、修改、定稿												

注：
A. 上图的浅灰色阴影底色代表休息日，深灰色阴影底色代表最终确定三级目录。
B. 每个文案的编制要在1天之内初步拟订。
C. 每个文案要在上述计划的完成日前至多1天结束，讨论并确定最终确定三级目录。
D. 每个文案完成流程均是：设计一版目录→讨论三级目录→确定目录→搜集资料，距完成日期的剩余时间用于讨论和修改。
E. 上述计划日期遇节假日、休息日顺延。
F. 所有分配任务，只要在任务期内没有最终完成，无论做了多少，都必须在当天下午5:00之前将文件发至项目组组长，然后由项目组组长发送给李维华老师。
G. 每日中午11:50和下午5:00，每位项目组成员须在QQ群里汇报所有工作进展的百分数。
H. 执行人可由负责人进行机动调整，报项目组长审批。
I. 每个项目的进行时间为参考时间，依据具体情况进行调整。
J. 为保证项目如期进行和不影响相互的工作，每人的工作任务必须如期完成，不能有任何借口。

指派人签字：　　　　日期：　　年　月　日　　　负责人签字：　　　　日期：　　年　月　日　　　执行人签字：　　　　日期：　　年　月　日

第6章　特许经营手册

表6-9　特许经营构建五步法与编制手册的对应关系时间甘特图

步骤	项目名称	活动任务	8.21	8.24	8.26	8.27	8.28	8.29	8.30	8.31	9.1	9.2	9.3	9.4	9.5
第一步：特许经营调研、规划与工作计划	市场调研	撰写《市场调研提纲》	■	■											
		调研实施		■	■	■	■								
		撰写《市场调研报告》					■	■							
	内部调研	撰写《内部调研提纲》		■	■										
		分析ABC公司已有硬性资料			■	■										
		高层访谈				■	■								
		中层、基层员工、第三方等访谈					■	■							
		实地考察、调研						■	■						
		撰写《内部调研与诊断报告》								■					
	编制《ABC公司商业模式设计与可行性分析暨特许经营战略规划》	初稿									■	■	■		
		讨论、修改、确定											■	■	
	组建项目组	讨论、确定组成人员、分工，编制项目工作制度与手册													

429

续表

步骤	项目名称	活动任务	8.21	8.24	8.26	8.27	8.28	8.29	8.30	8.31	9.1	9.2	9.3	9.4	9.5
第一步：特许经营调研与战略规划、工作计划	制订特许经营工作计划	制订、编写《ABC公司特许经营项目工作计划》或《指派单》													
		项目说明发布会与动员会，讲解项目工作计划、现场分工、签《指派单》，签保密协议，讲解、培训《ABC公司商业模式战略计与可行性分析暨特许经营战略规划》													

步骤	项目名称	活动任务	9.6	9.7	9.8	9.9	9.10	10.15	10.16	10.17	10.18	10.19	10.20	11.9	11.12
第二步：特许经营理念和导入体系的六大设计、标准化、手册	特许经营理念的导入	培训特许经营的系统化知识													
	盈利模式设计	《盈利模式手册》包括经营模式设计、产品和服务组合设计、整个特许经营体系的全盘数据互动调整等													
	单店设计	《单店组织架构与人员编制手册》													
		《VI手册》													
		《SI手册》													
		《单店礼仪标准与服务技能手册》													
		《声、光、温、味、像管理手册》													

续表

步骤	项目名称	活动任务	9.6	9.7	9.8	9.9	9.10	10.15	10.16	10.17	10.18	10.19	10.20	11.9	11.11	11.12
第二步：特许经营理念和导入体系的六大设计、标准化、手册	单店设计	《单店工程装修流程》														
		《单店营销手册》														
		《单店人力资源手册》														
		《单店财务与税收手册》														
		《单店物流手册》														
		（略）														
	总部设计	《公司介绍手册》														
		《总部组织架构与职能手册》														
		《总部行政与人力资源手册》														
		《总部财务与税收手册》														
		《总部物流手册》														
		《研发手册》														
		《电商手册》														
		（略）														
	分部和区域受许人设计	《分部组织架构与职能手册》														
		《区域受许人组织架构与职能手册》														
		《分部运营手册》														
		《区域受许人运营手册》														
		（略）														
	特许经营体系架构设计	《特许经营管理体系手册》														
	特许权设计	《特许权手册》														

第6章 特许经营手册

续表

步骤	项目名称		活动任务	9.6	9.7	9.8	9.9	9.10	10.15	10.16	10.17	10.18	10.19	10.20	11.9	11.11	11.12
第三步：实体落地运营、建并手册与团队建设	样板店		建立、试运营样板店及完善单店手册、单店团队						▓	▓	▓	▓	▓				
	总部（分部）		建立、试运营总部（分部）并完善总部（分部）手册、总部（分部）团队														
第四步：复制体系招商体系的设计、标准化、手册与实施	复制体系	营建体系	《营建手册》（略）											▓	▓	▓	▓
		培训体系	《受许人培训手册》（略）											▓	▓	▓	▓
		供应链体系	《供应商管理手册》《加工制造厂管理手册》《物流配送手册》（略）											▓	▓	▓	▓
	招商体系		《招商部工作手册》《加盟指南》《加盟申请表》《招商的四类记录跟踪表》《加盟常见问题与回答手册》（略）											▓	▓	▓	▓

432

续表

步骤	项目名称	活动任务	9.6	9.7	9.8	9.9	9.10	10.15	10.16	10.17	10.18	10.19	10.20	11.9	11.12
第五步：督导体系、合同&备案信息披露的法律法规体系、TQM体系的设计、标准化、手册化与实施	督导体系	《督导手册》													
		（略）													
	合同与备案信息交和息披露的法律法规体系	《受许人受训人员培训与保密协议》													
		《加盟意向书》													
	特许经营的系列合同	《单店特许经营合同》													
		《多店特许经营合同》													
		《区域特许经营合同》													
		《市场推广与广告基金管理协议》													
		《商标使用许可协议》													
		《保证金协议》													
		《特许经营授权书》													
		（略）													
	备案和信息披露的法律法规体系	《特许经营备案手册》													
		《特许经营信息披露手册》													
		《关于信息披露的保密协议书》													
		《信息披露的回执》													
		（略）													
	TQM体系	《TQM暨后续工作持续提升手册》													
		（略）													

6.5.9　先编制哪本手册

对于一个严格遵循特许经营体系构建五步法的企业来讲，因为手册内容之间的承递性，即有些手册的编制要以别的手册的编制完成为前提条件，所以手册的编制流程是有顺序的，但因企业情况不同而不完全一致。

6.5.10　具体到某一本手册，详细的编制流程是什么

具体到某一本手册的编制，按照时间的顺序，我们可以把手册的全部编制流程划分为5个大阶段：确定目录、填充内容、完成第一版、实际验证、持续修改。每个大阶段分别有进一步的细化工作（见图6-4）。

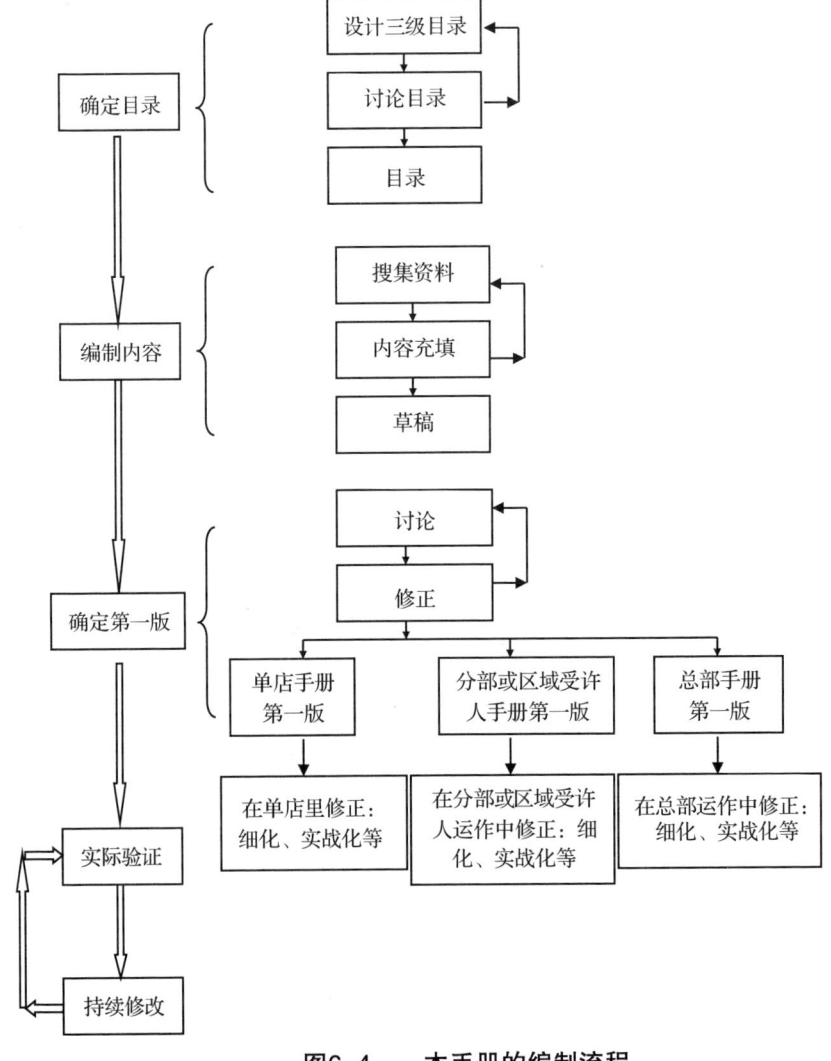

图6-4　一本手册的编制流程

下面对上面的流程做一个简单的说明。

1. 确定目录

编制手册时，要记住：即使是目录，也会在手册的编制流程中不断地在修改与完善，但在最初编制时，在目录未确定（或基本确定）之前，不要忙着撰写手册的内容。

设计目录犹如设计房子的图纸或搭建房屋框架，编制内容的过程犹如实际施工或添砖加瓦，持续修改的过程则是房子的持续性修缮。

显而易见，图纸或房子的大致框架未确定之前，胡乱添砖加瓦的行为是盲目的，没有任何实际意义。如果设计目录是战略行为，那么编制内容就是战术行为，在战略的大政方针确定之前，不去计划细节性的战术。

为了编制内容时更快捷、方便、节省成本、少出错误、避免众多手册之间的重复、工作有条不紊等，编制人必须高度重视手册目录的设计、讨论和确定工作。毫不夸张地说，某种程度上，目录的好坏决定了手册的好坏，好的目录等于成功了一半。

根据笔者多年编制手册的经验，为了使以后的手册内容的编制过程更有针对性，目录的设计最好能细化到三级。这样的好处是，编制手册内容工作时思路清晰、轻松，因为编制者进行内容编制工作时就像做填空题。

2. 编制内容

编制内容的工作需要编制人广泛地搜集资料，尤其是企业及其所在行业的"自己的"、独有的资料而不是那些"通用性"的资料。

所以，拜访有实战经验的人、市场调研、亲身体验、实战模拟、参考竞争对手以及自己的创造性整理、分析、设计等手段都是不可缺少的。

如前所述，在第一步的目录设计之后，此步的工作就是在填空。

需要注意的是，编制内容的过程中有可能发现第一步制订的目录不尽完善，所以应该及时修改目录。

此阶段的目标是要形成一个手册的基本定型的草稿。

3. 确定第一版

内容编制完毕之后，手册的编制工作便进入确定第一版的阶段。

此阶段的主要任务是召集相关人员（主要是"武者"，即手册编制的主要协助人）讨论手册草稿内容，根据讨论的结果修改手册，再讨论，再修改，直到大家都对手册内容没什么异议为止。

所以这个阶段的工作更像是在"闭门造车"，因为大家都只是凭借经验、知识、判断等手段来编制手册内容。

最后确定的手册便是手册的第一个版本，我们称之为手册的第一版。

4. 实际验证

有了手册的第一版，接下来的任务便是把这个手册放诸实际中进行真刀真枪地演练。为了使手册的实际验证效果更好，企业可以采取实际操作中运用和实战模拟两种方法，前种方法的利是验证效果完全贴合实际，弊是可能会对实际经营造成损害并受实际演练条件的限制；后种方法的利是不受任何演练条件的限制、不会造成任何实际损害，弊是即使再逼真，始终会有些内容不会达到和实际的场景完全一致的效果。

对于上述两种验证方法，在具体运用中，企业可根据自己的实际情况选择其一或结合起来使用。

需强调的是，不同的手册应放在不同的实际中去验证，验证中一定要有详细、全面、即时记录，使用的记录手段可以多种多样，如记笔记、录音、录像等。

此阶段的另一个重要工作就是，验证后要及时修正和改善手册内容（可能也会包括目录）。

经过反复验证、修改之后，手册越来越趋于完善与成熟，不同的时期也会形成一个又一个手册版本。

五、持续修改

第五步的持续修改工作其实是前述几步工作，尤其是第四步工作的重复。换句话说，编制人的任务就是要"与时俱进"地不断修改手册。

6.5.11 如何区分手册的不同版本

因为手册数量多，每本手册又在不断修改中，所以对于手册的文档管理是个很重要的问题。其中，最关键的问题之一就是如何区分不同手册的不同版本，以便需要时快速、准确地找到不同时期或阶段的手册版本。

区分手册的不同版本的方法有很多，下面介绍5种常用方法。

① 在手册的封面边角上打上标记，如以符号"××-××-××-××-"来表示（见图6-5）。

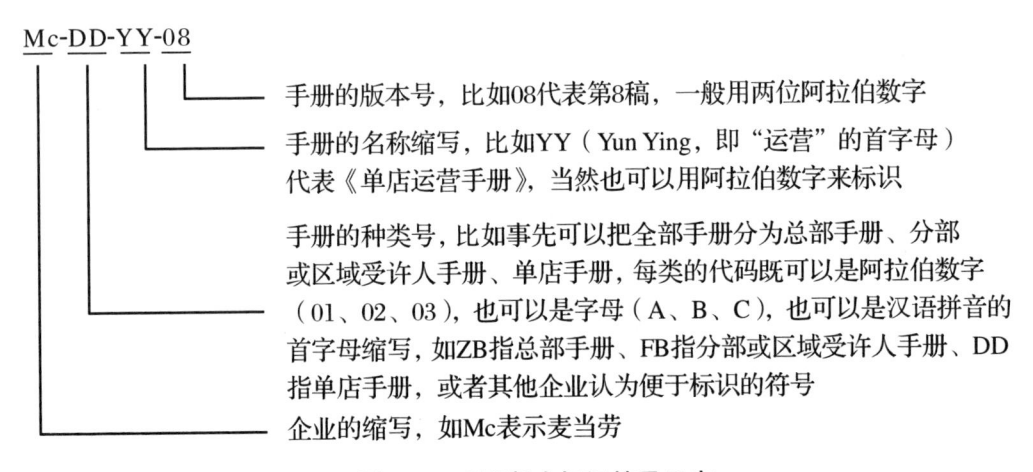

Mc-DD-YY-08

- 手册的版本号，比如08代表第8稿，一般用两位阿拉伯数字
- 手册的名称缩写，比如YY（Yun Ying，即"运营"的首字母）代表《单店运营手册》，当然也可以用阿拉伯数字来标识
- 手册的种类号，比如事先可以把全部手册分为总部手册、分部或区域受许人手册、单店手册，每类的代码既可以是阿拉伯数字（01、02、03），也可以是字母（A、B、C），也可以是汉语拼音的首字母缩写，如ZB指总部手册、FB指分部或区域受许人手册、DD指单店手册，或者其他企业认为便于标识的符号
- 企业的缩写，如Mc表示麦当劳

图6-5 手册版本标识符号示意

② 直接在手册的名称后面或封面边角上加个后缀，比如年月日（200131表示2020年1月31日完稿的那个版本）、版本号（如08代表第8稿，一般用两位阿拉伯数字表示）。这个方法在管理电子文件时特别方便和有效。

③ 对于纸面文件的管理，可以为每本手册准备一个专门的文件夹、盒或柜，把每本手册分门别类地存放好，并把手册的版本号贴在手册的封面或书脊上的显眼处。

④ 电脑上的文档管理可以采用更方便、更科学的方法。比如，为全部手册建立一个文件夹，然后再为每本手册建立一个专门的次级文件夹，所有关于每本手册的修改版本都存放到各自对应的文件夹里，并按时间顺序排列。或者，每个次级文件夹里再建立一个"旧版本"文件夹，除了最新版本之外的所有版本都存放到这个"旧版本"文件夹，只留最新版本的手册在次级文件夹。

⑤ 直接在手册的名称后面加上编制人的姓名和年月日，比如《单店运营手册-李维华-200131》

无论如何，手册的编制人和修改人时刻谨记的是，无论手册编制或修改到何时，每次对手册有改变时，不要忘记更改手册的版本号，避免查找和使用时混乱一团糟。

同时，还应建立专门的手册版本管理文件，该文件上应随时反应每本手册的所有版本信息，这样可以清楚地掌握每本手册的总共版本数和最新版本序号。

6.5.12 第一稿的全部手册（含合同）编制结束后需要做哪些工作

把全部手册（含合同）进行分类：哪些手册、什么时间、以电子版还是以纸质的形式、交付册数、是否收费，哪些手册不能给；对全部的手册（含合同），分清楚不同手册的使用者、知晓者（就是必须知晓该手册或合同的内容并因此参加该手册或合同的培训人员）、持有者（手册的日常所在处）、使用方式等（见表6-10）。

表6-10　手册（含合同）的分类

序号	手册（含合同）名称	交付总部还是受许人	交付电子还是纸质版	交付时间	交付册数	收取费用	是否做成PPT课件	手册（含合同）使用者	手册（含合同）知晓者	手册（含合同）持有者	手册（含合同）负责更新者	备注
1												
2												
3												
4												
5												

续表

序号	手册（含合同）名称	交付总部还是受许人	交付电子还是纸质版	交付时间	交付册数	收取费用	是否做成PPT课件	手册（含合同）使用者	手册（含合同）知晓者	手册（含合同）持有者	手册（含合同）负责更新者	备注
6												
7												
8												
9												
10												
11												
12												
……												
总计												

6.6 手册编制的内容管理

6.6.1 如何处理手册内容中理论与实战的问题

相当多的人面对编制好的特许经营手册时，经常会发出一些抱怨，其中最多的抱怨之一就是"手册太理论化了""不实战"。他们有这样抱怨的原因就是他们对于"理论"与"实战"的衡量有着自己的判断依据。在他们看来，"理论"而不"实战"的内容就是那些具有"公共色彩""一无所知者不能仅靠阅读就立刻照做"的部分。"公共色彩"的意思是说那些手册的内容不但适合本企业，似乎也适合所有企业；"一无所知者不能仅靠阅读就立刻照做"的意思是说，手册的内容描述不足以使一个对本行业、本工作流程一无所知的人仅仅通过阅读手册就能立刻做得和专家或熟手一样好。

其实这是对手册的一种误解。任何手册的内容都不可能仅限于本企业使用，即完全的没有"公共色彩"是不可能的。相反，不同企业手册的大的方面、宏观方面甚至某些细节方面都基本是一致的，比如在人力资源的管理上，任何企业都会囊括一个一致的流程，即人员的招聘、培训、考核、任用与激励等。不同企业手册的不同之处只是在于每一个基本步骤的细节化方面，即"大同小异""企业化""时代化"才是不同企业间手册的真正区别所在。

另外，任何手册的编制都是建立在一定的对于阅读者的素质的假设基础之上的，一无所知者仅靠阅读就立刻照做的想法只是我们的一个美好愿望和手册编制的奋斗目标，要想实际达到，几乎是不可能的，也没必要，因为那样的手册编制的时间成本、资源投入成本太大以至于不经济了，而且，手册泄密的可能性也会随着通俗易懂性的增大而增大。

那么，究竟应该如何处理手册内容中理论与实战的问题呢？

首先，必须明确的一点是，手册中的理论内容和实战内容有时并不能截然分开。关于理论与实战的关系，人们常常容易误解，认为理论的一定不"实用"，实战的一定不理论。其实，正确的观点应该是，真正的理论是绝对实战化的，因为理论本身就是从实战中总结、升华而来；实战的描述本身也可以是一种不折不扣的理论，人们在实战中会不断总结、升华出理论。所以，理论与实战本身并不是孑然独立甚至对立的，应是你中有我、我中有你的相辅相成和融合关系。

其次，从理论知识与实战描述的本身性质来看，二者确实有区别。比如，理论部分比较"耐看"，实战的部分比较"不耐看"。"耐看"，指的是理论部分在反复阅读后，读者都会有新的领悟，这些"温故而知新"的领悟可能成为产生新创意的必备基础。实战部分的内容，即完全针对本行业、本企业的操作性描述则会限制读者的创新性思维，回味的空间相对小些。

最后，在编制手册的过程中，笔者对于处理理论与实战内容关系的建议是，一般的情况下，先由理论知识搭建整本手册的框架，规定宏观的手册内容布局；然后再用实战的内容描述来填充、丰满手册的框架；最终，在日后手册的不断修正与完善中，手册编制人要始终坚持理论与实战并举的策略，以实战为主、为内容，以理论为辅、为框架。

具体到每一本手册，理论内容所占的比重还是有较大差别的。比如，《加盟指南》（含《加盟申请表》），其实战化的内容应该占绝大部分，理论内容在这本手册里是没多少实际意义的；《加盟常见问题与解答》类的手册则应理论与实战部分都有，而且理论部分的比重稍大，因为我们不但要告诉招商人员（手册的最主要使用者）"what（是什么）""how to do（怎么做）"，还要告诉他们"why（为什么）"，如此招商人员才能在回答潜在受许人问题过程中举一反三、机智应变；对《单店运营手册》类的手册而言，理论与实战部分应该都有，但实战内容为主。

总之，在处理手册的理论与实战内容关系时，我们必须记住的一些原则包括：

- 大同小异
- 宏观讲理论，细节讲实战
- 先理论，后实战，而后理论加实战
- 理论为框架，实战为内容
- 实战为主，理论为辅

6.6.2 手册内容的重复度怎么解决

首先，手册之间的内容重复是完全可能的，有时候还是必然的，尤其手册数量较多时。比如，当企业把单店的手册分成《单店开店手册》《单店运营手册》《单店店长手册》时，这些手册的每一部分都要介绍人员招聘。那么，我们可以只在某本手册中详细说明，然后在其他手册中简单地写上"详见××手册"吗？不可以！这是因为即便是同一内容，不同手册中的描述重点也是不同的。

以人员招聘为例，《单店开店手册》主要介绍单店开业时的招聘，编制手册时必须考虑的情况是，此时的受许人可能对招聘知识、人员鉴别等很模糊；《单店运营手册》中介绍的人员招聘其实是补充队伍的招聘，编制手册时必须考虑的情况是，此时的单店已经有了一定的经验和品牌等，受许人也有了一定的人员使用经验；《单店店长手册》中的人员招聘主要是从店长职责出发，更全面地讲解店长应如何实施人员招聘。可见，同一内容在不同手册的描述重点是不同的。所以，虽然不同手册所描述的条件不一样，但其所描述的目标内容可能是一致的，因此，部分内容重复是正常的，也是可以理解的。

其次，应该明确的是，手册之间的重复度确实浪费了资源，使得手册的编制、修改等变得复杂烦琐，所以企业在编制手册时应尽量避免重复。为此，企业可以考虑采取下列办法：

① 精简手册的数量，比如把相关主题的分手册变成某一本主手册的"章"或"节"。

② 对需要在不同手册上重复出现的同一主题而言，如人员招聘，可先写出"公共性"的内容，即每本手册在该主题上都会说明的内容，并把该"公共性"的内容放在某一本手册上。然后，在编制需要说明该同一主题的手册时，可只说明每本手册各自在该主题上的"特色"内容，关于"公共性"的内容，注明"其他内容详见《××手册》××部分"。

③ 把重复度大的内容单做成一本手册，但其他手册论述该主题时可注册"详见××手册"。

④ 专门编制一本《手册使用指南》，对每本手册的概况和目录集中罗列，以便使用时能快速找到同一主题、但讲解却并不完全一致的对应的手册内容。

6.6.3 受许人在经营中的任何问题基本上可以依据手册来解决

任何手册都不可能是包罗万象的。受许人在经营过程中会碰到很多问题，有些问题在手册里有详细的说明和解决办法，但首次出现的问题，手册是无法提供方法的，所以受许人不要以为拿到了手册，就等于拿到了一把万能钥匙，有些问题需要和特许人共同探讨，寻找解决办法。

然而，对于成熟的特许人企业、成熟的手册而言，它们和万能钥匙的距离越小，即解决问题的能力就越强。因为成熟的特许人碰到的问题多、经历丰富，成熟的手册经过不断地充实，所包含的解决办法多和对问题的预见面宽。

6.7 手册编制的技巧

6.7.1 不同行业的手册之间可以互相借鉴

不同企业、不同行业、不同手册之间是大同小异的，即它们在整体框架结构、细节所体现的精神甚至某些具体细节的具体内容上是非常类似的。企业在编制手册时，应尽可能地学习、借鉴其他企业手册的优点。

再强调一遍，是借鉴，不是抄袭。

6.7.2　如何使用手册模板

模板，指的是已有的特许人的手册或某类手册的样式，这些参考资料是编制手册时的参考。

在实际生活中，企业有机会接触许多特许人的手册模板，比如一些公之于众的书籍、杂志、报纸、网页、论文、演讲、文件等。笔者在22年多的顾问咨询生涯中，积累了各行业的手册，这些都是非常好的模板。

对于这些可以参考的模板式资料，企业应坚持"消化、吸收"的原则，有选择地利用，决不能依葫芦画瓢。要根据不同手册、不同企业之间的手册"大同小异"的原则，企业借鉴模板时注重借鉴目录和框架，具体的细节也可以借鉴，但不能抄袭。

6.7.3　要经常召开手册编写人员研讨会

在编制每一本手册的过程中，要以由每一本手册的"文"者和"武"者所组成的编写团队为中心，在手册的每一个版本完成时或每一个编制阶段结束时，定期、不定期地举行关于该手册的集体研讨会，手册编写组的全体人员最好都参加。

研讨会的意义至少体现在四个方面。

① 培训。将手册的最新内容告知所有相关人员，使他们及时跟上企业的发展步伐，消灭"不知情"的沟通尴尬。

② 集智。关于手册内容广泛征求大家的建议，真正实现群策群力。

③ 考核。研讨会是手册编制人的工作汇报会，是企业检查与考核他们工作绩效的一种手段。

④ 改进。研讨过程中会暴露手册编制中存在的问题，通过对这些问题的曝光与解决，可以更好有效地完善手册编制工作。

6.7.4　编制手册的捷径

依据笔者为特许经营企业编制系列手册的实战经验，笔者总结出几个编制系列手册的小捷径。如果企业或编制手册的人员能熟练运用这些小捷径，那么，艰难、繁重和枯燥的手册编制工作将变得容易、轻松和充满乐趣，编制手册的任务也将变成一次真正的有价值之旅。

1. 回忆

这种方法的意思就是，编制手册的人员要根据自己以往的实战经验和实际的操作历史提炼出手册内容。

这种方法对于那些曾经有过所要编制手册内容的实战经验的人来讲是很容易的事

情，你所要做的就是回忆以前你是如何做的。比如，具体到某项手册的内容时，有着丰富实战经验的人员可以把有用的、成功的做法回忆出来，然后加以提炼和处理，以文字、图、表、音频或视频的形式呈现出来。

这种方法要注意两点。

① 以往的成功经验要从正面提炼，失败的经验从反面提炼。

② 在回忆的时候，可以把所有零散的回忆全部写出来或画出来，不必非常有序地去写或画，因为太有序地写或画会打断或扰乱你的思维。但是在最后整理成正式的手册的时候，一定要有非常严格的逻辑顺序。

2. 想象

这种方法的意思就是，对于那些需要你策划、创造的新内容来讲，如果你没有过往的经验可以回忆，那么就努力运用自己的想象力，把你要编制的内容尽可能地想象成实际就要发生的场景，然后在大脑中以放电影的形式生动展现。如此，你就可以把设计与实战更好地结合。

3. 沙盘或实际演练

对于编制出的内容，如果有可能，最佳的做法就是把那些设计、提炼、编制出的内容用沙盘或在实际中去反复检验。

实践出真知的道理同样适用于特许经营手册的编制。

4. 借鉴网上内容

具体做法就是，把你所要编制的内容在搜索引擎中搜索。你会看到网上有成千上万个非常值得你借鉴的相似甚至相同的内容。

5. 向业内人请教

这种方法的意思就是，请教有经验的人。比如在那些拿捏不准的内容上，可以向身边熟悉这些内容的人们请教，听听他们的观点，或许就会产生新思路或新想法。

6. 开讨论会

这种方法的意思就是，在编制手册的时候，所有手册编制人员应该经常开会交流与讨论。

虽然有的人员可能不懂你的专业领域的手册内容，但是即便是这样的外行人的建议，你也要谦虚地、认真地听取，因为有时当局者迷，在这个时候，外行的建议或许就是一盆让你足够清醒的凉水。

7. 借鉴模板

笔者曾经为很多企业编制手册，所以特许经营企业的、很多行业的、全套的、各种各样的手册笔者都会有。那么在编制手册的时候，如果你能获得一些模板，编制工作就会轻松许多。

但要特别注意的是，每家企业的情况彼此不同，所以，模板只是借鉴，绝对不能当成一成不变的"圣经"。根据模板做自己的手册才是手册编制者的明智之举。否则，模板就从有用的工具变成枷锁。

8. 先编制目录，再编制内容

开始编制手册时，千万不要急于填写内容，先要做一份尽可能完善的目录。当然，此目录在填写内容的过程中一定会被不断地修改，甚至可能和最初的目录相差十万八千里。但是，还是要记住开始就做目录能使你在纷繁复杂的编制工作之中始终保持清晰的逻辑思路和主线，并保证你在编制手册的过程中不会偏离主题。

9. 观察并提炼

在编制岗位流程、制度等的过程中，你可以观察工作状态较好的岗位人员操作以提炼出正确规范的内容，也可以观察岗位操作不好的人以提炼出岗位操作的忌讳。

在设计店面空间和陈列等时，观察同行或竞争者、其他行业的状况，可以获得大量的创意和创新。

观察和比较对于提炼更有帮助，只观察一个方面很难全面地认清事物的本质。有时，创意不是坐在办公桌前空想出来的，实操操作现场更会激发创意。

当然，如果编制人员能把上述几种小捷径综合运用的话，一本相当不错的手册就会轻松地在你手上诞生。而且，按照这几种小捷径编制的手册是完全符合笔者一贯提倡的手册的三个基本目的——"细节、实战、傻瓜"。

6.7.5 如何巧妙地借用网络资源

如今是网络时代，网络上的信息资源非常丰富，企业在编制手册时一定要学会借助网络资源。如果能正确、巧妙地使用网络资源，企业在手册编制过程中可以大大地节省时间、资金、人力，并提高手册的编写质量。

1. 在搜索网站里搜索相关主题

注意，输入的关键词不要太精确，避免搜索范围小。同时，要多输入几个相关词，以扩大搜索范围。比如，查找特许人的网站，输入的搜索词可以包括"特许""特许经营""连锁""加盟"等。有时搜索出来的页面会比较多，所以要耐心地逐个查看，避免遗漏。

除了百度和谷歌之外，关于其他搜索网站，罗赞先生曾罗列了常用的搜索引擎[1]。

（1）综合类。

http://www.google.com　　　　　　http://www.directhit.com

http://www.infind.com　　　　　　http://www.metafind.com

http://www.altavista.com

（2）专业搜索引擎。

http://www.findwhat.com，一个提供产品和服务信息的网站

---

[1] 罗赞著，《关于资料收集的一些心得》，文档号：00.012.137，发布时间：22-07-2002，AMT-企业资源管理研究中心 www.AMTeam.org

http://www.meta-list.net，一个新颖的邮件列表搜索引擎

http://www.infojump.com，一个关于杂志和文章的搜索引擎

http://search.yesky.com，天极it搜索引擎，提供信息技术方面的专业信息

（3）智能搜索引擎。

悠游搜索（http://www.goyoyo.com） 网典（http://www.wander.com）

（4）多媒体和图像搜索。

http://www.ditto.com http://www.freefoto.com

（5）精选网站搜索。

http://www.about.com，一个由各行各业专家参与的搜索引擎

http://www.refdesk.com/index.html，提供参考信息的搜索引擎

（6）搜索引擎的搜索引擎。

http://www.searchenginecolossus.com，收集了世界各国的搜索引擎目录，按国家字母排列

http://www.searchpower.com，世界上最大的搜索引擎目录

http://www.searchenginehuide.com，搜索引擎指南

（7）集成搜索引擎。

http://www.profusion.com http://www.1blink.com

http://www.all4one.com http://www.mamma.com

（Metasearch）http://www.metasearch.com

（Digisearch）http://www.digiway.com/digisearch/

（Fusion）http://locra.compapp.dcu.ie/fusion/

（Cyber411）http://www.cyber411.com

（Metacrawler）http://www.metacrawler.com/

（Savvysearch）http://savvy.cs.colostate.edu:2000/

（Highway61）http://www.hignway61.com

（Dogpile）http://www.dogpile.com

（SSearch Spanie）http://www.searchspaniel.com

（MetaFind）http://www.metafind.com

（Inference Find）http://www.infind.com

（Internet Sleuth）http://www.isleuth.com

（Debriefing）http://www.debriefing.com/

（Super Seek）http://www.w3.superseek.com/superseek

（Ask Jeeves）http://www.askjeeves.com/

（IBM infomarket Service）http://www.infomarket.ibm.com/

（HotOIL）http://www.dstc.edu.au/cgi-bin/RDU/hotOIL/hotOIL

http://www.chinabusiness.org/search.htm

（8）优先选用专业性搜索引擎。

由于搜索引擎并不能覆盖互联网的所有站点，并且不同搜索引擎的侧重点不同，所以要选择适当的专业搜索引擎进行查询。

http://search.cnet.com　　　　　　　　　　http://www.easysearcher.com

http://www.search.com

2. 在特许经营既有"盟主"的网站上寻找

这是借鉴、研究同行的大好机会。知己知彼，才能百战不殆。

3. 在有关特许经营的专业性网站上寻找

在有关特许经营的专业性网站上寻找资源，如中国特许经营第一网www.texu1.com。

4. 专门的下载性资源网站

专门的下载性资源网站，如电子书、教程、统计数据等下载网站。许多这样网站的资源可以免费下载，有的网站可能需要浏览者注册使用。至于收费的资源下载网站，企业要谨慎行事，因为某些收费性网站提供的内容其实很少。

5. 竞争者或行业性网站

行业协会、行业杂志、行业报纸等网站属于行业性网站。

6. 其他网站资源

编制岗位职责时，可以查找企业招聘信息，这是因为企业发布招聘信息时，一定会描述该岗位职责，综合研究、比较多家企业对于同一岗位的职责描述后，你对自己企业的同一岗位职责就有了大概的认识。

6.7.6　网络调研的技巧

① 千万不要抄袭，你的目的是"借鉴"。你要做的是融百家之长，最后成你一家之道。

② 尽量坚持看完每个页面。搜索时，您会看到搜索引擎下的某个关键词的搜索结果可能会很多，一定要尽量地看完每一个页面，因为重要信息可能会出现在后面的某个网页中。

③ 善用不同的关键词搜索，学会精准搜索之外的模糊搜索，如此才能最大限度地搜索到最多、最全面的信息资料。模糊的意思是，输入的关键词要相对模糊，同时输入几个相关的关键词，这样可以查找到尽可能多的信息，否则会大大缩小搜索信息量和范围，遗漏重要信息的概率也会增加。比如，搜索关于美容院连锁的情况，不能只是输入关键词"美容业店长手册"，应该分别输入"美容　店长手册""美容　店长""美容　手册""美容"等多个关键词，其结果便是搜索到的信息会更详尽和全面。

④ 善用不同的搜索引擎。因为不同的搜索引擎搜到的结果不同，所以不能只局限于某种搜索引擎。一定要记得，除了百度搜索引擎外，每个网站几乎都有搜索功能，比如搜狐、新浪、企业的网站、协会的网站等；微博、博客、论坛、微信、QQ、抖音、头条等都可以搜索。

⑤ 要从看到的每个页面得出至少2条有用结论。这种"强迫症"会使被漏掉的信

息最小化。比如，即便看到的全是广告，也应该得出类似"广告传达的主要诉求包括一、二、三……"的结论；看到招聘消息，可以得出类似"企业招聘的热门岗位是……""企业都在大量招聘招商人员，说明企业急于扩张连锁店""原来，企业对于人员岗位的要求是这样的"等结论。

⑥ 辨别真伪。网络上的信息真假并存，要学会辨别真伪。比如国家各部委和各级政府的门户网站、权威媒体等发布的内容更真实。

⑦ 边看边做笔记。采用网络调研方法，填充事先做好的调研目录（这个事先做好的调研目录一定会随着调研的进展而不断更新，甚至是翻天覆地的大更新）时，对于能填入对应目录里的"有用"信息，您肯定会直接摘取或复制到目录文件里，然而您要切记的是，如果您看到的信息在您的目录里没有对应的章节，但您"感觉"这个消息有用的时候，千万不要因为目录里没有对应的章节就放弃这个有用的信息，而一定要把这个有用的信息放到一个专门的文件里，如《调研日志》里，或直接在原有的目录上增加新的目录，然后把这个您"感觉"有用的信息增加进去。在将来的某个时间，通过不断温习的方式，您会发现这个"感觉"有用的信息非常有价值。

⑧ 先用网络调研的方法完善目录，比如完善了三级目录之后（即便是这个目录，后续也可能会改变），调研者可以分别针对不同级别的目录名称分别采用网络调研的方法在目录名称之下填空。

6.7.7　内部访谈时要注意哪些事项

在编制手册过程中，要对企业人员进行访谈，总结经验。为了访谈效果，访谈时要特别注意一些事项。根据笔者的实践经验，下列事项应该引起特许人企业的重视。

- 对同一个工作内容访谈时，如果不能访谈全部人员，可以根据工作水平、工龄等方面选择至少3人进行访谈
- 访谈前，公司高层在全体员工大会上宣布即将进行的访谈事项，引起大家的重视
- 高层访谈和员工访谈要分开
- 营造轻松气氛
- 访谈时请关闭手机
- 提前通知受访者访谈时间，以便其做好工作安排，避免访谈受到外界干扰
- 访谈开始前，说明本次访谈的目的、原则、注意事项等
- 设法让受访者畅所欲言，不要轻易打断受访者
- 控制好节奏，不要向无关的方向引导
- 把握主流问题，减少无关问题的提问
- 群体访谈时，建议选用圆桌会议室，采用访谈者和受访者混合坐的方式，不要采用两方谈判的对立式
- 高层访谈可以在其办公室内进行

- 员工访谈可以在其岗位上进行，注意不要影响其他人员的工作或休息
- 事先拟好访谈问题和分类，问题可以更细化
- 访谈内容以事前确立的提纲为主，但因为受到受访者的启发，可能出现临时问题，这类问题事后也应写入访谈记录中
- 问题的措辞要和受访者的文化水平相一致。如果对方文化水平不高时，避免使用专业术语
- 必须使用专业术语时，要主动、提前向受访者解释专业术语的含义
- 一人主问，其他人辅助提问，不要让访谈冷场
- 仔细聆听受访者的谈话，不要提问已经回答过的问题
- 访谈者可以使用录音笔等记录工具，避免手写记录有遗漏
- 两名以上的访谈者同时记录，避免遗漏
- 如果受访者对某问题的回答是"否""目前尚未确定"等否定性、含糊性的表述时，访谈者应继续追问受访者的理解或意愿
- 每个问题的答案应该明确、具体，并尽可能地用数字表示
- 尽量获得书面、电子版、图片、音频、视频等资料
- 访谈备忘录整理后，请受访者签字确认
- 访谈过程中，访谈者不要按自己的目的来诱导受访者，要使他们自由、客观、真实地表达自己的想法、意愿与观点
- 对暂时无法获得答案的问题，应与受访者商定可以获得答案的准确日期和联系方式
- 群体访谈时，受访者人数应大于等于访谈者，减轻受访者心理压力
- 以友好、文明的方式交谈，不要触及隐私
- 正式访谈和非正式访谈相结合，以便获得更真实、全面的想法

6.7.8 手册语言是用口语还是书面语

这个问题不能一概而论，主要应考虑两个因素。

1. 手册使用者的文化水平

如果受许人是学历较高的群体，从事外语教育、计算机教育、顾问咨询、会计报税、律师事务所等方面的特许经营，那么手册用语可以书面化，专业化。

如果企业的受许人是学历较低的群体，从事擦鞋、家居服务、保洁服务、快餐、快递服务、美发等方面的特许经营，手册用语就不能太"文绉绉"，否则看起来会吃力。

2. 不同的手册类别

比如，加盟指南面向的是所有社会公众，同时也代表了公司的形象，语言不能口语化，应尽量保持文字的严谨性；而关于单店实际运营的手册是指导型手册，受许人要按照手册内容实际操作，用语相对口语化，便于读者理解操作。

但无论如何，编制手册时避免使用方言或晦涩生僻的字词，平实、易懂、流畅、逻

辑性强是对文字的基本要求。

6.7.9 手册编制者应在什么地方工作

因为手册的编制在不同的时期需要采取不同的办法，所以不同时期的手册编制者会在不同地方开展编制工作。但无论何时，编制者的工作地点要么是室内要么是室外，或者是办公室和实战场地相结合。

如果从大的方面划分手册的编制过程，手册编制可以分成两个大的阶段：一是初稿完成阶段；二是持续的修正和完善阶段。在前一阶段，编制者更多的是在办公室或室内工作；在后一阶段，因为手册要放到实际中去验证、去修改，所以编制者的工作地点更多的是在操作现场。

比如，加盟指南的持续修正和完善是在市场中进行，所以编制者不能待在办公室，要积极搜集、整理、分析和研究市场的实际反馈，根据这些反馈对《加盟指南》做出修正和完善。

单店手册的持续修正和完善是在单店实战中进行，或者说单店手册需要在单店的实际运营中进行验证和修改，所以编制者更多的是工作在单店现场。

分部手册的持续修正和完善是在分部的实际运作中进行，所以编制者更多的是工作在分部的运营现场。

总部手册的持续修正和完善是在总部运作中进行的，所以编制者的工作地点多是在总部的运营现场。

6.8 手册编制的原则

6.8.1 手册的"傻瓜、细节、实战"三原则

1."傻瓜"原则

这指的是手册要便于使用，具有优秀的编读界面，手册的使用者（甚至是一个外行）只要依靠手册就能迅速、有效地进入实战。其实，不但手册，现代社会的许多设备、工具的设计也都在朝着便于操作的方向改进，即操作简单，任何人经过稍微的训练即能接近行家的水平。

这就要求编制手册时，编制者要把使用者当成该手册领域的外行，以此为出发点编制的手册才可能实现"傻瓜"原则。打个比喻，编制好的手册如同傻瓜式相机一样，使用者只需按照说明操作，就可以达到良好的效果。

2."细节"原则

这指的是手册的内容要关注细节，把复杂的行为或事情变得可立即模仿或者只靠阅读与学习手册即可实现"情境再现"，实现手册的"复制""克隆"等目的。如果没有细节化

的描述与刻画，流程、方法、技术等可能由于店面不同、人群不同而有部分甚至大部分的歪曲。

3. "实战"原则

手册的目的是指导特许人企业的总部、分部和单店等人员的实际操作，所以，所有手册必须以实战为目的。

6.8.2 手册细化程度

手册的细化程度并没有一个公认的、数量化的、标准的衡量依据。

粗枝大叶的描述或者假设读者是熟悉业内情况的描述结果就是，手册的指导性作用大大降低，读者可能不能准确地理解手册内容。

详细描述或者假设读者是完全外行的描述结果就是，不仅手册编制成本（包括资金成本、时间成本、学习成本等）大大提高，而且某些读者熟悉的内容成为"赘述"。同时，冗长、事无巨细的描述可能会泄露企业知识产权的秘密，给企业带来损失。

所以，手册的细化还是应从实战和方便使用的角度出发，同时考虑编制成本和保密等因素。一般而言，手册的内容细化到使用者能够轻松阅读、准确理解并能按照手册内容实际操作为好。

6.8.3 编制手册时要遵守的原则

1. 特许经营系列操作手册应该突出特许经营的本质

有人说，特许经营就是对企业的"克隆"，因此他们称特许经营企业为"克隆企业"。笔者以为，这句话本身没错，但是很多企业却理解错误或理解得不够彻底和准确。应该承认，特许经营企业确实是一种"克隆"，但特许经营的企业之间不仅要做到"形同"（不是有人说的"形似"），更要做到"神同"（也不是有人说的"神似"），而其中最重要的就是企业文化的"形同"与"神同"。也就是说，各受许人首先应该将特许人的企业文化全部吸收，然后再按各受许人所在区域特点进行必要的本土化（如肯德基卖中国饭、全聚德推出地方品牌菜等），不能只吸取视觉（VI）和制度或行为（BI）层面的内容却丢弃了企业文化的核心——理念（MI）。因此，企业必须做到既要"形许"，更要"神许"。"形许"是表面的、浅层次的特许经营，容易学习和复制；"神许"则是本质上的、深层次的特许经营，需要特许经营企业认真、刻苦地学习与体会。只有"形许+神许"才是真正意义上的特许经营。

许多特许人在招募受许人或受许人选择特许人时，往往会掉到引诱或被引诱的诸如"圆您老板梦""帮您发财"等极富蛊惑力的语言陷阱中。必须承认，"合作发展，共铸双赢"作为特许经营企业的经营方针和魅力之一是无可厚非的。但是，如果特许经营的双方仅仅把眼光和思维聚焦在狭隘的利益关系和契约上，必然会导致特许经营企业的畸形发展。即使短期内没有问题，长期下去，特许经营体系也会因追求单纯的"利"而自食苦果。因此，对特许经营双方而言，加盟既是一种法律上的契约关系，也是一种事业与友情的共同发展。所以，双方不仅要强调"利许"，还要强调"情许"。无"情"之利只能短期存在，有"情"之利才能长久、稳定、健康地发展。

由于各种复杂的原因，某些企业或经营者常常用急功近利的心态对待特许经营。这种心态表现在特许经营中，便是特许经营双方或一方注重的是短期的、毁坏式的"合作"，不去考虑长期合作给双方带来的真正"双赢"，这就人为地增大特许经营双方的风险和"双败"的概率。因此，强调特许经营关系或加盟关系的长期效应，即从"短许"变为"长许"，是特许经营双方应该高度重视的。

特许经营双方还必须重视"硬许"与"软许"的结合。"硬许"，是双方硬件方面的特许经营或复制，如LOGO、装修外观、内部装潢、设备、原材料、产品等。"硬许"强调的是形式、实体或性能上的一致性，比较简单、机械，短期内可做到。"软许"，是软件方面的"克隆"，如企业经营服务的技术、制度、理念等主观和抽象的方面，"克隆"比较复杂、有一定难度，短期内很难做到或做好。

综上四个方面是特许经营双方在实际操作时必须遵守的特许经营的四项原则，即"形许+神许""利许+情许""短许+长许""硬许+软许"。四项原则缺一不可，共同构成特许经营系列操作手册编制时的四个基本指导方针。在编制特许经营手册过程中，必须把四项原则贯彻始终。

2. 手册要便于使用，具有实用性

我们都知道，手册是用来指导受许人日常经营的，它既是特许人监督受许人的依据，也是指导受许人经营操作实战的兵法和宝典，所有关于特许经营的技术、方针、制度、方法等都可以或必须从手册中找到依据和标准。所以，特许经营系列操作手册一定要有很好的读者界面，方便读者选择、阅读、学习、查找和使用。总部的自用手册也是如此。

首先，系列手册应按照一定的标准分类。比如，根据使用者的不同，手册可以分为受许人用手册和特许人自用手册；按照手册内容，手册可以分为《加盟指南》《总部营建管理手册》《单店开店手册》《单店营运手册》《加盟常见问题与解答》《总部培训手册》《总部督导手册》等。

其次，单本手册的谋篇布局要合理，要按照使用者习惯、偏好或容易接受的规律、逻辑等编排章节。比如，编制《单店开店手册》时，企业可以按照开店的时间顺序排列各章节。这样，受许人阅读时就可以有条不紊、按部就班地依次完成开店所需的各项工作。

最后，在单本手册的每一个具体章节上，要有明显的标题、导读、索引、注解或说明性文字、图案或标志等，方便使用者迅速掌握和找到所要使用的部分，比如手册编制者可以灵活地运用字体的大小、粗细、间距、形状等来区分重点内容和非重点内容。

总而言之，编制手册时一定要有这样的意识：手册是给人看的，我们必须为用而编，不能为编而编，或编不为用。

特许经营企业系列操作手册，既要便于使用，又要注重实用。不便于使用的手册即使内容再好也无法发挥它应有的效用，不实用的手册在欺骗受许人的同时，也给特许人事业的失败埋下了一颗定时炸弹。

3. 编制受许人用手册时既要能准确表达"神许"之"神"，又要有保密意识

必须清楚，特许人授权受许人使用手册的目的就是要让受许人学会并应用特许人的一套独特的经营手段、方法、技术、理念等，因此，手册内容要着重、详细地介绍特许人经营的诀窍和独到之处，即"神许"之"神"，以使受许人能快速、准确、全面地掌握特许人的这些诀窍和独到之处，促使特许经营体系基本能在统一、同一和标准的状态下运行。

同时也要知道，特许人的这些经营诀窍和经验是特许人长期探索和研究的结果，是花费巨大代价获得的，这些诀窍和经验一旦被另一家企业或个人掌握，就可以产生同样的增值效果，并给原特许人带来不可挽回的巨大损失，甚至是灭顶之灾。因此，无论是从工业产权和（或）知识产权的角度出发，还是从保护特许经营企业的生存和发展的竞争角度出发，那些容易被模仿、泄露，同时又是特许经营企业经营的核心机密，都不能编入手册交给受许人。如果非要编入，也要使用一些巧妙的规避手段。也就是说，编制者在编制手册的过程中，要有足够的保密意识。

4. 树立变化观念，编制动态手册

正如前文所言，手册所记载或描述的相当一部分是特许人自己实践经验的积累和升华，它们或者是专利技术，或者是先进的定价技巧，或者是高超的促销手段，或者是科学的物流配送体系，或者是合理的顾客服务战略等。

企业、市场、产品、经营管理以及消费者等各个影响企业运营效果的因素都是处在不断变化之中，真正取得成功的企业必定是能不断适应外在变化和内在变动的企业。因此，作为企业经营方针、战略战术的经验总结的系列手册，其内容绝不是一成不变的。相反，手册内容应该不断、及时地调整、修改与增删，真正起到作为特许经营体系这台超大机器的驱动软件的作用，而不是束缚特许经营企业发展壮大的桎梏。

为此，手册的编制者与维护者一定要树立变化观念，编制动态手册。这里的动态手册有两层意思：一是指手册在某阶段最终定稿前，其内容必须是最新的。也就是说，在某阶段提交印发的手册应该是截至该阶段的最新内容的反映。二是指某阶段的系列手册编制完毕后，应该由专人及时、不断地更新维护手册内容，使其不断完善，待更新积累到一定时日或数量后，再决定是否编制替换新一阶段的手册，如此下去，特许经营企业手册始终是一套充满活力的手册，它自身充满活力，也将给整个特许经营体系的发展壮大带来活力！

6.8.4 手册是"写"出来的，还是"设计"出来的

手册既是"写"出来的，也是"设计"出来的，有的手册同时还是"画"出来的或者"录"出来的等。一本手册可能同时使用了"写""画"和"设计"等几种方式。但是在不同手册的编制过程中，"写""画"和"设计"等的劳动量所占比例不同，有主次之分。

正因为此，我们才把手册的生产过程称为"编制"。

6.9 手册编制的外观管理

6.9.1 注重手册的排版、格式

手册的排版和格式直接影响手册本身的形象、价值和读者的阅读感，编制者必须牢牢树立这样一个观点：手册内容固然重要，但外表同样关键。

不同的手册在排版和格式上应有严格的规定以保证统一性，这样的系列手册看起来整齐划一，给人的感觉是赏心悦目的、正规的。

6.9.2 手册排版的注意事项

1. 文字

文字的大小、粗细、颜色、字体、样式、位置、斜正、缩进、字间距、行间距、缩进、特殊标记等都会对读者的阅读感受产生不同的影响，如特殊的效果会引起读者的关注，起到强调、突出的作用。

① 字号。考虑到美观、成本以及读者的阅读感受，笔者建议正文字号为小四号，三级标题用四号字，二级标题用小三号，一级标题用三号。

如果表格中的内容特别多或图中文字表述多，文字的字号可调整为五号或者小五号，避免使用六号及以下的字号。

② 字体。正文文字的字体建议使用宋体，强调部分可以加黑或加粗（如正文里的小标题）。但要注意，不要只加黑或只加粗，必须同时加黑、加粗这样更醒目。

③ 位置。正文文字采用"两端对齐"的方式，特殊要求时可居中或右对齐（如表中的数字、图表的名称等）。

④ 斜正。一般而言，除非内容需要强调，否则文字尽量不要斜体。

⑤ 缩进。每段文字的开始缩进两个字的空格，次级文字比上级文字再缩进一个字的空格。整体缩进时，应使同级别的文字对齐，形成有序的、错落的一致感。

⑥ 字间距。可采用电脑自动默认的正常字间距，不要选择"加宽"或"紧缩"。

⑦ 行间距。自动标题的行间距不变，选择"默认"即可。正文文字的行间距可为1.5倍行距。如果图表中文字的行数较多时，可适当压缩或扩大。

⑧ 段落间距。一般使用Word中的默认间距。

⑨ 特殊标记。Word中还有很多文字的特殊效果，如阴文、阳文、阴影、突出显示等，这些特殊功能可起到强调的作用。

但要注意，文字中不要有过多的强调性标记，这样看起来眼花缭乱，缺少严肃感。

⑩ 颜色。除非是制作彩色手册（如《SI手册》《VI手册》），否则，手册中的文

字一般都应使用黑色,因为其他颜色单黑打印时显得模糊。

2. 目录

手册的目录很重要,它可使读者快速地找到他们想要阅读的内容。编制电子版手册时,为了修改、排版的方便,一定要使用自动生成目录的功能,不仅自动生成的目录整齐,而且便于修改。

一般最多采用三级目录,过多的目录级别会使文本凌乱无序,过少的目录级别会使目录看起来单薄。

注意,自动生成的目录在字号、行间距、斜正等方面是根据所选的样式自动形成的,为了和正文统一,目录自动生成后,排版者必须把文字设置为宋体、小四号、无斜体、不加粗,在用Word编辑排版时,建议自动生成的目录选项是"来自模板""正式"两类,因为这两类形式比较符合大多数人的阅读习惯。

图6-6供读者参考。

```
致加盟商............................................................5
1  概述..............................................................7
2  ×××的理念........................................................7
   2.1  基本要素......................................................7
        2.1.1  企业价值观.............................................7
        2.1.2  企业使命...............................................7
        2.1.3  企业哲学...............................................7
        2.1.4  企业精神...............................................8
        2.1.5  企业风气...............................................8
        2.1.6  企业目标...............................................8
        2.1.7  管理思想...............................................8
        2.1.8  行动准则...............................................8
        2.1.9  服务理念...............................................8
        2.1.10 ×××的经营理念........................................8
        2.1.11 ×××的事业领域........................................8
        2.1.12 ×××的经营方式........................................9
        2.1.13 ×××的组织经营模式....................................9
   2.2  应用要素......................................................9
3  ×××的组织架构、岗位职责及店内区域划分............................10
   3.1  30-50 ㎡店(MINI型)........................................10
        3.1.1  组织架构..............................................10
        3.1.2  岗位职责..............................................10
        3.1.3  店内区域划分..........................................14
   3.2  50-80 ㎡店(标准型)........................................15
        3.2.1  组织架构..............................................15
        3.2.2  岗位职责..............................................15
        3.2.3  店内区域划分..........................................20
   3.3  80 ㎡以上店(豪华型)........................................21
        3.3.1  组织架构..............................................21
        3.3.2  岗位职责..............................................21
        3.3.3  店内区域划分..........................................26
4  人力资源计划与管理................................................27
```

图6-6 手册目录的样式

注意：目录后不要直接接排正文，正文单独从一页的顶端开始。

3. 封面

手册封面特别重要，好比人的脸，阅读者对手册的第一印象就来自手册封面。

制作手册封面时，要坚持三个原则。

① 便于使用。手册封面要包含下列内容：关于保密的字样（如"内部资料，严禁外传""版权所有，侵权必究"等）、公司名称（可含公司的LOGO）、手册名称、手册版本编码、编制人、编制时间等。

② 美观。一个凌乱、没有美感的封面容易让人联想到其内容也是凌乱的。

③ 文字不可过多。

4. 图、表

图、表的标识一定要规范，每张图、表的排版与格式要遵照统一标准。

- 每张图、表都要有自己的名字，图题应在图的下面，表题应在表的上面，且要居中
- 图题、表题的格式要一致，常用的格式有："图3-4　×××××"表示的是图题为"×××××"的图是第3章的第4个图，"表5-1　×××××"表示的是表题为"×××××"的表是第5章的第1个表
- 图、表要分开排序，不能混淆
- 表的标题栏文字居中，加黑、加粗；跨页时，标题行上方要有"续表"字样且标题行重复
- 图、表要居中
- 一般情况下，表格大小为"根据窗口调整表格"，去掉墙线
- 注意图、表的宽度，不要超过打印允许的区域
- 图、表的上下都要与正文文字之间空一行

5. 页眉和页脚

页眉和页脚处可以有些点缀性的图形和文字，如放一些便于阅读和使用的阅读辅助工具等。

一般而言，页眉和页脚处的内容包括页码（最好是"共×页　第×页"的形式）、手册名称、本页所属章节名称、企业的LOGO、本手册的版本号等。

但要注意，页眉和页脚处的文字和图形都要简练，文字大小要比正文小两号，不能喧宾夺主。

6. 页面设置

一般采用纵向页面排版，排有大图、大表的页面可以设置为横向页面。页边距一般采用Word自动默认的大小，尽量避免自己设置，如若自己设置，每本手册都应保持一致。

7. 标题

三级标题多用四号字，二级标题小三号，一级标题用三号字。文字可全部加黑又

加粗。

标题可以有多种不同的形式，企业可根据自己的喜好做出选择，如可以采用传统的章、节体。笔者建议使用阿拉伯数字的层级结构，因为这样逻辑清晰，便于查找和使用（见图6-7）。

```
.5  礼仪规范

  .5.1  总体礼仪规范

    .5.1.1  制服

      ● 所有员工在上班期间必须穿着总部规定的统一服装。
      ● 所有员工必须佩戴工号牌上岗，工号牌应戴在工作服左上方指定位置，同时注意横平竖直。
      ● 制服须保持整洁，不可穿脏、破、皱的制服上班。
      ● ……

    .5.1.2  仪表、仪容

      ● 人员在营业中，应身着工作服，将工号牌佩戴在左胸上方处，不得遮盖或佩戴在其他部位。
      ● 上班时间，要求化妆上岗，发型要简洁大方，便于工作。
      ● 形象顾问应化自然妆，形象助理可以多加修饰，但必须得体。
```

图6-7　标题的层级结构

8. 序号

表示顺序时，要遵守一致规范，即序号、序号后的标点、缩进尺度等都要一致（见图6-8）。注意序号后的标点符号。

```
一、……
  （一）……
    1、……
      （1）……
        ●（项目符号）
          ➢（项目符号）
```

图6-8　序号规范示例

避免使用序号自动排序功能，否则再排版时内容容易混乱。

若序号后仅是一句标题性的文字，则句尾不加任何标点符号。若内容超过一句话，则在句尾加上相应的标点符号。

9. 项目符号

尽量使用自动生成的"●""★"等项目符号。不管其后的文字有几句，句尾一般不加任何标点符号。一本手册中的同种缩进尺度的项目符号要一致。

6.9.3　手册是应该图表居多，还是应该文字居多

形式不重要，关键是把内容说清楚。

《SI手册》和《VI手册》的绝大部分内容以图为主，《单店常用表格》中以表为主，《加盟指南》中也应配有相当的图表。一般而言，读者面对较多文字时，会产生疲劳感，建议企业手册最好是图表、文字兼有，这样可以有效地调节阅读者的情绪，使手册内容生动、鲜活。比如，讲述具体的技术操作流程、商品的陈列方式、产品知识时，文字叙述的同时配上适当的插图，会给阅读者带来轻松感。

另外，如果图表和文字都能表现出相同的效果，建议更多地使用图表，因为图表更直观，容易让人记住。

6.9.4　手册印制成黑白的，还是彩色的

从美观上讲，彩色的、精装的手册较好。

但从成本以及实用性考虑，手册没有必要全部做成彩色的。除了个别特殊需要的手册必须做成彩色之外，如《SI手册》《VI手册》《加盟指南》等，其他手册尽量采用单黑印刷。

但要注意，可能单黑手册也会需要个别彩色页面才能把内容说得更清楚。

6.9.5　哪些手册需要做成视频

通常，那些难以用语言文字描述清楚、操作比较复杂的内容，如操作手法、服务流程等，企业可以将之做成视频。视频化的手册更便于知识、诀窍等的保存、复制与传播。

那些对外发布的手册也可以做成视频，如《企业介绍手册》《加盟指南》等。

6.10　手册字数与册数管理

6.10.1　手册多少字数最适宜

每本手册的字数应以实际需要和方便使用为确定依据，不要人为地增加或减少。

不过，考虑到阅读方便、成本经济等因素，手册的字数在保证内容叙述完整的前提下尽量简化，即简洁明了地描述问题、讲清缘由。冗长、啰唆的叙述容易使人厌倦，影响手册的实际使用效果。

6.10.2　手册数量是多些好，还是少些好

现实情况确实如此，有的企业喜欢把系列手册的数量弄得很多，但每本手册都是薄薄的一本。有的企业则喜欢把手册尽量合并，单本手册的内容增多，每本手册都很厚重。

那么，哪一种形式更好呢？

手册数量多和数量少是各有利弊的。手册数量多的企业给人的"感觉"是企业的各种工作比较完备、做事比较详细和系统，也因此给人以专业的感觉；但手册数量多，内容难免重复，修改、携带、保存不方便，而且，有的手册可能会因内容太少而显得单薄，外观上给人以做作的感觉。相比较而言，手册数量少的企业给人的"感觉"是企业完善度不高、专业性不强，但手册的修改、携带、保存却是十分方便的。

综上分析，笔者以为，手册的数量应以实际需要和方便使用为确定依据，不要人为地增加或减少。

但不管手册数量多少，最重要的几条原则却一定要记住。

① 质量通常比数量更重要。

② 手册的数量可以多，也可以少，但内容却不能少。比如，企业可以把《单店开店手册》和《单店运营手册》合二为一，也可以做成两本独立的手册，但内容总量是不变的。

③ 变化性大、更新频率高的内容最好单独成册，如此，修改手册内容时不会影响其他手册。

6.10.3　一本手册就是一个文件吗

不一定，如《加盟档案》《企业介绍手册》等。下面以《企业介绍手册》为例具体说明。

《企业介绍手册》应该包括至少一个Word文件、一个PPT文件、一段视频以及一个含有原始文本、视频、音频、照片等形式文件的文件夹。

1.《企业介绍手册》编制三个原则

（1）尽量放原资料。

比如关于企业的介绍、高管层的介绍、企业的成长大事记等，编制者不要做精简，应提供内容尽可能多的原资料。如此其他人才能根据自己的需要从原资料里截取，如截取或长或短的企业介绍。

（2）冗余。

冗余指的是编制者在收集所有关于企业历史、名称、荣誉、媒体报道、高管层、企业基本情况、产品、服务、每个店的信息情况、组织架构等企业信息时，材料要多多益善，应以冗余为原则。如此，大量的冗余信息才能把企业的宝贵资料最大化地、完全地保存下来。其他人才可能找到更多的有用信息。

（3）千万别遗漏。

《企业介绍手册》是关于企业情况的档案集，在将来，企业或其他使用者可能会需要关于企业各方面的内容，所以，手册编制者应仔细搜集整理企业昨天、今天以及人、财、物、产、供、销等各个方面的信息。当然，有的信息已经编入其他手册中，那么在此手册中，可标明"详细内容请见《＊＊＊＊＊＊＊手册》"。

2.《企业介绍手册》的具体形式

（1）Word文件。

企业的所有信息都可放在Word文件中，如视频、照片、图像等，但这个手册里只能用更小的缩略图。否则，Word文件的打开、保存和修改速度会非常慢，影响工作效率。

（2）PPT。

把上述的Word文件变成精美的、压缩版的PPT，所呈现的内容够演讲者演讲半小时为佳。

（3）视频。

视频同样是压缩版的《企业介绍手册》的内容，时长主要有两种：一种是3~5分钟，用于网络传播和会议开始时播放；一种是15~30分钟，可播放给需要了解企业的客户、员工等人。需要其他不同时长的视频时，可以在上面的基础上剪辑。

（4）文件夹。

这个就是存放原图、原视频的文件夹，存放不宜放在Word中、但又必须是更大尺寸可用于制图、喷绘等的文件，如营业执照、商标许可证、专利证明、荣誉牌匾的扫描件，媒体报道、历史事件等的照片或扫描件，视频、音频等。当然，原件同样要妥善保存在档案室里。

6.10.4 一个特许经营体系的手册共有几本

这个问题需要从两个方面来回答：

① 手册的形式包括视频、音频、文本、图片等，简单地用"本"来描述是不严谨、不科学的。

② 文本、图片、音频、视频等的手册数量会根据行业、企业，甚至企业的不同发展阶段等有所不同，数量通常在50~100本。

6.10.5 一次印刷多少本手册

首先，并不是所有的手册都需要印刷，有的手册只需要打印（有的手册可能需要刻录光盘等，为叙述简便，以下以"制作"代表"印刷或打印"）。

其次，在确定手册制作数量的时候，应坚持一个原则：以需定产，即需要多少，就制作多少，不能盲目地压缩或增加数量。而且，从某种程度来讲，手册数量过剩比手册数量欠缺的弊端更多，为什么呢？因为手册欠缺时，企业可以邀请潜在受许人浏览企业网站。但企业手册可能时刻在修改，一旦手册发生了改变，那么过剩的手册就只能作废，这就造成了资源的浪费，很多特许人企业曾发生过这样的现象。所以，一次制作的数量应根据实际需求来定。

如何确定"需"呢？我们可以采取一些方法大致估算所需要的手册数量。

1.《加盟指南》

因为手册《加盟指南》中的某些信息可能会发生改变，如联系人、联系方式、对已有体系的描述、加盟政策、相关费用等发生变更或增加新内容等，这样，企业一次制作《加盟指南》的数量可按下式计算得出：

一次制作数量=日常零星散发的数量+集中散发的数量（如展会）+机动数量（通常取前两者数量之和的一个百分比，如5%~10%）

根据笔者的经验，《加盟指南》一次的制作数量在2500~5000册比较适宜。当然，如果企业要连续参加几个大型展会并选择在展会分发《加盟指南》给所有咨询者，或者企业在其他地区大力开展体系推广，或者企业决定实施邮寄广告宣传等，就可以多制作手册。如果企业只是针对有限的目标群体发放，且《加盟指南》的更新频率很高，其制作数量就应下调。

2. 单店手册或分部或区域受许人手册

因为系列的单店手册或分部或区域受许人手册数量多，打印成本高，所以企业通常会采用印刷的方式。

企业应根据自己特许经营体系发展战略规划估算受许人数量的变化曲线，同时考虑自己单店手册或分部或区域受许人手册的修改频率，结合两者确定单店手册或分部或区域受许人手册的一次制作数量。

当然，企业也可以把手册做成活页，如此一来，以后手册内容有了改变，只需要替换几张活页。但这样做的难点是有时候无法确定哪几页内容可能会改变，同时，页码的问题也不好解决。

3. 总部手册

总部使用的总部手册不需要大规模制作，通常是企业自己打印并装订，时间快、成本低，所以这类手册可以是"零库存"式的随用随做型，即什么时候需要，什么时候制作。

6.11 手册编制的质量管理

6.11.1 如何实现手册编制的全面质量管理

1. 质量管理发展阶段

按照传统观点，质量管理从20世纪初发展到今天，大致经历了三个阶段。

第一个阶段是质量检验阶段，即传统质量管理阶段，大约是在第二次世界大战以前。当时的质量管理主要限于质量检验，以检验为基本内容，对最终产品是否符合规定要求做出判定。但检验时产品质量已经定型，所以这种方法不能有效地提高产品质量。

第二个阶段是统计质量控制阶段，又称统计质量管理阶段。休哈特理论认为，质量控制从检验阶段发展到统计过程控制阶段，利用休哈特工序质量控制图进行质量控制。质量管理的范围从过程的结果拓展到了生产过程中，典型的代表就是统计过程控制（SPC），它通过对过程中影响因素的控制来达到控制结果的目的。

第三个阶段是全面质量管理阶段（TQC阶段），大约是从20世纪50年代末、60年代初期开始，以"三全"式的管理为主要特征。

1961年，美国费根堡姆（A. V. Feigonbaum）首先提出全面质量管理（Total Quality Management）的观点。当时他给全面质量管理下的定义是，"为了能够在最经济的水平上，并考虑充分满足顾客要求的条件下进行市场研究、设计、制造和售后服务，把企业内各部门的研制质量、维持质量和提高质量的活动构成为一体的一种有效的体系"。英国质量协会给出全面质量管理的三种选择性定义：①一种定义强调软的质量特征，比如，客户倾向优秀文化、排除绩效障碍、团队工作、培训、雇员参与及竞争优势；②一种定义强调硬的生产方面，如工作衡量、绩效标准和统计程序；③第三种定义是前两种的综合，但内容上离不开质量、科学方法的需求以及认为所有雇员都是团队的一部分的观点。演变至今，全面质量管理指在企业中以质量为中心，建立全员参与基础上的管理，目的在于通过让顾客满意和本组织所有成员及社会受益而达到长期成功的管理途径。有时把"全面质量管理"（TQM）或它的一部分称为"全面质量""公司范围的质量管理（CWQC）""TQC"等。

全面质量管理的基本内容或特征是"三全"，是系统科学中全局观点和全局最优原则的反映。

① 对全面质量的管理。全面质量指所有质量，即不仅是产品质量，还包括工作质量，服务质量。在全面质量中产品质量是核心。企业应以质量为中心。

② 对全过程的管理。对产品的质量管理不限于制造过程，而是扩展到市场研究、产品开发、生产准备、采购、制造、检验、销售、售后服务等全过程。

③ 由全体人员参与的管理。企业把"质量第一，人人有责"作为基本指导思想，将质量责任落实到全体职工，人人为保证和提高质量而努力。

全面质量管理对企业具有非常重要的意义，主要体现在它可以有效地提高产品质量、改善产品设计、加速生产流程、鼓舞员工的士气和增强质量意识、改进产品售后服务、提高市场的接受程度、降低经营质量成本、减少经营亏损、降低现场维修成本、减少责任事故等。

在知识经济时代，随着企业产销的国际化、经营的多元化和世界范围的高新技术的兴起，特别是以计算机为中心的信息技术的发展，为企业实施全面质量管理提供了新的先进的工具和手段，全面质量管理呈现出许多新特点，比如采用科学的系统的方法满足用户需求（如对产品性能进行定量描述的质量功能配置方法在工业发达国家得到广泛应用）、以预防为主的事先控制、计算机支持的质量信息管理CAQ系统及集成质量系统的应用、突出人的因素等。

还有学者认为其实现在已经进入了TQC的升级版，即第四个阶段，他们将之称为综合质量管理阶段（TQM阶段）。他们认为，相对于全面质量管理，综合质量管理同样以顾客满意为中心，但同时开始重视与企业职工、社会、交易伙伴、股东等顾客以外的利益相关者的关系；为了强化这些关系，企业努力充实"核心技术"，提高"速度"和"活力"，建立具有"存在感"的组织；重视中长期的"预测与规划"和经营管理层的"领导"能力；重视"人"以及"信息"等经营资源，使组织充满自律、学习、速度、柔韧性和创造性。

2. PDCA概述

全面质量管理的手段就是戴明博士最早提出的PDCA循环或"戴明环"。PDCA循环是能使任何一项活动有效进行的一种合乎逻辑的工作程序，它在全面质量管理中得到了广泛的应用。

PDCA循环应用了科学的统计观念和处理方法。作为推动工作、发现问题和解决问题的有效工具，典型的模式被称为"四个阶段""八个步骤""七种工具"。

（1）四个阶段。

四个阶段就是P（Plan，计划）、D（Do，执行）、C（Check，检查）、A（Action，行动或处理）。

（2）八个步骤。

P中的四个步骤：① 找出质量问题；② 找出质量问题的原因；③ 找出主要原因；④ 根据主要原因，制订解决对策。

D中的一个步骤：执行，即具体运作，实现计划中的内容。

C中的一个步骤：总结执行计划的结果，分清哪些对了，哪些错了，明确效果，找出问题。

A中的两个步骤：① 对总结检查的结果进行处理，成功的经验加以肯定，并予以标准化，或制订作业指导书，便于以后工作时遵循；② 对于失败的教训也要总结，以免重现。对于没有解决的问题，应提给下一个PDCA循环中去解决。

（3）七种工具.

七种工具指在质量管理中广泛应用的直方图、控制图、因果图、排列图、相关图、分层法和统计分析表等。

（4）PDCA循环的四个明显特点.

① 周而复始。PDCA循环的四个过程不是运行一次就完结，而是周而复始地进行。一个循环结束了，解决了一部分问题，可能还有问题未解决，或者又出现了新问题，再进行下一个PDCA循环，依此类推。

② 大环带小环。类似行星轮系，一个公司或组织的整体运行的体系与其内部各子体系的关系，是大环带小环的有机逻辑组合体。

③ 阶梯式上升。PDCA循环不是停留在一个水平上的循环，不断解决问题的过程就是水平逐步上升的过程。

④ 统计的工具。戴明学说反映了全面质量管理的全面性，说明了质量管理与改善并不是个别部门的事情，需要最高管理层领导和推动才可奏效。

3. 全面质量管理

其实,全面质量管理的本质并不是针对质量而言,更多的是一种管理和运营企业的思路、理念和方法,所以这里的质量的概念就是广义的。

质量管理专家朱兰博士指出,过去的20世纪是生产率的世纪,而21世纪是质量的世纪。全面质量管理就是为了达到世界级质量的领导地位所要做的一切事情。菲根堡姆博士提出,质量是一个综合的概念,要把战略、质量、价格、成本、生产率、服务和人力资源、能源和环境学一起考虑,即要认识到现代经济中质量的广泛性,树立"大质量"概念。要求未来市场竞争的全面质量管理技术的支撑,它们是质量成为全面强调整个公司向顾客提供服务的竞争纪律的一种方式——顾客是指最终使用者,或你旁边桌子和工作台边的员工。他们使质量成为同时达到顾客完全满意、人力资源和低成本的公司的行为方式。美国营销学家菲利普·科勒特指出,产品质量分为绩效质量与吻合质量。绩效质量是产品的绝对工作质量,它是单纯以产品中所包含的工程技术水平来衡量的质量,而不考虑质量的市场定位;吻合质量是由市场定位决定的,与目标市场的需要相一致的质量。日本质量管理专家石川馨博士指出,全面质量管理是经营的一种思想革命,新的经营哲学。国际质量科学院院士刘源张指出,世界上最好的东西莫过于全面质量管理。他对全面质量管理有着十分精辟的见解:① 全面质量管理是通过改善职工素质和企业素质,以达到提高质量、降低消耗和增加效益的目的;② 全面质量管理的关键是质量管理工作的协调和督促,而这件事最后只有"一把手"有权去做。全面质量管理是"大质量管理";③ 管理的历史就是从管人到尊重人。

因此,企业在手册的编制工作中,必须用全面质量管理的核心思想和本质哲学进行整套系列手册的维护和不断升级。

(1)全面优秀。

正确理解"大质量"的概念,全面改善手册编制的质量。手册编制中的每一个字、每一个标点符号、每一句话、每一本手册、每一个版本、每一个格式等都需要优秀的"质量",手册的质量既包括手册的内容格式、排版,也包括手册的外观等,优秀手册的判别依据是每个方面的全面优秀。

(2)全程控制。

手册的质量来自手册编制工作中的每道程序,包括手册原始目录的设计、编制计划的制订、每个版本的讨论、在实践中验证、持续的修改等,只有每道程序都做好了,手册的质量才有了真正的保证。

(3)全员参与。

手册编制过程中的每个人,包括执笔者、提供信息者、参与讨论者、手册制作者、保存者、具体使用者等,都要坚持质量第一的原则,切实对手册的编制质量负责。

(4)以人为本。

以手册使用者为中心提高手册质量,让他们满意,给他们方便、轻松、价值是手册编制人员的最高目标。

（5）"从头开始"。

无缺陷的产品和服务不是最后检验出来的，也不是中间生产过程统计分析控制出来的，而是从工作的一开始，如计划、设计阶段就决定了的，所以，对于手册编制质量的控制和管理也应坚持一切"从头开始"的原则。

（6）不满现状，追求更好

PDCA循环的一个特点就是它在不断地循环中上升，在上升中不断循环，不满现状、追求更好是全面质量管理的真谛。编制手册也应如此，树立持续创新的精神、居安思危的意识、追求卓越的斗志、永不停步的观念，不断地提升特许经营手册的质量。

6.11.2　如何在手册编制过程实施有效控制

计划制订好，关键在于实施，而实施的关键又在于控制。美国研究项目控制（包括对工作、资源、时间的控制）专家詹姆斯·华德（James Ward）的研究发现，对于一个大的信息系统开发咨询公司，有25%的大项目被取消，60%的项目远远超过成本预算，70%的项目存在质量问题，只有很少一部分项目能按时完成并达到项目的全部要求。华德最后认为，正确的项目计划、适当的进度安排和有效的项目控制可以避免上述问题。汉斯·萨姆海恩（Hans Thamhain）认为，高效地实施和使用项目管理控制技术是项目成功的关键，"许多项目经理的失败就是因为未能理解如何正确使用项目控制技术"。因此，经过深入细致的研究后，他就有效的项目控制提出了以下结论：融入团队、保持技术和工作进程的一致性、建立标准的管理方法、预见困难与矛盾、营造富有挑战性的工作环境和集中精力不断改进。

在实践操作中，对计划的控制实质就是密切监视和关注所有影响计划实施进程的因素，及时将这些因素反映到计划的实施中，并决定修改计划或调整影响因素以保证手册编制目标的实现。同时，随时收集实际计划进程的信息并与计划的事先安排相比较，找出差距的原因并采取相应对策。

在控制中需要特别注意六个方面。

（1）连续控制。

对计划的控制应该贯穿整个计划实施的始终，随时监控和修正计划。

（2）全员控制。

实施手册编制计划的所有人员都有控制计划进行的责任，每个部门、每名成员都应对自己承担的活动负起责任。每个手册编制计划项目组都应建立以项目经理为中心的全员控制体系。

（3）正确设定报告期（Report Period）。

报告期就是将实际与计划进行比较，得出进度进展情况的时间间隔或周期。报告期根据项目的复杂程度和时间期限，可以以日、周、月、双月、季等的形式表现。一般而言，报告期越短，控制成本越高，控制效果越好；反之亦然。

（4）及时收集实施信息。

保持通畅、正确的信息渠道是控制过程的关键，在报告期内需要收集的信息有三类：
① 实际执行中的数据。
- 活动开始或结束的实际时间
- 使用或投入的实际成本

② 有关项目范围（任务）、进度计划和预算变更的信息。

③ 影响计划实施因素变化的信息。
- 自然原因、人为原因
- 公司内原因、公司外原因
- 直接原因、间接原因

（5）将各种变更随时反映到计划中。

一旦外界发生了变更并且这种变更需要对原计划进行修正时，计划必须及时、准确地反映出变更情况。同时，应该确保计划的变更让所有可能涉及的部门及人员在第一时间内知道。

（6）合理配置资源。

每项手册编制活动都需要企业投入一定的资源，但因为资源有限，所以企业必须合理配置资源。配置的领域主要包括两部分：一是用于手册编制的资源和企业其他运营活动资源之间的配置；二是手册编制的内部资源配置，即手册编制使用的各项资源之间的配置。

6.11.3 召开手册讨论会的注意事项

（1）由手册的编制人提前申请。

申请内容应包括讨论会的形式、时间、地点、讨论内容、参加人员、需要设备等，编制手册项目组组长审批决定。

（2）各个手册的讨论会分别由其对应的编制人主持。

（3）讨论会的形式。

讨论会的形式至少有两种基本类型，企业可以结合使用。

- 集中会议形式，即大家集中在一处，以开会的形式共同讨论。这种形式的优点是可以互相启发，一次性确定问题，起到良好的培训作用等；缺点是参会人员的时间不好协调，有些意见不便当众提出，某些意见的提出可能引发不满等
- 分散讨论形式，即大家不必集中在一处，而是分头修改，分别告诉编制人各自的修改意见。这种形式的优点是参与讨论的人员可以畅所欲言，不受讨论人员时间的影响，不受地点的影响等；缺点是不能起到很好的培训作用，编制人事后需要通知大家修改结果，参与讨论的人员之间不能互相启发等

（4）可根据实际情况预先发放讨论手册。

讨论前可以将要讨论的手册发给参会者，优点是参会者有充足准备，讨论会可以更有效率。缺点是手册无法保密。讨论前不发放讨论手册给参会者，优点是保密性增加，但参会者会前的准备不充分，会影响讨论会的效率和效果。

（5）提前发放讨论手册的时间。

如果讨论前把要讨论的手册发给参会者，那么至少应提前2天发放。督促参会者仔细阅读，提醒他们务必对要修改的问题做出标记，以免遗忘。另外，提醒参会者保密。

（6）以集中会议的形式讨论时，要注意以下几点。

- 确定一个参会者都方便的时间
- 讨论前宣布讨论会制度，如关闭手机、只能争论、不能批评打击建议提出者等
- 最好能使用大屏幕的投影仪
- 条件许可或认为有必要时，应该录音甚至录像
- 一般由不同手册的编制人负责讲解自己的手册、记录和当场修改
- 能当场修改部分就应当场修改，并在投影屏幕上显示出来，不能当场修改的要当场做出标记
- 提高效率，避免闲话、闲事打扰
- 每个人都要发言，不能仅当听众

（7）参与讨论的人员是与该手册相关的人员，不能有遗漏。

《手册讨论会会议记录表》见表6-11。

表6-11　手册讨论会会议记录表

会议记录	
记录人：＿＿＿＿　记录时间：＿＿＿＿	
会议主题	
会议地点	
会议时间	
应到人员	
实到人员	
会议主持	
发言人、发言内容、领导批示	
备注	

（8）手册讨论会的会议记录可以向项目组所有成员公开。

一方面，方便参会成员再次熟悉、确定会议的决策内容；另一方面，也可以作为项目组组长督导项目组成员及时完成指定工作任务的凭证。

6.11.4 哪本手册最重要

经常听到有人在争论，到底哪本手册最重要。其实对特许经营体系而言，每本手册都同样重要。只是在企业的不同发展阶段或有着不同的特殊需要时，某些手册才更为重要，但即便如此，它也绝不是最重要。

正如人的各个器官一样，只有每个器官都健康，这个人才是健康的。企业的系列手册也是如此，只有每本手册都编制得好，而且相互间协调配合好，这个系列手册才能称得上是真正不错的手册。

6.11.5 领导或总经理说："每本手册都要看，我受不了，可以不看吗"

如果领导或总经理要想切实管理好特许经营体系，那么必须每本手册都要看，因为只有每本手册都细细地看过了，他们才能知道特许经营体系的每个流程、每项制度、每门技术、每个产品、每个价格、每项政策、每个决定等的来龙去脉，才能更好地实施管理和创新，否则就是两眼一抹黑，无法实施有效的管理。

再者，领导或总经理在企业里的高度和角度不同，完全依赖外部顾问咨询师和公司骨干编制的手册，有时并不能完全符合领导或总经理的思路或想法，所以，领导或总经理仔细阅读每本手册，自然会发现问题与偏差，并及时纠正。

6.12 手册编制的保存与保密

6.12.1 任何人只要获得了手册，就可以和特许人做得一样好吗

很多特许人都问过笔者这样的问题，因为他们担心一旦受许人拥有了手册，那么受许人退盟或把手册的内容泄露给其他人后，获得手册的人就会按照手册的内容做得和特许人一样好。

那么，任何人只要获得了手册，就可以和手册所有者——特许人做得一样好吗？答案是，不一定。

主要原因有三点。

① 一个特许经营体系、一种商业模式的成功，取决于多种因素，比如从资源角度讲，包括人力资源、财务资源、物质资源、市场资源、技术资源、信息资源、关系资源、宏观环境资源、自然资源、组织管理资源、品牌资源与知识产权资源等12种必要资源的数量和质量。

多种资源的合理搭配和协调运营才使企业最终取得成功，而手册所包含的绝大部分内容是知识产权资源、技术资源和信息资源，其他资源都极少涉及或根本就不具备，所以，获得了手册，按照手册的指导能够在技术上操作得很熟练，但企业的经营却未必能成功。

② 现代经济事实证明，消费者购买产品时会不可避免地受到品牌的影响。有人曾做过试验，请消费者品尝撕去品牌标签的普通可乐和可口可乐，结果大多数人根本无法凭借口感来区分哪个更好喝。所以，感觉可口可乐更好喝的原因可能是品牌在发挥作用。同理，即使有人获得了某知名品牌企业的手册并完全按照手册的内容提供同样质量的产品或服务，消费者也未必认同。

③ 随着社会的进步与发展，知识产权的保护得到越来越多的关注，得到法律保护的力度也越来越大，所以即使有人获得了企业手册，他们也不敢原封不动地照搬照做，否则一定会搬起石头砸自己的脚。

但无论如何，获得企业手册的人都会给该企业的发展带来威胁，所以企业还是要保护好自己的手册，以免给自己造成不必要的麻烦。

6.12.2　如何保存手册

① 同时保存电子文档和纸质文档。电子文档的保存要注意防范病毒，可以采取多处备份的方法（电脑硬盘、光盘、移动硬盘等）。纸质文档的保存要注意防水、防火、防蛀虫等。

② 防盗和保密。对于电子文档的保存，最好能增设打开密码，而且此密码只能限于某几个人知道。对于纸质文档的保存，要在文件保存处设置只能限于几个人才能打开的锁具。

③ 设置专人、专地、专机负责手册的保管，在制订严格的手册保管条例原则上，电子版只能保存在董事长的电脑里，任何人不得将其存于个人电脑。除了董事长的电脑外，还必须有至少两个专用硬盘备份手册文件，由董事长亲自保管。

④ 调用、查看或需要对手册进行某种操作的人员必须经过有关人员的审批以及全程记录，使用前还需签署保密协议。

原则上，手册文件的纸质版必须只能保存在董事长处，员工需要领取和交回纸版手册时，经董事长许可后，由董事长指定的专人亲自办理领取和交回登记并填写表6-12。无特殊情况，手册文件必须当天领取，当天交回，不得在领取人处过夜。

表6-12　手册使用登记表

序号	手册文件名称	领取时间	领取人签字	交回时间	交回人签字	备注
1						
2						
3						

序号	手册文件名称	领取时间	领取人签字	交回时间	交回人签字	备注
4						
5						
……						

⑤ 不同手册由不同的人负责保管。尽量避免由非董事长之外的某一个人负责保管全部手册，这不利于手册的保密。

6.12.3　手册如何保密

因为手册对于企业的意义重大，所以手册的保密必须坚持五个基本原则。

① 全流程每个环节的保密。从手册的目录设计、内容编制、初稿讨论、实战演练一直到手册的持续性修改、交付给受许人、对员工和受许人进行手册培训等，在手册"生命"过程的每个阶段，企业都要为之制定并实施切实可行的、周密的手册保密计划。

② 全部人员的保密。所有接触手册的人员都要保密，都要签署一份保密协议。尽量减少手册的人群接触面，和某手册无关的人群尽量不要让其接触到该手册的内容。

③ 全部手册的保密。对每一本手册，企业都应保密，不能轻此薄彼。

④ 在手册的内容编制中，也要坚持保密的原则。比如在给受许人的手册中，不能事无巨细，把企业的所有家底都和盘托出。在企业对外发布的《加盟指南》中，也要既有披露，又有保密，因为"言多必失"。

⑤ 保密的手段要全面，不但要禁止纸面的泄密，还应避免其他形式的泄密，比如电子邮件、企业网站、聊天工具、电话、传真、音频、视频等。比如在网络时代的今天，有些公司的电脑却是禁止上网的，原因就是怕泄密。

6.12.4　《特许经营项目组保密协议》的内容包括什么

保密协议书可分为两类：一类的甲方是具体实施特许经营工程的公司，签约的乙方是甲方的员工；一类是李维华博士的顾问咨询公司维华商创，签约的乙方是维华商创的员工或被雇佣方。上两类的协议书内容相同，只是甲方的名称、地址等信息有变化。

甲方：　　　　　　　　　　　　　　乙方：（签字）（项目组成员姓名）
公司地址：　　　　　　　　　　　　身份证号：
联系方式：　　　　　　　　　　　　手机号码：
甲方授权代表：（签字）　　　　　　工作QQ：

第6章　特许经营手册

工作微信：　　　　　　　　　　　　日期：
日期：

为使**公司得到更好、更快的发展，**公司聘请李维华及维华商创专家团队，并组织**公司内部相关人员参与，共同编制**特许经营体系的系列手册。为明确乙方的保密义务，甲乙双方本着诚信原则平等协商，自愿签订并恪守如下本保密协议。

第一条　声明

乙方确认在签署本协议之前已经详细审阅并理解了本协议内容。

第二条　名词释义

本协议所称商业秘密指的是在**公司编制特许经营手册的过程中，**公司团队以及维华商创团队所提供、获得、编制、研发的所有手册、文件、课件、录音、视频等，以及该项目的时间、费用、团队成员、结果、步骤、形式、合同等相关商业秘密信息（以下简称"手册文件"）。

第三条　乙方无条件履行下列保守"手册文件"秘密的义务

1、不刺探非本职工作所需要的"手册文件"，未经**公司董事长**、李维华同时允许，不得将"手册文件"的全部或部分内容披露给任何第三方。

2、不得允许或协助任何第三方使用**公司团队以及维华商创团队提供的"手册文件"内容及相关信息（不允许范围包括但不限于出借、赠予、出租、转让、出售等）。

3、不利用所知悉的**公司团队以及维华商创团队提供的"手册文件"的内容，从事有损**公司、维华商创的关联企业利益的行为。

4、不要在公众场所谈论或者审阅涉及"手册文件"的内容。

5、不要将写有**公司及其团队以及**公司团队提供的"手册文件"内容的纸张或电子版放在第三方容易看到的地方。

6、不要通过酒店、商业机构或会议中心的人员收发或复印涉及"手册文件"的内容。

7、不要将商业秘密文件拿出办公室，除非董事长**、李维华同时同意用于公务目的，并且能够给予足够的安全防护。

8、及时清理移动硬盘和电脑里不用的涉及商业秘密的文件。工作电脑要设置密码（密码必须在**公司董事长和李维华处备案），防止他人盗取。未经公司同意，不得将"手册文件"的任何内容发给第三方。

9、"手册文件"完成后应立即将电子版交李维华保存，并在李维华指定人员的监督下自己的电脑及硬盘、可能的网络等存储器内彻底删除并清空该文件。在"手册文件"编制过程和完成后，未经李维华同意，禁止任何人复制、保存、转移。

10、发送"手册文件"只能用项目组名单登记备案过的、本合同最后写明的QQ、微信或指定存储设备（专用传输文件的存储设备保存在项目组秘书**处），不得用email。

469

11、项目组成员互相借阅"手册文件"，只能由李维华中转，严禁直接对传。

12、登记备案过的QQ、微信的对话记录、收发记录等不得删除，以备随时检查。在项目结束或乙方离开本项目组时，在李维华指定人员的监督下彻底清空该QQ、微信的所有关于本项目、手册文件等的聊天或发送接收记录。

13、乙方在项目进行期间，以及从甲方处离职或从本项目离开后，除非甲方书面同意，否则，乙方不得对任何第三方声称曾经为该项目的成员之一。

第四条　违反保密义务的法律责任

1、如乙方未履行本协议规定的保密义务，视情节轻重承担相应的违约责任，构成犯罪的依法移送司法机关。

2、如乙方因前款所称的违约行为造成**公司以及维华商创损失的，应当承担损失赔偿责任。

3、与**公司或维华商创有劳动关系的乙方，违反本协议约定的保守商业秘密义务时，**公司或维华商创有权给予行政处分直至解除劳动关系。

第五条　生效期

本协议自甲乙双方签字之日起生效。

第六条　保密期限

本协议约定的保守商业秘密义务的甲方员工，不限于甲乙双方保持劳动关系期间，需终身保密。

第七条　争议与解决

因履行本协议发生争议的，甲乙双方可自愿平等协商解决。协商不成的，可向北京市**区人民法院提起诉讼。

第八条　未尽事宜

本协议未尽事宜，按照国家法律或政府主管部门的有关规章、制度执行。

第九条　签约份数

本协议一式两份，甲乙双方各执一份。

甲方：（盖章）　　　　　　　　　　　　　　　　　乙方：（签字）

甲方授权代表：（签字）

日期：　　　　　　　　　　　　　　　　　　　　　日期：

6.13　手册编制的落地管理

6.13.1　手册全部编制完成后如何落地

系列手册的落地其实就是把已编制好的手册分别放到总部、单店等相应的实际工作之中去检验，然后根据实际工作状况修正手册，如此不断地反复"编制—检验—修正"，手册就越来越有实战性。

6.13.2 手册的首次实战式落地与更新该如何分配手册到人

在上条原则与具体做法确定之后，我们可以根据企业现有人员的实际情况，按表6-13进行手册的首次实战式落地与更新的分配工作：

表6-13 手册的首次实战式落地与更新登记表

序号	手册、文件名称	更新负责人	手册编制人	首次更新完成时间
1				
2				
3				
4				
5				
6				
……				

在表6-13中，"更新负责人"指的是首次负责将手册在实战中使用、检验并更新的人。"首次更新完成时间"指的是该手册第一次更新完成的具体时间，通常，该时间应该是该手册内容全部已经在实际中得以使用与检验并借此更新了手册之后的时间。

6.13.3 手册的落地方法与技巧

系列手册如何实现有效的落地是策划能否有效果以及效果有多大的重要检验标准，不能被企业接受、不能在实际中付诸实施并产生实际效果的策划方案是没有任何意义的。所以，科学地实施落地是连锁企业必须要明白的内容。

下面是方案落地的指导原则或方法、技巧的介绍。

1. 编制落地计划

包括实施落地计划的人员、时间、步骤、单店对象、费用、目标等。

2. 三条线

严格来讲，手册的落地包括总部、分部或区域受许人和单店的落地。

按照落地的主要的三条线，落地的团队也应分为三组：总部线及落地组，分部或区域受许人线及落地组，单店线及落地组。这三组分别负责总部、分部或区域受许人与单店的手册的落地。

每组由组长、副组长、组员组成落地的"工作组"。

"工作组"指的是企业指定的、未来要自己去承担各店或总部各部门实施落地工作的骨干们组成的临时项目组。对餐饮企业来讲，"工作组"的成员应是总部的督导或运营骨干、直营店的店长和后厨的主管们。他们在选定的样板店全程落地的过程中既要学会、做到所有落地的流程、注意事项等，又要能够独立完成其他单店的手册落地实施工作。

工作组构成见图6-9。

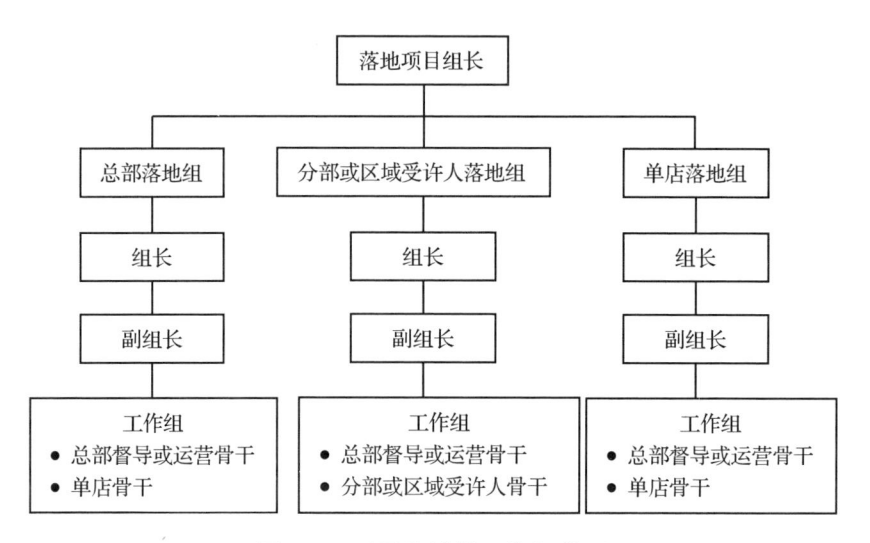

```
                         落地项目组长
            ┌─────────────┼─────────────┐
        总部落地组    分部或区域受许人落地组    单店落地组
         组长              组长              组长
         副组长            副组长            副组长
         工作组            工作组            工作组
      ●总部督导或运营骨干  ●总部督导或运营骨干  ●总部督导或运营骨干
      ●单店骨干           ●分部或区域受许人骨干 ●单店骨干
```

图6-9　手册落地的工作组分配

落地的店选几家？单店落地组选择哪个店或哪些店呢？先后顺序是什么？

如果人手足够的话，同时落地也没有问题。否则，就依次落地。通常，从企业的实际紧急需要的顺序讲，可以先落单店，再落区域受许人，最后落总部。

选落地的店时，最好是选择特许经营体系中的样板店或标准店，也就是特许人计划未来按照其样式进行复制与克隆的店。这些店最好是直营店，因为在通常情况下，加盟店只有享受总部成熟体系、知识等的权利，没有和总部一起试验的义务。在该样板店或标准店的落地完成之后，企业自身"工作组"中总部的督导或运营骨干等单店落地人员就可以立刻进行其他店的落地实施。至于加盟店，则由总部的"工作组"单店落地成员或总部培训部人员实际到达加盟店指导落地。当然，如果确信只通过培训就能有效落地的话，那么，总部可以对加盟店的相关人员进行统一的落地培训，然后由这些受训人员负责自己店面的落地，这样可以大大地节省时间、节省成本，提高效率。

3. 两"边"

这个指的是特许人企业应一边落地已完成手册，一边不断地修改实际操作或手册。

4. 两种落地方案

一是手册每完成一个或一批，就立刻组织实施落地一个或一批。

二是全部手册都完成再统一去落地实施。

5. 落地六部曲

调查情况、制订落地方案、培训与硬件落地、软件落地、纠正实际或手册、完善实际或手册（见图6-10）。

首先，调查要落地对象的情况，据此制订落地方案。

其次，对于流程、制度、方法类的软件，先是按照已确定的手册对手册中需要执行的对应人员进行培训，被培训人员应该完全按照手册内容在实际中实施。

同时进行的是落地对象中可能有硬件报修改的地方，如单店的装修、设备、器材等，按照已确定的手册进行硬件的实际修正。

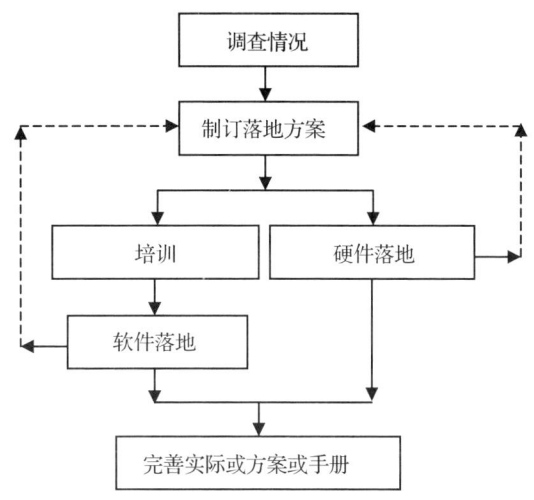

图6-10　手册落地的流程

最后，在实施过程中发现手册和实际不同之处时，要么修改手册，要么修改实际。但无论修改哪一样，最终要确保手册和实际完全一致，且一致后的结果一定要以手册的形式体现。

6. 硬性执行手册

对于每项落地工作，都要严格地按照大家事先已一致认可的手册内容进行实际操作，实操中发现问题后，再决定修改手册或修改实际。

7. 日日总结，日日改进

坚持每天开总结例会，把当日落地工作中的问题、建议全部罗列出来，并以文字的形式共享给整个落地或项目组，以便指导次日及日后的落地工作，便于不同的落地组、落地人员的互相借鉴与学习。

8. 不论是分部或区域受许人，还是单店的落地，都必须先落地样板，再全面落地

这是稳妥的做法，因为这样能保证即便落地时出现问题，影响面也不会很大。

9. 编制三份报告

不论是分部或区域受许人，还是单店的落地，必须编制至少三份报告，即《落地前报告》《落地方案》《落地前后对比报告》。

《落地前报告》是为了更好地做《落地方案》。《落地前后对比报告》是为了检验和证明前期的策划、手册等是否有价值。

6.13.4　手册落地的日程安排

手册落地的日程安排见表6-14。

表6-14 **公司落地日程安排表

序号	月份	日期	天数	事项	负责人	执行人	配合人	地点	备注
1	1月	28日之前	21	所有手册完成	维华商创顾问组	联合项目组	联合项目组	**	
2	1—2月	1月29日—2月19日	21	春节和招商订货会	—	—	—	—	等待**公司人员空出时间
3	2月	20日—23日	4	样板区域受许人手册落地与完善：区域受许人调查与选择、《样板区域受许人落地前报告》	维华商创顾问组	总部的3名督导负责人	**区域受许人所有员工	**	
4		24日—25日	2	《样板区域受许人落地方案》	维华商创顾问组	维华商创顾问组	**区域受许人所有员工	**	
5		2月26日—3月6日	7	物料等制作、设备等购买、补充装修等	维华商创顾问组	总部的3名督导负责人	**区域受许人所有员工	**	
6		2月26日—2月28日	3	人员培训	维华商创顾问组	总部3名督导负责人	**区域受许人所有员工	**	

续表

序号	月份	日期	天数		事项	负责人	执行人	配合人	地点	备注
7	3月	1日—5日	5	样板区域受许人手册落地与完善	手册落地与手册完善，区域受许人系列手册的最新版	维华商创顾问组	总部3名督导负责人	**区域受许人所有员工	**	
8		6日	1		《样板区域受许人落地前后对比报告》	维华商创顾问组	总部3名督导负责人	**区域受许人所有员工	**	
9		6日—30日	25		继续落地检验一个月	维华商创顾问组	总部3名督导负责人	**区域受许人所有员工	**	顾问远程指导
10		31日	1	全部区域受许人落地	《样板区域受许人落地前后对比报告》	总部3名督导负责人	总部3名督导负责人	**区域受许人所有员工	**	顾问远程指导
11	4月	1日—2日	2		《全部区域受许人培训的方案》	总部3名督导负责人	总部3名督导、培训部所有员工	总部各部门	**	顾问远程指导
12		3日—7日	5		通知时间、地点、费用、内容等给所有区域受许人	总部3名督导负责人	总部3名督导、培训部所有员工	总部各部门	**	顾问远程指导

续表

序号	月份	日期	天数		事项	负责人	执行人	配合人	地点	备注
13	4月	8日—11日	4	全部区域受许人落地	区域受许人培训	总部3名督导负责人	总部3名督导、培训部所有员工	总部各部门	**	顾问远程指导；培训区域受许人的系列运营手册，同时请**样板区域受许人的总经理谈感受
14		13日—27日	15		区域受许人落地	总部3名督导负责人	总部3名督导、培训部所有员工	总部各部门	**	顾问远程指导
15		28日—29日	2		区域受许人落地总结与表彰大会，《全部区域受许人落地前后对比报告》	总部3名督导负责人	总部3名督导、培训部所有员工	总部各部门	**	顾问远程指导
小计			66							
16	2月	20日—23日	4	样板单店手册落地与完善	单店调查与选店、《样板单店落地前报告》	维华商创顾问组	6家店的店长；总部与**部各3名督导负责人	**区域总经理	**	临街店与商场店各3家，经营状况分别是好、中、差。共6家
17		24日—25日	2		《样板单店落地方案》	维华商创顾问组	维华商创顾问组	**区域总经理	**	

第6章 特许经营手册

续表

序号	月份	日期	天数		事项	负责人	执行人	配合人	地点	备注
18	2月	2月26日—3月6日	7	样板单店手册落地与完善	物料等制作，设备等购买、补充装修等	维华商创顾问组	6家店的店长；总部**的3名督导负责人	**区域总经理	**	
19		2月26日—2月28日	3		人员培训	维华商创顾问组	总部3名督导负责人	6家店的所有员工	**	
20		1日—5日	5		手册落地与手册完善，单店系列手册的最新版	维华商创顾问组	总部3名督导负责人	—	**	
21	3月	6日	1		《样板单店落地前后对比报告》	维华商创顾问组	总部3名督导负责人	—	**	
22		6日—30日	25		继续落地检验一个月	维华商创顾问组	总部3名督导负责人	**区域受许人所有员工	**	顾问远程指导
23		31日	1		《样板单店落地前后对比报告》	总部3名督导负责人	总部3名督导负责人	**区域受许人所有员工	**	顾问远程指导

续表

序号	月份	日期	天数	事项		负责人	执行人	配合人	地点	备注
24	4月	1日—2日	2	《全部单店落地培训的方案》	全部单店落地	总部3名督导负责人	总部3名督导、培训部所有员工	总部各部门	**	顾问远程指导
25		3日—7日	5	通知时间、地点、费用、内容等给所有单店		总部3名督导负责人	总部3名督导、培训部所有员工	总部各部门	**	顾问远程指导
26		8日—14日	7	单店培训		总部3名督导负责人	总部3名督导、培训部所有员工	总部各部门	**	顾问远程指导；培训区域受许人的系列运营手册，同时请**样板单店店长谈感受
27		15日—27日		单店落地		总部3名督导负责人	总部3名督导、培训部所有员工	总部各部门	**	顾问远程指导
28		28日—29日	2	单店落地总结与表彰大会，《全部单店落地前后对比报告》		总部3名督导负责人	总部3名督导、培训部所有员工	总部各部门	**	顾问远程指导
小计			57							

续表

序号	月份	日期	天数	事项	负责人	执行人	配合人	地点	备注
29	3月	7日	1	总部调查、《总部落地前报告》				**	
30		8日—9日	2	《总部落地方案》				**	
31		10日—16日	7	总部手册落地与完善 物料等制作、设备等购买、补充装修等	维华商创顾问组	总部各部门负责人	总部各部门所有员工	**	
32		10日—12日	3	人员培训				**	
33		13日—17日	5	手册落地与手册完善，总部系列手册的最新版				**	
34		18日—19日	2	落地总结与表彰大会，《总部落地前后对比报告》				**	
小计			20						
总计	2—3	—3月18日	44						

注意：在实际工作中，企业应根据自己的实际情况决定落地的顺序（总部、分部或区域受许人、单店）、负责人、执行人、配合人、选择落地的样板、时间等。

6.13.5 区域受许人落地系列报告和方案
1. 样板区域受许人
（1）《样板区域受许人落地前报告》包括区域受许人如下信息。
① 名称、地址、股东、股东比例、注册额、组织架构、各岗位名称和对应员工人数、加盟时间、加盟期、法人姓名、公司面积等基本情况。
② 年营业额、年毛利、年净利、成本。
③ 分类的产品或服务：销售件数、营业额、年毛利、年净利、成本。
④ 人员积极性、熟练度、标准化程度、能力、信心、忠诚度。
⑤ 公司硬件的标准化度。
⑥ 对总部的信心、服从度、黏性。
⑦ 直营店数、加盟店数。
⑧ 加盟店满意度。
（2）《样板区域受许人落地方案》至少包括区域受许人如下信息：时间、地点、人员、事项、流程、制度、结果或效果、成本费用和注意事项等。
（3）《样板区域受许人落地前后对比报告》至少包括区域受许人的如下信息。
① 名称、地址、股东、股东比例、注册额、组织架构、各岗位名称和对应员工人数、加盟时间、加盟期、法人姓名、公司面积等基本情况。
② 年营业额、年毛利、年净利、成本。
③ 分类的产品或服务：销售件数、营业额、年毛利、年净利、成本。
④ 人员积极性、熟练度、标准化程度、能力、信心、忠诚度。
⑤ 公司硬件的标准化度。
⑥ 对总部的信心、服从度、黏性。
⑦ 直营店数、加盟店数。
⑧ 加盟店满意度。
2. 全部区域受许人
（1）《全部区域受许人落地前报告》至少包括全部区域受许人如下信息。
① 名称、地址、股东、股东比例、注册额、组织架构、各岗位名称和对应员工人数、加盟时间、加盟期、法人姓名、公司面积等基本情况。
② 年营业额、年毛利、年净利、成本。
③ 分类的产品或服务：销售件数、营业额、年毛利、年净利、成本。

④ 人员积极性、熟练度、标准化程度、能力、信心、忠诚度。

⑤ 公司硬件的标准化度。

⑥ 对总部的信心、服从度、黏性。

⑦ 直营店数、加盟店数。

⑧ 加盟店满意度。

（2）《全部样板区域受许人落地方案》应该包括全部区域受许人的信息为：时间、地点、人员、事项、流程、制度、结果或效果、成本费用和注意事项等。

（3）《全部区域受许人落地前后对比报告》和落地前的内容一一对应，至少包括全部区域受许人如下信息。

① 名称、地址、股东、股东比例、注册额、组织架构、各岗位名称和对应员工人数、加盟时间、加盟期、法人姓名、公司面积等基本情况。

② 年营业额、年毛利、年净利、成本。

③ 分类的产品或服务：销售件数、营业额、年毛利、年净利、成本。

④ 人员积极性、熟练度、标准化程度、能力、信心、忠诚度。

⑤ 公司硬件的标准化度。

⑥ 对总部的信心、服从度、黏性。

⑦ 直营店数、加盟店数。

⑧ 加盟店满意度。

6.13.6 单店落地系列报告和方案

1. 样板单店

（1）《样板单店落地前报告》至少包括样板单店下列信息。

① 直营还是加盟、名称、地址、股东、股东比例、注册额、组织架构、各岗位名称和对应员工人数、加盟时间、加盟期、法人姓名、单店面积、商圈名称等基本情况。

② 年营业额、年毛利、年净利、成本。

③ 分类的产品或服务：销售件数、营业额、年毛利、年净利、成本。

④ 人员积极性、熟练度、标准化程度、能力、信心、忠诚度。

⑤ 单店硬件的标准化度。

⑥ 对总部的信心、服从度、黏性。

⑦ 顾客的满意度、投诉数量。

（2）《样板单店落地方案》至少包括样板单店下列信息：时间、地点、人员、事项、流程、制度、结果或效果、成本费用和注意事项等。

（3）《样板单店落地前后对比报告》和落地前的内容一一对应，至少包括样板单店下列信息。

① 直营还是加盟、名称、地址、股东、股东比例、注册额、组织架构、各岗位名称和对应员工人数、加盟时间、加盟期、法人姓名、单店面积、商圈名称等基本情况。

② 年营业额、年毛利、年净利、成本。

③ 分类的产品或服务：销售件数、营业额、年毛利、年净利、成本。

④ 人员积极性、熟练度、标准化程度、能力、信心、忠诚度。

⑤ 单店硬件的标准化度。

⑥ 对总部的信心、服从度、黏性。

⑦ 顾客的满意度、投诉数量。

2. 全部单店

（1）《全部单店落地前报告》至少包括全部单店下列信息。

① 直营还是加盟、名称、地址、股东、股东比例、注册额、组织架构、各岗位名称和对应员工人数、加盟时间、加盟期、法人姓名、单店面积、商圈名称等基本情况。

② 年营业额、年毛利、年净利、成本。

③ 分类的产品或服务：销售件数、营业额、年毛利、年净利、成本。

④ 人员积极性、熟练度、标准化程度、能力、信心、忠诚度。

⑤ 单店硬件的标准化度。

⑥ 对总部的信心、服从度、黏性。

⑦ 顾客的满意度、投诉数量。

（2）《全部单店落地方案》至少包括全部单店的信息为：时间、地点、人员、事项、流程、制度、结果或效果、成本费用和注意事项等。

（3）《全部单店落地前后对比报告》和落地前的内容一一对应，至少包括全部单店下列信息。

① 直营还是加盟、名称、地址、股东、股东比例、注册额、组织架构、各岗位名称和对应员工人数、加盟时间、加盟期、法人姓名、单店面积、商圈名称等基本情况。

② 年营业额、年毛利、年净利、成本。

③ 分类的产品或服务：销售件数、营业额、年毛利、年净利、成本。

④ 人员积极性、熟练度、标准化程度、能力、信心、忠诚度。

⑤ 单店硬件的标准化度。

⑥ 对总部的信心、服从度、黏性。

⑦ 顾客的满意度、投诉数量。

6.13.7 总部落地系列报告和方案

（1）《总部落地前报告》应该包括总部如下信息。

① 地址、股东、股东比例、注册额、组织架构、各岗位名称和对应员工人数、直营店店数、加盟店店数、法人姓名、公司面积等基本情况。

② 年营业额、年毛利、年净利、成本。

③ 分类的产品或服务：销售件数、营业额、年毛利、年净利、成本。

④ 人员积极性、熟练度、标准化程度、能力、信心、忠诚度。

⑤ 总部硬件的标准化度。

⑥ 直营店和加盟店的盈利比例、持平比例、亏损比例。

⑦ 区域受许人、加盟店对总部的满意度、投诉数量。

⑧ 顾客对总部的满意度、投诉数量。

（2）《总部落地方案》至少包括总部的信息为：时间、地点、人员、事项、流程、制度、结果或效果、成本费用和注意事项等。

（3）《总部落地前后对比报告》至少包括总部下列信息。

① 地址、股东、股东比例、注册额、组织架构、各岗位名称和对应员工人数、直营店店数、加盟店店数、法人姓名、公司面积等基本情况。

② 年营业额、年毛利、年净利、成本。

③ 分类的产品或服务：销售件数、营业额、年毛利、年净利、成本。

④ 人员积极性、熟练度、标准化程度、能力、信心、忠诚度。

⑤ 总部硬件的标准化度。

⑥ 直营店和加盟店的盈利比例、持平比例、亏损比例。

⑦ 区域受许人、加盟店对总部的满意度、投诉数量。

⑧ 顾客对总部的满意度、投诉数量。

6.14 手册编制的交付管理

6.14.1 受许人的加盟金买的就是手册吗

因为特许经营双方在签订了特许合同且受许人交纳加盟金后，特许人会把系列手册交给受许人，所以很多人就认为，受许人加盟就是为了那几本手册，加盟金购买的就是手册。那么，受许人的加盟金买的就是手册吗？

答案是否定的。

产生这种错误理解的最深层原因是对加盟金的概念了解得不够清晰，所以我们有必要把加盟金的相关概念在此做一个简单的介绍。

首先，什么是加盟金呢？加盟金，又称特许经营初始费，指的是特许人将特许经营权授予受许人时所收取的一次性费用。

其次，加盟金的用途是什么呢？加盟金的主要用途是特许人为使受许人正常开业为其提供的一系列支持和帮助。它同时体现出特许人所拥有的品牌、专利、经营技术诀窍、经营模式、商誉等无形资产的价值。所以，受许人交纳加盟金绝不仅是为了获得那几本手册，而是获得包括手册在内的一整套特许经营模式，我们称之为商业模式。

最后，无论是特许人还是受许人都必须记住，手册只是特许人在加盟期间内"借"给受许人使用的，并不是"给"或"卖"，所以受许人并没有"买"下手册。既然是"借"，那么，加盟期期满后，受许人必须把手册物归原主。

6.14.2　对受许人的培训，完全按照手册就可以了吗

不可以。原因很简单，特许人除了培训受许人手册内容，还要培训手册之外的知识。

为了最大化地确保加盟店的成功，培训内容还应包括一些不必编入手册的、"通用化"的知识，如特许经营基本知识、团队建设与员工激励、消费者心理学、行业介绍等。

但无论如何，特许经营系列手册是特许人培训受许人的最主要内容和最主要教材。

6.14.3　哪些手册要交付给单店受许人

通常，特许人交付给单店受许人的手册分为两类：一类是"应该交付的"，即此类手册是特许人应该或必须交付给单店受许人的，这些手册对于单店受许人按照"克隆"模式成功运作具有必不可少的重要意义，它们的名录通常在合同上会有约定；另一类是"可以交付的"，即此类手册可以交给单店受许人，也可以不给，特许人没有必须把此类手册交付给单店受许人的义务。两类手册的具体明细见表6-15（打"√"者表示对应列的手册性质）。

6.14.4　哪些手册要交付给分部或区域受许人

区域受许人除了要开设或指导开设加盟店之外，还要对自己区域内的所有加盟店进行管理、协调与服务等，所以他除了接受单店受许人的手册外（规则同单店受许人），还应得到《分部或区域受许人运营手册》。

表6-15 "应该交付的"和"可以交付的"给单店受许人的手册

序号	使用者	手册名称	可以交付的	应该交付的
1	单店	《单店盈利模式手册》		√
2		《单店组织架构与人员编制手册》		√
3		《单店礼仪标准与服务技能手册》		√
4		《声、光、温、味、像管理手册》		√
5		《单店工程装修流程》		√
6		《单店营销大法》		√
7		《单店人力资源手册》		√
8		《单店财务与税收手册》		√
9		《单店物流手册》		√
10		《单店业务产品手册》		√
11		《单店设备器材手册》		√
12		《单店技术手册》		√
13		《单店前厅运营管理手册》		√
14		《单店制度与流程汇编》		√
15		《单店出品标准手册》		√
16		《店长手册》		√
17		《单店常用表单手册》		√
18		《单店投资回收预算表》		√
19	单店	《单店选址手册》		√
20		《单店应急事件处理手册》		√
21		《VI手册》	√	
22		《SI手册》	√	
23		《单店统一配送独有物品表》		√
24		《单店开业庆典手册》		√
25		《单店陈列手册》		√
26		《单店目视化手册》		√

续表

序号	使用者	手册名称	可以交付的	应该交付的
27	总部或分部或区域受许人	《公司介绍手册》	√	
28		《员工手册》		
29		《总部组织架构与职能手册》		
30		《总部行政与人力资源手册》		
31		《总部财务与税收手册》		
32		《总部供应商管理手册》		
33		《总部网络营销手册》		
34		《MI手册》	√	
35		《VI手册》		
36		《营建手册》		
37		《培训手册》		
38		《总部物流手册》		
39		《督导手册》	√	
40		《研发手册》		
41		《电商手册》		
42		《TQC暨后续工作持续提升手册》		
43		《特许权手册》		
44	总部或分部或区域受许人	《加盟指南》		√
45		《招商战略规划》		
46		《招商的四类记录跟踪表》		
47		《招商部工作手册》		
48		《加盟常见问题与回答手册》		
49		《受许人的成、败案例手册》		
50		《特许经营备案手册》		
51		《特许经营信息披露手册》		√
52		《来总部考察的潜在受许人接待手册》		
53		《招商说明会即OPP会议手册》		

6.14.5 手册应在何时交给受许人

不同手册的交付时间并不完全相同，通常，按照特许经营合同的约定或约定俗成的惯例，特许人交给受许人的手册应在下列时间内完成交付（见表6-16）。

表6-16 手册应交付给受许人的时间

序号	使用者	手册名称	应交付时间
1	单店	《单店盈利模式手册》	不交付
2		《单店组织架构与人员编制手册》	正式加盟后
3		《单店礼仪标准与服务技能手册》	正式加盟后的初次受许人培训中
4		《声、光、温、味、像管理手册》	正式加盟后的初次受许人培训中
5		《单店工程装修流程》	正式加盟后
6	单店	《单店营销大法》	正式加盟后的初次受许人培训中
7		《单店人力资源手册》	正式加盟后的初次受许人培训中
8		《单店财务与税收手册》	正式加盟后的初次受许人培训中
9		《单店物流手册》	正式加盟后的初次受许人培训中
10		《单店业务产品手册》	正式加盟后的初次受许人培训中
11		《单店设备器材手册》	正式加盟后
12		《单店技术手册》	正式加盟后的初次受许人培训中
13		《单店前厅运营管理手册》	正式加盟后的初次受许人培训中
14		《单店制度与流程汇编》	正式加盟后的初次受许人培训中
15		《单店出品标准手册》	正式加盟后的初次受许人培训中
16		《店长手册》	正式加盟后的初次受许人培训中
17		《单店常用表单手册》	正式加盟后的初次受许人培训中
18		《单店投资回收预算表》	正式加盟后
19		《单店选址手册》	签订《加盟意向书》后
20		《单店应急事件处理手册》	正式加盟后的初次受许人培训中
21		《VI手册》	正式加盟后，可给可不给
22		《SI手册》	正式加盟后，可给可不给
23		《单店统一配送独有物品表》	正式加盟后
24		《单店开业庆典手册》	正式加盟后
25		《单店陈列手册》	正式加盟后的初次受许人培训中
26		《单店目视化手册》	正式加盟后的初次受许人培训中

续表

序号	使用者	手册名称	应交付时间
27	总部或分部或区域受许人	《公司介绍手册》	正式加盟前，或正式加盟后的初次受许人培训中
28		《员工手册》	—
29		《总部组织架构与职能手册》	正式加盟后
30		《总部行政与人力资源手册》	—
31		《总部财务与税收手册》	—
32		《总部供应商管理手册》	—
33		《总部网络营销手册》	—
34	总部或分部或区域受许人	《MI手册》	正式加盟后
35		《VI手册》	—
36		《营建手册》	—
37		《培训手册》	—
38		《总部物流手册》	—
39		《督导手册》	正式加盟后的初次受许人培训中
40		《研发手册》	—
41		《电商手册》	—
42		《TQC暨后续工作持续提升手册》	—
43	总部或分部或区域受许人	《特许权手册》	正式加盟后
44		《加盟指南》	加盟前
45		《招商战略规划》	—
46		《招商的四类记录跟踪表》	—
47		《招商部工作手册》	—
48		《加盟常见问题与回答手册》	—
49		《受许人的成、败案例手册》	—
50		《特许经营备案手册》	—
51		《特许经营信息披露手册》	加盟前
52		《来总部考察的潜在受许人接待手册》	—
53		《招商说明会即OPP会议手册》	—

6.14.6 交给受许人的手册是纸质的还是电子版的

虽然纸质手册的成本要比电子版的高出许多，但通常，特许人企业交给受许人的手册最好是纸质的，不要轻易交给电子版。这是因为电子版的传播速度快、复制方便、容易泄露，不利于企业知识产权的保护。

6.14.7 手册是免费给予受许人的吗

按照约定俗成的实践惯例，手册是特许人免费给予受许人的内容之一。

其实，虽然表面上看来是免费的，但实际上受许人还是付出了代价的，比如加盟金已包括手册的编制成本。从这个角度来看，手册并不是免费的。所以，特许人配送给受许人的、包括手册在内的所有东西都是如此，免费与否，关键在于怎么理解。

在实践中，虽然手册内容是"免费"给予受许人的，但手册的载体，却是要向受许人收取工本费的，类似于制作精美的《VI手册》和《SI手册》的工本费还不低。

6.14.8 特许经营终止后，受许人的手册要全部退还给特许人

特许经营合同一般会规定，在特许经营合同终止后的限定时间内，受许人应将系列手册全部销毁或交还给特许人。记住，手册是特许人"借"给受许人的，并不是"送给"或"卖给"受许人的，因此合同终止后要物归原主。

如果受许人将手册丢失，受许人还需要承担手册丢失可能给特许人带来的损失。

6.15 手册编制的更新管理

6.15.1 手册编制完成后，集中所有人力去对接手册吗

对接手册时要明确以下几点重要原则。

（1）为对接手册而对接手册。

手册只是我们提升特许经营体系、重塑企业，从此使企业健康、科学、合法、可持续、规范发展加盟的重要手段之一。企业最重要的是落实、实施整个特许体系的理念与设计，不要纠缠于手册，否则就是背道而驰。

（2）为挑错而挑错。

对接手册的更重要的目的是培训大家对于新体系的认识，对于新体系下新理念、方法、流程、制度、标准和规范等的认识与接收以及后面的落地实施。为挑错而挑错的对接手册是完全错误的行为，必须立即停止。

（3）追求手册的完美。

这是错误的思维，是对手册的最基本常识的不了解。手册永远没有绝对完美、完善的时候。只要企业的内部、外在条件在变化，手册就应不断地更新，因此，手册的最大

化价值之一在于两个字——"动态"。

（4）手册的完美标准由企业决定。

正确的做法应该是，手册合格与否是由顾问公司与客户双方共同确定的，或者由顾问咨询公司确定的，绝对不是客户单方面决定是否合适的。因为客户对于手册、体系、顾问咨询的理解程度是比不上专业做手册的顾问咨询公司的。

（5）迟迟不验收、不签字。

这样会严重影响后续手册的落地与实施，影响顾问咨询和手册编制、体系优化的效果，把员工们带到偏离正确发展轨道的方向。如果在手册中挑不出重大的毛病，则企业可以验收手册并签字。

6.15.2 谁来修正、完善手册

既然手册永远没有"完成"的时候，需要不断的修正和完善，那么，由谁来负责手册的修正和完善工作呢？

在手册的初稿完成之后，企业可以有两种方法来安排手册的修正与完善。需要注意的是，每种方法都有自己的利和弊，企业应根据实际情况做出选择。

下面介绍两种手册修正与完善的方法。

1. 谁编制的初稿，谁负责修正与完善

（1）使用此种方法的优势。

- 修改效率高、质量高。因为一个编制人一直跟踪编制一本手册，对手册的前前后后、来龙去脉、方方面面都非常清楚，查找问题、修改起来也得心应手，效率高，修改质量也会较高
- 利于培养专业的技术人才。由于长期专注于某一本手册的修改，编制人可能会成为该手册涉及领域的专家
- 分工简单。手册编制的组织工作只需按最初的人员安排继续进行下去即可，不需要额外地重新分配工作
- 利于保密。当手册初稿的编制人较多时，每个人都只掌握某一领域的内容，即使外泄出去，也不会给特许经营体系造成太大的损失

（2）使用此种方法的劣势。

- 可能会使修改人为中断。一旦第一版编制人离职或出现其他不能继续编制的情况，该手册的修改可能会暂时中断，在接替者研究清楚手册后，修改工作才有可能继续
- 手册带有浓厚的个人色彩。因为一个人自始至终地修改某本手册，所以该手册里会不可避免地融合了个人色彩，包括文字风格、叙述方式、逻辑模式等，这种个人色彩对于手册的客观性、公正性有一定的影响
- 资源的个人垄断。随着时间的延长与修改次数的增多，历经多次修改的全部手册内容也许只有第一版编制人才清楚，这很容易形成资源的个人垄断，对团队协作

和个人资源公司化不利
- 管理复杂。如果系列手册的第一版编制人较多，管理难度会增加

（3）适用此种方法的企业或手册所具有的特点。
- 人手不够，企业不能设置专门人员专职修正与完善手册
- 第一版编制人具备"兼职"条件，即不必因为其他工作安排而必须放弃手册的后续修改工作
- 手册编制人流动率非常低，最好较长时期内不变
- 团队协作性、沟通性好，这样可避免手册含有过多的个人色彩或者个人垄断资源
- 手册较复杂或技术成分高，更换修改人时，接替者研究清楚整本手册有较大难度

2. 集中指派固定人员负责修正与完善

这种做法的意思是，手册的第一版完成后，企业重新指派专人进行后续手册的修正和完善工作。比如，此人可能会同时负责几本手册，其工作职责或最主要职责只有一个，即修正和完善手册。

（1）这种安排的优势。
- 手册的风格统一。由同一人同时进行几本手册的修改、完善工作，这几本手册的风格较易统一
- 手册修改频率较高。这是专职相比兼职的好处
- 利于培养多面手。专职修改几本而不是某一本手册的人员会熟悉这几本手册的内容，可能会成为这些领域的专家
- 管理简单。企业只需对几个专职人员进行监督、考核

（2）这种安排的劣势。
- 时间暂断。手册编制的接替者需要时间熟悉手册内容，这会导致手册编制工作暂时中断，中断时间的长短也会因接替人的学习能力、手册内容的复杂度等有所不同
- 手册的修改质量不确定。因为人的精力、能力有限，所以同时致力于几个不同领域的专职编制人可能会因此导致手册的修改质量良莠不齐
- 可能找不到合适的"多面手"修改人，即没人能胜任几本不同手册的同时修改工作
- 存在泄密风险。若某人同时负责几个关键领域的手册修改工作，那么一旦此人泄露企业的商业机密，可能会给企业带来巨大的损失

（3）适用于这种安排的企业或手册所具有的特点。
- 人手充足，企业可以指派专门的手册编制修改人
- 有合适的"多面手"修改人
- 第一版编制人存在不稳定的流动率，但指派的专职人员的流动率较小
- 手册的技术成分不高，内容描述不需要太过专业的基本功
- 手册修改频率较高

6.15.3 手册更新时，如何让受许人手中的手册也同步更新

（1）以旧换新。

重新制作手册，让受许人拿旧手册换新手册。这样做的好处是受许人不会出错，手册的完整性比较好。弊端是成本较高，而且在新手册中需要对修改内容做出标记，否则受许人可能不知道新手册的修订内容。

（2）替换活页。

事先把手册做成活页，用新的活页替换旧内容。这样做的好处是修改成本小，方便快捷，但弊端是事先制作的活页分页很难准确预测到后来可能会修改的地方，而且页码的随之修改也是一个难题。

（3）覆盖修补。

依照手册的大小，专门就修改的地方重新制作，然后贴在旧手册的对应位置处。这样做的好处是成本小，受许人通过张贴的外观容易判断出新手册在什么地方做了修改，但弊端是如果修改内容和旧处相差很多，则贴补处很不美观，而且即使同样大小，到处贴纸条的手册也不美观，纸张的新旧也会有反差。

（4）专门手册。

专门把所有修改内容汇集成册，然后下发给所有受许人，并约定在所有手册的同样内容中，以新册的内容为准。这样的好处是不会影响老手册的外观，而且新修改的内容集中一处，容易为受许人识别，但缺点是受许人查阅内容时，需要比较新旧手册，不方便阅读使用。

6.15.4 手册更新时，哪些人应在什么时间知道这些更新

简而言之，手册的所有"正在使用者"和"潜在使用者"必须在第一时间知道手册的修改内容。

事实是，企业一般都能做到让"正在使用者"及时知道手册的修改内容，但"潜在使用者"却不能及时通知到。

手册编制人与手册的"正在使用者"和"潜在使用者"应该保持密切的沟通，应定期不定期地举行专门的信息沟通说明会，如每周一次，或只要修改就随时举行等。

6.15.5 系列手册定稿后的首次更新应注意什么问题

① 日日、时时更新才是手册最大的价值。

② 随时发现问题，随时、随手更新。但是更新前必须征得董事长或总经理的批准。为了管理方便，手册的更新申请一般确定在每周的一个固定时间，如每周三的上午。

③记得保存好最新版本，不能新旧版本混淆。

④ 任何人在任何更新后的第一时间，必须上报董事长或总经理，获得批准后，通知到公司的同事，然后，相应的同事立即根据该更新内容申请更新自己所负责的手册或文件。

⑤ 必须严格保密，任何泄密都是对公司全体同人的不尊重，手册是大家集体智慧的结晶，它不属于个人，只属于公司。

⑥ 手册、文件的保存、更新、保密、使用等的总负责人为董事长或总经理。

⑦ 手册文件的更新要在已经编制好的最新版的基础上进行，但在分配手册的电子版给更新负责人之前，每人必须凭借与公司签署的保密协议方能获得电子版。更改电子版的时候，必须在专门的手册负责人如办公室主任的监督下进行修改、提交和之后的删除、清空新旧版本。

⑧ 但凡更新，哪怕一字一符一数字，必须立即将完整电子版拷贝复制给手册的总负责人即董事长，董事长应立即保存好最新版本，替换旧版本。

⑨ 在每月月末的某个固定时间，由公司下发统一文件，详细说明本月的手册、文件更新之处。

6.15.6 首次更新后的持续更新与维护的原则或注意事项是什么

① 首次更新完成之后，应立即、干净、全部地收缴保存所有的最新电子版，只保存到董事长处，同时另存两个手册文件到专用备份的硬盘里，硬盘也只保存在董事长处。公司的其他人员或编制手册的其他人必须全部、彻底、干净地删除和清空所有的新旧手册文件的电子文档。

② 废弃不用的所有旧版、纸版手册文件等必须全部收缴、毁掉。

③ 手册文件的持续更新人依然可以和首次更新负责人一致。

6.15.7 首次更新后的持续更新与维护流程是什么样的

持续更新与维护流程见图6-11。

1. 将需要更新的内容汇报总经理或董事长，获得同意后继续进行
2. 在专门的手册负责人如办公室主任的监督下进行修改、提交和之后的删除、清空新旧版本
3. 召开总部全体会议，决定需要随之修改的手册文件名录与内容
4. 总经理安排其他相关手册文件的更新
5. 董事长的手册文件专用硬盘备份最新的全部手册文件
6. 通知所有手册文件的使用人全部的最新更新内容

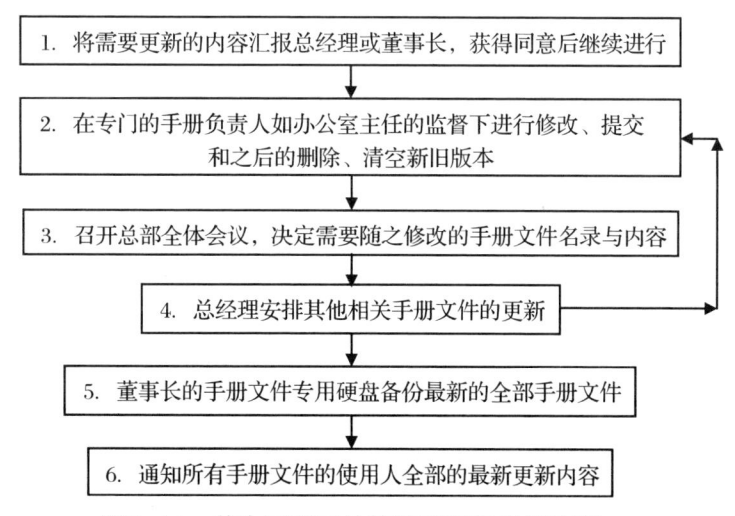

图6-11 首次更新后的持续更新与维护流程

① 有需要更新的内容时,手册文件更新负责人应首先将需要更新的内容汇报总经理,获得同意后继续下面的工作。

② 需要更新时,手册文件更新负责人需要在专门的手册负责人如办公室主任的监督下进行修改、提交和之后的删除、清空新旧版本。

③ 每本手册文件更新完毕后,必须召开总部全体人员会议,共同决定因此次修改而需要随之修改的手册文件的名录与内容,即所有手册文件必须同步、同时更新。

④ 总经理立即在第一时间安排其他相关手册文件的更新,全部在专门的手册负责人如办公室主任的监督下进行修改、提交和之后的删除、清空新旧版本。全部更新完毕后进入下一步。

⑤ 董事长的手册文件专用硬盘立刻在第一时间备份最新的全部手册文件。

⑥ 全部更新完毕后,第一时间通知所有手册文件使用人全部的更新内容。

[练习与思考]

(1)你认为特许经营手册的定义应该是什么?

(2)特许经营手册还有其他分类方法吗?

(3)除了书上所列之外,你认为手册编制前还需要准备什么资料和工具?

(4)如何有效地激励手册编制组的人员?

(5)如何最大化地节省手册编制的成本?

(6)如何有效地缩短手册编制时间?

(7)尝试编制两本手册。

(8)你认为手册编制的技巧还有什么?

(9)以开红酒为例,编制出餐饮店服务员为客人开红酒的流程和内容,体会"细节"的含义。

(10)试着从网络上搜索手册的案例,然后指出其在外观上的问题以及如何纠正。

(11)尝试把手册的册数压缩到最少,看看你能压缩到几本手册?

(12)设计召开手册讨论会的详细流程。

(13)尝试编制一份《手册保密合同》。

(14)手册的落地应从总部、分部或区域受许人、单店的哪里开始?尝试为一个特许人企业编制手册落地的流程和制度。

(15)尝试编制手册的更新制度。

第7章　盈利模式设计与管理

[**本章要点**]

开源节流的误区

单店盈利的"宗"公式

"源""流"的十种盈利组合

盈利目标——总"源"、总"流"差额最大

单项活动的"源""流"关系

"源""流"盈利管理的基本原则

三维开源

深度"开源"的十种战略组合

宽度"节流"的十战略种组合

深度"节流"的十种战略组合

本章从上述方面进行了详细的阐述，目的是使读者能结合具体的单店，设计并实施其盈利模式。

7.1 为什么说"单纯的开源节流"是误区

可能是笔者在多种场合专门讲解了"开源节流"课程的缘故,许多学生或听众错误地以为这就是单店盈利管理的不二法门,并因此形成了一些不全面、不系统的认识。

诚然,对于单店(包括任何形式的企业等组织或个人在内)而言,开源节流是其增加利润的管理思想和战略战术,但我们必须科学地看待它。因为每种理论都有一定的前提条件的。再好的理论,如果断章取义地去理解,然后以其指导自己的行动,结果只能是事与愿违。

走出开源节流的片面误区,正确认识"源""流"关系以及实施建立在这种关系上的盈利管理,正是书写本章的初衷。

为什么说"片面地强调开源节流"是盈利管理的误区呢?

这是因为,"开源节流"只是"源""流"盈利管理中的一个方面。例如,单店(包括任何形式的企业等组织或个人在内)的盈利管理讲求的是利用"源""流"的关系来实施单店利润的整体、可持续增加,不能凡是"源"就一定得"开",凡是"流"就一定得"节"。任何单独的"开源"或"节流"都可能导致利润的不增反降。

换句话说,为了增加单店利润,不能单纯地只讲哪一个方面,譬如只开源或只节流。

这是因为,开源常常伴随着增流,而节流则伴随着减源。前者譬如,单店增加了若干新的业务和收入来源,但这样做可能要增加成本即增流,如此,单店的投入和收入同时增加了,单店的利润(即收入减去投入的差)是否增加显然不能只有一个固定的答案;后者譬如,单店为了节省成本或节流,减少了广告费用,虽然这样实现了节流,但却可能导致收入减少,即减源。

另外,为了增加单店利润,采取与"开源"或"节流"相反的措施也能办到,即减少"源"的数目以及增加"流"的数量有时也会增加单店利润,其增加利润的效果甚至比开源节流的做法还好。

下面以星巴克开设外卖业务为例,见表7–1。

表7–1 星巴克外卖业务收入提升与单店收入、支出、利润的比例对比

(单位:万美元)

外卖业务贡献增量收入比例	0	5%	10%	15%	20%
单店营业收入	137.7	144.59	151.47	158.36	165.24
单店固定成本	34.93	34.93	34.93	34.93	34.93
单店固定成本增加比例	0	0	0	0	0
单店可变成本	67.27	70.63	73.99	77.35	80.72

续表

单店可变成本增加比例	0	5.0%	10.0%	15.0%	20.0%
单店管理费用	9.8	10.19	10.58	10.97	11.37
单店管理费用增加比例	0	4%	8%	12%	16%
单店折旧及摊销	6.95	7.02	7.09	7.16	7.22
单店折旧及摊销增加比例	0	1%	2%	3%	4%
单店盈利利润	18.76	21.82	24.88	27.95	31.01
营业利润提升比例	0	16.3%	28.0%	49.0%	65.3%

原始资料来源：公司公告，长江证券研究所测算；数据纠正、比例整理测算：李维华

基于表7-1可知，星巴克开展了外卖业务之后，其单店的固定成本、可变成本、管理费用、折旧及摊销等支出全部增加，但是这些支出的增加幅度明显小于收入与利润的增加幅度，所以结论是：外卖业务值得一做。

单店对自己的业务组合重新整编，果断砍掉一些不营利、或与核心竞争力不符合、或营利不多、或未来发展前景不好的业务，这是一个典型的不"开源"行为（减少了源头的数量或宽度），但由于单店集中资源专注于具有核心竞争力的业务，那么单店有可能出现源头数量虽然减少，但每个源头的收入却增加的情况，从而可能使单店的整体之"源"增加。同样，单店在人力资源成本上大大增加的非"节流"行为，也并非一定使单店利润减少，相反，极有可能使单店的整体利润增加。

因此，如果要利用"源""流"关系来实施盈利管理，首先要做的就是要辩证地、系统地看待"源""流"问题。就单店的盈利管理而言，仅仅采取开源节流的措施是错误的，可能导致单店资源分散、丧失核心竞争力、缺乏发展后劲、总体利润下降，甚至破产等。

完整地学完本书以后，会发现许多可以使单店盈利的措施恰恰是与"开源""节流"背道而驰的，开源节流只是单店盈利管理中一种办法，它的实施需要一定的前提条件。

我们要学会、掌握和运用的是"源""流"盈利管理，而不是其他。

7.2 单店盈利的"宗"公式

在市场经济中，对于一家单店而言，盈利既是其存在和发展的充分必要条件，也是其最根本、最重要的目标之一。

对于连锁店体系而言，体系是否盈利其实就是其一家家单店能否盈利，单店的盈利状况决定了体系的盈利状况。对于特许经营体系而言，纵然个别总部直营店可以因为某

种战略或宏观调控在一定时期内并不苛求盈利,但全部的加盟店和绝大多数的直营店却是追求盈利的,盈利是受许人投资和特许人谋求自身发展的重要原因和目的之一。

在今天的经济社会,每天都在上演着单店的"生死"故事:大批的新店隆重开业,大批的单店黯然倒闭。究其失败的根本原因,大多是单店不盈利。从某种角度讲,单店的发展是符合"马太效应"规律的。这是因为,盈利或赚钱的单店自然兴旺发达、朝气蓬勃,向其学习、效仿、加盟或寻求合作的人往来不绝,单店自己也有了不断改进提升、扩大再发展的信心和资金,如此就形成了一个良性发展的循环,单店发展越来越好;而盈利状况不好的单店则门可罗雀,单店没有充裕或必要的资金改善经营管理,补给不足必然使状况进一步恶化,如此形成了一个恶性发展的循环,单店发展越来越差,最后的结果就是被迫关门。

总之,不管是一家独立的单店,还是一个由众多单店组成的网络,单店的盈利问题都是经营者矢志不渝追求和必须解决的首要与根本问题之一。单店为了发展壮大,单店的盈利管理就成为其经营管理的核心。

单店盈利管理是一个系统、动态的管理,为了使单店盈利,必须先从宏观、整体、战略的角度进行盈利模式的设计与管理,然后逐步向微观、局部、战术方面细化。许多单店或企业的盈利管理与扭亏措施不成功,主要原因就是违反了上述单店盈利管理的基本原则。经营者往往只关注问题发生的显示点,并简单地根据表象做出问题诊断,比如销售不畅通就认为是渠道出了问题、产品质量差就认为是生产者的问题、知名度不够就是广告问题等,没有寻找问题发生的根源,或知道了问题发生的根源但却头痛医头、脚痛医脚地对"点"下药,结果只能是暂缓问题的再度发生。

那么,从宏观、整体、战略的角度看,单店应如何进行盈利管理呢?

在宏观、整体、战略的角度之下,我们可以把一个单店简单地理解为"黑箱"(见图7-1)。

图7-1 单店的"黑箱"示意图

由图7-1可以看出,单店的功能其实类似于一个转换器或加工器,它依靠自身的"黑箱"内诸元素的运作,以支出来获得供应商的输入(包括单店运营所需要的各种有形和无形资源,如人、财、物、信息、政策等),对输入进行处理并形成输入资源的整合新变体,然后再以此输出换取来自客户的收入(单店可以从外界换取收入的各种有形和无形物,主要包括营业利润、投资净收益与营业外收支净额三部分),其盈利来源于输入和输出之间的差额,即利润等于收入与支出之间的差额:

"宗"公式：利润（Profit，P）=收入（Income，I）−支出（Expense，E）
或P=I−E

这是单店或企业等组织和个人盈利管理的一个最根源的分析公式，无论怎样进行盈利模式的设计与实施，无论有怎样的单店盈利管理高招甚至"秘籍"，最终都可以把你的思路、方法和模式归于对这个公式的使用上。因此，透彻理解、领悟这个公式并灵活地在实践中加以运用，一定可以使单店产生盈利。

为了便于记忆，笔者称上述的这种规律为"万利不离其宗"，意思就是说，单店的所有"利"都离不开上述这个"宗"公式。

或许每个单店的经营管理者都明白上述这个公式的基本含义，但为什么仍然有的单店盈利，有的却亏损呢？前文已经说得很清楚了，盈利管理的成败、技术招数的深浅的区别就在于是否彻底理解、领悟了这个公式的深层含义，其关键在于五点。

① 是否从整体上把握了"宗"公式——笔者称之为"源""流"盈利管理的整体之道——的含义？

② 对源或流的本质是否有真正的认识？即是否搞清楚了什么是源，什么是流，各自的内涵是什么？

③ 单店盈利管理的目标在于"源"还是"流"？

④ 如何在实战中实现最大化的"源"？

⑤ 如何在实战中实现最小化的"流"？

下文将对包括上述各项在内的盈利模式进行详细的讲解。

7.3 盈利模式的真相："源""流"管理

7.3.1 "源""流"的十种盈利组合

从"宗"公式上可以看出，为了增加单店的利润（P），单店必须在收入（I）与支出（E）的差额上下功夫。

必须注意的是，单店盈利管理的着眼点必须是（I−E）这个整体，而不能把I、E分开考虑。很明显，单店的目的并不仅是使I变大和/或E变小，而是使二者之差最大！这也是笔者开篇就明确指出不能片面追求开源或节流的原因之一。

为使（I−E）整体或单店的最终利润最大，单店可以采取的运作I、E的方式有多种，先来看如下几种单变量变化的含义：

I↑↑——收入大幅度增加

I↑——收入增加

I−——收入不变

I↓——收入减少

I↓↓——收入大幅度减少

E↑↑——支出大幅度增加

E↑——支出增加

E———支出不变

E↓——支出减少

E↓↓——支出大幅度减少

其中，↑↑、↑、-、↓、↓↓这五个符号在变化的幅度上依次低一个级别。

对于上述I、E两个指标的各自五种变化，我们可以有5×5=25种组合，其中可以使单店盈利增加（即I-E>0）的组合方式就有十种（阴影部分所代表的组合），见表7-2。

表7-2　单店盈利增加（I-E>0）的组合方式与强度等级即
"维华盈利模型十种组合"

	E↑↑	E↑	E-	E↓	E↓↓
I↑↑	0	1	2	3	4
I↑		0	1	2	3
I-			0	1	2
I↓				0	1
I↓↓					0

表7-2中的数字大小代表利润P增加的强度，最小为1，其他依次为2、3、4。0表示不亏不赚或利润没有增加。但要注意，这个数字大小只象征性地表示强度的大小，并没有真正的数字在值上的倍数关系，比如"4"并不代表强度就是"2"的两倍，只是说明"4"的强度比"2"的强度要大。数字相同的组合则表示利润增加的强度相等。

从表7-2可以看出：

① 最理想的或者利润增加强度最大的方式（强度值为"4"）只有一种，即I大幅度增加，而E大幅度减少的情况。

这是单店追求的最理想状态，通常很难实现。举个例子来说，虽然你不给员工发工资，但是大家的积极性却空前高涨，所以，这在现实中很难实现。单店在实际中能实现的盈利组合通常是强度值为1、2或3的情况。

② 利润增加强度排名第二的方式（强度值为"3"）有两种：分别是I大幅度增加、E减少的情况，以及I增加、E大幅度减少的情况。

③ 利润增加强度排名第三的方式（强度值为"2"）有三种：分别是I大幅度增加、E不变的情况，I增加、E减少的情况，以及I不变、E大幅度减少的情况。

④ 利润增加强度排名第四的方式（强度值为"1"）有四种：分别是I大幅度增加、

E增加的情况，I增加、E不变的情况，I不变、E减少的情况，以及I减少、E大幅度减少的情况。

⑤ I增大或大幅度增大的情况有七种，占所有使利润增加的十种组合方式的70%，E减少或大幅度减少的情况也有七种，占所有使利润增加的十种组合方式的70%。而且，最理想的或者说利润增加强度最大的方式（强度值为"4"）就是即I大幅度增加，而E大幅度减少的情况。

⑥ 所有的使利润增大的组合中，一定有这两种情况中的至少一种：I增大，E减少。

⑦ 单店盈利的"源""流"组合方式总共有十种，不同的单店只适合其中的一种或几种。

从上面的"源""流"的"维华盈利模型十种组合"中可以看出，开源节流只是单店盈利的一种方法，因为开源增流（即I大幅度增加、E增加的情况）、减源减流（即I减少、E大幅度减少的情况）、开源稳流（即I增加、E不变的情况）、稳源节流（I不变、E减少的情况）等同样是使单店盈利增加的措施，而且更重要的是，不同单店的内外条件是不同的，每种盈利措施都适合一定的单店，并不是所有的单店都适宜采用开源节流的盈利方式。

但无论如何，任何单店的任何盈利管理模式都不外乎上面所述的"源""流"的十种组合，所有单店盈利管理思想的灵魂和核心都在于这既简单又复杂的十种组合。

7.3.2 十种"源""流"组合的模式设计

需要说明的是，在"源""流"组合的十种状态中，"源""流"二者的先后顺序是可以或应该变换的，比如同样对于"I↓、E↓↓"的组合模式，店面可以先降低某些收入，然后可能发生支出大幅度下降的情况；当然也可以先大幅度降低某些支出，然后可能导致收入大幅度降低或者降低收入中的价格因素的情况。这是盈利模式设计时需要特别注意的方面。

下面分别讲解十种"源""流"组合的模式设计的典型场景或企业。

1. 第一种"源""流"组合：I↑↑、E↓↓

收入大幅度增加、支出大幅度减少的情况的典型例子就是那些奢侈品品牌和知名的品牌，虽然其支出并不是很大或和其他非知名品牌相差不多（如在普通品牌的产品上贴上知名品牌的商标的形式中，知名品牌企业的实际支出是很小的），但由于品牌的溢价效应，其价格与收入是大幅度增加的。

所以，为达到这种"源""流"组合的最佳状态，企业需要努力打造出知名品牌。

2. 第二种"源""流"组合：I↑↑、E↓

收入大幅度增加、支出减少的情况是，当单店采用特许经营方式的时候，虽然新开的加盟店相比总部直营店只需要总部少量支出，但是总部却借助加盟的方式实现了收入的大幅度增加。

产品大包装是很多折扣大型超市如好市多、阿尔迪（奥乐齐）、沃尔玛等的特色。从巧克力到矿泉水都是超级大包装，不过这些日用品都是必需的和高频的消费品，所以消费者不介意一次购买很多。大包装在节省了商家包装费用并降低产品成本的同时，提高了消费者一次购买的客单价，实现了收入的大幅度增长。（资料来源：HiShop，《国外新零售Costco击败亚马逊和沃尔玛的方法是什么？》）

3. 第三种"源""流"组合：I↑、E↓↓

收入增加、支出大幅度减少的情况常见于单店的裁员、砍掉不必要的业务等状态下。

4. 第四种"源""流"组合：I↑↑、E-

收入大幅度增加、支出不变的情况可通过对人员的有效激励、品牌价值提升等方式实现。

5. 第五种"源""流"组合：I↑、E↓

收入增加、支出减少的常见的实现形式有单店的挖潜降耗、减员提效、经营自有品牌等。

6. 第六种"源""流"组合：I-、E↓↓

收入不变、支出大幅度减少的常见的实现形式有挖潜降耗等。

7. 第七种"源""流"组合：I↑↑、E↑

收入大幅度增加、支出增加的常见的实现形式有增加广告、增加员工福利和薪酬、促销、开发给予顾客的赠品、提供顾客增值服务、收购现成业务或公司等。

8. 第八种"源""流"组合：I↑、E-

收入增加、支出不变的常见的实现形式包括有效的人员激励、品牌价值提升、产品提价、开发更多客户等。

9. 第九种"源""流"组合：I-、E↓

收入不变、支出减少的常见的实现形式有挖潜降耗等。

10. 第十种"源""流"组合：I↓、E↓↓

收入减少、支出大幅度减少的典型代表就是阿尔迪（奥乐齐）、沃尔玛等的低价店，虽然它们的价格非常低，但是它们全力压低包括进货价等的支出，所以依然可以获得营收的增加和利润的上升。

7.3.3 盈利目标——总"源"、总"流"差额最大

即便仅仅从货币的角度来讲，一个单店的利润也应该从两个角度来看待与理解：其考核结果和目标追求都应该是总收入减去总支出后的总利润。但在管理上，应该是以直接产生收入的有形或无形物为对象（如销售的产品或服务），以系统观点为基本原则，按照统筹和系统论的思维，把一个一个子利润点分开进行管理。

单店经营者必须永远记住：在经济效益上，你们应当追求的是利润，而不是收入！

第7章　盈利模式设计与管理

按照"源""流"盈利管理的总体思想，单店的总利润等于全部"源"和全部"流"之间的差额，所以单店的盈利管理就要求，单店应实现总"源"和总"流"之间差额的最大化。

假设一个单店有n种产品（或商品、或服务、或可以产生收入的业务等），每种产品的收入和支出分别为（I_1, E_1），（I_2, E_2）……（I_n, E_n），全部产品的总收入为I，总支出为E；每种产品的利润即子利润点分别为P_1, P_2……P_n。

则单店的总利润P的计算公式就是：

$$P=P_1+P_2+\cdots+P_n$$
$$=(I_1-E_1)+(I_2-E_2)+\cdots+(I_n-E_n)$$
$$=(I_1+I_2+\cdots I_n)-(E_1+E_2+\cdots+E_n)$$
$$=I-E$$

单店进行盈利管理时，必须切记的一个基本原则就是，其单店总利润P的大小取决于P_1, P_2……P_n等众多子利润点的总和，盈利管理的追求目标是"和"的最大化，而不必使每个子利润点都最大，如在需要的时候，甚至可以使某些子利润点处于亏损状态。之所以如此，根本原因在于每家单店的经营资源都是相对有限的，所以单店在每个可以产生利润的项目上必然要合理地分配其投入资源，资源在不同子利润点上的不同配置自然会产生不同的利润结果。

因此，错误的单店盈利管理的模型是：

$$MaxP=MaxP_1+MaxP_2+\cdots+MaxP_n$$
$$=Max(I_1-E_1)+Max(I_2-E_2)+\cdots+Max(I_n-E_n)$$

正确的单店盈利管理的模型则应该是：

$$MaxP=Max(P_1+P_2+\cdots+P_n)$$
$$=Max[(I_1-E_1)+(I_2-E_2)+\cdots+(I_n-E_n)]$$

田忌赛马的故事就是典型的统筹安排、追求总和、分开管理的例子。比如，在实际的经营中，单店可以刻意地使某些产品亏损，即盈利为负值（如低于成本的促销、甩卖、赠送等），然而这个负值却因为吸引来了更多的客户等原因而使得其他产品的盈利增大（如利润率较高的产品和打折产品的捆绑销售、因客户增加而产生的客户的扩大性购买等），所以总的单店的盈利还是增加的。

在上述原则的指导下，我们可以对单店盈利进行更科学化的管理，比如确定每种产品的进货数量、价格、毛利率、产品组合等。下面以进货数量为例加以说明。

还是在上面的例子中，假设在某一段时期内，每种产品的单件销售价分别为p_1, p_2……p_n；进货单价分别为e_1, e_2……e_n；进货数量分别为x_1, x_2……x_n；最大销售量分别为s_1, s_2……s_n；最大存货量或产品摆放量分别为k_1, k_2……k_n；最大进货量分别为b_1, b_2……b_n；单店用于进货的总资金为M（见表7-3）。

表7-3　某单店在某时期内的各指标值

	单件销售价	单件进货价	进货数量	最大销售量	最大存货量或产品摆放量	最大进货量
产品1	p_1	e_1	x_1	s_1	k_1	b_1
产品2	p_2	e_2	x_2	s_2	k_2	b_2
……	……	……	……	……	……	……
产品n	p_n	e_n	x_n	s_n	k_n	b_n

为了求出每件产品的实际最佳进货量x_1，x_2……x_n，我们可以列出如下的数学模型：

目标函数　　　　MaxP=（p_1–e_1）·x_1+（p_2–e_2）·x_2+……+（p_n–e_n）·x_n

$$\text{约束条件（s.t.）}\begin{cases} x_1 \leq \text{Min}（s_1, k_1, b_1） \\ x_2 \leq \text{Min}（s_2, k_2, b_2） \\ \cdots\cdots \\ x_n \leq \text{Min}（s_n, k_n, b_n） \\ x_1 \cdot e_1 + x_2 \cdot e_2 + \cdots\cdots + x_n \cdot e_n \leq M \\ x_1, x_2, \cdots\cdots x_n \geq 0 \end{cases}$$

通过对上述模型的求解，我们就可以找到单店在产品管理上的最佳盈利组合，即为了获得最大的单店总盈利，每种产品应进货多少。上述模型的求解可以使用运筹学中的线性规划问题求解方法，非常方便。现在也已经有了许多这方面的求解软件，单店可以直接购买使用。

但在理解上述的单店盈利管理模型时必须注意的是，上述的单个"源"或"流"是一种理想化的状态，因为事实是，单店的某个"流"，即投入，可能并不只是产生哪一项收入，即"源"，同样地，单店的某个"源"，可能并不只是哪一个"流"，即投入的结果（见图7-2）。

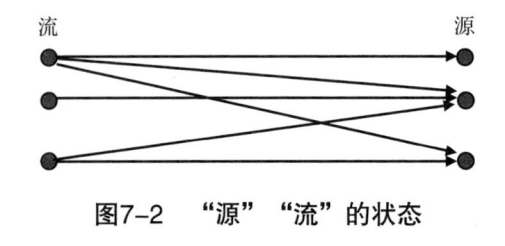

图7-2　"源""流"的状态

举例来说，如果单店增加了员工的福利待遇，那么这个"流"的投入所产生的回报即"源"就并非只有哪一个。由于员工积极性、忠诚度的增加,单店的产品销售收入、服务销售收入、其他业务收入等都可能增加。而且,这个"流"的投入还可能导致别的"流"的减少,如原材料的消耗、差旅费用、库存品的损失等。

所以相对于每种"流"的投入,它可能会有一个或多个直接的回报,即单店一个或多个直接的"源",同时还会有一个或多个间接的"源"。人们通常考虑的就是直接的"源",我们不妨称之为"主源",而将别的间接产生的"源"称为"辅源"。同理,对于一源多流的现象,我们可以将起主要作用的、直接的"流"称为"主流",将起次要作用的、间接的"流"称为"辅流"。在计算某单项具体活动的"源"或"流"时,我们既可以将每种"源"或每种"流"按照实际的发生来分配在不同的"源"或"流"里,也可以粗略近似地以"主流"或"主源"来代替真正的"源"或"流"。

这种一源多流或一流多源的客观事实就要求,单店在实施开源节流的战略战术时必须以系统的观点来指导。

7.3.4 单项活动的"源""流"关系

对某一项具体的活动来说,如果我们把投入的资源统称为"流",而把产出统称为"源"的话,我们会得出"源""流"之间的多种关系,而这分别对应着不同活动的不同"源""流"关系非常重要,因为它是我们对每种活动进行开源节流时的决策依据。

一般来说,"源""流"之间的关系至少有三个基本类别,即正相关关系、负相关关系和相关转折点关系或者叫作极限点关系。其他复杂、综合的关系则是这三种基本类别的不同组合。

下面分别讲述"源""流"之间的三种基本关系类别。

1. 正相关关系

这种关系指的是随着"流"(投入)的增大,"源"(产出)也会增大的状态。

当然,二者之间未必一定是直线的正相关关系,也可能是曲线的正相关关系,而且直线正相关关系下的相关度(或斜率)也大小不同(见图7-3)。但我们可以把曲线的正相关关系认为是由无数个不断改变相关度(或斜率)的直线正相关关系组合而成。

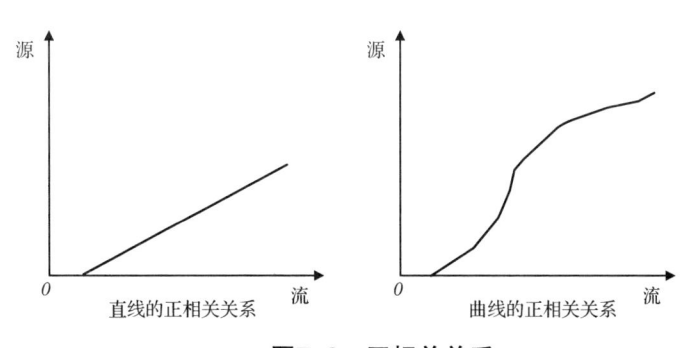

图7-3 正相关关系

可以看出，图7-3中的线都不是起始于原点的，为什么呢？这其实也是许多活动的"源""流"关系的一个特点，对于单店的许多活动而言，产生收入的投入是有一个最低下限的，即在此投入的最低下限之前，该活动是基本没有收入的，即只有"流"而没有"源"；只有当活动的投入超过了此最低下限之后，活动才会有明显收入，才会有明显的"源"进来。许多人可能都有过这样的体会，许多单店做广告时，总是花很少的钱在报纸很不起眼的一角做一个小广告，虽然这样的广告投入发生了，但广告的影响面极小，所以这种广告的效果较差。有些时候，这种连续性的小广告的效果其实还不如一次较大规模的广告的效果好。为什么那些单店还会继续做零碎而无效的小广告呢？就是因为他们不清楚投入有个最低下限的问题。

单店的许多经营活动的"源"和"流"都是这种正相关关系，另外，许多活动的开始阶段，投入和产出之间也多呈现这种关系。这也正是人们日常所谓的"付出总有回报""付出越多，回报越多""多劳多得，少劳少得，不劳不得"的原因。

对于具有这类"源""流"关系的活动，单店为了获得更多的收入，可以采取加大支出的措施。

2. 负相关关系

这种关系指的是随着"流"（投入）的增大，"源"（产出）会减少的状态。

当然，二者之间未必一定是直线的负相关关系，也可能是曲线的负相关关系，而且直线负相关关系下的相关度（或斜率）也大小不同（见图7-4）。但我们可以把曲线的负相关关系认为是由无数个不断改变相关度（或斜率）的直线负相关关系组合而成。

这种活动在单店里并不少见，如错误的投资、货品滞销时的进货活动等。

另外，有些活动的后期也会出现这种负相关关系。比如，当单店人员较少时，单店的人力成本支出会获得较大的回报，而一旦人员太多的时候，僧多不念经的状况就会使得单店出现人力成本支出增多、做事效率越低的相反状况。

对于具有这种"源"和"流"关系特点的活动，单店应特别小心，因为结果往往是"赔了夫人又折兵""入不敷出"。

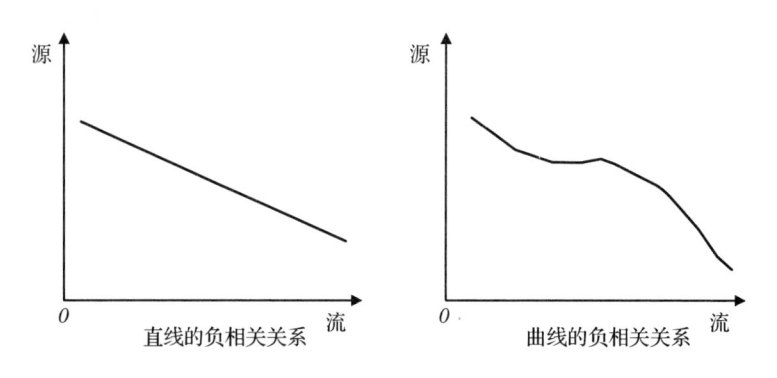

图7-4 正相关关系

3. 转折点关系或者极限点关系

这种关系指的是随着"流"（投入）的增大，"源"（产出）不会持续地呈正相关或负相关关系变化，而是会呈现两种变化的状态：第一种变化的状态是，"源"（产出）与最初的变化呈相反方向的变化；第二种变化的状态是，"源"（产出）在"流"（投入）增大到一定阶段后基本呈现稳定不变的状态（见图7-5）。

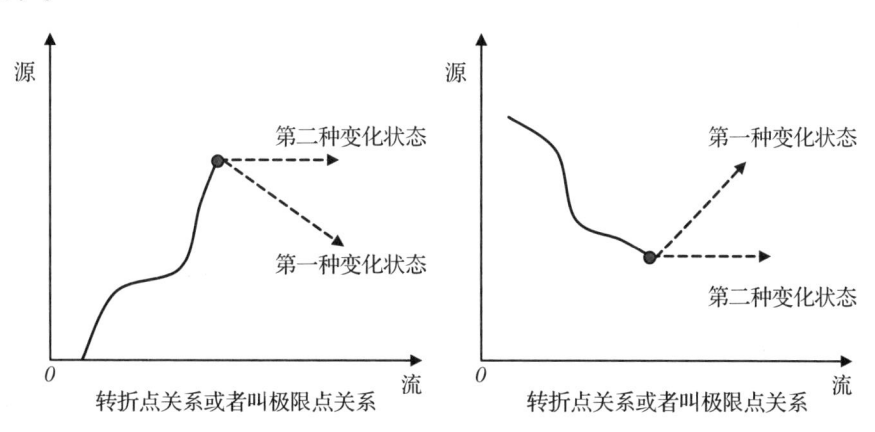

图7-5 正相关关系

综观上述两种"源"的变化状态，我们会发现它们有一个共同点，即"源""流"之间的相随变化阶段都会有一个转折点或极限点，此点之后，"源"会发生不同于此点之前状态的改变。

如果在较长的时期观察单店的经营活动，我们会发现，几乎大多数活动都具有此关系特性，即量变到一定程度后，发生质变。

对于具有这种"源"和"流"关系特点的活动，单店应区分不同情况而采取不同的措施，不能一味地认为只要加大投入，就一定可以增大收入。所以，对待具有本类关系特点的活动的关键是首先确认转折点或极限点的位置，然后在此点的前后采取不同的措施。

7.3.5 "源""流"盈利管理的基本原则

为了科学实施"源""流"盈利管理，单店必须坚持一些基本原则。

1. 全思维——具体问题具体分析

全思维指的是，单店在实施"源""流"盈利管理时，应走出单纯、片面的开源节流误区，因为针对每家单店的具体情况，最适合的盈利管理策略除了开源节流之外，还可能是开源增流、减源减流、开源稳流、稳源节流等。所以应具体问题具体分析，灵活地采取最适合自己的策略。

2. 全方面——不因小而不为

聚沙成塔、集腋成裘，单店的收入可以也应该通过一点一滴的积累而增加，成本的节约可以也应该通过一点一滴的积累而大幅度地实现，妄想一夜暴富对于单店的经营管理是百害而无一利的。

无论是对"源"还是对"流"的操作，单店都应彻底摒弃轻视"小"的思想，即不因金额、事情的小而不去做。因为每个"大"都是由众多的"小"组成的，所以，只要抓住了众多的"小"，其实也就是抓住了"大"。否则，收入会逐渐流失，成本会无形之中加大，最终导致单店的利润降低。其实，许多单店的不盈利或少盈利的根源在于忽视了那些看似"小"的事情。

具体而言，全方面原则要求单店在其每项活动、每项任务、每项工作、项目中，在人、财、物、信息等各项资源的开发应用中，在采、销、存、售后服务等流程环节中，都贯彻实施"源""流"盈利管理。

事实证明，许多并不起眼的小店之所以能在激烈的竞争中异军突起、独树一帜，和其全面开花的"源""流"盈利管理战略战术是密不可分的。

3. 全时间——坚持不懈

这个原则的第一层意思是单店应从其创立的时候起，在其生存、发展、壮大的整个生命周期中都坚持不懈地实施"源""流"盈利管理的战略战术，不能做做停停，更不能三分钟热度。具体地说，从对单店的开设创意、设计、选址、装修、招聘与培训、证照办理、开业筹备、开业仪式、试营业一直到单店正常经营的所有生命周期内，随时把盈利管理作为指导工作的最高原则之一，始终灵活地、坚定不移地实施"源""流"盈利管理。

除了在单店的整个生命周期内坚持"源""流"盈利管理之外，全时间实施"源""流"盈利管理的另一层意思是单店在其每一项活动、任务、工作、项目中，都应在该活动、任务、工作、项目的全程实施"源""流"盈利管理，即从事件发生的起点就开始就实施"源""流"盈利管理，并在事件存续的整个生命过程中坚持不懈地进行"源""流"盈利管理。

4. 全人员——全体人员参与

"源""流"盈利管理作为单店盈利管理的一种新思维，应该被提高到战略高度，因此，单店的全体人员，上至总经理，中至店长、班组长，下至普通员工甚至临时工，都应无一例外地成为"源""流"盈利管理的实施人员，"源""流"盈利管理的意识要渗透到每个人的内心深处，并通过每个人的努力实现全员的"源""流"盈利管理。

所有的单店员工都应记住，每个人都是单店的"源"和"流"的其中一个入口和出口，每个人及其所做事情的"源"和"流"都是单店整体"源"和"流"的必然的组成单元，只有每个人都身体力行地进行"源""流"盈利管理，整个单店才能有效地进行

"源""流"盈利管理。

5. 全系统——既注重细节，又注重整体

这个原则是系统论的观点在单店的"源""流"盈利管理上的具体应用，指的是，单店在"源""流"盈利管理的时候，不能片面、局部地思考和行动，应该同时考虑整体和细节，如此才能取得全局的胜利，才能实现全局的盈利管理。

为什么呢？因为单店盈利管理的最终目标只有一个，那就是获得尽可能高的单店利润，而单店在为此目标奋斗过程中的每个方面、每个活动之间是相互影响的，比如此处的开源可能会加大彼处的成本，彼处的节流又可能会减少此处的开源，所以为了避免此消彼长的失衡现象，单店应统筹兼顾、协调发展，以整体、系统的思维实施"源""流"盈利管理。

7.4 "开源"

7.4.1 单店的"源"有哪些？——三维开源

收入是单店盈利的前提条件，而且从前面的讲解中知道，只要单店的收入增加了，即使成本有所上升，单店也是可能盈利的。"开源"即扩大单店收入。

本书的"开源"是全面的"开源"。

全面"开源"指的是，单店不但要从每个"源"的流量上，还应从源头的数量上进行扩大、增加式的操作。希尔顿酒店的创始人康拉德·希尔顿在自传《欢迎惠顾》中指出，酒店管理的七条金科玉律的第四条就是"挖金子：把饭店的每一寸土地都变成盈利空间"。

从根本上讲，全面"开源"以提高单店收入的基本形式无非两种。

① 在深度上"开源"，即增加每个"源头"的流入量。

② 在宽度上"开源"，即增加"源头"的数量。

为实现最大化的宽度"开源"，单店首先必须明白这个"源"都有哪些。

一般认为，收入指企业在销售商品、提供服务及他人使用本企业资源等日常活动中所形成的经济利益的总流入，但不包括为第三方或客户代收的款项。从会计学的角度看，单店的利润总额由营业利润、投资净收益与营业外收支净额三部分组成，见表7-4。

表7-4　标准化损益表

一、主营业务收入 　　减：现金折扣与折让 　　主营业务净收入 　　减：主营业务成本 　　　　主营业务费用 　　　　主营业务税金
二、主营业务利润 　　加：其他业务利润 　　减：管理费用 　　　　财务费用
三、营业利润 　　加：投资净收益 　　　　营业外收入 　　减：营业外支出
四、利润总额 　　减：所得税
五、利润净额

因此，单店的"源"就由三个基本部分组成：

● 营业收入包括两个部分，一是主营业务收入，如销售主要产品或提供主要服务的收入；二是其他业务收入，如7-11便利店的代缴费、售卡及票、代为报名、代为订购、送货上门、冲晒及数码影像、提供手机充电、出售邮票、复印、传真、旅游服务等

● 投资收入，如单店的经营者用单店的收入或利润来进行各种各样的有形和无形物的投资

● 营业外收入，如货品进场费、供应商的节日赞助、旧设备出售收入、店址的房地产收入、会员卡费等

具体如图7-6所示。

```
         ┌─ 营业收入 ┬─ 主营业务收入
         │          └─ 其他业务收入
收入 ────┼─ 投资收入
         │
         └─ 营业外收入
```

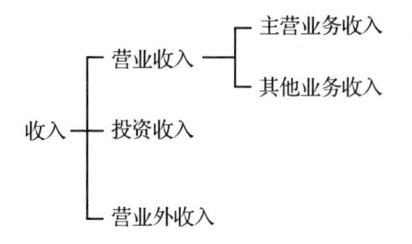

图7-6　单店的收入之"源"

单店的"开源"就是要从系统管理的角度出发来增加这四者之和,并实现其最大化,而非追求某单个"源"的最大化。因为上述基本的"源头"有三个,所以我们称单店的宽度"开源"为"三维开源"。

为此,单店的经营者可以对比图7-6,便知道自己是否实现了收入的最大化,以及是否漏掉了几个本可以增加收入的"源"。

一般而言,单店在"开源"上失败的常见现象或原因主要有五类:

① 仅关注甚至把收入来源全部局限于主营业务的收入上。
② 忽视其他业务收入的重要性或放弃了其他业务收入。
③ 忽视投资收入的重要性或放弃了投资收入。
④ 忽视营业外收入的重要性或放弃了营业外收入。
⑤ 只注重单个收入的最大化,没做好四种主要收入来源的系统性或整体性统筹。

最为常见的失败原因是单店仅关注甚至把收入来源全部局限于主营业务的收入上。其实,单店关注另外三种非主营业务收入(其他业务收入、投资收入、营业外收入)的意义至少在于两点。

第一,这些非主营业务本身可以为单店带来相当大或巨大的收入,比如,货品进场费、选位费、店庆费、供应商的节日赞助、会员卡费等营业外收入常常数额惊人,甚至有人做出这样的结论,即这些单店的盈利主来源不是销售商品,而是包括进场费在内的营业外收入。

因为非主营业务本身也是盈利的巨大来源,有人把中国零售业的盈利模式分为两种:一种是"沃尔玛"模式,即主要靠商品进销差价来盈利,零售商按照较大的毛利率来与供应商签订合同,商家一般可获取20%~25%的商业毛利,除此之外没有其他费用;另一种是"家乐福"模式,即主要靠向供应商收取通道费来盈利。

《北京晚报》曾经公布过已进入国内的国际著名大型连锁超市的费用列表,各种收费共计19项。

如此多的其他业务收入对于单店利润贡献的实际效果到底如何呢?让我们来看一些实际数据吧。

2019年,中国民营企业500强正式发布,苏宁控股集团以6024.56亿元人民币的营收排名第三。苏宁易购2018年的营收为2449.57亿元人民币,占总营收的41%;苏宁控股集团旗下的其他业务产生的营收为3574.99亿元人民币,占59%。(资料来源:挖贝网,《苏宁易购不缺钱缺盈利能力:扣非净利润连续5年为负,处置资产获利380亿》)

第二,即使这些非主营业务本身不能为单店带来巨大的收入,甚至可能要单店为之付出负利润的投资,如果这些非主营业务能够给主营业务带来巨大的促进,那么,这些非主营业务的实施也是绝对必要的,因为为之付出的费用可以在主营业务的增加收入里得到补偿。比如,单店可以提供类似公益性质的服务,虽然收费低甚至根本不盈利,但因此而提升的品牌形象、商誉、人气、知名度等可能提高单店的主营业务的收入。

麦当劳早期在中国的代办公交月票、星巴克的无线上网、7-11便利店的社区服务、同仁堂的代客煎药等，都通过甚至是"赔本"的活动提升了企业形象、增加了人气。

其中，7-11便利店的扩充社区服务最为值得单店经营者借鉴。比如，除了提供社区居民的生活必需品之外，7-11便利店还根据顾客要求和市场趋势，为顾客不断补充、更新服务内容以便为顾客提供真正的便利，其店内涉及的扩充服务内容包括：

① 代缴费，代为支付水、电、煤气等账单，在深圳，7-11还成为首家24小时"实时"代收中国移动话费的零售网络，在日本，甚至还包括通信费、生命保险费等；

② 售卡及票，包括各类电话卡、手机充值卡、补换SIM卡、上网卡、游戏点数卡、网站点数卡、体育彩票、彩票投注卡、各类演唱会、展览会及讲座门票，以及泊车卡等；

③ 代为报名，代办各类培训的报名手续；

④ 代为订购，代订考试教材、潮流用品、礼品、车票、机票等；

⑤ 其他服务，送货上门、冲晒及数码影像、提供手机充电、出售邮票、复印、传真、旅游服务等。

可见，如此多的便利服务，人们在消费时能不首先考虑选择7-11便利店吗？旺盛的人气能不给7-11便利店带来丰厚的利润吗？

在后文中，我们将按单店收入"源"的三个基本内容，并结合现实经济生活中的实际案例分别叙述如何有效地实施单店的宽度"开源"。

7.4.2 第一维宽度"开源"——营业收入

正如前文所言，营业收入包括主营业务收入和其他业务收入两类，因此，营业收入的开源就包括主营业务开源和其他业务开源。

对主营业务而言，尽管某个单店的主营业务会因为时间不同而有所变化，但不可否认的是，在某固定时期内，任何一个单店都必然有其主营业务。

需要注意的是，单店的主营业务分为两类：名义或法律意义上的主营业务，以及实际的主营业务。

名义或法律上的主营业务，指的是该店营业执照上所规定的业务内容，通常是单店经营的中心和重心。从政府、消费者或社会大众的角度来看，名义或法律上的主营业务是该单店经营的合法范围或原始性的开店目标内容，人们通常据此划分该单店所属的行业。比如，美容院以为顾客提供美容护理服务和销售美容品为主营业务；餐饮店以为顾客提供餐饮服务为主营业务；服装店以销售服装为主营业务；足疗馆以为顾客提供足底按摩保健服务为主营业务；商场、超市、便利店以销售商品为主营业务；药店以销售药品为主营业务等。

实际的主营业务，指的是在名义或法律上的主营业务之内的某个或某些业务，如果该业务产生的收入金额在单店全部收入中的所占比例较大，是单店赖以生存与盈利的主要因素，是该单店运营的主营目标和期望获得收入的主要来源，那么我们就把这个或这些业务称为实际的主营业务。产生实际的主营业务的原因其实很明显，任何单店的经营资源都是相对有限的，单店不可能在所有的名义或法律的主营业务上都取得非常好的成绩，在经营的不同时期内总是有侧重点的。

所以，名义或法律上的主营业务和实际的主营业务之间是一种包含关系（见图7-7）。

其他业务收入，按照会计学的观点，是企业除主营业务之外的其他附带经营业务收入，如材料物资及包装物的销售、固定资产出租、无形资产转让或出租、包装物出租、废旧物资出售、代购代销收入、咨询服务、技术转让、储存、运输、广告等。

图7-7　名义或法律上的主营业务和实际的主营业务之间的包含关系

因此，在明白了主营业务和其他业务的内容后，我们就可以实施营业收入的开源战略了。为有效实施营业收入的宽度"开源"，即增加主营业务和其他业务的"源头"数量，单店在经营管理时可采取如下做法。

1. 未雨绸缪——在注册登记业务内容时给自己留有充分的扩张空间

因为每家店在注册营业执照时，可以注册多项营业内容，所以，如果该店想在将来拓展营业范围空间、更好地保护自己的注册商标不受侵害、避免现有经营因超出注册的营业范围而受到处罚，那么单店应在合法的前提下尽可能多地注册将来意欲或可能涉及的营业内容。

2. 不断探索新领域，增加实际的业务的项目

随着单店自身内部因素和外在环境的改变，单店的营业内容可能也会随之发生变化。

在实际经营管理中，单店增加实际营业内容的具体方法有很多，每种方法都有自己的优缺点和适用范围。

- 拿来主义，即借鉴同行、竞争对手或其他行业的做法。此法简单易行，成本低。缺点是时间滞后或者同行的做法未必适合自己等。此法适合实力弱、市场地位不高的单店。
- 自己创新法，即自己独立研究，首开先河地增加某些营业内容。此法虽然能领导市场并在时间上先人一步，但缺点是创新本身具有一定难度，需要付出一定代价，所以此法适合实力较雄厚、处于市场领导者地位的单店。研究的出发点可以有多种，如从消费者、市场的需求出发来深度挖掘消费者价值以及从供应商的角度出发做多元化的思路，即笔者的"维华四维全产业链平台模型"的横向上游延伸和横向下游延伸（见图7-8）

```
线上功能：
销售
广宣
客服
……
```

```
OEM
直接建厂
直接建设物流公司
房地产或二房东
直接建设装修公司
开设培训学校
为受许人提供贷款
……
```

横向上游延伸 → 平台 ← 横向下游延伸

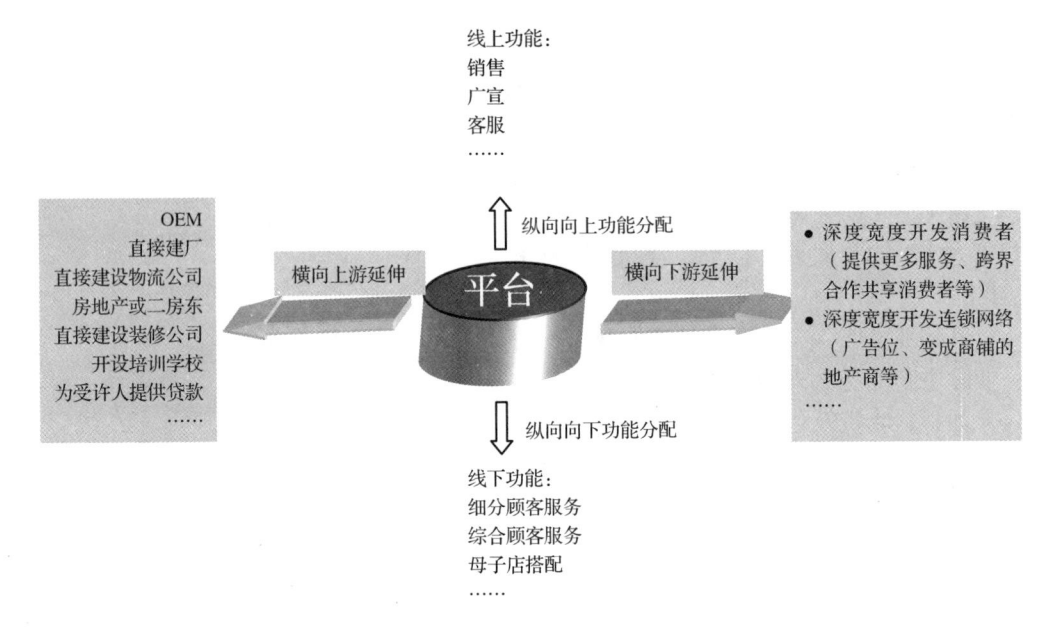

纵向向上功能分配 ↑
纵向向下功能分配 ↓

- 深度宽度开发消费者（提供更多服务、跨界合作共享消费者等）
- 深度宽度开发连锁网络（广告位、变成商铺的地产商等）
……

```
线下功能：
细分顾客服务
综合顾客服务
母子店搭配
……
```

图7-8　维华四维全产业链平台模型

单店在实际运作中，应根据自己的内外条件，选择一种或几种最适合自己的方法实施。

下面举几个行业的实际案例，这些例子中的增加的营业收入部分是笔者为其业内的单店开发的，更多的行业需要单店自己举一反三、触类旁通地开发。

读者一定要切记，案例中的有些营业内容可能因为法律法规的原因，并不适合你去实施，所以实施之前，请确认实施这些业务内容的合法性。

（1）餐饮店。

- 引进推销员，尤其是酒水类推销员。通过谈判，可由酒水厂家负责提供人员、产品，餐饮店不做任何实际的支出就可以收取一定的费用或提成
- 酒瓶的销售。不要小看了这些看似不值钱的东西，我们可以算一笔账，假设每个啤酒瓶售价0.5元，一个餐饮店每天有200个啤酒瓶，那么仅卖啤酒瓶的收入就可达每月3000元
- 拍卖。有的餐饮店会在店中举行一些拍卖字画的活动，餐饮店可以向拍卖人收取一定的费用或提成，而且此举也会给餐饮店增加生趣，吸引不少回头客
- 零售。有些大型的餐饮店会在店内临时设摊出售一些小商品，如工艺品、书画、土特产、节假日的特定食品装饰品之类，餐饮店可以自己销售，也可出租给别人并向卖主收取一定的费用或提成，虽然此举也可以为餐饮店增加生趣和特色，但要谨慎为之，因为这种行为可能涉嫌违规经营

- 销售零品，如盆景、花草、工艺电话、工艺品等。
- 酒柜广告。因为提供酒水是许多餐饮店的必需之事，而购买酒柜又需要耗费一定的资金，所以餐饮店可以通过运作，使酒水企业赞助提供酒柜，或出租酒柜表面空间给酒水厂商做广告
- 厕所广告。男用小便器的上方、便坑或马桶的隔断门背面都可以出租为广告位置。事实证明，因为时间充足，这些地方广告的阅读率几乎为100%。但广告的内容需要仔细斟酌，不能起反作用，比如不宜做食品类的广告
- 其他广告。广告的媒介可以是茶壶、餐巾纸、餐具、椅套等，但应注意的是，如果该店是某一连锁体系的单店，则做这些广告时要慎重，因为统一的形象可能会使这些广告仅限于自己的品牌
- 有偿点歌或节目。人们邀朋约友去餐饮店聚会时，如果能有歌舞伴餐的话，可能兴致会更好，酒水、饭菜的销售量可能也会随之增加，尤其当顾客是为了庆祝某事（如过生日、庆祝合作达成、公司庆典、毕业、结婚周年、恋人约会等）时，能为自己或亲朋好友点上一首歌曲，则会大大增进彼此间的感情。事实证明，这种形式很受顾客喜爱。作为餐饮店，可以适当地设置一些点歌费用，这无疑又是餐饮店的一个收入来源。目前，已有许多餐饮店还因其歌舞伴餐而大大提高了知名度。当然，餐饮店还可以采取其他伴餐形式，如舞蹈、民族杂耍、乐队演奏、魔术等，如果设计得当，这些形式都会对餐饮店的经营带来积极正面的影响
- 外卖。在生活节奏加快、人们对足不出户就能享受到服务的需求日益上涨的今天，餐饮店的外卖业务无疑是一个潜力巨大的市场，充分开发这一块市场将会给餐饮店带来相当可观的收入
- 出租厨师。餐饮店可设置这样一项服务，即上门为家庭或企业置办宴席，然后收取一定费用。当餐饮店有充足人力且处于经营淡季的时候，出租厨师则是一项充分开发人力资源的好方式
- 直投杂志柜架。在现实生活中，已经有许多餐饮店这样做了，他们会在餐饮店的等待区设置一个杂志柜架，放置一些供等待区顾客浏览的杂志，如果餐饮店能接纳直投杂志的话，那么就可省掉自己的投入，甚至还可因此向某些杂志收取一定的费用
- 推荐受许人。如果你有一家餐饮加盟店的话，你要记得的一条就是餐饮店的相当一部分受许人来源于食客，所以，你可以通过收集整理食客的加盟信息并将其推荐给特许人而获得奖励
- 赠送保险。有些保险公司为推广业务，常常会免费赠送一些短期有效的保险产品，所以，如果你的店能为这些保险公司送出赠送险，那么，每送出一份保险，保险公司都会送你一个奖励

（2）旅馆。
- 广告：闭路电视广告、房间内广告、前台旁边的名片架（既做了广告，又方便了顾客）等形式都可以充分利用旅馆的闲置资源，增大其收入
- 额外服务：代订票、代租车、洗衣等，这些服务既方便了顾客，也可以为旅馆赢得额外收入
- 配套销售：便利店、商务服务、娱乐休闲。同样，这些配套业务既方便了顾客，加大了消费者的回头率，又为旅馆赢得了不少收入，可谓一举数得
- 餐饮
- 举办会议

（3）咖啡馆。

以世界知名的星巴克咖啡为例子，星巴克一直认为自己"不是提供服务的咖啡公司，而是提供咖啡的服务公司"，在此理念指导下，星巴克一直致力于探索新的营业内容。星巴克中国官网信息显示，星巴克旗下零售产品包括几十款咖啡豆、手工制作的浓缩咖啡和多款咖啡冷热饮料、新鲜美味的各式糕点食品以及丰富多样的咖啡机、咖啡杯等商品。

（4）房产中介。

房产中介公司除了提供房产中介的服务之外，还可能或可以提供哪些服务呢？

房地产经纪行业除了新房代销、二手房交易、房屋租赁业务外，同时还具有其他衍生业务以满足客户的多样化需求，包括法律、物业、长租公寓、房屋托管等。比如除了房屋买卖、租赁业务以外，链家还是北京最大的保洁、搬家、家装公司。美国的房地产经纪市场较为成熟，其衍生业务有产权保险、房屋检查验收、第三方监督、金融服务等几类，衍生业务占房地产经纪行业收入的比重约为四分之一。（资料来源：中国银河证券，潘玮，《房地产经纪行业深度研究：多业态群雄割据，行业O2O化成趋势》）

7.4.3 增加营业收入的实战技巧与案例

1. 维华四维全产业链平台模型中的向左延伸，即从供应商的角度出发做多元化

思路是这样的，我的单店需要人、财、物等的供应，同行们甚至非同行们也可能需要，那么我就可以多元化到这些供应商的行业里，去做供应商。如此一来，一方面可以解决自己的供应问题以节省成本或赚取利润，另一方面通过给同行或非同行做供应商而赚取利润。

为此，企业可以直接从事供应商的业务，如提供开店所需要的产品、物流、商铺、装修服务、人员来源、资本金融等，因此，企业横向上游的延伸内容就包括产品的OEM、直接建厂、直接建设物流公司、做受许人店铺的房地产开发商或二房东、直接开设装修公司、开设培训学校、为受许人提供贷款等。

第7章 盈利模式设计与管理

比如，麦当劳在发展加盟的过程中，要求所有的受许人必须租赁麦当劳公司购买或事先租下的商铺开店，如此，麦当劳公司的收入中，受许人房租就占了一半多。因为房租的收益，麦当劳被很多人称为房地产公司。在全球3万多家店中，麦当劳直接拥有的有45%的土地和70%的店铺，其他才是租赁的。（资料来源：格隆汇·Hannah，《麦当劳退出中国？其实它只想静静地做一个包租公》）

2. 维华四维全产业链平台模型中的向右延伸，即从消费者、市场的需求出发深度挖掘消费者价值

向右延伸指的是企业的横向下游延伸，包括深度与宽度开发消费者（如为已有的消费者提供更多服务、与其他商家跨界合作共享消费者等）、深度与宽度开发连锁网络（如把连锁店面变成广告位、把特许人变成商铺的地产商等）。

其本质思想就是追根溯源式地开发更新的业务内容。思路非常简单：顾客已经存在，除了我的单店能提供的内容外，顾客肯定也需要其他产品和服务，所以，顾客需要什么，我就尽量提供什么；如果我不能提供，我可以寻找外部合作者，至少，我可以拿到中介费、提成、返点或留住已有顾客。

笔者全案顾问咨询过的项目即哈里伯爵汽车后市场连锁最早只是维修业务，后来他们发现顾客还有其他需求，于是围绕顾客需求，开发出了越来越多的项目，包括洗车、精品洗车、车膜，一直到为顾客提供全方位的管家保姆式的车辆服务。

笔者的另一个客户禧巍阁是月子中心，他们在经营过程中发现顾客的需求不只是坐月子，在坐月子的前、中、后还有很多需求。于是，他们就开发出了更多、更全的围绕坐月子顾客的系列化服务。比如，坐月子前的服务内容包括怀孕辅导、孕前营养餐、孕期的心理疏导、医院的绿色通道、孕前准备、车辆代接代送等；坐月子的过程中，他们提供的服务包括美体、营养餐、婴儿护理、婴儿护理知识培训等；在月子结束之后，他们还为顾客提供精选奶粉、服装、玩具，甚至协助选择亲子班等产品和服务。如此一来，月子中心的业务内容大大增加，同时也吸引了那些希望得到全程打包服务的顾客。

比如，麦当劳被称为世界店数最多的玩具店，为什么？因为麦当劳总是能不断地抓住最时尚的流行，不断地推出新玩具。最开始，麦当劳的玩具是围绕着麦当劳叔叔、大鸟姐姐、奶昔大哥和汉堡神偷四小福的形象展开的，有手办、牙刷座、画尺、铅笔盒等。开心乐园40周年麦当劳推出限量玩具套餐，包括那些经典公仔造型。后来，麦当劳瞄上了热门IP、动漫、电影、游戏等，《冰雪奇缘2》《变形金刚》《超级马里奥》《爱宠大机密》《托马斯的小火车》《精灵宝可梦》等很多形象都被做成了玩具。麦当劳的玩具远不止这些，还有小黄人、Hello kitty、樱桃小丸子、哆啦A梦、海贼王、愤怒的小鸟等。此外，麦当劳自己也不断地创造出玩具，如沙雕周边玩具薯叉、麦乐鸡跳水台、小黄人射香蕉、会动的乌龟等。麦当劳的这些玩具吸引了大量的小朋友顾客，同时也引发了收藏热，对麦当劳的销售有着巨大的促进作用。玩具本身也给麦当劳带来了不

菲的收入，比如食品行业调查机构Nutrition Nibbles曾经在2012年给出过这样一份数据：麦当劳当时每年售出的"开心乐园餐"达30亿份，而通过"开心乐园餐"售出的玩具，则多达15亿个。（资料来源：4A广告圈，《麦当劳，是家玩具公司！》）

除了玩具之外，麦当劳还利用自身品牌和影响力销售了很多似乎和餐饮根本不挂钩的东西，如包包、卫衣、浴衣、手机壳、袜子、T恤衫、零钱包等。2019年12月，麦当劳中国和设计师Alexander Wang联名推出两款包袋，分别为"黑金篮子"和"黑金M手包"，定价分别为5888元和99元，限量发行300个，当天即被抢购一空。（资料来源：界面新闻，刘琰，《麦当劳推出Alexander Wang联名黑金"菜篮子"，全球限量300只》）

在便利店领域，以7-11为代表的便利店纷纷增加餐饮和鲜食业务，其他便利店也都各有各的招数，比如全家推出洗衣服务、无人便利店可刷脸支付；阿里和苏宁打通线上线下、便利蜂便利店卖菜；易捷销售自营咖啡品牌；北京的部分便利店甚至已经可以购买非处方药物。目前，"1+N"已经成为便利店的标配，充值电话卡、报纸杂志、提款机、微波炉加热、快餐、开水冲泡、烘焙、书吧、水吧甚至包括洗衣、公交充值、政务服务等都是"N"的题中之意。7-11便利店一半的收入来自服务，包括水电煤交费、ATM取钱、快递、干洗等。（资料来源：《齐鲁晚报》，《不少便利店进行数字化转型》）；《新京报》，张晓荣，《便利蜂：打通最后500米便民生活》；掌链全媒体，崔芸，《无往不胜的7-11，为何在中国大陆却不行了？》）

大家都知道宜家家居是卖家居的，实际上，其餐饮收入也是相当惊人的，比如2018年宜家中国的营收达到147亿元人民币，其中餐饮大概贡献了10%。在宜家家居的顾客中，除了专门去宜家选购家居用品的主营业务顾客之外，还有一些纯粹就是到宜家去休闲的人群，占了30%的第三类人群就是冲着宜家的美食去的。2019年11月25日—12月1日，长沙宜家餐饮部销售额达到245万元人民币，排名全国第一，单日最高销售额为75万元人民币。2019年，宜家还正式宣布，宜家餐厅已经是全球第六大连锁餐饮。宜家食品部的销售额在20亿美元左右，在体量上可以和美国第二大比萨连锁店达美乐相提并论，可以说是世界级餐饮巨头了。在餐饮市场火爆之后，宜家开启了餐饮快闪店、咖啡厅，甚至还在巴黎试水过外卖服务。（资料来源：《潇湘晨报》，李姝，《开业4天销售额245万元，长沙宜家餐厅拿了个全国第一》；赢商网，陈健玮，《宜家餐厅成为中国餐饮界黑马，年销售额达10亿人民币》）

3. 改变业务组合

把服务划分为不同的档次，依据高、中、低档分别收取不同的费用，这样做的好处是既满足了不同顾客的个性化需求，吸引了更多的顾客前来消费，又能通过合理的设计与档次组合提高单店的总体收入。

当然，改变业务组合不能主观随意确定，要依据一定的科学标准。比如，足疗馆的单人间、双人间、三人间、四人间以及更多人间的数量分配问题，餐饮店的双人桌、三

第7章 盈利模式设计与管理

人桌、四人桌以及多人桌的分配问题，美容院的VIP室和大众室的数量分配问题，商场超市零售店的不同业务区域面积分配问题等，都需要单店事先详细、科学地调查、参考同行、试验等，然后才可以根据市场规律合理组合，并针对不同的服务档次制订不同的收费标准。

除了重新组合现有服务外，还可以对更多的单店资源进行分类与组合，包括营业时间、人员等。比如，有的饭店在就餐低潮或餐饮结束的空闲时间提供类似茶馆、咖啡店的服务；有的服务类单店会按照服务员的不同而收取不同的加价，不同级别的技术人员提供服务的价格是不同的；KTV在上午和下午的价格与晚上的价格不同；等等。

笔者曾服务过两家连锁美容机构，其单店的营业额远超同行10倍甚至更多。它们是如何做到的呢？秘诀之一就是把单店分为两类：一类是引流店；另一类是服务店。它们会在某个大型的商场超市里开一个面积只有二三十平方米的引流店，把自己最能给顾客带来体验感的爆款服务以免费或低于成本的价格让商场超市的潜在顾客现场体验，结果，体验过的顾客中会有相当比例的人要求长期的、进一步的服务，这时，引流店的服务人员就把服务店介绍给顾客；服务店是提供完整、更多服务内容的真正收费、盈利的店面。如此，引流店和服务店的相互配合就大大地解决了店面的营销问题，虽然引流店会有亏损，但这个亏损比起服务店的费用是完全可以忽略不计的，所以整体算下来，盈利要远远高于同行。

4. 动态管理业务内容

因为几乎每种已有业务内容、形式等都会发生变化，而世界上又会持续不断地涌现新的商品和服务等业务内容，顾客的消费习惯和偏好会随着时间的变化而变化，所以如何管理好自己业务内容的更新、如何使消费者对本店永远保持新鲜感是单店盈利管理的一个重要内容。知名连锁便利店7-11在产品花样上特别注意动态化的管理，比如其经营品种约3000个，其中食品占75%，杂志和非食品占25%，另外，7-11便利店总部平均每月会向加盟店推荐80个新品种，使商店经营的品种经常更换，以适应市场变化，同时给顾客以新鲜感。

在诸多的处理如何使单店业务按照市场和单店自身要求有效吐故纳新的方法中，波士顿矩阵是一个非常简单而又非常有用的动态管理业务内容的工具。

5. 改变产品形态

比如，从卖产品到卖服务，从单一销售到全套服务。笔者服务过的客户康联电子是专业做监控市场的，开始的业务就是零售摄像头、监控器、报警器等，但在具体经营的过程中，发现顾客其实有更深层次的需求，比如顾客希望企业能给自己的店面、家庭、场所、道路、建筑物等提供一整套的从设计、安装、维护一直到报警、托管等一系列的服务，而不只是购买几个产品。于是，康联就果断地从零售转向了全套的服务，不但产品销售得更多，还增加了很多服务性收费，对顾客的吸引力也更大。

比如，把产品变成理财品。笔者的一个客户是做玉石生意的，因为玉石属于不可再

519

生资源，一旦售出就很难或根本没有存货。怎么办呢？这位客户的招数很巧妙。她把玉石销售给顾客时，会承诺顾客这个玉石每年都有一个百分数的价格增长。她建议顾客购买玉石后有两种使用方式：一是自己保存；二是把玉石继续放在店里。如果顾客把玉石放在店里，那么可能会有新顾客看中并愿意出更高的价格来购买，如此一来，店里就会询问存放玉石的顾客是否出售玉石，如果顾客出售，不但顾客可以赚一笔钱，而且店里也会有一部分抽成。这种把产品变成理财品的方法，既解决了店里的货源问题，同时又给店里增加了收入。

6. 变换收费方式

店里的产品和服务应该统筹考虑，有的低价或免费甚至倒贴，有的则可大幅度赚钱。

比如，很多茶馆、会所就是这样的盈利方式：喝茶或吃饭基本等于免费，但限定顾客的身份，如只能是有创业项目融资需要的人。如此，店里经常组织某些项目的路演，并邀请投资公司、投资人加入，并极力撮合投融资的达成。在这种盈利模式下，店面的盈利来源就不是茶或餐饮的小收入，而是投融资成功后的提成，这个金额是非常可观的。

再比如，很多店面会用免费或低价的商品吸引顾客前来，借此达成顾客的其他消费。

好市多的主要盈利来源并非商品的价格差价（其毛利率是11%），而是利润率几乎是100%的会员费。这样的好处是，好市多通过会员费的方式进账大量现金，然后好市多拿这些现金去大批量、超低价进货，从而大大增强了超市的竞争力，获得了更多顾客的青睐，从而又吸引了大批会员。如此不断上升的良性马太效应使得好市多的发展蒸蒸日上。比如，在德勤发布的2020年全球零售250强中，好市多位列第二，排在沃尔玛之后、亚马逊之前。

7. 自有品牌

很多店面虽然对外的印象是很便宜的折扣店，但却加大店面自有品牌，依靠外在品牌的商品折扣吸引客流并从自有品牌上赚取利润，这些盈利模式的本质都是变换了收费的模式。比如，好市多的自有品牌Kirkland（柯克兰）虽然在SKU中占比不到7%，但收入贡献却高达25%。（资料来源：商业人物，冯超，《Costco开业当日引爆上海滩，来看看这家公司的几条成功秘诀》）

《中国商报》的一则报道称：最新的行业数据显示，沃尔玛、好市多和塔吉特等零售商以比美国其他知名品牌快近四倍的速度提升自有产品的销售。尼尔森的数据显示，2018年最后三个月，美国商店的自有品牌食品和饮料、化妆品及其他消费品的销量增长了4.3%。相比之下，前20大品牌的销售额仅微幅增长1.2%。

欧洲发达国家零售系统的自有品牌占比约在50%左右，美国、加拿大等发达国家的自有品牌占比在30%左右，国际零售企业的自有品牌商品所占比例一般为20%左右，但把沃尔玛从德国挤走的阿尔迪（奥乐齐）的自有品牌商品占比达到了90%以上，所以，虽然阿尔迪（奥乐齐）的价格非常便宜，商品价格较一般超市便宜20%~30%，个别商

第7章 盈利模式设计与管理

品较沃尔玛便宜50%还要多,但是因为自有品牌的利润率较高,所以其依然获得了巨大的经济效益——为德国最大的连锁折扣零售商,在德勤公布的《2019年度全球零售商力量报告》的全球十大零售商排行中,阿尔迪(奥乐齐)位列第八;在世界品牌实验室发布的《2018世界品牌500强》榜单中,奥乐齐排名第424位。(资料来源:《中国商报》,《沃尔玛等零售商急速"飙车",它们缘何力推自有品牌?》)

7-11便利店所售产品60%以上是自有品牌,日本最大的家居连锁店尼达利(NITORI)的自有品牌的商品率是90%。(资料来源:《中国商报》,《沃尔玛等零售商急速"飙车",它们缘何力推自有品牌?》)

沃尔玛自有品牌主要分为三大核心品牌:以干货及快销为主的自有品牌"惠宜(Great Value)"、以服饰及家居类商品为主的自有品牌"George"和以鲜食为主的自有品牌"沃集鲜(Marketside)"。(资料来源:金羊网,许悦,《亚马逊、沃尔玛自有品牌产品在印度销售被限制》)

相比较而言,中国零售与批发市场的自有品牌份额平均小于6%,低于欧美市场水平。

除了产品的自有品牌之外,服务也开始搞自有品牌。2020年6月,家乐福的首家自营餐饮品牌"MR.福"在上海古北家乐福超市卖场内开业。按计划,在未来的家乐福的更多门店内,家乐福都将把原来租赁给不同品牌的"美食城"变成"MR.福"。

8. 业务互补

笔者全案顾问咨询的项目盱眙龙虾就采用了这种盈利模式。因为龙虾的销售有非常明显的淡旺季,所以店面必须解决每年的11月到来年的三四月的淡季问题。在业务互补的盈利模式思路下,龙虾淡季的时候,正好是天气转冷的季节,店里就推出火锅。如此,恰好弥补了龙虾淡季的缺陷。为了赢得更多的顾客,店里除了清淡的淮扬系列菜之外,还推出了几道精品川菜,这又从口味上实现了业务互补。于是,店面就进入了淡季不淡、旺季更旺的盈利模式。

9. 王佐断臂式的聚焦主业

这个意思是说,有时店面产品或业务的放弃反而可能会使盈利大幅度增加。

比如,笔者的一个客户的店面有很多业务,包括美容、美发、文身、美甲、足疗等,虽然每项业务都赚钱,但是人员的招聘、培训等管理起来非常烦琐。营业收入虽然高,但是利润很小。而且更重要的是,店面给社会大众的品牌印象不清晰,因为店里什么业务都做,所以大众其实并不知道店里哪个业务才是最专业的,当有人希望得到更专业的服务的时候,会选择其他店面。在笔者诊断之后,果断给出的建议是除了保留美发之外,其他业务全部砍掉。现在,这家企业已经是美发界响当当的品牌了,它们给人的印象就是专业的美发品牌。一提到专业的美发,社会大众自然就会想到这家品牌,其业务一直蒸蒸日上。

10. 给顾客批发性的消费

商家为了获得更低的成本会倾向于批发,其实顾客也一样,他们也需要批发性的消费，于是，会员制的方式就出现了。

笔者曾全案顾问咨询过的项目甲乙丙丁轮胎连锁就成功地运用了这种策略。甲乙丙丁在实际的经营中发现，大车的很大成本之一就是轮胎的更换费用太高，比如一辆大车，有22个轮子，每个2000元，每3个月要换一次轮胎仅换轮胎就要花费4.4万元，一年下来，轮胎更换费就要花出去17.6万元！这还不算因为意外事故导致轮胎更换的金额。为了解决大车轮胎更换费用过高的问题，甲乙丙丁提供了一项服务：只要大车司机成为甲乙丙丁的会员，只要一次性缴纳10万元的费用，那么一年内就可以至少有四次机会免费更换全部的轮胎或不限次的更换轮胎。此政策一出，立刻受到大车司机的热烈欢迎。当然，甲乙丙丁也一次性地收入了巨额流水。

11. 改变产品组合，提升总毛利

有时，店面的盈利过低是因为产品的品类搭配不合理，如毛利低的产品多、销量高，而毛利高的产品少、销量小，这必然导致店面的总体毛利率低。非常简单的做法就是你需要重新搭配产品，提升整店毛利率。

比如，笔者曾全案顾问咨询过的项目山东知名食品零售连锁波尼亚，它们原先只是售卖肉类食品，毛利非常低，很多店面不赚钱或赔钱。后来，波尼亚改变产品组合，在店内增加了蔬菜类的小凉菜以及现场烤肠等高毛利的产品，很多店面迅速扭亏为盈。比如，在一家店里仅烤肠一项每天可以销售250多根，店面营业额增加近3000元；素食品类的增加也吸引了顾客，因为多数顾客都想荤素搭配。

为什么以7-11为代表的便利店越来越强调便利店的餐饮化？因为传统便利店产品的毛利率在20%左右，而鲜食的毛利率在50%以上。所以，在商品管理上，7-11便利店提升毛利的三绝招是：鲜食、自有品牌和规模化采购。（资料来源：《生活日报》，《7-11要来啦！济南便利店进入3.0时代》）

12. 改变商业模式

从直营店改为加盟店。因为直营店的员工属于打工状态，其积极性、压力和动力通常不如那些投入了真金白银，甚至把身家性命押到店面上的受许人。基于笔者多年的经验，无数的直营店改为加盟店之后，人员的工作积极性、效率以及店面的盈利都发生了根本性的转变。

除了从直营店改为加盟店之外，改变商业模式的做法还有很多，如把店员变为股东、单店承包制、托管制等，这些方法都会极大地促进店面的盈利提升。

13. 直接将产品投资于实际的应用场景

比如，宜家家居母公司开发除了购物中心外更多宜家特色的空间，如创新公寓、酒店、共享办公等，通过家居的实际应用，吸引消费者购买。

14. 充分利用营业时间

比如，星巴克的多数顾客集中在早上和上午时间消费，中午也会有一些顾客，因此，下午和晚上的时间就空闲了很多。为了解决下午和晚上的空闲问题，星巴克在下午和晚上增加了很多产品,如餐饮、小吃、酒,仅2016年,星巴克的蛋糕种类从19种增加到42种,增加了如三明治、沙拉等偏正餐的种类,甚至还有月饼、粽子等,这就很好地把全天营业时间都充分地利用起来了,增加了单店的营业收入。2018年财年,星巴克的饮品销售收入145亿美元、占比59%,小食销售收入44亿美元、占比18%,包装食品销售收入28亿美元、占比11%,其他收入31亿美元、占比12%。(资料来源:唛麻,《为什么说星巴克的"第三空间"失灵了》;柳叶刀,《杀死星巴克:星巴克中国将来姓什么还真不一定》)

15. 严选商品

随着现代生活节奏的加快以及商品品牌的增多,消费者急切需要商家履行其替消费者过滤差产品、直接推荐优秀商品的功能,以此节约选择商品和购买的时间,同时减少选错商品的代价,所以现在零售界的整体趋势是除了需要消费者自己花费时间和精力去自选商品的超大型商场超市之外,只有很少品类、但消费者可以快速购买到商家早已替消费者遴选好商品的社区型便利店得以迅速流行。

为了迎合消费者的这一需求和时代转变,好市多的制胜法宝之一就和阿尔迪(奥乐齐)等一样,严选好商品形成自己的经营特色。数据显示,沃尔玛、Target有超过14000个SKU,亚马逊的商品SKU有1200万个。然而,好市多的店内只有3500个SKU,如此更少数量的SKU在提高产品的周转率的同时,大幅降低了好市多的运营成本:好市多的运营费用占收入的比重是9%,沃尔玛是19%,Target是21%。(资料来源:点拾投资,朱昂,《Costco凭什么傲视亚马逊和沃尔玛?》)

7.4.4 第二维宽度"开源"——投资收入

单店的投资收入指的是单店对外部发生投资行为(对单店自身的投资,如扩大面积、增加固定资产等,不包括在内)所产生的回报。

这其实是一个关于投资的问题。企业在资源有剩余时,应树立积极的对外投资意识,从而增加自身的收益,分化与减少市场风险。事实上,投资的收益是非常巨大的。比如,"好想你"2016年以9.62亿元人民币收购百草味母公司杭州郝姆斯食品有限公司,2020年以7.05亿美元(约合49.57亿元人民币)出售100%股权给百事饮料(香港)有限公司,四年时间,"好想你"在这一买一卖中赚取了约40亿元人民币的差价,收益率400%,比"好想你"十年的利润还多。

由于单店自身的特点,单店在对外投资上获得"投资收入"时,应注意几点事项。

1. 全面资源运营

充分开发、运营自己的资源,既可以以有形资源(最常见的形式是资金)对外投资,也可以以无形资源对外投资。有形资源的对外投资司空见惯,但无形资源的对外投资有着自己的独特优势,如单店的品牌、商誉、专利、技术等无形资源,它们的对外投资有时并不影响单店自身的使用,而且还可能因为把这些资源有偿出让给别人使用进一步提高了无形资源本身的价值,所以单店如果不对这些资源合理运营的话,是对自己、对社会的极大浪费。

比如,单店完全可以采用特许经营的形式,使品牌、专利、技术等为自己赚得更大的利益。

所以,不能一提到投资,就把自己的思维局限在了使用资金上。

关于全面资源运营的详细理论与实务,请参见笔者的另一拙著《企业全面资源运营论》(机械工业出版社,2003)。

2. 不受行业、区域等的限制

单店的对外投资不能受自身所在行业、区域等的限制,应把视角放得更远、更高、更广。当然,刚开始的时候,为了与单店的业务做好衔接,单店的投资行业与领域可以采用相关投资法,如向自己的上下游产业延伸(谓之纵向多元化)。但最终,单店的投资应采取综合的投资法,即完全跳出行业、区域等的限制。

其实,把投资放在不同的行业、区域等对单店自身而言还是一种规避风险的不错方法,因为不同行业、区域的风险系数是不同的,而这些风险系数本身也不确定,有高有低,所以如果均匀投资的话,那么"东方不亮西方亮"的现象出现的概率就会大得多,单店的总风险系数也会因为平均值的原因而大大降低。

国美电器在家电经营成功之后,投资触角伸向多个领域,如房地产、服装、化妆品等。

知名火锅店连锁企业小天鹅在餐饮业成绩优秀的前提下,果断地走企业多元化道路并取得了集团式的成功,据不完全统计,小天鹅集团涉足的领域包括餐饮、房地产、旅馆、教育培训、旅游等。

媒体曾多次报道苏宁易购的资本运作手段,其中尤以出手阿里巴巴的股票盈利最为有名。2015年8月,苏宁易购与阿里巴巴正式达成合作,阿里巴巴投资约283亿元人民币参与苏宁云商的非公开发行,占发行后总股本的19.99%,成为苏宁易购的第二大股东;与此同时,苏宁易购以140亿元人民币认购不超过2780万股的阿里巴巴新发行股份。所以,虽然自2014年之后,苏宁易购的主营业务几乎一直处于亏损状态,但其能在2016、2017年利润暴增,与其持续出售阿里巴巴股票的行为密不可分。2017年12月12日,苏宁易购完成了首次出售持有的部分阿里巴巴的股票,约为550万股,占其持有阿里股份的0.22%,获净利润约32.5亿元人民币。2018年5月,苏宁易购再次卖出阿里巴巴0.3%的股权,实现出售金融资产利得56.01亿元人民币。一年内,苏宁易购三次出清阿里巴巴的股票,净赚140多亿元人民币。2019年8月30日晚间,苏宁易购发布2019年上半年财报,上半年净利润下滑65.7%,媒体一致认为原因是"无阿里股票可卖"。(资料来源:三益宝理财,《不到3年狂赚88亿,论炒股能手,只服苏宁易购!》)

3. 既可以投资短线项目,也可以投资长线项目

短线项目指的是投资后可以在短期内就见到利益或者回收的项目,长线项目指的是

虽然短期内没有利益，但对企业的长期发展是有利的或需要较长时期才能回收的项目。

7.4.5 第三维宽度"开源"——营业外收入

单店的营业外收入指的是单店发生的与单店的经营无直接关系的各项收入，是非经营耗费所产生的收入，是非经常性的收入。

企业采用一些独特的营销方式时，可能就会产生营业外收入，比如很多人办了会员卡之后却由于各种原因没有消费，因此企业就没有相应的支出，这部分会员卡的费用就成为企业的营业外收入。根据星巴克披露的数据，2018年，它的未结储值卡负债大约是16亿美元，约占公司负债的6%，其中包括所有实物礼品卡、星巴克App内星礼卡余额的总和。也就是说，会员在星巴克充值的同时，其实就是在向公司提供无利息的债务，可为星巴克的运营和扩张提供资金。星巴克与会员卡相关的"breakage"利润指的是顾客未使用权益所产生的利润。每年，星巴克都会将储值卡负债的一定比例数额认为是永久不使用。如果会员充值在会员卡的钱忘记使用，或者礼品卡忘记兑现，星巴克会将部分金额计作利润的一部分。2018年，星巴克在财报当中计入了1.55亿美元的"breakage"利润，相当于储值卡负债的10%。（资料来源：英为财情Investing，《揭秘星巴克会员制——股价大涨逾50%背后的"大功臣"！》）

增加营业外收入项目的方法有很多，此处仅举几例以做说明。

1. 对照财务会计的名目

单店如果不知道营业外收入都有哪些，那么可以参照财务会计上的名目，发现自己尚未尝试的领域。

通常，财务会计上的营业外收入有如下这些，见表7-5。

表7-5 常见的单店营业外收入项目

序号	常见的单店营业外收入
1	固定资产盘盈
2	违约金收入
3	教育费附加返还
4	逾期未退包装物没收的押金
5	出售无形资产收益
6	债务重组收益
7	融资租赁出租人收回租赁资产价值低于担保余值收取的价值损失补偿金
8	应收债权融资收益

续表

序号	常见的单店营业外收入
9	经营期间工程完工后单项工程或者单位工程报废净收益
10	处理固定资产收益
11	确实无法支付而应转作营业外收入的应付款项
12	停薪留职人员交纳管理费
13	非货币性交易收益
14	罚款净收入
15	无法查明原因的现金溢余
16	未支付的或有支出
17	经营期间工程完工后工程物资盘盈
18	担保损失小于预计负债的差额
19	汇兑损益收入
20	补贴收入

需要对表7-5予以说明的是，按照会计界的一些观点，汇兑损益收入（按照我国《商品流通企业财务制度》的规定，汇兑损益是企业在经营过程中开展外币业务，不同外币折算发生的价差以及汇率变动发生的折合为记账本位币的差额）和补贴收入（按照《商品流通企业财务制度》的规定，国家补贴收入是企业按国家规定经营某类商品取得的补贴，包括国家财政拨补的专项储备商品、特准储备物资、临时储备商品的补贴以及其他补贴收入；小企业的返还增值税也是一种补贴收入）是不属于营业外收入的，但为了叙述方便，我们把这两块的收入仍然记做营业外收入，读者要特别注意这一点，我们的这个划分不等同于会计上的分类。

对照表7-5，单店在营业外收入的宽度增加方面就有了比较明确的方向和目标了，因为上面的每一种收入都有可能通过单店的努力来改变，并使之从无到有，或从少到多。下文仅举例说明，更多的创新还需要读者在实际工作中融会贯通、举一反三。

- 固定资产盘盈。使此项收入从无到有，或从少到多的关键有两点，一是增大固定资产的数目，至少不要有遗漏；二是选择合理的盘点方法和计算口径，如对于折旧的计算等
- 违约金收入。单店在签订合同前尽可能考虑到违约的情况，并尽可能地抬高违约金的金额，这样可以确保合作者违约时，单店的损失尽可能的少

第7章 盈利模式设计与管理

- 教育费附加返还。采取措施使自己满足教育费附加返还的条件
- 逾期未退包装物没收的押金。在包装物发出之前应收取一定押金
- 出售无形资产收益。单店的无形资产有很多,包括商誉、品牌、技术、专利、知识产权、知名度等。其实单店获得此收入的途径未必只有出售一种办法,还可以出租、转让、特许等,如品牌的许可和商业模式的特许经营。特许经营作为一种"一本万利"的经营模式以及单店扩张的高效方式,应该引起单店的高度关注
- 债务重组收益。实施此操作的关键有两点:一是对于每项债务本身的理解和认识;二是重组的方法和技术
- 融资租赁出租人收回租赁资产价值低于担保余值收取的价值损失补偿金。关键在于对融资租赁技术的把握,以及对于融资租赁资产的管理
- 应收债权融资收益。关键在于对于债权和融资技术的把握,但要注意不能违反国家有关法律法规
- 经营期间工程完工后单项工程或者单位工程报废净收益。掌握有关报废的法律法规至关重要
- 处理固定资产收益。此操作的关键在于两点,一是处理,因为处理的方法有很多,如自用、出售、出租、转让、出借、修理后再卖、交换、拍卖等,而处理的时间、对象等就更是千差万别,所以单店应综合比较,选择一种投入产出比最大的形式;二是对固定资产的理解,如哪些固定资产需要或可以处理、哪些单店的资源可以作为固定资产等
- 确实无法支付而应转作营业外收入的应付款项。对应付款项科学管理和随时关注,可以增加此项收入实现的机会
- 停薪留职人员交纳管理费。许多单店可能根本就没有这项收入的意识,所以白白地浪费了这一来源。实施此操作时必须要遵守国家和地区的相关法律法规
- 非货币性交易收益。增大各种非货币性交易的发生机会和频率
- 罚款净收入。比如,有的单店对员工的工作时间、工作质量、工作效果等都制订了严格的标准,一旦发现员工犯错,罚款措施也是严厉的。但单店应根据自己的实际情况来做,奖励和罚款是任何员工都很敏感的事,处理不好,容易出问题
- 无法查明原因的现金溢余。它们的来源可能包括多收营业款、内部现金事务错误等
- 未支付的或有支出。如果单店需要支付款项的对方因为某种原因而不存在了,如因非法运营而被查封、收款人死亡、收款人自动弃权等,那么未支付的款项就可能变成收入
- 经营期间工程完工后工程物资盘盈。加强对工程物资的管理以及盘点技术的研究,有时会给单店带来一些惊喜

- 担保损失小于预计负债的差额。关键取决于担保对象的选择，如果担保不当的话，就会是一大笔损失
- 补贴收入。努力创造条件，使自己满足获得补贴收入的资格。至少，不能出现自己明明符合接受补贴收入的条件，但却由于自己的不知道而使这项收入不能实现。国家对高科技、创新型、新能源、环保等企业出台了政策性补贴或奖励措施，单店一定要研究这些政策。比如，谭木匠的生产员工中有一半为残疾人士，每年可因此获得增值税退税。据公司披露，2016年公司聘用的残疾员工有318人，获得增值税退税1656.8万元人民币。（资料来源：面包财经，《20年只做一把梳子：被市场冷落的谭木匠有投资价值吗？》）

2. 创新

单店还应积极探索，创新性地增加自己的营业外收入的项目。创新的方法也很多，既可以自己研究，也可以学习借鉴竞争者、同行，甚至外行等。

下面以零售店为例说明如何增加营业外收入。

零售店应充分利用供应商之间的竞争以及店面空间资源的层次性、稀缺性，最大限度地增加自己的收入项目。

根据现实情况来看，目前的零售店（包括商场超市）的营业外收入通常来自名目繁多的收费，如合同的固定费用、选位费、店庆费、节庆费、促销费、场地费、代理费、展台费、广告费、培训费等。除了收取直接费用外，零售商还会采取间接形式收取费用，如要求供应商提供免费的促销品等。目前各方对这些费用的收取有争议，但对零售店而言，收取这些费用是有好处的，一方面保证了自己的经营利润；另一方面可以以较低的零售价格赢得顾客。

但上面列举的这些费用可能在有些地区、有些行业已经受到了法律法规的限制，或者受到了供应商的抵制，所以店面在参考这些营业外收入时，应特别注意合法性以及可操作性，不能因此而违反相关的法律法规。

比如，迪士尼乐园，门票之外大力开发其他收入项目。在迪士尼园区经营收入中，门票收入只占50%，食品和饮料占24.5%，商品24.5%，其他收入为1%。（资料来源：《新京报》，张泽炎，《上海迪士尼允许带食物背后：食品饮料三年狂揽近140亿》）

笔者于2003年出版的专著《企业全面资源运营论》对企业如何开发、利用自己有产权的和无产权的资源（不是狭隘的资产、资本）并创造收入的各种方法进行了细致入微的系统性讲解和描述，读者可以参考。

7.4.6 深度"开源"的十种战略组合

除了在宽度上"开源"之外，单店为了提高收入或"源头"的流入量，还可以采取提高单个"源头"的流入量的方法，我们称之为深度"开源"。

深度"开源"的基本原理如下所述。

第7章 盈利模式设计与管理

如果用I表示收入，Q表示数量，p表示单价，那么，无论哪一种形式的收入，基本公式和原理为：

$$I=Q \cdot p$$

因此，为了增加收入（I）的数值，我们可以管理Q和p。首先了解几种单变量变化的含义：

Q↑↑——数量的值大幅度增加

Q↑——数量的值增加

Q- ——数量的值不变

Q↓——数量的值减少

Q↓↓——数量的值大幅度减少

p↑↑——价格大幅度增加

p↑——价格增加

p- ——价格不变

p↓——价格减少

p↓↓——价格大幅度减少

其中，↑↑、↑、-、↓、↓↓这5个符号在变化的幅度上依次低一个级别。

Q、p两个指标各有5种变化，我们可以有5×5=25种组合，其中可以使单店收入增加的组合方式是十种（阴影部分所代表的组合），见表7-6。

表7-6　单店收入增加的组合方式

	p↑↑	p↑	p-	p↓	p↓↓
Q↑↑	4	3	2	1	0
Q↑	3	2	1	0	
Q-	2	1	0		
Q↓	1	0			
Q↓↓	0				

表7-6的数字代表收入增加的强度，最小为1，其他依次为2、3、4。0表示不增加。但要注意，这个数字只象征性地表示强度的大小，并不表示数值的倍数关系，即"4"并不代表强度是"2"的两倍，只是说明"4"的强度比"2"的强度要大；数字相同的组合表示收入增加的强度相等。

从表7-6可以看出：

① 最理想的或者说收入增加强度最大的方式（强度值为"4"）只有一种，即Q大幅度增加，p也大幅度增加的情况。

② 收入增加强度排名第二的方式（强度值为"3"）有两种，分别是Q大幅度增加、p增加的情况，以及p大幅度增加、Q增加的情况。

③ 收入增加强度排名第三的方式（强度值为"2"）有三种，分别是Q大幅度增加、p不变的情况，p大幅度增加、Q不变的情况，以及Q增加、p增加的情况。

④ 收入增加强度排名第四的方式（强度值为"1"）有四种，分别是Q大幅度增加、p减少的情况，p大幅度增加、Q减少的情况，Q增加、p不变的情况，以及p增加、Q不变的情况。

⑤ Q增大或大幅度增大的情况有七种，占所有使收入增加的十种组合方式的70%，p增大或大幅度增大的情况也有七种，占所有使收入增加的十种组合方式的70%。而且，最理想的或者说收入增加强度最大的方式（强度值为"4"）或者即Q大幅度增加，p也大幅度增大。

⑥ 所有使收入增加的组合中，一定有这两种情况中的至少一种：Q增大或者p增大。

按照上面的不同战略组合，单店或企业可以进行开源的实际操作。

1. 提价、销量增加

此种战略的价格、销量组合形式有Q↑↑p↑↑式、Q↑↑p↑式、Q↑p↑↑式和Q↑p↑式。

注意，这里其实有两类不同的战略思维：一类是提高价格，刺激销量的增加；一类是销量增加，可以提高价钱。

对第一类情况而言，这种深度开源战略的原则是大幅度提高产品或服务的价格，结果是销售量提高。这是最理想的状况，更适用于一些高档和特殊消费。

针对某些重大的、高端的、品质特别重要的、奢侈的产品或服务，如果人们因为其价格过低而不愿意消费（如有人觉得低价消费没面子或者因为低价而对产品质量不放心等），那么大幅度提价是可以刺激销量的。

实际生活中发生过很多这样的例子。比如，在服装店、化妆品店、工艺品店里，本来几十元的服装、化妆品、工艺品无人问津，但当店主把单价提高到几百元时，销售竟惊人地变好了。再比如，当消费某些产品或服务是为了送礼、显示自己身份等特定目的时，适当地提高价格非但不会降低销售，还会刺激大规模的消费。

现在各地逐渐兴起的高档饭店、服装店、酒店等场所，其实就是适合这种组合特征的消费者群体的。

对于某些产品或服务，当其稀缺性大时也可以采取此战略。比如，火锅店在冬天很受欢迎，但客人太多，店里招待不下，所以有些餐饮店可能会提价，而提价的结果可能并不影响销量的增加，因此，这种深度开源的效果就实现了。

对第二类情况而言，具体的做法也有很多，比如可以把不同的产品组合成一个套装、加大产品或服务的容量或服务时间，这些方式在使消费变成系列化消费、组合消费的同时提高了总的价格。

2. 价格不变，销量增加

此种战略的价格、销量组合形式有Q↑↑p-式和Q↑p-式。

在产品和服务的价格不变的情况下，提升其销售的关键和重心就是营销工作的到位。

3. 提价，销量不变

此种战略的价格、销量组合形式有Q-p↑↑式和Q-p↑式。

4. 降价，销量增加

此种战略的价格、销量组合形式是Q↑↑p↓式。

这种战略的原则是利用低价刺激消费，但它更适用于那些消费弹性系数大的产品或服务，如生活必需品等。

国美电器就是这种盈利管理模式的典型代表。国美的商品价格非常低，有些单件商品的利润微乎其微。但国美凭借低价的"国美模式"不但成功地击败了对手，而且成为本行业和其他行业的单店盈利管理模式的创新型典范。传统的批发商、超市、平价店等采取的都是这种战略。

仔细观察、思考之后，我们不难发现，国美的单店盈利管理追求的是两点。

一是乘积增大，积是指商品数量（Q）和商品价格（p）的乘积。国美的事实是，虽然商品价格降低，但销售数量却因此而增加，结果是二者的乘积非但没有减少，反而增加。这就是国美销售额和销售收入同时增加的奥妙所在。通俗的理解就是"走量"或"薄利多销"。

二是全部增大，是指单店在盈利管理时，追求的是整个单店全部商品总盈利的增加，并不在乎单个商品的得失。

从国美的例子中，我们得到的启发是，单店在进行盈利管理时，必须善于抓住本质，要有全局观念，不能被表面、单个的现象所迷惑。

再举一个例子，在阿尔迪超市里，商品价格的尾数都是0或5。原因是测试发现营业员找零钱的时间会影响销售，如果将找零钱的时间去掉，可以减少营业员的工作量，又可以多卖出商品。于是阿尔迪决定，尾数0.05~0.09马克的商品，按0.05马克收款；而尾数0~0.04马克的商品，按0收款。这样做不仅商店员工提高了工作效率，而且降价也吸引了更多的顾客。

5. 大幅度提价，销量略降

此种战略的价格、销量组合形式是Q↓p↑↑式。

对于深度"开源"的知识与实战技法，在现在的营销、销售、促销等课程中已有大量涉及，本书不再重复。

下面仅举笔者为某餐饮连锁企业设计的《单店营销大法》的部分内容，以期给读者启发。

- 网络论坛
- 聊天工具：QQ、微信

- 博客、微博、抖音、头条
- 商务网站：阿里巴巴、金桥等
- 广告：电视广告、电台广告、报纸广告、杂志广告、餐厅出版物、户外广告等
- 内部宣传品
- 大客户
- 电话推销
- 特价菜
- 试吃
- 买赠、返券与会员卡
- 节日推销
- 店门前做广告灯箱
- 利用社会公益活动
- 吸引大学生实习
- 信件联络
- 服务推销
- 与相关行业企业共享顾客，互相推荐
- 餐饮类专门网站的点评或论坛等
- 发宣传单
- 价格推销法
- 手机短信
- 展示实例
- 名人效应
- 陈设宣传品
- 对已有顾客的营销
- 大力推广公司网站
- 拓宽业务
- 车辆广告
- 服务员推销
- 唱歌舞蹈专桌服务
- 发展自有品牌

7.5 "节流"

7.5.1 宽度"节流"的十种战略组合

支出是计算单店盈利的必备"减数"，而且从前面的讲解中知道，只要单店的支出减少了，即使收入有所下降，单店也是可能盈利的。毕竟，节省的就是多赚的。"节流"就是减少支出或压缩成本支出。

与全面"开源"类似，我们这里的"节流"是全面的"节流"。

全面"节流"的意思是，单店不但要从每个"流"的流量上，还应从"流"的数量上进行减少、降低式的操作。所以，从根本上讲，全面"节流"以减少单店支出的方法无非两种基本形式：①在深度上"节流"，即减少单个"流"出的项目的流量；②在宽度上"节流"，即减少"流"出的项目的数量。

为了在宽度上实现最大化地"节流"，我们首先必须知道一个单店都有哪些支出的"流"。

注意，这里的"流"或企业的支出指企业在销售商品、提供劳务及他人使用本企业资源等日常活动中所产生的经济上的总流出。从会计学的角度看（见表7-7），单店的

"流"或支出主要有五个方面：

- 主营业务支出或主营业务流，包括现金折扣与折让、主营业务成本、主营业务费用、主营业务税金
- 其他业务支出或其他业务流，包括管理费用与财务费用、其他业务的销售成本、提供劳务所发生的相关成本、费用、营业税金及附加等。在财务上，"其他业务支出"科目可根据其他业务的种类，分设"材料销售""技术转让""固定资产出租""包装物出租""运转业务"等明细科目。
- 投资支出或投资流，指的是投入在建项目的资金总额，包括构成固定资产的基本建设投资支出（含房屋建筑费、进口和国内设备费用、设备安装费等项目）、不构成固定资产的流动资金支出（含低值易耗品、工器具和生产职工培训费等）和不可预见费。
- 营业外支出或营业外流，指企业发生的与其日常活动无直接关系的各项损失，主要包括非流动资产处置（如固定资产、无形资产的出售）损失、公益性捐赠支出、盘亏损失、罚款支出、非货币性资产交换损失、债务重组损失等。
- 所得税及其他税或附加

表7-7　标准化损益表

一、主营业务收入 　　减：现金折扣与折让 　　　　　主营业务净收入 　　减：主营业务成本 　　　　　主营业务费用 　　　　　主营业务税金
二、主营业务利润 　　加：其他业务利润 　　减：管理费用 　　　　　财务费用
三、营业利润 　　加：投资净收益 　　　　　营业外收入 　　减：营业外支出
四、利润总额 　　减：所得税
五、利润净额

单店的"节流"就是要从系统管理的角度考虑减少这五个方面的支出，并实现其最

小化，而非追求某单个"流"的最小化。因为上述基本的"流"有五个，所以我们简称单店的宽度"节流"为五维节流。

为此，单店的经营者应该思考，自己是否实现了支出的最小化。一般而言，单店在"节流"上失败的常见原因主要有如下几种：

- 仅关注甚至把节省成本全部局限于主营业务的支出上
- 忽视其他业务支出的重要性
- 忽视投资支出的重要性
- 忽视营业外支出的重要性
- 忽视所得税及其他税收或附加的合法规避
- 只注重单个的支出最小化，而这几种主要支出"流"的系统性或整体性统筹没做好

在上述"节流"失败原因中，最为常见的一条就是单店仅关注甚至把节省成本全部局限于主营业务的支出上。其实，那些非主营业务的支出也可以为单店带来相当大的亏损。

7.5.2 全面的"节流"措施

对于"开源"，我们可以分得很详细，甚至可以单独增加某一项或几项"源"，但是对于"节流"，单店必须坚持全面性的节流措施。

举一个春秋航空公司的例子（资料来源：央视国际，李杰，《春秋航空推1元机票被济南市物价局开罚单》）。

在国际油价上涨、人员成本上升的大环境下，国内第一家打出廉价旗号的航空公司春秋航空推出的一系列低价机票让人震惊不已，资料显示，自开航两年多，它的机票价格比市场平均水平低了36%。其低至一元一张的机票甚至让一些物价局对其进行罚款。但是，就在这样的低价之下，这家小航空公司平均每个航班的上座率达到了95%，远远高于70%的行业水平，达到国内单机盈利的最高水平，8架飞机两年累积实现利润6700万元人民币！

那么，这个强大的低价竞争力和奇迹般的盈利背后的秘密到底是什么呢？

经过分析不难发现，其中最重要的一点就是，这家航空公司充分实施了降低成本的策略，大规模降低成本正是其低价的"绝密"杀技。那么，让我们一起看看其降低成本的策略吧：

- 不像其他航空公司那样提供免费的航空配餐，仅免费提供一小瓶矿泉水
- 空乘人员还会像火车上的服务员一样推销各种小吃和公司的各种纪念品，自选食品和纪念品的销售不仅能让那些不需要的乘客降低票价，同时，销售的利润也能降低公司的成本
- 空乘人员自己打扫卫生，而不是请专业的保洁公司
- 空乘人员的制服也不如其他航空公司的制服亮丽

第7章 盈利模式设计与管理

- 外资的廉价航空还会尽量减少机场提供的收费服务等
- 飞机从降落到再次起飞，中间只停半个小时，比其他航空公司少停留一半的时间，如此，一架飞机一天能多飞几个班次，效益更高
- 因为机场的起降费和各项服务费用，大约占了整个航空公司成本的10%左右，而在起降繁忙的主流机场，空客320每次起降的费用都要一万多元，所以针对这种情况，春秋航空主要选择相对空闲的二类机场，并且减少了机场设备的使用，每年能够节约5000万元人民币左右
- 在占经营成本40%的油料上加大节约力度。比如，在夏天，只要乘客下了飞机，哪怕机舱温度达到50摄氏度，机长也会关掉给空调供电的发动机；飞行员在条件允许的情况下，会增加飞行高度以节油。系列的节油措施使得春秋航空每年节省下来的油钱就有3000多万元人民币，这个数字几乎等于过去一年的盈利

再举一个经济型酒店的例子。前些年，经济型酒店异军突起并迅速发展，从其出现开始，在不到四年的时间里经历了10倍速的增长。三星级以下的酒店、招待所、小旅馆等受其冲击最大，几乎要被经济型酒店取代，经济型酒店日益成为旅游出差等居住的最佳选择之一。统计表明，传统酒店需要15年左右才能收回投资，而相当规模的经济型酒店，三年左右就能收回投资。在入住率方面，好的经济型酒店一直保持在95%以上，即便是淡季，也会保持在90%左右，这是其他模式的酒店根本无法比拟的。实际数据表明，经济型酒店平均出租率为89%，远远领先行业60%的平均出租率。经济型酒店已是酒店业发展的世界性趋势。美国酒店业协会的统计表明，美国经济型酒店约有6万家，客房平均出租率70%，收入占美国酒店业收入的64%。

经济型酒店的最大竞争力之一就是其"经济"性，即低价。那么，与传统星级酒店相比，经济型酒店是如何有效降低其经营成本的呢？经济型酒店的一些做法可以给我们许多有益的启示：

- 提供的是"有限服务"，不像传统酒店追求大而全，只提供"B+B"（bed+breakfast）这两大核心功能，即"住"和必不可少的早餐，不设大堂，不设商场、洗衣房、娱乐场等消费率低的功能，大大压缩了经营成本
- 多采用连锁的商业模式，使得集体采购的降低成本优势得到极大的发挥
- 一些经济型酒店还把大厅、公共休息空间、卫生间的浴盆等都给节省了，只有大床、热水和宽带
- "一人多能"的人员精简，比如某酒店的客房数与员工比例是1:0.3，同类型的经济型酒店是1:0.5，星级酒店是1:1.2，这就大大减少了人力成本和负担
- 管理层级精简，比如比一般酒店少两个管理层级，没有部门经理，也没有领班
- 中央空调改造成分体空调
- 房间只有小圆桌、床等家具，多余摆设去除
- 日用品的容量控制在"够用"，比如可添加的沐浴液、有限的几条大小毛巾

- 顾客使用率低的用品撤掉，如电吹风等（也有的店把它改成公用的）
- 公司办公室的空间被划分为两块，顶灯永远只开人所在的那一半
- 租赁酒店或者改造旧房、烂尾楼等，不是自己建设可以节省巨大的初期投资
- 利用特许经营的加盟优势，节省前期扩张成本
- 只有淋浴不设浴缸
- 没有门童，实行自助
- 没有保安
- 酒店客房采取整体预制式安装，即房间在工厂生产，由集装箱运往酒店安装，装修成本和时间大约可减少三分之一
- 为消费者提供众多的自助服务项目，比如24小时洗衣、数字商务中心、火车票和机票自助预订机、连锁便利超市（内有热水机、咖啡机、微波炉等自助设备）、自助餐等
- 在装修上降低成本，如尽量安排两间客房的卫生间背靠背，可以减少水管等材料的消耗
- 对客房实行工业化流水作业般的高效整理
- 采购酒店所需用品时，采购员会比价，寻找价格、品质更合理的供应商
- 自建网络直接预定，免除"携程"的佣金提成
- 没有开业典礼
- 房间的窗户尽可能的小，可以减少装修成本和窗帘成本、节省能耗和清洁成本
- 床底下不铺地板
- 客房的柜子没有门
- 没有衣柜，取而代之的是位于墙拐角处的衣架
- 在细微处节约，比如牙刷手柄处塑料掏空、肥皂内薄外厚的造型
- 尽量避免在闹市区征地，利用旧厂房、旧仓库、旧校舍进行改建

德国最大的连锁超市阿尔迪（其2017年正式进入中国，"奥乐齐"被确定为"ALDI"的正式中文名称）的经营秘诀之一就是全面降低成本、凸显价格优势、将低价策略进行到底，以至于其被称为"穷人店"，为了更低的零售价格，阿尔迪（奥乐齐）采用如下"节流"措施（资料源自网络资料的综合整理，比如ALDI少数派，阿迪，《廉价高效的ALDI如何颠覆美国超级市场？》等）。

- 产品：美国的零售行业平均SKU为1.4万个左右，沃尔玛的SKU甚至超过2万个，而阿尔迪（奥乐齐）的SKU在1000种左右，有的店面只有500～700种。品类的精简减少了商品采购、存储、销售、陈列及管理的难度，降低了企业运营和管理费用
- 销售盒装、预包装商品：可以减少爆线和储存
- 房租：不在繁华地段开店，选址在居民区附近、大学校区临近或城区边缘，这些

第7章 盈利模式设计与管理

地段房租便宜
- 单店面积不大：门店平均面积不到1000平方米
- 装修简单，省下大笔装修费和翻新费
- 照明：有的店面会开放天花板自然采光，或者使用回收材料、节能制冷和LED照明来降低运营成本
- 货架：除少量日用品、食品设有货架、冷柜外，其他商品均按原包装的货物托盘在店内就地销售
- 仓库：尽量减少仓库的费用，店里的货架上尽量多地堆放货品
- 部门：最大化地简化，如阿尔迪集团的总公司没有新闻部、公关部
- 减免非必要工作，如不做市场调研、不做年度规划
- 广告：不在大众媒体做广告，只是在卖场摆放超市印制的产品宣传单，所以其广告投入极少（仅占年营业额的0.3%）
- 购物袋：顾客需自带或另付钱购买塑料袋
- 购物车：为了节省人力，顾客使用购物车时需要支付押金，顾客用完之后会自动退回押金，此举节省了阿尔迪（奥乐齐）的人力成本
- 采购：阿尔迪和供应商签订的合同可能长达十年，而且采购量巨大，所以采购价格低。因为品类集中，且出货量大，单品大批量采购是阿尔迪（奥乐齐）的杀价利器。阿尔迪（奥乐齐）每年购买的单件商品的总价值超过6000万欧元。相比之下，沃尔玛只有不到1000万欧元，仅为阿尔迪的六分之一
- 人力：员工一人多职，陈列、理货、收银、清洁等全都能干；高薪留住员工，减少跳槽，从而减少了招聘、培训等费用。数据显示，阿尔迪（奥乐齐）的人力成本只占销售收入的6.8%，不到一般超市13.8%的人力成本的一半
- 无理由退货：甚至是喝了一半的啤酒、咬了一口的奶酪，全都能退。阿尔迪（奥乐齐）创始人阿尔布莱希特兄弟给出的理由是，这样可以省下与客户纠缠的客服人员、电话费和律师费
- 不上市，也从不寻求上市。因为阿尔迪（奥乐齐）认为，上市之后虽然会增加股东个人的财富，但公司却需要承担律师费、会计师费等成本，这些与提供消费者物美价廉的商品的初衷是相悖的

7.5.3 五维分项"节流"措施

单店或企业的"节流"招数可以分为如下五个方面，单店或企业可以逐个分析，逐个节流：

- 第一维宽度节流——主营业务支出
- 第二维宽度节流——其他业务支出
- 第三维宽度节流——投资支出

537

- 第四维宽度节流——营业外支出
- 第五维宽度节流——所得税及其他税或附加

1. 第一维宽度节流——主营业务支出

（1）家乐福的"农村直采"。

知名超市家乐福降低成本自有招数，比如以往农产品由农户进入连锁超市等零售终端至少要经过四个中间环节，经过层层加价后，进入超市的农产品价格已经没有了竞争力。所以，从2007年以来，家乐福开始在中国区推行"农村直采"，即农产品通过农村合作社直接进入超市销售，这条举措使得家乐福在增加农户收益的同时降低了超市采购成本，起到了平抑物价的作用，方便了消费者，也使超市赢得了更多的口碑与顾客。据悉，直采模式的农产品价格可较以前降低15%~20%。（资料来源：《北京商报》，《家乐福农产品直采40%，未来比例将继续提高》）

（2）餐饮的中央厨房。

对餐饮企业而言，在房租上升、原材料涨价、人工成本上升的现代，建造"中央厨房"也是一种节流的好方法。具体来说，具有多家分店的餐饮企业，可由中央厨房统一批量采购，可以更低的价格采购原材料，然后加工成成品配送到各分店，如此一来，每家分店可以节约出相当可观的厨房面积，省下大量租金。同时，分店还可以减少厨房人员的工作程序和厨房工作人员，节省加快成餐的时间，保证菜品质量，降低菜品成本等，不仅自己得利，而且消费者也得到了实惠。

（3）寻找最便宜的采购源头。

再比如，餐饮企业的某些产品在东南亚一带，如越南、缅甸等国，价格就比在国内采购便宜。如果商家改从东南亚市场采购原料，成本也能下降。

（4）7-11的群体开店。

比如7-11的群体开店法，其中一个目的就是集体进货可使得采购、物流费用降低，当然，也会使广告、宣传、调货等费用降低。

（5）采购联盟。

自由连锁的采购联盟也是为了降低采购货物及系列的成本费用。

（6）直接厂家进货。

比如，药价的组成通常为：药品生产成本、临床试用成本、申报费、推销推广费、医药批销商按比率加价、中间商按比率加价、药店利润。对此，平价药店可以与药厂直接签订采购协议，跨过多道中间环节，直接从厂家进货，可降低药品价格8%~10%。另外，药品生产厂家还会出资对药店员工进行培训，各种促销活动费用由厂家提供，一年可为药店节省几十万元人民币。（资料来源：国际在线，《武汉市医药市场暴利时代终结，平价药店经营有道》）

（7）利用高科技。

利用高科技进行节流也是流行的做法。比如，现在很多餐厅流行的智能点餐设备和软件就是一种。顾客可自助扫码点餐，后厨同步打印订单，取消点餐、录单、传单环节，餐厅可以减少1~2名员工甚至更多，节省了人员培训和管理带来的时间成本。另外，人员减少还会有效缓解"用工荒"，降低招聘压力。同时，缩短了用餐的等待时间，更符合现代快节奏的生活方式，年轻消费群体更喜欢。（资料来源：广州方雅电子，《自助点餐机打破传统餐厅经营模式，让餐厅利润翻倍》）

华住集团大量采用高科技后，节约成本上成绩斐然：华小二智能前台节约0.3人/店，华掌柜自助入住节约0.54人/店，送物机器人节约0.75人/店，如此算下来，按照华住目前的5000家店的规模，仅仅AI三大利器每年就为华住节约人工成本近6亿元人民币。（资料来源：钛媒体，高梦阳，《瞄准下沉市场，华住想在2022年扩张到一万家酒店》）

（8）开发自有品牌。

大力开发自有品牌也是减少主营业务支出的好办法之一，沃尔玛的商品中有30%是自有品牌，7-11的这一比率达到60%，其中，70%是食品。但是，中国便利店的自有品牌占比普遍在10%以下，并且10%的便利店是没有自有品牌的。（资料来源：流沙言职，《7-11母公司宣布裁员3,000人，中国便利店路在何方？》）

（9）7-11的共同配送。

7-11在日本的170多家工厂，140个配送中心，并不都是7-11的，7-11只提供配送商品的方案，使得效率最大化的同时成本最小化，公司也实现了轻资产运营。为了节省成本，7-11便利店实施的是共同配送。共同配送就是改变以往供应商直接往店铺送货的配送方式，供应商先将货物送到店铺指定的配送中心，再由指定的配送中心于适当时间往店铺配送。如此一来，每天到店车次由起初的70多次逐步减少到10次左右，大大降低了企业的物流成本。（资料来源：联商网，《日本7-11不是便利店？》；汪文韵，《便利店物流典范：北京7-11的物流系统》）

（10）海外建厂，寻找成本更低的地方。

海外建厂也是很多企业节省成本的方式之一。

随着一个国家的经济发达，人力成本等费用会持续上升，所以有些企业就会把部分业务转移到成本更低的国家和地区。比如，优衣库在日本人力成本提高之后，将半数以上的工厂转移到中国；而现在，优衣库正计划把工厂转移到越南或者非洲，因为根据日本贸易振兴机构（JETRO）的统计，截至2016年年度，中国每月人工费已突破400美元，这个数字是越南的两倍，孟加拉国的四倍。（资料来源：界面新闻，《优衣库计划在非洲开设新生产线》）

（11）宜家的"平板化包装设计"。

宜家家居的"平板化包装设计"是减少成本的好方法，具体来说，就是将各形态家居一片一片拆解运输至门店，再由消费者搬回家自己组装，这样就节省了后端的配送和安装成本。

（12）从生产细节上入手。

在具体的产品上，宜家也不放过任何节省成本的机会，宜家发现，在生产 SODERHAMN 索德汉沙发中可以不用胶水，这样既节省了生产时间又节省了成本，最终使材料费用、生产费用和管理费用分别节省5%、2%和1%。此外，通过直接交付、提升包装效率、低成本原材料替代等方式再节省了10%的物流费，合计下来，宜家的沙发相比同类沙发节省18%的成本。（资料来源：孔峰，《家居三巨头宜家、宜得利、汉森，分别是如何成就霸业的？》）

宜家的"模块"式家具设计方法也是节省产品成本的好办法，宜家的家具都是可拆分的组装货，产品分成不同模块，分块设计。不同的模块可根据成本在不同地区生产；同时，有些模块在不同家具间也可通用。这样，不仅设计成本得以降低，而且产品的总成本也能降低。（资料来源：《新领军》杂志，子昱，《宜家：用迷宫绑架顾客》）

为了彻底达到自己的低价宗旨，宜家在产品设计上，通常都是先确定成本再设计产品。

（13）全流程节约成本。

从产品构思、设计、生产到运输和营销等的每个环节，宜家都会刻意节约成本。

以邦格杯子设计为例，为了低价生产出符合要求的杯子，设计师必须充分考虑材料、颜色和设计等因素，如杯子的颜色选为绿色、蓝色、黄色或者白色，因为这些色料与其他颜色（如红色）的色料相比，成本更低；为了在储运、生产等方面降低成本，设计师最后把邦格杯子设计成了一种特殊的锥形，因为这种形状使邦格杯子能够在尽可能短的时间内通过机器，可以节省成本；邦格杯子的尺寸使得生产厂家一次能在烘箱中放入杯子的数量最大，这样既节省了生产时间，又节约了成本；宜家后来又对邦格杯子重新设计，与原来的杯子相比，新杯子的高度低了，杯把儿的形状也做了改进，可以更有效地叠放，从而节省了杯子在运输、仓储、商场展示以及碗橱内的占用空间，进一步降低了成本。（资料来源：百度百科）

（14）改变原材料。

宜家为了降低奥格拉椅子的成本，但又必须使椅子漂亮、结实、轻便、实用，宜家在原材料上不断地改进。一开始，奥格拉椅子的原材料是木材，但随着市场变化，木材价格变得太高，遂采用平板包装降低成本；当平板包装也不能满足低成本要求时，宜家就用复合塑料替代木材；为了进一步降低成本，宜家将一种新技术引入了家具行业——将气体注入复合塑料，节省材料并降低重量，并且能够更快地生产产品，并且可以对产品实行平板包装。如此一来，一把椅子的成本不断下降并始终保持低价。（资料来源：《第一财经日报》，《宜家家居低价战略背后，完整控制供应链是核心》）

（15）节约物流成本。

沃尔玛之所以能"天天低价"，最重要的原因之一就是沃尔玛放弃了供应商直供的物流体系，采用集中配送模式，使其供应链节省了大量的成本。在美国的三大零售企

第7章 盈利模式设计与管理

业中，沃尔玛的商品物流成本占销售额的比例是1.3%，凯马特是8.75%，希尔斯为5%。（资料来源：联商网，《沃尔玛供应链的秘密》）

（16）向上游供应商的"借款"。

海澜之家的供应商赊购模式值得借鉴。这个模式指的是海澜之家的生产环节大部分外包给供应商。海澜之家采购时，在货物入库时只付部分货款（一般不超过30%），然后根据货物实际销售情况，逐月与供应商结算。货物如果滞销，海澜之家可以将大部分货物退货给供应商，从而将风险和成本转移给了供应商。这种对上游供应商的赊购模式除了减少公司采购环节的资金占用之外，还减少了存货降价出售或卖不出去所带来的损失。（资料来源：新浪财经，阿甘/平《海澜之家轻资产模式受拷问，逾22亿退货去向成谜》）

（17）期货。

"好想你"红枣的采购模式一直都是季采年销，即在每年10～12月红枣成熟的季节采购，然后用下一年的时间销售。这种传统的集中采购模式，会在采购季节需要大容量的仓库、大批的资金、大额的物流和保管费用。"好想你"公司率先采用了红枣的期货模式。红枣期货模式在为红枣企业和广大枣农提供定价和避险工具的同时，"好想你"可以根据自己的销售节奏与市场需求，结合期货、现货两个价格，实现精准采购，大大降低了公司的资金成本和库存占用等支出。

2. 第二维宽度节流——其他业务支出

宜家连锁公司创始人英瓦尔·坎普拉德虽然是全球超级富豪、资产达数百亿美元，但他却"吝啬成性"，在各个方面节省支出。比如，一辆车他连续开了15年，穿二手衣服，乘坐经济舱。员工也被要求在纸张的正反两面写字。（资料来源：《新闻晨报》，徐惠芬，《91岁宜家创始人去世：生活简朴，一辆沃尔沃开了15年》）

3. 第四维宽度节流——营业外支出

如果企业掌控不好，那么营业外支出可能会非常巨大。比如，2005—2018年，美国联邦法院已经受理了250件沃尔玛员工对公司的起诉案件，绝大多数都和性别歧视和劳动用工有关，沃尔玛为此向员工付出的赔偿金达到2.5亿美元。被逼无奈，1999年，公司只有30名专用律师，2002年则增加至90人，显然，这又是一笔不菲的人工费用。（资料来源：天下网商，姜雪芬，《虽说亚马逊已等于2.5个沃尔玛，货架背后的故事仍耐人寻味》）

4. 第五维宽度节流——所得税及其他税或附加

最常用和最典型的就是企业的纳税筹划。纳税筹划，是指"纳税人通过非违法的避税方法和合法的节税方法以及税负转嫁方法来达到尽可能减少税收负担的行为"[1]。

纳税筹划=避税筹划（非违法）+节税筹划（合法）+转嫁筹划（合法）

---

[1] 张中秀，主编. 公司避税节税转嫁筹划［M］. 北京：中华工商联合出版社，2001年.

纳税筹划的思路是：如果单纯地、分割地理解和遵守国家和地区的税收法则，那么这些或粗或细的条款对于企业而言除了具有约束与法律上的保护之外，很难成为企业可支配并能为企业带来正效用的资源。

我们应该注意到，企业为了进行科学合理（不能偷、逃、漏、骗税）地减少纳税金额，必须对税法及相关法规（如企业法、进出口法、资源法、环保法等）、财务会计知识（有些减税筹划是把税收在扣税前纳入成本费用的，因此企业必须准确把握可扣成本费用的规定、范围、数量等）、不同地区与国家经济发展方针（保税区、避税港、双重纳税、征收管辖权等）、社会文化（纳税筹划本身就需要高文化层次的人才能操作）、道德观念（当地对待纳税、多税、少税的道德评论等）等相当熟悉并具有将它们组合成新信息或数据的能力。否则，不可能成功地实现避税、节税与转嫁的筹划，这既是企业为成功地避税节税转嫁而求助于会计师事务所、律师事务所与管理咨询公司等专业税务代理人的原因，也是专业税务代理人为了完成避税节税转嫁筹划而组成由财会师、税务师、律师、审计师等不同专业人士构成的策划团队的原因。

7.5.4 深度"节流"的十种战略组合

除了上述的在宽度上"节流"的方法之外，单店为了减少支出或"流"的出量，还可以采取减少单个"流"的流出量的方法，我们称之为深度"节流"。

深度"节流"的基本原理如下所述。

E表示支出，Q表示数量，p表示单价，那么，无论哪一种形式的支出，其基本的公式和原理都是：

$$E=Q\cdot p$$

因此，为了减少支出的金额，我们可以采取的管理Q、p的方式有多种。首先看看几种单变量变化的含义：

Q↑↑——数量的值大幅度增加

Q↑——数量的值增加

Q——数量的值不变

Q↓——数量的值减少

Q↓↓——数量的值大幅度减少

p↑↑——价格大幅度增加

p↑——价格增加

p——价格不变

p↓——价格减少

p↓↓——价格大幅度减少

其中，↑↑、↑、、↓、↓↓这五个符号在变化的幅度上依次低一个级别。

针对上述Q、p两个指标的各自五种变化，我们可以有5×5=25种组合，其中可以使单店支出减少的组合方式是十种（阴影部分所代表的组合），见表7-8。

表7-8 单店支出（E）减少的组合方式

	p↑↑	p↑	p-	p↓	p↓↓
Q↑↑					
Q↑					1
Q-				1	2
Q↓			1	2	3
Q↓↓		1	2	3	4

表7-8的数字代表支出减少的强度，最小为1，其他依次为2、3、4。0表示不减少。但要注意，这个数字只表示强度的大小，并不表示数值上的倍数关系，比如"4"并不表示强度是"2"的两倍，只是说明"4"的强度比"2"的强度要大。数字相同的组合则表示支出减少的强度相等。

从表7-8可以看出：

① 最理想的或者说支出减少强度最大的方式（强度值为"4"）只有一种，即Q大幅度减少，而p也大幅度减少的情况。

② 支出减少强度排名第二的方式（强度值为"3"）有两种，分别是Q大幅度减少、p减少的情况和p大幅度减少、Q减少的情况。

③ 支出减少强度排名第三的方式（强度值为"2"）有三种，分别是Q大幅度减少、p不变的情况，p大幅度减少、Q不变的情况和Q减少、p减少的情况。

④ 支出减少强度排名第四的方式（强度值为"1"）有四种，分别是Q大幅度减少、p增加的情况，p大幅度减少、Q增加的情况，Q减少、p不变的情况和p减少、Q不变的情况。

⑤ Q减少或大幅度减少的情况有七种，占所有使支出减少的十种组合方式的70%，p减少或大幅度减少的情况也有七种，占所有使支出减少的十种组合方式的70%。而且，最理想的或者说支出减少强度最大的方式（强度值为"4"）是Q大幅度减少、p也大幅度减少的情况。

⑥ 所有的使支出减少的组合中，一定有这两种情况中的至少一种：Q减少，p减少。

7.6 特许经营体系、总部与单店盈利模式的算法模型

在实际的特许经营市场活动中，特许人企业一直都有很多的困惑和疑问，这也是经常被业内很多人争论得不可开交的问题，比如：

- 总部要不要做加盟？

- 做了加盟之后能不能赚钱？
- 加盟和直营哪个更赚钱？
- 做了加盟之后多赚了还是少赚了？多赚多少？少赚多少？
- 特许人从哪个地方下手增加自己的利益？
- 特许人从哪个地方下手增加受许人的利益？
- 如何科学地设计三大类的特许经营费用才能实现特许人和受许人的双赢？
- 服务业后续没有向零售业那样继续供货的利益，因此服务业的总部如何持续地从受许人处获得盈利？
- 单店投资大的企业和单店投资小的企业，哪一个更适合加盟？
- 从经济效益的角度看，特许人招收什么样的受许人更适合？

……

对上述这些问题的解决方案要么是定性的分析，要么是拍脑袋的决策，要么是稀里糊涂的回答，以至于出现了很多投资悲剧。有的企业做了加盟之后发现，加盟体系获得的利益抵不上总部对加盟的投入，或者都抵不上总部人员的工资和办公场地等费用；还有的企业做了加盟之后，发现要么总部赚钱、受许人不赚钱，要么受许人赚钱、总部不赚钱；等等。

因此，在模糊的定性解决上述问题之外，我们需要建立一系列科学的盈利模型和公式来计算而不是拍脑袋得出结果。

特许人不能只是单方面地设计总部或单店的盈利模式，应该从系统的角度出发去设计整个体系的盈利模式。

特许经营体系的盈利模式分为四个最基本的主盈利模式：总部盈利模式、直营店盈利模式、区域受许人或分部盈利模式和加盟单店盈利模式。

上述的四个盈利模式中，最关键的是总部和加盟单店的盈利模式，因为区域相当于一个缩小型的总部，所以区域受许人或分部的盈利模式可以参照总部进行设计；多店受许人的盈利模式可以参照加盟单店的盈利模式，只不过店的数量增多了而已。

此处的总部盈利模式包括从直营店盈利和受许人处盈利两类模式。此处主要计算总部从受许人处盈利的模式，且只计算直接的现金收入与支出，不计算因此而带来的品牌等无形资产的增值收入或贬值支出。

在此之前，再次强调盈利的公式（Ⅰ）：

$$\text{利润} = \text{收入} - \text{支出（成本} + \text{费用）} \qquad 公式（Ⅰ）$$

任何经济单元，包括总部、单店等，只要抓住一个原则：经济单元追求的是利润，是收入和支出的差，所以经济单元的盈利模式主要的就是收入和支出的有机的源流组合。

我们从四个方面阐述和诠释特许经营体系、总部与单店盈利模式的算法模型。

1. 先从单店的经济效益上看加盟店是否可行

① 在收入上，假设总部给加盟店和直营店的配货价格一致，则加盟店和直营店在

产品价差的收入上的差别不大。但是因为受许人投入了真金白银，所以受许人应该比直营店的员工更努力，所以加盟店的销售收入应该是大于同等条件下的直营店的收入。

② 加盟店比直营店多支出了加盟金、权益金、保证金等特许经营费用，所以加盟店的销售量必须高于同等条件下的直营店的销售量才能保证此支出部分是可以被补偿的，如此的加盟店才是可行的。

③ 因为特许人的批量性购买等规模效应，所以加盟店比直营店或受许人自己独立开店少支出或节省的费用也多，可能会包括装修费、机器设备原料费等。

上述表述可以用图7-9表示。

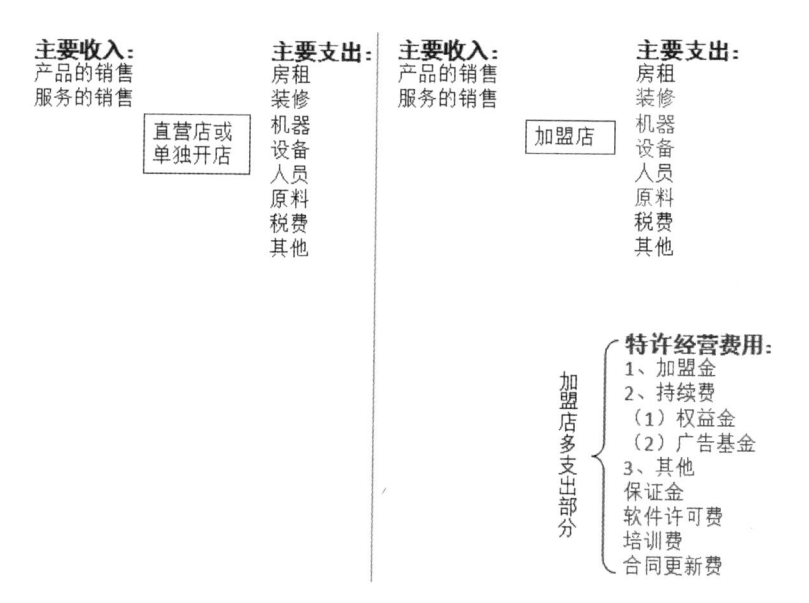

图7-9 直营店或单独开店与加盟店的主要收入支出对比图

那么，从经济效益上看，受许人选择加盟店而非独立开店必须满足下述条件，即公式（Ⅱ）：

（加盟店销售量增加部分的净利润+加盟少支出的部分）≥特许经营费用

从上述公式（Ⅱ）我们可以得出如下结论：

① 为了使加盟可行，或者为了使受许人获得更大的利益，总部应尽量在加盟店的装修、机器、设备、原料等方面发挥批量购买的规模效应，减少受许人的支出。至少，特许人应努力使受许人购买机器、设备、原料等的费用低于受许人独立开店时的支出。

② 因为加盟要比独立开店多支出，所以受许人必须更努力地销售，才能使加盟店的收入赶上自己独立开店的收入。

③ 特许人的特许经营费用要小于等于（加盟店销售量增加部分的净利润+加盟少支出的部分）。

④ 特许人必须要招募合格的受许人，确保"加盟店的销售收入应该是大于同等条件下的直营店的收入"的假设变成现实。

2. 从总部做加盟前后的经济效益上看总部是否适合做特许经营

① 总部和受许人在收入和支出的很多项目上是此消彼长的关系，即互为收入支出，如特许经营费用，对总部来说是收入，对受许人而言就是支出。

② 做加盟之前，总部来自单店的收入只有一项即产品价差。

③ 做加盟之后，总部可以差价配送的物品的范围主要包括：总部配送给受许人的店铺（如麦当劳式的二房东）、装修、机器、设备、原料等。

④ 做加盟之后，总部的来自单店的收入增加了两项：特许经营费用（三大类，十多个小类）、加盟店销售量增大（假设受许人比直营店的员工更努力）而给总部带来更大的供货量和金额。

⑤ 做加盟之后，总部收入在增加了前述两项的同时，总部支出增加了两大类：第一类是为加盟这种模式的支出，包括特许经营体系构建的支出、对加盟店的赠送、招商的支出（如广告宣传、招商人员支出、管理办公支出、召开项目说明会等活动支出等），以及对受许人的"领进门、扶上马、送一程、保终生"的支出（如营建、培训、督导、客服等）；第二类是受许人流水中去除交给总部的权益金的部分，即加盟店流水中被受许人留存的部分。

上述表述可以用图7-10表示。

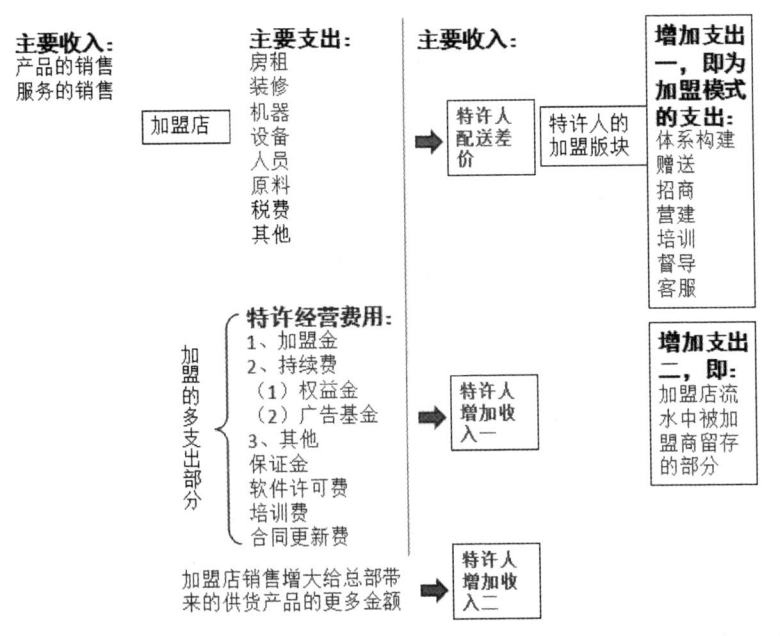

图7-10 加盟店主要支出与特许人为加盟而得到的主要收入对标图，以及特许人为加盟而付出的只要支出项目图

第7章　盈利模式设计与管理

那么，总部做加盟要想比直营更赚钱的前提条件，或者加盟可行的条件就是公式（Ⅲ）：

总部做加盟的多收入部分≥总部做加盟的多支出部分

即公式（Ⅳ）：

特许人配送差价+特许经营费用+加盟店销售增大给总部带来的供货产品增多的金额≥为加盟模式的支出（体系构建+总部给加盟店的赠送+招商+营建+培训+督导+客服等）+加盟店流水中被受许人留存的部分

如果上述条件满足，我们可以认为在经济效益上，这个企业是可以做特许经营的。

从上述公式（Ⅳ），我们不仅可以得出很多结论，而且特许经营领域的诸多疑问和争议也都迎刃而解了。

① 连锁企业从直营转做加盟时，在经济效益上可行的前提条件是企业因加盟的多收入部分必须大于等于企业为加盟而多支出的部分。

② 做加盟后，为使加盟模式比直营模式更有利，特许人企业应着重加大两大块的加盟多收入部分的数值：特许经营费用（即图7-10中的"特许人增加收入一"），受许人比直营店多销售而带来的总部供货利益（即图7-10中的"特许人增加收入二"）。

③ 若是服务业而非零售业，因为加盟店加大销售给总部带来的供货利益不大，所以特许人只能重点增加特许经营费用。

④ 单店的主要支出（包括房租、装修、机器、设备、原料、人员等）越大的企业，越适合开展加盟，因为特许人在这一部分的节省支出即特许人从加盟店的房租、装修、机器设备、原料等方面赚取的差价或利益就越大。

⑤ 特许人做加盟后为追求最大化的经济效益，应重点压缩两大块的因为加盟模式而发生的支出：一是为加盟模式的支出部分，包括体系构建+总部给加盟店的赠送+招商+营建+培训+督导+客服等；二是受许人流水中去除交给总部的权益金的部分，换句话说就是，总部应收取尽可能高的权益金。

3. 从经济效益上看，如何使受许人和总部都双赢

我们可以用三个步骤即"维华三步循环算法"来解决这个问题。

（1）第一步，拉出加盟店的收入支出的盈利公式或模型或列表。

一定要得出至少三类结果。

1）三类支出：①成本，包括单店投资的成本类别明细与具体数额，越详细越好，成本项目如有装修、机器设备、家具、登记注册等开办费，开业盛典费，特许经营费用中的加盟金等；②费用，包括单店日常运营中的费用类别明细与具体数额，费用项目如人员工资、房租、水电气费、广告宣传费、原材料费用、特许经营费用中的权益金与广告基金与培训费等；③税。

2）收入：包括收入的明细与具体数额，如产品销售、服务提供、进店费、总部的奖励或返点等。

3）利润及相关：①毛利；②毛利率；③净利；④净利率；⑤回收期。

上述项目类别和明细一定要用Excel表格中的公式表示，当我们具体调整数据时，只需要改变其中一项，其他对应的数值会自动改变。

上面的三类支出和收入、利润及相关见表7-9。

表7-9　加盟店的收入支出的盈利表

序号	一级名称	二级名称	数额	备注
1	成本	装修		
2		机器设备		
3		家具		
4		登记注册等开办费		
5		开业盛典费		
6		加盟金		
7		……		
8	费用	人员工资		
9		房租		
10		水电气费		
11		广告宣传费		
12		原材料费		
13		权益金		
14		广告基金		
15		培训费		
16		……		
17	税			
18	收入	产品销售		
19		服务提供		
20		进店费		
21		总部的奖励或返点		

续表

序号	一级名称	二级名称	数额	备注
22		……		
23	利润及相关	毛利		
24		毛利率		
25		净利		
26		净利率		
27		回收期		

（2）第二步，拉出总部的收入支出的盈利公式或模型或列表。

一定要得出至少三类结果。

1）支出：①成本，包括总部投资的成本类别明细与具体数额，越详细越好，成本项目如有总部装修、办公设备、家具、登记注册等开办费；②费用，包括总部日常运营中的费用类别明细与具体数额，如人员工资，房租，水电费，办公费用，广告宣传费，赠送加盟店的费用以及对受许人的体系构建、招商、营建、培训、督导、客服等费用；③税。

2）收入，包括收入的明细与具体数额，如产品差价、机器设备等差价、原材料差价、加盟金、保证金、持续费（权益金、广告基金）、软件许可费等。

3）利润及相关：①毛利；②毛利率；③净利；④净利率；⑤回收期。

上述的项目类别和明细一定要用Excel表格中的公式表示，当我们具体调整数据时，只需要改变其中一项，其他对应的数值会自动改变。

上面的三类支出和收入、利润及相关见表7-10。

表7-10　加盟店的收入支出的盈利表

序号	一级名称	二级名称	数额	备注
1	成本	装修		
2		办公设备		
3		家具		
4		登记注册等开办费		
5		……		
6	费用	人员工资		
7		房租		

续表

序号	一级名称	二级名称	数额	备注
8		水电费		
9		办公费用		
10		广告宣传费		
11		赠送加盟店的费用		
12		对受许人的体系构建、招商、营建、培训、督导、客服等		
13		……		
14	税			
15	收入	产品差价		
16		机器设备等差价		
17		原材料差价		
18		加盟金		
19		保证金		
20		持续费（权益金、广告基金）		
21		软件许可费		
22		……		
23	利润及相关	毛利		
24		毛利率		
25		净利		
26		净利率		
27		回收期		

（3）第三步，调节受许人和总部的互为收入支出的公共部分。

由前面的内容我们清晰地看到，加盟店和总部在收入和支出上的很多地方是互为彼此的，即一方的收入是另一方的支出。因此，在表7-9和表7-10分别列出来与计算之后，接下来的工作就是调整这两个表内的数字。

具体调节时：

① 以加盟店与总部的"利润及相关"内的各值为核心与目标。

② 重点调节受许人和总部的互为收入支出的公共部分（如三大类的特许经营费用）的值

③ 辅助调节表7-9和表7-10中的其他指标。

第7章 盈利模式设计与管理

但无论如何调节，调节数值的最终目标是使特许人和受许人获得"可接受"的经济效益，此经济效益的主要指标就是"利润及相关"的毛利、毛利率、净利、净利率和回收期。

何为"可接受"？对于优秀特许经营体系的加盟店来说，其盈利的最佳状况是在同行的平均水平以上。对总部来说，底线是因加盟而获得的收入要能负担起总部为了特许而必需的支出。当前两者发生冲突时，以受许人的利益为优先考虑。

在反复调整数值的过程中，三大类的特许经营费用、受许人必须增加的销量、总部赠送给受许人的支出、总部为了加盟模式而发生的"招商+营建+培训+督导+客服"等费用的支出等许多特许人与受许人非常关心和困惑的事项不但迎刃而解，而且可以计算出非常科学、准确、公平的数字了。

在调节的过程中注意如下事项：

① 对于特定的企业，有的指标是不可调节的。比如，有的特许人规定了权益金的数量并且不愿意做出改变。那么，在这种情况下，我们可以调节其他部分的数值。

② 当发现有的数值无论如何调节，都不能满足要求时，要围绕上述表7-8和表7-9改变企业的收入支出类型。比如，当我们无论如何调节，都发现单店的收入太少。这个时候，我们除了在既有收入上想办法（如增加销售量、提高售价）之外，还可以尝试其他办法，如增加收入的类别，增加其他服务项目、销售毛利高的其他产品、增加围绕客户开展的客户价值深度挖掘或后续服务的业务。

③ 坚持双赢的原则，即在经济效益上要实现特许人和受许人的双赢，只有这样，特许经营关系才能更长久。

④ 上述数字的调节要考虑特许人的长远发展战略。

⑤ 上述数字不是一成不变的，应该是动态的，随着企业的发展，数字应该随时做出适当的调整。

⑥ 一定要树立一个意识，那就是，只要我们打开思维，每个数字都是可调整的。

因为上述三个步骤需要反复循环计算才能最终确定，所以我们称它为"维华三步循环算法"。

经过上述三个步骤之后，总部和加盟店的各自的收入与支出的类别、数字就都可以确定，因此各自的盈利模式得以确定。在此基础上，其他盈利模式也随之而定。比如，区域受许人的盈利模式可分为两类：一是来自区域受许人自己的直营店（实际上就是总部的加盟店）的盈利模式；二是来自代行总部部分职能获得的盈利模式。前者参照加盟单店的盈利模式，后者把其收入和支出列出后，再结合总部、区域受许人的下级加盟店的收入支出重合部分进行调整即可。

4. 整个体系的全盘盈利模式布局

然而，从整个体系而言，特许人应放眼全局，追求的是整体盈利，并非局部盈利。

比如，在连锁药店领域，有些城市规定两店之间的直线距离不能小于250米，所以，为了占领某个区域，特许人可以采取的一种方法就是每隔250米开设一家店，虽然这样的布局可能会使某些店很难盈利，但从整个区域来看，区域内的消费者只能选择该体系的其他店消费，所以，特许人就在这个区域牢牢地独占了市场。再比如，有时为了拦截竞争对手，特许人会在最关键的两个位置都开设店，其中一家店的生意可能不好，但这个店却成功地阻止了竞争者的进入。虽然上述的整体布局的战略是可行的，但是从法、商、德、情四个角度讲，那些作为"弃子"的不盈利的店一定要是特许人的直营店，不能把加盟店设为"弃子"。

[练习与思考]

（1）实际研究一家单店，为其量身设计一个单店盈利模式方案。

（2）挑选不少于十种文中所讲的"开源"与"节流"组合战略，至少举出一个实例。

（3）虚拟或实际选取一个特许人企业，按照盈利模式算法对其总部、加盟店、区域加盟店的盈利模式进行计算。

附 录

附录A 《商业特许经营管理条例》（2007年）

[发布单位] 中华人民共和国国务院
[发布文号] 国务院第485号

《商业特许经营管理条例》已经2007年1月31日国务院第167次常务会议通过，现予公布，自2007年5月1日起施行。

总理：温家宝
二〇〇七年二月六日

商业特许经营管理条例

第一章 总 则

第一条 为规范商业特许经营活动，促进商业特许经营健康、有序发展，维护市场秩序，制定本条例。

第二条 在中华人民共和国境内从事商业特许经营活动，应当遵守本条例。

第三条 本条例所称商业特许经营（以下简称特许经营），是指拥有注册商标、企业标志、专利、专有技术等经营资源的企业（以下称特许人），以合同形式将其拥有的经营资源许可其他经营者（以下称被特许人）使用，被特许人按照合同约定在统一的经营模式下开展经营，并向特许人支付特许经营费用的经营活动。企业以外的其他单位和个人不得作为特许人从事特许经营活动。

第四条 从事特许经营活动，应当遵循自愿、公平、诚实信用的原则。

第五条 国务院商务主管部门依照本条例规定，负责对全国范围内的特许经营活动实施监督管理。省、自治区、直辖市人民政府商务主管部门和设区的市级人民政府商务主管部门依照本条例规定，负责对本行政区域内的特许经营活动实施监督管理。

第六条 任何单位或者个人对违反本条例规定的行为，有权向商务主管部门举报。商务主管部门接到举报后应当依法及时处理。

第二章 特许经营活动

第七条 特许人从事特许经营活动应当拥有成熟的经营模式，并具备为被特许人持续提供经营指导、技术支持和业务培训等服务的能力。特许人从事特许经营活动应当拥有至少2个直营店，并且经营时间超过1年。

第八条 特许人应当自首次订立特许经营合同之日起15日内，依照本条例的规定向商务主管部门备案。在省、自治区、直辖市范围内从事特许经营活动的，应当向所在地省、自治区、直辖市人民政府商务主管部门备案；跨省、自治区、直辖市范围从事特许经营活动的，应当向国务院商务主管部门备案。

特许人向商务主管部门备案，应当提交下列文件、资料：

（一）营业执照复印件或者企业登记（注册）证书复印件；
（二）特许经营合同样本；
（三）特许经营操作手册；
（四）市场计划书；
（五）表明其符合本条例第七条规定的书面承诺及相关证明材料；
（六）国务院商务主管部门规定的其他文件、资料。

特许经营的产品或者服务，依法应当经批准方可经营的，特许人还应当提交有关批准文件。

第九条 商务主管部门应当自收到特许人提交的符合本条例第八条规定的文件、资料之日起10日内予以备案，并通知特许人。特许人提交的文件、资料不完备的，商务主管部门可以要求其在7日内补充提交文件、资料。

第十条 商务主管部门应当将备案的特许人名单在政府网站上公布，并及时更新。

第十一条 从事特许经营活动，特许人和被特许人应当采用书面形式订立特许经营合同。

特许经营合同应当包括下列主要内容：
（一）特许人、被特许人的基本情况；
（二）特许经营的内容、期限；
（三）特许经营费用的种类、金额及其支付方式；
（四）经营指导、技术支持以及业务培训等服务的具体内容和提供方式；
（五）产品或者服务的质量、标准要求和保证措施；
（六）产品或者服务的促销与广告宣传；
（七）特许经营中的消费者权益保护和赔偿责任的承担；
（八）特许经营合同的变更、解除和终止；
（九）违约责任；
（十）争议的解决方式；
（十一）特许人与被特许人约定的其他事项。

第十二条 特许人和被特许人应当在特许经营合同中约定，被特许人在特许经营合同订立后一定期限内，可以单方解除合同。

第十三条 特许经营合同约定的特许经营期限应当不少于3年。但是，被特许人同意的除外。

特许人和被特许人续签特许经营合同的，不适用前款规定。

第十四条 特许人应当向被特许人提供特许经营操作手册，并按照约定的内容和方式为被特许人持续提供经营指导、技术支持、业务培训等服务。

第十五条 特许经营的产品或者服务的质量、标准应当符合法律、行政法规和国家有关规定的要求。

第十六条 特许人要求被特许人在订立特许经营合同前支付费用的，应当以书面形式向被特许人说明该部分费用的用途以及退还的条件、方式。

第十七条 特许人向被特许人收取的推广、宣传费用，应当按照合同约定的用途使用。推广、宣传费用的使用情况应当及时向被特许人披露。

特许人在推广、宣传活动中，不得有欺骗、误导的行为，其发布的广告中不得含有宣传被特许人从事特许经营活动收益的内容。

第十八条 未经特许人同意，被特许人不得向他人转让特许经营权。

被特许人不得向他人泄露或者允许他人使用其所掌握的特许人的商业秘密。

第十九条 特许人应当在每年第一季度将其上一年度订立特许经营合同的情况向商务主管部门报告。

第三章 信息披露

第二十条 特许人应当依照国务院商务主管部门的规定，建立并实行完备的信息披露制度。

第二十一条 特许人应当在订立特许经营合同之日前至少30日，以书面形式向被特许人提供本条例第二十二条规定的信息，并提供特许经营合同文本。

第二十二条 特许人应当向被特许人提供以下信息：

（一）特许人的名称、住所、法定代表人、注册资本额、经营范围以及从事特许经营活动的基本情况；

（二）特许人的注册商标、企业标志、专利、专有技术和经营模式的基本情况；

（三）特许经营费用的种类、金额和支付方式（包括是否收取保证金以及保证金的返还条件和返还方式）；

（四）向被特许人提供产品、服务、设备的价格和条件；

（五）为被特许人持续提供经营指导、技术支持、业务培训等服务的具体内容、提供方式和实施计划；

（六）对被特许人的经营活动进行指导、监督的具体办法；

（七）特许经营网点投资预算；

（八）在中国境内现有的被特许人的数量、分布地域以及经营状况评估；

（九）最近2年的经会计师事务所审计的财务会计报告摘要和审计报告摘要；

（十）最近5年内与特许经营相关的诉讼和仲裁情况；

（十一）特许人及其法定代表人是否有重大违法经营记录；

（十二）国务院商务主管部门规定的其他信息。

第二十三条 特许人向被特许人提供的信息应当真实、准确、完整，不得隐瞒有关信息，或者提供虚假信息。特许人向被特许人提供的信息发生重大变更的，应当及时通知被特许人。特许人隐瞒有关信息或者提供虚假信息的，被特许人可以解除特许经营合同。

第四章　法律责任

第二十四条　特许人不具备本条例第七条第二款规定的条件，从事特许经营活动的，由商务主管部门责令改正，没收违法所得，处10万元以上50万元以下的罚款，并予以公告。

企业以外的其他单位和个人作为特许人从事特许经营活动的，由商务主管部门责令停止非法经营活动，没收违法所得，并处10万元以上50万元以下的罚款。

第二十五条　特许人未依照本条例第八条的规定向商务主管部门备案的，由商务主管部门责令限期备案，处1万元以上5万元以下的罚款；逾期仍不备案的，处5万元以上10万元以下的罚款，并予以公告。

第二十六条　特许人违反本条例第十六条、第十九条规定的，由商务主管部门责令改正，可以处1万元以下的罚款；情节严重的，处1万元以上5万元以下的罚款，并予以公告。

第二十七条　特许人违反本条例第十七条第二款规定的，由工商行政管理部门责令改正，处3万元以上10万元以下的罚款；情节严重的，处10万元以上30万元以下的罚款，并予以公告；构成犯罪的，依法追究刑事责任。

特许人利用广告实施欺骗、误导行为的，依照广告法的有关规定予以处罚。

第二十八条　特许人违反本条例第二十一条、第二十三条规定，被特许人向商务主管部门举报并经查实的，由商务主管部门责令改正，处1万元以上5万元以下的罚款；情节严重的，处5万元以上10万元以下的罚款，并予以公告。

第二十九条　以特许经营名义骗取他人财物，构成犯罪的，依法追究刑事责任；尚不构成犯罪的，由公安机关依照《中华人民共和国治安管理处罚法》的规定予以处罚。以特许经营名义从事传销行为的，依照《禁止传销条例》的有关规定予以处罚。

第三十条　商务主管部门的工作人员滥用职权、玩忽职守、徇私舞弊，构成犯罪的，依法追究刑事责任；尚不构成犯罪的，依法给予处分。

第五章　附　　则

第三十一条　特许经营活动中涉及商标许可、专利许可的，依照有关商标、专利的法律、行政法规的规定办理。

第三十二条　有关协会组织在国务院商务主管部门指导下，依照本条例的规定制定特许经营活动规范，加强行业自律，为特许经营活动当事人提供相关服务。

第三十三条　本条例施行前已经从事特许经营活动的特许人，应当自本条例施行之日起1年内，依照本条例的规定向商务主管部门备案；逾期不备案的，依照本条例第二十五条的规定处罚。前款规定的特许人，不适用本条例第七条第二款的规定。

第三十四条　本条例自2007年5月1日起施行。

附录B 《商业特许经营信息披露管理办法》（2012年）

中华人民共和国商务部令

2012年第2号

修订后的《商业特许经营信息披露管理办法》已经2012年1月18日商务部第60次部务会议审议通过，现予发布，自2012年4月1日起施行。《商业特许经营信息披露管理办法》（商务部令2007年第16号）同时废止。

部　长　陈德铭
二〇一二年二月二十三日

商业特许经营信息披露管理办法

第一条　为维护特许人与被特许人双方的合法权益，根据《商业特许经营管理条例》（以下简称《条例》），制定本办法。

第二条　在中华人民共和国境内开展商业特许经营活动适用本办法。

第三条　本办法所称关联方，是指特许人的母公司或其自然人股东、特许人直接或间接拥有全部或多数股权的子公司、与特许人直接或间接地由同一所有人拥有全部或多数股权的公司。

第四条　特许人应当按照《条例》的规定，在订立商业特许经营合同之日前至少30日，以书面形式向被特许人披露本办法第五条规定的信息，但特许人与被特许人以原特许合同相同条件续约的情形除外。

第五条　特许人进行信息披露应当包括以下内容：

（一）特许人及特许经营活动的基本情况。

1. 特许人名称、通信地址、联系方式、法定代表人、总经理、注册资本额、经营范围以及现有直营店的数量、地址和联系电话。

2. 特许人从事商业特许经营活动的概况。

3. 特许人备案的基本情况。

4. 由特许人的关联方向被特许人提供产品和服务的，应当披露该关联方的基本情况。

5. 特许人或其关联方过去2年内破产或申请破产的情况。

（二）特许人拥有经营资源的基本情况。

1. 注册商标、企业标志、专利、专有技术、经营模式及其他经营资源的文字说明。

2. 经营资源的所有者是特许人关联方的，应当披露该关联方的基本信息、授权内容，同时应当说明在与该关联方的授权合同中止或提前终止的情况下，如何处理该特许体系。

3. 特许人（或其关联方）的注册商标、企业标志、专利、专有技术等与特许经营相关的经营资源涉及诉讼或仲裁的情况。

（三）特许经营费用的基本情况。

1. 特许人及代第三方收取费用的种类、金额、标准和支付方式，不能披露的，应当说明原因，收费标准不统一的，应当披露最高和最低标准，并说明原因。

2. 保证金的收取、返还条件、返还时间和返还方式。

3. 要求被特许人在订立特许经营合同前支付费用的，该部分费用的用途以及退还的条件、方式。

（四）向被特许人提供产品、服务、设备的价格、条件等情况。

1. 被特许人是否必须从特许人（或其关联方）处购买产品、服务或设备及相关的价格、条件等。

2. 被特许人是否必须从特许人指定（或批准）的供货商处购买产品、服务或设备。

3. 被特许人是否可以选择其他供货商以及供货商应具备的条件。

（五）为被特许人持续提供服务的情况。

1. 业务培训的具体内容、提供方式和实施计划，包括培训地点、方式和期限等。

2. 技术支持的具体内容、提供方式和实施计划，包括经营资源的名称、类别及产品、设施设备的种类等。

（六）对被特许人的经营活动进行指导、监督的方式和内容。

1. 经营指导的具体内容、提供方式和实施计划，包括选址、装修装潢、店面管理、广告促销、产品配置等。

2. 监督的方式和内容，被特许人应履行的义务和不履行义务的责任。

3. 特许人和被特许人对消费者投诉和赔偿的责任划分。

（七）特许经营网点投资预算情况。

1. 投资预算可以包括下列费用：加盟费；培训费；房地产和装修费用；设备、办公用品、家具等购置费；初始库存；水、电、气费；为取得执照和其他政府批准所需的费用；启动周转资金。

2. 上述费用的资料来源和估算依据。

（八）中国境内被特许人的有关情况。

1. 现有和预计被特许人的数量、分布地域、授权范围、有无独家授权区域（如有，应说明预计的具体范围）的情况。

2. 现有被特许人的经营状况，包括被特许人实际的投资额、平均销售量、成本、毛利、纯利等信息，同时应当说明上述信息的来源。

（九）最近2年的经会计师事务所或审计事务所审计的特许人财务会计报告摘要和审计报告摘要。

（十）特许人最近5年内与特许经营相关的诉讼和仲裁情况，包括案由、诉讼（仲裁）请求、管辖及结果。

（十一）特许人及其法定代表人重大违法经营记录情况。

1. 被有关行政执法部门处以30万元以上罚款的。

2. 被追究刑事责任的。

（十二）特许经营合同文本。

1. 特许经营合同样本。

2. 如果特许人要求被特许人与特许人（或其关联方）签订其他有关特许经营的合同，应当同时提供此类合同样本。

第六条　特许人在推广、宣传活动中，不得有欺骗、误导的行为，发布的广告中不得含有宣传单个被特许人从事商业特许经营活动收益的内容。

第七条　特许人向被特许人披露信息前，有权要求被特许人签署保密协议。

被特许人在订立合同过程中知悉的商业秘密，无论特许经营合同是否成立，不得泄露或者不正当使用。

特许经营合同终止后，被特许人因合同关系知悉特许人商业秘密的，即使未订立合同终止后的保密协议，也应当承担保密义务。

被特许人违反本条前两款规定，泄露或者不正当使用商业秘密给特许人或者其他人造成损失的，应当承担相应的损害赔偿责任。

第八条　特许人在向被特许人进行信息披露后，被特许人应当就所获悉的信息内容向特许人出具回执说明（一式两份），由被特许人签字，一份由被特许人留存，另一份由特许人留存。

第九条　特许人隐瞒影响特许经营合同履行致使不能实现合同目的的信息或者披露虚假信息的，被特许人可以解除特许经营合同。

第十条　特许人违反本办法有关规定的，被特许人有权向商务主管部门举报，经查实的，分别依据《条例》第二十六条、第二十七条、第二十八条予以处罚。

第十一条　本办法由中华人民共和国商务部负责解释。

第十二条　本办法自2012年4月1日起施行。原《商业特许经营信息披露管理办法》（商务部令2007年第16号）同时废止。

附录C 《商业特许经营备案管理办法》（2011年）

中华人民共和国商务部令

2011年第5号

修订后的《商业特许经营备案管理办法》已经2011年11月7日商务部第56次部务会议审议通过，现予发布，自2012年2月1日起施行。《商业特许经营备案管理办法》（商务部2007年第15号令）同时废止。

部　长　陈德铭
二〇一一年十二月十二日

商业特许经营备案管理办法

第一条 为加强对商业特许经营活动的管理，规范特许经营市场秩序，根据《商业特许经营管理条例》（以下简称《条例》）的有关规定，制定本办法。

第二条 在中华人民共和国境内（以下简称中国境内）从事商业特许经营活动，适用本办法。

第三条 商务部及省、自治区、直辖市人民政府商务主管部门是商业特许经营的备案机关。在省、自治区、直辖市范围内从事商业特许经营活动的，向特许人所在地省、自治区、直辖市人民政府商务主管部门备案；跨省、自治区、直辖市范围从事特许经营活动的，向商务部备案。

商业特许经营实行全国联网备案。符合《条例》规定的特许人，依据本办法规定通过商务部设立的商业特许经营信息管理系统进行备案。

第四条 商务部可以根据有关规定，将跨省、自治区、直辖市范围从事商业特许经营的备案工作委托有关省、自治区、直辖市人民政府商务主管部门完成。受委托的省、自治区、直辖市人民政府商务主管部门应当自行完成备案工作，不得再委托其他任何组织和个人备案。

受委托的省、自治区、直辖市人民政府商务主管部门未依法行使备案职责的，商务部可以直接受理特许人的备案申请。

第五条 任何单位或者个人对违反本办法规定的行为，有权向商务主管部门举报，商务主管部门应当依法处理。

第六条 申请备案的特许人应当向备案机关提交以下材料：

（一）商业特许经营基本情况。

（二）中国境内全部被特许人的店铺分布情况。

（三）特许人的市场计划书。

（四）企业法人营业执照或其他主体资格证明。

（五）与特许经营活动相关的商标权、专利权及其他经营资源的注册证书。

（六）符合《条例》第七条第二款规定的证明文件。

在2007年5月1日前已经从事特许经营活动的特许人在提交申请商业特许经营备案材料时不适用于上款的规定。

（七）与中国境内的被特许人订立的第一份特许经营合同。

（八）特许经营合同样本。

（九）特许经营操作手册的目录（须注明每一章节的页数和手册的总页数，对于在特许系统内部网络上提供此类手册的，须提供估计的打印页数）。

（十）国家法律法规规定经批准方可开展特许经营的产品和服务，须提交相关主管部门的批准文件。

外商投资企业应当提交《外商投资企业批准证书》，《外商投资企业批准证书》经营范围中应当包括"以特许经营方式从事商业活动"项目。

（十一）经法定代表人签字盖章的特许人承诺。

（十二）备案机关认为应当提交的其他资料。

以上文件在中华人民共和国境外形成的，需经所在国公证机关公证（附中文译本），并经中华人民共和国驻所在国使领馆认证，或者履行中华人民共和国与所在国订立的有关条约中规定的证明手续。在香港、澳门、台湾地区形成的，应当履行相关的证明手续。

第七条 特许人应当在与中国境内的被特许人首次订立特许经营合同之日起15日内向备案机关申请备案。

第八条 特许人的以下备案信息有变化的，应当自变化之日起30日内向备案机关申请变更：

（一）特许人的工商登记信息。

（二）经营资源信息。

（三）中国境内全部被特许人的店铺分布情况。

第九条 特许人应当在每年3月31日前将其上一年度订立、撤销、终止、续签的特许经营合同情况向备案机关报告。

第十条 特许人应认真填写所有备案事项的信息，并确保所填写内容真实、准确和完整。

第十一条 备案机关应当自收到特许人提交的符合本办法第六条规定的文件、资料之日起10日内予以备案，并在商业特许经营信息管理系统予以公告。

特许人提交的文件、资料不完备的，备案机关可以要求其在7日内补充提交文件、资料。备案机关在特许人材料补充齐全之日起10日内予以备案。

第十二条 已完成备案的特许人有下列行为之一的，备案机关可以撤销备案，并在商业特许经营信息管理系统予以公告：

（一）特许人注销工商登记，或因特许人违法经营，被主管登记机关吊销营业执照的。

（二）备案机关收到司法机关因为特许人违法经营而作出的关于撤销备案的司法建议书。

（三）特许人隐瞒有关信息或者提供虚假信息，造成重大影响的。

（四）特许人申请撤销备案并经备案机关同意的。

（五）其他需要撤销备案的情形。

第十三条　各省、自治区、直辖市人民政府商务主管部门应当将备案及撤销备案的情况在10日内反馈商务部。

第十四条　备案机关应当完整准确地记录和保存特许人的备案信息材料，依法为特许人保守商业秘密。

特许人所在地的（省、自治区、直辖市或设区的市级）人民政府商务主管部门可以向通过备案的特许人出具备案证明。

第十五条　公众可通过商业特许经营信息管理系统查询以下信息：

（一）特许人的企业名称及特许经营业务使用的注册商标、企业标志、专利、专有技术等经营资源。

（二）特许人的备案时间。

（三）特许人的法定经营场所地址与联系方式、法定代表人姓名。

（四）中国境内全部被特许人的店铺分布情况。

第十六条　特许人未按照《条例》和本办法的规定办理备案的，由设区的市级以上商务主管部门责令限期备案，并处1万元以上5万元以下罚款；逾期仍不备案的，处5万元以上10万元以下罚款，并予以公告。

第十七条　特许人违反本办法第九条规定的，由设区的市级以上商务主管部门责令改正，可以处1万元以下的罚款；情节严重的，处1万元以上5万元以下的罚款，并予以公告。

第十八条　国外特许人在中国境内从事特许经营活动，按照本办法执行。香港、澳门特别行政区及台湾地区特许人参照本办法执行。

第十九条　相关协会组织应当依照本办法规定，加强行业自律，指导特许人依法备案。

第二十条　本办法由商务部负责解释。

第二十一条　本办法自2012年2月1日起施行。2007年5月1日施行的《商业特许经营备案管理办法》（商务部2007年第15号令）同时废止。

附录D 商务部令2004年第25号《商业特许经营管理办法》

第一章 总则

第一条 为规范商业特许经营行为，保护当事人的合法权益，促进商业特许经营健康有序发展，制定本办法。

第二条 本办法所称商业特许经营（以下简称特许经营），是指通过签订合同，特许人将有权授予他人使用的商标、商号、经营模式等经营资源，授予被特许人使用；被特许人按照合同约定在统一经营体系下从事经营活动，并向特许人支付特许经营费。

第三条 在中华人民共和国境内开展特许经营活动适用本办法。

第四条 特许人可以按照合同约定，将特许经营权直接授予被特许人，被特许人投资设立特许经营网点，开展经营活动，但不得再次转授特许经营权；或者将一定区域内的独家特许经营权授予被特许人，该被特许人可以将特许经营权再授予其他申请人，也可以在该区域内设立自己的特许经营网点。

第五条 开展特许经营应当遵守中华人民共和国的法律、法规，遵循自愿、公平、诚实、信用的原则，不得损害消费者合法权益。

特许人不得假借特许经营的名义，非法从事传销活动。

特许人以特许经营方式从事商业活动不得导致市场垄断、妨碍公平竞争。

第六条 商务部对全国特许经营活动实施监督管理，各级商务主管部门对辖区内的特许经营活动实施监督管理。

第二章 特许经营当事人

第七条 特许人应当具备下列条件：

（一）依法设立的企业或者其他经济组织；

（二）拥有有权许可他人使用的商标、商号和经营模式等经营资源；

（三）具备向被特许人提供长期经营指导和培训服务的能力；

（四）在中国境内拥有至少两家经营一年以上的直营店或者由其子公司、控股公司建立的直营店；

（五）需特许人提供货物供应的特许经营，特许人应当具有稳定的、能够保证品质的货物供应系统，并能提供相关的服务。

（六）具有良好信誉，无以特许经营方式从事欺诈活动的记录。

第八条 被特许人应当具备下列条件：

（一）依法设立的企业或者其他经济组织；

（二）拥有与特许经营相适应的资金、固定场所、人员等。

第九条 特许人享有下列权利：

（一）为确保特许经营体系的统一性和产品、服务质量的一致性，按照合同约定对被特许人的经营活动进行监督；

（二）对违反特许经营合同规定，侵犯特许人合法权益，破坏特许经营体系的被特许人，按照合同约定终止其特许经营资格；

（三）按照合同约定收取特许经营费和保证金；

（四）合同约定的其他权利。

第十条　特许人应当履行下列义务：

（一）按照本办法有关规定及时披露信息；

（二）将特许经营权授予被特许人使用并提供代表该特许经营体系的营业象征及经营手册；

（三）为被特许人提供开展特许经营所必需的销售、业务或者技术上的指导、培训及其他服务；

（四）按照合同约定为被特许人提供货物供应。除专卖商品及为保证特许经营品质必须由特许人或者特许人指定的供应商提供的货物外，特许人不得强行要求被特许人接受其货物供应，但可以规定货物应当达到的质量标准，或提出若干供应商供被特许人选择；

（五）特许人对其指定供应商的产品质量应当承担保证责任；

（六）合同约定的促销及广告宣传；

（七）合同约定的其他义务。

第十一条　被特许人享有下列权利：

（一）获得特许人授权使用的商标、商号和经营模式等经营资源；

（二）获得特许人提供的培训和指导；

（三）按照合同约定的价格，及时获得由特许人提供或安排的货物供应；

（四）获得特许人统一开展的促销支持；

（五）合同约定的其他权利。

第十二条　被特许人应当履行下列义务：

（一）按照合同的约定开展营业活动；

（二）支付特许经营费、保证金；

（三）维护特许经营体系的统一性，未经特许人许可不得转让特许经营权；

（四）向特许人及时提供真实的经营情况，财务状况等合同约定的信息；

（五）接受特许人的指导和监督；

（六）保守特许人的商业秘密；

（七）合同约定的其他义务。

第三章　特许经营合同

第十三条　特许经营合同的内容由当事人约定，一般包括以下内容：

（一）当事人的名称、住所；

（二）授权许可使用特许经营权的内容、期限、地点及是否具有独占性；

（三）特许经营费的种类、金额、支付方式以及保证金的收取和返还方式；

（四）保密条款；

（五）特许经营的产品或服务质量控制及责任；

（六）培训和指导；

（七）商号的使用；

（八）商标等知识产权的使用；

（九）消费者投诉；

（十）宣传与广告；

（十一）合同的变更和解除；

（十二）违约责任；

（十三）争议解决条款

（十四）双方约定的其他条款。

第十四条　特许经营费是指被特许人为获得特许经营权所支付的费用，包括下列几种：

（一）加盟费：是指被特许人为获得特许经营权而向特许人支付的一次性费用；

（二）使用费：是指被特许人在使用特许经营权过程中按一定的标准或比例向特许人定期支付的费用；

（三）其他约定的费用：是指被特许人根据合同约定，获得特许人提供的相关货物供应或服务而向特许人支付的其他费用。

保证金是指为确保被特许者履行特许经营合同，特许人向被特许人收取的一定费用。合同到期后，保证金应退还被特许人。

特许经营双方当事人应当根据公平合理的原则商定特许经营费和保证金。

第十五条　特许经营合同的期限一般不少于三年。

特许经营合同期满后，特许人和被特许人可以根据公平合理的原则，协商确定特许经营合同的续约条件。

第十六条　特许经营合同终止后，原被特许人未经特许人同意不得继续使用特许人的注册商标、商号或者其他标志，不得将特许人的注册商标申请注册为相似类别的商品或者服务商标，不得将与特许人注册商标相同或近似的文字申请登记为企业名称中的商号，不得将与特许人的注册商标、商号或门店装潢相同或近似的标志用于相同或类似的商品或服务中。

第四章　信息披露

第十七条　特许人和被特许人在签订特许经营合同之前和特许经营过程中应当及时披露相关信息。

第十八条　特许人应当在正式签订特许经营合同之日20日前，以书面形式向申请人提供真实、准确的有关特许经营的基本信息资料和特许经营合同文本。

第十九条　特许人披露的基本信息资料应当包括以下内容：

（一）特许人的名称、住所、注册资本、经营范围、从事特许经营的年限等主要事项，以及经会计师事务所审计的财务报告内容和纳税等基本情况；

（二）被特许人的数量、分布地点、经营情况以及特许经营网点投资预算表等，解除特许经营合同的被特许人占被特许人总数比例；

（三）商标的注册、许可使用和诉讼情况；商号、经营模式等其他经营资源的有关情况；

（四）特许经营费的种类、金额、收取方法及保证金返还方式；

（五）最近五年内所有涉及诉讼的情况；

（六）可以为被特许人提供的各种货物供应或者服务，以及附加的条件和限制等；

（七）能够给被特许人提供培训、指导的能力证明和提供培训或指导的实际情况；

（八）法定代表人及其他主要负责人的基本情况及是否受过刑事处罚，是否曾对企业的破产负有个人责任等；

（九）特许人应被特许人要求披露的其他信息资料。

由于信息披露不充分、提供虚假信息致使被特许人遭受经济损失的，特许人应当承担赔偿责任。

第二十条　被特许人应当按照特许人的要求如实提供有关自己经营能力的资料，包括主体资格证明、资信证明、产权证明等。在特许经营过程中，应当按照特许人的要求及时提供真实的经营情况等合同约定的资料。

第二十一条　在特许经营期间及特许经营合同终止后，被特许人及其雇员未经特许人同意，不得披露、使用或者允许他人使用其所掌握的特许人的商业秘密。

第二十二条　未与特许人鉴定特许经营合同，但通过特许人的信息披露而知悉特许人商业秘密的人和申请人，应当承担保密义务。未经特许人同意，不得泄露、向他人透露或转让特许人的商业秘密。

第五章　广告宣传

第二十三条　特许人在宣传、促销、出售特许经营权时，广告宣传内容应当准确、真实、合法，不得有任何欺骗、遗漏重要事实或者可能发生误导的陈述。

第二十四条　特许人和被特许人在广告宣传材料中直接或者间接含有特许人的经营收入或者收益的记录、数字或者其他有关资料，应当真实，涉及的地区及时间应当明确。

第二十五条　特许人和被特许人不得以任何可能误导、欺骗、导致混淆的方式模仿他人商标、广告画面及用语或者其他辨识标记。

第二十六条　在特许经营推广活动中，特许人不得人为夸大特许经营所带来的利益或者有意隐瞒特许经营客观上可能出现的影响他人利益的情况。

第六章 监督管理

第二十七条 各级商务主管部门应当加强对本行政区域内特许经营活动的管理和协调，指导当地行业协会（商会）开展工作。

各级商务主管部门应当建立特许人、被特许人信用档案，及时公布违规企业名单。

第二十八条 特许经营行业协会（商会）应当根据本办法制定行业规范，开展行业自律，为特许经营当事人提供相关服务，促进行业发展。

第二十九条 特许人应当在每年1月份将上一年度签订的特许经营合同的情况报其所在地商务主管部门和被特许人所在地商务主管部门备案。所在地商务主管部门应将备案情况报上一级商务主管部门。

第三十条 在特许经营活动中涉及专利许可的，应当按照《中华人民共和国专利法》及其实施细则的有关规定签订专利许可合同，并按《专利实施许可合同备案管理办法》规定办理备案事宜。

第三十一条 在开展特许经营活动之前，特许人应按《中华人民共和国商标法》及其实施条例的规定办理商标使用许可合同备案事宜。

第七章 外商投资企业的特别规定

第三十二条 外商投资企业不得以特许经营方式从事《外商投资产业指导目录》中的禁止类业务。

第三十三条 外商投资企业以特许经营方式从事商业活动的，应向原审批部门提出申请增加"以特许经营方式从事商业活动"的经营范围，并提交下列材料：

（一）申请书及董事会决议；

（二）企业营业执照及外商投资企业批准证书（复印件）；

（三）合同、章程修改协议（外资企业只报送章程修改）；

（四）证明符合本办法第七条规定的有关文件资料；

（五）反映本办法第十九条规定的基本信息资料；

（六）特许经营合同样本；

（七）特许经营操作手册。

审批部门应当在收到上述全部申请材料之日起30日内做出批准或者不批准的书面决定。

申请人获得批准后，应在获得审批部门换发的《外商投资企业批准证书》后一个月内向工商行政管理机关办理企业登记变更手续。

第三十四条 外商投资企业经批准以特许经营方式从事商业活动的，应在每年1月份将上一年度签订的特许经营合同的情况报原审批部门和被特许人所在地商务主管部门备案。

第三十五条 外国投资者设立专门以特许经营方式从事商业活动的外商投资企业时，除符合本办法外，还须符合外商投资有关法律、法规及规章的规定。

第三十六条 本办法施行前已经以特许经营方式从事商业活动的外商投资企业,应将已开展业务的情况向原审批部门备案,继续以特许经营方式从事商业活动的,应按本章规定的程序办理相关手续。

第三十七条 港、澳、台投资企业在内地以特许经营方式从事商业活动参照本章规定执行。

第八章 法律责任

第三十八条 违反本办法第七条、第八条规定的,由商务主管部门责令改正,并可处以3万元以下罚款;情节严重的,提请工商行政管理机关吊销营业执照。

第三十九条 未按本办法规定进行信息披露的,由商务主管部门责令改正,并处以3万元以下罚款;情节严重的,提请工商行政管理机关吊销营业执照。

第四十条 特许人违反本办法规定进行广告宣传的,按照《中华人民共和国广告法》及其他有关法律、行政法规及规章的规定处理。

第九章 附则

第四十一条 本办法由商务部负责解释。

第四十二条 本办法自2005年2月1日起施行,原国内贸易部发布的《商业特许经营管理办法(试行)》同时废止。

参考文献

［1］ 李维华. 如何编制特许经营手册107问［M］. 北京：机械工业出版社，2006.
［2］ 孙连会. 特许经营法律精要［M］. 北京：机械工业出版社，2006.
［3］ 徐重九. 餐饮特许经营实务［M］. 北京：机械工业出版社，2005.
［4］ 李维华. 特许经营理论与实务［M］. 北京：机械工业出版社，2005.
［5］ 彼得·M. 伯克兰德. 特许经营之梦［M］. 李维华，陆颖男，译. 北京：机械工业出版社，2005.
［6］ 安德鲁·J. 西尔曼，编著. 特许经营手册［M］. 李维华，等译. 北京：机械工业出版社，2005.
［7］ 罗伯特·贾斯汀，理查德·加德. 特许经营［M］. 李维华，等译. 北京：机械工业出版社，2005.
［8］ 罗伯特·T. 贾斯蒂斯，威廉·斯莱特·文森特. 特许经营致富［M］. 李维华等，译. 北京：机械工业出版社，2004.
［9］ 罗伯特·L. 普尔文. 如何避免特许经营欺诈［M］. 李维华，译. 北京：机械工业出版社，2004.
［10］ 马丁·门德森. 特许经营指南［M］. 李维华，陆颖男，译. 北京：机械工业出版社，2004.
［11］ 王云，等. 如何开一家成功的时装店［M］. 北京：机械工业出版社，2004.
［12］ 仇一，等. 如何开一家成功的餐饮店［M］. 北京：机械工业出版社，2004.
［13］ 朱明侠，李维华. 特许经营在中国［M］. 北京：机械工业出版社，2004.
［14］ 李维华. 企业全面资源运营论［M］. 北京：机械工业出版社，2003.
［15］ 李维华等，编著. 特许经营概论［M］. 北京：机械工业出版社，新华出版社，2003.
［16］ Keup E. J.. 特许经营宝典［M］. 李维华，等译. 北京：机械工业出版社，2003.
［17］ Ann Dugan. 特许经营101［M］. 李维华，等译. 北京：机械工业出版社，2003.
［18］ 李维华. 如何制定连锁经营的操作手册［J］. 连锁与特许，2003（45）：41.

［19］ 李维华.资源观的演化及全面资源论下的资源定义［J］.管理科学文摘，2003（2）：10.

［20］ 李维华,魏法杰.成也统一，败也统一［J］.连锁与特许，2004，（59）6：52.

［21］ 李维华.特许权与特许经营费用研究［J］.连锁与特许·专家论坛，2004，（57）4：58.

［22］ 李维华.是商机还是陷阱，知识给你答案［J］.销售与市场，2004，（160）6：64.

［23］ 李维华，魏法杰.发现资源［J］.经营与管理，2004，（239）5：45.

［24］ 李维华.企业环境与资源运营［J］.企业改革与管理，2004（5）：14.

［25］ 李维华."加盟"成为"放大器"的本质和条件［J］.销售与市场，2004，（163）7：9.

［26］ 李维华.谨防另类欺诈［J］.连锁与特许，2005，（3）68：44.

［27］ 李维华.政府特许经营的演化辨析［J］.经济管理，2005，（6）：36-37.

［28］ 李维华.特许经营的本质研究［J］.连锁与特许，2005，（6）：52-53.

［29］ 李维华.特许经营是企业拓展的有效方式［J］.国际商务，2005，（9）：80-83.

［30］ 李维华.特许经营的未来趋势［J］.连锁与特许.2005（76）11：52.

［31］ 李维华.片面的"开源节流"要不得［J］.连锁与特许，2006，（80）3：12-13.

［32］ 李维华.单店盈利：不离其"宗"［J］.连锁与特许，2006，（81）4：47.

［33］ 李维华.国美为什么是第一［J］.连锁与特许，2006，（84）7：54.

［34］ 李维华.关于顾问咨询的九个误区［J］.连锁与特许，2007（8）：54-56.

［35］ 李维华.警惕加盟商对特许人的欺诈［J］.中国商报，2007-02-16.

［36］ 李维华.给成都小吃的特许经营的几点建言［J］.华夏时报，2007-07-28.

［37］ 仇一.一个餐饮帝国的梦想［J］.重庆小天鹅集团，（内刊），2003.2.

［38］ 贺昆.克隆名店——特许经营的投资与管理［M］.北京：新华出版社，2003.

［39］ 赵涛.特许经营管理［M］.北京：北京工业大学出版社，2002.

［40］ 周建.战略联盟与企业竞争力［M］.上海：复旦大学出版社，2002.

［41］ 赵盛斌.连锁经营管理实务［M］.深圳：海天出版社，2001.

［42］ 申光龙，寇小萱.论企业的资源外取战略［J］.天津商学院学报，2001，21（1）：26.

［43］ 罗珉编.资本运作：模式、案例与分析［J］.成都：西南财经大学出版社，2001.

［44］ 王霖编.特许经营［J］.北京：中国工人出版社，2000.

［45］ 蔡明烨.商店 连锁店 超市经营规划和作业设计［J］.上海：上海三联书店，1999.

［46］ 王利平.连锁商店经营与发展［M］.北京：中国人民大学出版社，1999.

［47］ 成栋.连锁商店计算机管理系统［M］.2版.北京：中国人民大学出版社，1999.

［48］ 陈东升，等.资本运营［M］.北京：企业管理出版社，1998.

［49］ 江景波，等.网络技术原理及应用［M］.上海：同济大学出版社，1997.

［50］ 杰克·吉多，詹姆斯·P.克莱门斯.成功的项目管理［M］.张金成，等译.北京：机械工业出版社，2001.

［51］ 波特尼.如何做好项目管理［M］.宁俊，等译.北京：企业管理出版社，2001.

［52］ 马丁·所罗门.培训战略与实务［M］.孙乔，任雪梅，刘秀玉，译.北京：商务印书馆国际有限公司

［53］ 格里·约翰逊，凯万·斯科尔斯.公司战略教程［M］.金占明，贾秀梅，译.北京：华夏出版社，1998.

［54］ Gerry Johnson，Kevan Scholes. Exploring Corporate Strategy［M］. Upper Saddle River：Prentice Hall，1993

［55］ J. Ward. Productivity Through Project Management：Controlling the Project Variables，Information Systems Management［M］. New York：Winter，1994.

［56］ H. Thamhain. Best Practices for Controlling Technology-Based Projects［J］. Project Management Journal. 1996（11）：38.

［57］ Dr. Timothy Bates. Franchise Startups：Low Profitability and High Failure Rates［J］. EGII News. 1993（11）：9.

［58］ 李维华.加盟失败，不应让特许模式背"黑锅"［J］.中国商报，2007-09-21（5）.

［59］ 李维华.潜在加盟商"长短脚"：放弃，还是争取？［J］.销售与市场，2007（10）：28-30.

［60］ 李维华.草根选址十大法则：低成本圈定好店址［J］.销售与市场，2007（11）：39-41

［61］ 李维华.不要做杀兄弟的皇帝［J］.中国经营报，2007-10.

［62］ 李维华.盟主变脸有玄机［J］.中国经营报，2007-10-28.

［63］ 李维华.1万还是100万：收多少加盟金合适？［J］.销售与市场，2008（1）：78-80.

［64］ 李维华.国美在胡润富豪榜上的另外失败［J］.连锁与特许，2008（3）：44-45.

［65］ 李维华.2008中国特许经营十一变［J］.连锁与特许，2008，（1）：17.

［66］ 李维华.老字号需系统变革［J］.华夏时报，2008-02-15.

［67］李维华.加盟商欺诈总部的七种套路［J］.销售与市场,2008,（3）:62-64.

［68］李维华.加盟洗衣店如何防止欺诈［J］.连锁与特许,2008,（10）:22-23.

［69］李维华.抢他的种子,还是帮他种地?——如何对待困顿加盟商［J］.连锁与特许,2008,（11）:64-35.

［70］李维华.加盟商开业前的培训［J］.连锁与特许,2009,（1）:60.

［71］李维华.加盟招商三策论［J］.连锁与特许,2009,（4）:58.

［72］李维华.如何确定区域加盟商开店数量与特许经营费用［J］.对外经贸实务,2009,（8）:50-51.

［73］李维华.特许经营,模式无定［J］.中国连锁,2011,（2）:104.

［74］李维华."危机"时期如何招商?［J］.财富人物名人传记,2011,（1）:86-87.

［75］李维华.如何编制特许经营手册［J］.财富人物.名人传记,2011,（2）:86-87.

［76］李维华.加盟和直营,哪个更赚钱［J］.财富人物名人传记,2011,（2）:88-89.

［77］李维华.店老板的六个飞跃［J］.财富人物名人传记,2011,（3）:86-87.

［78］李维华.以"模式无定"来创新特许经营［J］.企业活力,2011,（3）:25-27.

［79］李维华.模式无定——正确看待特许经营［J］.市场研究,2011,（5）:37-38.

［80］李维华.大学教育和社会培训之比较分析［J］.高等教育改革理论与实践探索,2013,（1）:52-55.

［81］李维华.中国特许经营大趋势［J］.企业管理,2013,（12）:6-9.

［82］李维华.叫停"为招商而招商"［J］.财富人物名人传记,2014,（1）:87.

［83］李维华.庆丰包子铺加盟问题不少［J］.中国商界,2014,（2）:26.

［84］李维华.从笔谈到面谈,让招商咨询成功率翻倍［J］.财智—医学美学美容,2014,（4）:56-57.

［85］李维华.中国特许经营未来25大趋势（一）［J］.财富人物名人传记,2014,（3）:82-84.

［86］李维华,等.单店软性复制即培训的组合式考核体系［J］.时代经贸,零售商学院,2014,（4）:46-47.

［87］李维华.浅尝辄止是失败的最大根源［J］.商界评论,2014（11）:122.

［88］李维华.先读懂中国市场［J］.商界评论,2015,（3）:131-132.

［89］ 李维华.中国特许经营市场的"维华加盟指数"［C］.2015第二届中中国法商管理创新学术年会论文汇编,2015:110-116.

［90］ 李维华.中国特许经营市场的"维华加盟指数"［J］.法商管理评论,2016,(9):177-184.

［91］ 李维华.两创四众下的特许经营新走势［J］.汽车维修与保养,2018,234(7):100-101.

［92］ 李维华.如何打破招商"危机"［J］.中国经营报,2009-01-19.

［93］ 李维华.特许经营学［M］.北京:中国发展出版社,2009.

［94］ 李维华,等.特许经营与连锁经营手册编制大全［M］.北京:经济管理出版社,2017.

［95］ 安德鲁·J.舍曼.特许经营与许可经营［M］.李维华,黄乙峰,译.北京:电子工业出版社,2012.